Knaus

K

Gert v. Paczensky · Anna Dünnebier

Leere Töpfe, volle Töpfe

Die Kulturgeschichte des

Essens und Trinkens

Albrecht Knaus

Umwelthinweis:
Dieses Buch und sein Schutzumschlag wurden
auf chlorfrei gebleichtem Papier gedruckt.
Die vor Verschmutzung schützende Einschrumpffolie
ist aus umweltschonender und recycling-
fähiger PE-Folie.

Der Albrecht Knaus Verlag
ist ein Unternehmen der Verlagsgruppe Bertelsmann

1. Auflage

Gesetzt aus Korpus Sabon
Schutzumschlag: Manfred Waller unter Verwendung
eines Ausschnitts «Besuch auf dem Bauernhof»
von Pieter Brueghel d. J.
Satz: Filmsatz Schröter GmbH, München
Lithos: Lorenz & Zeller, Inning a. A.,
und Walter Klüg, Grafing
Druck und Bindung: Mohndruck, Gütersloh
ISBN 3-8135-2082-X · Printed in Germany

INHALT

ANHANG

EINLEITUNG

Der Zwang, sich zu ernähren, also der Hunger, hat die Menschen erfinderischer gemacht, als es alle anderen Geschöpfe auf der Erde waren. Der Wunsch, besser zu essen, also der Appetit, wurde zur entscheidenden Triebkraft, die «Zivilisation» schuf.

Um bessere Nahrung erjagen zu können, brauchten die Urmenschen Geräte und Waffen, wieder neue dann zum Betreiben von Landwirtschaft. Da mußten immer neue Einfälle kommen, wie sie herzustellen seien. Dann, wie sie zu verbessern seien – und auch, wie zu verbessern sei, womit sie angefertigt wurden. Heute würden wir von Werkzeugmaschinen sprechen.

Sobald Ernährung nicht mehr nur darin bestand, rohes Fleisch von Kadavern zu verschlingen oder Baumfrüchte zu zerkauen, im wesentlichen seit Menschen Feuer machen konnten, richteten sich neue Energien auf die Zubereitung von Essen, bald auch von Getränken. Zum Kochen oder Braten oder Grillen bedurfte es zweckmäßiger Geräte. Sie wurden erfunden, und um sie herum entstanden weitere. All das zog immer weitere Kreise – bis hin zur Industriellen Revolution und unserer «Auto-Zivilisation» von heute mit ihren Vor- und Nachteilen.

Um gut essen und trinken zu können, hat die Menschheit sich vieles einfallen lassen. Diese gewaltige Geschichte ist verblüffend eng mit der Weltgeschichte verknüpft. Es lohnt, sie zu kennen, auch ihre Schattenseiten. Gerade wegen dieser wäre es nützlich, wenn sich mehr Menschen bewußt wären, welche Vorgeschichte das Essen auf ihrem Teller oder das Getränk in der Tasse oder im Glas hat. Ohne Appetit, ohne Feinschmeckerei keine Zivilisation.

Wir hoffen, diese interessante und wichtige und oft amüsante Geschichte so erzählt zu haben, daß manche Zusammenhänge klarer werden.

Anna Dünnebier schrieb die Kapitel *Feuer und die Folgen, Küche der Armen, Brot, Auswärts essen, Feste, Patriarchat an Tisch und Herd, Religion, Kein Fleisch, Essen und Sex, Der Tisch ist gedeckt, Etikette, Technik, Gesundheit, Grenzen.*

Gert v. Paczensky schrieb die Kapitel *Frühe Üppigkeit, Die Verfressenen, Auf der Suche nach mehr Geschmack, Der mächtige Rausch, Wasser, Wege in den Hunger, Süßigkeiten, Zucker, Kaffee, Tee, Kakao, Koch heißt können, Starköche, 3000 Jahre Gastronomiekritik.*

FEUER UND DIE FOLGEN

Erste Spuren

Geröstete Schnecken – verschiedene Kürbissorten – Geflügel mit Hirsebeilage – grüner Salat – Ragout von Schlangen und Eidechsen mit Chilipfeffer – Kaktusfrucht. Ein appetitanregendes Menü. Das Ragout ließe unsereinen vielleicht zögern – aber für uns ist es auch nicht gedacht. Dieses Menü teilten sich vor ungefähr 12 000 Jahren steinzeitliche Indianer. Danach hatten sie gute Verdauung, und deshalb kennen wir heute die Zusammensetzung: Die Bestandteile wurden in versteinertem Kot an einer archäologischen Fundstelle in Mexiko gefunden. Nur die Reihenfolge ist nicht überliefert. An derselben Fundstelle fanden sich auch Reste von Avocado, von Bohnen und Mais (wilde Vorgänger der heutigen Sorten) und von allerlei kleinen Tieren. Offensichtlich gab es nicht alle Tage das gleiche.

Solche Funde sind Glückstreffer. Im allgemeinen sind die kulinarischen Überreste unserer Steinzeitvorfahren sehr spärlich. Aufschreiben konnte ja noch niemand. Und ein Stück Fleisch oder eine Frucht zersetzt sich so viel schneller als ein Steinwerkzeug oder ein Keramikgefäß. Nur unter klimatisch besonders guten Bedingungen sind solche Essensreste erhalten, wobei Getreidekörner besonders widerstandsfähig sind. Manchmal läßt sich aus Knochen oder Muschelschalen auf Eßbares schließen. Aschenreste deuten auf Feuerzubereitung. Eine andere Methode, der Ernährung auf die Spur zu kommen, ist die Paläopathologie, die medizinische Untersuchung von Knochen früherer Menschen, aus denen Zeiten von Hunger oder Krankheit ablesbar sind; die Untersuchung von Zähnen, aus deren Abschleifspuren sich Rückschlüsse auf das Gekaute ziehen lassen.

Von solchen aussageträchtigen Überresten sind gerade in den vergangenen Jahrzehnten besonders viele und auch besonders überraschende gefunden worden, überall in der Welt; zahlreiche bei Ausgrabungen in Äthiopien und Kenia, welche 1973 auch die berühmte «Lucy» ans Licht brachten, das dreimillionenjährige Skelett einer jungen Frau. Diese Funde zeigten, daß die Vormenschen, die Hominiden, und die frühen Menschen weit zivilisierter, friedlicher, geselliger waren als bisher angenommen, und vor allem auch: daß sie in einer kulinarischen Überflußgesellschaft lebten. Aber greifen wir ein bißchen zurück.

Erst einmal mußte ja der Mensch zum Menschen werden, anders als seine Vettern, die Affen. Mußte sich daran gewöhnen, daß die Kälte der Eiszeit aus den subtropischen Wäldern Ostafrikas, in denen er gelebt hatte, offenes Grasland machte, mußte sich allmählich auf fleischreichere Nahrung umstellen, sich aufrichten, Werkzeuge handhaben. Was unterschied die Hominiden vom Affen? Einige Forscher halten für das entscheidende Merkmal, daß sie auf zwei Beinen gingen, andere, daß sie Werkzeug benutzten; eine gängige These ist, daß das eine das andere erforderte: Zum Handhaben von Werkzeug mußten ja Hände frei sein. Die Gourmets unter den Frühgeschichtlern halten sich wohl eher an David Pilbeam, Ausgräber in Pakistan: «Ich glaubte lange, daß einsichtiges Verhalten und das Herstellen von Werkzeug die entscheidenden Unterschiede waren, als sich Hominiden und moderne Menschenaffen auseinanderentwickelten, aber ich sehe das heute nicht mehr so. Einige Biologen fangen an, auf der Suche nach Erklärungen für die Vorgänge bei der menschlichen Evolution vom Kopf weg und mehr nach dem Magen zu sehen. Die Nahrung, die Art und Weise, wie sie gesammelt und verarbeitet wird, ist wesentlich für die Bestimmung des Verhaltens eines Lebewesens.»[1]

Richard Leakey, der erfolgreiche Ausgräber in Ostafrika, zitiert seinen Kollegen zustimmend und präzisiert: «Die neue Wirtschaftsweise der Hominiden unterschied sie von ihren menschenaffenähnlichen Vettern nicht so sehr im Hinblick auf das, *was* sie aßen, sondern vielmehr die Art und Weise, *wie* sie es aßen. Zwar enthielt die Kost der Hominiden mehr Fleisch als die ihrer nichthominiden Verwandten, aber dies war nur ein gradueller Unterschied. Die entscheidende Abweichung war die ganz neue Verhaltensweise, Nahrung zu suchen, *um sie erst später zu verzehren*, sowie der Verzehr in der Gruppe. Die unmittelbare Konsequenz einer solchen Ordnung dürfte gewesen sein, daß die bereits unter den höheren Primaten wohlentwickelten sozialen Wechselbeziehungen noch weiter verstärkt wurden.»[2]

Mit anderen Worten, der Mensch lernte den aufrechten Gang, weil er seine Hände brauchte, um Nahrung zu sammeln und sie zu einer Art Behausung oder Lager zu tragen.

Die älteste bis heute entdeckte Spur menschlichen Essens ist anderthalb Millionen Jahre alt und stammt aus dem heutigen Kenia. Es handelt sich um Schnittspuren an einem Antilopenknochen – da muß ein Hominid das Fleisch vom Knochen gesäbelt haben, denn Hyänen oder Löwen, die mit ihren Zähnen nagen, hinterlassen ganz andere Spuren. Nach heutigem Stand der Forschung hat die Menschheit sich ursprünglich in Afrika entwickelt und von dort in die Welt ausgebreitet. Aus Afrika gibt es noch frühere Funde von vormenschlichem Werkzeug, zweieinhalb Millionen Jahre alt; die Vermutung liegt nahe, daß damit auch Nahrung zerkleinert wurde, aber dafür bietet die Archäologie noch keine Fakten. Die erste Spur ist eben dieser angeschnittene Antilopenknochen. Er lag zusammen mit Mengen von anderen Knochen und mit Resten von Steinwerkzeugen in der Nähe des Turkanasees in Kenia, am Rande eines ehemaligen Flusses, der

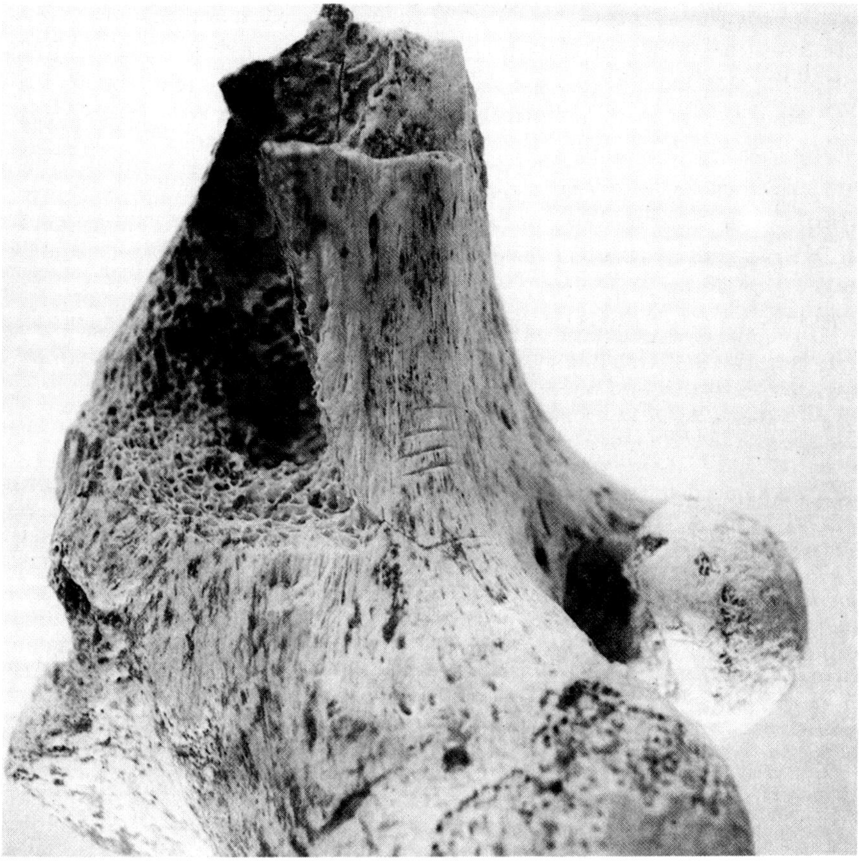

Schnitte am Antilopenknochen: die frühesten Spuren menschlichen Essens.

die Lagerstelle mit Sediment bedeckt und konserviert hatte. Richard Leakey, Glynn Isaak und andere haben dort gesucht und ausgewertet. Die Werkzeuge waren dünne, oft rasiermesserscharfe Steinsplitter, von Menschen durch Abschlagen von größeren Steinen hergestellt. Damit ließ sich, wie die Forscher ausprobierten, sogar dicke Elefantenhaut zerschneiden. Außer der Antilope hatten die Hominiden, wie aus den Knochenresten hervorging, ein besonders großes und ein Zwergnilpferd verzehrt, Giraffen, Zebras, Schwein und Katzenwels. Außer Schnittstellen gab es noch andere Spuren menschlicher Bearbeitung: Längere Knochen müssen, den Bruchstellen nach zu urteilen, auf einen als Amboß dienenden Stein gelegt und in viele Stücke zerschlagen worden sein – offenbar um das Mark herauszuholen. Spuren von Jagdwaffen, Tierfallen oder ähnlichem gibt es erst aus späterer Zeit; vermutlich sind jene Hominiden vor anderthalb Millionen Jahren den zahlreichen Herden gefolgt, die durch die afrikanischen Ebenen wanderten, und haben das Fleisch von verendeten Tieren aufgesammelt. Auch dafür war der aufrechte Gang recht nützlich: um über die hohen Savannengräser hinweg Ausschau halten zu können nach lahmenden Tieren oder kreisenden Geiern. An ihren Wohnstellen blieben sie nur vorübergehend – jene Antilopenstelle war vermutlich nur ein paar Wochen benutzt, von etwa 30 Personen. Sie hatten also reichlich Nahrung; vermutlich kamen allerlei Früchte und Knollen noch hinzu.

Von pflanzlicher Nahrung gibt es keine Überreste, aber das beweist noch nichts. Yamsschalen oder Salatblätter sind eben nicht so haltbar wie Knochen. Der Engländer Larry Keeley, der ebenfalls auf diesen Fundstellen gearbeitet hat, hat sich darauf spezialisiert, mikroskopische Untersuchungen an Werkzeugen vorzunehmen, um an der Art der Abnutzung und der «Politur» an der Oberfläche zu erkennen, was damit bearbeitet wurde. An einigen war durchaus zu erkennen, daß damit Gras oder Blätter geschnitten wurden, mit anderen nach Wurzeln gegraben. Das wäre wunderbar eindeutig, wenn nicht der Amerikaner Alan Walker, der mit seinen Mikroskopen die Zähne von Hominiden nach typischen Abnutzspuren untersucht, zu dem Ergebnis gekommen wäre, daß jene afrikanischen Hominiden zwar Früchte, keinesfalls aber Gras oder Wurzeln zerbissen haben könnten.

Ob die frühen Afrikaner ihre Antilope nun mit oder ohne Yams aßen – da war ein entscheidender Mangel in der Zubereitung: Sie hatten ja kein Feuer. Trotz mißverstandener «Nouvelle Cuisine» mit fast rohem Gemüse und trotz Carpaccio oder Steak Tartare: Wir würden sie um ihr Menü wahrscheinlich nicht allzusehr beneiden. Die wahre Menschwerdung, den Übergang der Hominiden zum Homo sapiens, setzen wir Liebhaber guten Essens mit dem Datum an, an dem sie das Feuer nutzbar machten, so daß sie braten und bald darauf auch kochen konnten. Das war vor einer halben Million Jahren (für die orthodoxe Forschung entstand der Homo sapiens erst wesentlich später). Zu dieser Zeit waren die Menschen schon dazu übergegangen, Tiere zu jagen, statt nach toten Ausschau zu halten; außerdem sammelten sie Pflanzennahrung.

Die frühesten Spuren von Feuergebrauch stammen, verblüffen kann es uns nicht, just aus den beiden Ländern, die noch in der Neuzeit als Zentren hoher Küchenkultur gelten: China und Frankreich. Läßt sich der hohe kulinarische Vorsprung dieser beiden Länder etwa tatsächlich damit erklären, daß sie mehr Zeit zum Üben hatten...? Die beiden ältesten Nachweise: In der Höhle von Choukoutien, 40 Kilometer von Peking entfernt, wurden in einer Schicht, die etwa eine halbe Million Jahre alt sein muß, dicke Lagen von Asche gefunden, darin angebrannte und verkohlte Knochen: eindeutig Herdstellen, an denen die «Pekingmenschen» sich ihr Fleisch brieten. Möglicherweise genauso alt, möglicherweise etwas jünger ist der Fundort Terra Amata in der Nähe von Nizza, aus Steinen und Zweigen erbaute Behausungen, die jeweils in der Mitte eine Herdstelle hatten.[3]

Wenig später war Feuer in ganz Europa im Gebrauch. In Afrika, wo doch schon so früh Antilopen und anderes verspeist wurden, sind ähnliche nachweisbare Feuerspuren erst etwa 100000 Jahre alt, in Amerika 20000, vielleicht 35000 Jahre.

Menschen vor einem Herdfeuer ... Damit eröffneten sich nun ganz ungeahnte Möglichkeiten, Nahrung zu verbessern und Geschmack zu verfeinern. Konservierung wurde möglich, also konnte man auch länger an einem Platz bleiben. Das Speiseangebot vergrößerte sich: Bisher schwer Verdauliches konnte genießbar gemacht werden. Braten zerstört Bakterien und Parasiten, was sich auch ohne medizinische Kenntnisse schnell daran erkennen ließ, daß es einem besser bekam. Das ungeheure Mahlgebiß konnte sich verkleinern, der Mund für das Artikulieren von Sprache geeigneter werden. Jacques Barrau, Direktor des *Musée de l'homme* in Paris, schrieb: «Die kulinarische Geschichte, wenn nicht die Geschichte überhaupt, begann also damit, daß die Menschen das Feuer bändigten.»[4]

Dazu können wir nur nicken – besonders wenn wir daran denken, daß bei einem Sommerfest die Gäste alle kompliziert zubereiteten Speisen samt ihren verlockend gewürzten Saucen stehenlassen und sich im Garten um das brennende Grillfeuer drängen, um dort ein Stück Fleisch zu ergattern, das außen verkohlt und innen zäh ist. Da muß ein atavistischer Antrieb wirken.

Kochen ohne Kochtopf

Weder in Peking noch in Nizza gab es vor einer halben Million Jahre Kochtöpfe und auch ziemlich lange danach noch nicht. Für diese Zeit ihrer Existenz behalfen sich die Menschen auch so, ohne deshalb auf Kochen zu verzichten. Wenn auch nicht geklärt ist, ob das Huhn oder das Ei eher auf der Welt war, eines ist ganz sicher: Das Kochen war vor dem Kochtopf auf der Welt. Nicht nur nutzten die frühen Menschen alle möglichen natürlichen Gefäße für ihre Küchenzwecke: Schalen von Schildkröten, von Muscheln, von Straußeneiern. Sie schafften es auch, in keineswegs zum Kochen tauglichen, nicht feuerfesten Gefäßen eben doch zu kochen: in Tierhäuten, in Gefäßen aus Baumrinde oder Holz, in Erdgruben, und zwar mit Hilfe von erhitzten Steinen. Viele dieser frühen Techniken haben sich bis in die Zeiten erhalten, in denen sie beschrieben werden konnten; einige werden an einigen Stellen der Erde noch heute praktiziert. So haben wir eine lebendigere Vorstellung von Steinzeitküchen, als es die archäologischen Funde ermöglichen.

Die Hopi und andere Indianervölker im heutigen Arizona und Neu-Mexiko benutzten zum Steinkochen Weidenkörbe, die sie so eng flochten, daß sie wasserdicht waren. Die Methode, in einer Erdgrube zu kochen, beschrieb im 19. Jahrhundert C. Catlin, der sie bei den Assiniboins in Nordamerika kennengelernt hatte: «Ihren Namen haben die Assiniboins von der sonderbaren Weise, das Fleisch zu kochen, erhalten. Wenn sie ein Tier erlegt hatten, so gruben sie ein Loch von der Größe eines gewöhnlichen

Schale aus dem alten Peru, um 500 v. Chr.

Topfes in die Erde, legten ein Stück der rohen Rückenhaut des Tieres darüber, preßten es mit der Hand hinein, daß es eng an den Seiten anschloß, füllten es mit Wasser und legten das Fleisch hinein, während in einem nahe befindlichen Feuer große Steine glühend gemacht und in das Wasser hineingehalten wurden, bis das Fleisch gekocht war. Wegen dieses eigentümlichen Gebrauchs haben die Ochippewas ihnen den Namen ‹Assiniboins› oder ‹Steinkocher› gegeben.»[5] Zum Hineinhalten dienten Stöcke, manchmal zu einer Art Griff zusammengebunden, oder hölzerne Löffel.

Diese Beschreibung erklärt hervorragend eine altsteinzeitliche Fundstelle bei Neuwied am Rhein, die etwa 11 000 Jahre alt ist. In runden Häusern, die aus Schieferplatten, Stangen und Fellen konstruiert waren, fanden sich Gruben von der Größe eines gewöhnlichen Topfes, 20 bis 30 Zentimeter Durchmesser, und daneben große Mengen Quarzsteine. Um diese Siedlung herum gibt es Sandstein, Schiefer und anderes Gestein; Quarzsteine hingegen gibt es erst einige hundert Meter entfernt und bergab. Warum haben Menschen Steine hangaufwärts in ihre Häuser geschleppt? Sicher weil sie damit kochen wollten; Quarz eignet sich besser als andere Steine, weil er den großen Temperaturschock aus dem heißen Feuer in die kalte Flüssigkeit besser übersteht, ohne sofort zu zerspringen.

«Jetzt ist dieser Gebrauch längst abgeschafft und kommt nur noch bei

Festlichkeiten vor«[6], fügt Catlin seiner Beschreibung hinzu. Ganz wie unser Grill über dem offenen Feuer beim Sommerfest. Auch in Neuseeland wird bei Volksfesten oder «Gardenparties» manchmal eine Kochmethode wiederbelebt, die aus archaischer Zeit stammt: der Erdofen. Axel Steensberg hat sich, um seine frühzeitlichen dänischen Ausgrabungen praktisch beurteilen zu können, in den siebziger Jahren die Erdofenmethode in Neuguinea vorführen lassen, wo sie noch in Gebrauch war. «Sie hoben eine Grube aus, etwa 50 Zentimeter Durchmesser und 20 Zentimeter tief, und legten sie mit Flachsfasern und Feigenblättern aus. Die Süßkartoffeln und Taroknollen, die gekocht werden sollten, legten sie in die Grube und darauf eine Schicht heißer Steine, die sie in einem Feuer am Rande der Grube erhitzt hatten. Die heißen Steine belegten sie wieder mit Flachs und mit aromatischen Kräutern, darüber häuften sie Gras, und schließlich legten sie obendrauf Grassoden und preßten sie fest an, um den Dampf am Entweichen zu hindern. Da nur Taro und Süßkartoffel gekocht wurden, dauerte es nur eine Stunde, bis die Mahlzeit fertig war.»[7] Auch größere Tiere konnten im ganzen auf solche Weise zubereitet werden; manchmal wurden die Lebensmittel auch vorher zerteilt, die einzelnen Portionen in Blätter verpackt und die Päckchen zwischen die heißen Steine in den Erdofen geschichtet. In Nordamerika, auf den Südseeinseln, in Australien und Neuseeland begann mit dem Erdofen offenbar die Kochgeschichte. Und auch in Europa. Axel Steensberg schließt aus dem Vergleich seiner Ausgrabungen mit dem, was ihm in Neuguinea demonstriert wurde: «Ich bin überzeugt, daß Kochen im Erdofen tatsächlich überall im prähistorischen Europa eine übliche Methode war.»[8]

Es war ein großer Schritt vorwärts in der Geschichte der Kochkunst. Nun konnten Köchinnen und Köche Geschmack durch Beigabe verschiedener Gewürzkräuter variieren und Nahrungsmittel im selben Kochvorgang kombinieren, verschiedene Fleischsorten oder Fleisch und Gemüse; eine saucenartige Flüssigkeit entstand. Diese Methode ist so hervorragend, daß sie heute nachgeahmt wird, mit modernen Mitteln wie dem Römertopf oder durch das Garen in Alufolie. Wenn einem aus der geöffneten Folie der Duft eines Fisches mit dem Aroma frischer Kräuter entgegenströmt oder wenn man den Römertopf öffnet und das Hühnchen im eigenen Saft schwimmen sieht, dann kann man sich ausmalen, zu welchen Höhen des Genusses es unsere frühen Vorfahren brachten. Vielleicht ist der nähere Verwandte des Römertopfs die Methode, Fleisch mit Lehm oder Ton zu umgeben und dann zu backen, wie es im frühzeitlichen China gehandhabt wurde.

Der älteste Topf – fast 10 000 Jahre alt.

Ein besonders naheliegendes Kochgefäß, welches nämlich das zu kochende Tier selbst liefert, beschrieb Herodot: «Im Skythenlande verfährt man beim Kochen folgendermaßen. Dem gehäuteten Tier wird das Fleisch von den Knochen gelöst und in den Kessel geworfen, falls ein solcher zur Stelle ist. Ist kein Kessel zur Stelle, so wird das ganze Fleisch in den Magen des Tieres gesteckt, Wasser hinzugegossen und mit Hilfe der Knochen gekocht. Die Knochen brennen sehr gut, und der Magen nimmt bequem das von den Knochen gelöste Fleisch auf. So kocht also das Rind, oder was für ein Tier es sonst ist, sich selber.»[9] Die Kunst dabei war offenbar, den Magen nicht anzubrennen. Steinzeitmenschen hätten so auch kochen können. Aber für Archäologen ist dieses Verfahren, anders als das Steinkochen, kein Leckerbissen – denn es hinterläßt keinerlei greifbare Spur. Man kann nichts als mutmaßen. Immerhin handelt es sich hierbei um eine Art Frühform der Wurst.

Steinzeitlicher Getreidemörser, wie er in Nordafrika benutzt wurde.

Durch Rösten und Kochen konnten die Menschen auch größere Mengen wildes Getreide genießbar machen, das im rohen Zustand nur schwer oder gar nicht verdaulich war. Von Fundstellen aus der Altsteinzeit[10] sind geröstete Getreidekörner bekannt. Wurden sie gegessen, so wie sie waren, oder in Wasser eingeweicht? Oder gab es damals schon einen frühzeitlichen Getreidebrei von der Art, wie er später vielen Völkern, von Rom bis Tibet, als Grundnahrung diente? Rauhe Handmahlsteine und Steingefäße in Form von Mörsern sind aus derselben Periode bekannt. Die Benutzungsspuren zeigen jedoch nicht eindeutig, ob damit Getreide zerkleinert wurde. Einige enthalten Farbspuren, die klarmachen, daß sie auch zum Zermahlen von Ocker benutzt wurden, der Farbe, die uns auf den Kunstwerken der späten Jäger-und-Sammler-Zeit begegnet.

Diese Kunstwerke, Wandgemälde in Höhlen oder auf Felsen, wurden wegen ihrer Ausdruckskraft und Feinheit erst zu Werken viel späterer Zeit erklärt, weil keiner glauben wollte, daß vor 20 000 bis 10 000 Jahren Menschen so etwas fertiggebracht haben sollten. Dann wurden sie entsprechend bewundert; am eindrucksvollsten sind vielleicht die aus der Grotte bei Lascaux in Frankreich. Sie erzählen von Tieren, von großen Mengen von Tieren, manchmal in- und übereinandergemalt: Pferde, Hirsche, Rentiere, Stiere, und dazwischen eher klein die Menschen. Ob diese Darstellungen nun eine religiöse Bedeutung hatten oder ob die Steinzeitgourmands da einfach mit viel Liebe ihre zukünftigen Braten aufgemalt hatten, eins steht jedenfalls fest: Die potentiellen Braten wanderten wirklich in überreicher Anzahl durch die Lebenswelt jener Frühmenschen.

Überfluß für alle

Mit dem Begriff «Steinzeit» hatte ich immer ein Klischee im Kopf, das aus Schulbüchern oder sonstiger Kinderlektüre stammen muß. Jedenfalls waren die Bücher bebildert. Da sah man ungeschlachte Wesen in Höhlen unter Eisgletschern hausen, magerer Nahrung nachjagen, immer am Rande des Verhungerns, und wenn sie gerade nicht mit einem Mammut kämpften, dann zerrten die Männer ihre Frauen an den Haaren hinter sich her in die Höhlen.

Waren sie nicht Kannibalen? Was ist mit jenen Funden von aufgeschlagenen Schädeln in China, Indonesien, Europa, aus denen offensichtlich das Gehirn entfernt und gegessen wurde? Die Funde sind unbestreitbar, der Kannibalismus wird seit einiger Zeit bestritten. Denn deutlich haben die Frühmenschen eben nicht Schädel geknackt wie Nüsse, um sich am Inhalt gütlich zu tun. Die fraglichen Schädel sind heil, nur das Loch unten am Hinterkopf wurde so weit vergrößert, daß man das Gehirn herausholen konnte. Wenn also Gehirn von Anverwandten verspeist wurde, folgerten Frühgeschichtler daraus,[11] dann in einer Art ritueller oder heiliger Mahlzeit, die mit einer Beerdigungszeremonie verbunden war. Etwas Entsprechendes berichtete aus viel späterer Zeit Herodot von Völkern in Indien, Kleinasien und Sibirien. Die Steinzeitmenschen jedenfalls hatten ihre Beerdigungssitten. Eine andere war, den Verstorbenen Nahrung mit ins Grab zu geben. Reste von Schwein lagen in einem Grab in Palästina, von Rind in einem französischen Grab; so brauchten die Toten auch im Jenseits keinen Hunger zu leiden.

Hunger litten auch die Lebendigen nicht. Erinnern wir uns an den reich gedeckten Tisch der Antilopen-Esser in Kenia vor anderthalb Millionen Jahren. In der ganzen langen Epoche, in der die Menschen als Jäger und Sammler lebten, wurden bei den Resten ihrer Behausungen jeweils so große Mengen von Knochen gefunden, daß man auf einen geradezu luxuriösen Fleischverzehr schließen kann – so luxuriös, wie es sich heute allenfalls die Menschen im reichen Europa oder Amerika leisten können.

Die Eiszeit hatte an den südlichen Rändern der Eismassen große grasreiche Ebenen mit gemäßigtem Klima entstehen lassen, in denen riesige Herden von Weidetieren satt wurden; sowohl im südlichen Europa wie in Afrika, im Süden von Nordamerika und Asien. Die Menschen brauchten nur zuzulangen. Die heute so dürre Sahelzone war reich an Großwild und kleineren Tieren, an Fisch und Pflanzennahrung wie Früchten, Wurzeln und wilden Gräsern.

Wie sah der Speisezettel der frühen Feuermacher von Terra Amata aus? Die dort gebratenen und verzehrten Tiere waren: Hirsch, Elefant, Nashorn, Bergziege und Wildschwein. Den hinterlassenen Knochen nach zu urteilen, handelte es sich um junge Tiere, ein Zeichen dafür, daß es wohl

Höhlenmalerei aus Lascaux.

eher erjagte als tot aufgesammelte Tiere waren. Ohne Zweifel schmecken junge Tiere besser als alte, zähe. Austern, Muscheln und Schnecken waren im damaligen Nizza offenbar schon genauso beliebt wie heute, wie Schalenberge bezeugen.

In Nord- und Mittelamerika lebten Jägergesellschaften von Mastodons und Mammuts, Kamelen, Tapiren und Bisons.

Die größten Ansammlungen von Schlachtüberresten waren nicht einmal diese Funde an den früheren Wohnorten. Noch weit größere Funde bergen die Stellen, wo die Tiere mit Fallen, Speeren und Schleudern erlegt worden waren. An diesen «Schlachtstätten» wurden sie schon weitgehend zerlegt und dann zu den Behausungen gebracht. In Mähren wurden Knochen von mehr als 1000 Mammuts an einer Stelle gefunden, in der Ukraine Hunderte von Bisons, in Burgund auf einem Gelände von zweieinhalb Morgen eine meterhohe Knochenschicht von über 100000 Wildpferden. Die Stelle liegt unter einem hohen Felsrand, über den offenbar Jäger die Pferde in den Tod scheuchten.

Als die Eiszeit zu Ende ging, starben aus ungeklärten Ursachen, vielleicht wegen des Klimawandels, viele Großtiersorten aus; die endlosen Weideflächen bewaldeten sich wieder, und die riesigen Herden verschwanden. Da die Menschen ihre Jagdbeute nicht mehr rudelweise in Fallen scheuchen konnten, sondern sie einzeln erlegen mußten, stellten sie sich auf eine größere Vielfalt an Lebensmitteln um. Nun jagten sie auch kleinere Tiere, die sie vorher wohl für nicht lohnend erachtet hatten, wie Eichhörnchen und Füchse, Haselmäuse und wilde Hunde, Vögel und Wildgeflügel, aßen auch große Mengen von Muscheln und Schnecken, wie an den hinterlassenen Schalen zu sehen ist. Fischfang spielte an Flüssen und in Küstengegenden eine größere Rolle; aus Knochen gefertigte Harpunen tauchten an vielen Fundstellen auf, in Japan auch Netze mit Steingewichten. Die Menschen sammelten auch alle möglichen Arten von pflanzlicher Nahrung. Mit Steinhacken gruben sie in Afrika wilde Yams, mit sichelartig zugeschnittenen Steinmessern ernteten sie im Nahen Osten wilde Gräser, Vorfahren der späteren Getreidesorten. In Mexiko war wilder Mais eine wichtige Nahrungsquelle. Von Obstkernen, Nußschalen, allen möglichen Wurzeln und dem Mark junger Pflanzen finden sich Spuren und Reste. Übrigens auch von Gewürzen: Chilipfeffer in Amerika, in Griechenland Korianderkörner, zusammen mit Wild und Fisch.

Nehmen wir als Beispiel eine Ausgrabung im südwestlichen Iran, gegen Ende der Jäger-und-Sammler-Epoche. In dieser Ansiedlung wurden verkohlte Samen von ungefähr 40 verschiedenen Pflanzenarten gefunden, darunter etwa ein Dutzend verschiedene wilde Gras- und Getreidearten und einige Hülsenfruchtsorten, Kapern, Pistazien und Knochen von ungefähr 35 Tierarten, auch Fischgräten und Schalen von Muscheln und Schildkröten.

Alles in allem haben die frühzeitlichen Menschen eine größere Vielfalt an Nahrungsmitteln gehabt als wir heute. Fast alle jetzt bekannten Früchte gab es damals schon (natürlich in der Form ihrer wilden Vorläufer), die Gräser, aus denen unsere Getreidesorten entwickelt wurden, und noch einige Arten dazu, die Knollenfrüchte. Außerdem wurden sehr viel mehr Wurzelarten, mehr «Salat»-Sorten aus Knospen, Trieben, Blättern und Stengeln und Baumfrüchte gegessen als heute, Pilze, Algen und Flechten, und auch weit mehr Tiergattungen. Wir haben uns bis heute den Sortenreichtum selbst immer mehr eingeengt. «Die Zeiten geschriebener Geschichte haben uns nicht eine einzige neue Pflanze allgemeinen Gebrauchs beschert; so umsichtig und gründlich ist das Pflanzenreich von den Naturvölkern durchstöbert worden. Das gilt ebensogut für die Nutzpflanzen der nördlichen gemäßigten Zone wie für die der heißen Gegenden ... Erstaunt bekennen wir, daß wir unsere gesamten Nahrungsformen den Vorfahren verdanken.»[12] Was Professor Adam Maurizio 1927 schrieb, in einem Werk, in dem er fast jede einzelne Pflanze auf der ganzen Welt beschreibt, hat sich bis heute durchaus bestätigt.

Aber haben diese armen Menschen nun nicht von Sonnenaufgang bis Sonnenuntergang jagen, hetzen, suchen müssen? In Ermangelung steinzeitlicher Stempeluhren könnte man hier vielleicht, mit aller gebotenen Vorsicht, die Lebensweise heutiger Gesellschaften, die vom Sammeln und Jagen leben, zum Vergleich heranziehen. Sehr ausführlich beschrieben ist das Leben der Kung (früher «Buschmänner» genannt), die in der nördlichen Kalahari leben, also in einer Gegend, die recht kahl und unwirtlich ist. Die Vermutung liegt zumindest nahe, daß es in den tier- und pflanzenreichen Lebensräumen unserer Vorfahren nicht ärmlicher zuging.

Richard Lee hat in den sechziger Jahren mit einer Gruppe Wissenschaftler der Harvard-Universität mehrere Jahre lang die Lebensweise der Kung untersucht. Sie ernährten sich vom Sammeln von Pflanzen und vom Jagen. Bei ihnen wurde die Arbeit nach Geschlechtern aufgeteilt: Die Frauen gingen gemeinsam sammeln, und einige Männer, meist nur zwei oder drei, gingen jagen. Die Frauen fanden zuverlässig und meist relativ schnell; ihnen stand eine Auswahl aus mehr als 100 eßbaren Pflanzen zur Verfügung, wobei allerdings nur eine Sorte Nuß die Grundnahrung war. Die Männer konnten manchmal ein großes Tier erlegen, manchmal aber auch nur mit einem winzigen oder mit gar nichts zurückkommen. Im Durchschnitt brauchten nach Lees Erhebungen die Frauen zwölf Stunden pro Woche, um die Pflanzennahrung für alle herbeizuholen, und die Männer reichlich 21 Stunden, um genügend Fleisch zu beschaffen. Mit allen zusätzlichen Arbeiten wie Nahrung verarbeiten, Geräte zum Jagen und Kochen anfertigen, überhaupt alle Hausarbeit (aber ohne Kinderpflege) ergaben sich 44 Wochenstunden für die Männer und 40 für die Frauen. Immerhin eine etwas behaglichere Arbeitszeit, als unsereins sie hat.

Wieviel kann man daraus auf die Steinzeit schließen? Sicher soviel, daß mein Kinderbuch eines von der dummen Sorte war. Aber nichts ist direkt übertragbar. Andere Jäger-und-Sammler-Gesellschaften lebten anders. Die Sanio-Hiowe sprechende Gruppe in Neuguinea lebte zum großen Teil vom Mark der Sagopalme, das die Frauen sammelten und bearbeiteten, weniger von kleinen Tieren und Insektenlarven. Eine Frau konnte an einem Tag 16 bis 17 Tagesrationen produzieren. Sie arbeitete für die kleine Familie,

Spanische Höhlenmalerei: Wildschweinjagd zur Steinzeit.

während Fleisch meist in der ganzen Gruppe geteilt wurde. Bei den Agta auf den Philippinen gingen die Frauen mit auf Jagd. Die Bellenden-Ker im Regenwald von Nordostaustralien hatten einige Nußsorten als Hauptnahrungsmittel, welche die Frauen sammelten. Auch sie teilten ihre Nahrung. Bei allen beschriebenen Völkern und Gruppen blieb viel Zeit am Tag für freundschaftlichen Umgang, Besuche, Gespräche. Befragt, ob sie sich ihr Leben nicht erleichtern könnten, wenn sie Tiere züchten und Äcker bestellen würden, antworteten die Kung recht höflich, warum sie sich wohl solche unnütze Arbeit machen sollten, wo doch genug zum Leben von selbst zur Verfügung stehe.

Reicht das schon, um anhand dieser Analogien unsere Vorfahren zu beneiden, um in jener Altsteinzeit das «Goldene Zeitalter» zu sehen, das in Mythen und Dichtung beschworen wird, wo es den Menschen gutging, ohne daß sie sich placken mußten, wo in der Dichtung von Hesiod «die Erde reichlich Früchte von selbst»[13] trug, eine Art Paradies? Eine Reihe von Frühgeschichtlern und Ethnologen, Barrau, Camps, Bryant, Chaunu, tendieren in diese Richtung – Camps untertitelte sein Werk über die Frühgeschichte mit *Auf der Suche nach dem verlorenen Paradies*. (Ähnlich fühlten sich die ersten europäischen Besucher auf den Pazifikinseln in ein Paradies versetzt.)

Daß Menschen damals jedenfalls gut ernährt und ziemlich gesund waren, das bestätigt die Analyse ihrer verbliebenen Gerippe und Zähne, die Paläopathologie. Es lassen sich erstaunlich detaillierte Schlüsse aus ein paar alten Menschenknochen ziehen: Zeiten von biologischem Streß, also Hunger oder Krankheit, hinterlassen Spuren; Vitaminmangel, Eisenmangel, Skorbut und anderes sind an der Knochenbrüchigkeit oder -verkrümmung abzulesen, und auch die Größe der Menschen hat mit Ernährung zu tun.

So spricht es deutlich für bessere Ernährung, daß Sammler und Jäger der Altsteinzeit im Durchschnitt größer waren als die Ackerbauern und Züchter der Jungsteinzeit: In Europa waren sie durchschnittlich etwa fünf Zentimeter größer, in der Mittelmeergegend sogar neun Zentimeter, auch in Indien ließ sich ein beträchtlicher Unterschied nachweisen. Sie hatten auch entsprechend weniger Zeichen von Krankheiten und Hungerperioden. Dieselbe Entwicklung war bei den Maya in Mittelamerika zu beobachten: Die Menschen wurden kleiner, und die Zeichen von Krankheit und Unterernährung mehrten sich, je mehr sie seßhaft wurden und eine Stadtkultur sich entwickelte – allerdings mit einer bedeutsamen Ausnahme: Die Oberschicht blieb groß und gesund. Aus Kentucky ergab ein Vergleich zwischen einer Jäger-und-Sammler-Gesellschaft und einer 4000 Jahre jüngeren Siedlung von Ackerbauern, daß die letzteren früher starben, auch eine höhere Kindersterblichkeit hatten, mehr unter Eisenmangel, Infektionen, Knochenhautentzündung und schlechten Zähnen litten.

«Insgesamt gesehen, scheinen die paläopathologischen Daten, die ich untersucht habe, nahezulegen, daß die Qualität der Nahrung absank (und/oder die Wechselwirkung von Krankheit und schlechter Ernährung zunahm), als in den meisten Teilen der Welt die Jäger und Sammler zu Bauern wurden... Weder ethnographische Erkenntnis noch archäologische Befunde unterstützen die allgemeine Annahme, daß Unterernährung oder Hunger bei frühen und/oder ‹primitiven› Gruppen von Menschen verbreitet waren.»[14]

So scheint jene frühe Zeit tatsächlich für die Menschen nicht nur eine Überflußgesellschaft gewesen zu sein, sondern im Gegensatz zu heute eine Überflußgesellschaft für alle Menschen auf der Erde. Zugegeben, es waren damals noch nicht allzu viele.

Die ersten Bauern

Vom kulinarischen Standpunkt aus ist nicht einzusehen, warum die Menschen anfingen, Gärten oder Felder zu bebauen und Tiere zu züchten. Sie hatten genug zu essen, konnten kochen und braten, sie benutzten Gewürze. Gerade waren sie dabei, Keramikgefäße zu erfinden. Sie hätten ihre Kochtechniken auch ohne Landwirtschaft verfeinern können. Warum suchten sie sich aus den vielzähligen Pflanzen- und Tiersorten, die sie aßen, einige wenige heraus, um nur noch diese zu essen? Sie taten es ja ziemlich spät: Wenn man die Zeit vom ersten menschlichen Grillfeuer bis heute wie ein Jahr rechnet, dann ernährten sie sich bis zum vorletzten Tag vom Jagen und Sammeln, erst kurz vor Anbruch des letzten fingen sie an, zu säen oder zu pflanzen.

Auch Wissenschaftler, die nicht nur das Kochen und Essen erforschen, haben lange gerätselt und rätseln noch, warum Menschen Landwirtschaft anfingen. Es gibt zwei total verschiedene Antworten. Die erste ist, daß es eine geniale Erfindung war und die Menschheit ein großes Stück voranbrachte.[15] Die zweite sagt im Gegenteil, daß ihnen nichts anderes übrigblieb, weil ihre Jagdtiere wegen des Klimawandels allmählich ausstarben oder abwanderten, möglicherweise weil sie durch Großjagden und Massenabschlachtereien selbst geholfen hatten, diese Fleischlieferanten auszurotten. Aus Not griffen sie dann sogar auf die winzigsten Körner zurück, die sich immerhin aussäen und vermehren ließen. Es war ein bißchen wie die Vertreibung aus dem Paradies. Nun mußten sie im Schweiß des Angesichts anbauen, was ihnen vorher die Natur von selbst lieferte.

Schon vorher hatten die Menschen ja angefangen, ihre Nahrung umzustellen, auch Kleintiere und Insekten zu jagen, mehr Pflanzennahrung zu sammeln, Wildgräser und Knollenfrüchte zu essen. Hatten angefangen zu ernten, wenn auch nicht zu säen; es gibt Landwirtschaftsgeräte aus Zeiten, in denen sie noch keine Landwirtschaft betrieben. Zwischen 17000 und

Felszeichnung aus der Sahara: die ersten Hirten in Nordafrika.

18000 Jahre alt ist eine Fundstätte in Ägypten, Wadi Kubbaniya in der Nähe von Assuan, wo die Bewohner mit steinernen Klingen in der Ebene des Niltals wilde Gerste ernteten. Wenn nach der Erntezeit die Ebene überschwemmt war, zogen sie sich auf die Höhen der Talränder zurück und verzehrten ihren Vorrat. Fast so alt sind Hacken aus dem Kongobecken und Westafrika, die zum Ernten von wilden Yams oder ähnlichen Knollenfrüchten geeignet waren. Im früheren Kalifornien ernteten Indianer jährlich die reifen Eicheln, die sie in einem komplizierten Verfahren entbitterten und zu Mehl verarbeiteten, das dann längere Zeit lagerfähig war.

Das Ernten machte die Menschen noch nicht zu Bauern, aber es machte sie seßhaft. Die frühen Jäger waren in jährlichem Rhythmus herumgewandert, zwar regelmäßig wieder an dieselben Stellen gekommen, doch nie sehr lange geblieben. Aber wer wollte schon mit einigen Tonnen voll wildem Getreide oder Yams im Gepäck herumwandern? Lange Zeit nahm die Wissenschaft an, feste Dörfer seien als Folge von Landwirtschaft entstanden. Aber die Reihenfolge war umgekehrt: In Gegenden mit reichem Nahrungsangebot legten Menschen Vorratslager an und wurden seßhaft. In der Ebene Zentralrußlands gab es lange vor dem Beginn von Landwirtschaft Siedlungen, Wohnhütten und Lebensmittellager, die aus Mammutknochen gebaut waren. In der Gegend des heutigen Israel und Syrien lebten die Natufier in Dörfern mit eindrucksvollen Ausmaßen von jeweils einigen tausend Quadratmetern, ohne Landwirtschaft zu betreiben. Die runden Wohnräume waren halb in den Erdboden eingegraben, die herausragende Hälfte war aus Holz konstruiert. In ausgeschachteten Vorratslagern hoben sie das wilde Getreide auf, das sie ernteten. In Japan gab es seßhafte Fischer zu ähnlich frühen Zeiten, die auch ein bißchen jagten, aber hauptsächlich von Fischfang und Muscheln lebten – und wohl die ersten Keramiker auf dieser Welt waren. Nach den Bandmustern auf ihren Keramiken nennt man sie *Jomon*-Kultur (japanisch für «Band»).

Forscher probieren gern alles aus; Prähistoriker haben schon mit Steinen gekocht, mit Steinmessern Elefanten zerlegt, und sie haben auch mit Steinsicheln Wildgetreide geschnitten: In einer Stunde Arbeit konnten sie genug wilden Weizen ernten, um ein Kilo Körner daraus zu gewinnen. In Gegenden, wo es genug Wildgetreide gab, war das Ernten also ein durchaus nahrhaftes Geschäft.[16]

Wie nun genau der Übergang vom Sammeln und Ernten zum eigentlichen Anbauen vonstatten ging, das kann man nur vermuten. Eindeutiges gibt die Archäologie nicht her. Möglich ist, daß aus Abfällen, aus weggeworfenen Kernen und Samen, die besonders häufig gegessenen Nahrungsmittel in der Nähe der Ansiedlungen von selbst wuchsen und daß die Menschen das dann förderten. Dafür spricht, daß Wildgräser, die Vorfahren unserer Getreide, sich wirklich wie Unkraut von selbst verbreiten. Möglich ist, daß die Menschen, die in ihrer Nähe keine üppigen Felder von Wildgetreide oder Knollenfrüchten hatten, versuchten, solche auch bei sich anzusiedeln. Dafür spricht, daß erste Spuren von Ackerbau sich oft in Gebieten zeigen, die zwar nahe bei besonders fruchtbaren Gegenden liegen, aber eben doch nur an deren Rand. Möglich ist auch, daß die Menschen «ihre» wilden Felder gepflegt, Tiere verscheucht, störende andere Pflanzen beseitigt haben und so allmählich dazu kamen, auf die erneute Aussaat zu achten. Möglich ist schließlich, daß Menschen, die genug zu essen in der Umgebung vorfanden, anfingen, sich «Luxusgüter» anzubauen. Dafür spricht, daß zum Beispiel in Mexiko Pfefferschoten viel früher angebaut wurden als Bohnen oder Mais.

Fest steht nur, daß dieser Übergang sehr allmählich vonstatten ging, daß die beiden Lebensformen auch lange Zeit nebeneinander bestanden, wie zum Beispiel eine Fundstelle aus dem Iran beweist: Zwischen 7500 und 6700 v. Chr. wurden hier in einem kleinen Dorf Wildgetreide, wilde Hülsenfrüchte, wilde Nüsse und Obst gesammelt oder geerntet und zwei Getreidesorten, Weizen und Hirse, angebaut. Die beiden Kulturgetreide machten ungefähr ein Drittel der Pflanzennahrung aus. Ähnlich sah es übrigens beim Fleisch aus: Circa ein Drittel der Knochenreste stammten von zahmen Ziegen und Schafen, der Rest von wilden Tieren, die gejagt wurden. (Heute werden ja auch noch Pilze gesammelt und Rehe geschossen.)

Man kann sich vorstellen, daß es nicht leicht ist, jahrtausendealten versteinerten, verkohlten oder sonstwie erhaltenen Getreidekörnern anzusehen, ob sie von wilden oder gezüchteten Sorten stammen. Die heutigen Sorten unterscheiden sich erheblich von den wilden, durch ihren im Vergleich gigantischen Wuchs, auch durch mancherlei Mutationen, die leichteres Ernten und Bearbeiten möglich machen, also etwa Körner, die fester an der Ähre haften und nicht schon während des Erntens herunterfallen. Aber damals, am Anfang der Landwirtschaft, als sich wilde und Kultursorten noch sehr ähnlich waren, waren sie kaum auseinanderzuhalten. Ein Teil der unterschiedlichen Datierungen erklärt sich aus dieser Schwierigkeit. Die anfangs erwähnten Ägypter aus Wadi Kubbaniya könnten mit ihren Steinmessern nach Meinung einiger Forscher durchaus auch schon gezüchtete Gerste abgeschnitten haben, denn die hinterbliebenen Körner sind relativ groß. Das würde den bisher vermuteten Anfang von Landwirtschaft bedeutend vorverlegen – auf 15 000 bis 16 000 v. Chr. statt wie bisher angenommen um 7000 v. Chr. Aus dieser späteren Zeit stammen Funde aus dem «fruchtbaren Halbmond», also dem Halbkreis vom heutigen Israel und Syrien bis Iran und Irak, bei denen es sich deutlich um weiterentwickelte Formen von Wildpflanzen handelt.

In letzter Zeit, mit verbesserten Methoden von Altersbestimmung und mit immer neuen Ausgrabungen, stoßen die Archäologen auf immer ältere Spuren. Im Nordwesten von Thailand wurden 11 500 Jahre alte Reste verschiedener Lebensmittel gefunden: Nüsse, Betelnuß, Pfeffer, Flaschenkürbis, eine Bohnensorte, Erbsen, Gurken, Mandeln und Wasserkastanien. Handelt es sich um wilde Sorten? Immerhin wachsen fast alle diese Pflanzen heute wild in den umliegenden Wäldern, Ebenen oder Teichen und wuchsen auch damals schon dort – mit Ausnahme von Kürbis, Gurke, Mandel. Oder stimmt, was die Ausgräber daraus schlossen, daß manche der gefundenen Exemplare besonders groß waren: daß zumindest einige dieser Pflanzen schon gezüchtet wurden?

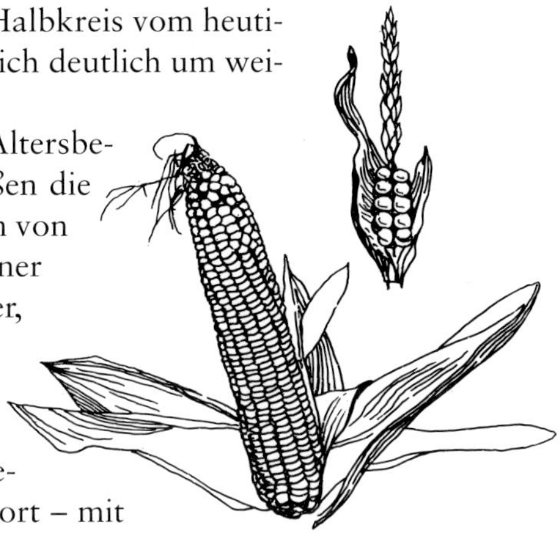

Größenunterschied: kultivierter und wilder Mais.

Das würde eine alte These vieler Vorgeschichtsforscher erschüttern, nämlich die Annahme, daß Ackerbau in Mesopotamien erfunden wurde und sich von dort über die Welt ausbreitete. Nun sind tropische Funde zwar seltener; in heißen und feuchten Gegenden haben Pflanzenreste weit geringere Chancen, Jahrtausende zu überstehen, als in trockenen. Und harte, trockene Getreidekörner haben auch bessere Chancen als feuchte Kartoffel- oder Yamsknollen, die ja in Afrika oder Amerika bevorzugt wurden. Trotz magerer Nachweise aus solchen Teilen der Welt ist man sich heute ziemlich einig, daß in mindestens drei Gegenden unabhängig voneinander Landwirtschaft entstand: im Nahen Osten und Mittelmeerraum, in der Gegend von Indien über Thailand bis Indonesien, in Mittelamerika. Und ziemlich sicher gab es innerhalb dieser großen Räume jeweils mehrere voneinander unabhängige einzelne Zentren. Alle Datierungen aber bleiben vorläufig, da sie ständig durch neue Funde ergänzt werden.

Der besagte thailändische Fund wäre bisher der älteste. Aus Nordchina ist frühe Hirse nachgewiesen. Reis taucht in Asien erst sehr viel später auf. Aus dem 5. Jahrtausend v. Chr. stammt ein Fund von wildem und kultiviertem Reis in China; am unteren Yangtse waren Überreste auf einer Fläche von über 400 Quadratmetern in dicker Schicht verteilt, offenbar ein Dreschplatz. 1000 Jahre jünger ist der Abdruck von Reiskörnern auf einer Scherbe in Thailand; fossiler Reispollen aus Japan. In dieser Zeit wurden in China auch Schweine gezüchtet.

Im Nahen Osten wurden (abgesehen von den früheren umstrittenen Einzelfundstellen) mindestens seit 7000 v. Chr. verschiedene Getreidesorten angebaut: Emmerweizen, Einkornweizen, Gerste. Ungefähr zu der Zeit wurden Schaf und Ziege als Haustiere gehalten. Man sieht schon, wie sich früh die regionalen Vorlieben entwickelten: Noch heute werden ja Reis und Schwein in China, Brot und Hammel in den arabischen Ländern bevorzugt.

Seit mindestens 5000, vielleicht schon 7000 v. Chr. wurden Bohnen und Mais in Mexiko angebaut, außerdem verschiedene Kürbissorten, Avocados und natürlich Chili. Für das Fleisch im «Chili con carne» hätte allerdings nur eine kleine, haarlose Sorte Hund zur Verfügung gestanden, der lange das einzige zahme Schlachttier blieb. Der Truthahn wurde erst viel später gezüchtet. Im allgemeinen wird angenommen, daß verschiedene Kartoffelsorten in Amerika schon vor Mais und Bohnen kultiviert wurden, aber da ist, wie gesagt, die Chance sehr gering, aussagekräftige Spuren zu finden.

Dasselbe gilt für Afrika, wo Yams eines der am weitesten verbreiteten Nährmittel war. Aber da gibt es aus Frühzeiten nicht mehr Spuren als die Hacken, mit denen es ausgegraben und später auch gepflanzt wurde. Verschiedene Hirsesorten und Reis sind in Westafrika im 3. Jahrtausend v. Chr. nachgewiesen.

In Neuguinea wurden vor 6000 Jahren in Sumpfgebieten Süßkartoffeln angebaut, die nicht viel Feuchtigkeit vertragen. Schon zu so früher Zeit hatten die Kartoffelzüchter eine Technik entwickelt, diese Sumpfgebiete zu entwässern. Archäologen fanden Reste eines Entwässerungssystems, in dem zwischen sehr breiten Gräben jeweils trockene Inseln entstanden. Aus späteren Schichten geht hervor, daß dieses Entwässerungssystem immer aufwendiger wurde. Da die Gräben den natürlichen Wasserhaushalt störten, wurde die Gegend im Lauf der Zeit immer sumpfiger. Die Umweltzerstörung ging also, wenn auch in bescheidenem Maßstab, schon Hand in Hand mit der Technik.

Eine andere Technik war die Brandrodung, die von Neuguinea bis Europa praktiziert wurde. Die Bauern brannten Bäume oder Buschwerk ab, säten und pflanzten in der düngenden Asche, und wenn nach einigen Jahren der Boden erschöpft war, zogen sie weiter und ließen die Wildnis wieder nachwachsen. In Deutschland, in der Nähe von Köln, ist aus der Jungsteinzeit eine Stelle ausgegraben, die über viele Generationen hinweg in regelmäßigen Intervallen benutzt und dann wieder brach liegengelassen wurde – jeweils etwa zehn Jahre Benutzung und 50 Jahre Brache, und das siebenmal hintereinander.

Auch frühe Bewässerungssysteme sind bekannt, aus dem Nahen Osten und aus Mexiko. Auf dem Gebiet des heutigen Iran und Irak sind solche Bewässerungskanäle aus der Zeit von etwa 5000 v. Chr. nachgewiesen, die jeweils von Flüssen abgeleitet wurden. So wurde ein Streifen bis zu fünf Kilometer Breite entlang der Flüsse nutzbar; und es ist auch abzulesen, daß mit der Bewässerung die Größe der geernteten Körner stark zunahm. Aber die Bewässerung hatte nicht nur segensreiche Wirkung. Wenn nämlich nicht gleichzeitig für ausreichende Entwässerung gesorgt wird, dann sammelt sich Salz im Boden, bis zu solchen Mengen, daß einige Pflanzen wie etwa Weizen nicht mehr wachsen können. Die archäologischen Funde machen klar, daß das tatsächlich passiert ist: In einigen Gegenden verschwand nach dem Einführen von Bewässerung der Weizen und wurde durch Gerste ersetzt, die Salzboden besser verträgt. In anderen Gegenden, wo kiesiger Untergrund für natürliche Entwässerung sorgte, entstand dieses Problem nicht. Wo immer Landwirtschaft betrieben wurde, fingen die Menschen jedenfalls an, nachdrücklich ihre Umwelt zu verändern, oft mit Auswirkungen, die sie vorher nicht abgesehen hatten.

Landwirtschaft sorgte dafür, daß es mehr verfügbare Nahrung gab. Aber nicht mehr für jeden einzelnen, denn die Bevölkerung wuchs entsprechend dem Nahrungsangebot. Im südwestlichen Iran zum Beispiel lebte, wie sich aus Siedlungsresten ablesen läßt, zur Jäger-und-Sammler-Zeit eine Person auf zehn Quadratkilometern, in der frühen Landwirtschaftszeit zehn bis 20, als bewässert wurde, etwa 60. Anderswo auf der Erde wuchs die Bevölkerung ähnlich schnell. Je größer die seßhaften Gruppen wurden, desto weniger konnten sie sich durch Jagen oder Sammeln aus ihrer Umgebung ernähren, desto mehr wurden sie tatsächlich von der Landwirtschaft abhängig. Das Ergebnis davon war, daß sich die Zusammensetzung der Nahrung grundsätzlich veränderte. Jetzt mußten die Leute überall auf der Welt von dem jeweiligen «Grundnahrungsmittel» satt werden, ob Reis, Weizen oder Kartoffeln; die Vielzahl von anderer Pflanzennahrung, die sie vorher verzehrt hatten, schrumpfte, Fleisch gab es viel weniger als vorher und meist nur für die Oberschichten. Denn auch das veränderte sich seit dem Beginn der Landwirtschaft: Die Menschen teilten ihre Nahrung nicht mehr gleichmäßig. Seit Überschuß produziert werden konnte, gab es Reiche, die über ihn verfügten, und Arme. Die aßen und kochten bald sehr unterschiedlich.

KÜCHE DER ARMEN

Brei

Zu Diogenes, dem Philosophen in der Tonne, sagte einmal jemand, Athen sei eine schrecklich teure Stadt: Eine Metzelsuppe in einem Gasthaus koste drei Drachmen, ein ganzes Schaf gar eine Mine. Diesen Mann führte Diogenes auf den Markt zu einem Stand mit Lupinen. «‹Was kostet der Scheffel?› ‹Zwei Obolus›, hieß es. ‹Wahrhaftig, eine billige Stadt!› rief Diogenes. Dann ging er zu den Feigen: ‹Vier Obolus.› – ‹Und die Myrtenbeeren?› – ‹Vier Obolus.› – ‹Eine billige Stadt!›» So berichtete es Teles[1] und zog den naheliegenden Schluß, nicht eine Stadt sei billig oder teuer, sondern die jeweilige Lebensweise seiner Bewohner.

Die überlieferten Speisenfolgen dieses oder jenes Banketts, die schönen Rezepte der historischen Kochbücher, die appetitlichen Zutaten genoß ja nur ein Teil der Bevölkerung – meist ein sehr kleiner Teil. Der andere Teil hatte seine eigenen Zutaten – die billigeren, Schwein statt Wildbret oder Geflügel, Lupinen, Hafer oder Kartoffeln statt Weizen oder Reis. Und seine eigenen Rezepte: Weltweit waren in der Küche der Armen zwei Zubereitungen verbreitet, nämlich der Getreidebrei und der Eintopf.

Die verschiedenen Breizubereitungen sind nicht in den Kochbüchern überliefert, welche für die Hofküchen und später für die kochende Bürgerschicht verfaßt wurden. Es ist schon eine Ausnahme, wenn Rezepte für die arme Küche mit Mengenangaben und Zubereitungszeit aufgeschrieben wurden, wie es Frederick Eden in seinem Buch *The State of the Poor* 1797 tat. Als Beispiel das Rezept für den schottischen Porridge, genannt «eiliger Pudding»:

«Er wird bereitet aus Haferschrot, Wasser und Salz in der folgenden Weise: Zu einem Liter Wasser, das in einem offenen Topf kocht, wird eine kleine Menge Salz gegeben und nach und nach fast ein halbes Kilo Haferschrot, wobei mit einem Stock oder Löffel umgerührt wird. Nach zwei oder drei Minuten wird der kochende Brei recht dick; dann wird er aus dem Topf genommen und ist fertig zum Essen. Ein weiteres Kochen würde die Speise zäh und klebrig machen. Die oben angegebene Ziffer genügt für eine Mahlzeit von zwei Tagelöhnern. Beim Essen wird der ‹eilige Pudding› mit ein bißchen Milch oder Bier übergossen; oder es wird ein kleines Stück Butter in die Mitte gesetzt; oder ein bißchen Sirup. Dieses Gericht ist außerordentlich nahrhaft.»[2]

Im Schlaraffenland muß man sich erst durch den Breirand fressen, bis man an die guten Sachen kommt, die Würste, Braten und Kuchen. Brei war im armen Europa die Alltagsnahrung, Brei gab es oft morgens, mittags und abends und nur selten Beilagen dazu. Getreide zu Brot zu verarbeiten war schon wesentlich aufwendiger. Aus dem schottischen Rezept kann man sehen, daß man kaum Arbeit oder Brennmaterial brauchte; wichtiger war, daß weder Backofen noch Mühle benötigt wurden. Nur wenige Bauernhöfe hatten einen Backofen; manchmal besaßen Dörfer einen gemeinsamen, meist aber war der Backofen im Besitz des jeweiligen Grundherrn. Der hatte zugleich das Mühlenprivileg; Brotgetreide mußte dort gegen Bezahlung fein gemahlen werden, aber zu grobem Schrot für den Brei konnte man es im Mörser oder in der Handmühle selbst zerkleinern.

Der Vorteil, daß weder Backofen noch Mühle benötigt wurde, galt natürlich um so mehr für die Zeit, als beides noch nicht erfunden war – Brei war die früheste Art, Getreide zuzubereiten. Die Menschen der Steinzeit konnten Körner auf heißen Steinen rösten, zwischen Steinen zermahlen und dann in einem Gefäß aus Leder, Korb oder Ton mit Wasser verrühren, das mit Steinen erhitzt war. Dazu brauchten sie noch nicht einmal feuerfeste Töpfe.

Das Ur-Rezept wurde im Lauf der Jahrtausende nur wenig variiert. Aus dem tibetanischen Kochbuch von Rinjing Dorje entnehme ich die folgende Anweisung: «Man erhitzt feinen Sand in einer großen schweren Pfanne. Dann wird das Getreide in den heißen Sand gegossen und gerührt. Auf diese Weise röstet es ebenmäßig und brennt nicht an. Nach dem Rösten werden Sand und Getreide in ein Sieb gegeben, und der Sand wird ausgesiebt ... Mahle das geröstete Getreide in einer Mühle, bis es so fein wie Mehl ist (in Tibet hat so gut wie jedes Haus eine Handmühle aus Stein). Nun ist es Tsampa.»[3] Tsampa, sagt das Kochbuch, ist meistens aus Gerste, aber man kann auch Weizen, Mais, Hirse, Hafer, sogar Sojabohnen nehmen. Es ist das Hauptnahrungsmittel in Tibet. Man kann daraus einen Wasserbrei machen, besser mit etwas Butter dazu, aber der besondere tibetanische Genuß ist Pag, Tsampa mit Butter, Zucker und starkem Tee zu einem Teig verrührt. Für Reisende gibt es besondere Lederbeutel, in denen man beim Gehen sein Pag kneten kann. Tsampa war in ganz Mittelasien und Sibirien verbreitet.

Der Brei unserer Vorfahren war fest und steif, wie Pag oder wie der schottische «eilige Pudding», man konnte ihn mit den Fingern oder sogar dem Messer essen. Man machte ihn aus Gerste, Roggen, Hafer oder Buchweizen, in Südeuropa auch aus Hirse – selten aus Weizen, daraus wurde das Brot der Reichen gemacht. Die Azteken und Maya machten Brei aus Mais, und nachdem der Mais in Europa eingeführt worden war, gab es besonders in Italien und Spanien auch Maisbrei. Das verwendete Getreide bedeutete durchaus mehr oder minder Prestige. Aus Irland ist eine gesetzlich niedergelegte Beziehung zwischen Getreidesorte und Klassenzu-

Pietro Longhi, La Polenta, *18. Jahrhundert.*

gehörigkeit überliefert: Im *Senchas Mor*, einem Gesetzestext vom Beginn des 8. Jahrhunderts, ist unter anderem vorgeschrieben, wie Kinder, die in Pflege gegeben werden, ernährt werden müssen: «Die Kinder der unteren Schichten bekommen gerade ausreichend viel Brei aus Hafermehl und Buttermilch oder Wasser, zu dem alte Butter gegeben wird. Die Söhne der Oberschicht bekommen Brei satt, aus Gerstenmehl und frischer Milch, dazu frische Butter. Die Söhne von Königen bekommen Brei aus Weizenmehl und frischer Milch, dazu Honig.»[4]

Manchmal wurden Bohnen oder andere Hülsenfrüchte in den Brei gemischt, oft gab es sauren Kohl dazu. Manchmal wurde der Brei selbst gesäuert, indem man das Getreide mit heißem Wasser übergoß und über Nacht gären ließ. Es mußte nicht einmal Getreide sein. Wer keines hatte, bereitete seinen Brei auch aus Kastanien oder Eicheln zu, die durch umständliches Wässern entbittert wurden. Das galt in Europa als Notnahrung, anderswo auf der Welt war es eher Alltag. Mus oder sogar Brot aus

Eichelmehl war für nordamerikanische Indianer fast ein Grundnahrungsmittel. Auch die Tataren auf der Krim trockneten und dörrten Eicheln, wässerten sie dann in Kalkwasser und bereiteten sich so ihr Mus. Die armen Jakuten stellten sogar aus der inneren Rinde von Kiefern und jungen Fichten, die getrocknet und zerstoßen wurde, eine Art Mehl her, aus dem Brei und auch Brot gemacht wurde. Von seiner Forschungsreise auf die Kanarischen Inseln schrieb Humboldt: «Die Wurzel der Pteris aquilina (eine Farnsorte) dient den Bewohnern von Palma und Gomera zur Nahrung. Sie zerreiben sie zu Pulver und mischen ein wenig Gerstenmehl darunter. Dieses Gemisch wird geröstet und heißt Gofio. Ein so rohes Nahrungsmittel ist ein Beweis dafür, wie elend das niedere Volk auf den Kanaren lebt.»[5]

Im antiken Rom war der «rohe» Brei für manche ganz im Gegenteil der Beweis, daß man nach alter Hausväterart lebte und sich nicht von der neumodischen Dekadenz anstecken ließ. In diesem Sinne focht jedenfalls Cato im 2. Jahrhundert v. Chr. für den traditionellen «puls», den Getreidebrei, der ursprünglich das Hauptnahrungsmittel der Römer gewesen war. Die neumodische Dekadenz, das waren die griechischen Bäcker, die nach Rom ihre Kunst gebracht hatten, aus Getreide unendlich viele Variationen von Brot zu backen. Je mehr sich das Brotessen verbreitete und je weiter auch sonst die Kochkunst Fortschritte machte, desto mehr wurde «puls» zur Speise für Arme und Sklaven. Cato versuchte, mit etwas üppigeren «puls»-Rezepten seine Landsleute für die Vorväterart zurückzugewinnen: «Puls punica: ein Pfund eingeweichte Graupen, drei Pfund frischer Quark, ein halbes Pfund Honig, ein Ei»[6]. Aber wer sich Honig und Ei leisten konnte, der leistete sich lieber gleich griechisches Brot und Wachtel.

In Reisländern war der Brei weniger verbreitet, denn Reis kocht und ißt sich, wie er ist, ohne daß man ihn zu Schrot oder Mehl für Brei zerstampfen müßte. In der Han-Zeit (206 v. Chr. bis 220 n. Chr.) war Reis das Getreide der Wohlhabenden; im reichen Süden Chinas wurde Reis gegessen, im ärmeren Norden aß man Hirsebrei. 1000 Jahre später schrieb ein chinesischer Autor, daß selbst die Ärmsten jeden Tag sieben Dinge brauchten: Feuerholz, Reis, Öl, Salz, Sojasauce, Essig und Tee.[7] Zu dieser Zeit und auch noch später sahen wiederum die Japaner mit Neid auf die Reis essenden Chinesen – bei ihnen war Reis bis ins 17. Jahrhundert eine Oberklassenspeise. Auch in Indien begnügten sich die Ärmeren mit Hirse, das Begleitgemüse dazu wurde in Öl zubereitet – bei den Reicheren waren es Reis und geklärte Butter. Im 16. Jahrhundert berichtete der arabische Afrikareisende Leo Africanus aus Marokko von einem Brei aus Sorghum, der in den Bergen gegessen wurde. Das Getreide wurde erst geröstet, dann geschrotet und mit Wasser oder auch Öl vermengt. Auch im Flachland traf er auf Brei: «Die Armen, die nur ihr Land bestellen, um gerade leben zu können und dem König Steuern zu zahlen, müssen von einer Handvoll Mehl leben, das sie in Wasser oder in Milch aufkochen, manchmal rösten sie sich ein bißchen Gerste in einer Pfanne oder einen Fladen.»[8] Die Mittelschicht und die Reichen aßen ihr Getreide in Form von Weißbrot oder Couscous – mit viel Fleisch.

Aus Europa verschwand der Brei langsam gegen Ende des 18. Jahrhunderts, wurde teils durch die billige Kartoffel ersetzt, teils durch Brot, zu dem man den immer populärer werdenden Kaffee und Tee trank oder ihre Ersatzprodukte. Vor allem in England ernährte sich die Unterschicht zu einem wesentlichen Teil mit Marmeladenbrot und Tee. Aber in Norddeutschland zum Beispiel aßen Bauern und Landarbeiter noch im 19. Jahrhundert morgens und abends einen Brei aus Roggen und Buttermilch. Der Frühstücksporridge hat sich auch in den feinen Schichten in England durchgesetzt und bis heute gehalten (allerdings gibt es oft vorher Würstchen, Ei oder Räucherfisch und hinterher Marmeladentoast). In Deutschland essen manche, die gesund leben wollen, zum Frühstück ein Schweizer Müesli.

Der Kontinent, der am stärksten an der Breitradition festhält, ist Afrika. Hier wird er auch aus Knollengewächsen wie Kassava oder Yams gemacht. In den siebziger Jahren schrieb van der Post: «Funge ist Afrikas Ersatz für Brot, ein alter Freund, dem ich von der Sahara bis zur Kalahari begegnet bin; es ist die kongolesische Version von Kassava oder anderem Mehlbrei in Westafrika, dem Poscho in Ostafrika oder dem Mealie, dem Maismehl, in Zululand. Funge ist ein dicker Brei, den man mit den Fingern essen kann, und wird aus Maismehl, Maniok oder Hirse gekocht.»[9] Im Senegal heißt er Futo, in Ghana Fufu, in Sambia Nshima, bei den Bantu Motepa und bei den Bemba Ubwali. Meist wird das Getreide dafür in bauchhohen und schmalen hölzernen Mörsern zerstampft, an denen zwei oder drei Frauen gleichzeitig arbeiten, mehrere Stunden lang. Auf unzähligen Fotos sind sie verewigt, die Frauen, die an den großen Mörsern stehen – für die reisenden Weißen mit den Fotoapparaten waren sie das typische Bild des dörflichen Afrika. «Ubwali wird aus grob gemahlenem Mehl gemacht, meist aus Hirse, auch aus Mais oder Kassava. Das wird in kochendes Wasser geschüttet, gerührt, bis die Mischung fest ist, und dann mit einem kräftigen Holzlöffel geknetet und geschlagen. Es wird in offenen Eßkörben serviert, in warmen braunen runden Stücken. Das heiße Wasser und das Mehl werden im Verhältnis 3:2 gemischt, so daß eine feste Masse entsteht, die etwa die Konsistenz von Knetgummi hat und ganz anders ist als das, was wir Porridge nennen. Ubwali wird in Brocken gegessen, die mit der Hand abgerissen werden, zu Bällchen gerollt, in Sauce getaucht und ganz hinuntergeschlungen.»[10] Der Brei ist so fest, daß Schulkinder einen kalten harten Klumpen für die Pause mitnehmen. Der «eilige Pudding» läßt grüßen. Was in Schottland Milch oder Bier bewirkte, nämlich daß man diesen harten Brei besser hinunterkriegen konnte, das tut in Afrika die Sauce.

Eine dicke Sauce, man könnte auch sagen einen Begleit-Eintopf, gibt es in Afrika überall, wo es Brei gibt. Sie besteht fast immer aus geschmorten Gemüsen, mal mit Erdnußbutter angereichert, falls vorhanden mit Fleisch oder Fisch, auch mit Insekten, mit Pilzen, Zwiebeln, mit Sauermilch, mit Gewürzen. Der Brei ist immer derselbe, bei der Sauce ist die Variationsmöglichkeit groß. Wieviel jeder von der Sauce bekommt, geht nach Rang in der Familie und Alter: Kinder dürfen nur hineintippen, ältere Personen dürfen auch eine Art Löffel aus dem Brei formen und sich damit die guten Stücke herausschaufeln. Aber die Sauce ist nicht das Eigentliche, sie ist nur Begleitung. Nur der Brei gilt als «richtiges» Essen. Wenn jemand aus religiösen Gründen, aus Trauer oder warum auch immer fasten will, hört er auf, Brei zu essen; Gemüse, Obst, Nüsse zählen nicht.

Die afrikanischen Breirezepte bieten noch einige Variationen an: Man kann ihn dünner kochen, daß sich eine porridgeähnliche Suppe ergibt, die auch kalt gegessen werden kann; er kann als Klößchen in der Sauce liegen, wenn genug Sauce da ist; man kann kleine Bällchen formen, würzen und braten. So haben es schon arabische Reisende im Mittelalter beschrieben, so war es noch in diesem Jahrhundert. Und wenn sich auch besonders in den Städten die «europäischen» Lebensmittel durchsetzen, wenn auch allmählich nur noch diejenigen Brei essen, die sich kein Brot leisten können, so macht er inzwischen eine neue Karriere als nostalgisches Essen bei denjenigen, die sich auf ihre vorkolonialen Wurzeln besinnen. Wenn sie sehr viel Zeit habe und gute Freunde zu Gast, sagte mir Ama Ata Aidoo, Schriftstellerin aus Ghana, dann müsse Fufu auf dem Tisch stehen.

Eintopf

Die Sauce beim afrikanischen Brei ist nichts anderes als das zweite Grundrezept der armen Küche: der Eintopf. Auch dieses Rezept stammt aus der Frühgeschichte der Menschheit; schon in Zeiten, wo es noch keine oder nicht sehr stabile feuerfeste Gefäße gab, konnte auf kleinem Feuer oder mit Hilfe von heißen Steinen ein Eintopf vor sich hinköcheln. K. V. Flannery hat Ausgrabungen in Ali Kosh im südwestlichen Iran durchgeführt, das schon in der Zeit von 7500 bis 5600 v. Chr. besiedelt war. Er vermutet, daß in dieser Zeit der Eintopf ein gängiges Gericht war:

«Die frühen Getreide, Emmerweizen und zweireihige Gerste, sind ziemlich unbrauchbar zum Brotmachen; ihre Körner wurden zerstoßen und zusammen mit Teilen der holzigen Ähre gegessen. Da es keine verbrannten oder verkohlten Knochen gibt, ist anzunehmen, daß das Fleisch gebraten wurde, nachdem es vom Knochen geschnitten war, oder daß es gekocht wurde; es gibt wenig Hinweise, daß Fleisch direkt am Knochen gegrillt wurde. So ist es durchaus möglich, daß ein typisches Essen aus der Zeit des frühen Ackerbaus aus einem Gemisch von Getreidekörnern, Ähren, wilden Hülsenfrüchten und Fleisch von Huftieren bestand, das zusammen gekocht wurde.»[11]

Rechte Seite: Suppe in Japan: Koriusa, 19. Jahrhundert.

So ähnliche Eintöpfe blieben im Iran beliebt bis in die Gegenwart. Sie wurden und werden auch sonst überall auf der Welt zubereitet. Kein schlechter Rekord für ein Rezept. Zum Beispiel das Hominy der nordamerikanischen Indianer, das später die weißen Siedler übernahmen, bestand aus grobgemörsertem Mais, Bohnen und Fleisch oder Fisch, die alle zusammen eine Nacht lang auf kleinem Feuer gekocht wurden. Für ihre Sklaven ließen die Siedler allerdings Fleisch, Fisch und am liebsten auch noch die Bohnen weg. Aus Getreide, Hülsenfrüchten und Fleisch kochten sich auch die Germanen ihren Eintopf. Mit einem Eintopf aus Gerstenschleim und dicken Bohnen wurden in Rom die Gladiatoren ernährt. Die Ägypter verwendeten in ihren Eintöpfen viele Gewürze wie Zwiebel, Lauch, Dill, Koriander, Kümmel, Feigensaft, Essig, und in der arabischen Küche machten Nüsse oder Mandeln, die gegen Schluß der Kochzeit in den Topf kamen, das weiche Einerlei des Eintopfs mit ihrer Knackigkeit interessanter.

In der arabischen Küche wurde auch der Doppeltopf verwendet: Unten köchelte ein Gemisch hauptsächlich aus Gemüse, und in dem Aufsatz mit durchlöchertem Boden, der darübergesetzt wurde, zog im Dampf der Couscous, der geschrotete Weizen oder die Hirse gar. Denselben Doppeltopf gibt es in der chinesischen Küche; während unten der Eintopf gar wird (der Keng), dämpft im Aufsatz der Reis. Solche Gefäße gab es in China schon in frühester Zeit, und das Prinzip des Kochens und Essens war dasselbe: Reis wurde extra serviert, und dazu gab es ein Begleitgericht aus Gemüse oder auch Fleisch oder Fisch (je reicher die Küche, desto mehr Begleitgerichte). Das *Li-Chi*, das Etikettebuch des 5. Jahrhunderts v. Chr., sagt: «Keng wird von allen gegessen, von den Fürsten bis hinunter zum einfachen Volk, der Stand spielt keine Rolle.»[12] Aber natürlich gab es sehr verschiedene Kengs: Bohnen mit Knoblauch war die einfache Version, die luxuriöseren Varianten waren mit Fleisch. Aus der Han-Zeit wurde berichtet, daß der Kaiser eines Tages das Haus eines normalen Bürgers besuchte; ein Eunuch kaufte schnell auf dem Markt feine Hirse und Fleisch-Keng, um den Kaiser darüber zu täuschen, was seine Untertanen zu essen hatten. Fleisch im Eintopf hatten sie also normalerweise nicht – aber immerhin muß es genug Kundschaft gegeben haben, daß Garküchen auf dem Markt so etwas vorrätig hatten.

Ähnlich wie Keng und Reis wird der afrikanische dicke Brei mit der Eintopfsauce hergestellt. Adrian Adams hat in den achtziger Jahren im Senegal dabei zugesehen: «Yali füllte den dreifüßigen Eisentopf zur Hälfte mit Wasser und setzte ihn auf ein Feuer, für das sie Scheite wie Radspeichen zusammenlegte. Als das Wasser kochte, warf sie die zerkleinerten Blätter (einer Erbsensorte) hinein. Nachdem die Blätter eine Weile in dem Topf geköchelt hatten, kamen die restlichen Zutaten: ein Stück Trockenfisch, den sie vorher wusch und so gut es ging entgrätete, trockene Zwiebel, ein Kilo Erdnüsse, zu feinem Mehl gemörsert, eine Handvoll trockene Chili-

雛形若菜の初模様
扇屋内
花扇
湖龍斎画

schoten, mehrere Handvoll Salz. Ein kleiner Junge sagte, daß es unten am Fluß Fisch zu kaufen gebe, und wurde gleich losgeschickt. Er kam mit einem halben Dutzend kleiner Fische wieder, die sofort gesäubert und in den Topf getan wurden. Der Eintopf köchelte dann langsam über dem erlöschenden Feuer.»[13] Diese Menge war zur Begleitung von acht Kilo Hirse gedacht, die über dem Eisentopf im Dampf gar zogen.

Daß der Eintopf über die Jahrtausende in den meisten Haushalten so beliebt war, hatte einen sehr praktischen Grund: Auf ihren Feuerstellen gab es Platz für nur einen Topf. Wenn man in Heimatkundemuseen die Küchen früherer Zeiten besichtigt, dann sieht man meist nicht mehr als einen Kamin, mit dem auch das Haus geheizt wurde. Über dem Kaminfeuer hängt an einem Haken ein großer Kessel, an einer Kette, an der man ihn höher oder tiefer hängen kann. Nur in Schlössern und reichen Bürgerhäusern gab es besser eingerichtete Küchen. Die arabischen Küchen bestanden oft aus nicht mehr als einem Topf mit drei Beinen, unter dem ein Feuer entzündet wurde – im Hof oder notfalls auch innerhalb des Gebäudes. So ähnlich haben auch Griechen und Römer gekocht, wenn sie nicht zu den Reichen gehörten, die aufwendige Küchen besaßen.

Natürlich hätte man an einem offenen Feuer auch grillen können. Aber wenn es in der armen Küche Fleisch gab, dann war es meistens das Fleisch der alten ausgedienten Nutztiere: das Huhn, das keine Eier mehr legte, die Kuh oder Ziege, die keine Milch mehr gab. Diese Tiere waren dann so alt und zäh, daß sie nur durch langes, langsames Köcheln noch genießbar gemacht werden konnten. Außerdem wäre es auch als Verschwendung betrachtet worden, ein Stück Fleisch einfach zu braten und zu essen, ohne es dazu zu benutzen, einer großen Menge Getreide und Gemüse (und Wasser) Würze und Geschmack zu geben. Der Kessel hing ja ständig über dem Feuer, wurde nie ganz geleert; die alte Brühe gab ihren Geschmack noch weiter an Kohl oder Gemüse, Hülsenfrüchte, Getreideschrot – was immer da war, wurde nachgefüllt. Und wenn es wieder ein Stück Fleisch gab, hinterließ es für viele Tage seinen Geschmack im Suppentopf.

Zwischen dem 14. und 16. Jahrhundert gab es Fleisch in Europa sogar relativ häufig. Bartolomé Bennassar hat in der *Histoire de la Consommation* aus einer Unmenge von Einzelangaben hauptsächlich aus Frankreich und Italien einen Durchschnitt errechnet, der zwischen 20 und 40 Kilo pro Person und Jahr liegt; ähnliche Zahlen nimmt Hauser für die Schweiz an; Wiegelmann kommt für die ersten Jahrzehnte des 16. Jahrhunderts in Deutschland sogar auf einen «Durchschnitt um und über 100 kg Fleisch im Jahr»[14]. Danach wurde Fleisch jedoch immer seltener und verschwand von den ärmeren Tischen ganz.

Vom Nährwert der Eintöpfe und Suppen waren einige Wohlhabende fasziniert, die sich Gedanken über die Ernährung von armen Leuten machten. Einer von ihnen war der berühmte Graf Rumford mit der nach ihm benannten Suppe, die er 1784 im Dienste des Bayerischen Hofes als billige Soldatennahrung erfunden hatte und dann zur Ernährung der Armen propagierte. «Es hat mich nicht wenig überrascht zu entdecken, ein wie geringes Maß fester Nahrung, wenn sie nur ordentlich zubereitet wird, ausreichend Hunger stillen kann und Leben und Gesundheit erhalten und mit wie wenig Kosten selbst ein kräftiger und schwerarbeitender Mann ernährt werden kann.»[15] So schreibt er selbst in einem Essay über seine Suppe – die «ordentliche Zubereitung» der wenigen festen Nahrung bestand darin, sie mit möglichst viel Wasser zu mischen. Er läßt sich dann über den gewaltigen Nährwert von Wasser aus, den man schon daran erkenne, daß Pflanzen sich allein davon ernähren könnten. Kein Wunder, daß er für so klassenbewußte Erkenntnisse zum Grafen gemacht wurde – vor seiner Suppe war er ein schlichter Benjamin Thompson. Hier also das Rezept: Gerstengraupen mit viel Wasser kochen, dann Erbsen dazu, zwei Stunden weiterkochen, dann Kartoffeln dazu und noch eine Stunde kochen. Viel rühren, daß alles eine gleichmäßige Masse wird. Am Schluß mit etwas Essig und Salz würzen und Brotscheiben hineingeben.

Rumford hatte einen Vorläufer, nämlich Jacques Dubois, genannt Sylvius, Arzt aus Montpellier, der zwischen 1542 und 1546 mehrere Traktate über die Ernährung der Armen schrieb. Er empfahl auch eine dicke Suppe aus Mehl, Hülsenfrüchten, Brot (Kartoffeln gab es ja noch nicht), aber immerhin auch Fett und Fleisch; in Zeiten der Not statt Mehl und Brot Kastanien und Kleie, statt Fleisch Knorpel, zarte Knochen, Sehnen, Würmer, Nattern... Hauptsache, lange genug gekocht. Solche Schriften verblüffen, weil diese Grundzubereitung von allen möglichen erhältlichen Lebensmitteln schon immer bekannt war. Es hätte auch sicher kein armer Bauer eine Schrift eines Arztes aus Montpellier gelesen, wenn sein Hafervorrat sich dem Ende näherte. War das Ganze vielleicht nur dazu da, die Reichen zu lehren, wie man Diener und Angestellte schlechter ernähren kann? Generell war es im Gegenteil so, daß das Gesinde auf großen Höfen und auf Schlössern besser ernährt war als die kleinen Bauern und Pächter – bis ins 16. Jahrhundert war es gar nicht ungewöhnlich, daß in der Gesindesuppe jeden Tag (außer an Fastentagen) reichlich Fleisch war. Das Huhn, das sich Heinrich IV. Ende des 16. Jahrhunderts für jeden seiner Untertanen an jedem Sonntag wünschte, war ein «poule au pot», ein Eintopf.

Die Nazis verordneten den Deutschen einmal im Monat den Eintopf-Sonntag, eine Sparmaßnahme, die zugleich Volkstümlichkeit und Solidarität ausstrahlen sollte: Auch die Reichen mußten vor ihrem Suppentopf sitzen! Vielleicht spielte bei der Liebe zum Eintopf auch noch eine Nostalgie nach den Gulaschkanonen des Ersten Weltkriegs eine Rolle.

Die Arme-Leute-Suppen fanden mit entsprechenden Veränderungen auch ihren Weg in die reiche Küche. Mit einer Fleischeinlage wurde die Rumford-Suppe im 19. Jahrhundert in bürgerliche Kochbücher aufgenommen. Mit viel Lammfleisch, Huhn und Würsten garniert, rückte auch das einfache Couscous zur Höhe der feinen Gerichte auf. Ein zu hohen Ehren gekommener Armen-Eintopf ist die Bouillabaisse, ursprünglich von den Fischern zusammengekocht aus den Fischen, die zu klein und zu grätig waren, als daß man sie hätte verkaufen können. Der Knoblauch war das billigste Gewürz aus dem eigenen Garten. In diese Suppe tunkten sie ihr dunkles Brot. Das Rezept hat sich gar nicht viel geändert – nur werden jetzt auch edle Fische verwendet, der teure Safran als Gewürz, und das Brot ist weiß. Von ganz unten, von den Tischen der armen russischen Leibeigenen, machte die russische Kohlsuppe ihren Weg bis auf den Tisch von Zar Alexander – der Starkoch Carême, drei Jahre im Dienst des Zaren, hatte sie für ihn hoffähig zubereitet.

Auch das Gazpacho, eine erfrischende, kalte Sommersuppe, die sich in besten Restaurants auf der Karte findet, begann seinen Weg als schnell bereitete einfache Speise. Die Grundzutaten waren Brot, Öl, Essig und Knoblauch, gut gemischt und mit Wasser verrührt, früher auch mit heißem, eine Bauernsuppe, die man überall aß, wo altes, hartes Brot zu verwerten war. Ein Reisender beschreibt, wie solche Suppe 1789 in Südwestfrankreich zubereitet wurde (ausnahmsweise mit Butter): «Das Brot liegt mit einem Stück Butter in einem großen Holzteller schon bereit, und dann gießt man kochendes Wasser darüber: die Suppe ist fertig. Eine Knoblauchzehe und eine rohe Zwiebel, von der Köchin kleingekaut und dann hineingespuckt: das ist die Würze.»[16] Die spanische Version wurde nur gerührt, niemals heiß gemacht. Die Zutaten, die heute die Hauptsache ausmachen, Tomate, Gurke und viele Kräuter, kamen erst später als kleiner Luxus hinzu. Heute sind vom Brot nur noch einige geröstete Brocken übrig, die in die Suppe geworfen werden. Dafür schwimmt manchmal ein Hummerstück darin, und den «Pot au feu vom Hummer», den Hummereintopf, haben wir schon in manchem besternten Lokal getroffen.

Die Sklaven im Süden der USA kochten sich häufig ihren afrikanischen Traditionseintopf: Reis und Erbsen, gewürzt mit rotem Pfeffer. Im 19. Jahrhundert tauchte dieser Eintopf als «Hoppin' John» in bürgerlichen Kochbüchern auf, angereichert mit Würsten und Speck. In einem Kochbuch unseres Jahrhunderts wird er gar als traditionelles Neujahrsgericht vorgestellt.[17]

Der einzige Eintopf, der sozial abgestiegen ist, scheint das Chili con carne zu sein. Es ist heute ein Allerweltsessen, das es in Südamerika billig im Schnellimbiß gibt, ein Eintopf aus grobgehacktem Rindfleisch, Chilipfeffer, Bohnen, Zwiebeln und Tomaten. Streng gesehen haben die Bohnen da nichts zu suchen, denn «chili con carne» heißt «Chili mit Fleisch» – und in der Tat kamen sie erst spät ins Spiel, als das Gericht populär wurde. Ursprünglich stammte es aus der Aztekenküche und war eben Fleisch mit Chili. Zwei Varianten, die der spanische Missionar Bernardino de Sahagún im 16. Jahrhundert serviert bekam: Wildbret mit rotem Chili; Truthahn mit kleinen Chilis, Tomaten und gemahlenen Kürbiskernen.[18] Das waren Speisen für die Oberschicht.

Annibale Carracci: Alltagsnahrung Bohnen und Zwiebeln, 16. Jahrhundert.

Arme Speisen machen Karriere

In seinem Kochbuch von 1581 unterteilte Rumpolt seine Rezepte auch nach dem Stand der potentiellen Esser. An Suppenrezepten bot er beispielsweise: für den Kaiser Hecht- oder Mandelsuppe, für den Bürger Kapaunsuppe, für den Bauern Erbsen- oder Rindfleischsuppe.[19] Bestimmte Lebensmittel waren für bestimmte Stände gedacht. Das war nicht nur eine Frage von Reichtum; auch ein reicher Bauer wäre in früheren Jahrhunderten nicht an Wild gekommen, da es den Bauern verboten war zu jagen. Das war Privileg der Adligen, die zu ihrem Vergnügen auch durchaus einem Hirsch über die wohlbestellten Felder ihrer Bauern nachgaloppierten. Entsprechend häufig fand sich Wild auf ihrem Speisezettel, auch alles mögliche Wildgeflügel wie Storch, Reiher, Kranich. Da könnte man als heutiger Feinschmecker zwar einwenden, ein zartes Lamm oder Hühnchen sei von größerem Wohlgeschmack als ein zäher Hirsch, der schon viel in seinem

Rechte Seite: Austernverkäuferin im 18. Jahrhundert – mal Luxus, mal Armenspeise.

Leben herumgekommen ist, oder ein fischig schmeckender Reiher – aber das Prestige einer Speise bemaß sich nicht nach Wohlgeschmack, eher wohl nach Seltenheitswert. So hatte es der verschwenderische Kaiser Heliogabalos schon vorgelebt: Wenn er sich nahe am Meer aufhielt, aß er niemals Fisch, war er aber weit vom Meer entfernt, dann mußte jeden Tag der Tisch mit den feinsten Seefischen gefüllt sein. Und Friedrich «der Große», sonst nicht für allzu verschwenderisches Essen bekannt, zahlte im Winter für Kirschen aus dem Treibhaus zwei Taler – pro Stück! «Du wirst schmälen», schrieb er seinem Kämmerer, «ich glaube, daß gestern vor 180 Thaler Kirschen gegessen wurden, ich werde mich eine liederliche reputation machen.»[20]

Es muß wohl so sein, daß der Wohlgeschmack sich automatisch bei den Speisen einstellt, die hohes Prestige haben. Oder hat Lachs etwa in diesem Jahrhundert einen ungeahnten Wohlgeschmack erworben, den er vorher nicht hatte? Was machte ihn plötzlich zur begehrten Speise der Wohlhabenden? Doch wohl nur die Tatsache, daß er plötzlich seltener und also teurer wurde. Bis dahin war er eine ziemlich alltägliche Speise. Auf einem Gut in Schottland gab es im Jahr 1755 von Januar bis September 45mal Lachs, davon allein 18mal im August; in London protestierten Mitte des 19. Jahrhunderts die Lehrjungen, weil sie zu oft Lachs essen mußten, und in Norddeutschland hatten Ende des 19. Jahrhunderts manche Bediensteten vertraglich vereinbart, daß sie nicht mehr als zweimal die Woche Lachs zu essen bekamen.[21] Erst als die Lachsbestände überfischt waren und die Flüsse immer schmutziger und unwirtlicher für Lachse wurden, seit dem Anfang des 20. Jahrhunderts, wurden sie zu einer Delikatesse. Inzwischen kehrte sich die Entwicklung um: Durch die Massenzucht in Norwegen und Schottland wurde Lachs billiger und billiger – wird er bald wieder ein Arme-Leute-Fisch sein, der auf feinen Tafeln nichts zu suchen hat?

In Nordwestamerika, an den lachsreichen Flüssen und Bächen, die in den Pazifik münden, wurde dieser Fisch noch später feinschmeckerfähig. Geräucherter Lachs war im Osten Amerikas vor allem in jüdischen Feinkostläden schon längst als Delikatesse zu haben, da rümpften die Weißen im Nordwesten noch die Nase über diese stinkende Indianernahrung. Große Mengen Lachs in Dosen wurden billig in den Rest Amerikas verkauft. Aber seit den fünfziger Jahren verringerten sich auch hier die Bestände, und zugleich bauten sich zahlreiche Städter im Nordwesten Wochenend- und Ferienhäuser und brachten ihre Eßgewohnheiten mit. Nun gibt es Fangbegrenzungen, und die Preise sind hoch. Die Liebe zum Lachs der Indianer hatte sicher auch mit einem neuen Interesse für die «ethnic cuisine» (die Küche der amerikanischen Volksgruppen, die nicht in englischer Nachfolge kochen) zu tun, die auch die früher verachtete mexikanische Küche oder die der Karibischen Inseln zu Ehren brachte. Der Nordamerikaner Sokolov schreibt über diese Entwicklung: «Zweifellos wird die Küche Südamerikas und der Inseln unsere Eßgewohnheiten nicht völlig

überschwemmen, aber die exotischen Lebensmittel auf dem Markt von Los Angeles und anderswo zeigen, daß überall im Land neue Zubereitungen und Speisen auftauchen in einer zweiten Welle von Eß-Kolonisierung – diesmal Kolonisierung von unten. Dies geschieht zu einer Zeit, wo die Menschen an der Einkommensspitze bemerkenswert offen geworden sind für neue und exotische Eß-Erlebnisse.»[22]

Die erste Kolonisierung, die von oben, war die weiße Eroberung Amerikas; die Siedler brachten ihre Eßgewohnheiten und auch manche Lebensmittel mit, die an Prestige bald über den einheimischen rangierten. Diese Umwertung fand und findet auch in Afrika statt, wo französisches Weißbrot und englisches Steak höheres Prestige genießen als Getreidebrei mit Sauce.

Bleiben wir noch bei den Luxusspeisen, die von unten kamen; dazu gehört die Schildkröte. Im *Diaeteticon* von 1682 ist über sie zu lesen: «Darumb sich billig über der menschen neuligkeit zu verwundern / die auch in dieser abschewlichen Creatur einen leckern Schmack gesuchet haben.»[23] Aber die abscheuliche Kreatur fand ihren Weg von den Segelschiffen, auf denen sie als Notnahrung für Seeleute gestapelt wurde, auf die feinen Tische – schließlich war sie ein seltener Tischgast. Ein, zwei Jahrhunderte später war ein feines Essen ohne Schildkrötensuppe überhaupt nicht vorstellbar. Erst vor kurzem hat Suppenhersteller Lacroix diese Suppe aus seinem Angebot genommen – nicht weil die Schildkröte zu billig geworden wäre, nein, aus dem anerkennenswerten Grund, daß dieses Tier nun auf der ganzen Welt wirklich beinahe ratzekahl aufgegessen worden wäre.

Auch die Karriere des Hummers begann ganz unten. Zu Beginn der weißen Eroberung Amerikas war er ein Arme-Leute-Gericht. Als 1633 in Plymouth eine Gruppe neuer Siedler ankam, war der Gouverneur William Bradford tief beschämt, denn in Plymouth war Essen so knapp, daß alles, was sie zur Begrüßung anbieten konnten, Hummer war. Und Wasser zu trinken – falls jemand bei Hummer gleich an Champagner denkt. Bei Champagner ist auch der Gedanke an Austern nicht fern – dieses kalte glitschige Zeug aßen nun wirklich nur die Ärmsten. Dickens läßt in seinen *Pickwick-Papers* jemanden sagen: «Es ist bemerkenswert, daß Armut und Austern immer zusammengehören. Hier gibt es auf jedes halbe Dutzend Häuser eine Austernbude. Und ich meine, bei Gott, wenn jemand sehr arm ist, dann geht er aus dem Haus und ißt Austern in echter Verzweiflung.»[24] Und während um die Jahrhundertwende in England bei der Unterschicht die Fish-and-Chips-Läden (das Pendant zur deutschen Würstelbude, mit etwa denselben billigen Preisen) populär wurden, konnten sie in Irland nicht Fuß fassen, denn dort war die Bevölkerung so arm, daß sie lieber die noch billigeren Austern und Garnelen aß. Da hatte seit der Antike ein gewaltiger Geschmacksumschwung stattgefunden: Sowohl in Griechenland als auch in Rom galt die Auster als Delikatesse. Schon damals war sie, zusammen mit Muscheln und Seeigeln, ein beliebtes Vorgericht. Auch die

Osias Beert: Stilleben mit Hummer, *17. Jahrhundert.*

feinschmeckerischen Chinesen liebten sie seit frühen Zeiten – ganz wie wir heute.

Die Algen wiederum, die in Irland die Armen sammelten, um sich ein wenig geschmackliche Abwechslung zu den ewigen Kartoffeln zu schaffen, galten in Japan als Delikatesse. Mit Algen wurde die Sushi-Rolle umhüllt, man kann sie getrocknet knabbern und in zahlreichen weiteren Zubereitungen essen. Zur Zeit erobern sie als besonders gesunde Nahrung Amerika und sind auch schon in europäischen Reformhäusern angelangt.

Dort liegen auch sonst Dinge, die man früher nur den Armen zugemutet hätte: etwa der ewige Getreidebrei fürs Frühstück oder das Traubenkernöl mit dem geringen Cholesteringehalt. Aus gemahlenen Traubenkernen und Hirse buken sich arme Marokkaner ein dunkles, schlechtes Brot. Dunkles Brot bekäme man auch im Reformhaus, Vollkornbrot, das noch seine Spelzen und Kleie enthält. Das wurde im *Diaeteticon* von 1682 «Gesinde-brod» genannt: «dieses nehret weniger / aber es gehet geschwinder unten ab». Aus diesem Grund ist es ja heute so beliebt. Über reines Kleiebrot gar hieß es: «... welches die wenigste Nahrung giebet / aber am leichtesten abgehet ... es gehöret nicht für die menschen / als nur in Hungersnoth.»[25] Heute gehört es als Diätnahrung in den Spezialladen!

Ein antiker Römer oder ein Bürger der Renaissance würde sicher fassungslos vor unseren Preisschildern stehen, wo ein Paket Kleie soviel kostet

Pieter Bruegel d. Ä.: Die magere Küche, *16. Jahrhundert.*

wie ein Glas Pfeffer. Das ist die verkehrte Welt – Pfeffer und auch andere Gewürze waren damals Gold wert, wurden von den Reichsten verschwenderisch benutzt und waren für die Normalmenschen unerschwinglich. Für den Gewürzhandel stürzte sich Rom in gewaltige Staatsverschuldung, wegen der Gewürze wurden Kriege geführt, ihretwegen segelte Kolumbus über einen gefährlichen Ozean ins Unbekannte, verkehrt herum um die Welt.

Dort fand er zwar keine Gewürze, aber andere exotische Waren wie Kakao und Kartoffeln. Der Glanz der Luxusware hielt sich um die Kartoffel nicht lange. Immerhin war sie in England zunächst bestaunt und, weil selten und exotisch, für ein Aphrodisiakum gehalten worden. In Irland galt sie nun wiederum als englische Prestigeware. Ein Ire bat einen Landsmann, der Ende des 17. Jahrhunderts nach Amerika reiste, inständig, ihm Kartoffeln mitzubringen; er selbst hatte einige Jahre zuvor diese Reise unternommen, hatte dort Kartoffeln gekostet und zu seinem Leid versäumt, sie sich mitzubringen: «Da hatte ich ein solches Verlangen nach ihnen, daß ich Nacht für Nacht träumte, ich sei grade vom Schiff gestiegen und zu Hause angekommen, und nun sei ich dabei, sie in Säcke zu verpacken.»[26] Aber dann wurde schnell klar, wie billig und leicht zu produzieren, gut zu lagern und wie nahrhaft die Kartoffel war – und schon hatte sie ihren Ruf als

Armenspeise weg. Die Deutschen weigerten sich anfangs standhaft, davon zu kosten, auch die Preußen, obwohl ihr König es ihnen vormachte. Aber noch im 18. Jahrhundert setzte sie sich als billiges Nahrungsmittel für die großen Massen durch und verdrängte als Grundnahrungsmittel den Brei. Kakao hingegen wurde ein Luxusgetränk für reiche Damen, und nach Zucker war bald ganz Europa verrückt. Ihr Luxuswert dauerte länger. Aber endlich wurden auch sie Billignahrung fürs Volk.

Prestigespeisen bedeuteten nicht nur Luxus; sie markierten auch eine besondere Gelegenheit, ein Fest, eine große Ehre für einen Gast. In Dologon auf den Philippinen werden viel Mais, Gemüse, Süßkartoffeln gegessen – aber unmöglich könnte man damit Gäste bewirten, so etwas könnten die ja selbst zu Hause essen. Damit die besondere Gelegenheit hervorgehoben wird, muß Reis auf dem Tisch stehen und möglichst Hühnchen oder rotes Fleisch. In Japan ist es die Meerbrasse, die bei großen Gelegenheiten serviert wird; sie kommt als Höhepunkt des Essens nach allerlei anderen Gerichten. Damit entspricht sie etwa dem europäischen Braten. Zur Verlobung mit dem japanischen Kronprinzen erhielt die Braut 1993 das traditionelle Geschenk: Seide, Reiswein und eine Meerbrasse.

Die jeweiligen Prestigespeisen würden Menschen, die diesen ideellen Wert nicht damit verbinden, oft gar nicht so aufregend vorkommen. Wer außer den Kung würde schon den Mageninhalt einer Antilope für höchsten Genuß halten, wer würde verstehen, daß Araber für das Fett vom Schafschwanz jede andere Leckerei hergegeben hätten, daß in China niemand anders als der Kaiser Kamelhöcker essen durfte, daß niemand anders als Fürsten (diesmal in England) Schwäne essen durften, niemand anders als die Königsfamilie eine besondere rosafarbene Sorte Taro (diesmal in Hawaii)? Wer außer Chinesen hätte ein Vermögen gegeben für eingelegte Bärentatzen, für Vogelnester oder Haifischflossen? Wer außer den Jakuten hätte seiner Braut zur Hochzeit als höchste Leckerei einen Pferdekopf geschenkt?

Einig waren sich jedoch fast alle Völker darin, daß eiweißhaltige Nahrung und vor allem Fleisch eine Nahrung für die oberen Klassen sind. Selbst im hinduistischen Indien, wo das religiöse Ideal den Verzehr von Fleisch und Fisch verbietet, essen die Reichsten siebenmal mehr tierisches Eiweiß als die Ärmsten.

Wenn die ärmeren Schichten Fleisch aßen, dann waren es oft die minderen Stücke, oder es waren die minderen Tiere – Rind statt Lamm in arabischen Ländern, Schwein statt Wild in Europa, meist eingesalzen und getrocknet. Oder sie aßen das Kleinzeug, um das sich sowieso keiner kümmerte, der genug zu essen hatte: Würmer, Schnecken, Insekten. Diese Sorte Tier war die einzige, die bei ärmeren Azteken auf die Eßmatte kam, Puter und Wild waren für die Noblen.

Eine Rangfolge von Fleisch und anderer Nahrung gab Seneca in einem Brief, in dem er seinen mageren Reiseproviant beschrieb: «Getrocknete

Feigen dienen, wenn ich Brot habe, als Ersatz für Fleisch, und habe ich keins, dann als Ersatz für Brot.» In Ägypten wurden Enten und Gänse für die Tische der Reichen gemästet; die Armen aßen Bier, Brot und Zwiebeln. Platon schlug in seinem Entwurf für einen idealen Staat als Nahrung für eine gesunde Gesellschaft Gerste und Weizen, Wein, Oliven, Käse und allerlei Gemüse vor, als Süßigkeit Feigen; aber Soldaten, die sich besonders ausgezeichnet hätten, sollten eine Extraration Fleisch und Wein bekommen.[27] So ähnlich war es ja wirklich zu seiner Zeit und davor – nur war das Extrafleisch für die Reichen. Bei Ausgrabungen ließ sich feststellen, daß die Skelette der griechischen Oberschicht bis zu acht Zentimeter länger waren als die der Armen. Mehr Protein, und das über Generationen, macht sich im Körperwuchs bemerkbar. Auch anderswo lagen in den prächtigeren Gräbern die längeren Menschen. Bei den Maya war der Unterschied zwischen Reich und Arm noch größer. Wem dabei der Unterschied der Körpergröße zwischen Mann und Frau einfällt, der möge im Kapitel *Patriarchat* nachlesen, wie ungerecht innerhalb der einzelnen Familien geteilt wurde. Seit Japan unter die reichen Industrienationen aufgestiegen ist, essen die Japaner sehr viel mehr Fisch und Fleisch – und werden immer größer.

Ein ägyptischer Arbeiter im 14. Jahrhundert v. Chr. Er ißt Brot, Gurke und Zwiebel.

Aber vor einem riesigen Eisbein fürchten sie sich offenbar doch. Vor dem Deutschlandbesuch des japanischen Kaiserpaars 1993 ließ das Protokoll wissen, die Kaiserin esse nur kleine Portionen. Die Standards von «reichlich» oder «wenig» sind von einem Land zum anderen sehr verschieden. Die großen, steakgenährten Amerikaner beschuldigten während des Vietnamkrieges die Vietnamesen, sie ließen die Kriegsgefangenen hungern. Die Vietnamesen schworen, sie würden so gut ernährt wie die eigenen Soldaten. Beide Seiten warfen sich Lüge und Propaganda vor – aber beide hatten recht. Nur daß den Amerikanern das normale Essen, ein bißchen Reis mit Sojasauce, ohne Steak, wie Hungernahrung vorkam.

Das erinnert mich an eine Geschichte, die man bei Athenäus nachlesen kann. Die reichen Perser unter König Xerxes hatten Griechenland angegriffen und waren geschlagen worden. Sie waren so eilig geflohen, daß sie das mit Gold- und Silberstickereien verzierte Zelt von Xerxes mit Einrichtung, goldenen und silbernen Möbeln, und mit allen Bediensteten, Köchen, Bäckern, zurückgelassen hatten. Der Spartaner Pausanias, Anführer der Griechen, ließ diese aus den zurückgelassenen Vorräten eine persische Hofmahlzeit zubereiten. Die üppigen, gewürzduftenden Gerichte wurden auf Silbertischen serviert. Pausanias ließ dann seine Diener ein spartanisches Essen zubereiten, und dann ließ er alle griechischen Heerführer kommen und sagte: «Griechen, ich habe euch hier versammelt, weil ich euch die Verrücktheit dieses Menschen zeigen wollte. Obwohl er in solchem Luxus lebt, kam er hierher, um uns anzugreifen, die wir so arm sind.»[28]

FRÜHE ÜPPIGKEIT

Kochkunst ist uralt

Ein Blick auf unsere Märkte und Lebensmittelabteilungen in den Warenhäusern zeigt, aus welch gewaltigem Angebot wir uns ernähren. Nie war die Menschheit besser versorgt, jedenfalls der Teil, der sich all das leisten kann. Und – der das kochen kann.

Vergleichen wir unsere Auswahl einmal mit der, die vor 4000 Jahren den Mesopotamiern zur Verfügung stand. Der französische Forscher Jean Bottéro hat in der Yale-Universität aus sumerischen Keilschrifttafeln, die auf etwa 1700 v. Chr. datiert werden, eine solche Liste zusammenstellen können (das meiste auf ihr muß es natürlich schon lange vorher gegeben haben)[1]: *Getreide:* Weizen, Gerste, Emmer, Hirse. *Gemüse:* Zwiebeln, Knoblauch, Lauch, Senf, Rüben, Möhrenarten, Trüffel, Pilze. *Hülsenfrüchte:* Bohnen, Linsen, Erbsen. *Früchte:* Datteln, Äpfel, Birnen, Feigen, Pistazien, Granatäpfel, Trauben. *Gewürze und Kräuter:* Salz, Essig, Kümmel, Koriander, Wacholderbeeren, Minze, Senf. *Suppen:* 100 verschiedene Zubereitungen. *Fleisch:* Rind, Schaf, Schwein, Hirsch, Reh, Gazelle. *Geflügel:* Taube, Rebhuhn, Ente, Seevögel. Mehr als 50 Arten See- und Süßwasserfisch, dazu Krustentiere, Schildkröten, Muscheln, Heuschrecken. Milch, Butter, Schmalz und Öle (Oliven, Sesam). 18 Käse-, 300 Brotsorten. Zum Süßen Bienenhonig und Manna verschiedener Bäume. Bier, Wein.

Nicht so schlecht, scheint es. Aber konnten die wirklich damit so viel anfangen wie diejenigen, die es heute können? Durchaus: Den Tafeln waren auch Rezepte und praktische Hinweise zu entnehmen, die den hohen Stand der altbabylonischen Küche zeigen, darunter allein sechs Rezepte für Geflügelpasteten. Die alten Mesopotamier liebten besonders Eintopf- und Schmorgerichte. Als Gewürz und in der Medizin spielte Knoblauch eine große Rolle, der auch in den königlichen Gärten angebaut wurde.[2]

Die Verarbeitung der Lebensmittel, so Fritz Ruf, war «außerordentlich hoch entwickelt und durch eine raffinierte Kochkunst gekennzeichnet, sowohl was deren Erhaltung, z. B. durch Trocknen (Getreide, Gemüse, Fleisch, Fisch), Räuchern, Salzen (Fisch, Fleisch, Wild), Zuckern (Früchte), als auch deren Zubereitung zum direkten Verzehr betrifft».

Bottéro fand, daß diese Küche hauptsächlich Oberklassenküche war, die Küche des Volkes sei jedoch, wenn auch viel einfacher, ebenso einfallsreich und geschmackvoll gewesen.[3] Die Assyrer konnten sich im 8. Jahrhundert

Chinesischer Fischkoch – eine Skulptur aus dem 3. Jahrhundert v. Chr.

v. Chr. für ihre Ernährung eines Reservoirs von etwa 250 Pflanzen bedienen.

Ein ähnlich eindrucksvoller Beleg für Mannigfaltigkeit in der Kost mancher früher Völker fand sich in einem chinesischen Grab. Es liegt am Rand von Ch'ang-sha in der Provinz Hunan und stammt aus dem 2. Jahrhundert (siehe auch Kapitel *Essen für Tote*). Die Liste ist ebenso eindrucksvoll wie die der Sumerer, mit den sich anbietenden regionalen Unterschieden. Zu den Gewürzen gehört natürlich auch Sojasauce, die Geflügelliste ist wesentlich länger. Im Grab fand man außerdem 312 beschriftete Bambusstreifen mit Zubereitungshinweisen und Rezepten, viele davon für dicke Fleischstews, teilweise mit Gemüse oder Reis. Ausgrabungen förderten Inschriften auf Knochen zutage, denen zufolge in der Zeit der Zhou-Dynastie (1050 bis 249 v. Chr.) 46 verschiedene Gemüse genutzt wurden, nebst reichlich verschiedenen Sorten Fleisch und Fisch (nur kein Ochse – er war Opfertier).

Sowohl die altchinesische als auch die babylonische Eßkultur wäre nicht denkbar ohne erfahrene Köchinnen und Köche. Sumerische Tafeln machen klar, daß dieses Gewerbe, diese Kunst mindestens 6000 Jahre alt sein muß. Über diese Zeitspanne hinweg ist uns leider kein Name einer Köchin oder eines Koches überliefert. Als ersten fanden wir in der Literatur den Ägypter Khnumhotep, der vor etwa 4300 Jahren lebte. In Frankreich gilt er seit der Ausstellung seiner Statue 1878 als «Chef der Köche» (so bezeichnen ihn auch Toussaint-Samat/Lair in ihrer *Grande et Petite Histoire des Cuisiniers de l'Antiquité à nos jours*). Doch die Inschrift auf dem Sockel der Statue besagt in Wirklichkeit, Khnumhotep sei Intendant der Garderobe gewesen – bei den Pharaonen ebenfalls ein hoher Beamter, aber eben kein Koch.

Khnumhotep oder nicht – daß um seine Zeit im alten Ägypten schon aufwendig gekocht wurde, ist unbestritten. Die dortige Küche kennen wir ja besser als andere alte dank des Reichtums an Grabmalereien und Inschriften über Berufe, Tätigkeiten und Geräte (siehe *Essen für Tote*). Mit den Produkten und Rezepten, von denen die erwähnten sumerischen Tontafeln erzählen, werden damals auch die Köche Ägyptens hantiert haben. Sie waren sicher nicht nur auf die Produkte ihres Landes angewiesen – Ägypten handelte mit den anderen Völkern des Nahen und Mittleren Ostens; nachgewiesen ist das schon für das 15. Jahrhundert v. Chr. Eine Warenliste des 3. Jahrhunderts v. Chr. über ägyptische Einfuhren aus dem heutigen Syrien enthielt Verlockendes genug für damalige Feinschmecker: Öl, getrocknete Feigen, Honig aus vier verschiedenen Gegenden, Käse, Wildschwein, Hirschfleisch, Haselnüsse, Granatapfelkerne, Salzfisch, Essig, Wein verschiedener Herkunft ...[4] Salziger Käse war charakteristisch für die ägyptische Küche, was sicherlich mit dem heißen Klima ebenso zusammenhängt wie sonstige scharfe Würzungen.

Chef der Köche oder der Garderobe? Khnumhotep, 2300 v. Chr.

Der berühmte Spruch Brillat-Savarins, die Entdeckung eines neuen Gerichtes sei für das Glück der Menschheit wichtiger als die Entdeckung

Schon die alten Ägypter mästeten Gänse und stellten «Foie gras» her.

eines neuen Sterns, stammt zwar aus dem 19. Jahrhundert, aber die zivilisierte Menschheit bewies offensichtlich schon Jahrtausende vorher, daß sie ebenso dachte.

In der (unteritalienischen, aber griechischen) Stadt Sybaris galt im 6. Jahrhundert v. Chr. ein Gesetz, das unser heutiges Copyright vorwegnahm beziehungsweise übertraf: Ein Koch, der ein neues Gericht erfand, erhielt für einige Zeit das exklusive Recht, es zahlender Kundschaft anzubieten. Im alten Rom war schon üblich, daß Gerichte den Namen ihres Erfinders trugen. Im ältesten erhaltenen Kochbuch Europas, dem *Apicius*, wird beispielsweise ein Ferkel à la Celsinus erwähnt, aber auch Huhn à la Frontinus und Hase nach Passenus. In China war spätestens in der Ming-Zeit (14. bis 17. Jahrhundert) normal, daß Rezepte nach den Köchen benannt wurden, die sie erfunden hatten. In West-, Mittel und Nordeuropa bürgerte sich das langsam erst im 18. Jahrhundert ein.

Unsere namentliche Kenntnis von Köchen und anderen Rezepterfindern oder -übermittlern beginnt erst etwa 1500 Jahre nach Khnumhotep mit einem kleinen Schwall griechischer Namen, verteilt auf die fünf, sechs letzten Jahrhunderte v. Chr. Teilweise kennt man sie nur aus griechischen Theaterstücken (in denen verblüffend oft Köche eine Rolle spielten), die erhalten blieben oder von Athenäus um 200 n. Chr. in seinem vielbändigen kulturhistorischen Werk *Deiphnosisten* zitiert wurden. Auch griechische

Ärzte schrieben übrigens Kochrezepte, ebenso wie arabische, da viele Jahrhunderte lang die Kochkunst auch als Bestandteil der Heilkunst betrachtet wurde.

Da erschienen also[5] Timbron, einer der am frühesten erwähnten griechischen Köche; Timachidas von Rhodos, Koch und Poet zugleich, der seine Arbeit in Versen besang; und Hegemon von Thasos, sein Schüler, der feine Linsenpürees kochte; Chiromenes, der bei einem Wettbewerb den Preis für seine Trüffel in Teig gewann (als Füllung Speck, Knoblauch, getrocknete Feigen, Gewürze, Rosinen und Honig, der Teig mit Wein befeuchtet); Soterides, der falsche Sardellen herstellen konnte; Aegis von Rhodos, als Meister des gebratenen Fisches überliefert; Nereus von Chios, der mit Seeaalsuppe berühmt wurde; Anaxagoras, der die Armee Alexanders «des Großen» als Chronist begleitete und ebenfalls hervorragend Seeaal kochen konnte; Euthymus (Linsensuppe); der Athener Charias, bekannt für ein «Eimosaik in weißer Sauce»; sein Landsmann Charides, dessen Hackfleisch ein Schlager war; Epainetos, Ragout-Spezialist; Aphtonetos der Wurstvirtuose; Lampias, Erfinder der «schwarzen Sauce», zu deren Ingredienzien außer Fleisch Mehl, Wein und getrocknete Feigen gehörten; Philoxen von Cythere, reisender Poet, Kuchenbäcker und Koch, der sich darauf spezialisiert hatte, die Speisen anderer Gastgeber zu würzen, und mit Sklaven herumzog, die Öl, Wein, Fischsauce, Essig und Gewürze trugen; Namensvetter Philoxen von Leukadia, der seine Rezepte unter dem Titel *Das Bankett* niederschrieb (viel zitiert von Platon) und verkündete, viele in heißer Asche geröstete Zwiebeln in Sauce stellten schnell männliche Potenz her. Dann Hegesippos aus Tarent, Überlieferer eines lydischen Rezepts für fette Brühe aus Fleisch, Brot, Käse und Dill; die Kochbuchverfasser Mithaikos aus Syrakus (Zeitgenosse Platons), Herakleides und Glaukos; Dorion, der nur Fisch zubereitete; Artemidoros (1. Jahrhundert v. Chr.), der die Küchenausdrücke seiner Zeit sammelte und veröffentlichte; Aristion mit seinen Ragouts. Von ihnen allen, von ihren damals berühmten Rezepten ist so gut wie nichts geblieben. Auch davon, daß in Attika der gebräuchlichste Festbraten das Spanferkel war, merken wir bei ihnen nichts.

Im 4. Jahrhundert v. Chr. schrieb Archestratos von Gela, Grieche aus Sizilien, das Resümee ausgedehnter Studien über die Nahrungsmittel und regionalen Küchen des athenischen Reiches; je nach Hellenist wurde das Buch *Gastronomie* oder *Gastrologie des Archestratos* genannt, aber von ihm sind nur winzige Fragmente erhalten. Archestratos fiel übrigens durch extreme Magerkeit auf und starb an einem Magenleiden.

Wie man aus den verschiedenen Spezialisierungen der erwähnten Köche schließen kann, wird es auch im alten Griechenland damals keinen Mangel an mehr oder minder raffinierten oder zu Raffiniertem dienenden Eßwaren gegeben haben. Das bestätigt ein Bericht über ein Hochzeitsmahl im 4. Jahrhundert v. Chr., wo der Arrangeur – wiedergegeben vom Komödiendichter Anaxandrides und zitiert von Athenäus[6] – aufzählt, was alles nicht fehlen werde: weit über 60 Zubereitungen aus Fleisch, Fisch, Geflügel, Gemüsen und Teig, einige 20 Kräuter und Gewürze. Die gefüllten Weinblätter, die noch heute typisch sind, wurden ebenso herangeschafft wie Haisteaks, Würste, Obst, salzige und süße Backwaren und Käse – das Schwergewicht schien auf Fisch und Geflügel zu liegen.

Schon damals übrigens gab es Köche, die meinten, für verschiedene Menschentypen müsse verschieden gekocht werden, was auch von Anfang an in Indien verbreitet war und noch ist.

Aus dieser frühen Zeit sind die ersten chinesischen Küchenschriften bekannt: *Aufzeichnungen über Etikette* (Li-Chi). Sie sind in der Zeit vom 5. bis 1. Jahrhundert v. Chr. entstanden und enthalten außer detaillierter Beschreibung von Gerichten und Menüs auch «Die Acht Köstlichen Zubereitungen», richtige Rezepte. Beispiel Tzu: Frischgeschlachtetes Rindfleisch «in dünne Streifen schneiden und die Fasern abtrennen. Dann lege man es einen Tag und eine Nacht in feinen Wein ein und verzehre es mit Fleischtunke und Essig oder Dunkelpflaumensaft.» (Da dürfte es sich um Reiswein handeln, nicht um Wein aus Trauben.) Oder San: «Man nehme Rind-, Hammel- oder Schweinefleisch, schneide es klein und vermenge es mit Reis im Verhältnis 1 : 2. Daraus mache man Fladen und brate sie.»[7] Es sind auch kompliziertere Rezepte dabei.

Wahrscheinlich sehr viel älter als alle genannten ist das früheste bekannte indische Kochbuch, *Vasavarajeyam*, das Gollmer[8] zufolge im frühesten Sanskrit abgefaßt, also etwa 3500 Jahre alt und ein rein vegetarisches ist; leider hat er nichts Näheres darüber mitgeteilt. Aber ganz instruktiv ist, was der berühmte mittelalterliche arabische Weltreisende Ibn Battuta im Zusammenhang mit seiner Reise nach Delhi über ein Abendessen bei einem Hofbeamten erzählte: «Sie setzen sich hin, und dann werden goldene, silberne und gläserne Gefäße mit gezuckertem Wasser gebracht. Sie nennen das Shurba (Sherbet) und trinken es, bevor sie essen ... Die Mahlzeit spielte sich in folgender Reihenfolge ab: Erst servierten sie Brot (dünne, runde Kuchen), dann schnitten sie das gebratene Fleisch in große Stücke so, daß ein Schaf vier oder sechs ergab, und jedem Mann legten sie eins vor. Dazu servierten sie auch runde Kuchen, die unserem Mushrikbrot ähneln, mit Ghee (geklärter Butter) gemacht, gefüllt mit einer Mischung von Mehl, Mandeln, Honig und Sesamöl. Auf jedem lag ein ziegelförmiger süßer Kuchen aus Mehl, Zucker und Ghee. Dann brachten sie große Porzellanschüsseln mit Fleisch, das mit Ghee, Zwiebeln und grünem Ingwer gekocht war. Danach servieren sie etwas, was sie Samusak nennen (die Samosas von heute), dünne, in Ghee gebratene Brottaschen, gefüllt mit gehacktem, mit Mandeln, Walnüssen, Pistazien, Zwiebeln und Gewürzen gekochtem Fleisch. Vor jeden legen sie vier oder fünf solcher Stücke. Dann kommt Reis, in Ghee gekocht, auf dem Hühner liegen ...»[9] Dann kamen noch verschiedene süße Kuchen.

 In den Tempeln der Sumerer, etwa Mitte des 3. Jahrtausends v. Chr., gehörten Köche und Bäcker zu den gehobenen Angestellten,[10] denen – anders als den Lohnarbeitern – auch Landbesitz zugeteilt wurde. Der Tempel der Göttin Bau besaß in der frühdynastischen Zeit etwa 2500 Hektar Ackerland. Ein Fünftel blieb der Priesterschaft, die es von bis zu 100 Lohnarbeitern bearbeiten ließ. Aus der übrigen Fläche erhielten Handwerker neben ihren Lebensmittelrationen 35,2 bis 105,8 Ar, Köche und Bäcker zwischen 70,5 Ar und 2,11 Hektar.

Im alten Griechenland war der Vorläufer der Berufsköche der *mageiros*. Der war noch kein Koch, sondern ein Breimacher. Die Nahrung bestand ja lange im wesentlichen aus mehr oder minder dickem Getreidebrei. Er wurde auf heißem Stein wie ein Omelett oder im Ofen wie ein Pudding gebacken, angereichert mit Käse oder Eiern, Fleisch, Honig oder getrocknetem Obst. Danach sollte sich der *mageiros* hauptsächlich ums Brotmachen kümmern.

Da hatten die Griechen noch keine Küchen. Das Schlachten, Zubereiten, Kochen und Braten fanden auf den Höfen der Herrenhäuser statt. Die «Herrschaft» beteiligte sich an diesen Arbeiten ebenso wie ihr «Gesinde». In dieser ländlichen Gesellschaft waren die «Herren» im wesentlichen Besitzer von Tierherden, die ihr Fleisch selbst brieten.

Als die Möglichkeiten und Erfahrungen besser wurden, kam der *mageiros* mehr und mehr zum Zuge. Er brauchte und bekam schließlich Gehilfen; darauf nannte er sich *archimageiros*. Für Süßigkeiten aller Art blieb die *demiurgia* zuständig, also eine Frau. So haben sich die griechischen Reichen im 6. und 5. Jahrhundert v. Chr. allmählich angewöhnt, Berufsköche zu beschäftigen. Diese waren offenbar keine Sklaven, sondern Freie. In Ägypten und bei einigen griechischen Stämmen, berichtet Herodot, war der Beruf des Koches erblich. Athenäus erwähnt, daß die Makedonier in ihren Komödien Köche als Sklaven hinstellten, hielt es jedoch für falsch. In Rom freilich waren sie es lange. Sobald dort die Zeit des Luxus begonnen hatte, genossen aber Köche auch als Sklaven großes Ansehen und verdienten viel.

Auch im alten Rom waren zunächst Brotbacken und Kochen das gleiche Handwerk. Am Ende des Feldzuges gegen Antiochus von Syrien, etwa 186 v. Chr., brachte die aus Asien heimkehrende Armee einige «Luxusgewohnheiten» mit. Die Römer hörten auf, Brot zu Hause zu machen, also entstanden Bäckereien. Aus den Bäcker-Sklaven rekrutierte sich die erste Generation von Köchen. Eine römische Delegation, die in Athen griechische Gesetzgebung studierte, kehrte mit weiteren Anstößen in Sachen Gastronomie zurück.

Die Köche beider Völker hatten für Fleisch im wesentlichen drei Zubereitungsarten: Braten, Kochfleisch und Ragouts. Damals kannten sie noch nicht die weit von ihnen entfernt im heutigen Frankreich hausenden Gallier, die eine später in ganz Mittel- und Nordeuropa geschätzte und praktizierte besondere Wurstkultur entwickelt hatten.

In beiden Völkern entwickelte sich unter den Berufsköchen frühzeitig auch eine Gruppe nicht fest beschäftigter, die je nach Bedarf (Bankett) tageweise gemietet wurden. Bei den Römern verästelte sich der Kochberuf schnell in immer spezialisiertere Einzeltätigkeiten. Köche, die mit ihren Gehilfen tageweise beschäftigt werden, sind noch heute in Indien verbreitet. Ein Grund dafür ist, daß die Frauen wohlhabender Familien dort bei Feiern aller Art andere Funktionen haben, als sich um das Essen zu kümmern.

Nützliches schwarz auf weiß: Apicius

Ein wichtiger Unterschied in der Entwicklung der Kochkunst zwischen Europa, Nordafrika und Asien einerseits, Afrika südlich der Sahara andererseits war die Entwicklung der Schrift. Daß Rezepte aufgezeichnet, dann aufgeschrieben und dann vervielfältigt werden konnten, verschaffte den Köchen einen immer größeren Fundus an Kenntnissen, eine immer bessere Lehrunterlage. Das fehlte den Afrikanern, die auch noch durch gewaltige Kommunikationsschwierigkeiten behindert wurden. Die mündliche Überlieferung, die auf ziemlich enge Gebiete beschränkt war, konnte den Vorsprung der Gastronomie in den anderen Kontinenten nicht wettmachen. Andererseits führte das Fehlen schriftlicher Rezepte wahrscheinlich dazu, daß die Vielfalt der afrikanischen Küche mangels Kenntnis der europäischen Forscher noch heute unterschätzt wird. Darauf hat der französische Ethnologe Jean-Pierre Chrétien, Forschungsdirektor am Nationalen Forschungszentrum in Paris, 1987 auf dem UNESCO-Seminar über afrikanische Nahrungsgewohnheiten in Dakar hingewiesen.[11]

Nordamerika ist in dieser Beziehung ebenfalls wenig erforscht. Daß unter den Indianern vortreffliche Köche und (meist) Köchinnen waren, ist aber bekannt. Waverley Root hat darauf aufmerksam gemacht, daß eine Reihe ihrer Gerichte heute zur US-amerikanischen Küche zählen, etwa Clambake, Clam Chowder, Kronsbeerensauce, Boston Baked Beans, Succotash (ein Stew aus Bohnen, süßem Mais und Fleisch) und verschiedene Maisgerichte. Die weißen Einwanderer lernten von den Indianern Hummer zu kochen, Lachs zwischen Zweigen vor dem Feuer zu grillen (bei den Indianern blieb er saftig), den Umgang mit Kakis und manches mehr.[12]

Auf den anderen Kontinenten entwickelte sich mit dem Stand der Köche auch die Fachliteratur: Rezepte. Eines der ältesten, das damals in verschiedenen Versionen umlief, beschrieb Pollux in seinem Küchenlexikon *Onomastika*: «Mische mit Milch gekochtes Schweinefett mit dicken Graupen, verknete es mit frischem Käse, Eidotter und Hirn, umhülle es mit wohlriechendem Feigenblatt, koche es in Brühe von Geflügel oder Ziegenfleisch. Dann nimm es heraus, beseitige das Blatt und tue es in ein Gefäß voll siedendem Honig.»[13] Eine Variante hatte Aristophanes in seinem Lustspiel *Die Ritter* geschildert. Jahrhunderte später gab der Römer Cato

Titelbild einer holländischen Ausgabe des Apicius. *Er beeinflußte jahrhundertelang die europäischen Köche.*

der Ältere in seinem Wirtschaftsbuch ebenfalls praktische Kochhinweise. In der frühen deutschen Literatur erwähnt, aber schon damals verschollen waren Bücher aus der Feder von Cajus Martius, einem Freund Cäsars, Titel wie *Der Koch*, *Der Kellermeister* und *Der Früchtesammler.*[14]

Der schon erwähnte *Apicius* ist der Name des ersten überlieferten Kochbuches in Europa. Aber sein Verfasser macht den Historikern der Gastronomie Schwierigkeiten, denn diesen Namen trugen in der Antike mehrere, die als Genießer und Könner auf diesem Gebiet bekannt waren. Einer, Marcus, lebte im letzten Jahrhundert v. Chr. unter Sulla, ein anderer mit Vornamen Marcus Gavius um die Zeitwende zur Zeit des Tiberius (erstes Drittel des 1. Jahrhunderts). Er war Millionär und ein besonders berühmter Feinschmecker. Er hatte eine Kochschule und erregte Aufsehen durch großen Aufwand – so charterte er eigens ein Schiff, um sich an der Küste Libyens zu überzeugen, ob dort die Meereskrebse wirklich so groß seien, wie erzählt wurde. Als er – obwohl noch immer reich – sein Vermögen nicht mehr ausreichend für seinen Lebensstil fand, vergiftete er sich. Die meisten Fachautoren halten ihn für «den». Der dritte Apicius lebte unter Nero, eine Generation später; der vierte, Marcus Coelius, um die Wende vom 1. zum 2. Jahrhundert n. Chr. unter Trajan. Er erfand eine Methode, Austern länger haltbar zu machen.

Wer immer der Verfasser war und ob vielleicht nur sein Name verwendet wurde – als Handschrift scheint das Werk spätestens im 3. Jahrhundert existiert zu haben, unter dem Titel *Ars Magirica*: Auszüge aus zwei wahrscheinlich von Apicius stammenden Texten, aus einem griechischen Diätbuch und verschiedenen medizinischen Schriften. Im Mittelalter tauchten mehrere Kopien auf, von denen einige am Hof Karls «des Großen» angefertigt worden waren. Auf der Tafel Karls erschien zum ersten Mal in seinem Krönungsjahr 800 ein Pfau, damals in Hofküchen ein hochgeschätztes Gericht. Rezept für «Flammenspeienden Pfau»: Haut mit dem Gefieder abziehen, die Kopffedern müssen bleiben. Füße abhacken, aufheben. Den Vogel mit Gewürzen und Kräutern füllen, am Spieß braten, aber den Kopf mit einem Tuch umhüllen, das ständig angefeuchtet wird, um den Federschmuck zu erhalten. Wenn der Pfau gar und vom Spieß genommen ist, die Füße wieder befestigen, das Kopftuch abnehmen, die Kopffedern arrangieren, den Vogel wieder in seine Federhaut hüllen und den Pfauenschwanz ausbreiten. In den Schnabel etwas mit Kampfer getränkte Wolle praktizieren und anzünden. So kommt er als «feuerspeiender Pfau» auf den Tisch.[15]

Die ersten zwei gedruckten Fassungen des *Apicius* erschienen gegen Ende des 15. Jahrhunderts, ein reichliches Jahrtausend nach der ersten Handschrift, in Venedig und Mailand. Er hat die Küche Europas (die der Oberschichten) jahrhundertelang beeinflußt, bis zum Beginn der Neuzeit. Die Chronisten hat sehr beeindruckt, daß er Forellen mit getrockneten Feigen und Honigwein mästete, um ihre Leber fetter zu machen. Viele Speisen aber waren für damalige und spätere Verhältnisse durchaus normal, und das Buch enthielt auch viele praktische Ratschläge.

Die Rezepte selbst freilich waren oft ohne Mengenangaben – eine schwere Aufgabe für Nachkocher späterer Jahrhunderte. Der Verfasser richtete vieles entsprechend damaliger Tradition als Püree, Ragout und Kroketten an, weil, wie sein deutscher Bearbeiter Richard Gollmer sagte, sich solche Gerichte in der im alten Rom üblichen hingelagerten Stellung besser zum Munde führen ließen.

Außerdem enthielt das Buch sehr viele Rezepte für Saucen, meist fettlose und säuerliche. Hier eines der wenigen mit Mengenangaben, ausgerechnet «Verdauungssauce» genannt (eine Unze = 27,4 Gramm, ein Skrupel = 1,14 Gramm): «Eine halbe Unze Pfeffer, fünf Skrupel Kardamom, sechs Skrupel Kümmel, ein Skrupel Narde, sechs Skrupel trockene Minze. Zerquetsche dies alles, treibe es durch ein Sieb und mische es mit Honig. Wenn nötig, gib Fischlake oder Essig dazu.» Fischlake (bei den Römern «Garum» genannt) verwendete er viel, auch bei Würstchenrezepten. Sein Garum war aber recht einfach: Ein Teil Sardellen mit drei Teilen Wein so lange kochen, bis beides zu einer dicken Masse geworden ist. Diese durch ein Haarsieb streichen und in Glasflaschen aufheben. Um sie wieder benutzbar zu machen, wenn sie schlecht roch: Ein leeres Gefäß mit Lorbeer- und Zypressenzweigen ausräuchern, die in frischer Luft gutgeschlagene Sauce wieder hineingießen. War sie zu salzig, Honig hinzugeben und mit einer Dornenrute gut durchschlagen. Sie werden dann wieder brauchbar sein. Statt Honig tue es auch neuer Most.

Bei den Gemüsen fallen Kürbisrezepte (acht) auf, darunter auf indische und auf alexandrinische Art, aber auch einfache wie: «Andere Art. Brühen und braten, mit Kümmelgewürz und Öl aufkochen. Oder: Waschen, zerschneiden und mit Fischlake, ungemischtem Wein und Öl kochen.» Ein Geflügelragout: Malven, Lauch, Rüben oder Brokkoli brühen, sie vermengen mit entbeintem und zerschnittenem Fleisch von Drosseln, Hühnern, Schwein und kochen. Pfeffer, Liebstöckel, zwei Teile alten Wein, ein Teil Fischlake, ein Teil Honig und etwas Öl im Reibstein verreiben und mit dem Ragout durchkochen. Milch mit einem Ei verrühren und damit die Sauce binden.

Nun aber eines jener Rezepte, die unserer Vorstellung von reicher Küche der antiken Zeit eher entsprechen, ein Pfannengericht «auf reiche Art»: Alte Pinienkerne einweichen, wieder abtrocknen. Frische «wie üblich» zubereiten. Dann in eine Kasserolle füllen: Mittelstücke von Malven und Mangold, weiße Stengelenden von Lauch, Sellerieblätter, frische Kräuter, ein junges Huhn, das im eigenen Saft gekocht und in Stücke geschnitten wurde, blanchierte Schweinegehirne, Bratwürstchen, hartgekochte halbierte Eier, dicke Schweinswürstchenscheiben, schon abgekocht, Hühnerlebern, geriebenes Salzfleisch, Meernesseln, Austern und frischer Käse. Darüber Pinienkerne und Pfefferkörner streuen. Nun die Sauce: Pfeffer, Liebstöckel, Selleriesamen, Asant kochen und mit durchgeseihter Milch mischen, in die harte Eier gedrückt wurden, so daß die Sauce gleichmäßig dick wird. Mit dieser Sauce wird das Ragout gekocht. Vor dem Auftragen frische Seeigel dazutun und alles noch einmal mit Pfeffer bestreuen.

An Geflügelrezepten finden sich auch solche für Strauß, Pfau, Kranich, Papagei, Flamingo, Drossel, Huhn, Rebhuhn, Haselhuhn, Fasan, Gans, Ente, Taube und «stark riechende Vögel». Ein Huhn: Mit Garum kochen, Öl und Wein, einem Bund Lauch, Koriander und Bohnenkraut. Ist es gar, Pfeffer und Pinienkerne im Mörser zerreiben, etwas von der Brühe und Milch dazutun, gut verrühren, aus dem Kochtopf das Suppengrün nehmen, dafür die Würze hinzutun, noch einmal aufkochen lassen. Dann die Sauce mit geschlagenem Eiweiß binden und über das Huhn gießen. Diese Sauce heißt «weiße Sauce».

In einer Version des *Apicius* heißt das Rezept «Huhn nach Varianus», in einer anderen «Huhn nach Varius Heliogabal».

Ein weiteres Kennzeichen der *Apicius*-Küche: reichliche Verwendung von Gewürzen und Kräutern, häufiges Mischen von Süßem und Salzigem. Gollmer wies mit Recht darauf hin, daß sich Spuren von *Apicius*-Rezepten (nicht der extravaganteren, aber doch der sehr deftigen Mischungen) bis heute in spanischen, italienischen und französischen Gerichten finden.[16]

Herrschaftsküche

Welche Bedeutung die Küche am chinesischen Hof hatte, zeigt, daß um etwa 1740 v. Chr. ein Koch der erste Minister des Königs T'ang wurde, des Gründers der Shang-Dynastie.[17] Und gar der Personalplan des königlichen Palastes aus der Zeit um etwa 200 v. Chr.! Von insgesamt 4000 Personen, die der Hof beschäftigte, hatten 2271 mit Essen und Wein zu tun, also fast 60 Prozent. Im einzelnen (laut Chang) 162 Diätmeister für die täglichen Menüs des Königspaares und des Kronprinzen, 70 Fleischspezialisten, 128 Köche für die Palastfamilie und ebenso viele für die Gäste, 62 Hilfsköche, 335 Spezialisten für Getreide, Gemüse und Obst, 62 Wildfachleute, 342 Fischspezialisten, 24 für Schildkröten und Schalentiere, 28 Fleischtrockner, 110 Weinbeamte, 340 Weinservierer, 170 Spezialisten der «sechs Getränke» (Wasser, Reissaft, Most, Reisschleim, Pflaumensaft und Kornschleim)[18], 94 Eismänner, 62 Spezialisten für Pickles und Saucen und 62 für Salz, 61 zum Auftragen der Fleischplatten, 31 für das Auftragen auf Bambustabletts.

In China entwickelte sich die gastronomische Kultur viel eher als in Europa und in eine ganz andere Richtung, nämlich der Kochkunst des Kurzerhitzten, Kleingeschnittenen, raffinierter Zusammengestellten, ganz anders Gewürzten. Zu diesem Unterschied kam der nicht minder gewaltige, daß viel breitere städtische Schichten viel früher an der gastronomischen Kultur Anteil hatten. Schon dank der großen Zahl von Restaurants und anderen öffentlichen Eßplätzen konnten sie lange vor den Europäern ihren Sinn für kulinarische Verfeinerung entwickeln. In der damaligen Hauptstadt Lin-an (Hangzhou), berichtet Jacques Gernet[19], waren Restaurants durch Spezialitäten berühmt: Anfang des 13. Jahrhunderts das in der Asche gesottene Schwein im Lokal vor dem Palast, die Fischsuppe der Mutter Song vor einem der Stadttore, ein Hammelreis; in der zweiten Hälfte des Jahrhunderts dann das gekochte Schwein an der Katzenbrücke, die Bratgerichte mit Honig von Tscheou. Zu den raffinierteren Gerichten gehörten parfümierte, in Alkohol gekochte Schalentiere, Gans mit Aprikosen, Suppe mit Lotuskernen, scharfe Muschelsuppe, Fisch mit Trockenpflaumen.

Schon einige Jahrhunderte vor der Zeitwende hatte sich in der chinesischen Küche eingebürgert, je nach Jahreszeiten verschieden zu würzen: im Frühling saurer, im Sommer bitterer, im Herbst schärfer und im Winter salziger.

Auch im Reich des Islams, bei den Kalifen in Damaskus, Bagdad, Kairo und Istanbul, wurde großer Aufwand für die Köche getrieben. Im 16. Jahrhundert waren im Sultanspalast in Istanbul 630 Köche beschäftigt. Der Sultan pflegte bei Kriegszügen seine Köche mitzuführen – diese Truppe erwies sich in der Schlacht von Erlau gegen die Österreicher 1596 als so schlagkräftig mit ihren Äxten, Spießen und großen Messern, daß sie die Österreicher kurz vor dem Zelt mit dem ottomanischen Kriegsschatz zurückschlagen konnten. Die als Trophäen mitgeführten österreichischen Helme hingen bis 1928 in den Schlafräumen der Köche gegenüber den Küchen des Topkapi-Palastes, dann wurden sie ins Militärmuseum geschafft.[20]

Die Zahl der Köche entsprach der Größe der Aufgabe: Im Palast waren etwa 2000 Palastarbeiter und -angestellte und 4000 Janitscharen der kaiserlichen Garde zu versorgen, der große Haushalt des Sultans und seiner Familie nebst ihren Gästen. Die Mitglieder der Regierung wurden ebenfalls hier verpflegt. Auch im Sultanspalast wurde vom 16. Jahrhundert an eine Diätregel der Jahreszeiten praktiziert: Im Frühjahr sollte es leichte und wenig gewürzte Gerichte geben, im Sommer hauptsächlich Gemüse (noch schwächer gewürzt) und Obst, anstelle von Fleisch oft Fisch. Im Herbst gab es wieder mehr Fleisch mit stärkerer Würzung, zum Reis Saucen, im Winter kräftige, stark gewürzte Gerichte.

Peter Heine[21] verweist darauf, daß im arabisch-muslimischen Mittelalter nicht nur die Paläste Großküchen hatten, sondern daß zahlreiche mildtätige Stiftungen Küchen für Arme unterhielten, in denen fest angestellte Berufsköche keineswegs nur billig und einfach zu kochen hatten. Wir verdanken ihm auch den Hinweis, daß die Methode, Geflügel nicht ganz durchzubraten, mit der Entlohnung der arabischen Köche zusammenhing. Sie aßen natürlich ebenfalls von den Gerichten, die sie zubereiteten, und durften die Reste für sich behalten. Fettes Fleisch galt als eine besondere Delikatesse, und beim Braten tropft das Fett weg. Servierten sie durchgebratenes Geflügel, verdächtigte man sie, das Bratfett für sich abgezweigt zu haben, also brieten sie erst gar nicht so gründlich.

Als bestes Fett galt in der arabisch-muslimischen Welt das vom Schwanz der eigens gezüchteten Fettschwanzschafe, das freilich selbst für Reiche im Dauergebrauch zu teuer war. In den Küchen wurde viel Olivenöl verwendet, gefolgt von Sesamöl, zum Kochen und Braten viel geklärte Butter (Butterschmalz), ähnlich wie in Indien Ghee. Fleischnahrung lieferten im wesentlichen Schafe und Geflügel.

In Afrika unterschieden sich das Essenszeremoniell und die Feste an den Höfen der Könige und Stammesfürsten in bemerkenswerter Weise von der «Raffinesse» der Europäer und Asiaten. Der Aufwand bestand in der Menge des Gebotenen. Die Zubereitungen waren die gleichen wie in der allgemeinen Alltagsküche. Differenzierungen in den Zuteilungen entsprachen der (großen) Zahl von Abgrenzungen und Tabus entsprechend dem Alter, dem Geschlecht, Klan und Beruf, dem jeweiligen Status der Frauen (neu verheiratet, nach Geburt, während der Regel usw.).

Auch bei den Azteken im heutigen Mexiko war der Aufwand am Kaiserhof gewaltig. Für Moctezuma II. (regierte 1502 bis 1520) bereiteten die Palastköche jeden Tag mehr als 300 Gerichte zu, für den Hofstaat etwa 1000.[22] Die Köche der Azteken hatten, wie spanische Zeugen berichteten, ein beträchtliches Repertoire. Sie fabrizierten ein Dutzend Sorten Maisbrot, viele Fleischgerichte (gegrillt oder gekocht), zwei Dutzend Ragouts aus Geflügel, Fisch, Lurchen und Insekten, unzählige Gemüse-, Getreide-, Süßkartoffel-, Piment- und Tomatengerichte. Maismehl-Tamalen wurden mit Fleisch oder Schnecken oder Obst gefüllt. Dazu wurde Geflügelbrühe oder Frösche in Pimentsauce serviert oder Flugameisen und anderes. Fleisch lieferten Puter und Hunde nebst vielen Wildarten und Vögeln. Dazu kamen reichlich Meeresgetier und Flußkrebse. Fisch wurde viel mit Chilis, Tomaten und zerstoßenen Kürbiskernen gekocht. «Das Volk» ernährte sich hauptsächlich von Maisgerichten, Bohnen, Amarant und Salbei.

Am französischen Hof des 14. Jahrhunderts schwankte zwar die Zahl der Höflinge, weil zuweilen ans Sparen gedacht wurde. Doch für die leiblichen Bedürfnisse und Genüsse blieb durchweg eine stattliche Truppe zur Verfügung, an der Spitze Männer hohen Ranges. Nach dem Kammerherrn von Frankreich, dem obersten Kämmerer und dem obersten Stallmeister kamen schon der Chef des Weinwesens, der oberste Beamte der Brotverwaltung, der Obermundschenk, der Großmeister der Küche, der ranghöchste Truchseß, der Restaurantchef, dann erst zwei Marschälle von Frankreich, der Großmeister der Armbrüste, der Bannerträger, der Admiral. Unter den Küchenchefs noch einmal eine Hierarchie von Meistern, von denen die sechs Fleischköche den höchsten Rang hatten; ihr Chef hatte die besten Stücke herauszusuchen und für den Tisch des Königs zu reservieren. Insgesamt war mit Essen und Trinken beziehungsweise den Vorbereitungen dafür die übergroße Mehrheit der 700 bis 800 fest angestellten Personen des königlichen Haushaltes beschäftigt. Zur Küche, der 1385 im Dienst Karls VI. der berühmte Taillevent vorstand, gehörten allein rund

150 Mitarbeiter. Die «Haushalte» – Schlösser! – der Prinzen und der mächtigen Herzoge waren keineswegs weniger gut bestückt. Der Herzog von Guyenne bezahlte auf diese Weise fast 250 Personen. Im 15. Jahrhundert beschäftigte der Herzog von Urbino, Federigo da Montefeltro, unter den 500 Bediensteten seines Haushalts fünf, die bei den Mahlzeiten vorzulesen hatten.

Die Organisation des Hofstaates in Europa und Teilen Asiens ging auf die militärische Vergangenheit zurück, bis zurück zu den Anfängen des Ritterwesens, als Herrschertum durch gewalttätige Auseinandersetzung erlangt wurde, also der jeweils Stärkere nach Unterwerfung des Schwächeren herrschte. So trugen an europäischen Fürstenhöfen auch die für Ernährung Zuständigen klingende militärische Titel, sie rangierten in der Hofhierarchie recht weit oben. In Deutschland war «Küchenmeister» seit 1209 eines der vier höchsten Ämter am Königshof.

Auch in England verfügten die Mächtigen über reichliches gastronomisches Personal. Zum Haushalt des Earls von Northumberland (1342 bis 1408) gehörten insgesamt 166 Personen, von denen 16 täglichen Tischdienst hatten. König Richard II., berühmter gastfreundlicher Verschwender, beschäftigte in der Küche 1000 Köche und 300 Diener, um bis zu 10 000 Besucher des Hofes täglich bewirten zu lassen. Noch aufwendiger lebte Anfang des 16. Jahrhunderts fast 15 Jahre lang Kardinal Wolsey (bis zu seiner Absetzung 1529) – William E. Mead zufolge wirkte dagegen der Hofstaat des Königs geradezu wie ein Haus von Bettlern.[23]

An den Höfen der frühen europäischen und vorderasiatischen Herrscher kochten Männer, die ihre ersten Vorstellungen vom Essen ihren Müttern verdankten und auch den Grundstock ihrer Rezepte; in den Familien kochten die Frauen. Später, schon im antiken Griechenland, wurden die Köche dann immer sorgfältiger und komplizierter ausgebildet. In Afrika gab es keine solche Spaltung. Dort kochten Frauen[24] auch für die Könige und Häuptlinge. Bis weit ins Mittelalter hinein, mindestens bis zur Zeit der Kreuzzüge, genossen ägyptische Köchinnen bei den Oberschichten des arabischen Raumes und in den Sultanspalästen besonders großen Ruf, unter den Fatimiden (in Ägypten und Palästina 969 bis 1171) und später. Sie bewirkten einen Aufschwung der ägyptischen Küche. Ein arabischer Chronist der Kreuzzüge berichtete sogar, Gast eines Franken gewesen zu sein, der stolz auf seine ägyptische Köchin verwiesen habe. Bis zur Eroberung durch die Osmanen im Jahr 1517 gab es in Ägypten Berufsköchinnen. Heine: «Ein Wandel hat sich hier wohl erst mit der Veränderung der sozialen Stellung der Frau in der islamischen Gesellschaft ergeben. Frauen waren dann nur noch in der eigenen Küche tätig. Das Haus zu verlassen, um durch Kochen den Lebensunterhalt zu verdienen, wurde mehr und mehr Sache der Männer.»[25]

Koch bei Hof zu sein sicherte Aufstieg und Einkommen als Belohnung

Reichgedeckter Tisch des Herzogs von Berry im 15. Jahrhundert. Darstellung aus seinem Stundenbuch.

nicht nur für Können, sondern auch für Treue. Auf die wurde gezählt, durch die Jahrhunderte und Kulturkreise hindurch: Gift war ja ein beliebtes Mittel, Monarchen zu beseitigen. Der «Mundkoch» Kaiser Maximilians, Hans Pfatt, konnte sich 1513 leisten, seinem Sohn ein mehrjähriges Studium in Wien zu finanzieren.[26]

Im alten Rom verdienten Starköche Vermögen bis zu (umgerechnet) 600 000 heutige Mark im Jahr. Sallust (84 bis 34 v. Chr.) bot für den Koch des Cassius Nomentanus, den Sklaven Dama (nach anderer Quelle «Nama»), 100000 As, etwa 215000 Mark von heute, um ihn abzuwerben. Von dessen Kunst erfahren wir nichts weiter. Da wundert einen nicht, daß viele dieser Köche als arrogant geschildert wurden. So wurden sie auch in altgriechischen und altrömischen Theaterstücken dargestellt, und ähnliches wird auch aus dem alten China berichtet.

In der arabischen Welt standen in der Abassidenzeit (750 bis 1258) gute Köche ebenfalls in hohem Ansehen, schon weil die führenden Schichten in Bagdad gerne kochten oder sich mindestens für die Küche interessierten. Der Dichter al-Kushadjim war hauptberuflich Koch, wobei niemand etwas fand. Auch unter den frommen und angesehenen Auslegern der Lehre des Propheten befanden sich Köche (und Lebensmittelhändler). Mit der zunehmenden Verarmung des Nahen und Mittleren Osten vom 16. Jahrhundert an sank ihr Ansehen. Ihre Arbeitsmöglichkeiten schrumpften und damit das Prestige des ganzen Standes.[27]

So erging es der Zunft wohl auch im Fernen Osten. Im 18. Jahrhundert lebte in China Yüan Mei (1716 bis 1798), Rezeptsammler und Autor der Schrift *Die Kochkunst des Herrn von Sui-Yüan*, von der 1940 in der Zeitschrift für Chinakunde und Chinaforschung *Sinica* eine Übersetzung erschien. Der folgende Auszug spricht Bände: «Alle Köche sind kleine Leute von niederen Qualitäten. Sie werden sofort faul oder lässig, wenn man sie einmal einen Tag lang nicht lobt oder tadelt. Schlingt man ein Essen herunter, obwohl es noch nicht richtig gekocht ist, wird morgen das Gericht noch ganz roh auf den Tisch kommen. Schmeckt ein Essen nicht, wie es soll, und man sagt aus Rücksicht nichts, dann macht der Koch das nächste Mal die Brühe noch flüchtiger. Auch soll man sich nicht mit bloßen Belohnungen und Strafen begnügen. Man soll ihm bei einem guten Essen die Gründe aufzeigen, warum es so gut wurde; bei einem schlechten Essen soll man prüfen, warum es schlecht wurde. Ein Essen muß richtig gesalzen sein, so daß man nichts daran ändern muß; es muß richtig gekocht sein, so daß man nichts daran ändern muß. Ist aber der Koch faul und dem Essenden alles gleichgültig, so sind das die größten Mißstände beim Essen und Trinken. Sich erkundigen, genau nachdenken, klug entscheiden: das ist Sache des Schülers. Zur rechten Zeit Hinweise geben, belehren: das ist die Sache des Lehrers. Und beim Essen muß es genauso sein.»[28]

Etwa um die gleiche Zeit freilich, 1772, zeigte ein berühmter europäischer Monarch eine ganz andere Beziehung zu seinem Koch. «Fürwahr, ich sag' es, Noël, ohne Lachen: Dein groß Talent wird dich unsterblich machen», dichtete er ihn an; «Fruchtbarer Autor köstlicher Gerichte, noch unerschöpft von hundert Gasterein, die Schüsseln, die du fertigst, sind Gedichte.» Oder: «Er ist der Newton von dem Suppentopf, Er ist der Cäsar von der Bratenpfanne ...»

Der Dichter war König Friedrich II. von Preußen, genannt Friedrich «der Große», und er bescheinigte seinem Küchenchef Noël auch: «Lukull,

Köchin ...

der Schlemmer Roms, der weltbekannte, hat ... Besseres und Feineres nie gegessen, als dies Ragout à la Sardanapal, dies wahrhaft unerreichte Göttermahl, das du mir heut beschert zum Mittagessen.»[29] Und weiter, für heutige Leser vielleicht verblüffend: «Sollt' eines Tags dich eine Laune lenken, ein Mumienragout dir auszudenken, und kunstreich durch ein chemisch Elixier die Würze der Bereitung noch zu bessern, macht Illusion, Vertrauen und Eßbegier am End uns alle noch zu Menschenfressern.»

Die makabre Vorstellung war zwar nicht so originell, wie wir gleich

... und Koch mit ihren Utensilien, um 1730.

sehen werden, aber auch der Alte Fritz mochte sie nicht fortführen: «Doch nein, verschmähn wir solch ein Mahl für Wilde, und auch mit Fleisch von Tieren sei gespart; Tisch lieber auf, was grünt im Fruchtgefilde; gesünder ist's, gemäßer unser Art.»

In der Tat gab es in China eine Legende, im 7. Jahrhundert v. Chr. habe ein Koch dem Herzog Huan von Ch'i seinen eigenen Sohn gekocht und serviert, nachdem der Herzog sich darüber beklagt hatte, er habe schon alles gekostet – nur noch kein kleines Kind.[30]

Ein Großverdiener unter den Köchen der neueren Zeit war Antonin Carême, dem Anfang des 19. Jahrhunderts Georg IV. in England ein Gehalt von umgerechnet 20000 Mark im Jahr zahlte – heute wäre es an Kaufkraft ein Vielfaches wert.

Die Kochbuchwelle beginnt

Je mehr die Zeit voranschritt, desto mehr etablierte sich das Kochgewerbe auch in den Medien, also in den zeitgenössischen Dokumenten. In Graz wurden 1354 «Maister Ott der Choch» und «Hainrich der Choch pey dem Weyer» erwähnt, in Salzburg in einer Urkunde vom 17.1.1389 «meister Chunrat, koch zu S. Peter», in München 1415 «Hanns Kratzer koch», in der ersten Hälfte des 15. Jahrhunderts (mit einem Kochbuch) der Küchenmeister Eberhart von Landshut, der am Hof des Herzogs von Bayern-Landshut werkte. In München war 1449 das Kochhandwerk fest geregelt; eine Zunftordnung bekamen die Köche dort aber erst 1734. In Wien waren 1621 zwölf Stadtköche registriert.[31]

Überlieferte Kochlehren, also Rezepte, aus dem Mittelalter sind spärlich. Das älteste erhaltene Kochbuch der arabischen Welt erschien im 10. Jahrhundert, zusammengestellt von Abu Muhammad al-Muzzafa ibn Sayyar, eine Sammlung von mehr als 400 Rezepten unter dem Titel *Kitab al Tabikh wa Islah al-Aghdhiyah al-Ma 'Kulat.*[32] Sie enthielt auch Benehmensregeln, sogar zur korrekten Handhabung von Zahnstochern. Der Autor hat zahlreiche Rezepte von berühmten Arabern oder ihren Köchen gesammelt, ein halbes Hundert von Kalifen des 8. und 9. Jahrhunderts, 25 vom Bruder Harun al-Raschids, der als Dichter, Sänger und Feinschmecker bekannt war. Viele Rezepte verraten den Einfluß der persischen Hofküche. Zwei wurden dem sassanidischen König Khosror (531 bis 539) zugeschrieben. Da finden sich zahlreiche komplizierte Schmorgerichte, ein ganzes Kapitel gebackener Reis- oder Weizenpuddings mit Fleisch, ähnliche, zu denen auch noch saure Milch verwendet wurde, Bratengerichte, Gewürze und Pickles, Backwaren und Süßigkeiten. Manches Fleisch wurde vor dem Braten gekocht – diesem Verfahren begegnen wir später auch in der europäischen Küche. Eine Art Monstersandwich: Ein Brot wurde mit Fleisch, Gemüse und Kräutern gefüllt, dann in einem Lamm-Magen im Ofen aufgehängt und geräuchert. Beliebtestes Fleisch für Suppen scheint persischer Halbesel oder wilder Esel gewesen zu sein, aber auch Kamel und Gazelle kamen vor. Einige Rezepte hatten (damaligen) medizinischen Charakter, wie viele der alten Zeiten aller Länder, andere waren sogar abgewandelte christliche Fastenspeisen – vegetarische, die wie Fleisch aussahen. Brot wurde mit Borax haltbar gemacht.

Von diesem Kochbuch existiert noch eine Handschrift. Handschriften anderer aus dem 9. Jahrhundert, die fast durchweg von Würdenträgern der

Kalifen verfaßt waren, aber auch von Dichtern, Musikern, einem Astronomen, einem Historiker und einem Sprachprofessor in Bagdad, sind verloren.[33]

Anfang des 11. Jahrhunderts fertigte in Kairo ein hoher Hofbeamter ebenfalls ein dickes Werk über die Kochkunst. Aus dem 13. Jahrhundert datiert dann zunächst der erhaltene *Kitab al Wusla ila 'l-habib fi wasf attayyabat wa 't-tib (Buch der Freundschaftsbande oder Beschreibung der guten Gerichte und Parfüms)* mit vielen Rezepten für Fleisch mit Datteln und Pistazien und Hühner mit Pistazien und Mandeln.[34] Diese und spätere Rezepte waren, wie die historischen Dokumente zeigen, keineswegs nur für Reiche bestimmt. Auch auf den Straßen von Bagdad boten Köche Hammelfleisch mit Mandeln an. Diese Handschrift ebenso wie das im gleichen Jahrhundert in Syrien erschienene *Kitab Wasf al-At 'Imah al-Mu 'Tadah* enthält auch türkische, kaukasische, indische, nordafrikanische und sogar einige fränkische Rezepte (von Kreuzfahrern). *Kitab Wasf* wurde 1226 als *Kitab al-Tabikh* von einem Plagiator um rund die Hälfte gekürzt, neu veröffentlicht und später noch einmal stark gekürzt. Diese Version erschien 1939 in englischer Übersetzung in Hyderabad.[35] Das Buch enthält das erste bekannte Mussakarezept (Aubergine und Lamm). Im 13. Jahrhundert erschienen auch in Andalusien zwei arabische Handschriften, *Kitab al Tabikh* und *Faladat al Khiwan fi tayyibal at taam wal alwan* (dies mit rund 400 Rezepten aus Marokko und dem maurischen Spanien)[36].

Viele Rezepte dieser Schriften ähneln nur noch vage oder überhaupt nicht mehr der arabischen Küche von heute. Schon damals war jedoch starke Würzung sehr verbreitet, ebenso die Verwendung von Pistazien, Nüssen, Mandeln und Früchten wie Datteln, Pflaumen und Äpfeln; oft wurde Rosenwasser oder Moschus über die Gerichte geträufelt. Altes Brot diente in vielen Gerichten zur Bindung oder Anreicherung oder auch zur Neutralisierung zu kräftigen Geschmacks. Beliebt waren Hühner, wie in Europa, in küstennahen Gegenden wurde gern Fisch gebraten oder gegrillt. Von komplizierten Fischrezepten zitiert Heine eines, das eine sehr vorsichtige Häutung verlangte, damit die Haut des Fisches erhalten blieb. «Man entfernte aus dem Fischfleisch die Gräten und hackte es klein, mischte es mit Ei, Honig oder Zucker, verschiedenen Gewürzen und Mandeln und tat diese Füllung wieder in die Fischhaut.» Die Öffnungen steckte man mit Stäbchen aus Holz zu und umwickelte das Ganze mit einem Faden. Das Kochbuch schreibt ausdrücklich vor, daß diese Komposition sehr langsam gegart werden sollte. Ein anderes Rezept aus der Zeit der Kreuzzüge: Lamm gefüllt mit in Sesamöl gebratenen Fleischscheiben, Hühnerfleisch und kleinen Vögeln und Pistazien, gewürzt mit Pfeffer, Ingwer, Zimt, Kreuzkümmel, Kardamom und anderem. Das gebratene Lamm zwischen zwei Teigschichten fertigbacken, alles mit Rosenwasser übergießen. Dazu kleine gebackene Teignäpfe mit Fleisch, Zucker und Süßigkeiten servieren.[37]

Auch die ersten europäischen Handschriften über Kochkunst stammen aus dem 10. oder 11. und dem 13. Jahrhundert. Ekkehard IV. im Kloster St. Gallen gab um das Jahr 1000 herum eine gereimte Übersicht «über fast alle damals auf die Tafel kommenden Speisen», sagte Harry Schraemli[38], aber keine Rezepte. Aus dem 13. Jahrhundert stammt eine französische, der *Viandier*, auf den ich gleich näher eingehen werde, und eine dänische, *Libellus de Arte Coquinaria* von Henrik Harpenstreng. Ab Anfang des 14. Jahrhunderts erschienen ein weiteres halbes Dutzend. Die erste verfaßte der dänische Mönch Knut Jul vom Kloster Soro, eine Pergamenthandschrift, die auch Abhandlungen über Pflanzen, Recht und Steine enthält.[39] Dann kamen italienische oder auf italienischen Quellen fußende. Von ihnen ist kein Verfasser bekannt, und sie überschnitten sich so, daß sie deutlich auf gemeinsamen Quellen beruhen. Die Gemeinsamkeiten dürften darauf zurückzuführen sein, daß das Essen an den Fürstenhöfen Europas im Mittelalter ziemlich ähnlich war. Das stimmt natürlich auch für die gewaltige Mehrheit der Bevölkerung, die sich hauptsächlich von Suppen und Brei ernährte.

Im vornehmen Europa hatten katalanische Köche einen guten Ruf. 1324 verfaßte einer von ihnen, der am englischen Königshof gekocht hatte, das *Libre de Sent Sovi* (die Bedeutung des Titels ist nicht klar), das Rudolf Grewe publiziert hat. Der Name des Verfassers ist nicht überliefert.[40] In vieler Hinsicht ähneln seine Rezepte denen der Antike (aber er verwendete Zimt, Nelken und Muskatnuß, was in altrömischen Rezepten nicht vorkam) ebenso wie denen späterer Zeiten. Viele Rezepte stellen eine verblüffend raffinierte Küche vor. Vom Herkömmlichen gab es interessante Abweichungen. Zum Dicken von Saucen verwendeten die meisten anderen gekochtes und dann verrührtes Eigelb, der Katalane rohes (neben Brot und gemörserten Mandeln) – seine Saucen dürften cremiger gewesen sein. Übrigens hatte er auch eine Sauce für ein Bärengericht. Über die Grenzen hinaus berühmt war sein halbgegrilltes Geflügel in einer süßsauren, gewürzten Mandelsauce. Seine «weiße Sauce» fertigte er aus Mandeln, Ingwer und Hühnerbrust. Viel verwendet wurden (in der katalanischen Küche überhaupt) Knoblauch und Zwiebeln. Eines der wichtigsten Küchenutensilien war der Mörser. Damals wurden ja auch Fleisch und Fisch überall im Mörser püriert.

Um 1350 kam das früheste deutsche, das *Buch von guter Spise*, Bestandteil einer weit größeren Pergamenthandschrift, die der fürstbischöfliche Protonotar Michael de Leone in Würzburg gegen Ende der vierziger Jahre des 14. Jahrhunderts anlegen ließ. Es enthielt mehrere Dutzend Rezepte, deren Verfasser leider ebenfalls unbekannt geblieben ist. Sie entsprachen der Küche eines wohlhabenden herrschaftlichen Haushaltes. Gleich unter den ersten fanden sich mehrere Süßspeisen, ferner Hirschleber, gebratenes Hirn, Haselhühner und Ferkel; die Schrift enthielt auch eine Anleitung zur Herstellung von Met.[41]

Im gleichen Jahr wie die deutsche Handschrift erschien auch eine französische, *Le Grand Cuisinier de toute Cuisine.* 1381 kam die erste englische, *Ancient Cookery*, eine Zusammenfassung von schon bekannten Rezepten anderer, hauptsächlich für Fürstenhöfe bestimmt. Um 1390 folgte in London *The Forme of Cury*, verfaßt von den Küchenchefs König Richards II. (die Buchausgabe folgte erst 1780). Ein Hackbraten: Kleingehacktes gekochtes Schweinefleisch mörsern, Eier, Rosinen, Zucker, Ingwer, milde Gewürze und Drosselfleisch dazumischen, weißen Süßwein aus Zypern darüber. Die Masse in einen Topf geben, dessen Boden mit Salz, Safran und Pflaumen ausgelegt ist, dann backen. *The Forme of Cury* enthielt, abgewandelt, viele *Viandier*-Rezepte.

Dann kam noch eine französische Handschrift: der *Ménagier de Paris*, den von 1392 bis 1394 ein unbekannt gebliebener Franzose für seine 15jährige, frisch angetraute Frau verfaßt hatte; auch er übernahm deutlich vieles vom *Viandier.*

Mitte des 15. Jahrhunderts erfand Gutenberg den Buchdruck – von Anfang an ging neben vielen christlichen Schriften auch die Kochkunst in Druck. Das erste uns bekannte gedruckte Kochbuch Europas – eher ein Hausbuch, das einen großen allgemeinen Teil enthält – geht mit seinen Rezepten zurück auf eine Handschrift vom italienischen Koch des Kardinals Ludovico Trevisan, Martino, Anfang des 15. Jahrhunderts: *Liber de Arte Coquinaria.* Das war eine systematisch geordnete Sammlung von 250 Rezepten. Martino beschrieb besonders Saucen. Er benutzte anscheinend als erster das Siebtuch, um sie zu «passieren», und empfahl – ebenso verblüffend wie einleuchtend –, den Geschmack nach der Vorliebe der jeweiligen Esser zu bilden. Er würzte zurückhaltend, verwendete aber ziemlich oft Safran. Er ließ Gemüse beim Kochen ganz, zerteilte es erst danach und streute meist Käse darüber. Die mittelalterlichen Pürees traten zurück, Martino empfahl Ragouts und Braten.

Fast alle Rezepte Martinos wurden also, wie gesagt, von Bartolomeo Platina (Pseudonym für Bartolomeo Sacchi, der ab 1475 die päpstliche Bibliothek verwaltete) in sein zehnteiliges Hausbuch *De Honesta Voluptate* übernommen, das erste bekannte gedruckte Kochbuch überhaupt, das 1475 in Venedig und etwa um die gleiche Zeit in Rom erschien. In der ersten Ausgabe waren die Rezepte offenbar nicht so brauchbar, und der allgemeine Teil überwog sehr (einschließlich Ratschlägen zum Wohnungseinrichten und zum Beischlaf). Ein kompletteres Kochbuch machte daraus der französische Übersetzer, Desdier Christol, Prior von St. Maurice bei Montpellier. Seine Übersetzung erschien 1505 in Lyon. Eine deutsche folgte erst 1542 in Augsburg: *Von der eerlichen, zimlichen / auch erlaubten Wolust des leibs / Sich inn essen / trincken / kürtzweil etc allerlay unnd mancherlay Creaturen unnd gaabenn Gottes / Visch / Vögel / Wildpret / Frucht der erden etc. mit Gott / allen cere / auch gesundthait des menschens / mit dancksagung zu gebrauchen mügen / von allen Weisen / Erba-*

Bap. Platine von der Eerlichen wollust/das neündt Bůch.

Das erst Capitel/ Von geröster oder gebrattner speiß.

Geröstet oder gebratne speysz/ nendt man/das man röstet in der pfannen/oder brattet an dem spisse/ Jch kümmere mich hie nichts/was meine mißginner/mir auffstrechenn/ als erdichte ich newe wörter/ besonders Lateinische. Neidische menschen seind diß/die da ain anďn straffen/das sie für sich selbs nicht erraichen mügen. Es spricht der Poet Horatius / man müge zů aller zeit namen geben/den dingen so vorhandenn/nach jrer art/ Jch will hie gleich thon/wie Hercules/als die Poeten schreiben/ der Cerbero/dem helhund ein faiste suppen fürwarff/damit er jn stillet/das soll hie auch geschehen rc.

Das II. Capitel/ Ayn geröstes von Holderbleter.

Nimb ein alten vnnd newen käse / wol zerribenn/ thů darzů ein wenig mäl/ auch das weisse vonn etlichen ayren/ein wenig millich/auch ein wenig Zucker/stoß alles inn ainem mörser /thů es nachmals auß dem mörser inn ein schüssel/Spreng darauff die blůst von Holder / vnd mische es zůsamen / thů es fein mitt ainem kochlöfel in die pfannē/da öl oder butter hayß jnnen ist /röste es/ so hast ein gůt gerichte/warm soll mans essen.

Das

ren und gelerten / besonders den Artzten gerathen / zügelassen und gestattet / fein ordentlich hie in v bücher gesetzt / gekocht / und auff den tisch fein lustig berait und auffgetragn wirt / Durch den hochgelerten Philosophum und Oratorem / das ist weysesten und beredtesten Herrn / Bap. Platinam von Cremona / under Friderico III dem Römische Kaiser gelebt / im Jahr 1481. jetzt jüngst grüntlich auß dem latein verteutscht / durch M. Stephanum Vigilium Pacimontanum. Imjar / M. D. XXXXII. Bis Mitte des 16. Jahrhunderts gab es mindestens 16 Ausgaben in lateinischer Sprache, die erste italienische erschien 1487. Die Rezepte wurden von vielen späteren Kochbuchautoren übernommen.

Linke Seite: Deutsche Ausgabe des ersten gedruckten Kochbuches.

Nummer zwei in der Rangfolge der frühesten bekannten gedruckten Kochbücher stammt aus Spanien. Es erschien 1477 auf Katalanisch (Maestre Rupert: *Libre de Coch*), das spanische *Libro de Cozina* folgte 1520 von Ruperto de Nola, wohl der gleiche Verfasser, damals Koch des (spanischen) Königs Ferdinand von Neapel. Es war ebenfalls von Martino beeinflußt.

Nummer drei war das erste deutsche, die 1485 von Peter Wagner in Nürnberg gedruckte *Küchenmeisterei*. Der Autor blieb unbekannt. Er hatte Rezepte für herrschaftliche Tafeln zusammengestellt (ohne Mengen- und Garzeitangaben); billige Lebensmittel fehlten fast ganz. Allerdings kam «Krebse Sieden» vor, obwohl es damals so viele Krebse gab, daß sie als Armeleuteessen galten und für Reiche allenfalls als Fastenspeise gut waren. Diese nahmen einen großen Platz ein (es war ja eine Zeit der Frömmigkeit beziehungsweise Beachtung der kirchlichen Vorschriften); auch Biberschwanz gehörte dazu, entweder gesotten mit Pfeffersauce (oder einer mit Lebkuchen gebundenen) oder gebraten und mit Ingwer bestreut. Der Hinweis fehlte nicht, daß diverse Wassertiere besser in Wein gesotten würden als in Wasser. Neben den üblichen Braten, Schmorgerichten und Pasteten «nach welschen Sitten» fand sich auch ein Gebäckrezept, das wohl kein langer Erfolg war: mit einer Füllung aus kleingehackter Kalbslunge. Insgesamt brachte es die *Küchenmeisterei* auf 56 Auflagen – Plagiate durch andere und inhaltliche Abwandlungen eingeschlossen.[42]

Als viertes gedrucktes Kochbuch Europas, das ganz besondere Bedeutung erlangen sollte, kam das erste französische: *Le Viandier*, von dem die erste gedruckte Version etwa 1492 erschien. Es bereitete ähnliche Festlegungsschwierigkeiten wie der *Apicius*. Der *Viandier* wurde Guillaume Tirel zugeschrieben, der sich Taillevent nannte (nach ihm heißt eines der besten Pariser Restaurants) und von 1310 bis 1395 lebte. Er verbrachte fast sein ganzes Berufsleben am Hof: erst bei Philipp VI., dann beim Herzog der Normandie, schließlich bei Karl VI. Dem gedruckten Buch waren im 14. Jahrhundert mehrere Handschriften vorausgegangen. Da 1953 ein *Viandier* weitgehend gleichen Inhalts entdeckt wurde, der um 1300 entstanden war, konnte Tirel nicht gut der Urverfasser sein. Doch spricht einiges dafür, daß die späteren Versionen auch seine Ideen und Rezepte enthielten, verbunden mit Zusammenstellungen früherer Rezepte aus anderen Quellen. Natürlich ist es damit weniger ein Zeugnis für die eventuelle Meisterschaft Tirels (der wohl nicht so lange Hofchefkoch geblieben wäre, wenn er versagt hätte) als eine vortreffliche Dokumentation über den fortgeschrittenen Wandel in der Kochkunst (der Oberschichten) von der römischen Zeit bis zur Renaissance.

Auch die *Viandier*-Rezepte empfahlen reichliche Verwendung von Gewürzen und säuerliche fettlose Saucen. Fleisch war vor dem Braten zu kochen. Dafür hatten die Köche triftige Gründe: Konservierung gab es noch nicht, und das zur Zartheit des Fleisches notwendige längere Lagern, Abhängen usw. leitete den Verwesungsprozeß ein. Das Kochen stoppte den frühzeitig, sozusagen noch rechtzeitig, indem es die Bakterien auf der Randschicht beseitigte. Außerdem machte es das Fleisch weicher. So konnten Stücke schon gebraten werden, die sonst hart und zäh geworden wären. Das Kochwasser wurde weggegossen.

Im übrigen war die *Viandier*-Küche mit einigen Ausnahmen (wie klaren Suppen und gegenüber dem frühen Mittelalter verbesserten Saucen) eine überfrachtete, schwere, oft theatralisch verzierte und präsentierte Bankettküche für höfische Anlässe. Eine Suppe: aus Ingwer, Knoblauch und Verjus, ähnlich der heutigen provenzalischen Knoblauchsuppe. Oder eine andere, «deutsche Brühe» genannt: Bouillon, Wein, Speck, Zwiebeln, Mandeln, Zimt, Nelken, Paradieskörner, Safran, Verjus. Eine seiner Saucen, die «dodine rouge»: In Rotwein getauchtes gegrilltes Brot, in Speck gebratene Zwiebeln, Zimt, Muskat, Gewürznelken, Zucker und Salz, Entenfett. Das Gemisch wurde unter den sich drehenden Bratspieß gestellt, so daß Bratensaft hineintropfen konnte.

Zum geschätzten Geflügel gehörten Schwäne, Störche, Pfauen, Reiher, Kormorane, Kraniche und Rohrdommeln. Sie wurden nach dem Braten wieder mit ihren Federn serviert. Einfacheres war Thunfisch mit Birnen, Oregano und Zitronen – Jean-François Revel weist darauf hin, daß dies schon zur toskanischen Küche des 4. Jahrhunderts gehört habe.[43] Völlig normal würde uns wohl auch heute das Rezept für Hammelragout vorkommen («Galimafrée»): Ganz klein gewürfeltes Hammelfleisch, zusammen mit halb soviel Zwiebeln, die mit Butter angeschwitzt, dann mit Essigsud abgelöscht und mit Ingwer, Pfeffer und Salz bei schwacher Hitze eine halbe Stunde köchelten, noch eine Viertelstunde ebenfalls schwach kochen lassen. Mit geröstetem Brot servieren.

Der *Viandier* erlebte immer neue Auflagen, meist solche, in denen die Bearbeiter seine Rezepte durch weitere ergänzt, aber auch abgewandelt und oft verfälscht hatten. Fraglos hat er die Küche ab Ende des Mittelalters für einige Jahrhunderte geprägt. Zwischen den Küchen der Königs- und Fürstenhöfe bestand guter Kontakt, im großen und ganzen ernährten sie sich und ihre Gäste gleichartig. Da war der *Viandier* einflußreicher als seine wenigen, aber durchaus vorhandenen französischen Konkurrenten: der

Grand Cuisinier de toute Cuisine, der 1350 als Manuskript erschienen war und Mitte des 16. Jahrhunderts von einem Koch namens Pierre Pidoulx herausgebracht wurde, und der *Ménagier de Paris*, den es weiter als Handschrift gab und der weiterhin unter Köchen kursierte.

Fünftes unter den gedruckten Kochbüchern war im Jahr 1500 das erste englische, *This is the Boke of Cokery*, das im 16. Jahrhundert mehrere Auflagen erlebte. Auch dies richtete sich an die Köche der obersten Schicht und war eine Sammlung von Bekanntem aus den herrschaftlichen Küchen des Kontinents. Das erste holländische, also Nummer sechs, kam 1510: *Notabel Boecken van Cokeryen.*

Dann wurden die Abstände etwas größer. Das erste Schweizer, siebtes überhaupt, 1541, war eine Kombination von Apicius und Platina/Martino. Bald danach lieferte Italien seinen ersten wesentlichen gedruckten Beitrag als achtes in der europäischen Chronologie. 1548 veröffentlichte Christoforo di Messisbugo, Seneschall des Kardinals von Ferrara, ein sehr praktisches Werk mit dem Titel *Banchetti Compositioni di Vivande* – Bankett- und Menübeschreibungen mit sehr ausführlichen Rezepten. Es gilt als eines der bedeutenden Bücher der Renaissance über Bräuche, Sitten und Nahrung der Zeit. Barbara Feret sagt, der Verfasser sei ein Bayer aus Moosburg gewesen,[44] Seifert-Sametschek meinen, ein Flame aus Middelburg.[45] Von ihm stammt eines der ersten (vielleicht das erste) Rezepte einer grünen Sauce: Gehackte Petersilie, Minze und Estragon vermischt, geriebenes Weißbrot in Essig eingeweicht, Pfeffer und Salz, alles kräftig verrühren, eventuell Knoblauch dazu. Falls mild gewünscht, lieber Zucker oder Honig.

Das erste belgische, Nummer neun der Chronologie: *Eenen Nieuwen Cook Boek*, gedruckt 1560 bei Geradus Vorselman. Es enthielt 133 Platina/Martino-Rezepte.

Außer der Reihe sei der Mundkoch des Kurfürsten von Mainz, des Erzbischofs Wolfgang (von Dalberg), Marx Rumpolt erwähnt, der in seinem 1587 in Frankfurt erschienenen *Ein new Kochbuch* die aristokratische Küche der Renaissancezeit zusammenfaßte durch Rezepte «à l'allemande, à la hongroise, à l'espagnole, à l'italienne et à la française». Die Menüs im Buch waren unterteilt nach Rang – vom Kaiserhof abgestuft über Kurfürsten, Herzoge usw. bis zu Bürgern und Bauern, für die das Buch viel zu teuer, also unerschwinglich war. Für ein bürgerliches Bankett sah er beispielsweise vor: Rindfleisch in Meerrettich, gefülltes Spanferkel, Sauerkraut mit geräuchertem Speck, mit alten Hühnern gekocht, Gerstenbrei mit Würsten, Salat aus harten Eiern, Obst, Kuchen und Gebäck, Käse. Als bäuerliches Mahl: Eintopf aus Ochse und Kapaun, dazu Obst, Käse und Gebäck. Insgesamt bot er 83 Rindrezepte, 59 für Kalb, 45 für Hammel, 20 für Reh, 20 für Hasen, 85 für Fisch, 31 für Schalentiere, zahlreiche für Gemüse und Suppen, rund 50 für Salate und 76 Backrezepte.

Zurück zur Chronologie. Als Nummer zehn erschien 1597 das erste von einer Frau in deutscher Sprache verfaßte, gleichzeitig war es auch das erste echt schweizerische: Anna Weckers *Ein köstlich New Kochbuch*. Anna Wecker, Frau eines Arztes, hatte es ursprünglich gar nicht veröffentlichen wollen, das tat ihre Tochter ein Jahr nach dem Tod der Mutter. Beeinflußt von ihrem Mann, beschrieb sie hauptsächlich Krankendiät. Als besonders gesund empfahl sie Mandelmilch (zum Kochen mit Kuhmilch oder Wasser vermischt und durchgeseiht). Gemüse und Getreide verwandelte sie zu Mus, ebenso wie Fleisch, das aber nur in wenigen Rezepten vorkam. Nummer elf war 1616 das erste dänische: *Koge Bog: Indeholdendis et hundrede fornodne stycker*, gedruckt in Kopenhagen. (Das zweite war eine Übersetzung Anna Weckers, 1648.)

Ein besonders originelles Kochbuch, um das chronologische erste Dutzend abzuschließen, erschien 1644 in Schweden (von Dietrich Mein, Pseudonym Detlevus Majus) in Form eines Dialogs zwischen zwei Köchinnen.[46] Eine flämische und eine niedersächsische unterhielten sich über Küchenthemen, und dabei ergaben sich zahlreiche Rezepte: Etwa 30 Seiten über Würste, weit mehr über Fisch; allein 60 Rezepte gelten dem Hecht, andere den Barschen, dem Lachs und kleineren Fischen. Dazu kamen Anweisungen zum Einsalzen, für das Kochen von getrocknetem Fisch und eine Übersicht über Fische aus anderen Fanggebieten als den schwedischen, einschließlich Danziger Sprotten und Pommerscher «Flickhäringe».

Die spanische Küche war lange von der arabischen geprägt. Im 16. Jahrhundert erschienen aber spanische Kochbücher, die deutlich französischen Einfluß zeigten. Andererseits wurde die französische (Hof-)Küche schon dadurch auch spanisch beeinflußt, daß drei französische Monarchen spanische Frauen heirateten: Ludwig XII. Anna von Österreich, Infantin von Spanien, die spanisches Gebäck und spanische Saucen einführte; Ludwig XIV. Maria Theresia, die ihren spanischen Koch (La Molina) mitbrachte; und Napoleon III. Eugenia de Montijo. Der berühmte Carême kochte zuweilen nach einem Rezeptbuch aus der Klosterbücherei von Alcantara, die französische Soldaten 1807 zerstört hatten; das Buch wurde gerettet und landete bei der Frau des Generals Junot, bei dem Carême arbeitete. Die Mayonnaise, die der Herzog von Richelieu in Frankreich einführte, scheint aus Mahón auf den Balearen zu kommen.

Aus den ersten russischen in einem Buch veröffentlichten Rezepten – von Sergei Drukovtsov 1772 in einem allgemeinen Ratgeber für Diener, Bauern und Köche – hier die russische Ur-Krautsuppe, Shti: «Nimm Kohl oder guten Salat, Ochsenfleisch, Schinken, eine Handvoll Haferflocken, Mehl, Zwiebeln. Gieße weiße Brühe dazu und koche. Bräune etwas Mehl in finnischer Butter, gieße sie ins Shti und dicke mit Eiern.»[47]

Insgesamt sind für die Zeit zwischen 1475 und 1620 zwischen 220 und 230 Bücher über das Kochen bekannt, davon etwa ein Drittel deutsche, ein Fünftel italienische.[48] Ein Blick in die Buchläden von heute zeigt, welch ein gewaltiger Strom aus diesem Bach von Kochliteratur geworden ist.

BROT

In Ägypten, so berichtet Herodot, hörte er die Geschichte, daß der Pharao Psammetichos eines Tages herausfinden wollte, welches Volk wohl das älteste auf der Erde sei. Er ließ zwei neugeborene Kinder so aufwachsen, daß nie ein Mensch zu ihnen sprach, und wartete darauf, in welcher Sprache sie zu reden anfangen würden. Nachdem sie zwei Jahre mit Ziegenmilch ernährt worden waren, verlangte eines der beiden eines Tages lauthals nach «Bekos» – das phrygische Wort für Brot.[1] Der Erzähler dieser Geschichte wollte Herodot offenbar nahelegen, daß Phrygisch die ursprüngliche Sprache der Menschheit sei. Uns interessiert daran mehr, daß er dachte, Brot sei der erste Begriff, den ein menschliches Wesen spricht. Brot war für Ägypter damals der Inbegriff von Nahrung, genau wie für Deutsche heute.

Brot war für viele Völker das wichtigste Nahrungsmittel. In Notzeiten brachen Getreideaufstände aus. Plünderungen von Bäckereien fanden immer wieder statt, wenn Brot knapp wurde. Wichtiger für die Französische Revolution als der Sturm der Bastille war, daß einige Tausend hungriger Frauen nach Versailles zogen, wo die Nationalversammlung tagte und der König residierte. Königin Marie-Antoinette soll auf die Nachricht hin, daß da Frauen revoltierten, weil sie kein Brot hatten, gesagt haben: «Warum essen sie kein Gebäck?» Jedenfalls ist die Geschichte gut erfunden, denn daß die Reichen in ihrem Überfluß nicht einmal wußten, daß Brot haben oder nicht haben bedeutete, zu leben oder zu sterben, das gab der Revolution einen weiteren Grund.

Obwohl manche Geschichtsbücher es behaupten, führte die Revolutionsregierung nicht das Prinzip ein, daß alle Menschen gleich sind. Frauen und Sklaven in den Kolonien waren von diesem schönen Grundsatz ausgenommen. Sie führte aber das Prinzip ein, daß alle Brote gleich sind. Das Dekret vom 25. Brumaire des Jahres zwei (15.11.1793) verfügte, Lebensmittel dürften nicht mehr «Gegenstand überflüssigen Aufwands und der Vergeudung sein, alle Bürger sollen vom gleichen Brot sich nähren»[2]. Weiter schrieb das Dekret einheitliches Mahlen vor, wobei pro Zentner nicht mehr als 15 Pfund Kleie abfallen durften, und bestimmte, daß Bäcker nur eine Art Brot backen durften, ein Mischbrot aus drei Teilen Weizen und einem Teil Roggen oder Gerste. Immer hatten die Armen dunkles Brot gegessen, aus grobem Mehl und Kleie, und die Reichen weißes aus feingemahlenem und gesiebtem Getreide, am besten Weizen, aus dem alle Kleie entfernt war. Gleiches Brot war revolutionär.

Hätte Ludwig XIV. gehandelt wie die römischen Kaiser, wären ihm vielleicht Revolution und spätere Hinrichtung erspart geblieben. In Rom nämlich wurde viele Jahrhunderte lang kostenlos Brot an die Bevölkerung ausgegeben. Dieses soziale Gesetz stammte aus der Zeit der Republik – und war sicher auch deswegen zustande gekommen, weil die Regierung die Gunst des Volkes zu erringen wünschte. Sie wollte ja wiedergewählt werden. Das erste Getreidegesetz aus dem Jahr 123 v. Chr. legte fest, daß jeder Bürger, egal ob reich oder arm, Plebejer oder Patrizier, einen Rechtsanspruch auf diese kostenlose Zuteilung hatte (Bürgerrechte hatten allerdings weder Frauen noch Kinder, noch Sklaven). Zur Erheiterung des Volkes fanden auch Gladiatorenwettkämpfe, Wagenrennen und ähnliches statt – «Brot und Spiele» ist bis heute ein Begriff geblieben, um zu beschreiben, daß eine Regierung, Partei, Rundfunkanstalt oder sonst eine öffentliche Einrichtung ihr Volk «kaufen» will. Die Römer gewöhnten sich schnell an die tägliche Brotzuteilung, und auch als nicht mehr gewählt wurde, wagte kein Kaiser, sie abzuschaffen, obwohl sie den Staatshaushalt mehr und mehr belastete. Aber Rom hatte ja Kolonien und konnte große Mengen Weizen aus Ägypten und Nordafrika einführen, um den ungeheuren Getreidebedarf zu decken. Daß dort Menschen hungerten, ohne Anrecht auf Getreidezuteilung, interessierte in der Hauptstadt niemanden. Kaiser Augustus verfügte, daß diejenigen, die von ihrem Anspruch tatsächlich Gebrauch machen wollten, sich auf eine Tafel eintragen lassen mußten, die jeder einsehen konnte. Dadurch erreichte er, daß immerhin einige reiche Bürger verzichteten, die nicht öffentlich als Sozialhilfeempfänger dastehen wollten.

Beim Letzten Abendmahl vor seinem Tod nahm Jesus das Brot, brach es und sprach zu seinen Jüngern: «Nehmet, esset, das ist mein Leib.»[3] Er war nicht der erste, der Brot mit Göttlichem in Verbindung brachte. Bei den Ägyptern und den Griechen der Antike war es eine Göttin selbst, Isis oder Demeter, die den Menschen beibrachte, Getreide anzubauen und daraus Brot zu backen. Auch in den alten nahöstlichen Religionen, bei den Babyloniern, Assyrern, Sumerern, spielte die Göttin der Fruchtbarkeit eine wichtige Rolle. Bei den Sumerern waren die Götter hungrig und überlegten, wer sie ernähren könnte; also schufen sie die Menschen. Als die nun frisch geschaffen und noch etwas schwächlich auf der Erde herumstanden, da päppelte die Erdmutter sie erst einmal mit Brot auf. Diesen Göttinnen und Erdmüttern opferten die Menschen Brot und Früchte; die Götter bevorzugten Fleisch als Opfergabe.

Viele Rituale bezogen und beziehen sich auf Brot. Brautleute bekamen in England ein Stück Brot in die Schuhe gelegt; das sorgte für Fruchtbarkeit. In Deutschland warf man noch in diesem Jahrhundert im Frühjahr Brot in die Flüsse – wenn der Fluß kein Brot bekam, holte er sich Menschen. In christlichen Ländern wurden an Kirchenfesten, besonders Ostern, bestimmte Brotformen gebacken – griechisches Osterbrot ist noch heute ein beliebtes Reisesouvenir. Das jüdische Osterbrot, flache ungesäuerte Mazze, wiederholt eine Entwicklungsstufe in der Geschichte des Brotes. Denn vor dem Brot gab es Fladen aus ungesäuertem Teig.

Noch früher rösteten die Menschen wildes Getreide. Auf Ausgrabungsstellen, die aus Zeiten vor 10 000 v. Chr. stammen, wurden geröstete Körner gefunden. Der nächste Schritt war, die Körner zwischen Steinen zu zerreiben und mit Wasser zu Brei zu vermengen. Der Brei ist das früheste und simpelste Getreiderezept. Er blieb bis in die Neuzeit und teilweise bis in die Gegenwart die Grundnahrung der ärmeren Schichten. Wenn solch ein halbflüssiger Brei auf einen großen, runden, heißen Stein gegossen und einige Minuten gebacken wurde, dann kam das erste Brot dabei heraus. Am Rand einiger Schweizer Seen und am Bodensee buken sich die Pfahlbaubewohner der Jungsteinzeit im 3. Jahrtausend v. Chr. solche Fladen aus Hirse, Gerste oder Weizen, die sie zwischen Steinen grob zerquetschten. Einige verkohlte Exemplare haben bis in unsere Zeit überlebt. Zu dieser Zeit experimentierten Ägypter und Sumerer schon mit Sauerteig und Bierhefe. Ihre ersten Fladen stammen mindestens aus dem 5. Jahrtausend v. Chr., vermutlich aus noch früherer Zeit.

Das Fladenbrot, mit verbessertem Rezept, feineren Mühlen und praktischeren Öfen, ist noch heute der Liebling der meisten Brotesser dieser Welt. Ob in Israel oder Ägypten, im Iran oder Irak, das Brot ist flach, manchmal leicht aufgegangen, manchmal ganz ohne Treibmittel wie Sauerteig oder Hefe. In Indien gibt es das dicke weiche Nan und das pfannkuchendünne Chappati, das mit viel Butter gebackene Paratha, das kleine Vollkorn-Puri und das hauchdünne, knusprige, meist stark gewürzte Pappadam. Die Äthiopier essen dicke Hirsefladen aus Sauerteig, der die Fladen blasig aufgehen läßt. Armenische und georgische Fladen sind hauchdünn wie ein langes, weiches Blatt. Das arabische flache Brot besteht fast nur aus Ober- und Unterkruste ohne Teig dazwischen, so daß man es wie eine Tasche aufklappen kann; arabische und türkische Schnellimbisse füllen den Hohlraum mit allerlei Fleisch und Gemüse und verkaufen es als handliche kleine Mahlzeit. Das türkische flache Brot ist nahrhafter und hat einen solideren Teig. Die Schweden würzten ihre Fladen mit Schweineblut, das man vor dem Backen unter das Roggen- oder Gerstenmehl mischte. In Mexiko sind die flachen Tortillas oder die knusprigen Tacos seit der Mayazeit bis heute beliebt. Beide sind gut geeignet als Unterlage für Fleisch, Fisch oder Gemüse.

Die Ägypter buken vermutlich im 4. Jahrtausend zum ersten Mal statt flachem Brot luftiges aufgegangenes. Dafür braucht man erstens ein Mittel, das den Teig aufgehen läßt, wie Sauerteig oder Hefe. Durch Vergärung wird dabei Sauerstoff freigesetzt, der in winzigen Bläschen den Teig locker macht. Zweitens braucht man eine Getreidesorte mit viel «Kleber» (Gluten), um den Sauerstoff im Teig festzuhalten und ihn nicht nutzlos entweichen zu lassen. Weizen enthält viel Gluten, läßt Brot am lockersten wer-

J. G. St. Sauveur inv. direx.
Labrousse Sculp

den, Roggen immerhin auch eine Menge, die restlichen Getreidesorten sind nicht gut geeignet für aufgegangenes Brot. Die Ägypter aßen wilden Weizen schon vor dem 6. Jahrtausend v. Chr. Sauerteig und Hefe entdeckten sie vermutlich im Zusammenhang mit dem Brauen. Backen und Brauen waren fast dieselben Arbeitsgänge; die Ägypter machten Bier aus großen, halbgebackenen Brotlaiben. Bäckerei und Brauerei lagen stets nahe beieinander oder waren im selben Haus; «Brot und Bier» war ein Synonym für «Nahrung».

Linke Seite: Arabische Brotverkäuferin, französischer Stich des 18. Jahrhunderts.

Jeremy Geller von der Washington-Universität hat 1988 bei Grabungen in Hierakonpolis in Oberägypten (zwischen Luxor und Assuan) eine Bäkkerei und eine Brauerei ausgegraben, die aus der Zeit vor der ersten Dynastie stammen, etwa zwischen 3400 und 3500 v. Chr. Hier wurde das Bier, wie aus den Fundstücken hervorgeht, aus Weizen gebraut. Meist aber nahmen die Ägypter Weizen für Brot und Gerste für Bier. Die Bäckerei hatte sechs Backöfen aus Lehm, der mit Tonscherben verstärkt war. Die Öfen standen auf einem Fundament aus Nilschlamm. Um jede Feuerstelle war noch eine kreisrunde Lehmeinfassung erhalten; vom Rest der Öfen, die wie Bienenkörbe geformt waren, lagen Bruchstücke herum.[4] Diese Bäckerei war also ein großer Betrieb. Da eine Großbäckerei nicht aus dem Nichts entsteht, wird es wahrscheinlich manche Vorläufer gegeben haben, in denen auch schon früher Brot gebacken wurde. Aus späteren Epochen sind viele Bilder und Tonmodelle von Bäckereien überliefert, in denen solche Backöfen stehen.

Außerdem buken die Ägypter ihr Brot auch auf dem offenen Herd. Dazu benutzten sie kegelförmige Tonformen, die sie an den Rand des Feuers stellten. Die Bäcker heizten diese Formen vor und fetteten sie ein, damit der Teig nicht am Rand hängenblieb. Sie buken auch in flachen Deckelpfannen. Anfangs benutzten sie Sauerteig und hoben einen kleinen Teigrest als «Mutter» für den Teig des nächsten Tages auf. Später benutzten sie den Bodensatz vom Bierbrauen. In Babylon war das ähnlich. Der *Codex Hammurabi* aus dem 2. Jahrtausend v. Chr. sprach von einem eßbaren Bier und einem trinkbaren Brot und erwähnte auch eine «Bier-Mutter»[5]. Die Ägypter waren ungefähr 1500 v. Chr. schon in der Lage, eine reine Hefe herzustellen, die sie aus Bierhefe gewannen. Beim Getreidemahlen waren sie nicht so fortschrittlich. Sie benutzten jahrtausendelang Handmühlen, die aus zwei Steinen bestanden. Ein großer flacher lag auf der Erde, davor kniete sich eine Person und rieb mit einem kleineren Stein vor und zurück.

Sie stellten viele verschiedene Sorten und Formen von Brot her, länglich, rund, oval, spitz, dreieckig, viereckig, mit Kruste oder weich, manche mit einer kleinen Vertiefung in der Mitte, in der dekorativ ein Ei oder Gemüse Platz hatte. Sie reicherten den Teig mit Fett, Ei oder Milch an, buken Früchte- und Nußbrot, würzten mit Kreuzkümmel oder süßten mit Honig. Ein Papyrus nannte über 30 Namen für Brotsorten.[6] Wenn wir sagen, wir verdienen unser Brot, so war das für die Ägypter wörtlich zu nehmen: Sie wurden tatsächlich mit Brot und anderen Lebensmitteln bezahlt. Geld gab es erst seit dem 7. Jahrhundert v. Chr.[7] Fünf Brote und zwei Krüge Bier täglich galten im Alten Reich als Existenzminimum – die Brote waren viel kleiner als ein deutsches Graubrot. Zur Ramseszeit galt der Sack Getreide als eine Art Währung, gegen die man andere Waren eintauschen konnte. Vorarbeiter und Schreiber erhielten siebeneinhalb Sack pro Monat, einfache Arbeiter fünf Sack (ein Sack ist etwa 76 Liter). Einen Esel konnte man für einen achtel Sack Getreide pro Tag mieten – zuzüglich Futter. Ein geflochtener Korb kostete einen halben Sack, ein geschreinertes Bett fünf Sack, ein langes Gewand etwa zehn Sack Getreide, und ein Rind kostete bis zu 70 Sack.[8] In Babylon rechnete man zu dieser Zeit in Gerste-Währung.

Brotesser – so nannten die Griechen im 5. Jahrhundert v. Chr. die Ägypter. Aber die Griechen wurden noch größere Brotliebhaber. Athenäus widmet der Beschreibung verschiedener Brotsorten viele Kapitel mit immer neuen Zitaten immer neuer Autoren über immer neue Brote: verschiedene Formen, verschiedene Konsistenz, aus verschiedenen Mehlsorten vom gröbsten bis feinsten, aus Weizen, Dinkel, Roggen, Gerste, Reis, Erbsenmehl, mit allen möglichen Gewürzen, mit Mohn, Leinsamen oder Sesam bestreut und mit Zusätzen wie Speck, Käse, Honig, Öl, Milch, Wein. Wenn man die Sorten abzieht, die unter verschiedenen Namen mehrfach auftauchen, bleiben immer noch etwa 50 verschiedene übrig.[9] Er zitiert den berühmten Feinschmecker Archestratos, der meinte, nur ein Phönizier oder Lyder könne ein guter Bäcker sein. Ein Lyder war immerhin in der Antike der einzige, der einer Bäckerin eine Statue errichten ließ: König Krösus (der sprichwörtlich gewordene Reiche, der im 6. Jahrhundert v. Chr. lebte) stiftete dem Orakel in Delphi «ein goldenes, drei Ellen hohes Standbild einer Frau. In Delphi sagt man, es stelle die Frau dar, die Krösus das Brot buk.»[10] Die Griechen wurden ihrerseits von den Römern wegen ihres Brotes bewundert. Die guten Bäcker in Rom waren Griechen, die schon zu einer Zeit duftende Weißbrote anboten, als die meisten Römer aus Getreide nichts Besseres als Brei machen konnten. Dafür hatten sie eine sehr fortgeschrittene Mahltechnik: Überall im Römischen Reich drehten sich an Bächen und Flüssen Wassermühlen.

Im Mittelalter versuchten Kaiser und Könige, mit Gesetzen zu regeln, daß Brot bezahlbar blieb. Karl «der Große» setzte Höchstpreise für Getreide fest, verbot die Getreideausfuhr in Notzeiten und verkaufte manchmal aus seinen eigenen Gütern billig Getreide, um den Preis zu drücken. In England legte die Brotverordnung von 1266, *Assize of Bread*, Gewichte und Preise verschiedener Brotsorten fest und bestimmte, daß am Pranger stehen mußte, wer zu leichtes Brot buk. In manchen Städten Deutschlands und der Schweiz wurden betrügerische Bäcker öffentlich in einem großen Korb über einer Kot- und Jauchegrube aufgehängt – wollten sie aus dem Korb heraus, mußten sie vor aller Augen in die Grube springen. In Hamburg kamen sie mit einer Geldstrafe davon, die sofort eingezogen wurde.

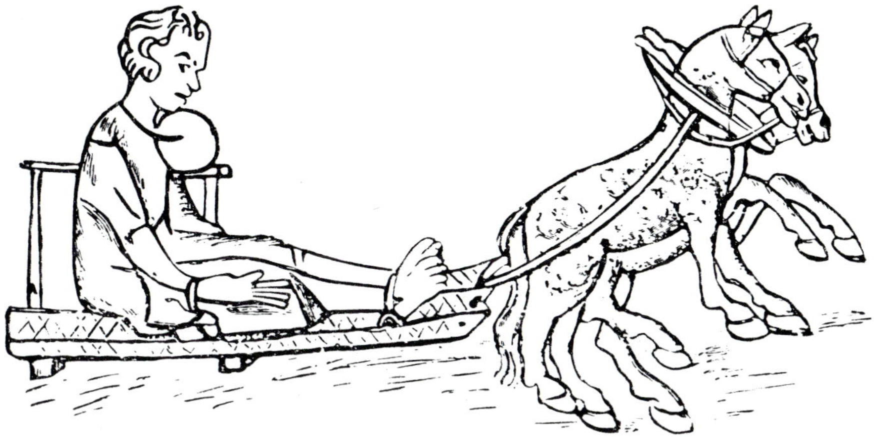

Die Bäcker in Deutschland übten auch eine Selbstkontrolle aus, um das Ansehen des Berufsstandes hochzuhalten. Sie hatten sich in den Städten als erstes Handwerk zu Innungen zusammengeschlossen; aus ihrer Mitte wählten sie Brotschätzer und Brotschaumeister, die auf die Qualität des Brotes achteten.

Ein betrügerischer Bäcker wird mit dem zu leichten Brot um den Hals gebunden zum Pranger gekarrt – Betrug mit Essen ist uralt.

Brot und Getreidebrei waren in Europa vom Mittelalter bis ins 19. Jahrhundert die wichtigsten Lebensmittel. Selbst auf der feinen Tafel durfte Brot nicht fehlen: «Das kann keine Bewirtung sein, wo es nicht gutes Brot und Wein gibt», schreibt eine mittelalterliche Tischzucht.[11] Auf der feinen Tafel gab es mancherlei anderes außer Brot; auf den normalen Tischen war die Getreidespeise die Hauptsache – als Brot für diejenigen, die beim Berufsbäcker kaufen konnten oder in einem Haushalt mit Backofen lebten, wie das Gesinde großer Höfe, die Bewohner von Klöstern, von einigen Bauern- und Stadthäusern. Sonst war es Brei. Bartolomé Bennassar hat in seiner *Geschichte des Verbrauchs* für die fünf Jahrhunderte zwischen 1300 und 1800 zahlreiche Einzelangaben aus Europa, hauptsächlich aus Frankreich und Italien, gesammelt. Er hat ermittelt, daß eine Person zwischen 500 und 1200 Gramm Brot täglich verbrauchen konnte. Die geringen Werte betreffen zum Beispiel öffentliche Armenhäuser und Hospitäler, wo immerhin noch ein Pfund oder mehr pro Tag ausgegeben wurde.[12] Hauser kommt für die Schweiz auf ähnliche Werte. Als in Baden (Aargau) im Teuerungsjahr 1438 das Brot rationiert wurde, gab es pro Person 650 Gramm. Ashtor nimmt für die Mittelmeerländer zwischen 800 und 1000 Gramm an.[13] Die Zahlen variieren auch nach Klasse und Geschlecht. Da verzehrte ein Meister täglich drei Pfund, eine Witwe knapp zwei, eine Klostermagd erhielt 800 Gramm.[14]

Bis zum 18. Jahrhundert aßen die Europäer hauptsächlich Mischbrot, Roggen mit Weizen im Norden, Gerste mit Weizen um das Mittelmeer herum. Man unterschied drei Sorten Brot: weißes (aus fein gemahlenem und gesiebtem Weizen), braunes (aus Vollkornweizen und anderen Getreiden)

Rechte Seite: Französischer Backofen des 15. Jahrhunderts.

und schwarzes (mit viel Kleie). Die zweite und dritte Sorte waren «Gesindebrot»[15]. Die Armen streckten ihr Brot oft mit Mehl aus Eicheln oder Kastanien, aus Erbsen oder Bohnen. Feines Weizenbrot war das beliebteste, aber selten. Braudel nimmt an, daß im 17. Jahrhundert nicht mehr als vier Prozent der Bevölkerung es sich leisten konnten.[16] Die Bauern, die Weizen anbauten, lieferten ihn beim Grundherrn ab oder verkauften ihn; sie selbst aßen ihn nicht. Aber auch aus dem Haushaltsbuch einer wohlhabenden Familie, die im 14. Jahrhundert in Venedig lebte, geht hervor, daß Weißbrot nur gekauft wurde, wenn jemand krank war.

Weißbrot war früher so kostbar, daß Fälscher große Geschäfte machten. Mit den seltsamsten Mitteln färbten Bäcker ihr dunkles Brot hell: mit Gips, weißem Töpferton, Kreide, Hirschhornsalz, gemahlenen Knochen, auch mit dem giftigen weißen Blei und Alaun. Alaun macht Brot schnell altbacken, krümelig und hart – aber eben weiß. Oder die Bäcker bleichten das Mehl an der Luft und mit Hilfsmitteln wie Chlor und anderen Chemikalien. Ende des 18. Jahrhunderts konnte Accum, ein deutscher Chemiker, der in England lebte, zum ersten Mal solche Zusätze nachweisen. Alaun benutzte jeder Bäcker in London, Accums Berechnungen nach solche Mengen wie 100 bis 120 Gramm pro Sack Getreide. Er hatte sofort eine riesige Front von Feinden gegen sich, nicht nur die Bäcker – er hatte ja in fast allen Nahrungsmitteln schädliche Zusätze gefunden. Schließlich wurde er angeklagt, einzelne Seiten aus Büchern der Königlichen Bibliothek gestohlen zu haben – er entzog sich dem Prozeß und kehrte nach Deutschland zurück. Leider hat er dort nicht eine ebenso umfangreiche Untersuchung durchgeführt. Was die Brotfarben angeht, wäre er vielleicht weniger fündig geworden, denn in Deutschland war dunkles Brot beliebter als in Frankreich oder England. Für viele Ausländer war deutsches Graubrot, von Vollkorn und Pumpernickel ganz zu schweigen, schon früher solch ein Graus, wie es das heute immer noch ist.

Als sich die Europäer über die Welt ausbreiteten, nahmen sie ihre Liebe zum Brot, vor allem zum Weißbrot, mit. Sie bauten Weizen in Amerika an, wo es keine große Brotkultur gegeben hatte. Im Norden machten Indianer Fladen aus Eichelmehl, im Süden flache Maisfladen. Was heute «Indianerbrot» heißt, ein knuspriges, fettes, in der Pfanne gebratenes Brot, ist aus Weizenmehl mit Hefe gemacht – ganz unindianisch. In allen Kolonien versuchten die Europäer, ihre gewohnten europäischen Rezepte zu kochen und ihr gewohntes Brot zu essen. Wenn es die Zutaten nicht gab, führten sie sie ein. Das tun heute noch viele Länder der Dritten Welt. Sie führen amerikanischen Weizen ein, denn Weißbrot gilt seit der Kolonialzeit in Afrika oder Asien als Prestigenahrung, als Essen der Oberschicht, als diejenige Speise, die man Gästen anbieten muß.

Im 19. Jahrhundert wurde eine neue Mahltechnik erfunden, die schwerwiegende Folgen hatte. Die neuen Walzenmühlen sonderten beim Mahlen von Getreide Keim und Kleie aus. Zurück blieb ein reines, weißes Mehl,

Panis milij.
Natur. F. 1. s. i. 2. meli ex eo subtil et bn coctus. Iuvamentum
corporibus sanguineis. nocumentum facit ardore in stomaco.
remotio noci. formentatis et sicalatis.

viel feiner als vorher, als mit Mühlsteinen gemahlen wurde, denn da wurde ja der Keim mit vermahlen. Es war besser geeignet zum Brotbacken, und da kein fettiger Keim mehr ranzig werden konnte, hielt es sich viel länger. Nur leider enthielt dieses Mehl kaum noch Vitamine und Mineralstoffe, die alle im Keim sitzen, kein nahrhaftes Fett und viel weniger Proteine. Und das in einer Zeit, in der die armen Schichten in Europa weitgehend von Brot lebten und kaum Fleisch oder Gemüse zu sich nahmen, worin die fehlenden Stoffe auch enthalten waren. Schlimme Mangelerkrankungen waren die Folge.

Um dieselbe Zeit entstand in Amerika eine Bewegung für das Vollkorn. Seine Anhänger argumentierten nicht so sehr medizinisch – von Vitaminen und Mineralien in der Nahrung wußte ja noch niemand. Für sie war Vollkorn mehr eine Frage der Moral. Ihr Anführer war Sylvester Graham, ein Kirchenmann aus Philadelphia, der die christliche Maxime «Was Gott zusammenfügt, das soll der Mensch nicht trennen» auf das Brot anwandte. Wo die Kirche Ehemann und Ehefrau meinte, meinte er Kleie und Mehl: Sittlich vertretbar sei nur das Vollkornmehl. (Er fand auch, daß Fleisch und Gewürze unkeusche Gedanken machen.)

Das Grahambrot hat bekanntlich bis heute überlebt. Wer heute Vollkornbrot ißt, argumentiert eher mit den Vitaminen oder mit den Ballaststoffen und der Verdauung. Es ist teurer als feines Weißbrot – es macht mehr Mühe, weil man das Mehl erst ziemlich kurz vor dem Backen mahlen kann und nicht monate- oder gar jahrelang lagern: Es würde sonst ranzig. Seit sich die Verhältnisse so umgekehrt haben, ist Kalk oder Alaun für Brotfärber passé: Heute benutzen manche Bäcker Malz und andere Zusätze, damit Brot dunkler und also «gesünder» aussieht.

Vollkornbrot ist bei den gesundheitsbewußten Amerikanern und bei Deutschen sehr beliebt. Die Franzosen tauschen es nicht gegen ihre knusprige Baguette. Aber auch die ist nicht mehr, was sie mal war. Corinne l'Evesque nannte in einem Vortrag des «Salon des Metiers de Bouche» in Lyon 1993 neue arbeitssparende Techniken, die dafür sorgen, daß die Bäcker nicht mehr mitten in der Nacht ihre Arbeit beginnen müssen: beschleunigte Knetmaschinen («Intensivknetung»), Treibmittel, die den Teig schneller aufgehen lassen, wie Ascorbinsäure, und Mittel, die die Backfähigkeit erhöhen, wie Weizenkleber oder Bohnenmehl. Ein solches Brot, sagte sie, «hat einen wenig angenehmen Biß, hält sich nur schlecht und hat vor allem einen minderen, um nicht zu sagen, völlig denaturierten Geschmack und Geruch». Von unserem Ferienort in Frankreich fahren wir immer vier Dörfer weiter, weil dort ein Bäcker noch gute altmodische Baguette machen kann.

Heute ist Deutschland der Europameister im Brotessen: Mit 80 Kilo pro Kopf und Jahr vor Italien mit 75 und Frankreich mit 56 Kilo (1991). Das macht im Durchschnitt für jeden Deutschen vier Scheiben Brot und ein Brötchen pro Tag. Mit 300 Brotsorten ist auch die Auswahl besonders groß.

DIE VERFRESSENEN

Zur Geschichte der Gastronomie gehört eine Galerie bedeutender Fresser. Wer von seiner Familie, seiner Umgebung oder schließlich seinem Arzt bedrängt wird, doch nicht so viel zu essen, sollte auch wirklich wissen, daß übermäßiges Essen den Tod beschleunigen kann (nicht muß, wie die Geschichte zeigt). Aber auch, daß es höchster Karriere keineswegs immer hinderlich war.

Kapitulation vor einem zu üppigen Gabelfrühstück: Magd, Hund und Katze müssen mithelfen.

Zum Frühstück bis zu 16 Eier: Bismarck.

Natürlich wird Deutschen in der Schule nicht beigebracht, daß Bismarck sich geradezu kabarettreif ernährte. Sein Leibarzt erzählte, Bismarck habe manchmal zum Frühstück bis zu 16 Eier gegessen.[1] Als junger Beamter nahm er zu Buffetempfängen, an deren Ergiebigkeit er zweifelte, Stullen mit.[2] Älter und bedeutender geworden, sah man ihn auf dem Berliner Kongreß 1878, «wie er mit der einen Hand Krabben in den Mund stopfte, mit der anderen Kirschen». Jahre später berichtete Fürst Hohenlohe, wie Bismarck über Verdauungsstörungen, Neuralgien und Appetitlosigkeit klagte, «gleichzeitig aber Aal, kaltes Fleisch, Krevetten, Hummer, Rauchfleisch, rohen Schinken, warmen Braten und eine Mehlspeise» verzehrte.

Um bei Preußen zu bleiben: Friedrich II., «der Große», aß große Mengen Suppe und war auf Scharfes versessen. Sein Arzt erzählte einmal: «Er hatte wie immer sehr viel Suppe zu sich genommen, und diese bestand wie gewöhnlich in der allerstärksten und aus den heißesten Dingen ausgepreßten Bouillon, aber zu der Portion Suppe tat er dann noch einen großen Eßlöffel voll gestoßener Muskatblätter und Ingwer. Er aß sodann ein gutes Stück von nach russischer Art zubereitetem Rindfleisch, das mit einem halben Quart Branntwein abgekocht war. Hierauf folgte eine ganze Menge von einem italienischen Gericht – Polenta gehörte zu den Lieblingsspeisen des Königs. Endlich beschloß er die Szene mit einem ganzen Teller von Aalpastete, die so heiß und scharf gewürzt war, daß sie in der Hölle gebacken schien.»[3]

Wesentlich deftiger war ein Menü Ludwigs XIV. von Frankreich, das Lieselotte von der Pfalz beschrieb. Nach vier Tellern Suppe, einem Fasan, einem Rebhuhn, einem großen Salat und einem Teller Irish Stew folgten zwei große Scheiben Schinken, «mit Knoblauch zubereitetes Hammelfleisch mit Brühe, ein Teller voll Backwaren, außerdem Obst und harte Eier»[4]. Das war offenbar nichts gegen Ludwig XVI., «der erst einmal Huhn, Lamm, Eier, Schinken und anderthalb Flaschen Wein verdrückte, ehe er zur Jagd aufbrach, ohne daß es ihm den Appetit für die eigentliche Hauptmahlzeit des Tages verschlagen hätte»[5].

Auf diesem Gebiet herrschte stets Gleichberechtigung. Lieselotte von der Pfalz galt selbst als unmäßige Esserin. Noch mehr Appetit hatte notorisch Maria Leszczynska, die Frau Ludwigs XV. Als sie einmal 15 Dutzend Austern vertilgt hatte, mußte ein Priester für die Letzte Ölung an ihr Lager gerufen werden. Sie erholte sich wieder.

Rossini war nicht nur auf gutes Essen scharf und gab den Anstoß für das nach ihm benannte Tournedos (mit Foie gras darauf) – er nahm Essen wichtiger als seine musikalische Kunst. Er ließ sich Wurst und Nudeln aus seiner italienischen Heimat sogar nach Paris nachschicken. Er hatte eines der früheren, plumpen Geräte zum Pastamachen, die wie Katheter aussahen (und litt auch ständig an Blasenleiden). Rossini erklärte, er habe nur dreimal im Leben geweint: als der *Barbier von Sevilla* ausgepfiffen wurde, bei einer Arie und «als ich den Flügel eines getrüffelten Huhns in den Comer See fallen ließ»[6]. Nach anderen Quellen waren es ein Truthahn und der Bodensee.

Auch Joyce war ein mächtiger Esser, er konnte seinen gewaltigen Appetit jedoch erst nach Erscheinen des *Ulysses* richtig stillen.

Aus der Antike werden so sensationelle Freßleistungen berichtet, daß wir es nicht zu glauben brauchen, es aber für einen wichtigen Hinweis halten können, was sich viele damals unbewußt gewünscht haben mögen. So hätten Milon und Titorus jeder einen Bullen gegessen, was Herakles offenbar ebenfalls leicht schaffte. Astyanax von Milet, Olympia-Idol, war zu einem Bankett eingeladen und verkündete, er könne das gesamte für die Gäste vorbereitete Essen allein aufessen, was er tat.[7] Athenäus erzählte auch von einer Frau, Aglais, Prozessionstrompeterin in Alexandria, die offenbar bei einer Mahlzeit zwölf Pfund Fleisch, vier Pfund Brot und einen großen Krug Wein vertilgte. Der Kreter Milon tat sich hervor, indem er an einem Abend 30 Brote verschlang. Der römische Kaiser Vitellius (1. Jahrhundert) konnte seine Freßsucht so wenig beherrschen, daß er das Opferfleisch von den Götteraltären vertilgte.[8] An der Tafel des Kaisers Aurelian (3. Jahrhundert) schaffte ein gewisser Phagus bei einer Mahlzeit (angeblich) ein Wildschwein, einen Hammel, ein Ferkel und 100 Brote.[9]

Der «Fresser» ißt am liebsten allein.

Bei solchen Erzählungen denkt man natürlich gleich an Rabelais' Gargantua und Pantagruel und ihre gewaltige Freßkapazität, deren Exzesse den Sehnsüchten vieler Menschen des 16. Jahrhunderts entsprochen haben werden. In diesem Jahrhundert erkundigte sich auch der Franziskaner Michel Menot bei den Kirchenmännern von Tours, ob sie ihre Pfründe bekommen hätten, um so viele Küchen zu unterhalten. Entgegen vieler Mahnungen ihrer Kirche waren nicht wenige Mönche in den Klöstern zu Schlemmern geworden; mehrere Konzile befaßten sich damit. Im 16. Jahrhundert verfügte in England der Erzbischof von Canterbury Menübeschränkungen: Erzbischöfe sollten nicht mehr als sechs Fleischgerichte und vier Beilagen pro Mahlzeit vertilgen, Bischöfe nur fünf Fleischgerichte und drei «Nebengerichte», niedere Ränge entsprechend weniger.

Schwarz-Afrika war nicht immer so hungrig wie heute. Ibn Battuta fand im Jahr 1331 in Mogadischu, daß die Bevölkerung der Stadt außerordentlich fett sei. Die Leute, die nach seiner Beobachtung durchweg reich waren (wie auch die weitere Umgebung an der afrikanischen Ostküste), vertilgten dreimal am Tag gewaltige Mahlzeiten – Reis mit geklärter Butter, Fleisch, Fisch, Geflügel und Gemüse, in Milch gekochte Bananen, dann Mango und andere Früchte. Portugiesische Reisende bestätigten den Reichtum der Gegend noch Anfang des 16. Jahrhunderts, als Portugal mit der Unterwerfung begann.[10]

Ein ganz anderes Fassungsvermögen bestaunten europäische Zeugen bei den Südwestafrikanern, die lange Hungerpausen durch gewaltige Mahlzeiten ausglichen, wenn ihnen entsprechende Beute gelang. Unter der Überschrift «Unglaubliche Leistungen der Eingeborenen im Essen» notierte der Missionar Carl Hugo Hahn am 21. Februar 1846: «Es ist unglaublich, daß etwa 15 Menschen eine mittelmäßige Giraffe in zwei Tagen aufessen. Ich meine, daß eine solche 2000 lbs. und eine ausgewachsene 3000 lbs. und darüber wiegen muß ... Somit ässe die Person 26⅔ bis 33⅔ lbs. pro Tag, wenn man bloß 800–1000 lbs. pures Fleisch rechnet; es ist aber, denke ich, mehr.»[11]

AUF DER SUCHE NACH MEHR GESCHMACK

Der Mensch braucht Salz

Brot mit Salz bestreut – das war schon in grauer Vorzeit im Nahen Osten das symbolische Mahl der Gastfreundschaft. Der Gast, der es akzeptierte, verpflichtete sich dadurch, das Haus des Gastgebers zu respektieren, so wie der Gastgeber ihn.[1]

Kochsalz, im wesentlichen Natriumchlorid, ist ja auch das einzige für den Menschen lebensnotwendige Gewürz – totaler Salzmangel würde zum Tode führen. Entsprechend wichtig wurde es früher genommen. In fast allen Religionen ist Salz bedeutender Bestandteil von Ritualen. Seine Bedeutung hat sich auch in der Sprache niedergeschlagen, besonders in vielen Ortsnamen. Aber auch «salaire» oder «salary», französisch und englisch für «Gehalt», geht auf die Salzrationen römischer Soldaten zurück.

Daß viele Menschen heutzutage weit mehr Salz zu sich nehmen, als ihre Körper brauchen, hat meist unangenehme Folgen für ihre Gesundheit.

Solange die Urmenschheit sich ganz oder überwiegend von Tieren ernährte, bekamen ihre Körper das nötige Minimum an Salz aus dem tierischen Fleisch. Der vegetarischen Nahrung, auf die sich die Menschheit dann mehr und mehr umstellte, fehlte es an Salz. Die Menschen vermißten es instinktiv und beschafften es sich, anfangs durch Kauen mancher salzig schmeckender Pflanzen und Algen. In salzarmen Gegenden lernten sie es besonders schätzen. Afrikaner, die in der Hitze ihres Kontinents viel schwitzten und dabei viel Salz verloren, also unbedingt Ersatz brauchten, zapften ihren Rindern Blut ab und verschafften sich dadurch die nötige Salzration. Im Notfall tranken sie auch den Urin ihres Viehs. Mit dem Blut zirkuliert das Salz im Körper, der Urin evakuiert das überflüssige.

Wo es zuwenig Salz gab, wurde es zum immer wertvolleren Zahlungsmittel. Audrey Richards berichtete von Kindern im damals britischen Nordrhodesien, die lieber etwas Salz geschenkt haben wollten als Süßigkeiten. Die afrikanischen Lastenträger wurden teilweise mit Salz entlohnt (für das sie Lebensmittel eintauschten), und die Afrikanerinnen wollten für kleinere Arbeiten bei den weißen Familien am liebsten mit Salz bezahlt werden. In Mittel- und Innerasien gewöhnten sich die Menschen an, ihren Tee zu salzen.

Westafrika gehörte zu den salzarmen Gebieten – also wurde es schon früh in das Wegenetz der Karawanen einbezogen, die Salz und Gold durch die Sahara transportierten; das Salz galt oft als wertvoller. Große Salzvorkommen lagen in Mauretanien und im heutigen nördlichen Mali, in Äthiopien und Katanga. Karawanen kamen auch über den Sudan, aus Nordafrika und dem libyschen Fezzan. Ihr Hauptziel war der wichtige Markt in Timbuktu, aber sie zogen auch nach Ghana, Tschad und Obervolta.

In Südamerika holte sich die Bevölkerung der Anden ihr Salz vom Ufer des Pazifik.

Europa hatte so viel Salz, daß sich zunächst keine großen Handelswege zu entwickeln brauchten; regionale Verteilung genügte. Bessere Qualitäten (Beispiel: Lüneburg, Wieliczka bei Krakau) oder billigeres Salz (weil nicht so gut) wie etwa von Bourgneuf südlich der Loiremündung wurde aber doch über größere Entfernungen geholt. Zu den wenigen Ländern, deren eigene Salzvorräte nicht für ihren Bedarf reichen, gehören Schweden, Finnland und Japan.

Der früheste bekannte Salzfund stammt aus der sechsten ägyptischen Dynastie (2320 bis 2160 v. Chr.) in Gebelein, einer Ausgrabungsstätte südwestlich von Luxor am Westufer des Nil. Im 2. Jahrtausend v. Chr. wurde in Sachsen unterirdisches Salz gewonnen. Um 1000 v. Chr. beuteten Kelten die Salzvorkommen von Hallstatt in den österreichischen Alpen aus. Auch die erste Salzförderung in England betrieben Kelten. Sie verdampften Meerwasser entlang der Ostküste; die keltische Einwanderung hatte etwa 600 v. Chr. eingesetzt. Im Südwesten Frankreichs verhilft das Salz von Salies de Béarn seit etwa 2000 Jahren dem Bayonneschinken und dem Pyrenäenkäse zu ihrem vortrefflichen Geschmack. Ebenso lange ist es her, daß Bad Nauheim eine Salzhauptstadt Mitteleuropas war.

Salz diente nicht nur zum Würzen, sondern auch zum Haltbarmachen von Fisch und Fleisch, Butter und Käse. Entsprechend riesige Mengen wurden also zu allen Zeiten benötigt, wegen des Aufschwungs der Hochseefischerei besonders seit dem 15. Jahrhundert.[2] Schon die alten Ägypter exportierten eingesalzenen Fisch. Ende des 19. Jahrhunderts verlor das Salz diese Rolle weitgehend dank des Aufkommens anderer Techniken. Von nun an wurde es in wachsenden Mengen von der chemischen Industrie gebraucht.

Die Techniken der Salzgewinnung waren seit Urzeiten: Verbrennung salzhaltiger Pflanzen oder von Torf, aus deren Asche dann in Wasser das Salz gelöst und anschließend durch Verdampfen gewonnen wurde, das Einsammeln natürlicher Meersalzablagerungen entlang der Küsten in heißen Zonen, Nutzung salziger Quellen und Geysire, Salzbergwerke im Trockenabbau oder durch Auswaschen mit Wasser, das dann verdampft wurde und das Salz hinterließ, Auslaugen salzhaltigen Sandes, durch den Wasser geleitet wurde. Anderswo wurde die Lauge über Lehmziegel gegossen, die erhitzt wurden, bis alle Flüssigkeit verdampft war; dann kratzte man das Salz von den Steinen.

 Wo nötig und möglich (der Salzgehalt von Meerwasser ist schwach, wenn

Salz wird gewogen und verladen, China im 18. Jahrhundert.

es uns auch salzig vorkommt), wurde die Salzlauge in Bassins durch Verdunstung weiter konzentriert, dann erst in Töpfen gekocht, der resultierende Salzbrei in andere Töpfe umgefüllt, die schließlich zerbrochen wurden, um die Salzblöcke oder -riegel zu erhalten. Dieses Verfahren ist nicht nur aus dem alten England und verschiedenen europäischen Ländern überliefert, sondern auch aus den Anden vor der spanischen Besetzung Südameri-

Beamte berechnen 1729 in Nantes die Salzsteuer

kas und von der japanischen Küste. Die ältesten künstlichen Salzsümpfe aus der römischen Zeit hat man in der Nähe von Ostende gefunden.

Die meisten dieser Verfahren benötigten großen Aufwand an Energie, also Brennmaterial – die Menschen begannen schon sehr früh, die Wälder der Erde abzuhacken. Lüneburg war frühzeitig wichtiger Salzlieferant für die Heringsindustrie der Ostseeländer – die Heide war nicht immer eine.

Lehmöfen, auf denen das Salzwasser in Tonkrügen verdampfte, wurden im 8. Jahrhundert in Westeuropa, um das 12. in Polen allmählich durch Metallpfannen ersetzt, ebenso in Afrika und Ozeanien. Im 11. Jahrhundert entwickelten Chinesen als erste Tiefbohrverfahren und entsprechende Schöpfvorrichtungen, um unterirdische Salzlake nutzen zu können. Ihr Verfahren diente später auch der Ölindustrie als Vorbild. Ganz allgemein entstanden um das Salz herum immer neue Fertigkeiten und Industrien – Hauptmotive für die Entwicklung der Zivilisation waren von früh an Appetit, Hunger und Durst, in zweiter Linie leider auch Machtstreben und Gewalttätigkeit. Sie entstand keineswegs nur als Werk ziellos experimentierender, phantasiereicher Genies. Jedes Bedürfnis, und dann jedes neu entdeckte, schuf sich die Technik zu seiner Befriedigung, und diese bedurfte wieder neuer technischer Entwicklungen, und so fort.

Da Salz so wichtig war, brachten es die Mächtigen bald unter ihre Kontrolle. Monopole (mit entsprechend hohem Verdienst für die Inhaber) waren die Folge, Zwänge für «Untertanen», das Salz der Monopolherren nun auch gehörig zu kaufen – und Salzsteuern, die früher höher waren, als sie es heute sind, als Bedrückung empfunden wurden und da und dort zu Revolten führten.

Etwa vom 9. bis zum 12. Jahrhundert waren viele Klöster Herren regionaler Salzmonopole. In Rußland konnte noch im 14. Jahrhundert das neugegründete Kloster in Zagorsk fast allein Moskau und Zentralrußland mit Salz beliefern, gestützt auf die Salzgruben von Solikamsk. Im 16. Jahrhundert kamen Privatunternehmer an die Reihe; die Stroganoff-Dynastie erwarb Solikamsk und den gesamten von dort ausgehenden Handel.

Im Westen Europas gingen diese Kirchenpfründen wesentlich früher auf den Adel über, ob Herrscher oder Lehensadel, aber dann auch auf Städte, die mächtig genug waren, und dann wieder – besonders in Frankreich – auf den zentralen Staat, der nach Belieben Steuern und Zölle festsetzen konnte. An der Rhône gab es zwischen Aigues-Mortes und Lyon 56 Zollstationen...

Vom 13. Jahrhundert an wurde diese Einnahmequelle für die großen und kleinen Staaten immer interessanter, denn nun entwickelte sich auch in Europa ein grenzüberschreitender Salzhandel. Doch Monopole, Preisdiktate, Zölle führten zu gewaltigem Schmuggel, ob in China oder, ganz besonders, in Frankreich. Dort verstärkten unterschiedliche Besteuerung und Repression die Spannungen. Dazu kam die Zudiktierung von Salzabnahmepflichten (ob die Verbraucher die aufgezwungene Menge brauchten, kümmerte niemanden). Im 15. und 16. Jahrhundert erlebte Frankreich mehrere Aufstände gegen die Salzsteuer, die blutig niedergeworfen wurden, in Reims, Dijon, Rouen, Cognac, Châteauneuf, Bordeaux und in der Bretagne.

Wer sich der Salzsteuer zu entziehen suchte oder gegen das Monopol verstieß, wurde als Verbrecher verfolgt. Maguelonne Toussaint-Samat zitiert eine Aufstellung, daß 1780 deswegen 2300 Männer, 1800 Frauen und 6000 Kinder von der Straße weg verhaftet wurden, 2000 Leute zu Gefängnis verurteilt und 300 zu lebenslanger Galeere.[3] Während der Regierungszeit Ludwigs XVI., die zur Revolution führte, befanden sich unter den 1800 Sträflingen, die wegen angeblicher Salzfälschung verurteilt waren, Dutzende von Kindern zwischen zwölf und 15 Jahren. (Falsch und gefälscht war für die Behörden alles, was nicht dem königlichen Monopol entstammte.)

Die Salzsteuer, «gabelle», wurde 1790 abgeschafft, aber schon 1804 führte Napoleon eine neue Steuer von zwei Centimes auf das Kilo Salz ein. Sie galt bis 1945. Aber auch anderswo gab es «gabelles»: in Sizilien, in arabischen Ländern, in der Schweiz, in Deutschland. In der Lombardei wurde der Salzhandel zum ersten Mal im Jahr 715 vom König geregelt und besteuert. Die Engländer zwangen ihre Siedler in Nordamerika, nur (versteuertes) englisches Salz zu gebrauchen.

Noch schlimmer nutzten sie ihr Monopol in Indien, wo das Salz mit einer Steuer von 2800 Prozent belegt war, so daß nur noch die Reichsten es sich leisten konnten, der Salzmangel der Volksmassen zu Gesundheitsschäden führte und das Vieh dahinsiechte, weil sich die Bauern kein Viehsalz leisten konnten. Dabei lag Salz in manchen Landstrichen in ausgetrockneten Seen und an den Küsten leicht zugänglich. Die Polizei jedoch achtete darauf, daß sich niemand bediente. Eines Tages kündigte Gandhi, der Mann des passiven Widerstandes gegen die Kolonialherrschaft, an, daß er am Meer Salzkristalle aufsammeln werde, und forderte alle Inder auf, es ebenfalls zu tun. Am 5. April 1930 handelte Gandhi. In der Woche danach holten bei Karatschi 50 000 Inder Salz von der Küste, die Läden verkauften Salz ohne den Steueraufschlag. Die Regierung antwortete mit einer Welle von Verhaftungen und Mißhandlungen, auch Gandhi wurde eingesperrt – außer ihm weitere 60 000 Inder. Entsprechend Gandhis Mahnungen enthielten sich die Inder, die das Gesetz der Besatzer weiterhin übertraten, trotz der scharfen Repressalien jeglicher Gewalt. Allmählich empörte sich die Weltöffentlichkeit, auch in England regte sich Kritik – nach einem Jahr wurde Gandhi aus der Haft entlassen, der Salzhandel freigegeben.

Insgesamt war das Salz dieser Erde bis etwa zur Mitte des 19. Jahrhunderts, also während fast der gesamten Menschheitsgeschichte, schlecht verteilt. Es war zu lange in den Händen von Herrschern, von Autoritäten, die es als Machtmittel und Einnahmequelle für sich selbst betrachteten und sich nicht darum kümmerten, ob es die vielen anderen zu teuer bezahlen oder überhaupt entbehren mußten. Es gehört sicher zu den Fehlentwicklungen der Menschheit, daß Salz, das für die menschliche Gesundheit unverzichtbar ist, in vielen Ländern noch heute besteuert wird. In Deutschland wurde die Steuer am 1. Januar 1993 abgeschafft.

In der Welt werden jährlich rund 180 Millionen Tonnen Salz produziert, weitaus das meiste für industrielle Zwecke. Die deutsche Produktion liegt bei elf Millionen Tonnen, wenn man die aus dem Boden direkt an die Industrie geleitete Sole mitrechnet. An Speisesalz fördert Deutschland etwas mehr als 400 000 Tonnen, und die Durchschnittsaufnahme pro Person liegt nahe an zehn Gramm pro Tag. (Ihr Körper wäre mit fünf zufrieden.)

Schärfer bitte

Sehr früh müssen Menschen ihre Nahrung langweilig gefunden und danach getrachtet haben, sie schmackhafter zu machen. Das war ein Auftakt, wie schon gesagt, nicht nur zu Gastronomie, sondern zur Zivilisation überhaupt. Für die ist das Verlangen nach Würzung, nach Gewürzen, ein ganz entscheidender Motor gewesen. Der hat freilich auch Millionen in Unglück und Elend gestoßen.

Die ältesten schriftlichen Äußerungen über aromatische Pflanzen und Produkte, Vorläufer unserer Gewürze, fanden sich bisher auf ägyptischen Papyri von etwa 2800 v. Chr. und sumerischen Tafeln von etwa 2200 v. Chr. Die älteste Stadt, in der eine Verwendung von Gewürzen nachgewiesen ist, war das mindestens seit dem 4. Jahrtausend v. Chr. bewohnte sumerische Uruk, Hauptstadt Babyloniens zwischen 3000 und 2700 v. Chr. Knoblauch und Zwiebeln waren schon damals dabei, dazu Zimt, Oregano, Minze, Wacholder und Myrrhe. Am Unterlauf des Indus blühte im 3. und 2. Jahrtausend v. Chr. Mohenjo Daro, ein Zentrum der Induskultur, von dem man weiß, daß es über Pfeffer und andere Gewürze von der indischen Südwestküste und aus dem damaligen Ceylon verfügte.

Als erstes kümmerten sich die Menschen offenbar um Scharfes. Ausgrabungen in Mexiko förderten wilde Sorten von Chilipfeffer zutage, die Spezialisten auf die Zeit um 7000 v. Chr. datierten. Aus dem Fund schlossen sie, daß Menschen schon scharf würzten, bevor sie überhaupt Landwirt-

Aztekische Reibschale für Chili-Pfeffer.

schaft entwickelten. Mit Chili verschafften sie sich übrigens instinktiv die lebenswichtigen Vitamine A, B und C. Nahe der peruanischen Küste ist systematische Kultur von Chilipfeffer um 2000 v. Chr. nachgewiesen.

Chilipfeffer und seine südamerikanische Verwandtschaft von Pflanzen und Sträuchern mit Schoten, darunter Cayennepfeffer, gehören zur Gattung «Capsicum». Außer daß sie auf unserer Zunge brennen, haben sie nichts mit «unserem» Pfeffer aus der Gattung «Piper nigrum» gemein, der samt ebenfalls zahlreicher Verwandtschaft aus Indien stammt. Mit beiden nichts zu tun hat Piment, dessen Heimat Mexiko ist. Er wird heute überwiegend von Karibikinseln geliefert und ist eine Art Allzweckgewürz, das nach mehreren anderen schmeckt, Nelken, Zimt, Muskat und Pfeffer, in England daher auch «allspice» heißt und für fast alles verwendet wird (auch industriell). Die für uns harmloseren Paprikaschoten, sogar die schön anzuschauenden milden aus den Treibhäusern, entstammen der Capsicum-Familie.

In Europa sind die Ungarn als Liebhaber scharfen Paprikas bekannt. Sie scheinen sich aber nicht gerade schnell an ihn gewöhnt zu haben: Die erste Nachricht über Paprika bei ihnen stammt zwar schon aus dem Jahr 1569, aber bis die ersten Paprikarezepte in einem ungarischen Kochbuch auftauchten, vergingen noch 260 Jahre (Paprikahuhn und Halaszle, eine Fischsuppe aus Szeged).

Der Weg von Lateinamerika nach Ungarn war nicht gerade direkt. Die Portugiesen brachten Chilipfeffer in ihre Niederlassungen Goa und Macau, also nach Indien und China. Inder und Chinesen übernahmen ihn begeistert. Die Türken, die 1513 die portugiesische Festung Hormuz am Persischen Golf eroberten, fanden dort Schoten – schnell waren sie im gesamten Osmanischen Reich verbreitet. Von da aus hielt Paprika Einzug in die umliegenden Länder. Ungarn ist sein nördlichstes Anbaugebiet.

Zunächst waren Gewürze fast ganz den Königshöfen und Priestern vorbehalten. Sie dienten außerdem zur Anreicherung von Opferspeisen (wie auch die Bibel vorschrieb) und zur Einbalsamierung.

Vom 2. Jahrtausend v. Chr. an nutzte man sie neben der pharmazeutischen und sakralen Verwendung auch immer mehr zur Verbesserung von Speisen. Das steigerte die Nachfrage. Sie wurden immer wichtigere Handelsware auf See- und Landrouten – auch nach und in Europa. Gewürzhandel machte den biblischen König Salomon (10. Jahrhundert v. Chr.) reich. In Ägypten gab es damals genug Würzmittel auch für die ärmsten Bauern.[4] Mykene verfügte im 2. Jahrtausend v. Chr. über Koriander, Kümmel, Zyperngras, Fenchel, Minze, Petersilie aus Mazedonien, Majoran aus Ägypten, lange Zeit auch Rosen (zerstampft und mit anderem vermischt).

Indien exportierte Pfeffer, Nelken, Kardamom, Safran und andere Gewürze spätestens seit dem 4. Jahrtausend v. Chr.

Wenn auch der südamerikanische «Pfeffer», der «Capsicum», die dokumentarisch ältere Geschichte bei den Menschen hat und von einem Viertel der Menschheit geschätzt wird (Afrika und Asien bauen heute große Mengen an) – von größerer historischer Bedeutung war doch der andere, den wir in seiner Körnerform kennen, der «Piper nigrum», schwarz oder weiß, neuerdings auch grün und rot. «Piper nigrum» ist eine Rankepflanze, die ähnlich dem Wein an Bäumen Halt sucht. Später im systematischen Anbau ließ man ihn auch auf Stangen und Holzgestellen wachsen.

Das antike Griechenland verwendete Pfeffer, die Heere Alexanders «des Großen» lernten ihn in Indien kennen. Hippokrates erwähnte ihn im 4. Jahrhundert v. Chr. (Pfeffer diente zunächst als Medikament), Theophrast beschrieb ihn in seiner Geschichte der Pflanzen im 3. In Rom wurden Pfeffer und andere Gewürze allgemein verbreitet, nachdem Pompejus im letzten Jahrhundert v. Chr. Syrien unterworfen hatte. Roms neue Grenze reichte damit bis zum Euphrat, dem historischen Wasserweg zum Persischen Golf und Indien. Syrien war ja auch ein westlicher Endpunkt der Seidenstraße von und nach Baktra (heute Wazirabad in Nordafghanistan) und China, über die natürlich nicht nur Seide kam.

Das alte Rom bezog erhebliche Mengen Pfeffer aus Indien. Hunnen (Attila) und Germanen schrieben sich in die Geschichte des Pfeffers ein – der Gote Alarich bei der Kapitulation Roms im Jahre 410 mit der Forderung nach 3000 Pfund Pfeffer (damals à 300 Gramm) nebst 5000 Pfund Gold und 30000 Pfund Silber.

Von der Herrschaft des Augustus an, um die Zeitenwende, lief der Handel zwischen Asien und Afrika einerseits, Rom andererseits nicht mehr nur Richtung Rom. Auch das Römische Reich exportierte nun, zunächst hauptsächlich Gold und Silber, um die Einkäufe bezahlen zu können. In Südindien sind später römische Münzen gefunden worden, die offenkundig extra für diesen Zweck geprägt worden waren.

Der Gewürztransport war langwierig und umständlich. Vom Hauptanbaugebiet Malabar und Kanara an der südwestlichen Küste Indiens starteten Gewürz- und Pfeffertransporte auf dem Landweg nach Norden, von dort ging es teils Richtung China, teils nach Westen durch das heutige Pakistan. Im Iran teilte sich die Karawanenstraße in einen nördlichen Arm an Teheran vorbei in die Türkei bis Konstantinopel (Istanbul), das jahrhundertelang den Gewürzhandel für Europa beherrschte, und einen südlichen über Bagdad, das im 9. Jahrhundert größter Gewürzumschlagplatz wurde, weiter nach Westen zum Mittelmeer.

Man hat von den Transportmühen der damaligen Zeit eine bessere Vorstellung, wenn man sich klarmacht, wie die Gewürze (und die anderen Güter) noch Jahrhunderte später, im 18. Jahrhundert, nach Istanbul kamen. In Indien wurden sie oft von Kalkutta auf britischen oder holländischen Seglern nach Al Basra verschifft, wo sie erst nach fünf Monaten ankamen. Von dort gelangten sie entweder per Flußschiff auf dem Tigris nach Bagdad, von da in Karawanen nach Diarbékir, von dort auf Esel umgeladen nach Istanbul. Oder von Al Basra nach Aleppo mit Karawanen, von da aus mit anderen Karawanen weiterverteilt. Dritte Möglichkeit: von Al Basra mit Karawane nach Damaskus, dann auf dem Seeweg nach Istanbul.

Für den Transport von Al Basra nach Istanbul rechnete man sieben Monate; insgesamt war die Sendung ein Jahr unterwegs. In dieser Zeit verteuerten sich die Waren, man möchte sagen «nur», um 80 Prozent.

Afrika hatte seine eigenen Handelsstraßen – die Moslemvölker im Norden und Westen waren starke Pfefferkonsumenten und bezogen ihn über den Norden und Osten. Sie verwendeten auch einheimischen Ashantipfeffer («Piper guineense»), eine besonders scharfe Art.[5] Eine typische Beduinenfamilie im Süden Tunesiens (Eltern und acht Kinder) verbrauchte Mitte unseres Jahrhunderts monatlich ein Kilo getrockneten Chilipfeffer und 300 Gramm schwarzen Pfeffer.

Für den europäischen Gewürzbedarf war lange Alexandria das Handelszentrum, dann kam die große Zeit Venedigs, das mit dem Pfeffer reich wurde und Anfang des 15. Jahrhunderts auf dem Höhepunkt seiner Macht war. Das machte andere neidisch – auf der Suche nach einer direkten Seeverbindung zu den Lieferstätten hatten als erste die Portugiesen Erfolg. Vasco da Gama löschte 1498 in Lissabon eine Ladung von seiner ersten Fahrt an die Malabarküste, die ihm sechsmal soviel einbrachte, wie sein ganzes Unternehmen gekostet hatte. Es waren Pfeffer, Nelken, Zimt und Muskatnuß. Seine zweite Fahrt trug das Fünfzigfache der Kosten ein.

Pfeffer und Blut

Vasco da Gama ist ein schlagendes Beispiel für die Mentalität, mit der die «kühnen Entdecker», wie sie meist genannt werden, in fremden Welten erschienen. An der Kühnheit ist kein Zweifel, auch Posträuber und andere Gangster müssen sie allerdings aufbringen.

1502 reiste Vasco da Gama wieder Richtung Indien, diesmal als Befehlshaber einer größeren Flotte. Die Portugiesen sichteten kurz vor der indischen Küste ein arabisches Schiff. Sie beschossen und enterten es, raubten 12 000 Dukaten Bargeld und Waren im Wert von 10 000 Dukaten, und dann versenkten sie es samt seinen 240 Insassen an Bord: Mekkapilger mit Frauen und Kindern. Nächster Akt im Hafen Kalikut: Arabische Schiffe geplündert, arabische Kaufleute (nach einer Schilderung mehr als 800) gefangengenommen und die meisten, sagt Schaber, «in einer Prozedur, deren Unheimlichkeit der Stift eines Goya nicht erreicht, zu Tode gemartert». Vasco da Gama ließ den Gefangenen Hände, Nasen und Ohren abhauen. Dann ließ er in ein Schiff die abgeschnittenen Gliedmaßen, in ein anderes die verstümmelten Menschen werfen, nachdem ihre Füße zusammengebunden und mit Keu-

len ihre Zähne eingeschlagen worden waren. Die Schiffe wurden verbrannt. «Um ein weniges später steht die ganze Stadt in Flammen. Vernichtung ringsum. Doch Vasco da Gamas Scharen haben eine Fülle indischer Gewürze erbeutet.»[6]

Vom frühen 16. Jahrhundert an etablierten Portugiesen Niederlassungen und Einkaufsstationen, im 17. besetzten sie Zonen bei den Küstenorten Onor, Barcelore und Mangalore im Gebiet von Kanara, nördlich der Küste von Malabar, und richteten dort Forts und Faktoreien ein – mit nachdrücklicher Unterstützung durch militärische Macht. Ihren Einkäufen von den örtlichen, kleinen indischen Fürstentümern half zur Not auch Waffengewalt oder deren Androhung nach. 1566 zum Beispiel berichtete der Gouverneur von Goa nach Lissabon, daß die Portugiesen von arabischen Einkäufern überboten würden und nur Pfeffer erhielten, weil sie Kriegsschiffe hätten.[7] Sie suchten mit mehr oder minder viel Glück die indischen Fürsten gegeneinander auszuspielen. Kalikut, Kochin, Camanore, Quilon und Travancore wurden zu Begriffen in der Pfefferwirtschaft. Ihr Ausfuhrzentrum für indischen Pfeffer war Goa, von wo sie im 16. Jahrhundert jährlich zwischen 16000 und 25000 Quintal (portugiesische Zentner) nach Lissabon verschifften. Im 17. Jahrhundert sank die Menge auf die Hälfte. Obwohl keineswegs sämtlicher verladener Pfeffer in Lissabon ankam – die Schiffahrt war unsicher, und viel ging spurlos verloren

Muskatnußverkäufer im 15. Jahrhundert.

Linke Seite: Entdecker, Folterer, Mörder: Vasco da Gama.

(einschließlich der Schiffe) –, wurde doch die portugiesische Hauptstadt eine Zeitlang zur führenden Gewürzstadt Europas, wenn nicht gar zur reichsten Handelsmetropole. In Deutschland waren die Fugger führend am Gewürzhandel beteiligt.

Schon bald konnte Europa bei sinkenden Preisen Unmengen von Pfeffer verbrauchen, abgesehen von den anderen Gewürzen. Für die Zeit um 1620 betrug der jährliche Pfefferkonsum etwa 2,7 Millionen Kilogramm, dazu kamen mehr als 200 000 Kilo Gewürznelken, 180 000 Kilo Muskatnuß und 67 500 Pfund Macis. Übrigens galt Pfeffer lange Zeit als Diätmittel zur Förderung von Appetit und Verdauung.

Doch das kleine Portugal, das ohnehin nie mehr als ein Zehntel des indischen Pfefferhandels an sich bringen konnte, hatte sich übernommen. Einerseits wurden die indischen Fürstentümer rebellisch. Andererseits tauchten die Holländer auf, die ihren Gewürzbedarf in Lissabon gedeckt hatten, bis Spanien unter Philipp II. Portugal eroberte; er verbot den Portugiesen allen Handel mit Holland. Nun vertrieben die Holländer die Portugiesen außer von Goa und Macau und bemächtigten sich des Gewürzhandels. Sie unterwarfen sich die Inselwelt des heutigen Indonesien und besetzten Ceylon, von wo freilich bald danach die Briten sie verdrängten, die sich ihrerseits nun die gesamte Gewürzwelt Indiens und Südostasiens mit Ausnahme Indonesiens sicherten.

Die holländische Flotte war im 14. und 15. Jahrhundert vor allem durch die Heringsfischerei zu großer Blüte gekommen – dank ihrer Räucher- und Einlegemethoden hatten sie das Heringsmonopol der Hanse gebrochen. Die erste Gewürzflotte – vier Schiffe – verließ 1595 Amsterdam. Sie gründete in Bantam auf Java eine Niederlassung und kehrte 1596 mit einer lohnenden Ladung von Pfeffer und Muskatnüssen zurück, also segelten die Holländer immer wieder. Im Jahr 1600 starteten auch die Franzosen, deren erstes Schiff allerdings unterging.

Die Holländer führten auf ihren Gewürzinseln Monokulturen ein, zu denen sie die Einheimischen mit viel Gewalt zwangen. Die Bandainseln wurden auf Muskatbäume umgestellt. Die Plantagen wurden holländischen Kolonisten übergeben, für die die Einheimischen wie Sklaven alle Arbeit zu leisten hatten. Die Ernten übernahm die Ostindische Gesellschaft. Die ersten 100 Jahre brachten ihr von dort 600 000 Pfund Muskatnüsse und fast 200 000 Pfund Macis (Muskatblüte). Zentrum für Gewürznelken wurde Amboina. Dort wurden eine halbe Million Gewürznelkenbäume gepflanzt. Pro Baum rechnete die Gesellschaft mit 20 Kilo Ertrag, also mit einer jährlichen Ernte von zehn Millionen Kilo.[8] Den Zimtanbau konzentrierten die Holländer auf Ceylon (heute Sri Lanka). «Das Schälen der Zimtbäume ist eine harte und beschwerliche Arbeit», so Schaber. Wer der Kaste der Zimtarbeiter angehörte, «war zu lebenslänglicher Fron verurteilt. Schon die Zwölfjährigen sind verpflichtet, im Verlauf einer Ernte 28 Kilogramm Zimtrinde abzuliefern, und dieses Minimum steigert sich mit den Lebensjahren des Arbeiters bis zu 300 Kilogramm. Dabei wachen die niederländischen Agenten sorgfältig darüber, daß nicht das kleinste Stück Zimt unterschlagen wird. Todesstrafe droht dem Täter...»

Bis etwa 1670 war die niederländische Ostindiengesellschaft das reichste Unternehmen der Welt, sagt Hobhouse[9]. «Sie half, die Blütezeit der niederländischen Zivilisation zu finanzieren: Rembrandt, Vermeer, Franz Hals, Vondel, Grotius, Spinoza, das weltgrößte Verlagswesen des 17. Jahrhunderts mit ungezählten, heute vergessenen, weniger bedeutenden Autoren und Poeten, all die Maler, Architekten und, vor allem, Mäzene.» Natürlich war es nicht die einzige «Zivilisation», die sich auf die Ausplünderung überseeischer Völker gründete.

Die Niederländer wollten die Gewürze teuer halten, also lagerten sie ganze Ernten, mitunter viele Jahre. Oder sie verbrannten sie, schon im 17. Jahrhundert, zunächst Gewürznelken und Muskat, dann aber auch Zimt. Das taten sie nicht nur in ihrer fernen Kolonie, besonders in Batavia (heute Djakarta), sondern auch in Amsterdam. Über eine Massenverbrennung von Muskatnüssen in Amsterdam – der Inhalt dreier riesiger Schuppen – heißt es bei Schaber: «Es war ein phantastisches Schauspiel, an dem eine riesige Volksmenge teilnahm.» Durch die Hitze schmolz die Muskatbutter. «Die Menschen wateten förmlich darin, aber hohe Strafen verboten, auch nur das Geringste zu nehmen.»[10] Bei einer anderen Verbrennung gingen 1760 in der Nähe der Amsterdamer Admiralität acht Millionen Pfund Nüsse in Flammen auf, dazu etwa 16 Millionen Pfund Zimt (schätzte ein französischer Beobachter). «Zwei Tage flackerten die Flammen. Über Amsterdam verbreiteten sich Wolken eines wundervollen Aromas. Auch die Stadt Middelburg in Zeeland hatte solche subtilen Genüsse, wie der Engländer Wilcox zu melden weiß. Zimt, Muskatnüsse und Gewürznelken wurden auch hier massenhaft vernichtet.»[11]

Von Anfang an bemühten sich Länder, die das jeweilige Gewürzmonopol ärgerte, den Monopolisten die Exklusivität zu rauben. Der Franzose Poivre, wahrhaft passenden Namens, verpflanzte 1770 Gewürznelken auf die Insel Mauritius, die damals als «Isle de France» Frankreich gehörte. Der Holländer de Koke legte Zimtpflanzungen auf Ceylon an. Der Brite Christoph S. Smith holte Nelken, Muskat und Pfeffer aus den holländischen Molukken. Als die Spanier im späteren 16. Jahrhundert kurze Zeit über Portugal herrschten, brachten sie Ingwer von den portugiesischen Inseln nach Mexiko und Jamaika.

Die Holländer, die das portugiesische Gewürzmonopol gebrochen hatten, konnten ihres, wie gesagt, auch nicht halten. Die Briten machten es ihnen streitig und waren auf Dauer die Stärkeren. Der ceylonesische Zimtanbau fiel an England. Aber vorausschauend hatten die Holländer Zimt nebst Muskatpflanzen aus Banda auch im heutigen Indonesien angesiedelt, Franzosen den Zimtbaum auf die französischen westindischen Besitzungen

رسول ملک روم بقبیله طی رسیده در حوالی منازل حاتم نزول نمود قضارا
مقارن رسیدن ایلچی ابری پدید آمده برف و باران بارید

gebracht. Die Briten eroberten schließlich Mauritius und pflanzten die dort gefundene Gewürznelke nun auch in Malakka. Die Lieferungen von dort brachten Anfang des 17. Jahrhunderts in England den zwölffachen Preis.

Die weitere Verbreitung der Muskatnuß übernahm die Natur selbst. Eine Taubenart (sie heißt auch «Muskatnußfresser») trug die Samen in alle Himmelsrichtungen.[12]

Linke Seite: Duftende orientalische Gewürzküche.

Orientalische Verlockung

Sage mir, wie du würzt... In der Tat sind einige Kombinationen für einige Völker typisch. Sojasauce und Ingwerwurzeln signalisieren Chinesisches, auch Japanisches. Was zu «Curry» zusammengemixt wird (siehe weiter hinten), bedeutet automatisch Indisches, und die Kombination Paprika, Zwiebeln und Speck deutet sehr auf Ungarn. Vieles Mexikanische enthält Chilipfeffer (unmöglich, es nicht zu schmecken). Vietnamesisches ist häufig von fermentierter Fischsauce begleitet, dem Nuoc Mam. Paul Rozin weist darauf hin, daß Kochgruppen wie China, Indien und Mexiko seit Jahrtausenden in ihren Prinzipien stabil blieben und sich erfolgreich gegen fremde Einflüsse gewehrt haben.[13]

Zu den Grenzen zwischen Geschmacksrichtungen gehört auch die, die traditionell die Salate Europas durchzieht. Mittel- und Osteuropa, wohl auch England und jedenfalls Irland, sind von jeher gewöhnt, Salat mit Zucker (außer Essig oder Zitrone) anzumachen. Die romanischen Länder hingegen lassen den Zucker weg und nehmen kräftig Öl, am liebsten Olivenöl.

Professor Jean-Louis Flandrin läßt einen französischen Irlandreisenden des 18. Jahrhunderts erzählen, wie ihm dort ein Salat vorgesetzt wurde: «...alles ohne Öl und Salz, nur ein wenig Bieressig, und der Salat mit Zucker bedeckt wie der Ätna mit Schnee – unmöglich zu essen für jemanden, der das nie vorher gekostet hat.»[14] Er verlangte und bekam Öl.

Der kulinarische Enthusiasmus vieler Inder gilt schärfsten Sachen. Wohl nirgendwo sind die winzigen grünen oder roten Schoten des Chilipfeffers nebst ihren höllischen Kernen so beliebt. Als ich zum ersten Mal in einem indischen Restaurant aß, rang ich sehr bald nach Luft, hatte schnell ein klatschnasses Taschentuch, so viel Schweiß war mir auf die Stirn getreten, war ich minutenlang außerstande, mit den anderen am Tisch ein Wort zu wechseln. Das war nicht schlimm, denn ihnen ging es wie mir.

Als wir zu uns gekommen waren und vorsichtig weiteraßen (Unmengen Brot und Getränk dazwischenmischend), waren wir einig, daß unser verschiedenes Fleisch, was immer es sein mochte, nur wie verschiedene Festigkeitsgrade von «Curry» wirkte. Außer der zungenbrennenden Schärfe war nichts auszumachen. Dabei hatte der Oberkellner, der die Bestellung aufnahm, «mittlere» Schärfe versprochen. Für «ohne» waren wir zu stolz und zu unbedarft gewesen.

Daß man nicht «Curry» sagen soll, wußte ich damals noch nicht. Ein Koch, der auf sich hält, stellt sich eine Mischung verschiedener Gewürze und Kräuter nach eigener Vorstellung zusammen, und so hält es auch die Hausfrau. Fertige «Currys», wie sie in Europa verkauft werden, verachten Inder – außer denen, die an ihnen im Geschäft mit Europa gut verdienen. So kommt auch «milder Curry» zu uns; oft ist er nur milde, weil zu alt, seine Schärfe also verflogen. Verschiedene Mischungen für die unterschiedlichen Gerichte – Fisch, Gemüse oder Fleisch – heißen für Inder Massala.

Das wahrhaft Schärfste in all diesem, und ganz allgemein im indischen Essen, besonders aber im Süden, ist wie gesagt der Chilipfeffer. Bis die Portugiesen ihn brachten, hatte schwarzer Pfeffer hergehalten. In vielen indischen Familien wird den Kindern bis zu einem gewissen Alter der Chili erspart. Aber dann … So können wohl nur Inder finden, daß das Bild indischer Nahrung als eine Art kulinarischen Höllenfeuers gewaltig übertrieben sei, wie Hashi und Tapan Raychaudhuri in einem Beitrag zum Oxford-Symposium über nationalen und regionalen Küchenstil (1981) sagten. Natürlich gibt es auch schwachgewürzte indische Gerichte. Sie würden keine Diskussion über Curry nötig machen. In manchen Gegenden Indiens wird nur mäßig scharf gegessen. Oft hängt von der jeweiligen Familie ab, ob ein bestimmtes Gericht scharf oder milde zubereitet wird. Die indische Küche ist im Mittelalter stark von der persischen Küche und der der Mughuls beeinflußt worden, besonders im Norden, und im Westen von den Parsen, in neuerer Zeit von der arabischen Küche der muslimischen Bevölkerung. Viele Bengalen wiederum lieben Bitteres.

Die Zutaten, die man in der scharfen Sauce sieht, sollen gar nicht mitgegessen werden, vor allem nicht die Schoten, aber auch Nelken usw. Sie liegenzulassen macht die Hölle schon etwas weniger heiß. Das Wort «Curry» haben die Briten geprägt, in Abwandlung des tamilischen «Kari», was «Sauce» bedeutet. Die indische Gewürzmischung für den Namensgeber der Currywurst zu halten könnte Indienreisenden einige Unbequemlichkeit bereiten.

Sehr einleuchtend also unterstreichen Peter Farb und George Armelagos in ihrem Werk *Consuming Passions – The Anthropology of Eating*[15], daß die Menschen überraschend viele Sachen essen und trinken, die zunächst unangenehm schmecken. Darunter finden sich ausgesprochene Massennahrungs- und Genußmittel wie eben Pfeffer und Chili, aber auch Kaffee, Bier und starker Alkohol, die bitter sind und die empfindlichen Schleimhäute im Mund reizen. «Die Menschen unterscheiden sich von sämtlichen allesfressenden Säugetieren unter anderem dadurch, daß sie als einzige Nahrungsmittel konsumieren, die bei den drei oder vier erstmaligen Versuchen einen unangenehmen Geschmack haben.»[16] In der Tat.

Professor Maurizio hatte schon früher darauf aufmerksam gemacht, wie viele Würzstoffe bitter seien. Das galt ja auch für den von unseren Urgroßeltern noch hochgeschätzten Verwesungsgeschmack von zu lange abgehangenem Wild, den «haut-goût». Der vergorene Fisch in südostasiatischen Saucen ist im Prinzip auch alles andere als frisch. Darüber einiges beim Thema Saucen.

Die arabische Küche, jedenfalls die der Oberschichten, hat von früh an im wesentlichen die gleichen Gewürze genutzt wie die Indiens und des ferneren Ostens. Vieles wird mit Minze gekocht, die erst zum Schluß kurz mitgegart wird. Uns gänzlich unvertraut sind Galgantwurz (dem Ingwer verwandt) und Mastix: pulverisiertes Baumharz als Neutralisator für zu starke Gewürze. Auch die Araber hatten und haben ihr ganz Scharfes, in Nordafrika Harissa – im wesentlichen pürierte Chilis.

Überwürzung

Den Europäern bescheinigen viele Historiker wenigstens für das Mittelalter gewaltigen Gewürzverbrauch – zunächst natürlich nur den reichen Schichten, dann aber auch weniger Begüterten. Er hat bis zur Zeit Heinrichs IV. von Frankreich (1589 bis 1610) angedauert und wurde oft damit erklärt, daß damals Fleisch schneller verdarb und nicht nur haltbar gemacht werden mußte, sondern daß Gewürze auch in großem Umfang dazu dienten, bereits Verdächtiges zu «maskieren». Gegen diese Erklärung spricht, daß die Überwürzung aufhörte, als noch längst keine bessere Konservierung erfunden war.

Bruno Laurioux[17] hat für die Periode vom 4. bis zum 13. Jahrhundert europäische Verbrauchsmengen festzustellen und auf die einzelne Person umzurechnen versucht. Er fand den Konsum nicht so groß, wie man nach den anderen Berichten erwarten könnte. Immerhin enthielten mittelalterliche Kochbücher weit mehr verschiedene Gewürze als heutige. Im 7. Jahrhundert zählte Isidor von Sevilla (dort seit 600 n. Chr. Erzbischof) 133 Gewürze und aromatische Kräuter auf, die zum Würzen verwendet wurden (werden konnten). Von reichlichem Gewürzverbrauch zeugte auch die große Verbreitung von Mörsern in den Haushalten.

West- und Nordeuropa hörten Mitte des 8. Jahrhunderts für geraume Zeit auf, exotisch zu würzen.[18] Der Vormarsch des Islams um das Mittelmeer herum, die Feindschaft zwischen der christlichen und der muslimischen Welt, hatte die wichtigsten Handelsverbindungen beseitigt, über die Europa exotische Gewürze bezogen hatte. Daß südeuropäische und südöstliche Städte in stark reduzierter Form weiter Handel mit dem Osten trieben, änderte daran nichts. Aber vom 11. Jahrhundert an gelüstete es Europa wieder nach ihnen, und die Beschaffung wurde mit neuer Energie

betrieben. Die Expedition des Kolumbus hatte ja das Ziel, den Seeweg zu den sagenhaften Gewürzreichtümern zu finden, nicht etwa den nach Amerika. Der Haushalt König Eduards I. von England (regierte 1274 bis 1307) verbrauchte Gewürze im Wert von (heutigen) 400 000 Mark pro Jahr.

Anfang des 16. Jahrhunderts wetterte Ulrich von Hutten gegen die Lust der Deutschen auf fremde Gewürze. Wer seine Speisen mit einheimischen Kräutern würze, lebe gesünder als die Leute, deren «Finger gelb von Safran» seien, die Zimt schluckten und den Duft von Gewürznelken ausatmeten.[19] In der Tat soll die ausführliche Behandlung der Gewürzgeschichte nicht die durchaus reichliche Verwendung der Küchenkräuter vergessen machen, mit denen schon von früh an auch die weniger Begüterten würzten. Elsholtz zählt in seinem 1682 erschienenen *Diaeteticon* als «bey uns gebreuchliche Küchen-Kreuter» (die freilich von recht unterschiedlicher Geschmacksstärke sind) auf: Knoblauch, Zwiebel, Endivien, Portulak, Kresse, Kopfsalat, Rapunzel, Ruckette, Dragun, Sauerampfer, Sauerklee, Grevinne, Kerbel, Melisse, Pimpinelle, Sellerie, Fenchel, Zuckerwurz, Borretsch, Gurken, Meerrettich, Löffelkraut. Mit Thymian kochten schon die alten Griechen, Salbei war spätestens im 16. Jahrhundert überall in Europa verbreitet, ebenso Majoran, Bohnenkraut noch früher. Petersilie tauchte in französischen und englischen Kochbüchern Ende des 14. Jahrhunderts auf. Anders als die Gewürze brauchten Kräuter und Gartensalate, die fast überall wuchsen, keine Handelsorganisation.

Extreme Würzung könnte manchmal den Grund gehabt haben, daß man Ingwer und Pfeffer, Koriander, Muskatnuß, Gewürznelken und Iris für wirksam gegen die Pest hielt. Wiswe «fällt doch auf, daß in Europa der Rückgang des Gewürzverbrauchs zusammenfällt mit dem Aufhören der großen Pestumgänge»[20].

Wie die Höfe sorgte auch die Kirche für kräftigen Gewürzabsatz. Auf der Einkaufsliste für den Hof der Päpste in Avignon standen im 15. Jahrhundert regelmäßig Zimt, Nelken, Safran und Paradieskörner, und der Erzbischof von Arles war 1431 Dauerkunde für Ingwer, Nelken, Muskatnüsse, Safran, Pfeffer, Zimt und Paradieskörner. Pfeffer war oft auch Zahlungsmittel. Der Erzbischof von Arles erhob im 15. Jahrhundert von den Juden der Stadt zum Palmsonntag eine Abgabe von 20 Pfund Pfeffer. Der Erzbischof von Aix-en-Provence erlaubte Ende des 13. Jahrhunderts den Juden von St. Maximin, Lambesc und Pertuis und den Dörfern Istres, Cadenet, Trets und Lancon, Synagogen und Friedhöfe zu errichten – für jährliche Abgaben von je einem halben bis zwei Pfund Pfeffer.

Wer aber hätte gedacht, daß nach dem Mittelalter ausgerechnet Deutsche bei der französischen Oberschicht (oder wenigstens Teilen von ihr) als gräßliche Liebhaber zu starker Würzung galten? Das war im 17. und 18. Jahrhundert. Gemeint waren durchaus «exotische» Gewürze, und Polen und Spanier hatten in Frankreich den gleichen schlechten Ruf.

Als indirekte Bestätigung machte ein Deutscher namens Nemeitz seinerseits auf die schwache Würzung bei den Franzosen aufmerksam. Er veröffentlichte 1727 in Leiden unter dem Titel *Aufenthalt in Paris* Hinweise wie etwa den, seine deutschen Landsleute könnten in Paris kein stark gewürztes Fleisch erwarten, «denn die Franzosen lieben die Gewürze der Levante nicht sehr»[21]. Immerhin könnten sie, wenn sie nur wollten, alles «genau so proper und gut wie wir» würzen, und «ihre Frikassees und Ragouts sind sehr geschmackvoll». In Paris esse man aber keine Schinken, keine Würste, kein Gesalzenes oder Geräuchertes, kein Salzkraut, kein Roggenbrot. Doch «ihr Brot ist weiß, alles Fleisch frisch».

Wesentlich weniger verbindlich schrieb ein französischer Zeuge von einem Oldenburger Bankett 1648: «Nichts war eßbar außer den frischen

Eiern in diesem großen und langen Service, der anscheinend mehr für die Augen als für den Gaumen angerichtet war; viele Gerichte waren innen gold und schwarz von Gewürzen und Safran. Andere waren stark gesalzen... Die polnischen Botschafter hatten es am besten, denn die polnischen Ragouts sind genau so...» Und von einem Bankett in Bremen berichtet derselbe Zeuge: «Wer zuerst von der Sauce kostete, nahm kein zweites Mal. Der Franzosen und Französinnen bemächtigte sich schnell eine wunderbare Mäßigung. Nur die Polen aßen mit vollem Vergnügen und lobten laut die große Zahl von Gewürzen und Safran und Salz, die die Köche so freigebig verwendet hatten.» Ähnliches Mißvergnügen beim folgenden Bankett in Danzig, «denn alles war auf polnische Art zubereitet, und fast jedes consommé war mit Safran und den Gewürzen gekocht».

Spanisches Hofessen, wie gesagt, gefiel französischen feinen Zungen nicht besser. 1691 berichtete die Gräfin d'Aulnoy von ihrem ersten Diner in Spanien: «Alles war so voll von Knoblauch und Safran und Gewürzen, daß ich nichts essen konnte.» Dann, in Toledo, Diner bei der Königin-Mutter: «Ich war wie Tantalus, sterbenshungrig, ohne essen zu können. Denn da gab es keinen Mittelweg zwischen Fleisch, das ganz parfümiert war (mit Ambra und Moschus!), also zu fad, oder voll von Safran, Knoblauch, Zwiebeln, Pfeffer und Gewürzen (also zu stark).» (Ambra und Moschus waren in der arabischen Küche der Mittelalters meist zur Parfümierung von Speisen für hochstehende Persönlichkeiten benutzt worden.[22])

Professor Flandrin liest aus solchen Zeugnissen eine heftige Abneigung der Franzosen gegen die östlichen Gewürze und den Safran heraus, die den französischen Geschmack im 17. und 18. Jahrhundert stark vom übrigen Europa unterschieden habe, im Gegensatz zur Zeit davor, wo diese Gewürze auch in Frankreich geschätzt wurden. Aber dann leitet er doch aus frühen französischen Kochbüchern ab, daß in den Rezepten der verschiedenen Länder eigentlich kein großer Unterschied bestand, daß wohl die Franzosen nach den Gewürzexzessen des Mittelalters nur etwas früher als die anderen zu größerer Mäßigung fanden. Die damals schon große Beliebtheit der Bouillabaisse zeigt auch kaum eine allgemeine Abneigung beispielsweise gegen den Safran an, der da hineingehört.

Vermutlich hätten die französischen Zeitzeugen auch in England so reagiert wie in Deutschland, Polen und Spanien, denn bis etwa 1665 würzte auch die britische Oberschicht gewaltig. Erst im letzten Teil des 17. und im 18. Jahrhundert übte sie mehr Zurückhaltung. Im Januar 1683 wurden nach London an Gewürzen eingeführt: 4,6 Tonnen Zimt, 7,7 Tonnen Piment, eine Tonne Fenchelsamen, eine Tonne Muskat, 856 Kilo Manna, 740 Kilo Gewürznelken, 90 Kilo Safran nebst 110 Kisten und 295 Säcken Ingwer.[23]

Im 19. Jahrhundert machten sich in England und Amerika moralische Erwägungen als Gewürzbremse bemerkbar. Stark Gewürztes (aber nicht Salziges, was oft vorkam) galt nun als Auslöser für Alkoholdurst und sexuelle Gier.[24] Nur bei Süßigkeiten waren keine solchen Bedenken zu hören – Engländer und Amerikaner liebten damals (wie heute) sehr süße Desserts mit viel Gewürz.

Über den Gewürzkonsum vergangener Zeiten gibt es zuwenig Unterlagen, die wirklich eine Berechnung erlauben. Istanbul jedoch gab für die Gewürze, die seine Einwohner um 1780 verbrauchten (als sie schon ziemlich billig geworden waren und die Periode der Exzesse vorbei war), jährlich etwa 200 000 Piaster aus,[25] was heute annähernd zwei Millionen DM entsprechen würde.

Heute kennt man dank der fortgeschrittenen chemischen Analyse rund 4000 Geschmacks- beziehungsweise Aromanuancen, die den Geschmack aller Speisen und Getränke bestimmen. Sie bestimmen auch den der Gewürze. Am Geschmack einer Erdbeere sind 150 solcher Komponenten beteiligt, ebensoviel wie an einem gebratenen Huhn. Eine stark gewürzte Sauce vereint 200.[26]

Die Statistik des Gewürzhandels ergibt, daß außer Salz im wesentlichen nur 19 Gewürze verwendet werden. Von diesen verbraucht die Menschheit etwa 274 000 Tonnen im Jahr.[27] Es sind: Pfeffer 39 Prozent, die Capsicum-Familie (also Chili, Cayenne usw.) 16,2 Prozent, Zimt und Kassia 8,5 Prozent, Ingwer 5,5 Prozent, Kurkuma 3,7 Prozent, Muskatnuß und Macis 3,7 Prozent, Kardamom 2,2 Prozent, Nelken 1,8 Prozent, Piment («allspice») 1,5 Prozent. Als Gewürzkörner sind in der Statistik zusammengefaßt: Koriander, Kreuzkümmel, Anis, Fenchel, Kümmel, Fenugreek und Dill, insgesamt 18 Prozent. Bei all diesen Angaben handelt es sich um die Bruttomenge, also nicht gereinigt und nicht weiterverarbeitet.

An Pfeffer werden also in der Welt jahraus, jahrein etwa 106 000 bis 107 000 Tonnen verbraucht. Die Hauptproduzenten sind Malaysia, Indien, Brasilien und Indonesien, mit Abstand gefolgt von Madagaskar und Sri Lanka. Brasilien ist im Gegensatz zu den anderen kein traditionelles Pfefferland – japanische Einwanderer haben seine Produktion von Ende der zwanziger Jahre an aufgebaut. Die größten Pfefferverbraucher unter den Einfuhrländern sind die USA und Deutschland. Die Capsicum-Familie steuert weitere 44 000 Tonnen Schärfe bei.

Fast überall ist Pfeffer von jeher eine Kleinbauern- und Kleinpächterkultur. Zwischenhändler verkaufen die Ernte und vermitteln sie weiter. Der Lebensstandard der Anbauer wurde schon im 16. Jahrhundert als schlecht beschrieben, oft mußten sie ihre Ernte im voraus verpfänden. An ihrer Lage hat sich bis heute nicht viel geändert, und der Pfefferpreis hat sich in den letzten 100 Jahren auf dem Weltmarkt, außer in den Knappheitsjahren 1949 bis 1953, ähnlich ungünstig für die Produzenten auf und ab bewegt (häufiger ab) wie der anderer «Kolonialwaren» auch.

Von den Gewürzmengen, die heute in der Welt konsumiert werden, entfällt ein gewaltiger Teil, sicher der größte, auf Mischungen. Davon sind

Pfefferernte im 15. Jahrhundert.

zwar auch diverse in kleinen Packungen für Haushalte bekannt, aber der größte Abnehmer ist die Lebensmittelindustrie für ihre mehr oder minder konservierten Zubereitungen und Fertiggerichte, aber auch in riesigem Umfang für Fleischereien, Bäckereien und Großküchen.

Die Verarbeitung der Gewürze – Trocknen, Zerkleinern, Säubern, oft Entgiften oder Entkeimen, Mischen – ist eine heikle Aufgabe, wenn das Aroma nicht verlorengehen soll. Weißer Pfeffer würde offen bei Raumtemperatur aufbewahrt in drei Monaten etwa 80 Prozent seines Aromas verlieren, Muskatnuß etwa 70 Prozent.[28] Heute wird das meiste im Tiefkühlverfahren bewerkstelligt. Außerdem werden anstatt der kompletten «echten» Ware mehr und mehr Auszüge verwendet, die weit weniger anfällig sind.

Im folgenden einige der «historischen», heute noch gebräuchlichen Gewürze.

ZIMT. Zu den ältesten von Menschen verwendeten Gewürzen zählt der Zimt, der ursprünglich aus Ceylon und Südindien stammt und meist als «Ceylon-Zimt» gehandelt wird (Produzenten sind heute Indonesien, China, Ägypten, Madagaskar, Seychellen, Karibische Inseln und Brasilien). Etwas gröber ist China-Zimt, auch «Kassia» genannt. Er stammt aus Südchina und Burma, heute auch aus Japan, Vietnam und Indonesien.

Die chinesische Art wurde dort schon vor etwa 4500 Jahren verwendet, als feinster galt der vom Chao-Yao-Berg.[29] Die Ägypter kannten die chinesische Sorte etwa 1600 v. Chr. (McGee sagt, um 3000 v. Chr.[30]). Ramses III. bezog 1200 v. Chr. Zimtlieferungen aus Ceylon. Um 900 v. Chr. ließen die syrischen Könige Antiochos und Seleucos (sein Sohn) dem Apollotempel in Millet Zimt überbringen, wie eine Inschrift festhielt. Indonesier erhielten ihn von Chinesen, die dafür Gewürznelken eintauschten, und verschifften ihrerseits den Kassiazimt weiter nach Madagaskar und Ostafrika.

Griechen und Römer begannen Zimt ab etwa dem 3. oder 4. Jahrhundert v. Chr. in der Küche zu verwenden. Bis dahin hatte er bei ihnen als Medikament und Potenzmittel gegolten.

Bei uns ist Zimt eher ein Gewürz für Süßigkeiten, in anderen Ländern, besonders den arabischen, eine angenehm wirksame Beigabe zu Fleischgerichten. Bei den Indern, die von Anfang an Zimtkunden waren, spielt er auch eine Rolle als «Curry»-Bestandteil. Im alten Rom war Zimt besonderes Zeichen des Reichtums. Die Kaiser horteten ihn. Nero ließ freilich den gesamten Vorrat der Stadt bei dem Begräbnis seiner Frau Poppea verbrennen, die er selbst, als sie schwanger war, mit Fußtritten umgebracht hatte.

KORIANDER ist ebenfalls seit langem bekannt, seit etwa 5000 v. Chr. Er wurde in entsprechend frühen indischen und ägyptischen Schriften erwähnt und hat inzwischen auch die anderen Kontinente erobert, besonders Südamerika. Während der Blütezeit Mykenes (16. bis 12. Jahrhundert v. Chr.) war Koriander aus Persien das am häufigsten verwendete Gewürz. Die gemahlenen, getrockneten Körner würzen auch in Europa viele Speisen, doch die grünen Blätter, die etwas penetrant schmecken, sind bei uns weniger beliebt als in anderen Gebieten. Sie passen jedoch sehr gut in Kombinationen von Gemüse oder Salat.

KÜMMEL kommt schon in der Bibel vor. Im alten Ägypten wurde Kümmel lange vor Pfeffer verwendet. Die ältesten europäischen Reste fanden sich in den Überbleibseln jungsteinzeitlicher Pfahlbauten. Sein ferner Verwandter, Kreuzkümmel, wird im Orient vorgezogen, aber im Mittelalter war dort auch «unser» Kümmel verbreitet, fast immer zerstoßen. In unseren Breiten wird wenig genutzt, daß Kümmel in der Tat, wenn man ihn mörsert, wesentlich angenehmer und intensiver schmeckt. Im alten Rom wurde Kümmel auch in Saucen für Schalentiere verwendet.

KARDAMOM, aus Südasien stammend, wurde im 4. Jahrhundert v. Chr. aus dem Osten nach Griechenland eingeführt und war, meint McGee, vielleicht das beliebteste Gewürz überhaupt im alten Rom. Araber würzten ihren Kaffee damit. Die Nachfrage macht es zum dritteuersten Gewürz nach Safran und Vanille. Kardamom kommt hauptsächlich aus Indien und Sri Lanka, aber auch aus Malaysia, Kambodscha, Tansania und Guatemala.

PARADIESKÖRNER, auch «Malagettapfeffer» genannt und mit dem Kardamom verwandt, stammen von einer Pflanze entlang der Küste des tropischen Westafrika, wurden früher als Pfefferersatz benutzt und spielten eine große Rolle, sind seither aber aus den Rezepten verschwunden.

MUSKATNUSS stammt aus dem heutigen Indonesien und von den Philippinen. Die Holländer hatten den Anbau zunächst auf den Bandainseln konzentriert. Heute kommt sie besonders aus Indonesien, Indien, Madagaskar, Neuguinea, Brasilien, Karibik, Réunion, Mauritius.

MACIS, Muskatblüte (Mace), ist der getrocknete Samenmantel der Muskatnuß. Im Aroma ist er der Muskatnuß sehr ähnlich, aber feiner. Er ist wesentlich teurer (wenn nicht, ist wahrscheinlich die Würzkraft schon verflogen).

INGWER aßen die Chinesen schon im 6. Jahrhundert v. Chr. Er hilft verdauen. Als feinster galt der aus Yang-p'u.[31] Arabische Händler brachten Ingwer aus China noch vor der Zeitwende ins Mittelmeergebiet. Konfuzius sagte, er halte Ingwer zu jedem Essen bereit.[32]

GEWÜRZNELKEN stammen von den ostindischen Molukken, die wegen ihres Gewürzreichtums eben auch «Gewürzinseln» genannt wurden. Chinesische Höflinge kauten Nelken, damit ihr Atem nicht den Kaiser störe (um 300 v. Chr.). Die Phönizier brachten sie nach Westen.

FENUGREEK (Bockshornkleesamen) findet sich oft in indischen Rezepten. Es ist die Saat einer Hülsenfrucht, die in Südeuropa und Asien beheimatet ist. Schon die alten Ägypter nutzten sie, zum ersten Mal nachgewiesen etwa 3000 v. Chr. Heute wird sie hauptsächlich in Indien, Ägypten, dem Libanon und Argentinien angebaut.

GELBWURZ / KURKUMA / TURMERIC hat sich von Südchina und Ostindien weiter in Südostasien verbreitet und spielt in der indischen ebenso wie in der nahöstlichen Küche eine große Rolle. Er ist in den meisten Gewürzmischungen vertreten. Gelbwurz ist mit dem Ingwer verwandt und hat eine gewisse bittere Schärfe. Die Staude wächst heute auf vielen südostasiatischen Feldern. Das Gewürz wird aus der knollig verdickten Wurzel gewonnen. Gelbwurz färbt die Gerichte gelb. Es ist leicht verdauungsfördernd und paßt besonders gut in Reis.

Die Wurzel liefert auch Stärkemehl, das als «Ostindische Arrow root» gehandelt wird.

SAFRAN, Gewürz-, Färbe- und Heilmittel, aus den getrockneten Blütennarben des Safrankrokus, wird seit etwa 4000 Jahren verwendet als Symbol für Reichtum und Eleganz. Safran heißt auf arabisch «gelb». Ein Fragment eines Freskos, das in Knossos (Kreta) gefunden und auf 1600 v. Chr. datiert wurde, zeigt einen Safranpflücker.[33]

Safran kam 1000 v. Chr. in Salomons Gesang vor. 500 v. Chr. ordnete der Perserkönig Darius an, Safran im Kaukasus zu pflanzen. Um diese Zeit begann auch die Ausbreitung nach Indien und nach Westen, 100 v. Chr. persischer Export nach China. Die Römer (die reichen) brauchten ihn reichlich, nach dem Niedergang des Imperiums führten die Araber ihn wieder ein und ließen ihn entlang des Mittelmeeres pflanzen. Später wuchs Safran sogar in England.

Nach Buddhas Tod verfügten die höchsten Priester, daß sie stets mit Safran gefärbte Roben tragen würden. Auch die Aristokraten des alten Persien trugen safrangefärbte Gewänder. 100 000 Blüten ergeben ein Kilo. Der hohe Preis führte dazu, daß viele Zusätze beigemischt und Fälschungen versucht wurden. In Nürnberg wurden Mitte des 15. Jahrhunderts vier Menschen mit den von ihnen gefälschten Gewürzen verbrannt. 1499 ließ der Nürnberger Rat einem Safranfälscher beide Augen ausstechen.[34]

Im Mittelpunkt mittelalterlicher Festmähler prangte oft der Braten mit einer Paste aus Safran mit Eigelb, wie er auch am persischen Hof gegessen wurde.

In Spanien wurde Safran seit dem 18. Jahrhundert verstärkt angebaut, in Persien schon im 17. Jahrhundert. Die Pflanze stammt aus der Region Osttürkei – Iran – Afghanistan – Kaschmir. Aus kommerziellem Anbau liefern heute Kalifornien, Spanien, Südfrankreich, Italien, östliche Türkei, Iran, Kaschmir, China. Es ist unweise, Safran in Pulverform zu kaufen – da ist er wahrscheinlich mit anderem gestreckt.

VANILLE, eine Kletterorchidee, stammt aus Mexiko, wo die Azteken sie vor allen anderen Gewürzen kultivierten – als Medikament, als Aphrodisiakum (noch eins!) und als Gewürz für ihren (ungesüßten) Kakao. Die Spanier brachten sie nach Europa, wo sie aber nicht zum Wachsen zu bringen war. Verbreitung außerhalb Mittelamerikas gelang erst, als künstliche Bestäubung entwickelt wurde. Heute wächst Vanille in Mexiko, Guyana, auf Puerto Rico, auf den Antilleninseln, Madagaskar, Réunion, Tahiti, den Komoren und Seychellen.

Vanille

SENF. Es gibt Anzeichen dafür, daß Senfkörner schon in prähistorischer Zeit zu Fleisch gekaut wurden.[35] Die alten Ägypter verwendeten sie reichlich. Schon die alten Griechen aßen sie zu Schinken. Im Mittelalter wurde Senf zu allem Fleisch gegessen. Mostrich besteht heute aus weißer und brauner Senfsaat (Senapis), Essig, Wasser und vielen Gewürzen, zu denen in den USA Turmeric gehört. Die Körner werden mit dem Essig gemahlen, im Mittelalter mit «moût de raisin», Traubenmost, daher der Name «Mostrich», französisch «moutarde» etc. Die Senfpflanze wurde früher auch als Gemüse und Salat gegessen. Senf ist Bestandteil vieler Saucen. Er hilft durch seine Säure der Verdauung.

Knoblauch

Die ältesten bekannten Streiks der Geschichte liegen mindestens 3156 Jahre zurück. Nach anderen Quellen sogar 4500 Jahre. Sie waren Proteste ägyptischer Bauarbeiter an Königsgräbern, als ihre Lebensmittelrationen einschließlich des wichtigen Knoblauchs ausblieben. Herodot verdanken wir den Hinweis auf Inschriften an der Cheopspyramide (erbaut 2540 bis 2520 v. Chr.), daß die Arbeiter hauptsächlich Knoblauch und Zwiebeln erhielten.[36] Belege, daß die Ägypter Knoblauch hochschätzten, reichen bis 3050 v. Chr. zurück.[37]

Knoblauch

Der damalige Geldwert dieser ungewöhnlichen, heute noch umstrittenen Knolle ist überliefert: Für 15 Pfund Knoblauch konnte man einen gesunden Sklaven erwerben.

Umstritten wegen des Geruchs natürlich, den diejenigen ausdünsten, die viel Knoblauch gegessen haben. Er selbst riecht durchaus angenehm süßlich, wenn man ihn nicht allzu dicht an die Nase nimmt – da beißt er wie seine Cousine, die Zwiebel. Sie gehört der gleichen Lauchfamilie an und hat etwa die gleichen Eigenschaften, ohne daß die Bestandteile, denen sie zu verdanken sind, ebensogut untersucht wären wie beim Knoblauch. Um dessen Geruch stritten sich:

PRIESTER: Viele verboten den nach Knoblauch Riechenden im alten Ägypten den Zutritt zu den Tempeln, andere aßen ihn selbst;

ÄRZTE aller Zeiten und Völker: Viele hielten Knoblauch von Anfang an für ein wirksames Medikament, das Infektionen und andere Beschwerden erfolgreich bekämpfte; sein Wirkstoff Allicin zerstört in der Tat schädliche Bakterien;

MONARCHEN: Alfons von Kastilien untersagte im 14. Jahrhundert Rittern, die nach Knoblauch rochen, für einen Monat den Zutritt zu seinem Hof. Aber andere Monarchen liebten Knoblauch: 2500 Jahre v. Chr. ließ ihn einer der babylonischen Könige zu jeder seiner Mahlzeiten servieren. Karl «der Große» setzte ihn mit 67 anderen Pflanzen auf die Liste der Gartenfrüchte, die seine Untertanen in ihren Gärten anbauen sollten. Franz I. (König von Frankreich 1515 bis 1547) aß im Monat Mai zu jeder Mahlzeit Knoblauch in Butter – er meinte, das sichere seine Gesundheit für das ganze Jahr. Über russische Zaren lesen wir im *Diaeteticon*: «... und schreibet Adam Olearius in seiner Persianischen Reise / insonderheit von den Moskowitern / dass nicht allein der Privaten, sondern auch des Zarn Gemächer selbst nach Zwiebeln und Knoblauch stincken / weil sie alle ihre Speisen damit abzumachen gewohnt sind»[39];

OBERSCHICHTEN der antiken Griechen und Römer ebenso wie den Brahmanen in Indien stank das Knoblauch liebende Volk zu sehr. Aber auch römische feine Leute schätzten ihn als Aphrodisiakum. Römische Militärs machten Knoblauch zur Ration der Soldaten, und die römischen Legionen haben viel dazu beigetragen, daß er bekannt und geschätzt wurde in Ländern, die ihn noch nicht kannten;

ENGLÄNDER in der Mitte unseres Jahrhunderts: An sie richtete sich wohl die U-Bahnwerbung eines bekannten Mundwasserherstellers mit dem Slogan: «Say au revoir to continental breath», womit sicher mehr das «lateinische» als das germanische Kontinentaleuropa gemeint war;

NORDDEUTSCHE verachteten ihn ja auch bis in unsere Zeit. In den ältesten gedruckten Kochbüchern niederdeutscher Sprache gibt es ihn gar nicht, und schon das *Diaeteticon* des Johann Sig. Elsholtz sagte 1662: «Er kömmet bey uns nicht auf fürnehme Taffeln / wie wol in Polen und Muszcaw geschiehet: sondern er wird mehr für eine Baurn-artzney gehalten / die ihn wieder den Stein / und wieder Gift brauchen.»

Knoblauch schätzten, teilweise liebten nicht nur Volksschichten vieler Völker und Zeiten, sondern Phönizier und Wikinger gaben ihren Seefahrern reichlich Knoblauch mit, um sie vor Mangelkrankheiten zu schützen.

Indische Vegetarier halten übrigens Knoblauch und Zwiebel nicht für vegetarisch, da sie zur Würzung von Fleisch und Geflügel verwendet werden, und viele Hindus finden, am (ihnen widerwärtigen) Knoblauchgestank erkenne man Muslime.

Natürlich liebten ihn Feinschmecker von Anfang an. Ihnen verdankt man Knoblauch-Festivals wie im nordamerikanischen Gilroy (Santa Clara Valley), das sich für die Knoblauchhauptstadt der Welt hält und rund 200 Millionen Pfund jährlich erzeugt, oder in der Universitätsstadt Berkeley bei San Francisco, in Frankreich in Arleux (wo die Spezialität geräucherter Knoblauch ist, der sich länger hält).

Die britische Einstellung zu Knoblauch liefert ein vortreffliches Beispiel dafür, wie sich die Geschmäcker im Lauf der Zeit ändern. In englischen Rezepten des 14. und 15. Jahrhunderts, zeigt Flandrin, kam Knoblauch noch ebensooft vor wie in französischen, und in einem speziellen Saucenbuch braucht man ihn für fast vier von fünf Rezepten, viel mehr als in französischen und italienischen der gleichen Zeit. Aber dann verschwand er offenbar ganz aus den Rezepten. Flandrin begleitet diese Feststellung mit einer amüsanten Reihe von alten englischen Sprüchen, die von 1425 an zunächst nur mit viel Humor den Geruch hervorhoben, aber keinen Zweifel ließen, daß Knoblauch gegessen wurde. Dann wurde er immer böser gekennzeichnet. Um 1670 war an die Stelle von «Er könnte mich ohne Salz fressen» (um tödlichen Haß zu verdeutlichen) getreten: «Er könnte mein Herz mit Knoblauch essen.» Aber bald danach gab es überhaupt keine Knoblauchsprüche mehr, «als wenn der Knoblauch aus der Ernährung der Engländer und selbst aus ihrem Gedächtnis verschwunden wäre» [40].

Als Heimat des Knoblauchs gilt das kirgisische Gebiet in Zentralasien. Von dort kam er beziehungsweise sein Anbau vor mindestens 5000 Jahren über Kleinasien nach Ägypten, von dort Richtung Osten nach Indien und Ostasien, Richtung Westen nach Europa. Chinesen verwenden und schätzen Knoblauch seit etwa 4000 Jahren. In den ältesten Rezepten der Menschheit, gefunden auf circa 3700 Jahre alten Tontafeln der babylonischen Stadt Akkad, wurde reichlich Knoblauch (und Zwiebeln) verwendet.

Heute erzeugt allein die Europäische Union jährlich etwa 360 000 Tonnen Knoblauch (Frankreich davon ein Sechstel), aber zum führenden Produzenten ist wieder einmal Nordamerika geworden.

Saures

«Gib ihm Saures!» Diese anfeuernde Hetze der Prügeleizuschauer macht Saures schlechter, als viele Menschen es einstufen. In großen Teilen der Welt kommt Saures als Geschmacksverbesserer gleich nach dem Salz und vor allen anderen Würzungen. Gerade da, wo die zitierte Parole her ist, wird besonders gern Gesäuertes gegessen: von Deutschland nach Norden und Osten bis tief nach Asien.

Der Geschmack der Menschen wird stark von der jeweiligen kulinarischen Tradition der Gruppe beeinflußt. Daher ist verblüffend, daß keineswegs alle Saures lieben, denn die Vergärung von Obst oder Wein, von Gemüse und schließlich Körnerbrei brachte der Menschheit ihre frühesten Genüsse, möglicherweise schon bevor sie gelernt hatte, Feuer zu machen. Diese Genüsse wurden deutlich so sehr geschätzt, daß die Menschen sie immer wieder zu wiederholen trachteten, sobald sie wußten, wie.

So ist gleich nach dem Wein, so betagt er auch ist, aus ihm der Essig entstanden – sicher auch noch zufällig; Wein, den man sich selbst überläßt, vergärt bei Wärme sehr schnell. Unmöglich, daß es nicht schon früh bemerkt worden wäre. Das war lange, bevor die nördlichen Völker entdeckten, daß Zitronenfrüchte die gleichen Dienste leisten konnten – die wuchsen woanders, weil sie wärmeres Klima brauchten.

Noch davor hatten die Menschen beobachtet, daß auch bestimmte Pflanzen angenehme Säure entwickelten. Sobald sie das Feuer beherrschten und nicht mehr nur Fleisch damit rösteten, wurde Suppe zu einer Hauptnahrung, also mehr oder minder flüssiger Brei. Ein großer Teil dieser «Aufgüsse» enthielt Baumfrüchte oder -blätter oder Pflanzen, die Säuerliches hergaben, entweder sofort oder nach Vergärung. Misette Godard führt in ihrer historischen Untersuchung *Le Goût de l'Aigre* besonders Birke, Ahorn, Esche, Kürbis und Bärwurz an, meist in Verbindung mit Körnern. Bald wurden Kohl, Rüben und saurer Teig aus Roggenmehl entdeckt. Sobald Essig bekannt war, bedurfte es keiner großen Phantasie mehr, auch anders zusammengesetzte Nahrung zu säuern. Ähnliche Dienste leistete auch saure Milch.

Die Perfektionierung des Sauren führte direkt zu zwei typischen, auch völkertypischen Gerichten. Der Westen gewann ebenso wie China Geschmack am Sauerkraut, mehr und mehr in Verbindung mit Fleisch und in der Erkenntnis, daß Fettes besser verdaut wird, wenn Saures es begleitet. Der europäische Osten gewöhnte sich saure Suppen des Typs Borschtsch an, hauptsächlich in Polen und Rußland, mehr auf der Basis gegorener roter Rüben. In Rußland entstand als Volksgetränk der Kwaß, heute meist aus der Maische von in heißem Wasser eingeweichtem Roggenbrot hergestellt.

Der Nutzung des Sauren, ursprünglich nach spontaner Vergärung, dann durch bewußt herbeigeführte, dann durch Verwendung von Essig, verdanken die Menschen nicht nur die beiden führenden alkoholischen Getränke Wein und Bier, sondern auch Brot. Es entstand aus dem Brei, der auch die Grundlage des Biers war. Der Sauerteig (Säuerung bewirkt durch Milchsäurebakterien und Hefegärung) ermöglichte, Brot auch aus Roggenmehl zu backen. Mesopotamier und Ägypter kannten schon vor langer Zeit die Essigsäuregärung, und Essig war ja auch schon im Alten Testament erwähnt. Würzen oder auch Konservieren mit Essig war vor 2000 Jahren schon bekannt – wie auch der Senf.

Heute liefern viel von der benötigten Säure die Zitronen oder Limonen, die entweder aus Nordindien oder dem südlichen Zentralchina stammen; der japanische Botaniker T. Tanaka siedelte die Herkunft der meisten kultivierten Zitrusfrüchte in Assam und Nordburma an, von wo sie sich dann ausbreiteten – zunächst nach China, Indien und Malaysia. Die verzweigte Orangenfamilie sei in China entstanden. Allerdings wurde die Zitrone in China zum ersten Mal erst 1175 schriftlich erwähnt. In Italien tauchten die ersten Zitronenbäume im letzten Jahrhundert v. Chr. auf, wahrscheinlich dank der Eroberung Ägyptens durch die Römer im Jahre 30 v. Chr. Nordeuropäer lernten sie erst kennen, als Ende des 12. Jahrhunderts Kreuzfahrer, die sie im «Heiligen Land» gekostet hatten, für sie Reklame machten.

Als die europäische Gastronomie gegen Ende des Mittelalters ihren großen Aufschwung begann, nahm das Kochen mit Essig stark zu. Auch Verjus kam in Mode (saurer Fond aus dem Saft unreifer grüner Trauben, manchmal mit Zitronensaft oder Sauerampfer angereichert). In einem der frühesten überlieferten französischen Kochbücher, dem *Ménagier de Paris*, waren Essig und Verjus für je 31 Prozent der Rezepte notwendig, in zwölf Prozent traten sie gemeinsam auf. Das Säuerliche hatte also auch in der französischen Küche seinen Platz. Noch heute wird übrigens in Frankreich die Gewürzgurke, die man gern zu Leberterrinen ißt, weit saurer gemacht als bei uns.

Die Gewürzgurken gehören zu einer riesigen, weltweit verbreiteten uralten Familie sauer oder salzig eingelegter Gemüse und Früchte, der Pickles, die in Indien und China zu vielen, in Japan geradezu zu allen Mahlzeiten gereicht werden und in Europa kaum weniger beliebt sind. Gewürzgurken und saurer Hering als Katernahrung folgen dem gleichen Prinzip (siehe auch Abschnitt *Konservieren*).

Saucen

Als Kaiser Domitian einen besonders großen Steinbutt geschenkt bekam, rief er mitten in der Nacht den römischen Senat zusammen. Thema der Beratung: mit welcher Sauce der Fisch zu essen sei.

So unbeliebt dieser (im Jahr 96 n. Chr. ermordete) Kaiser auch bei den Historikern ist – sein Name steht unter anderem für Christenverfolgungen und für das Verbot des Weinbaus in Deutschland und Frankreich –, er war nicht der einzige Herrscher, der sich so aktiv um Dinge des Magens kümmerte. Einer seiner Vorgänger, der Feldherr Vitellius, nur knapp ein Jahr bis zu seiner Ermordung (Dezember 69 n. Chr.) auf dem Thron und als Vielfraß berüchtigt, kochte selbst. Er hinterließ ein Rezept für Spanferkelsauce. Der junge, für verrückt gehaltene Kaiser Heliogabal (ermordet 222 n. Chr.) kochte besonders gern farbige Saucen.

Besonders in China galt lange Zeit als unkultiviert, wer über gastronomische Fragen nicht wenigstens geschickt plaudern konnte, auch außerhalb des kaiserlichen Hofes. Um die jüngere Vergangenheit nicht zu vergessen: Mao Zedong (Mao Tse-tung) sowie sein Weggefährte, der langjährige chinesische Ministerpräsident und Außenminister Tschou En-lai, waren beide stets auf gutes Essen scharf, wie der Regierungskoch Xien Dekun enthüllte.[41] Mao liebte Fettes, stark Gewürztes. Seine Lieblingsgerichte waren gedünsteter Karpfen, stark gpfeffertes Huhn nach Szechwan-Art, geschmorte Taubeneier, Hühnersuppe Yünnan-Art, fritierter Fisch, Schweinemagensuppe, geschmorte Hirschbrust.

Im alten Indien waren Prinzen wie Bhima und Nala als versierte Köche bekannt.[42] Mehrere französische Könige kochten gern selbst (Heinrich IV., Ludwig XIII., Ludwig XV.), auch der polnische König Stanislas Leczinski, der sich um 1720 nach Lothringen zurückzog und gern am Backherd stand. Papst Leo X. (amtierte 1513 bis 1521) gilt als Erfinder des Fricandeau.[43]

Wie ein Gericht schmeckt, hängt von seiner Würzung ab, also meist von der Sauce, in der die Gewürze kombiniert sind. Die Qualität der Sauce wiederum ist ein Maßstab für die Fähigkeit der Köchin oder des Kochs. Im Lauf der Zeit sind zahlreiche Saucen entstanden, die ihrerseits die Funktion von Gewürz ausüben.

Die Sauce der Antike war insofern anders als die, mit der Küchenchefs späterer Jahrhunderte ihren Ruhm begründeten, weil ihr ein wichtiger Bestandteil fehlte: der Fleischsaft. Als das Fleisch direkt über dem Feuer gebraten wurde, ob am Spieß oder auf einem Grill oder wie in Indien an der Innenwand des Herdes, verdampfte der heraustropfende Bratensaft im Feuer. Nicht viele Köche werden damals die Kunst des Kurzbratens so beherrscht haben, daß sie außen Knuspriges, aber innen noch Saftiges servieren konnten. Das meiste war eher trocken.

Aber das Bedürfnis nach Schluckhilfe ist so alt wie der Appetit. So wurde zunächst die Sauce erfunden, die den festen Bissen besser rutschen ließ – und ihm zusätzlichen Geschmack gab, anderen. Im Lauf der Jahrtausende hat sich herumgesprochen, daß schieres Fleisch im Vergleich zu fast allem anderen Eßbaren ziemlich schwach schmeckt, was immer Steakliebhaber sagen mögen.

Das erste, was man in Europa historisch als Saucen betrachten könnte, ohne daß es schon so genannt wurde, stammt aus dem *Apicius*-Kochbuch. Im *Apicius* hieß es «ius», Brühe; die Sprache der Gastronomie hat auch bei uns «jus» daraus gemacht, das französische Wort für Saft, in diesem Fall Bratensaft. Doch die *Apicius*-Sauce enthielt nichts vom Braten. Für Kochfleisch war folgende Sauce vorgesehen: Pfeffer, Garum (oder Liquamen, die römische Standardpaste oder -sauce aus vergorenem Fisch), Wein, Raute, Zwiebel, Pinienkerne, gewürzter Wein, Brotstückchen zum Andicken, Öl.

Das schien den Geschmack des Hauptstückes nicht ergänzen, sondern eher unterdrücken zu sollen, bemerkt Harold McGee[44]. Er hält aber für möglich, daß so ein Ius eher als Würzung diente, nicht als Sauce, und entsprechend sparsam dosiert wurde. Im *Apicius* fanden sich kaum Mengenangaben. Ein anderer Ius, zu Fisch: Pfeffer, Raute und Zwiebel verreiben, dies vermischen mit Honig, Garum, eingekochtem Most, etwas Wein. Aufkochen und mit Mehl binden.[45] Zu Austern eine Art Remouladensauce: Pfeffer, Liebstöckel, harte Eidotter, Essig, Öl, Wein, Liquamen, eventuell auch Honig.[46] Das erinnert schon sehr an die heute in Frankreich zu Meeresfrüchten gereichte Remoulade.

Pfeffer

Gollmer zitiert aus *Apicius* eine Sauce zu Fleisch – Pfeffer, Liebstöckel, Koriander, Raute, Liquamen, Honig und etwas Öl – und eine zu Pilzen – Öl, Thymian, Bohnenkraut, Pfeffer, Salz, Kümmel, Ingwer, Wein und Silphium (Tassenpflanze) – und merkt an, es sei ganz selbstverständlich, daß mit solchen Saucen «der eigentliche Geschmack der Speise vollständig unterdrückt und geändert wird»[47].

Wenn freilich, wie McGee erwägt, solche Zubereitungen nicht als «Tunke», sondern eher als ziemlich dicke Paste auf den Tisch gebracht wurden, wären sie im Prinzip kaum anderes als die indischen Chutneys, jene meist scharf gewürzten Früchte- und Gemüsemischungen mit der Konsistenz von Konfitüre, die dort unter der britischen Besatzung um das

17./18. Jahrhundert populär geworden sind, oder das von Indonesien her seit dem 17. Jahrhundert die ganze Welt erobernde Ketchup, dort Ketjab genannt. Das bei uns gebräuchliche ist mehr eine Tomatenpaste ohne die in den Ursprungsländern üblichen Extrakte aus Fisch und Schalentieren. Ketchup ist insofern eine besondere Erscheinung in der Gastronomie, weil ausgerechnet die Tomate, die durch industriell zu stark forcierte Produktion immer geschmacksschwächer gewordene, in zwei weitverbreiteten Würzungen eine (färbende) Rolle spielt: eben in Ketchup und in der Chilisauce. Dafür werden in den USA, und sicher bald in der gesamten Welt der Industrieländer, mehr Tomaten verbraucht als frisch gegessen.

Auch unsere Remouladen oder Mayonnaisen haben nichts mit den Speisen gemein, die sie begleiten. Das gilt gleichfalls für jenes gewaltige Arsenal von Saucen wie die Cumberland oder Worcestershire usw., die in Fläschchen auf vielen Eßtischen Europas und Amerikas stehen, oder die klareren Sojasaucen des Fernen Osten. Die Chinesen genießen sie seit dem 1. Jahrhundert v. Chr.[48] Die koreanische ist mit Zwiebel, geröstetem Sesam, Sesamöl, Knoblauch, Essig und Zucker angereichert.

Die Regale unserer Feinkostläden enthalten ebenfalls zahlreiche fertige Allzwecksaucen, deren Ursprung teilweise viele Jahrhunderte zurückgeht, ohne daß wir sie deswegen als «ehrwürdig» anerkennen müßten. Zum Kontrastprogramm, das solche Saucen oft mehr darstellen als etwa Ergänzungen, können wir auch die süßen, oft süß-säuerlichen Beigaben wie Pickles rechnen, aber auch die Beeren zu Wildbraten. Eine ähnliche Rolle spielen stark konzentrierte Knoblauchsaucen, wie sie in Südfrankreich zu Fisch und Gemüse gegessen werden: Knoblauch, Öl und Ei sind ihre Hauptbestandteile. Das Aioli ist die berühmteste; der Provence-Dichter Frédéric Mistral nannte Ende des 19. Jahrhunderts eine Zeitung nach ihr. Ihre Abwandlung für Fischsuppen wie Bouillabaisse und Bourride ist die Rouille.

Wohl die bekannteste historische Sauce war die erwähnte altrömische, scharfe auf der Basis von eingesalzenem Fisch. Sie reicherte auch Süßspeisen an, «offenbar immer da, wo wir eine Prise Salz hinzufügen würden»[49]. Sie wurde in verkorkten Behältern aufgehoben – jahrealt schätzten die Köche sie besonders. Ihre Rezepte variierten. Verbreitet war, kleine Fische zusammen mit den Eingeweiden größerer in viel Salz einzulegen und dann zwei bis drei Monate in der Sonne aufzubewahren, häufig umgerührt oder geschüttelt. Dann wurde die Flüssigkeit abgeschüttet: Das war Garum (oder Liquamen). Eine Schnellmethode war, den Fisch in sehr salzigem Wasser mit Kräutern (darunter Oregano) zu kochen, bis zwei Drittel der Flüssigkeit verdampft waren. Manche Köche fügten Wein hinzu oder Essig oder Senf.

Das Prinzip der scharfen Saucen auf Fischbasis, das aus Rom verschwunden ist, gab es auch außerhalb Europas und gibt es da heute noch.
 Die Vietnamesen haben ähnliches in ihrem Nuoc Mam, die Thai in

Nampla, die Philippinen in Patis (das die Spanier im 16. Jahrhundert bei ihnen entdeckten). Auch bei den Chinesen war eine solche Fischsauce beliebt. Gwinner fand, daß sie aus Paddelfisch und Stör gemacht wurde.[50]

In manchen Gegenden Bengalens vergraben Inder in Senföl eingelegten Fisch in Steinguttöpfen. Nach längerer Zeit wird der Fisch zu einer öligen Paste, die wie Pickles aufgehoben und benutzt wird, zu Reis oder zur Anreicherung von gekochtem Fisch. Im Süden Tunesiens werden kleine, getrocknete Fische nicht nur als Uzef gegessen, sondern auch gemahlen zur Würzung von Saucen und Ragouts verwendet.

Über Liquamen wird noch weniger staunen, wer sich eine in Persien verbreitete Würzpaste vorstellt: Brotteig oder altes Brot in Feigenblätter gewickelt und 40 Tage unter Asche oder Kleie aufgehoben, bis es regelrecht verfault ist. Dann wird es mit Gewürzen, Knoblauch, Kräutern und Nüssen gemischt und zu den verschiedensten Würzpasten verarbeitet. Die Maori in Neuseeland wiederum vergruben im Herbst nassen Mais in mit Steinen ausgelegten Höhlen. Nach ein bis zwei Monaten war daraus saurer Brei geworden. Die Frau des britischen Obersten Richters, Lady Martin, schrieb Mitte des 19. Jahrhunderts darüber: «Wie widerlich, werden unsere Leser sagen, obwohl sie freilich nichts gegen überreifen Käse haben würden.»[51]

Keine kulinarische Nachkommenschaft scheinen die Bemühungen von Köchen der Römerzeit hinterlassen zu haben, Esserinnen und Esser durch die Saucen über das zu täuschen, was sie ihnen vorsetzten – beispielsweise Schwein wie Rebhuhn oder Gans wie Fisch oder Thunfisch wie Kalb schmecken zu lassen. Im Mittelalter verschwand diese Marotte weitgehend. Dafür wurden die Saucen mit noch mehr Kräutern und Gewürzen angereichert, noch mehr gepfeffert.

In England, dessen Oberschicht Jahrhunderte hindurch keineswegs in dem Ruf stand, schlechter zu essen als die des Kontinents, gab es schon seit dem 12. Jahrhundert feste Regeln, welche Saucen zu was gehörten, etwa Knoblauchsauce zu Gans, Senfsauce zu Eber, Rind oder gesalzenem Hammel, Ingwersauce zu Lamm, Kitz, Spanferkel oder Rehkalb.[52]

Viele frühmittelalterliche Saucen waren eine kalte Mixtur, weder gekocht noch auch nur erhitzt. Als Bindemittel wurde meist Brot verwendet, aber auch rohes Eigelb, Mandel- und Pilzpüree. Fortschritt in der Küchentechnik ermöglichte schließlich, die beim Braten frei werdenden Säfte zu bewahren. Das war also seit Erscheinen der Bratpfanne oder seit beim Grillen das Fleisch nicht mehr über der Flamme, sondern vor ihr geröstet wurde, so daß der heruntertropfende Bratensaft aufgefangen werden konnte. Der wurde nun zu einem ausgezeichneten Ausgangsmaterial für Saucen, die den Geschmack des Gegrillten oder des Gebratenen bewahrten und nicht verfremdeten. Auch dafür gibt es schon *Apicius*-Beispiele, die dann aber wohl in der feinen Küche, also der schriftlich überlieferten, kaum Spuren hinterließen. Im 15. und 16. Jahrhundert machten die Köche Anna von Österreichs und Katharina von Medicis sie am französischen Hof endgültig wieder zum Merkmal der guten Küche, nicht nur der «feinen».

Gegen Ende des Mittelalters hatten französische Köche, wohl nicht als einzige, Saucen entwickelt, die aus zerkochtem Fleisch und seiner Brühe mit gemörserten Körnern bestanden und wegen der Körner (grain) «grané» genannt wurden, woher das Wort «gravy» stammt; der Ausdruck «grané» ist bald wieder verschwunden, «Sauce» siegte.

Zwischen 1400 und 1600, so konstatiert McGee[53], veränderte sich die Saucentechnik. Die Gewürzexzesse ließen nach, allmählich wurde Mehl zum Bindemittel. In einem Rezeptmanuskript aus dem 15. Jahrhundert wurde die erste Mehlschwitze entdeckt, das «Roux», in Fett angebratenes Mehl, das dann jahrhundertelang als weißer oder brauner Roux die Saucen beherrschte. Allmählich hörten die Gewürze auf, den Geschmack der Speisen völlig zu überdecken. Viele berühmte und noch heute in der «Großen Küche» verwendete französische «klassische» Saucen entstanden zwischen dem 16. und dem 18. Jahrhundert. Ihr Geschmack ergänzte den des begleiteten Fleisches oder Fisches gut genug, um exzessives Würzen überflüssig zu machen.[54] Auch die Zahl der verwendeten Gewürze ging zurück, nicht nur die Menge.

In dieser Zeit wurden die Saucen allerdings auch fetter. Bis dahin waren sie überwiegend magere Mischungen mit starkem Geschmack gewesen. Nun ersetzten Butter und in geringerem Maße Öl viele der früheren Zutaten. Viele Köche entwickelten den Ehrgeiz, den Geschmack ihrer Saucen durch äußerst konzentrierte «Essenzen», «Coulis», zu verstärken. Die Anekdote, die Brillat-Savarin darüber erzählt, dürfte nur wenig übertrieben sein.[55] Der Prinz Soubise entdeckte als Anforderung des Koches für ein Souper einen Posten von 50 Schinken. Ob der Koch denn sein ganzes Regiment füttern wolle, fragte der Prinz. Nein, auf den Tisch werde nur einer kommen, die anderen brauche er für seine Saucen und Beilagen. Als der Prinz weiter zweifelte, sagte der Koch: «O gnädiger Herr, Sie haben keine Ahnung von unserer Arbeit, unseren Hilfsquellen. Befehlen Sie nur, dann werde ich diese 50 Schinken in einem Kristallfläschchen verschwinden lassen, das nicht größer als Ihr Daumen ist.» Soubise genehmigte. Zum «Coulis» gehörten außer dem Fleisch (oder Knochen) auch Kräuter und Zwiebeln.

Schnell wurden viele Saucen zu fett, zu «riche», bis in die zweite Hälfte des 19. Jahrhunderts. Auf dem Weg zur bekömmlicheren Leichtigkeit halfen dann immerhin einige «Fonds», Grundbrühen, die aus ausgekochten Knochen und Innereien der jeweiligen Fleischtiere oder Fische hergestellt waren, angereichert mit Gemüsen und Kräutern. Die Fonds verstärkten also den Eigengeschmack – heute sind sie nötiger denn je, seit die Massenzucht dem meisten Bratfleisch den ursprünglichen kräftigen Geschmack genommen hat. Seit dem 19. Jahrhundert ist die Zahl der Saucen(rezepte), ausgehend von einigen wenigen Grundsaucen, die sich leicht abändern und ergänzen ließen, gewaltig angestiegen.

AUSWÄRTS ESSEN

Fast Food seit Jahrtausenden

Kairo hat mehr Einwohner als die ganze Toskana; und in mancher Straße wohnen die Leute enger aufeinander als selbst in Florenz. Es gibt viele Köche, die draußen auf der Straße prächtige Fleischstücke kochen, in der Nacht wie am Tag, in großen Kupferkesseln. Und kein Bürger, wie reich er auch sein mag, kocht bei sich zu Hause. So halten es alle Heiden; sie lassen ihr Essen in diesen Basars holen, wie sie es nennen. Oft setzen sie sich einfach auf die Straße und essen dort.»[1] Fast Food in Kairo im 14. Jahrhundert – den italienischen Beobachter verblüfften die vielen Straßenimbisse so sehr, daß er annahm, überhaupt keiner koche in Kairo zu Hause. Dabei gab es Imbisse und Garküchen auch in Europa. Es gab sie

Fast Food im Mittelalter: ein fahrbarer Pastetenofen, etwa 1500.

Rechte Seite: Straße in Peking Anfang des 18. Jahrhunderts: ein Imbißstand neben dem anderen.

eigentlich überall und schon lange, ob im 6. Jahrhundert v. Chr. im Babylon des Nebukadnezar, ob um die Zeitenwende im China der Han-Zeit und im Römischen Reich.

Daß Menschen, wenn sie es sich leisten können, häufig in Restaurants ausgehen, daß sich Paare dort treffen, daß Familien dort feiern, ist in der Geschichte des guten Essens eher ungewöhnlich. Gewöhnlich ließen wohlhabende Menschen zu Hause kochen und luden Gäste ein, oder sie waren bei Freunden zu Gast. Das Vergnügen am Essen fand zu Hause statt. Essen ging, wer mußte, wer keine Küche hatte, nicht genug Geld für Brennstoff, nicht genug Platz im Haus. Oder gar kein Haus. Läden oder Buden, wo solche Menschen etwas Warmes essen oder mitnehmen konnten, gab es lange, bevor Restaurants existierten.

Im Han-China konnte man auf den Märkten nicht nur Frisches, sondern auch fertigen Keng kaufen, den ragoutartigen Eintopf, mit dem Reis und Hirse begleitet wurden. Der brauchte lange Kochzeit und hätte zu Hause viel Brennholz verbraucht. Es gab auch fertig gekochte Getreidespeisen zu kaufen und heißes Wasser, das wichtigste Getränk in China (bevor Tee populär wurde). Je reichhaltiger und abwechslungsreicher in China die Küche der Wohlhabenden wurde, desto vielfältiger wurden auch die Imbißstände. Manche boten verschiedene Suppen an, andere kochten nur Nudeln, mit Fleisch oder mit Gemüse, andere gefüllte Teigtaschen, manche servierten heißen Kuchen, in Öl gebacken, salzig oder süß. Wieder andere waren auf getrocknetes Fleisch, gebratene Krabben oder eingelegten Fisch spezialisiert. Manche hatten Sitzplätze, bei anderen aß man im Stehen, manche verkauften aus Körben, die sie herumtrugen, oder in Buden, die sie auf irgendeinem freien Platz aufschlugen. Seit dem 12. Jahrhundert wurden solche Imbißspeisen in großen Mengen in Manufakturen hergestellt und in den Buden oder Läden nur noch aufgewärmt.

Etwa in dieser Zeit wurde Deutschlands erste Würstelbude gegründet. Die Bauarbeiter, die vor 900 Jahren nach Regensburg kamen, um dort die «steinerne Brücke» zu bauen, die noch heute als mittelalterliches Bauwunder bestaunt wird, brachten weder Familie noch Kochherd mit. Jemand kam auf die Idee, dort in einer Bude heiße Würstchen anzubieten – an der Stelle gibt es heute immer noch eine Würstelbude, die sich stolz auf ihre Tradition beruft.

Es war nicht der erste Wurstimbiß der Weltgeschichte. Schon im antiken Athen standen Händler mit ihren tragbaren kleinen Herden auf der Straße und brieten scharf gewürzte Würstchen. Vielleicht war das eine Art Vorläufer der Currywurst? Als weitere Spezialitäten boten Straßenhändler gefüllte Feigenblätter an, Gerstekuchen mit Honig oder mit Sesam, Erbsen- oder Bohnenbrei, gebratenen Fisch.

Im antiken Rom und anderen Städten des Römischen Reichs mit den schlechten und engen Wohnungen waren Imbißbuden geradezu lebensnotwendig für das Proletariat (das Wort stammt aus römischer Zeit). Viele

南來各種小菜
南酒
陳醋
醬油
諸色名酒
香露居各

wohnten in nur einem kleinen Zimmer, wo sie weder Wasser warm machen noch kochen konnten – wenn sie überhaupt eine Wohnung hatten. Gekochtes Essen und heißes Wasser bekamen sie bei den zahlreichen Imbissen. Ammianus Marcellinus berichtete im 4. Jahrhundert, daß viele in solchen Imbißstuben sogar die Nacht verbrachten, weil sie keinen anderen Platz hatten, wohin sie gehen konnten, außer unter die geschützten Arkaden der Amphitheater.[2]

Aber ob in China, Rom oder anderswo, am Schnellimbiß und in den Garküchen kauften nicht nur die Armen. Die Köche boten keineswegs nur einfache und billige Nahrung an. Von den arabischen Garköchen, die ihre Läden auf den großen Märkten hatten, berichten verschiedene Quellen, wie gut das schmeckte, was sie zubereiteten. Das hatte sicher damit zu tun, daß sie sich meist nur auf ein Gericht spezialisierten, das oft auch schon ihr Vater gekocht hatte und in dem sie Meister waren (wer zu Hause kocht, muß alles können, wer im Restaurant kocht, jedenfalls vieles). Kaufleute ließen sich von dort ihr Essen in den Laden bringen, und fast alle Haushalte kauften zumindest einen Teil der Speisen schon fertig zubereitet. Peter Heine betont in seinen kulinarischen Studien über das arabische Mittelalter, daß die Garküchen die «Hauptversorger mit Lebensmitteln» waren, von denen «die Hofküchen, die Küchen der Eliten, aber auch die unteren Schichten einen Teil ihrer Speisen bezogen»[3]. Von einem chinesischen Kaiser des 13. Jahrhunderts wird erzählt, daß er sich selbst ins Marktviertel begab und mit Vergnügen die Speisen aß, die dort angeboten wurden.

Ähnlich war es auf Märkten in Südostasien, in Afrika: An Ständen oder in Buden boten Händler fertige Speisen an. In Afrika waren es Frauen, die Essen zu Hause kochten und fertig mitbrachten. Meist konnte man an einem Stand nur eine bestimmte Zubereitung kaufen. In Thailand gibt es heute Plätze, auf denen viele solcher Stände die ganze Breite exquisiter thailändischer Küche anbieten. Manche solcher Imbißmärkte haben die ganze Nacht auf; wer nach Kino oder Musikveranstaltungen noch essen gehen will, geht dorthin, egal ob arm oder reich. Ein Koch kommentierte: «Wir können zufrieden sein, weil die feine Küche in diesem Land nicht nur das Vorrecht der Reichen ist.»[4]

Ein japanischer Imbiß ist zu einer beliebten Feinschmeckerspeise geworden: das Sushi, ein Stück frischer roher Fisch oder Schalentier auf einem gepreßten Klümpchen Reis, der leicht mit Essig gesäuert ist. Früher kam die Säure daher, daß Fisch und Reis einige Tage fermentierten, wobei der Reis Milchsäure entwickelte. Sushi-Stände gab es im 17. Jahrhundert in Edo, das heute Tokio heißt. Der Sushi-Koch saß erhöht, die Gäste aßen im Stehen und tunkten ihre Sushis in die gemeinsamen Schalen mit Ingwer und Sojasauce. Heute haben sich die schlichten Buden in elegante Restaurants verwandelt, in denen Gäste auch sitzen können.

Sitzen können auch die Kunden in den meisten Hamburger-Läden. Wer heute «Fast Food» sagt, denkt automatisch «Hamburger». McDonalds verkaufte 1992 in seinen 13 000 Läden auf der ganzen Welt für rund 22 Milliarden Dollar Hamburger, Fritten und anderes. Die Deutschen essen allerdings fast doppelt so viele Würstchen wie Hamburger. Oft verdammen Feinschmecker und Liebhaber gesunder Nahrung den Hamburger, mag er aus noch so frischem Hackfleisch sein, tadeln aber nicht das Würstchen, auch wenn es in schlecht riechendem, zu altem Fett schwärzlich verbrannt wurde. Das muß mit dem Symbolwert zusammenhängen: Ein Hamburger ist eben «Fast Food» schlechthin.

Man könnte sich streiten, ob der Hamburger nur eine Variante jenes schnellen Imbisses ist, den Lord Sandwich vor mehr als 200 Jahren erfand: der nach ihm benannten Klappstulle. Das Sandwich hat sich die Welt erobert wie der Hamburger. Recht betrachtet gab es beides schon vor dem Lord, zum Beispiel in Gestalt des arabischen Fladenbrotes, in das man eine Füllung schob, etwa ein Fleischbällchen. So etwas boten Garküchen schon seit langem an.

So sehr wie heute der Hamburger wurde im vorigen Jahrhundert in England eine Erfindung attackiert, die es schnell zum Lieblingsessen der Arbeiter gebracht hatte: Fish and Chips, panierte und gebratene Scheiben Fisch mit Pommes frites. Beides war billig, englische Fischer hatten damals großen Überschuß an Fisch und freuten sich, ihn loszuwerden. Die Zubereitung schmeckte gut. John Walton, der ein Buch über *Fish and Chips und die englische Arbeiterklasse* geschrieben hat, betonte, daß dieses Fast Food meist das Gesündeste war, was die englische Unterschicht aß: Kartoffeln mit Vitaminen, Fisch mit Proteinen. Denn sonst bestand ihre Nahrung hauptsächlich aus Weißbrot, das mit Marmelade statt der teuren Butter bestrichen wurde. Aber die Vorurteile waren genau entgegengesetzt: Schlechte Hausfrauen verschwendeten da ihr kärgliches Wirtschaftsgeld auf einen angeblich minderwertigen Imbiß.

Trotzdem wurde dieser Imbiß immer beliebter. 1888 gab es in England 10 000 bis 12 000 Fischbratbuden, 1910 schon 25 000. Während des Ersten Weltkrieges wurde ernsthaft diskutiert, ob Fischbrater nicht vom Wehrdienst befreit werden sollten, weil sie einen so wichtigen Beitrag zur Volksernährung leisteten, vor allem, wo die Hausfrauen nun in der Rüstungsindustrie arbeiteten. Der Lieblingsimbiß war rehabilitiert und wurde gesellschaftsfähig. Familienfreundlich war er obendrein: In Fish-and-Chips-Läden gingen Männer, Frauen und Kinder gemeinsam, im Pub saßen meist nur die Männer beim Alkohol. Manche Fischbrater scheinen besonders qualitätsbewußt zu sein: Während der Recherchen für dieses Buch sahen wir in der Nähe der British Library eine Fischbude mit einem Schild: «Wenn ich nicht da bin, fange ich frische.»

Essen auf Reisen

Essen zu gehen ist nicht automatisch ein Vergnügen. Manchmal muß man sich auf herbe Enttäuschungen gefaßt machen. «Sobald sich alle an den Tisch gesetzt haben, erscheint der sauersehende Knecht und bringt Brot, das jeder zum Zeitvertreib, während die Speisen kochen, essen kann; so sitzt man nicht selten nahezu eine Stunde. Endlich wird der Wein, von bedeutender Säure, aufgesetzt. Damit haben die Gäste etwas für ihren bellenden Magen. Bald kommen mit großem Gepränge die Schüsseln. Die erste bietet fast immer Brotstückchen mit Fleischbrühe, oder, ist es ein Fast- oder Fischtag, mit Brühe von Gemüsen übergossen. Dann folgt eine andere Brühe, hierauf etwas von aufgewärmten Fleischarten oder Pökelfleisch oder eingesalzenem Fisch. Wieder eine Musart, hierauf festere Speise, bis dem wohlbezähmten Magen gebratenes Fleisch oder gesottene Fische von nicht zu verachtendem Geschmacke vorgesetzt werden. Aber hier sind sie sparsam und tragen sie schnell wieder ab.»[5]

So murrte nicht etwa ein enttäuschter Tester von *essen und trinken*, sondern der Gelehrte Erasmus von Rotterdam im Jahr 1518 über deutsches Gasthofessen. Er hatte damals allerdings auch keine Wahl. Eine Restaurantkultur gab es in Europa noch nicht, niemand ging zum Vergnügen auswärts Essen, sondern nur aus Notwendigkeit, etwa auf Reisen. Da mußte man vor allem in kleineren Orten mit dem einzigen Gasthof vorliebnehmen, den es gab, und mit dem einzigen Menü, das dieser servierte. 300 Jahre später war Goethe von der Möglichkeit, sein Menü wählen zu können, so beeindruckt, daß er den Oheim im *Wilhelm Meister* behaupten ließ, «keine Erfindung des Jahrhunderts verdient mehr Bewunderung, als daß man in Gasthäusern, an besonderen kleinen Tischchen, nach der Karte speisen kann»; und nicht nur das, er läßt den Oheim diese Sitte auch zu Hause einführen, läßt ihn den Familientisch meiden und ständig eine Feldküche mit sich herumführen, mit der er Familie und Freunde bewirtet, «aber niemand darf kommen, der nicht Appetit mitbringt, jeder muß aufstehen, der sich gelabt hat, und nur so ist er gewiß, immer von Genießenden umgeben zu sein»[6].

Es kommt, wer Appetit hat, es geht, wer satt ist, nur Genießende sind anwesend: Damit ist der Sinn eines Restaurants schon beschrieben. Erstaunlicherweise ist diese Art von Kultur und Vergnügen nur an zwei Stellen der Welt entstanden: in China im 10. und in Frankreich im 18. Jahrhundert (von wo sie sich nach Europa und von dort in den Rest der Welt verbreitete). Noch heute gehen Chinesen und Franzosen häufiger in Restaurants als alle anderen Völker. Nach einer Statistik von 1992 gehen Franzosen im Schnitt dreimal in der Woche zum Essen aus – jüngere Leute zwischen 18 und 25 sogar fünfmal. Von den Chinesen in Kanton nimmt die Hälfte schon das Frühstück nicht zu Hause ein; in Peking haben viele

Restaurants Tag und Nacht geöffnet, damit auch Schichtarbeiter ein spätes Abendessen oder frühes Frühstück zu sich nehmen können. Andererseits erklärten auf einem Symposion über National- und Regionalküche in Oxford 1981 drei verschiedene Referenten, ein Indonesier, eine Araberin und eine Australierin, daß es in ihren Ländern keine Tradition gebe, essen zu gehen um des Essens willen (außer in jüngster Zeit), daß daher das Restaurantessen im allgemeinen langweilig und enttäuschend sei – die hervorragende traditionelle Küche müsse man in Privathäusern suchen.[7]

Sami Zubaida machte in bezug auf die arabischen Länder eine bemerkenswerte Ausnahme, nämlich die «Kaufleute in den alten Märkten, die ihre Diener fertiges Essen an den Marktständen kaufen ließen. Das erklärt die große Zahl und im Verhältnis ausgezeichnete Qualität der Garküchen in der Nähe der alten Märkte in den Städten des Nahen Osten.»[8] Da war also der Schnellimbiß die Avantgarde der guten Küche!

Man könnte die Imbißstuben und Garküchen als Vorläufer der Restaurants ansehen, vielleicht auch die Trinkstuben, in denen man oft Kleinigkeiten essen konnte, Orte des Vergnügens, in denen das Essen aber nur Nebensache war. Als drittes kommen die Herbergen in Frage, in denen Reisende und später auch Einheimische ein mehr oder weniger gutes Mahl

Essen im Landgasthof.

essen konnten. Im 18. und 19. Jahrhundert wurden die großen, eleganten Hotelrestaurants Vorreiter der phantasievollen Eßkultur. Die bescheidenen Anfänge hätten das kaum ahnen lassen.

In früheren Zeiten mußten Herbergsgäste nämlich ihr Essen selbst mitbringen. Cato der Jüngere (95 bis 46 v. Chr.) schickte, wenn er verreisen wollte, seinen Bäcker und seinen Koch voraus, die ihm in dem Gasthaus, in dem er übernachten würde, das Essen vorbereiteten. Selbst kochen mußten auch Reisende in den Karawansereien des Nahen und Fernen Osten, wenn es am Ort keine Garküchen gab. Die Gebäude waren meist im Viereck um einen Hof herum angelegt, im Hof standen die Tiere, und dort wurde auch gekocht. In der Bibel schickt Jesus zwei Jünger, die in Jerusalem einen «Saal» suchen sollen, wo sie sich ihr Osterlamm zubereiten können;[9] vermutlich haben sie eine ähnliche Sorte Herberge gesucht, in der sich Gäste ihre mitgebrachten Speisen kochten. Sicher waren die Gasthöfe auch deswegen nicht auf Menüs von hoher Qualität eingerichtet, weil Reisende, die auf sich hielten, lieber privat bei Gastfreunden übernachteten und also eher die Ärmeren, die keine weitverzweigten Familien mit einem noch weiter verzweigten Freundeskreis in allen größeren Orten hatten, Herbergen aufsuchen mußten.

In manchen alten Reichen wohnten und aßen Beamte des Königs oder Kaisers, die dienstlich unterwegs waren, in Staatshotels – Rasthäusern, die entlang der wichtigen Straßen meist im Abstand von Tagesreisen lagen: So war es bei den Persern, den Chinesen, den Römern, den Inka. In deren Nähe entstanden auch Herbergen mit Bewirtung, in denen privat Reisende unterkommen konnten, die als Händler, in Familiensachen oder als Pilger unterwegs waren. Im Römischen Reich boten an den großen Reiserouten Tavernen, «tabernae», Getränke und Proviant. Diese Einrichtung war immerhin so wichtig, daß heute noch Städte danach heißen, etwa Zabern im Elsaß oder Rheinzabern in Deutschland.

Karawanserei in Konstantinopel im 16. Jahrhundert.

In China servierten seit der Zeit der Tang (7. bis 9. Jahrhundert) an allen großen Landstraßen Restaurants hungrigen Reisenden Nahrung und Wein. Herbergen mit Bewirtung befanden sich meist in größeren Orten. Besonders beliebt waren Hotels, die sich darauf spezialisiert hatten, Reisende aus jeweils einer Gegend oder einer Stadt unterzubringen und zu bekochen. Dort konnten sich die Gäste also fern der Heimat in ihrem Dialekt unterhalten und vor allem die heimischen, gewohnten Gerichte essen. Die Küchenstile des riesigen China waren auch damals schon unterschiedlich, Leute aus Szechwan wollten auch unterwegs nicht auf ihre kräftigen Gewürze verzichten und Reisende aus dem Norden auch im Süden ihre Blutsuppe genießen.

Privatreisende konnten auch in Klöstern übernachten und essen, je nach Reiseland in buddhistischen, taoistischen, christlichen. Klöster versorgten ärmere Pilger oft umsonst; reiche Reisende ließen freiwillig eine Spende da. Die Gasthäuser, die gegen Geld Übernachtung und Essen boten, empfanden das wohl als lästige Konkurrenz, die man notfalls mit Gewalt ausschaltete. Anders ist eine Verordnung der Stadt Toulouse aus dem Jahr 1205 kaum zu verstehen, die besagte, «Pilger dürfen nicht gegen ihren Willen in Herbergen geschleppt und nicht gezwungen werden, Wein und Brot beim Herbergswirt zu kaufen»[10].

Eine Gruppe von Studenten, die im Jahr 1331 durch England reiste, von Oxford nach Newcastle, machte manchmal tagsüber in Bierstuben Rast, die sie auch in kleineren Orten fand. Dort gab es außer Bier nur Brot. Solche Bierstuben betrieben Bauern oft als Nebengeschäft. Bier und Brot machten sie aus eigenem Getreide. In den Herbergen, in denen die Studenten übernachteten, wurden sie mit Brot und Fleisch, an Fastentagen mit Brot und Heringen, Käse und Bier bewirtet. In Nottingham gab es schieren Luxus, obwohl Fastentag war: Aale und Flundern mit Zwiebeln und Knoblauch.[11]

In Deutschland war die Küche in Gasthöfen nicht durchweg so schlecht, wie Erasmus sie erlebte. Ebenfalls im 16. Jahrhundert reiste der Politiker und Schriftsteller Michel de Montaigne durch Deutschland. Seine Erfahrungen waren ganz entgegengesetzt. 1580 notierte er in Lindau: «Im Punkt Bewirtung machen sie solchen Aufwand an Lebensmitteln und bringen in die Gerichte eine solche Abwechslung an Suppen, Saucen und Salaten aller Art, und das alles ist in den guten Gasthäusern so wohlschmeckend, daß kaum die Küche des französischen Adels damit verglichen werden kann... Uns unbekannte Gerichte sind zum Beispiel ihre Quittensuppen, andere, in die gebackene Äpfel geschnitten werden, Krautsalate, Kraftsuppen ohne Brot, etwa von Kalbsbries... Sie haben viel guten Fisch, der mit dem Fleisch aufgetragen wird. Die Forelle mögen sie nicht, sie essen nur ihren Laich. Dafür haben sie viel Wild: Schnepfen, junge Hasen, die sie ganz anders als wir zubereiten, aber mindestens ebenso gut. Wir haben noch nie so zartes Fleisch genossen, wie man es dort täglich bietet.

Zum Fleischgericht werden gekochte Pflaumen, Birnen- oder Apfelmus gereicht.»[12]

Genau zu der Zeit, 1582, wurde in Japan an der Straße von Kioto nach Edo, also vom Sitz des Kaisers zu dem des Shogun, des obersten Militärs, ein Hotel mit Restaurant gegründet, das eine bemerkenswerte Tradition hat: Es blieb bis in unser Jahrhundert in derselben Familie. Als der Amerikaner Oliver Statler[13] Ende der fünfziger Jahre über dieses Hotel ein Buch schrieb, wurde er noch von den Nachfahren der Gründer begrüßt.

In den Gaststuben der Herbergen, in Hotelrestaurants durfte sich auch die Sorte Mensch aufhalten, essen und trinken, die zu Bier- und Weinstuben meist keinen Zutritt hatte: Frauen. Jedenfalls solche mit anderen Berufen als dem der Animierdame, Hure, Musikunterhalterin oder eben Wirtin und Schankmagd. Frauen, die in Kneipen arbeiteten, waren nicht gut angesehen; in Rom gab es sogar Gesetze, in denen ihr schlechtes Ansehen festgeschrieben war: Wer die Tochter eines Wirtes heiratete, verlor sein Bürgerrecht. Väter durften uneheliche Kinder, die sie mit Wirtinnen (oder Sklavinnen) gezeugt hatten, nicht gesetzlich anerkennen. Ehebruch mit einer Wirtin zählte nicht als Ehebruch. Aber das männliche Ausgehprivileg bezog sich nicht auf Restaurants. In den ersten französischen Restaurants des 18. Jahrhunderts waren die Männer allerdings noch die deutliche Mehrheit. In den eleganten Hotelrestaurants des 19. Jahrhunderts saßen auch Frauen, Familien, Paare. Sie hatten in den privaten Stuben der Herbergen sitzen dürfen, in denen Reisende satt gemacht wurden; nun durften sie auch in den öffentlichen Sälen sitzen, in die Gäste zum Vergnügen kamen, um gut zu speisen.

Im 19. Jahrhundert begann in Europa und Amerika der Tourismus zu blühen, mit der Eisenbahn konnte man mühelos reisen. Elegante Sommerfrische- und Badehotels kamen in Mode, von Baden-Baden bis Norderney, an der Côte d'Azur, in den Bergen. Dort und in den Hotels der großen Städte kochten berühmte Köche wie Escoffier, dort gab es das beste Essen, dorthin ging man zum Vergnügen aus, nicht nur, wenn man unterwegs war, auch in der eigenen Stadt. Die großen Hotels mit den glänzenden Namen und glänzenden Speisesälen entstanden in dieser Zeit: Savoy in London, Ritz in Paris, Waldorf Astoria in New York, Horcher in Berlin.

Restaurants

Restaurants in größerer Anzahl gab es wahrscheinlich zum ersten Mal in der Menschheitsgeschichte im Römischen Reich. In Pompeji kann man gut nachzählen; hier wurde ja eine lebendige Stadt verschüttet und intakt wieder ausgegraben. In den fünfziger Jahren war etwa die Hälfte der Stadt, die insgesamt 12000 bis 15000 Einwohner zählte, ausgegraben. Johannes

Kleberg hat auf einem Plan dieses Gebietes alle Kneipen und Restaurants markiert: Es sind ungefähr 120. Soweit es nach den Funden zu unterscheiden ist, war die überwiegende Mehrzahl Kneipen.[14]

Die Restaurants hatten hier und in Rom selbst meist eine Theke zur Straße hin, wo man Warmes zum Mitnehmen kaufen konnte, eine Küche und ein oder mehrere Eßzimmer. In den einfacheren saßen die Gäste auf Stühlen, in den größeren gab es auch Liegen wie beim privaten Gastmahl. Eines dieser größeren hatte zwei Eßräume, mit Fresken bemalt, die allerlei Speisen zeigten; ein dritter Raum war mit Sex-Szenen bemalt, die offenbar klarmachten, wofür dieser Raum gut war. Römische Restaurants waren oft auch Orte des Männervergnügens; für Ehefrauen, Töchter, Frauen aus guter Familie waren sie tabu.

Viele Restaurants stellten draußen ihre Waren zur Schau. Da hingen Geflügel und Wild, lagen Eier, Gänseleber, die als besonders lecker geltenden Eingeweide, oft in Glasgefäßen zum besseren Betrachten. Seneca bemerkte spitz, daß die Wirte hier ihre schönsten Stücke ausstellten, um die Kunden anzulocken – was dann drin angeboten wurde, käme nicht entfernt an die versprochenen Genüsse heran[15]. Die besten Köche Roms wurden für teures Geld von reichen Familien gekauft (wenn sie Sklaven waren) oder angeworben; die Wirte der Restaurants waren meist Freigelassene und standen nicht in allzu hohem kulinarischen Ruf. Ihre Zunamen verraten oft, woher sie kamen: Africanus, Syra oder Syrisca, viele waren auch Griechen. Sicher waren ganz wie heute auch ihre «exotischen» Zubereitungen beliebt. Aber die besten Sachen fand man nicht in Restaurants: «Hier gab es keine Austern, keine Schnecken, keine Muscheln und auch keinen Spargel», dichtete ein enttäuschter Lucilius, der dort die gute Küche der privaten Feste vermißte.[16] Die Sorte Restaurant, in die man des großartigen Essens wegen ging, entstand erst später und anderswo: in China.

Wer in Linan, dem heutigen Hangtzou, im 13. Jahrhundert Appetit hatte, dem fiel die Entscheidung schwer. Die Straßen der damaligen Hauptstadt waren gesäumt von Gasthäusern, Teestuben, Restaurants, Weinbars, Imbißbuden, Nudelständen, Suppenküchen, Konditoreien. Viele hatten Tische und Bänke draußen stehen. Fliegende Händler boten Gebäck, Obst, Süßigkeiten an. Und was für Restaurants es gab! Die Kundschaft konnte wählen: Manche kochten im Stil des Nordens, eine deftige Küche mit Innereien und dicken Suppen, manche im etwas feineren und leichteren Stil des Südens mit Wild und Geflügel, manche boten die scharf gewürzte Szechwan-Küche und manche die Nudel- und Fischküche aus der Gegend von Kiuzhou. Es gab Restaurants zum Frühstücken und solche, die die ganze Nacht geöffnet hatten, vegetarische Restaurants, in denen hauptsächlich Buddhisten aßen, und solche für muslimische Kaufleute, in denen diese sicher waren, nicht mit Schwein oder Schnecken bewirtet zu werden, die ihnen ihre Religion verbot, die aber in China hoch geschätzt waren. Es gab Restaurants, die nur geeiste Speisen servierten, hauptsächlich Obst, und andere, die Speisen mit Milch oder Kumys machten, in China üblicherweise unbekannt, aber bei den benachbarten Mongolen beliebt.

Ein entsprechend großes Publikum konnte sich leisten, in solche Restaurants zu gehen. In der Sung-Periode, seit dem 10. Jahrhundert, begann in China eine Zeit relativen Wohlstands. Nicht nur die Reichen konnten prassen, wie sie das auch anderswo auf der Welt taten und getan hatten. Die Bürgerschicht, die gut leben konnte, wurde ebenfalls immer größer: Kaufleute, Handwerker, Ärzte, Künstler, Wissenschaftler und Lehrer, vor allem Staatsbeamte. Und auch die Arbeiter verdienten mehr, als sie zum bloßen Überleben brauchten. Michael Freeman schreibt über diese Zeit, daß «die Stadtbewohner vermutlich die am besten ernährte Massengesellschaft in der bisherigen Weltgeschichte»[17] waren. Wer auf sich hielt, wer als gebildet gelten wollte, der mußte nicht nur die klassische Literatur kennen oder in Geschichte Bescheid wissen, der mußte auch vom Essen etwas verstehen, über klassische und neue Rezepte plaudern können, verschiedene Kochstile unterscheiden und wissen, welche Speise zu welcher Gelegenheit paßte. Der Dichter Su Tung Po, der zeitweise Minister war und nach Hangzhou versetzt wurde, schrieb an einen Freund im Jahr 1080: «Der Wein ist hier kräftig, Mandarinen und Kaki gibt es im Überfluß, die Taro sind länger als ein Fuß. Reis kostet nur 20 Tsien pro Scheffel. Das Lammfleisch ist so gut wie im Norden, Schwein, Rind und Wild sind billig, Fische und Krebse kosten fast nichts ... Die vielen Beamten, die im Dienst sind, haben alle Talent zum Kochen und geben gerne Bankette.»[18]

In dieser Atmosphäre konnten sich Restaurants in einer solchen Vielfalt entwickeln, wie es sie vorher nie gegeben hatte, und von einer solchen Qualität, daß man nicht aus Hunger hinging, sondern weil man besser oder anders als zu Hause essen wollte. Bestimmte Restaurants waren «in», bis das nächste in Mode kam, und Autoren der Sung-Zeit nannten gerne den Namen «ihres» Favoriten. In den besten waren die Speisen so exquisit, daß gelegentlich der Kaiser, statt die Produkte seiner vielhundertköpfigen Küchenbrigade zu essen, aus dem einen oder anderen Restaurant Essen in den Palast schicken ließ. Einer der Sung-Kaiser liebte besonders die Fischsuppe einer Köchin, die am See von Hangtzou ein Restaurant führte – und das Publikum strömte zu dieser Wirtin, um des Kaisers Lieblingssuppe zu essen. Was für ein stolzer Moment, wenn der Kaiser zu erkennen gab, daß er die bürgerliche Eßkultur schätzte!

An solchen Plätzen verkehrte nicht nur feines Publikum. Michael Freeman zitiert einen Autor der späten Sung-Zeit, Meng Yuan-Lao, der wehmütig beschrieb, daß in früheren Zeiten die eleganten Restaurants keineswegs zu fein gewesen seien, auch Arbeiter zu bewirten, selbst wenn sie ungewaschen waren, daß sie ihnen gern ihr kostbarstes Silbergeschirr vorgesetzt hätten.[19] Später gab es schon eher Grenzen zwischen den feinen Weinrestaurants und billigen Arbeiterrestaurants. Aber die Tradition, einfaches und exquisites Essen unter einem Dach zu servieren, hat sich bis in unser

Jahrhundert erhalten; viele chinesische Lokale halten es heute noch so. Vera und Francis Hsu beschreiben als Beispiel die Organisation des Tung Lai Shun in Peking zu Beginn unseres Jahrhunderts: «Dieses Restaurant hatte etwa 50 einzelne Räume und außerdem einen großen Saal im Erdgeschoß. Hier konnte man ein Acht-Gänge-Menü speisen, aber hier konnten auch Arbeiter und Rikschakulis essen, die sich nicht mehr als 20 kleine Teigtaschen mit Hammel und Kohl zum Essen leisten konnten. Für das Acht-Gänge-Menü bekam man natürlich einen der größeren Extraräume, während der Gast mit den Teigtaschen unten im großen Saal saß. Aber wenn der nicht allein kam, sondern mit mehreren Bekannten, dann bekamen die auch einen Extraraum. Es gab keine Klassentrennung zwischen den Gästen.»[20]

In der frühen Sung-Zeit verdiente ein Arbeiter täglich 100 Cash und dazu gut ein Kilo Reis. Ein Essen im Restaurant kostete nur 15 Cash, wie sich Meng Yuan-Lao (vielleicht etwas nostalgisch) erinnerte. Die Kellner mußten schnell sein und ein gutes Gedächtnis haben. Noch einmal Meng: «Die Männer riefen ihre Bestellungen massenweise, jeder bestellte etwas anderes. Der Kellner nahm die Bestellungen auf und merkte sie sich ... Dann kam er zurück, drei Schüsseln zwischen den Fingern seiner linken Hand, und auf dem rechten Arm trug er von der Hand bis zur Schulter 20 Schälchen, je zwei übereinander, und verteilte sie genau, wie bestellt worden war, ohne etwas vergessen zu haben und ohne Fehler.»[21]

Seitdem war und blieb es in China beliebt, zum Essen auszugehen. Das nahm womöglich noch zu, als sich in der Ming-Periode (1368 bis 1644) Tourismus entwickelte, als mehr Menschen um des bloßen Vergnügens willen reisten. Da schwammen auf dem See von Hangtzou Restaurantboote, auf denen Familien Ausflüge machten, da warteten an vielen landschaftlich reizvollen Orten Hotels und Restaurants mit verführerischem Essen auf Touristen.

In Frankreich entstanden Restaurants mit der Revolution. Einige wenige gab es schon vorher. Aber die Revolution schuf mehrere wichtige Voraussetzungen. Die Bürger machten sich ihre Rechte klar, auch das auf Vergnügen und gutes Essen. Viele Abgeordnete aus fernen Provinzen, die oft nur schäbig wohnten, mußten irgendwo angenehm sitzen, essen und sich treffen können. Wichtig war auch, daß die Revolution das alte Zunftrecht abschaffte, das vorher das Servieren fertiger Nahrung sehr einengte: Nur «Chairecuitiers» durften Pasteten, Würste und Schinken anbieten, «Traiteurs» zubereitetes Fleisch mit Sauce, vor allem Ragouts, «Rôtisseurs» gebratenes Fleisch, aber nur ohne Sauce, «Tripiers» durften nur Innereien verkaufen. Dann gab es «Bouillons», Suppenküchen, in denen nur Suppen und Brühen serviert werden durften, und natürlich Herbergen, die auch für ihre Übernachtungsgäste kochen durften. Wie sollte da ein Restaurant die ganze Fülle der Zutaten und Zubereitungen bieten? Nach der Revolution durften alle alles.

Rechte Seite: Das Weihnachtsessen, um 1900.

Vielleicht die wichtigste Voraussetzung war, daß so viele Adlige, die ein großes Haus mit großer Küche geführt hatten, ins Ausland geflohen waren. Was sollten ihre Köche machen, wenn sie nicht auch emigrieren wollten? Sie machten sich selbständig. 1789 ging der Fürst von Condé ins Exil – im selben Jahr eröffnete sein Chefkoch Robert ein Restaurant in Paris, wo er allmählich einen großen Teil der alten Küchenbrigade wieder versammelte, bis auf seinen Kollegen Méot, der zwei Jahre später sein eigenes Restaurant aufmachte. Zwei von vielen. Vor 1789 gab es keine 100 Restaurants in Paris, zehn Jahre später 500 bis 600. Dabei war wirtschaftlich eigentlich keine Zeit, die üppiges Tafeln nahegelegt hätte. In Paris gab es wenig zu essen, für Arme herrschte geradezu Hungersnot. Aber durch den Umsturz war eine neue Klasse halbwegs Wohlhabender entstanden, Abgeordnete, die Mitglieder der politischen Clubs und Parteien, auch Geschäftemacher und Spekulanten, und die wollten ihren ungewohnten Reichtum genießen.

Die Restaurants boten einen Kochstil und machten einen Aufwand, den sich zu Hause keiner der revolutionären Bürger hätte leisten können. Wer hatte schon so viele Angestellte, wie eine große Küche braucht? Man ging ins Restaurant, weil man besser als zu Hause essen wollte. Oder anders als zu Hause: Eines der beliebtesten Lokale in Paris wurde schnell ein südfranzösisches, «Les Trois Frères Provençaux», die drei Brüder aus der Provence, die deftige Mittelmeerspezialitäten kochten, mit Olivenöl statt Sahne. Sie machten die Bouillabaisse berühmt; ihre zweite Spezialität, die Brandade, war womöglich noch deftiger, eine Creme aus Stockfisch mit Olivenöl und Knoblauch. Nicht nur Bouillabaisse und Brandade eroberten Paris und dann ganz Frankreich – um dieselbe Zeit wurde ein Lied vom Mittelmeer, die Marseillaise, erst nationaler Kriegsgesang und dann die Nationalhymne.

Vergessen wir nicht den Namensgeber der Restaurants. Das war ein Mann namens Boulanger, der eine «Bouillon» betrieb. Dort verkaufte er, wie er selbst annoncierte, «göttliche Restaurants», nämlich stärkende Brühen von der Art, wie man sie Kranken gab, damit sie wieder zu Kräften kamen («restaurant» heißt ja: stärkend, wiederherstellend). Dann kam er auf die Idee, außer Suppen auch Hammelfüße mit weißer Sauce zu servieren, was ihm eine Beschwerde der «Traiteurs» vor dem Stadtrat von Paris eintrug – es war im Jahr 1765, die Zunftgesetze galten noch. Der Stadtrat aber entschied, Hammelfüße seien kein Ragout, da sie nicht in der Sauce gekocht wurden, und der «Restaurateur» Boulanger, wie er sich nun nannte, dürfe sie weiter anbieten.

Schon zwölf Jahre später definierte ein französischer Almanach: «Restaurateure sind diejenigen, welche die echten Brühen, genannt Restaurants, herstellen und außerdem alle möglichen Crèmes, Suppen mit Reis oder Nudeln, Eier, Makkaroni, Hähnchen, Konfitüren, Kompott und andere gesunde und appetitliche Gerichte anbieten … Der Preis jedes Ge-

richts ist fest, und sie werden zu jeder Zeit am Tag serviert. Damen dürfen dort verkehren und sich Speisen zubereiten lassen.»[22]

Die Restaurants entsprachen der neuen Zeit nicht nur, weil sie jedem offenstanden, sondern auch, weil die vielen Etikettevorschriften hier nicht galten, die in den reichen Häusern den Eßgenuß schwierig gemacht und für manche sicher beeinträchtigt hatten. Im Restaurant ging es unkomplizierter zu. Notfalls konnte man sich sogar schlecht benehmen – man zahlte ja. Auf jeden Fall konnte man schmatzen und schlemmen, wie man wollte. Allerdings was man zahlte, das übertraf manchmal gewaltig die Erwartungen. In dem Roman *Verlorene Illusionen* von Balzac kommt ein junger Mann aus der Provinz nach Paris und speist gleich nach der Ankunft im Véry (auch eins von den Restaurants, die gleich nach der Revolution entstanden waren). Er speist üppig, weil er denkt, mit der Beschreibung dieses Essens könnte er später glänzen. Als es ans Zahlen geht, kostet diese eine Mahlzeit so viel, wie er zu Hause im ganzen Monat verbraucht hat: 50 Francs. Vielleicht hielt man es bei ihm zu Hause, in Gasthäusern der Provinz, noch so wie in früheren Zeiten: Da zahlten alle Gäste denselben Einheitspreis, egal was und wieviel sie aßen.

Claudia Biasci hält Balzacs Preis für ziemlich hoch: Zu dieser Zeit kostete nur im Grand Véfour ein Menu soviel, sonst waren auch in teuren Restaurants Menüs für die Hälfte zu haben. Im Quartier Latin gab es Studentenlokale, wo man für 35 Sous essen konnte.[23]

Die Atmosphäre in Pariser Restaurants beeindruckte Gäste von außerhalb: Johann Kaspar Riesbeck, ein deutscher Journalist, erinnerte sich in Wien wehmütig an Paris: «Die Art zu speisen ist traurig. Jeder setzt sich besonders in einen Winkel, bewegt eine Zeitlang die beiden Kinnbacken und die Hände, bezahlt seine Zeche und geht fort, ohne ein Wort geredet zu haben ... Wie verschieden von Paris! Wie lebhaft sieht es da in den Gaststuben aus! Wie bekannt tun da nicht alle Fremden und Eingeborenen zusammen im ersten Augenblick, wo sie einander sehen!»[24]

FESTE

Höhepunkte im Alltag

Bei den Festen der Ägypter, so berichtete Herodot, war es Sitte, daß ein Mann in einem Sarkophag eine hölzerne bemalte Figur herumtrug, die eine Leiche darstellte. Die hielt er jedem der Tafelnden vor und sagte: «Den schau an und trink und sei fröhlich! Wenn du tot bist, wirst du, was er ist.» [1] Auch die alten Chinesen fanden offenbar das schlimmste am Totsein, daß man nicht mehr festlich tafeln könne – so kann man jedenfalls aus diesem Gedicht an einen Toten schließen, das aus der Zeit der Zhou-Dynastie aus dem 3. oder 2. Jahrhundert v. Chr. stammt:

> «Die fünf Getreidesorten sind sechs Ellen hoch gestapelt; die Kessel sieden bis zum Rand; die Düfte steigen auf von fetten Ammern, Tauben, Gänsen, im Sud vom Schakal gesotten:
> O Seele, komm zurück! Genieße nach Herzenslust!
>
> Frische Schildkröte, saftiges Hühnchen in Chu-Sauce; eingelegtes Schweinefleisch, Hund mit bitterer Kräutersauce, Hackfleisch mit Ingwer, saurer Wu-Salat mit Beifuß, weder feucht noch fade:
> O Seele, komm zurück! Genieße, was du magst!
>
> Gebackener Storch, gedämpfte Ente und gekochte Wachteln, gebratene Brasse, geschmorte Elster und gegrillte Gans:
> O Seele, komm zurück! Delikatessen warten auf dich.
>
> Die vier Sorten Wein sind alle reif, sanft für die Kehle, klarer, kühler, eiskalter Wein, den nicht jedermann trinkt; und weiße Hefe schwimmt im Wu-Most, damit heller Chu-Wein entsteht.
> O Seele, komm zurück und fürchte dich nicht!» [2]

Vielleicht ist es nicht abwegig, das Kapitel über das Feiern mit dem Tod zu beginnen, denn die besten Auskünfte über die Feste der alten Ägypter und der alten Chinesen haben wir aus ihren Gräbern: aus den Abbildungen und Grabbeigaben, die schilderten, wie die Toten im Leben gefeiert hatten. Die Ägypter veranstalteten gern so etwas wie unsere Dinnerparties, luden eine Reihe von Freunden und Bekannten zum Mittagessen ein. Männer und Frauen feierten gemeinsam und zechten auch recht kräftig. Manchmal war es dann zuviel des Guten: Auf Abbildungen von festlichen Essen sieht man gelegentlich auch mal jemanden sich übergeben (ohne daß die anderen sich sehr daran stören). Meist waren auch Musikanten zur Stelle, die mit Flöte, Oboe oder Harfe das Mahl begleiteten. «Das Herz erfreuen, etwas Schönes sehen, Vorträge, Tänze und Gesänge, Myrrhen auflegen, sich mit Öl salben, eine Lotosblüte an der Nase, Brot, Bier, Wein, Süßigkeiten und anderes vor sich» – so beschreibt eine über 3000 Jahre alte Grabinschrift ein ägyptisches Fest.[3]

Musik und Tanz gehörten auch zu chinesischen Festen, die im Ablauf jedoch formeller waren. Die Männer blieben unter sich, manchmal feierten die Frauen getrennt. Wahrscheinlich war das Essen besser als sonst irgendwo auf der Welt; man braucht sich ja nur die vielfältigen Zutaten, Saucen und Kochmethoden aus dem Gedicht vor Augen zu halten. In der Sung-Dynastie, etwa ab 1000 n. Chr., begann in den Städten eine Restaurantkultur, und häufig ging man lieber aus, als Gäste zu bewirten.

Bei Griechen und Römern fanden gesellige Essen meist abends statt. Im allgemeinen wurde nicht jeden Tag warm gekocht, sondern meist für mehrere Tage im voraus – das große Kochen war den besonderen Gelegenheiten wie Einladungen vorbehalten. McLeish schätzt, daß die Oberschicht zwei- oder dreimal die Woche abends bewirtete oder zu Einladungen ausging.[4] Das wahre Fest begann erst nach dem Essen: das «Symposion», das Trinkgelage, bei dem es auch Musik, Tanz, Akrobatik und dergleichen gab. Alles nur für Männer und berufsmäßige Unterhaltungsdamen; erst in spätrömischer Zeit waren auch Ehefrauen zugelassen.

Zu ungewöhnlicher Zeit luden die Azteken ein. Bernardino de Sahagún, Missionar in Mexiko von 1529 bis 1590, berichtete, daß die Gäste gegen Mitternacht erschienen und die Mahlzeit sich oft bis zum Morgengrauen hinzog. Man aß Truthühner, manchmal Hunde, Maisfladen, Bohnen mit Pfefferschoten. Am Schluß der Mahlzeit gab es Kakao, dazu Pfeifen, in denen Tabak und Amberholz geschmaucht wurden.[5]

Nur die Reichen konnten sich solche Festessen häufig leisten, aber überall auf der Welt waren (und sind) religiöse Feiertage, Jahreswende, Ernteanfang oder Erntedank, Schlachtfest, Lebensfeste wie Heirat, Geburt, Tod Anlaß zum Feiern und zu ausgedehntem Schmaus. Gerade die armen Bauern, die sich wenig zurücklegen konnten, die normalerweise karg und eintönig aßen, haben zu diesen wenigen Anlässen auf üppigste Weise geschwelgt. Ob in Europa, Afrika oder Asien: Erntefeste waren immer Freßorgien und Besäufnisse. Es war ja die einzige Zeit im Jahr, wo Überfluß herrschte – wenn er auch dann für den Rest des Jahres reichen mußte. In den sechziger Jahren unseres Jahrhunderts war es auf dem Land in Indien nicht ungewöhnlich, für Hochzeiten fast das Doppelte des jährlichen Familieneinkommens auszugeben; im Tschad wurde für das Festessen bei der Beerdigung eines nahen Verwandten mehr als ein Jahreseinkommen gezahlt. Solche Zahlen sind weit verbreitet und waren es sicher auch früher. Wie heute Entwicklungsplaner in Indien und im Tschad solche Verschwendung am liebsten verbieten würden und den Hochzeitern oder Trauergästen statt der Feier lieber einen neuen Pflug oder Webstuhl verschreiben möchten, so hat es zu allen Zeiten Versuche gegeben, allzu üppigen Luxus bei Tisch mit Gesetzen einzuschränken. Meist haben sie nichts genützt.

So streiften Aufseher durch das Athen des 4. Jahrhunderts v. Chr. und kontrollierten, ob bei Festen die gesetzlich erlaubte Zahl von 30 Gästen auch nicht überschritten wurde; so gab es Gesetze gegen den Luxus bei Tisch zur Zeit der Römischen Republik, wo von den verschwenderischen Festen der Kaiserzeit noch gar keine Rede sein konnte; die «Lex Fannia» von 161 v. Chr. verbot den Römern, gemästete Hühner zu servieren. Die Römer stiegen auf Enten und Wachteln um und landeten beim Pfauenzungenragout ... Die Anti-Luxus-Gesetze hinkten dem Luxus hinterher. 1315 verfügte König Eduard II. in England: «Durch die empörende und ausschweifende Vielfalt von Fleisch und Gerichten, welche die großen Männer des Königreichs in ihren Schlössern auftischten, und dadurch, daß Personen niederen Standes ihr Beispiel nachahmten, über das hinaus, was ihr Rang erforderte und ihre Mittel erlaubten, sind viele große Übel auf das Königreich gekommen, die Gesundheit der Untertanen des Königs wurde angeschlagen, ihr Vermögen verbraucht, sie selbst versanken in Armut. Deshalb ... befiehlt der König: Daß die großen Männer des Königreichs nur zwei Gänge mit Fleischgerichten an ihrem Tisch servieren dürfen, und jeder Gang darf nur aus zwei Sorten Fleisch bestehen.»[6] Bevor wir die armen Darbenden mit ihren nur vier Fleischsorten zu sehr bedauern, erfahren wir noch, daß es für die höheren Ränge eine Ausnahme gab: Sie durften in einem Zwischengang noch ein für das Vergnügen unbedingt nötiges fünftes Fleisch essen.

In den Städten sollten Gesetze verhindern, daß Hochzeiter ihr zweifaches Jahreseinkommen anlegten. In der Ulmer Hochzeitsordnung von 1420 war festgelegt, daß man «nur drei Mähler haben dürfe, jedes zu acht Schüsseln, und über jeder Schüssel nicht mehr als drei Personen»; Geistliche wurden dabei nicht mitgezählt.[7] In Florenz war nicht nur festgelegt, wieviel Frauen bei einer Hochzeit mitfeiern durften, nämlich 16, sechs von seiten der Braut und zehn von seiten des Bräutigams, sondern auch, daß Kalbsbraten höchstens sieben Pfund wiegen durfte und daß unter den drei Gängen, die erlaubt waren, Nudeln oder Makkaroni schon als einer zählten.

In manchen Gegenden gab es eine Feiertradition, die verhinderte, daß der Gastgeber sich für die nächsten zwei Jahre verschuldete: Da brachte nämlich jeder Teilnehmer einen Anteil zur Mahlzeit mit. Dieser Vorfahr unserer Bottleparty war zum Beispiel in der Schweiz verbreitet: Bei der «Uerten-Hochzeit» hatte jeder Gast seinen Anteil beizusteuern; wenn die Feier im Restaurant stattfand, sammelte das Brautpaar hinterher die Zeche am Tisch ein. Von einem Schweizer Bürger des 17. Jahrhunderts namens

Socin berichtete Pothoff, daß er bei seiner Hochzeit die Gäste einlud. Aber dann starb seine Frau, er heiratete erneut, und da wuchsen ihm die Kosten wohl über den Kopf, denn diesmal feierte er eine «Uerten-Hochzeit»[8]. Auch im dörflichen Polen brachten Gäste und Nachbarn einige Tage vor einer Hochzeit kostbare Lebensmittel wie Eier, Butter, Sahne und Fleisch als Geschenke ins Haus der Braut. Daraus wurde dann das Hochzeitsessen gekocht und der Kuchen gebacken.

Dieses Verfahren war auch bei nordamerikanischen Indianern üblich, nicht nur bei Hochzeiten. Wann immer es ein öffentliches Ereignis, ein

Daniel Hopfer: Das ländliche Fest, *um 1500.*

Treffen, ein Fest gab, brachte jeder mit, was er konnte, die Reicheren entsprechend mehr, und dieses Essen wurde dann gleichmäßig an alle verteilt. Auch Kinder bekamen die gleiche Menge; «das bedeutet, daß diejenigen, die es sich leisten können, das Essen beschaffen und zubereiten, und diejenigen, die es am meisten brauchen, die Eltern von Kindern, den größten Anteil bekommen; meist haben sie ein großes Paket mit Essen, das sie nach einem Fest nach Hause nehmen und das eine gute Woche reicht. Das ist ein bemerkenswertes System, denn es ist keine Wohlfahrt; jeder hat Anrecht auf eine volle Portion, und die bekommt er, nicht mehr und nicht weni-

ger.»[9] Roger Welsh berichtete auf dem Symposion für ethnologische Nahrungsforschung in Helsinki 1973, daß sich dieses System bis in die heutige Zeit erhalten hat. Ein ähnlicher Austausch von Essen fand auf manchen offiziellen Festen in verschiedenen Ländern der Welt statt.

Feiern als Staatsakt

Europäische Beobachter waren meist entsetzt über das Ausmaß der Verschwendung: Die Rede ist vom Potlatch, das die Indianer der amerikanischen Nordwestküste feierten. Potlatch war ein riesiges Treffen verschiedener Stämme und Dörfer, bei dem der gastgebende Häuptling und seine Verwandten Unmengen von Nahrung und Geschenken zur Schau stellten und an die Besucher aus Nachbardörfern verteilten. Die soziale Stellung eines Indianerstammes hing von der Menge der Geschenke und der Qualität der Speisen ab, die er an seine Nachbarn und Verbündeten verteilen konnte, und es gab einen Wettbewerb, wer die anderen an Großzügigkeit übertreffen konnte. Chief Charlie Jones schrieb in seinen Erinnerungen, wie sie bei einem Potlatch einen Elch und 31 Seehunde kochten – und zwar in einer Stahlboje, die sie am Strand gefunden und auseinandergesägt hatten.[10] Was wie Verschwendung aussah, war in Wirklichkeit ein gewisser Schutz gegen Nahrungsmangel: Ein Stamm oder ein Dorf, in dem Not herrschte, konnte sich bei den Potlatchs der Nachbarn mit Nahrung eindecken, war ihnen dann allerdings auch verpflichtet. Oder vielleicht war der Nachbarstamm von einem früheren Potlatch her ohnehin noch in der Schuld. Die neuverteilte Nahrung schuf neue soziale Verbindungen und Verpflichtungen oder festigte die alten – auf solchen Festen wurde der Zusammenhalt der Gesellschaft gefeiert.

Das war auch so auf vielen Pazifikinseln und auf Neuguinea, wo es ähnlich grandiose Feste gab. Ein Ureinwohner Neukaledoniens erklärte: «Unsere Feste sind die Bewegung der Nadel, die die Teile des Strohdaches zusammennäht, so daß sie ein ganzes Dach bilden.»[11]

Bei einem Fest auf der Insel Tikopia wurden allein zwei Tage lang nur die Kokosnüsse herangeschleppt, und in den fünfziger Jahren erinnerten sich die älteren Leute auf Neuguinea noch, «daß auf der großen, eigens für diesen Zweck errichteten Plattform manchmal mehr als 500 geschlachtete Schweine zur Schau gestellt wurden, dazu Taro (eine Knollenfrucht) in langen zylinderförmigen Behältern aus Rindenstoff und Pfählen. Die Menge verbrachte einige Stunden damit, die Nahrung zu bewundern, und die Gastgeber verteilten dann Hundezähne an alle Anführer, die Gaben mitgebracht hatten. Anschließend kam es zur Verteilung, und jeder aß sich bis zur Bewußtlosigkeit voll.»[12]

 Schweine waren auf Neuguinea besondere Tiere; sie waren nicht einfach so zum Essen da. Sie waren Prestigetiere, Symbol von Wohlstand, Tauschobjekte bei Heiraten, Anlässe für Kriege und Mittel zur Versöhnung. Bei den Wamira auf Neuguinea wurden noch in jüngster Vergangenheit Schweine nur bei offiziellen, «politischen» Festen, bei denen Probleme innerhalb der Gesellschaft oder mit Nachbarn geregelt werden sollten, gegessen. Bei Festen unter Freunden bereitete der Gastgeber etwas vor, die Gäste brachten auch etwas mit, was dann zusammen verspeist wurde, Fleisch oder Fisch, Taro, Süßwaren – nur kein Schwein.

In den neunziger Jahren beschrieb Mathieu Debout aus Westneuguinea: «Wenn es einen Höhepunkt im Leben eines Hochlandpapua gibt, dann ist es das alle zwei bis drei Jahre stattfindende Schweinefest. Aus allen Gegenden des 60 Kilometer langen und bis zu 15 Kilometer breiten Baliemtals strömen die Dani zusammen: Stämme, Familien und Krieger, die alte Freundschaften auffrischen oder, reich mit Schweinen beladen, alte Feindschaften vergessen lassen.»[13] Er berichtete allerdings auch, daß die internationale Tourismusbranche längst begonnen hat, diese traditionellen Bräuche zu vermarkten. Schweinefeste bei den Papua werden von deutschen Trekkingunternehmen angeboten, aus dem «sozialen Ort» der Papuakultur wird ein «Menschenzoo», wie Debout bitter anmerkte.

Ein Wettbewerb in Großzügigkeit, ähnlich den Potlatchs, fand auch in Melanesien statt – aber dort handelte es sich geradezu um einen Krieg. «Das Ziel ist, den Feind zu beschämen, indem man ihm mehr und bessere Nahrungsmittel gibt, als er zurückgeben kann.»[14] Der Krieg fand in drei Runden statt, erst die Herausforderung, bei der den Feinden Massen von Yams, Taro, Bananen und Schweinen übersandt wurden, und zwar besonders große und gute. Diese Herausforderung mußten die Feinde Yams für Yams, Schwein für Schwein erwidern – wenn sie nicht konnten, waren sie die Unterlegenen, die öffentlich Gedemütigten. Konnten sie mithalten, legten sie nun ihrerseits beim «Zurückschießen» noch ein großes Schwein oder dergleichen drauf, und der Herausforderer hatte seine letzte Chance zur Antwort. Auch diese Art Krieg machte hohe Kosten, denn die kriegführenden Parteien durften die «Waffen» nicht etwa aufessen, da sie ja vom Feind kamen; sie wurden an Freunde und Verbündete weiterverteilt. Aber die konnte man dafür gelegentlich um Unterstützung bitten oder von ihren Fehden profitieren. Jedenfalls plädieren wir im Namen aller Freunde des guten Essens dafür, daß Kriege künftig nur noch auf diese melanesische Art ausgefochten werden dürfen!

In Afrika drückten sich Macht und Reichtum eines Chiefs unter anderem darin aus, daß er viel Nahrung verschenken und verteilen konnte. Oft war es so, daß jeder aus seinem Volk verpflichtet war, eine bestimmte Zeit auf den Feldern des Chiefs zu arbeiten; dafür nahm dann auch jeder an den großen Eßfesten teil, auf denen der Überschuß wieder verteilt wurde. Jack Goody schilderte ein Fest in Nordnigeria, das drei Tage lang gefeiert wurde. Zwei Tage dienten der Vorbereitung; am ersten wurde das Getreide zu-

bereitet, am zweiten eine Kuh geschlachtet, die der Chief des Dorfes stiftete. Am dritten Tag aßen dann alle gemeinsam, und die Gemeinsamkeit ging so weit, daß auch die «asozialen Elemente» ausdrücklich in die Zeremonie einbezogen wurden; auch sie gehörten zum Dorf. Goody berichtete, daß bei der Essensverteilung die einzelnen Gruppen aufgerufen wurden, und dabei wurden unter anderem auch genannt: Diebe, Hexen, Vergewaltiger.[15] Dieses war eben kein privates Fest, wo einer seine Freunde einlud, sondern hier wurde der Zusammenhalt des Dorfes zelebriert.

Linke Seite: Fürstentafel im 15. Jahrhundert.

Den Zusammenhalt der Stadt feierten in der Antike die Griechen mit zahlreichen Opferfesten. Jede größere Unternehmung, jeder Vertrag, der Antritt eines politischen Amtes, wurde mit einem Opfer und einem anschließenden Mahl begangen. Alle Bürger, die ein politisches Amt innehatten, richteten regelmäßig Opfer aus, zu dem die Stadt oder der Stadtteil, in dem sie zuständig waren, eingeladen wurde. Für die armen Bürger waren solche Opfer oft die einzigen Gelegenheiten, Fleisch zu essen. Freilich waren die Griechen nicht so demokratisch wie die Nigerianer, daß sie tatsächlich alle zu diesen Festmählern zugelassen hätten; Sklaven waren ausgeschlossen, und an vielen Opferfesten durften sogar die Frauen nicht teilnehmen.

Auch die äußerst aufwendigen Bankette, die von Fürstenhöfen aller Zeiten und Länder überliefert sind, hatten zunächst einmal die Funktion, zu repräsentieren, Macht und Größe eines Staates und des Herrschers zu feiern. Manchmal drang sogar etwas von dem Überfluß, der bei Hof verteilt wurde, bis nach unten zum Volk. Aber diese kleinen Spenden waren weit entfernt von der großzügigen Umverteilung, wie sie in weniger hierarchisch aufgebauten Gesellschaften praktiziert wurde. Meistens kam gerade soviel unten an, wie Georg Büchner in seinem satirischen Stück *Leonce und Lena* beschreibt: Da verheiratete sich Leonce vom Reiche Popo mit Prinzessin Lena vom Reiche Pipi, die Bauern standen vor dem Schloß aufgereiht, der Schulmeister brachte ihnen das Vivatrufen bei und sagte: «Erkennt, was man für euch tut: man hat euch grade so gestellt, daß der Wind von der Küche über euch geht und ihr auch einmal in eurem Leben einen Braten riecht.»[16]

Ob römische Kaiserzeit, ob arabische Hoffeste, ob Indien oder europäisches Mittelalter: Von allen Fürstenhöfen sind besonders verschwenderische Festessen überliefert. Kurz nach dem Ende der Republik aßen Cäsar und Augustus selbst noch ziemlich bescheiden; Cäsar trank kaum Wein, Augustus aß kaum Fleisch, lebte hauptsächlich von Brot, Käse und Feigen. Aber in ihren Staatsbanketten entfalteten sie offizielle Pracht. Cäsar gab zur Feier seiner Machtübernahme in Rom ein zwei Tage dauerndes Bankett, bei dem er 250 000 Bürger bewirtete – fast die ganze Stadt.

Die Feste und der Luxus des Kaisers Nero hingegen, knapp 100 Jahre später, bezogen das Volk nicht mehr ein. Sie waren sein Vergnügen und das seines Hofes – und wurden entsprechend kritisiert. Die berühmte Satire des Petronius, *Trimalchios Fest*, die ein geschmackloses Protze-Essen eines reichen Emporkömmlings beschreibt, hatte Neros Umgebung als Vorlage; vermutlich war mit dem Angeber Trimalchio Nero selbst gemeint. Bei Petronius kann man lesen, daß das Vorgericht auf «Schalen, auf deren Rändern der Name Trimalchio und das Gewicht des Silbers eingraviert waren», serviert wurde. Ein Sklave, der ein herabgefallenes Silbergefäß aufhob, bekam deswegen eine Ohrfeige, und das Silber wurde in den Abfall gekehrt. Als Gerichte erhielten die Gäste unter anderem serviert: Pfaueneier, welche aber aus Teig gebacken waren und mit gebackenen Feigenschnepfen gefüllt, ein Hase mit Flügeln, der wie Pegasus aussah, vier Faunsfiguren, aus deren Weinschläuchen gepfefferte Brühe in eine Schale mit Fischen floß, ein gebratener Eber, aus dem lebendige Vögel herausflatterten, als er angeschnitten wurde, dann wurde ein Kalb, das einen trojanischen Helm aufhatte, von einem Schauspieler tranchiert, der den rasenden Ajax spielte und dabei wild mit seinem Schwert auf den Braten einhieb, dann kamen Sklaven mit Amphoren, taten ungeschickt, so daß sie sich die Gefäße gegenseitig zerschlugen, und heraus fielen Austern und Muscheln. Zwischendrin gab es Unterhaltung, Schauspiel, Musik. Wie neidisch wäre Trimalchio gewesen, hätte er geahnt, daß bei einem Fest in Lille 1433 die Musik aus einer Pastete erklang – Orchester mitsamt Instrumenten steckte darin wie die Vögel in Trimalchios Eber!

Je weiter die römische Kaiserzeit fortschritt, um so ausgesuchteren Luxus dachten sich die Herrscher aus. Bei Heliogabal im 3. Jahrhundert genügten dann schon nicht mehr die originellen Zubereitungen und die seltenen Tiere wie Pfau oder Strauß, sondern er ließ nur die Zungen der Pfauen und die Gehirne der Strauße auftragen. Bei solchen Festen tauchten die Prasser auf, die den Hals nicht voll genug bekommen konnten und deshalb den Magen mit Hilfe einer Pfauenfeder leerten. Gutes Benehmen war das nicht, und wenn römische Autoren darüber berichteten, dann um

die betreffende Person zu kritisieren. Die reichen Bürger versuchten nach Kräften, solche verschwenderischen Feste nachzumachen, sich an Aufwand und Extravaganz zu übertreffen. Und die Gesetzgeber versuchten vergeblich, solchen Luxus bei den Bürgern zu bremsen.

Die Pracht, die Mengen, der Aufwand der Feste von Italien bis England kamen vom Mittelalter bis zum Barock den römischen gleich – und das römische *Apicius*-Kochbuch wurde ja auch im Mittelalter mehrfach wieder aufgelegt. Richard Warner zählt in seinen *Antiquities* all die Vorräte auf, die der Erzbischof von York und Kanzler von England, George Nevell, für das Fest seiner Amtseinsetzung im Jahr 1467 verbrauchte.

Es handelte sich um: 75 Zentner Weizen, 300 Fässer Bier und 100 Fässer Wein, 104 Ochsen, sechs wilde Bullen, 1000 Schafe, je 304 Kälber und Mastferkel, 2000 Schweine, 400 Schwäne, je 2000 Gänse und Hühner, 1000 Kapaune, je 4000 Wildenten, Tauben und Kaninche, Tausende von weiterem Geflügel wie Wachteln, Schnepfen, Kraniche, Reiher, Pfauen, 500 Rehe und Hirsche, zwölf Tümmler und Seehunde. Weiter 4000 kalte und 1500 warme Wildpasteten, 4000 Schüsseln mit Sülze, 4000 kalte Torten, 3000 kalte und 2000 heiße Puddings und «reichlich» Gewürze, Zuckerware und Waffeln. An diesem Gelage nahmen in vielen verschiedenen Sälen nicht nur Bischöfe, Fürsten, des Königs Bruder und sonst allerlei hochgestellte Personen teil, sondern in der unteren Halle saßen auch Landadel, freie Bauern und Pächter und auf der Galerie 400 Bedienstete, denen allen «zweimal serviert» wurde.[17]

Mit der Aufzählung vom Prunk und Überfluß solcher Feste könnte man ganze Bücher füllen – da es sich um öffentliches Repräsentieren handelte, sorgten schon die Veranstalter meist dafür, daß auch alles getreulich überliefert wurde. Der persische Schah befahl anläßlich des Besuchs des Thronfolgers von Indien im 16. Jahrhundert, daß «jeden Tag ein Bankett mit 500

Wilhelm der Eroberer tafelt vor seinem Aufbruch nach England – auf dem berühmten Wandteppich in Bayeux aus dem 11. Jahrhundert.

seltenen, köstlichen und farbenfrohen Gerichten bereitet werde ... Am Tag seiner Ankunft bereite man ein Fest, ein aufwendiges und verführerisches; Fleisch und Süßigkeiten, Milchzubereitungen und Obst sollen 3000 Tabletts füllen»[18]. Bei einem indischen Fest der Mogulzeit wurden viele Sorten Fleisch, geschmort, gegrillt und gebraten, Gemüsetöpfe, verschiedene Brotsorten, Chutneys, Reis serviert – alles sah aus, wie es sollte, aber nichts war, nach was es aussah: Der geschickte Koch hatte alles aus Zucker zubereitet.

Zur Hochzeit einer Tochter des ägyptischen Sultans im Jahr 1327 wurden 500 Schafe geschlachtet, 100 Rinder, 50 Pferde und, wie der arabische Berichterstatter sagt, eine absolut unzählbare Anzahl von Hühnern und Gänsen. Für die süßen Gerichte wurden 11 000 Zuckerlaibe benötigt, jeder wog mehrere Kilo. Von der Hochzeit der zweiten Tochter, fünf Jahre später, ist eine Gesamtzahl von 20 000 Schafen, Rindern, Pferden und Geflügel überliefert.[19]

Um auch ein deutsches Beispiel zu erwähnen, seien die 60 766 Gulden und 73 Pfennige erwähnt, welche die Landshuter Hochzeit des Herzogs Georg mit einer polnischen Prinzessin im Jahr 1475 gekostet hat – Seifert und Sametschek errechneten einen heutigen Wert von etwa 25 Millionen Mark.[20] Das prachtvolle Ereignis hat sich so in die Erinnerung der Untertanen eingegraben, daß noch heute alle paar Jahre eine tourismusträchtige «Landshuter Hochzeit» als Volksfest gefeiert wird.

Solche Feste waren kein Privatvergnügen, sie waren ein Symbol des hohen Amtes derer, die da feierten, und ein Symbol für die Bande von Abhängigkeit und gegenseitiger Verpflichtung zwischen Gastgeber und Gästen. Lehensverhältnisse, politische Allianzen, gegenseitige Schutzverpflichtung, Dienstbarkeit spiegelten sich an der Festtafel wider. So machen auch die Bauern, Pächter und Bediensteten auf der Gästeliste Sinn. Von den verschwenderisch aufgefahrenen Speisen kamen immerhin einige (wenn auch keineswegs alle wie beim Potlatch) auch beim «Volk» an, sogar bei denen, die vor der Burg oder dem Schloß auf die Reste warteten. Je mehr auch diese kleinen Gesten des Teilens abnahmen, je mehr solche Prassereien eben nur noch Privatvergnügen waren, desto weniger wurden sie von der Gesellschaft akzeptiert. Im Rokoko setzten sich die erlesenen kleinen Diners durch; sie waren fast privat und der öffentlichen Kritik entzogen.

Heute sind es allenfalls die Showstars, die entsprechend ihrem Gewerbe bei ihren Festen eine Darbietung ihres Reichtums geben; für Politiker bietet sich eher an, demokratische Bescheidenheit zu demonstrieren. Das tat sogar Königin Elisabeth II. bei ihrem Krönungsessen, das ganze vier Gänge umfaßte. Und als 1970 der amerikanische Präsident Nixon 100 Pflegerinnen und Pfleger von Militärlazaretten zum Thanksgivingessen ins Weiße Haus einlud, zum traditionell gefüllten Truthahn mit Süßkartoffeln, Kürbisauflauf und Preiselbeersauce, hat sicher niemand nach neuen Anti-Luxus-Gesetzen gerufen.

DER MÄCHTIGE RAUSCH

Die Entdeckung des Alkohols

In Theater und Film sind Betrunkene oft ein Witz; die Rolle ist begehrt. Wenn wir im Leben Betrunkene treffen, hängt von unserer eigenen Stimmung ab, ob wir lachen oder verachten oder uns fürchten und einen großen Bogen machen. Es hängt auch davon ab, ob sie lärmen wie in Gruppen vor oder nach einem Fußballspiel, wenn es in Straßen und auf Bahnhöfen von allen Seiten trompetet.

Wenn wir an manchen Stellen Afrikas Trompetenlärm hörten, eigentlich klingt es eher wie Posaunen, gingen wir auf jeden Fall besser in Deckung. Das könnten betrunkene Elefanten sein, die zu viele vergorene Früchte gewisser exotischer Bäume und Pflanzen vertilgt haben und nun berauscht herumtorkeln. In diesem Zustand können sie untereinander oder gegen Menschen so unangenehm werden wie Menschen.

Das entnehme ich einem gelehrten Buch. Aber aus meiner Kindheit weiß ich ja, daß Katzen sich an Baldrian berauschen und manche Insekten, besonders Ameisen, sich von Alkohol noch mehr angezogen fühlen als von Licht.

Meine Großmutter behandelte ihre Gicht mit «Ameisenspiritus»: Eine Flasche mit «reinem» Alkohol [1] wurde in die Nähe eines Ameisenhügels gesetzt und am nächsten Tag voll mit berauscht ertrunkenen Ameisen wieder geholt. Deren «Ameisensäure» verlieh dem Alkohol die heilende Qualität (äußerlich aufgetragen!), an die nicht nur meine Großmutter glaubte.

Manche Tiere sind auf Alkohol versessen. So starker ist offensichtlich keineswegs nötig, um sie anzulocken. Der Mensch hat also die berauschende Wirkung vergorener Früchte oder Flüssigkeit vielleicht nicht, wie in der Fachliteratur oft angenommen, durch zufälliges Kosten eines zufällig durch langes Stehenlassen vergorenen Obstsaftes oder Honigs kennengelernt, sondern der Tierwelt abgeguckt. Vermutlich beides.

Eines Tages 1965 schlenderte ich durch Krakau. Im Schaufenster eines nicht sehr reich bestückten Getränkeladens sah ich eine rundliche Flasche mit Mjöd – Met! Auf dem Etikett stand mein Name.

So nahm ich eine Flasche mit nach Hause. Irgendwann kostete ich den Inhalt – es schmeckte wie ein schwacher Honiglikör. Für einen Liebhaber von Wein oder stärkeren Getränken war es eigentlich nichts.

Aber da hatte ich kulinarische Urschritte der Menschheit nachvollzogen. Ziemlich sicher ist Met, aus Honig mit Wasser, wenn nicht das erste vergorene Getränk der Menschheit gewesen, so doch eines der frühesten.

Der hohe Zuckergehalt des Honigs ermöglichte spontane Gärung, sobald genügend Wasser zugesetzt wurde. Vielleicht war es nur Regenwasser. Und lange danach war Met wiederum eines der ersten Getränke, die irgendwelche Menschen zu Höherprozentigem destilliert haben.

Durst ist ein stärkerer Urtrieb als Hunger, weil der menschliche Organismus außerstande ist, längere Zeit ohne Flüssigkeitszufuhr auszuhalten, während er viele Wochen lang auf feste Nahrung verzichten kann. Als erstes tranken Menschen sicherlich Wasser. Viel Flüssigkeit nahmen sie auch mit Früchten zu sich. Aber Wasser war früher keineswegs immer so sauber, wie wir heute nostalgisch glauben. Nach einer gelehrten Meinung[2] war im alten Ägypten etwa 1800 v. Chr. der Alkoholkonsum geringer als in Griechenland, weil das Nilwasser besser war als das griechischer Flüsse. Regenwasser war deutlich sauberer als das meiste in den Flüssen, Bächen, Teichen und Seen – sehr früh lernten die Menschen, es aufzufangen in allen möglichen Mulden und Gefäßen, später Zisternen. Aber es blieb nicht lange frisch und trinkbar, und in vielen Gegenden der Welt regnete es auch nicht genug.

Da half Alkohol. In der einen oder anderen Form haben ihn die Menschen so gut wie überall getrunken, sobald sie ihn entdeckten, mit Ausnahme einiger Völker im südlichen Pazifik und einiger in Amerika vor Kolumbus. Der erste, den Menschen kennengelernt haben, war also allem Anschein nach Met. Viele Völker der tropischen Länder mischten von jeher Honig wilder Bienen oder auch von Erdhummeln mit Wasser, und da brauchte ja nur einmal ein solcher Topf längere Zeit in der Hitze stehenzubleiben – dann lösten unsichtbare Organismen im Wasser die Gärung aus, und das Getränk wurde zu Met. Die Menschen brauchten gar nicht nachzuhelfen.

Met beglückte Völker der meisten Kontinente – nicht Nordamerikas. Bald brachte man ihn auch den Göttern als Opfergetränk dar, ob in Brasilien oder in Afrika oder in England. Met liebten Griechen und Italiener, Kelten und Preußen. Wenn sie nur genug davon tranken, machte Met die Menschen betrunken. Das war ein neues Gefühl. Sie fühlten sich in einen unnatürlichen Zustand versetzt, einen so schönen, daß sie ihn als übernatürlich empfanden. So begründete Met auch die Sitte des Miteinandertrinkens, des Trinkens als Gruppenzeremoniell zu allen möglichen Anlässen und Festen, besonders zu religiösen.

Irgendwann haben die Menschen beobachtet, daß Beeren und andere Früchte gären, wenn sie – einmal von ihrem Baum oder Strauch getrennt – lange genug der Luft ausgesetzt sind. Auch so entsteht Alkohol. Die Indianer in Kanada gewannen ihren Alkohol aus Ahornsirup, die Mexikaner aus Agavensaft, Indianer Südamerikas aus Mais oder Maniok. Anderswo waren es Beeren oder Melonen, Kürbisse oder Rhabarber, Zuckerrohr oder Datteln. Palmenstämme lieferten einen schnell gärenden Saft, der als «Wein» genossen oder in späteren Zeiten zu Höherprozentigem verarbeitet wurde. «Palmwein» selbst kann bis zu 20 Prozent Alkohol enthalten. Die vergleichbare Rolle von Birkensaft beschrieben schon die alten Griechen. Er wurde auch in Osteuropa, besonders in Rußland, bis in die Gegenwart hinein genutzt. Im frühen Indien verursachte vergorener Saft der Somapflanzen Rauschzustände, ohne daß er freilich Volksgetränk wurde wie Met. Maurizio hat rund 210 Pflanzen ermittelt, die im Lauf der Geschichte den Menschen Gärstoffe geliefert haben.[3]

Aber Met hatte lange die größte Bedeutung. Ihn tranken die Menschen während ein paar Jahrtausenden – schon lange, bevor sie das Sammlerstadium verließen und mit Getreide- und Obstanbau die Landwirtschaft entwickelten. Manche Völker mischten Zusätze hinzu, Gewürze oder auch Milch, Kräuter (darunter Salbei), schließlich Hopfen, gar zusammen mit Bierhefe (in Schweden, im 16. Jahrhundert). Das Prinzip blieb immer das gleiche.

Die Römer genossen verschiedene Honiggetränke – Met, Honigwein («oenomeli») und Honigmost («mulsum»). Neuvermählte tranken in ihrem ersten Monat miteinander Honigwasser – ob vergoren, ist offen, aber jedenfalls haben wir da den Honigmonat, den «honey moon».

Die systematische Landwirtschaft, deren Anfang auf spätestens das 8. Jahrtausend v. Chr. geschätzt wird, brachte dem Met vor mindestens 5500 Jahren eine gewaltige Konkurrenz, sobald die Menschen gelernt hatten, Gerste und Weizen anzubauen: das Bier, und dann auch den Wein – ganz sicher ist man sich der Reihenfolge nicht. Honiggetränke waren schließlich deswegen im Nachteil, weil Honig lange als wichtigster Süßstoff diente und teuer war. Das blieb er, bis «richtiger» Zucker erschien. So war es verschwenderisch, ihn zu einem Rauschgetränk zu machen, sobald es auch andere gab – wie Bier und Wein.

Jedenfalls koexistierten schließlich alle drei, bis der Met so gut wie ganz verschwand. Immerhin profitierten Bier und Wein ebenfalls vom Honig, der ihnen oft beigemischt wurde, bis sich die Menschheit an weniger süße Rauschgetränke gewöhnte. Denn Rauschgetränke blieben sie, und Jahrtausende lang war es kollektiver Rausch, wenn auch ebenfalls vor Jahrtausenden schon begonnen wurde, Wein oder Bier zum Essen zu trinken und besonders das Bier als Bestandteil der Nahrung zu betrachten.

Griechisches Bronzegefäß zum Weinmischen, etwa 500 v. Chr., das 1952 in einem Fürstengrab bei Vix (Frankreich) gefunden wurde. Es ist 1,64 m hoch.

Der Einzeltrinker um des Rausches willen kam viel später, aber die Geschichte des Alkohols ist auch die Geschichte berühmter unmäßiger Trinker. Je weiter zurück in der Vergangenheit sie gelebt haben, desto weniger anstößig erscheinen sie uns, da doch die Menschen viele jahrhunderte-, nein jahrtausendelang den Rausch, das Sichbetrinken, für eine Steigerung des Daseins, verdienstvoll, den Göttern gefällig und oft sogar gesund hielten.

Zu den großen Trinkern der biblischen Geschichte gehörten Noah und Lot. Zu denen der Kirchengeschichte die Päpste Alexander V. und Sixtus V., St. Augustin, Bonifatius. Der Perserkönig Darius ließ auf sein Grab schreiben: «Ich konnte viel Wein trinken und es gut vertragen.» Andere Säufer der Geschichte: Philipp von Mazedonien und sein Sohn Alexander «der Große», der sechs Quart Wein in einem Zuge trinken konnte. Alexander verhalf auch anderen zu solchem Genuß. Einmal setzte er einen Preis für denjenigen aus, der am meisten trinken könne. Promachus siegte mit fast 13 Liter Wein, überlebte seinen Triumph freilich nur drei Tage.[4] Alexander selbst starb an den Folgen seiner Alkoholexzesse und war bei seinem Tode betrunken, sagt Athenäus, starb an Malaria, ertrank, meinen andere Quellen, was das vorher Gesagte nicht ausschließt.

Der römische Kaiser Tiberius machte Lucius Piso zum Statthalter von Rom, weil ihm seine Trinkfestigkeit gefiel. Tiberius selbst wurde auch Bibulus genannt, der Durstige. Alkibiades, Pyrrhus, Hannibal, Caligula, Claudius, Nero, Cäsar, Antonius, Cato der Jüngere – viele berühmte klassische Gestalten betranken sich oft, auch Homer, Aischylos und Aristophanes. Der letzte dänische König auf dem englischen Thron, Hardeknout, betrank sich 1042 bei einer Hochzeitsfeier so sehr, daß er ein paar Tage später starb.

Nicht mehr in ganz so ferner Vergangenheit behauptete Lord Chesterfield in seinen Memoiren, in den Schlössern der geistlichen Kurfürsten von Trier und Mainz habe man «gesoffen wie die Vandalen»[5]. Der Markgraf von Bayreuth betrank sich nach der gleichen Quelle täglich dreimal. Der Bischof von Würzburg setzte seine Gäste freigebig unter Alkohol. Kurfürst Johann Friedrich «der Großmütige», Führer der Protestanten im Schmalkaldischen Krieg, verlor die Schlacht bei Mühlberg, weil er zu betrunken war, um einen Entschluß fassen zu können. Kurfürst Friedrich von der Pfalz notierte in sein Tagebuch hauptsächlich, wann er sich betrunken hatte. Christian II. von Sachsen war täglich «randvoll», veranstaltete Wett-Trinkereien und bedankte sich 1610 nach einem Besuch bei Rudolf II. in Prag: «Kaiserliche Majestät haben mich gar trefflich gehalten, also, daß ich keine Stunde nüchtern gewesen bin.» Zar Peter «der Große» machte mit seiner Kapazität für Essen und Trinken bei einem Parisbesuch 1717 großen Eindruck: «Was er bei zwei regelmäßigen Mahlzeiten trank und aß, ist unvorstellbar», schrieb der Herzog von Saint-Simon, «ohne zu zählen, was er an Bier, Limonade und anderen Getränken zwischen den Mahlzeiten herunterschluckte; seine Begleitung noch mehr; ein oder zwei Flaschen Bier, ebensoviel und manchmal mehr Wein, Likörweine zum Schluß der Mahlzeit, vorbereitete Branntweine, halbe und manchmal ganze Liter: das war etwa das Normale jeder Mahlzeit. Seine Begleitung verschlang mehr ...»[6]

Frauen waren keineswegs enthaltsamer. Liselotte von der Pfalz (verheiratet mit dem Bruder Ludwigs XIV., Herzog Philipp I. von Orléans), unermüdliche Briefschreiberin über französische Sitten und Zustände, berichtete 1699: «Das Saufen ist gar gemein bei die Weiber hier in Frankreich», und ein andermal: «Zu allem Unglück saufen die Damen hier noch mehr als die Mannsleute, und mein Sohn – der Regent ... hat eine verfluchte Mätresse, das Mensch sauft wie ein Bürstenbinder.»[7] Aus England, Italien und Deutschland sind ähnlich starke weibliche Trinkgelüste überliefert, in Deutschland taten sich offenbar Schwäbinnen und Lübeckerinnen besonders hervor.

Der Kalif Mutawakkil (846 bis 861) veranstaltete Weinfeste, die doch den Muslimen prinzipiell verboten waren. Sultan Suleiman «der Große» hatte eigens noch ein Edikt gegen Weingenuß erlassen. Sein Nachfolger Selim-Khan II. hob es auf und verdiente sich den Beinamen «der Säufer». Sultan Murad IV. verbot den Muslimen unter Androhung der Todesstrafe wieder, Alkohol anzurühren – und starb 1648 im Alter von 28 Jahren an Trunksucht. Rund 200 Jahre später zog sich Sultan Abd ül-Medschid den Ruf zu, ein Champagnerliebhaber zu sein. Arabischen Schriftstellern zufolge haben fast alle Kalifen gewohnheitsmäßig viel getrunken.

Ob mit Met, mit Bier oder Wein, später mit Destilliertem – wie die überlieferte Prominenz haben auch die meisten Völker lange Zeit nicht nur nichts dabei gefunden, sich ordentlich zu betrinken, sondern es sogar hochgeschätzt. Es war ja Bestandteil ihrer sozialen oder religiösen Rituale. Den schon erwähnten berühmten Säufern entsprechen also in der Geschichte ganze Völker, die zeitweise als besonders trinksüchtig berühmt oder berüchtigt wurden. Freilich waren es hauptsächlich die führenden Schichten, die es sich leisten konnten, ohne Gewissensbisse und bis zum Exzeß zu trinken. Oft aber hielt «das Volk» mit; es betrank sich nur mit Alkohol minderer Qualität.

«Wett-Trinken bis zur Bewußtlosigkeit gehört zu den normalen Lebensäußerungen der vorindustriellen Welt», sagt Wolfgang Schivelbusch[8]. Das praktizierten auch Afrikaner, Bewohner der Pazifikinseln und Indianer Mittel- und Südamerikas, noch bevor ihnen die Weißen stärkere, destillierte Getränke brachten und damit zu ihrem Untergang beitrugen. Ihre alkoholischen Getränke waren nicht so stark, es dauerte eben länger. Sir Walter Raleigh schrieb in seinem *The Discovery of the Large, Rich and Beautiful Empyre of Guiana* 1596: «Diese Guianer und ebenso ihre Nachbarn und alle anderen in der Strecke, die ich gesehen habe, sind wunder-

Alexander «der Große», er herrschte von 336 bis 323 v. Chr.

bar große Trunkenbolde.» Bei Festen des dortigen Kaisers säßen «goldbestäubte Menschen in Zwanzigergruppen oder zu Hunderten trinkend beisammen und bleiben betrunken manchmal sechs oder sieben Tage beieinander»[9].

Exzessives Trinken bei Inkafesten konnte bis neun Tage dauern; sie tranken, bis sie nicht mehr stehen konnten. Die Tupi-Guarani in Südamerika tranken bei ihren Festen nicht nur bis zur völligen Trunkenheit, sondern bis zum Erbrechen. Was Hippokrates im 4. Jahrhundert v. Chr. den alten Griechen empfohlen hatte, nämlich sich durch gewaltiges Trinken regelmäßig zum Erbrechen zu bringen, galt in vielen Gesellschaften, die nie von ihm gehört hatten, als ein erstrebenswerter Akt der Selbstreinigung.

Bei den Ägyptern und Sumerern war etwa 3000 v. Chr. Bier verbreiteter als Wein, der eher rituellen Zwecken galt, sogar bei den Königen. Erst später kehrte sich das Verhältnis um, wenigstens für die Aristokratie. Um 1900 v. Chr. tranken die Ägypter mehr als später die «bacchantischen» Griechen.[10] Trunkenheit, betrunken sein, galt im alten Ägypten und in Mesopotamien als nichts Böses, obwohl auch damals schon manche zur Mäßigung rieten. Der Rausch galt ja auch als religiöse Ekstase. Andererseits trägt das Grab eines Königs von Memphis aus dieser Zeit die Inschrift: «Sein Erdendasein wurde von Wein und Bier zerstört.» Aber im ägyptischen Kalender war ein Tag im Monat fürs Betrinken vorgesehen. Eine ägyptische Schrift um etwa 1600 v. Chr. beschrieb als perfekt glücklich jemanden, dessen Mund voller Wein und Bier sei. Immerhin glaubten die alten Ägypter auch, ein Rezept gegen Trunkenheit zu haben: Kohl essen, und zwar vor dem Trinken.[11] Im 13. Jahrhundert v. Chr. stellte Ramses III. während seiner 31jährigen Regierungszeit aus den königlichen Beständen allein den Tempeln etwa 57 000 Liter Bier und 36 000 Liter Wein zur Verfügung.

In Babylon wurde ebenfalls viel getrunken, hauptsächlich Bier, seit mindestens 2000 v. Chr. Auch die Assyrer waren große Trinker. Der französische Archäologe Maspéro hat aus alten Originalquellen den Verlauf von Festgelagen rekonstruiert – «nach einem oder zwei Tagen bietet Ninive das außerordentliche Schauspiel einer ganzen Stadt in verschiedenen Stadien der Trunkenheit. Wenn das Fest vorbei ist, dauert es mehrere Tage, bis es sein gewohntes Bild zurückgewinnt»[12].

Die alten Griechen und Römer genossen und priesen Wein und hinter-

Männer beim Gelage auf einer griechischen Trinkschale aus dem 5. Jahrhundert v. Chr.

ließen viele Ratschläge zur Mäßigung; es galt als fein und gesund, Wein mit Wasser verdünnt und nur während der Mahlzeiten oder danach zu trinken. Daß das für die Mehrheit eher Theorie war, zeigten Bemühungen um die Eindämmung verbreiteter Trunkenheit im 7. und besonders im 5. Jahrhundert v. Chr. in Athen. Das hinderte die Athener nicht, die mit ihnen verbündeten Byzantiner (4. Jahrhundert v. Chr., da war noch keine Rede vom späteren Ostreich mit Byzanz als Hauptstadt, sondern es war noch einer der vielen kleinen griechischen Staaten) als noch versoffener zu betrachten. Die Beschreibung des römischen Schriftstellers Aelianus, der griechisch schrieb, spricht Bände: «Wie man sagt, liebten die Byzantiner Wein so leidenschaftlich, daß sie ihre Häuser verließen und sie an die Fremden vermieteten, die sich in ihrer Stadt niederließen, um sich selbst in Wirtshäusern einzuquartieren. Sie überließen auch ihre Frauen den Fremden und begingen also gleichzeitig zwei Verbrechen: Trunkenheit und Prostitution ... Während der Belagerung von Byzanz stellte ihr General Leonidas fest, daß viele ihre Posten an den Stadtmauern verlassen hatten, die vom Feind schwer berannt wurden, und ihre Tage in ihren gewohnten Kneipen verbrachten. Also befahl er, an den Festungswällen Tavernen zu errichten. Dieser geniale Trick hielt sie, wenn auch ein bißchen spät, und sie verließen ihre Posten nicht mehr.»[13]

Ebenfalls im 4. Jahrhundert v. Chr. stellte Aristoteles eine bemerkenswerte Typologie der Betrunkenen je nach ihrem Getränk auf: Der vom Wein Berauschte falle nach vorn aufs Gesicht, das Bieropfer auf den Rücken.[14]

Unter den Römern der späten Republik und der frühen Kaiserzeit war Alkoholismus gleichfalls weit verbreitet – überwiegend in den oberen Klassen. Die frühen Christen tranken unbefangen – Wein war ja in das Abendmahl einbezogen. Doch die christliche Lehre pries Mäßigung und verdammte Trunkenheit. Freilich übernahmen die Christen auch manche Aspekte «heidnischer» Festlichkeiten, einschließlich der Trinksitten. Zu gewissen Gelegenheiten wurde eher geduldet oder gar gewünscht, daß Hemmungen fielen, etwa beim Karneval. Noch spät im Mittelalter tranken Priester und Laien gemeinsam in den Kirchen.

Die Ideale hielten nur selten den tatsächlichen Verhältnissen stand. Der Aufschwung der Wirtschaft vergrößerte im Mittelalter sowohl das alkoholische Angebot als auch die Nachfrage. Zweifellos trug zum Durst bei, daß immer schärfer gewürzt wurde. Mit den gewaltigen Trinkereien an Fürstenhöfen, in den Häusern des Adels und bei Kirchenfesten hielten die Bauern bei nicht weniger alkoholisierten Dorffesten mit. Zum Adel und den Klerikern, die sich mehr und besseres Trinken leisten konnten und daher auch leisteten (Bierration der Mönche von St. Gallen im 10. Jahrhundert: täglich fünf Maß, dazu manchmal noch Wein), kamen allmählich auch die Professoren und die Studenten als gewaltige Zecher hinzu. Die armen Bevölkerungsschichten waren allerdings jahrhundertelang für alltägliches Getränk auf schwaches Bier angewiesen oder auf säuerlichen Wein, vermischt mit Wasser.

Im 10. Jahrhundert wirkten die Engländer besonders alkoholfreudig, die Russen hatten schon vom frühen Mittelalter an den gleichen Ruf. Ein paar Jahrhunderte später zogen andere Völker nach. Unter den Germanen nahm die Gruppentrinkerei größere Formen an als anderswo. Schon Tacitus meinte im 1. Jahrhundert, wenn man die Trinklust der Germanen weiter ermuntere, werde man sie leichter unterwerfen als mit Waffen.[15] Das ist den Römern allerdings nicht gelungen.

Die Sauflust der Deutschen in Mittelalter und Neuzeit ist reichlich dokumentiert. Die Sachsen wurden im 16. Jahrhundert als besonders gierige und unmäßige Biertrinker beschrieben. Über ihre Trinkgelage berichtete Boemus Aubanus: «Bis zur Trunkenheit und zum Erbrechen getrunken zu haben, ist nicht genug, sondern wieder bis zur Nüchternheit, indem sie Tag und Nacht fortmachen. Wer alle übersäuft, trägt nicht nur Lob und Ruhm davon, sondern auch einen Kranz aus wohlriechenden Blumen und Rosen oder sonst einen Preiss, um den sie gestritten ...»[16]

In Europa war der Alkoholkonsum im 16. und 17. Jahrhundert auf Rekordhöhe. Die vielen historisch-literarischen Zeugnisse, die den Deutschen besonders große Trunksucht bescheinigten, können nicht darüber hinwegtäuschen, daß andere nord- und osteuropäische Völker kaum weniger tranken. Die Schweden beispielsweise vertilgten in der Mitte des 17. Jahrhunderts etwa 40mal soviel Bier wie Mitte des 20.

Die südlicheren, «lateinischen» Völker hingegen hatten zu Beginn der Neuzeit bis ins 17. Jahrhundert hinein den Ruf, und Reisende aus anderen Ländern bestätigten es immer wieder, daß es bei ihnen wenig Betrunkene zu sehen gebe. Besonders über Spaniens Nüchternheit ließen sich ausländische Zeugen verwundert und beeindruckt aus, gerade weil es in spanischen Weinstuben und Kneipen so viele verschiedene und gute Weine gab. Damals hatte Madrid allein mehr als 1000 Weinkneipen. Französische Reisende wiederum staunten über die vielen Betrunkenen auf deutschen Straßen – mit dem interessanten Zusatz, Streit gebe es unter ihnen aber nicht. Ende des 17. Jahrhunderts wurden Hochzeiter auf der Insel Helgoland aufgefordert, mit ihrem Gefolge rechtzeitig nüchtern zur Kirche zu kommen «und nicht jedermann voll besoffen und mit ungestümem Poltern wie bisher zum großen Ärgernis anderer Leute»[17].

Ein weiterer interessanter nationaler Unterschied hat erst Ende unseres Jahrhunderts seine wissenschaftliche Erklärung gefunden: Japaner, Chinesen und nordamerikanische Indianer waren recht schnell von kleinen Mengen Alkohol angeheitert, die Nordeuropäer bedurften weit größerer Dosis. Die Genforschung hat ergeben, wenigstens für die Japaner, daß etwa der Hälfte von ihnen das Gen fehlt, das Alkohol schnell abbaut. Daß sie so wenig vertrugen, also ihr schnelles Betrunkensein, war und ist ein gewaltiger Schutz gegen übermäßigen Konsum.

Immerhin dichtete der chinesische Poet Li Po im 8. Jahrhundert: «Bleiben wir länger auf, um Hunderte von Krügen zu trinken, um die ewige Traurigkeit der Welt zu verjagen. Die schöne Nacht lädt uns zum Reden ein. Der Mond ist so hell, daß man nicht schlafen kann. Wenn die Trunkenheit da ist, werden wir uns auf dem nackten Berg ausstrecken, mit dem Himmel als Decke und der Erde als Kopfkissen ... Ich bin betrunken, der Wind trägt meine Nachtmütze davon. Glücklich halte ich mich am Tanz mit dem Mond fest.»[18] Da hatten die Chinesen schon seit mehr als 1000 Jahren Reiswein, die Japaner ebenfalls, zunächst nur für religiöse Zwecke.

Im 18. Jahrhundert steigerte sich die Trunkenheit in Europa noch einmal. Trinkwasser war noch immer knapp – in industrialisierten Gegenden: wieder knapp. Wie gefährlich Alkohol auch immer sein mochte – vielerorten galt die Gefahr, die von schlechtem Wasser ausging, als größer, und Alkohol diente wie früher, eher mehr, als Medikament (darauf komme ich gleich) und als Beitrag zur Ernährung, besonders das Bier. Fruchtsäfte waren schon damals teurer, Milch war Säuglingen vorbehalten. Also mußten alkoholisierte Getränke her, und seien es auch schwache – so empfahl beispielsweise ein Arzt in der Normandie den Kindern Cidre.

Rechte Seite: «Ebrietas – Trunkenheit»: Illustration in der lateinischen Fassung einer arabischen Gesundheitslehre im sogenannten Hausbuch der Cerruti, *Verona oder Lombardei, Ende des 14. Jahrhunderts.*

Hochprozentiges

Inzwischen hatten die Spirituosen ihren Siegeszug angetreten. Als die Menschen destillieren lernten, also den Alkoholgrad ihrer Rauschgetränke beträchtlich steigern konnten, steigerten sie auch ihre Abhängigkeit – sie hätten vielleicht gesagt, ihre Anhänglichkeit. Die Auswirkungen zeigten sich zunächst ziemlich langsam, zwischen dem 12. und dem 16. Jahrhundert. Im 16. Jahrhundert begann man, Spirituosen zu trinken, um sich zu entspannen. Das gewann aber, sagt Austin[19], in den meisten Ländern erst zwei Jahrhunderte später Bedeutung. Doch bei den Deutschen begann ihr Erfolg schon im 15. Jahrhundert, wenn auch zunächst bescheiden. Da hatten sie bereits aromatisierten Branntwein und Liköre aus destilliertem Wein. Um 1500 war die Getreidebrennerei eingeführt; zunächst destillierte man das Bier, ein paar Jahrzehnte später aus Getreide. In Schwaben und Westfalen begann im 16. Jahrhundert die Obstbrennerei.

Alkohol destillieren heißt, die alkoholhaltige Flüssigkeit bis zum Verdampfungspunkt zu erhitzen; der des Alkohols liegt mit 78 Grad Celsius weit unter dem des Wassers. Im Dampf ist also mehr Alkohol enthalten, der Dampf wird abgekühlt und damit wieder zu Flüssigkeit, die höherprozentig ist als die zu Beginn. Der Vorgang kann wiederholt werden.

Maurizio vermutete, daß als erstes Met destilliert wurde.[20] Schriftliche Belege stammten freilich erst aus späterer Zeit, als auch schon Getreide gebrannt wurde. Schon in einer alten irischen Sage aus dem 3. Jahrhundert heiße es, «man schenkte jedem seinen Teil Feuer ein», und die Legende schreibe dem heiligen Patrick, der im Jahr 432 nach Irland kam, um das Land zum Christentum zu bekehren, Destillierkunst zu. Er soll den «alambic», also die Brennapparatur, in Ägypten entdeckt und nach Irland mitgebracht haben. Im 6. Jahrhundert wurde schon destillierter Met erwähnt. In einem «Metgesang» (mead song) des irischen Barden Taliesin hieß es: «Destillierten Met will ich preisen, man lobt ihn überall.»[21] In der Nähe von Cashel wurden Reste von bronzenen Destillierapparaten gefunden. Im 11. Jahrhundert begannen irische Mönche, mit Whiskey zu handeln; die Schotten führen ihre Destillation auf die Zeit vor den Kreuzzügen zurück; schon damals hätten einige von ihnen bei den Arabern gelernt.

Daß eines der chinesischen Wörter für Branntwein dem arabischen «arag» nachgebildet ist, hat zu dem Schluß geführt, die Chinesen hätten Schnaps destillieren vielleicht von den Persern gelernt, die es im 9. Jahrhundert bereits konnten.[22] Eine Schrift des Gelehrten Rhasès in Teheran erwähnt die Destillation von Wein, die ein arabischer Gelehrter schon im Jahrhundert zuvor entdeckt habe.[23] Auch in Indien, wo exzessives Trinken ebenso vorkam wie in anderen Ländern, gab es Schnaps: Sura, nach Vergärung destillierter Saft von Gerste oder Reismehl. Den Brahmanen war Alkohol allerdings verboten.

Ebrietas.

In Afrika übernahmen die Ashanti das Destillieren von den Europäern und verbreiteten es dann weiter. Aber Schnaps, Branntwein, Rum wurden für europäische Sklavenhändler in Afrika wirksame Mittel, sich Zulieferer geneigt zu machen. Jenseits des Atlantik, in Nordamerika, wurde das «Feuerwasser», das die Einwanderer brachten, zu einer oft bewußt eingesetzten Waffe, die Indianer geistig und körperlich zu ruinieren. Von denen hatten die meisten überhaupt keinen Alkohol gekannt.

Alexander von Humboldt fand Anfang des 19. Jahrhunderts bei seiner Reise durch Lateinamerika entlang des Orinoko: «Die meisten Wilden am Orinoko haben nicht den wüsten Hang zu geistigen Getränken, dem man in Nordamerika begegnet. Die Otomaken, Yaruros, Achaguas und Kariben berauschen sich allerdings oft durch den übermäßigen Genuß der Chiza und so mancher anderer gegorenen Getränke, die sie aus Maniok, Mais und zuckerhaltigen Palmfrüchten zu bereiten wissen; die Reisenden haben aber, wie gewöhnlich, für allgemeine Sitte ausgegeben, was nur einzelnen Stämmen zukommt. Sehr oft konnten wir Guahibos oder Macos-Piaroas, die für uns arbeiteten und sehr erschöpft schienen, nicht vermögen, auch nur ein wenig Branntwein zu trinken. Die Europäer müssen erst länger in diesen Ländern gesessen haben, ehe sich die Laster ausbreiten, die unter den Indianern an den Küsten bereits so gemein sind.»[24]

Auf der anderen Seite des Erdballs waren die Maori in Neuseeland ohne Alkohol zufrieden, bis die Weißen kamen. Eine französische Schiffsexpedition berichtete 1783: «Sie zeigten große Abscheu vor Wein und besonders vor starken Spirituosen.» Aber schon 1834 erzählte der Engländer Edward Markham, er habe ihnen Rum vorgesetzt – sie hätten alkoholische Getränke schätzengelernt. «Früher hatte es ‹stinkendes Wasser› geheißen, nun nannten sie es ‹gutes Wasser› und liebten es, sich zu betrinken.»[25]

Lange Zeit war der Schnaps in Europa als «aqua vita» bekannt, «Lebenswasser», was genug darüber aussagt, welche medizinischen Wirkungen man ihm zunächst zuschrieb. Der Ausdruck stammte wohl aus italienischen Medizinschulen, besonders der von Salerno, die im 12./13. Jahrhundert Wein zu Branntwein destillierten. Bis zum 15. Jahrhundert blieb die Spirituosenproduktion winzig und teuer, eine Sache für Ärzte, Chemiker, Apotheker und Mönche, die ihre Rezepte geheimhielten. Im 15. Jahrhundert lehrte eine französische Schrift, «eau de vie», also immer noch «Lebenswasser», sei gut gegen alle Schmerzen, Augentränen, schlechten Atem, Wassersucht, eiternde und entzündete Wunden, Bisse giftiger Tiere, «gegen unheilbare Krankheiten»[26].

Als Medizin hatten den Menschen schon lange vorher auch Wein und Bier gedient. Von früh auf halfen sie zum Herunterspülen von Medikamenten, und auch sie galten als stärkend, verdauungsfördernd und als wichtiges Betäubungsmittel. Bei Epidemien stieg sofort der Alkoholkonsum. Manche Ärzte empfahlen, sich regelmäßig zu betrinken – zur Vorbeugung. Aber die älteste bekannte Erwähnung von Alkohol als Medizin stammt von einer Tontafel aus der sumerischen Stadt Nippur: Medikamente sollten mit Bier eingenommen werden; der Text könnte auch bedeuten «mit Wein» – im Jahre 2100 v. Chr.

Das Alkoholverbot des Islams hat muslimischen Ärzten damals ihr wichtigstes Medikament genommen. Jedoch wurde dieses Verbot in der muslimischen Welt jahrhundertelang höchst unterschiedlich befolgt, wie E. Ashtor nachgewiesen hat, gestützt auf zahlreiche arabische Quellen und zeitgenössische Reiseberichte zwischen dem 8. und 13. Jahrhundert.[27] Mohammed hatte befohlen, Weintrinker mit 40 Peitschenhieben zu bestrafen, und Kalif Umar hatte im 7. Jahrhundert die Strafe verdoppelt, denn Trunkenheit führe zu «obszönen und lästerlichen Reden über die weibliche Keuschheit»[28]. Doch Angehörige der reichen Schichten tranken Wein, Bauern Dattel- und Honigwein und anderswo Getreide- oder Kräuterbier. Frauen tranken ebenfalls, und zahlreiche Noble galten als Säufer. Beliebte Zechstätten waren christliche und jüdische Schenken und christliche Klöster, die für guten Wein bekannt waren und diesem auch viel Besuch von Muslimen verdankten. Von Zeit zu Zeit wurden die Schenken verboten, unter den Fatimiden (909 bis 1171) mußten sie nur am Vorabend des heiligen Fastenmonats schließen. Als besonders trinkfreudig galten die Armeen der Fatimiden und schließlich die Mamelucken, die ab 1250 zweieinhalb Jahrhunderte über Ägypten und Syrien herrschten. Offenbar tranken sie nach einer Weile nur noch heimlich.

Zurück zur Medizin – der berühmte arabische Arzt Avicenne verordnete noch im 11. Jahrhundert manchen Patienten, sich ein- oder zweimal im Monat zu betrinken – es erleichtere und befriede die tierischen Triebkräfte, fördere Urin und Schweiß und «löst Überflüssiges auf». Freilich meldeten sich schon bald Stimmen, die dieses Rezept ablehnten, aber verordnet und befolgt wurde es bis ins 19. Jahrhundert hinein.

«Überflüssiges» auflösen konnten die Menschen am Kongo im 16. Jahrhundert offenbar leicht dank eines Palmenweins. «Diesen Wein trinken sie kalt, und er ist sehr harntreibend, so daß es in diesen Ländern niemanden gibt, der unter Harngrieß oder Blasensteinen leidet. Die zuviel davon trinken, macht er schnell betrunken», schrieb Filippo Pigafetta, gestützt auf Berichte des portugiesischen Reisenden Odoardo Lopez.[29]

Im 17. Jahrhundert ließ die Pariser Universität mehrfach untersuchen, ob Trunkenheit nicht die Gesundheit fördere. Montaigne empfahl, was ihm (angeblich) ein Arzt gesagt hatte: Mindestens ein Rausch im Monat stärke den Magen, fördere den Schlaf und mildere Spannungen.

Der destillierte Alkohol schien nun das weit bessere Medikament zu sein. Aber mit wachsender Verbreitung ließ er sich nicht mehr als Apotheker- und Arztgeheimnis einsperren. Schon 1496 verordnete die Stadt Nürnberg Beschränkungen des Branntweinverkaufs, weil dessen Konsum zu täglichen Ausschreitungen und zu Unruhen führe. Im 16. Jahrhundert breiteten sich Kenntnis und Konsum des Branntweins schnell weiter aus.

Im 17. wurden Irland und Schottland Whiskyländer. Auch dort, wie in England, wurde zwar hauptsächlich Bier getrunken. Aber irischer Whiskey (zunächst «Usquebagh» genannt) nahm schnell an Beliebtheit zu, auch in England noch im gleichen Jahrhundert.

Hauptverbreiter der Spirituosen wurden Anfang des 17. Jahrhunderts die Holländer. Sie waren nicht nur die führenden Weinhändler des europäischen Kontinents, sondern sie förderten und verbreiteten die südwestfranzösische Weinbrand-, dann Cognac-Produktion (der erste belegte Cognac-Export stammt aus dem Jahr 1617). Die Hoffnung war, das konzentrierte Gut am Zielort wieder mit Wasserzusatz in Wein verwandeln, also Fracht sparen zu können. Holländer schufen außerdem bei sich zu Hause Europas größte Destillierkapazität, sie entwickelten und verbreiteten Getreideschnäpse. Sie erfanden Gin und Genever. Aber auch in London und

Englische Kneipenszene, 1735.

Westminster existierten 1621 nicht weniger als 200 Schnapsdestillerien. In der zweiten Hälfte des 17. Jahrhunderts wurde in England Punsch populär, merkwürdigerweise ein Lieblingsgetränk der Whigs[30], so daß kein echter Tory Punsch anrührte – er blieb, von Spirituosen abgesehen, bei Sherry und Claret (roter Bordeaux).

In England selbst begann nun mit der Industriellen Revolution in großem Stil die Verelendung der Arbeiterschaft – die arme Bevölkerungsschicht suchte ihre Sorgen in Gin zu ertränken, nicht in besonders gutem. Schon Ende des 17. Jahrhunderts und im Jahre 1703 trug die Liberalisierung des Destillierwesens zu einer wahren Trinkexplosion bei. Ginläden in London proklamierten: «Betrunken für einen Penny. Sinnlos betrunken für zwei. Strohhalm umsonst.» Versuche der Regierung, durch stärkere Besteuerung den Verbrauch zu drosseln, hatten erst gegen Ende des Jahrhunderts einigen Erfolg, doch exzessives Trinken armer Schichten in den Städten hörte bis in unsere Zeit nicht auf. Das der Reichen freilich auch nicht – sie bedienten sich nur an Besserem: Cognac, Rum, Arrak, Whisky, abgesehen von Wein. Was Bier und Wein anbelangt, so war um diese Zeit in England längst eine Verordnung in Kraft, die nur lizensierten Geschäften und Lokalen erlaubte, sie zu verkaufen, ebenso wie Cidre. Gemessen daran war es lange Zeit leichter – und billiger –, sich mit Schnaps zu betrinken. Der Ginverbrauch (große Mengen illegal gebrannten und unversteuerten nicht gerechnet) verzehnfachte sich nach damaligen Schätzungen von 1700 bis 1735 auf mehr als fünf Millionen Gallonen.[31] Die britische Regierung förderte die Ginherstellung, um überschüssiges Getreide loszuwerden, Nordamerika wiederum wurde mit Rum überschwemmt. Als das britische Parlament versuchte, 1736 die Ginexzesse durch hohe Besteuerung zu bremsen, brachen Unruhen aus, und Schmuggel machte das Gesetz wirkungslos.

Der nützliche Schnaps

Um diese Zeit entdeckten Regierungen, daß es nützlich sei, Soldaten vor Gefechten Schnaps zu geben. «So wird der Soldat zum Gewohnheitstrinker, und die Herstellung von Branntwein im Kriegsfall gewissermaßen zu einem Zweig der Rüstungsindustrie.»[32] Das erinnert daran, daß bei den alten Ägyptern, etwa 1800 v. Chr., Soldaten tägliche Rationen Bier von solcher Menge bekamen, daß sie sich daran betrinken konnten. Später wurde ihnen Alkohol verboten, aber das Verbot wurde in der 20. Dynastie, frühes 12. Jahrhundert v. Chr., wieder aufgehoben. Ganz allgemein hat die Kriegsperiode im 18. Jahrhundert in Europa stark zur Verbreitung des Branntweins beigetragen. Er half auch den Armeewerbern bei der Anwerbung junger Bauernsöhne zum Waffendienst und tröstete die Rekruten über ihr hartes Leben.

Ostdeutsche, polnische und russische Gutsbesitzer konnten nun ihre Getreideüberschüsse in Schnaps verwandeln und sich zusätzliche Einnahmen verschaffen. Der Rückstand, die Schlempe, war auch noch als Viehfutter verwertbar.

Spät im 18. und im 19. Jahrhundert erlebte Deutschland eine Flut von billigem Kartoffelschnaps, der den Branntwein verdrängte, und in Rußland und Polen nahm der vom Staat geförderte Wodka seinen Aufschwung. Mehr und mehr versuchten Regierungen, sich Einnahmen durch Alkoholbesteuerung oder Alkoholmonopole zu verschaffen, gewöhnten sich an diese und führten damit herbei, was sie später, zu spät, bedauerten: einen so hohen Alkoholkonsum, daß er der allgemeinen Gesundheit schadete. Besonders die russische Regierung förderte Kneipen und ermunterte zum Trinken, um möglichst viel Gewinn aus dem Alkoholmonopol zu ziehen, und in Polen war das Alkoholmonopol des Staates eine der Hauptgeldquellen für die adligen Grundbesitzer.

Austin berichtet, in Preußen und Südfrankreich habe es offiziellen Widerstand gegen die Einführung des Kaffees gegeben, aus Furcht, er werde den Alkoholkonsum zurückdrängen und damit die Einnahmen der Regierungen schmälern.[33]

Der Enthusiasmus der Menschen für Wein führte zu verschiedenen Zeiten an verschiedenen Orten dazu, daß der Weinbau den für die Ernährung wichtigeren Getreide- und Gemüseanbau zu sehr zurückdrängte. Andererseits verbrauchte auch das Bier mehr und mehr Getreide, das nun doch für die menschliche Ernährung wichtiger war – es bedurfte in früher Zeit gelegentlicher staatlicher Eingriffe, um die Vernachlässigung wichtiger Lebensgrundlagen zugunsten des Alkohols zu stoppen beziehungsweise rückgängig zu machen. So befahl Karl IX. 1566, zwei Drittel der Weinfelder im französischen Königreich auszureißen und dieses Land für Getreide nutzbar zu machen.

Der Alkoholismus der ärmeren Schichten Europas ging Hand in Hand mit der Abkehr von der «freien» Agrarwirtschaft. Das Elend auf dem Lande war schon frühzeitig groß genug, um die Bevölkerung Trost im Alkohol suchen zu lassen. Das Heranwachsen des Industrieproletariats im 18. bis 20. Jahrhundert brachte neues Elend, also neue Kundschaft für Getränke, die zu schnellem Rausch führten und das Elend vorübergehend vergessen machten. Ulrich Wyrwa sagt zwar in einer bemerkenswerten Studie über das Trinken Hamburger Arbeiter im 19. Jahrhundert, das Bild vom Elendsalkoholismus, «das mit bemerkenswerter Regelmäßigkeit in der Literatur auftaucht, ist weitgehend ein Klischee»[34]. Doch führt er selbst in Übereinstimmung mit anderen Historikern des Alkohols so viele Belege für das «Klischee» an, daß diese Passage wohl eher den Wunsch widerspiegelt, einer einseitigen Verdammung der Arbeiter entgegenzutreten. «Die Mehrheit der Arbeiter gab sich nicht dem Alkohol hin, sondern lernte sehr wohl zu unterscheiden, wann, was und wieviel sie trank» – damit sind zweifellos Arbeiter gemeint, die nicht so tief im Elend steckten, anders als das gewaltig angewachsene Land- und Stadtproletariat.

Stärkste Schnapstrinker waren Anfang des 18. Jahrhunderts Preußen, Russen und Polen. Allgemein erlag Nordeuropa der alkoholischen Verlockung mehr als der Süden. Süddeutschland brauchte noch ein Jahrhundert, um gleichzuziehen, aber da fingen ja auch die neuen stimulierenden Getränke Kaffee und Tee an, den Alkoholkonsum zurückzudrängen.

In Berlin hatte es 1698 37 Brennereien gegeben[35], 1753 waren es schon 62 Branntweinbrenner, 177 zur Destillation befugte Apotheker und 300 Aquavitproduzenten. Aus dem Regierungsbezirk Bromberg zitiert Hasso Spode einen Bericht[36], in einem Dorf seien 1844 auf 363 Einwohner in 26 Häusern zehn Schankstellen gekommen, dazu noch um den Ort herum, zwischen knapp einem und viereinhalb Kilometer entfernt, fünf Brennereien mit ihren Schenken. Ein Lehrer schilderte als «nicht selten ..., daß Schulkinder in betrunkenem Zustand in meine Schule kamen». In der Kur-

Destillation im 16. Jahrhundert.

mark gab es 1801 mehr Destillateure als Bäcker. Mütter flößten ihren Kindern Schnaps als Schlafmittel ein, und in Berliner Kleinkinderbewahranstalten bekamen schon Dreijährige regelmäßig in Schnaps getauchtes Brot. Der durchschnittliche Verbrauch der erwachsenen Bevölkerung Preußens wurde damals auf mehr als 40 Liter Trinkbranntwein im Jahr geschätzt. Für Männer allein kam man auf 60 Liter. Um diese Zeit hatte der Schnapsverbrauch das Bier weit überflügelt.

Schließlich erleichterte Alkohol den Arbeitsstreß – damals wurde ja weit härter und länger gearbeitet, und unter schlechteren Bedingungen. Die *Basler Nachrichten* veröffentlichten am 8. Juli 1882 Auszüge aus den Mitteilungen des Magdeburger Vereins für öffentliche Gesundheitspflege, hier noch einmal gekürzt: «Die Zahl der zum Militärdienste hinreichend Kräftigen ist im allgemeinen um mindestens ein Drittel zurückgegangen. Auch viele andere Anzeichen deuten auf eine Herabsetzung des allgemeinen Kraftzustandes in unserer arbeitenden Klasse, und dem gegenüber mag allerdings die durchschnittliche Ernährungsweise derselben eine noch weniger zureichende sein, als sie es schon früher gewesen. Andererseits sind die Arbeitsansprüche insofern schwerere geworden, als der Arbeiter in unserer Großindustrie gezwungen ist, während einer bestimmten Stundenzahl unausgesetzt eine in der Regel sehr einförmige Arbeit zu versehen, welche nur immer dieselbe Muskelgruppe ohne ausgleichenden Wechsel in Thätigkeit erhält. Der Fabrikarbeiter kann nicht, wie der Landmann, der Handwerker und der Kleingewerbetreibende, je nach seiner Körperstimmung die Arbeit, die Arbeitsintensität und die Arbeitsart sich einigermaßen zurechtlegen; er ist in der großen Maschine nur ein Rad, welches mit mechanischem Zwange bis zur bestimmten Frist sich weiter drehen muß, wenn es überhaupt seine Stelle ausfüllen soll. Eine derartige Arbeitsweise verlangt einen sehr widerstandsfähigen Körper, mithin eine kräftige Ernährungsweise, kräftiger als sie unseren Arbeitern bei ihrem Lohne zu Gebote steht. Der dadurch entstehende Ausfall an Kraftgefühl, an Arbeitsfrische, wird durch die Trugwirkung der Branntweinflasche gedeckt, um so mehr als letztere gleichzeitig das Bedürfniß befriedigt, aus der Misere des gleichförmigen freudlosen Lebens heraus sich zeitweise einen Stimmungsausgleich, ein zerstreuendes Vergessen zu gewähren. Der Fabrikarbeiter ermangelt aller jener das Gemüth aufrecht haltenden Strebungsziele, materieller wie geistiger, welche im Stande sind, dem Menschen die Ertragung gegenwärtiger Entbehrungen und Anstrengungen zu erleichtern; er hat keinen fortschreitenden Eigenthumserwerb, keine Verbesserung seiner Lage, keine Aussichten für seine Kinder, überhaupt keinen tröstlichen Zukunftsblick.

Beschleicht ihn das Gefühl des Unzuerreichenden, des Versagens seiner Körperkraft, dieser absoluten Grundlage für seine und der Seinigen täglichen Existenz, so will und darf er diesem Gefühl nicht Gehör geben – er greift zu dem einmal kennen gelernten Mittel, jenes Gefühl zu betäuben, um seine Leistungsfähigkeit, wenn auch nur augenblicklich, zu erhöhen ... Er trinkt – die Gelegenheit dazu begegnet ihm ja reichlich auf Weg und Steg – und die Flasche benimmt ihm Ermüdungs- und Elendsgefühl, belebt ihn zu rüstigem Weiterschaffen, wenigstens vorübergehend.»

Die alte Kontroverse, ob Wein oder andere alkoholische Getränke, in Maßen genossen, nicht doch gut für die Gesundheit seien, scheint durch Forschungsergebnisse Ende des 20. Jahrhunderts für den Alkohol entschieden worden zu sein. Allenfalls blieb umstritten, was «maßvoll» sei. Etwa zwei Glas Wein am Tag könnten vorbeugend gegen Herzkrankheiten wirken, ergab eine amerikanische Studie, die 1993 auf der VINEXPO-Weltweinmesse in Bordeaux vorgelegt und durch andere bestätigt wurde – dieses maßvolle Trinken sei besser als totale Abstinenz.

CIDRE, Apfelwein, war um das 13. Jahrhundert in Frankreich in Konkurrenz zu Bier getreten, aber mit wenig Erfolg, schon weil ihm seinerseits (alkoholfreier) Apfelmost Konkurrenz machte. Immerhin verfügen Frankreich und England auch heute über eine beachtliche Produktion. Normalerweise liegt der Alkoholprozentsatz zwischen drei und fünf Grad. In manchen deutschen Gegenden blieb Obstwein bis heute verbreitet, hauptsächlich auf dem Lande und in billigeren Großstadtkneipen; der meiste wird aus Äpfeln und Birnen hergestellt.[37]

RUM, also Alkohol aus Zuckerrohr, hat offenbar als erster Marco Polo im 14. Jahrhundert beschrieben, und zwar aus dem heutigen Iran.

RAKI, Anisschnaps, Standardgetränk in der Türkei trotz des Verbotes alkoholischer Getränke durch den Islam, wurde dort lange Zeit von Griechen und anderen Ausländern fabriziert, verkauft und serviert, bis die Republik 1923 mit ihrer Trennung von Kirche und Staat auch Türken die Möglichkeit dazu eröffnete (getrunken haben Raki viele Türken schon davor). Es bleibt abzuwarten, wie sehr sich der islamische Fundamentalismus auswirken wird.

KUMYS: Überraschend für Europäer war die Entdeckung von Alkohol aus Milch. Milch kannten die Menschen zwar natürlich von Anfang an, ihre eigene und die von Tieren – freilich nicht von Viehherden, sondern von ihren Reittieren, den Pferden, und weiter südlich den Kamelen, besonders in der Mongolei. Stuten- oder Kamelmilch wurde bis zur Vergärung gerührt; später lernte man, Bierhefe hinzuzugeben. Die Vergärung der Stutenmilch ergab ein leicht alkoholisches Getränk, eben Kumys, bis zu etwa drei Prozent Alkoholgehalt – so viel, wie heute süßer Cidre enthält, trockener läge eher bei vier bis fünf Prozent. Beide lassen sich destillieren – die vergorene Milch ebenfalls, und in Zentralasien und Nordeuropa war Milchbranntwein durchaus verbreitet.

Bier und Krieg

Große Plakate hatten verkündet, daß das Café nun endlich das berühmte bayrische Bier anbieten könne. Es lag im Pariser Westen, am Platz vor der Métro Muette im feinen 16. Arrondissement. Seine Terrasse, auch sonst nicht gerade leer zur Zeit des Aperitifs, war nun noch voller. Auch ich saß da an diesem warmen Herbstnachmittag, umgeben von Pariser «Munich»-Enthusiasten, und genoß es.

Das war 1953, nur wenige Jahre nach dem Zweiten Weltkrieg, der den tiefen Graben zwischen Franzosen und Deutschen wieder aufgerissen hatte. Ein paar Tage vorher hatte ein Kollege vom Südwestfunk seinen nagelneuen VW morgens mit vielen eingekratzten Hakenkreuzen vorgefunden. Mindestens gegenüber bayrischen Bierbrauern empfanden die Franzosen um mich herum keine Rachegefühle mehr.

Das war um so tröstlicher und bemerkenswerter, als just bayrisches Bier einst Auslöser für einen französisch-deutschen Bierkrieg gewesen war. Er hatte kurz vor dem wesentlich ernsteren Waffengang von 1870/71 eingesetzt. Den Höhepunkt erreichte er, nachdem der Verlust des Elsaß und Lothringens Frankreich weit erbitterter zurückgelassen hatte als nach den beiden Weltkriegen. Ein beachtlicher Teil dieser Verbitterung traf damals das deutsche Bier.

Das Bierdrama hatte sich angekündigt, als auf der Weltausstellung von 1867 ein bayrisches (Sedlmayer) und ein österreichisches (Dreher) Bier Triumphe feierten und Goldmedaillen einheimsten. Die Ehre Frankreichs wurde zwar durch eine Goldmedaille für Bier aus Straßburg gerettet, aber sonst gab es für Frankreich nur Bronze – und ein paar Jahre später war ja auch das elsässische Bier unter deutscher Herrschaft. Das Verhängnis für die französischen Brauer war, daß deutsches Bier vielen Franzosen weit besser schmeckte, dank der von Bayern her sich ausbreitenden Umstellung auf untergärig gebrautes (wird gleich erklärt), das weniger süß war als das französische und kälter getrunken wurde. Also war es im Sommer die bessere Erfrischung und billiger noch dazu. «Wollen uns die Deutschen erst durch das Bier erobern, bevor sie es endgültig mit den Waffen tun?» schrieb ein Journalist in *Le Parisien* am 27. April 1867. So drehen sich die Geschichtsräder. Hatte nicht Tacitus gesagt, um die versoffenen Germanen zu erobern, genüge es, sie kräftig trinken zu lassen, dann brauche man keine Waffen ...? Das französische Zitat und die gesamte Episode entnehme ich Jean Claude Bolognes interessanter *Histoire morale et culturelle de nos boissons*; er schildert sie mit bemerkenswerter ironischer Distanz.[1]

15 Jahre nach der Niederlage gegen die Deutschen gab es in Paris ein (kurzlebiges) Wochenblatt, *Le Bon Bock* (Bockbier, eine Verballhornung von Eimbecker, war immerhin ein allgemein akzeptierter Begriff geworden), dessen Redaktionsprogramm im Kampf gegen die «Invasion des deutschen Bieres und für den Konsum französischer Biere» bestand. Der *Bon Bock* lebte zwar nur ein Jahr, hatte aber bedeutende Verbündete und Nachfahren, unter ihnen bekannte Mediziner, die nun dem deutschen Bier allerlei Gesundheitsschädigendes bescheinigten – angefangen damit, daß es den Urin rot färbe und mit Ablagerungen durchsetze (merkwürdig, sagt Bologne, dieses Argument war doch schon von der französischen Weinlobby gegen das französische Bier verwendet worden). Das deutsche Bier sei schwerer, verursache Blähungen, Kopfschmerzen, Koliken, Harnverhaltung, mache fett; schuld an dem allem seien die Milliarden von Mikroben in der deutschen Bierhefe, und daß das Bier nun eisgekühlt getrunken werde, führe zu tödlichen Krankheiten.

Es ging ja auch um einen erheblichen Markt. Im Weinland Frankreich hatte die Reblaus begonnen, die Anbauflächen zu vernichten, also Wein sehr zu verteuern. Die französischen Arbeiter wurden Biertrinker, und seit 1862 kam deutsches Bier zollfrei ins Land. Eine Pressekampagne richtete sich gegen das «deutsche Gift». Als originelles Argument wurde angeführt, die Beigabe des antiseptischen Salizyl mache die Franzosen liebesuntüchtig – «Man versteht, daß die Deutschen auf die Vermehrung der Franzosen keinen Wert legen.»

Der berühmte Pasteur hatte schon 1871 in Clermont-Ferrand mit der Arbeit an einem neuen Brauverfahren begonnen, das er sich dann patentieren ließ: Das Bier sollte «Bier der nationalen Rache» heißen, im Ausland freilich nur «Französisches Bier». Den Gedanken gab er später wieder auf, während die deutschen Brauer sich (zu seinem Grimm) nicht scheuten, damit zu werben, daß sie ihr Bier «pasteurisierten».

Diese Episode war nicht die einzige, in der das Bier im Mittelpunkt schwerer Auseinandersetzungen stand, stets natürlich mit wirtschaftlichem Hintergrund. Was war denn nun das bayrische Geheimnis, dem dann so viele deutsche Biere ihre Überlegenheit verdankten? Die Erfindung des Untergärigen eben; hier ist wohl ein Überblick über die Brautechnik am Platze. Erster Schritt: Malz (heute für Untergäriges in Deutschland nur Gerstenmalz, was bedeutet: gekeimte Gerste) wird gemahlen und geschrotet und mit Wasser zur Maische gekocht; die Rückstände werden entfernt. Zweitens: Die Flüssigkeit, «Würze», wird zusammen mit Hopfen gekocht. Dessen Bitterstoffe dienen zur Aromatisierung. Drittens: Nach Filtern und Abkühlung kommt die Flüssigkeit in Gärgefäße. Dort werden ihr Hefen zugesetzt, und die verwandeln einen Teil des Zuckers aus der Würze in Alkohol und Kohlendioxid. Früher schwammen diese Hefen auf der Flüssigkeit, die sich bei ziemlich hoher Temperatur (bis zu 25 Grad) in Bier verwandelte: in obergäriges. Bei untergärigem bleibt die Flüssigkeit viel

Louis Pasteur, er lebte 1822 bis 1895.

kühler, vier bis zehn Grad, und die Hefe unten am Boden. Wegen der niedrigen Temperatur dauert die Gärung länger, etwa acht bis zehn Tage.

So neu war das im 18. Jahrhundert gar nicht mehr – die Erfindung schreibt man bayrischen Klöstern im 16. Jahrhundert zu. Aber nun bedurfte es ja auch noch der Technik. Mitte des 19. Jahrhunderts war es soweit. Damals litt die obergärige Bierbrauerei nicht nur darunter, daß es in Frankreich sowieso wärmer war – den Brauern wurde im Durchschnitt ein Fünftel ihrer Produktion ungenießbar und unverkäuflich sauer. Sie wußten noch nicht, daß die auslösenden Mikroben ausgerechnet bei der Gärtemperatur um 20 Grad besonders prächtig gediehen. In der Kälte der neuen deutschen Brauerei hatten sie hingegen keine Chance. Für die Kühlung der deutschen Installationen sorgte anfangs ausgerechnet eine von einem Franzosen entwickelte Kühlapparatur, die nur von ganz wenigen französischen Brauereien angeschafft wurde – die meisten scheuten die teure Umstellung. Nun kam auch noch in Mode – unter dem Anstoß der Deutschen –, Bier viel kühler zu trinken als bisher; französisches wurde etwa bei 14 Grad serviert. Mindestens in ihrem warmen Sommer zogen auch die meisten Franzosen das kühlere vor. Schließlich war eine wichtige Garantie für guten Geschmack im Lokal nicht nur die längere Haltbarkeit des untergärigen, sondern auch die gekühlte Anlieferung – Dreher konstruierte rechtzeitig zur Weltausstellung spezielle Kühlwagen für die Bahn.

Einen Bierkrieg hatte es ein paar Jahrhunderte vorher schon einmal gegeben, in Deutschland selbst, und der war durchaus nicht zimperlich ausgefochten worden. Eigentlich war es ein Krieg für oder gegen den Hopfen.

Ursprünglich waren andere Zusätze üblich gewesen, um das Bier aromatisch zu machen, wie ja auch vor der Gerste und dann neben ihr zahlreiche andere Ausgangsstoffe verwendet wurden, fast jede bekannte Getreideart, Hirse, Hülsenfrüchte und viele andere. Aroma und eine ziemlich starke Süße lieferten Wurzeln, Kräuter, Schafgarbe, Baumblätter, Eichenrinde und ebenfalls vieles andere, darunter auch der Porst (Gagelstrauch), der später als gesundheitsschädigend verboten wurde – er brachte nicht nur starken Rausch, sondern auch Kopfschmerzen.

Hopfenanbau ist in europäischen Gefilden zwar seit dem 8. Jahrhundert nachgewiesen, wurde aber lange nicht für Bier genutzt. Eines Tages, offenbar erst im 12. Jahrhundert, fand dann doch jemand heraus, daß der bittere Hopfen Bier nicht nur besser schmecken ließ (fürwahr Geschmackssache) und erlaubte, es nicht so alkoholstark zu brauen, sondern es auch länger haltbar machte. Damit wurde es besser transportfähig – ein gewaltiges wirtschaftliches Argument. Also stellten sich die Brauer scharenweise auf Hopfen um. Besonders in Flandern und Norddeutschland entstanden blühende Zentren des Exports von Hopfenbier – das führende deutsche war im 13. Jahrhundert Bremen, im 14. Jahrhundert Hamburg, wo im Jahr 1376 457 Brauereien arbeiteten. Sie produzierten Ende des Jahrhunderts jährlich mehr als 400 000 Liter. Aber – die Kräutermischungen (Grut oder Gruit genannt) hatten eine Lobby: die Kirche, besonders im Rheinland, besonders im Erzbistum Köln. Brauen mit Grut war ihr Vorrecht, der Erzbischof baute Grut in Gewächshäusern an (die Formel wurde geheimgehalten) – also verbot er 1381 unter Androhung schwerer Strafen, Hopfenbier zu brauen oder einzuführen. Das führte natürlich zum Krach mit den Regionen der Hopfenverwender, besonders Westfalen. Das Hin und Her dauerte vom 13. bis über das 15. Jahrhundert hinaus, endgültig siegte der Hopfen im 16. Jahrhundert. In England versuchten Heinrich VIII. und seine Nachfolger bis zu Karl I. (der 1649 hingerichtet wurde) ebenfalls, Hopfen fernzuhalten.

Drei Jahrhunderte später siegte auch das Untergärige. Bis dahin hatte Norddeutschland, eine weit ältere Bierlandschaft als Bayern, wo immerhin schon im 9. Jahrhundert bedeutende Brauereien arbeiteten, viele verschiedene Sorten überwiegend obergärig gebraut. Der Sog des bayrischen Erfolges wirkte dann auch hier. «Was für ein Drama, daß sich Norddeutschland im 19. Jahrhundert auf das Untergärige umstellte», beklagen die Experten Dietrich Höllhuber und Wolfgang Kaul. «Und sein altes Bier, die hellen Biere aus Gerste und Weizen, die dunklen bis roten Gerstenbiere, alle obergärig, die Broyhan und Mumme, die süßen Weizenbiere und die milden und die stärkeren Weizenbiere, daß die alle verlorengingen, so daß man heute nach Belgien fahren muß, um sie zu kosten!»[2]

An den bei uns verfügbaren Mengen liegt es nicht. Die größten Brauereikonzerne sind zwar nicht deutsch. Bei den europäischen steht die größte deutsche Gruppe erst hinter sieben anderen. Aber unter den 50 größten europäischen Brauereien waren 1991 19 deutsche, und insgesamt fast 1300 Brauereien mit mehr als 5000 Biersorten machten Deutschland in den neunziger Jahren zum zweitgrößten Bierhersteller der Welt (hinter den USA). Die Deutschen waren die durstigsten Biertrinker überhaupt, 1993 mit einem Pro-Kopf-Jahreskonsum von etwa 144 Litern (wenn ich bedenke, daß davon auf mich keine zehn kamen, meist Kölsch ...). Deutschland ist auch der Welt größter Hopfenanbauer, mit einem Fünftel der Weltproduktion; zwei Drittel werden exportiert. Das größte zusammenhängende Hopfenanbaugebiet liegt zwischen München und Ingolstadt.

Bier gilt bei uns als etwas Germanisches, Nördliches. Vermutlich wurde es in mehreren Gegenden zu etwa gleicher Zeit entdeckt. Die ältesten historischen Nachweise stammen von den Menschen im «alten Orient», die es mindestens rund 3500 v. Chr. schon tranken, etwa 3000 Jahre bevor auch die Germanen Spuren ihres Biergeschmacks beziehungsweise ihr Rezept hinterließen. Die nahöstlichen Bierspuren fanden Archäologen und Chemiker in Krügen, die charakteristische chemische Reste von Gerstenbier enthielten.

Das war ausgerechnet in demselben Raum der Ruinen von Godin Tepe in den Zagrosbergen des heutigen Westiran, in dem sie auch die bisher ältesten Spuren von Wein entdeckt hatten[3] – die roten Flecken in den Krügen ließen sich dank chemischer Analyse zweifelsfrei als Weinreste ermitteln. Und die Forscher wußten aus alten Abbildungen schon, daß Sumerer und Ägypter damals Bier mit Strohhalmen getrunken hatten. In Hierakonpolis (Oberägypten) entdeckte 1988 der Anthropologe Jeremy Geller von der Washington-Universität (St. Louis) Überbleibsel einer ganzen Brauerei, die etwa in der Zeit 3500 bis 3400 v. Chr. in Betrieb gewesen ist.

Die zuständigen Wissenschaftler meinen, die Bierherstellung habe begonnen, sobald die Menschen gelernt hatten, Gerste anzubauen und zu verarbeiten, was die Mesopotamier etwa 8000 v. Chr. taten. Damit verknüpft ist auch gleich die Frage, was sie eigentlich zuerst hergestellt haben: Bier – oder Brot? Die Ausgangsstoffe waren ja die gleichen. Natürlich Brot, ist die verbreitete Lehrmeinung. Salomon Katz, Anthropologe an der Universität von Pennsylvania, argumentiert amüsanterweise anders herum. Die Frage, warum die Menschen sich seinerzeit der Mühe und Plackerei der Landwirtschaft unterzogen – der Vorbereitung des Bodens und seiner Pflege, der Aussaat, des Erntens und so viel damit verbundener Mühsal –, diese Frage ist von der Wissenschaft noch nicht beantwortet. Vielleicht ist eine Antwort auch nicht mehr zu erwarten. Katz meint, es sei aus Bierdurst gewesen.[4]

 Seine These: Die prähistorischen Menschen, die sich (das ist unbestritten) lange von Brei ernährten, aus wildem Getreide und Wasser, könnten sehr wohl eines Tages entdeckt haben, daß dieser Brei, wenn man ihn länger offen stehenließ, keineswegs verdarb, sondern sich in ein seltsames prickelndes Gebräu verwandelte. Das bewirkten Naturhefen, die auch in der Luft vorkommen. Das Gebräu versetzte die Menschen, die es kosteten, in außerordentlich gute Laune. Nahrhaft war es auch.

Daß jemand eine Speise vergaß, stehenließ, gilt ohnehin als die wahrscheinlichste Art der Entdeckung auch anderer Gärungen. Nach ägyptischer Legende hat Osiris selbst eines Tages einen Gerstenbrei, der mit heiligem Nilwasser angemacht war, über anderen Dingen vergessen. Der Brei vergor in der Sonne. Als Osiris schließlich kostete, war er entzückt und ließ die Menschen an seiner Entdeckung teilhaben.

Die Kombination von anheiternd und nahrhaft würde die Steinzeitmenschen durchaus motiviert haben können, die bis dahin nur aus Wildwuchs gesammelten Körner zu kultivieren. Die Geschichte seither beweist ja, welche Anstrengungen Menschen unternahmen und noch unternehmen, um an berauschende Getränke zu kommen. Katz stützt sich auch auf die Entdeckung von Gefäßen mit sehr engem Hals aus der Frühzeit des Neolithikums – genau das richtige, um die Luft und den Sauerstoff fernzuhalten und innen das Kohlendioxid zu bewahren, das für Bier so typisch ist.

Dies alles schließt natürlich nicht aus, daß die Menschen doch zunächst Getreide anbauten, um den nahrhaften Brei zubereiten zu können. Die Gärung, die sie schließlich entdeckten, half ja auch, Brot zu machen oder zu verbessern, wie offenbar als erstes die Ägypter bemerkten. Als der amerikanische Anthropologe Robert J. Braidwood als Buchherausgeber die Frage stellte *Hat der Mensch einst nur von Bier gelebt?*, verneinten das die meisten seiner acht wissenschaftlichen Autoren.[5] Die in Nordghana lebenden LoDagaa haben immerhin für Bier dasselbe Wort wie für ihren Brei; beides wird aus Sorghum hergestellt.

Die Ägypter waren also eine der frühen Biernationen, wohl die erste, von der überliefert ist, daß Bier zu den Lebensmitteln zählte, die jedem Ägypter zustanden, im Mittleren Reich (etwa 2050 bis 1750 v. Chr.) mindestens zwei Krüge am Tag. In der europäischen Landwirtschaft gehörte Bier bis noch in unsere Zeit hinein zu den Naturalien, die Gutsherren und Großbauern ihren Arbeitern als regelmäßiges «Deputat» schuldeten, da es auch als Nahrung galt, und in englischen Hospitälern konnten die Patienten Ende des 17. Jahrhunderts mit einer Bierzuteilung von zweieinhalb Gallonen in der Woche rechnen – 1,6 Liter am Tag. In europäischen Klöstern wiederum, so hatte das Konzil zu Aachen 817 festgelegt, sollten reguläre Chorherren, wenn Wein zu knapp sei, drei Liter Wein und Bier täglich erhalten. Wo gar keine Weinberge existierten, gab es zweieinhalb Liter Bier und einen halben Liter Wein für die Mönche, eineinhalb Liter Bier und einen halben Liter Wein für die Nonnen.

Die in Ägypten ausgegrabenen Brauereien Hierakonpolis, Mahasna und

Bierbrauen im alten Ägypten.

Ballas sind die ältesten bekannten der Welt überhaupt. Sie stammen aus der Mitte des 4. Jahrtausends v. Chr. Zu dieser Zeit gab es auch, wie andere Funde beweisen, Kontakte zwischen Ägypten und Mesopotamien.

Im 5. Jahrhundert v. Chr. nannte Herodot ihr verbreitetes alkoholisches Getränk zwar Wein, er berichtete aber, daß es aus Gerste gemacht werde.[6] Die Ägypter verwendeten anfangs mehr Emmerweizen mit Zugabe von Datteln oder Dattelsirup, um die Vergärung zu beschleunigen, später mehr Gerste, aber auch Roggen und Hirse. Diodorus meinte im 1. Jahrhundert v. Chr., das ägyptische Bier stehe dem Wein in Geschmack und Geruch kaum nach.[7] Andere waren anderer Ansicht, jedenfalls berichtete ein arabischer Schriftsteller im Mittelalter, eine der ägyptischen Biersorten sei «warm, austrocknend, oft faulig, mit einem Wort sehr schlecht für den Magen. Es bringt Blähungen und Poltern in demselben hervor und greift die Kopfnerven an ... Manchmal bringt es durch seine Schärfe und Fäule Durchfall hervor, und bei denen, welche es gewöhnlich zu trinken pflegen, Krankheiten der Blase und entzündeten Urin.»[8] Von einer anderen Sorte,

«Mazar» genannt, erzählte er, es berausche «wie gewöhnlicher Wein, obgleich es bei weitem nicht so stark und so zuträglich ist. Indessen erregt es eine heitere, lustige und mutwillige Stimmung und macht wohlriechenden Atem, jedoch im Übermaß genossen verursacht es Übelkeit, Erbrechen, viele Blähungen und Beklemmung.» Das gilt wohl auch für manches heutige.

Das dünne Bier der ägyptischen Unterschichten, Bouza, wird heute noch gebraut, kaum verändert seit der Pharaonenzeit.

Auch die Ägypter hielten es für ein Vergnügen, sich zu betrinken, und beim jährlichen Fest der Göttin Hathor in Dendera vertilgten die Pilger Unmengen Bier. Doch war ihnen die Kehrseite nicht fremd. Im 13. Jahrhundert v. Chr. schrieb ein Schüler: «Man sagt mir, von Straße zu Straße stinkt alles zum Himmel nach Bier. Bier wird die Männer von dir abwenden und deine Seele in Verderbnis bringen.»[9] Allgemein wurde vor Bierhäusern gewarnt, die allerdings meist auch Bordelle waren.[10] Aber Bier gehörte eben wie Brot zu den täglichen Nahrungsmitteln.

Frühe Zusätze zum Bier waren im Nahen Osten Gemüse oder Früchte, besonders Datteln. In älterer Zeit wurde es auch allein aus Datteln, Johannisbrot oder Mohn hergestellt, bevor sich Gerstenmalz durchsetzte. Der Ausgangsstoff war oft halbgebackenes Brot, das nach Abkühlung zerbröckelt und in Wasser eingeweicht, dann zu einem dicken Brei verrührt wurde, manchmal in großen Trögen aus Holz. Dort wurde der Teig zuweilen auch mit den Füßen gestampft. Sobald die richtige Dicke erreicht war, wurde die Masse in Keller gebracht und dort in Siebe gefüllt, von denen dann klare Flüssigkeit in die darunter aufgestellten Gärbottiche tropfte.

Ausgrabungen und altägyptische Darstellungen in Gräbern zeigen fast immer Backen und Brauen in enger Nachbarschaft, manchmal sogar das Backen inmitten des Brauens. Die beiden gehörten deutlich zusammen. Wer backen konnte, konnte auch brauen, und umgekehrt. Solche Zeugnisse gibt es übrigens auch aus dem Mittelalter aus der Schweiz.

Viel Bier trinken – das wird im sumerischen Epos von König Gilgamesch zelebriert. Der Wilde Enkidu, Begleiter Gilgameschs, wird in die Zivilisation eingeführt – und damit sehr früh auch in die Welt des vergorenen Getränkes. «Er trank Bier, er trank davon siebenmal: sein Geist wurde frei, er brach in laute Ausrufe aus – sein Körper füllte sich mit Wohlbehagen, sein Gesicht leuchtete auf.»[11]

Die Geschichte von Gilgamesch, der um 2600 v. Chr. gelebt hat, findet sich auf Tontafeln, die das älteste erhaltene Schriftwerk der Welt überhaupt sind. Sie enthalten auch eine sumerische Geschichte der Sintflut – nicht viel anders als die der Christen. Aber der Archebauer, sozusagen der Noah der sumerischen Version, Outa Napuishtím, erzählt Gilgamesch, daß er den Bauleuten Traubensaft, Rotwein, Weißwein und Bier vorgesetzt habe. Auf einer dieser Tontafeln steht auch der Welt ältestes Rezept: für Bier.

So war auch Mesopotamien im 3. Jahrtausend v. Chr. schon ein erfahrenes Brauereiland. Alte sumerische Texte erwähnen acht Gerstenbiere, acht Emmerbiere und drei gemischte. Übrigens machten die Brauer(innen) der alten Zeit offenbar teilweise stärkeres Bier als die heutigen. Die wilde Hefe produzierte einen höheren Alkoholgehalt als unsere speziell fürs Bier verwendete.

In China war im Jahr 1600 v. Chr. Hirsebier allgemein verbreitet. Die Entwicklung des chinesischen Bieres oder Weines unterscheidet sich sehr von der uns näher liegender Völker. Die Chinesen vergoren in der Regel Kräuter und Früchte und bezeichneten die alkoholische Flüssigkeit aus Getreide ebenso als Wein wie die aus Trauben. Professor Du Yaoxi vom Museum für chinesische Geschichte in Peking berichtete anläßlich der von ihm organisierten Ausstellung «7000 Jahre China in Venedig» 1984, in Ausgrabungen aus der Steinzeit 7000 v. Chr. sei Getreide für die Weinherstellung gefunden worden.[12] 851 n. Chr. erwähnte der arabische Reisende Sulayman Reiswein, der später von Marco Polo und W. v. Rubruk im 13. Jahrhundert als Reisbier hochgelobt, aber mit gutem Weißwein verglichen wurde. Spätere Reisende im 18. Jahrhundert dachten dabei hingegen an schwedisches Doppelbier oder englisches Bier, dem Branntwein zugesetzt worden sei.

In Europa mag Bier nicht weniger lange existieren als in der nahöstlichen und asiatischen Welt, wie Brothwell meint.[13] Aber die ersten Beweise stammen erst aus der keltischen Eisenzeit. Keltisches Bier erwähnte der griechische Reisende Pytheas etwa 300 v. Chr. Was immer noch gefunden werden mag – ursprünglich war Bierbrauen jedenfalls eine Familienangelegenheit. Wer wollte und konnte, braute. Das bedeutete während langer Zeit: Die Bauern brauten. Zunächst natürlich für ihren eigenen Bedarf. Aber immerhin so viel, daß Ende des 13. Jahrhunderts die bayerischen Herzoge für ein ganzes Jahr das Bierbrauen verboten – eine Mißernte hatte Getreide rar und teuer gemacht, und der Bedarf der Brauereien trieb die Getreidepreise weiter nach oben. Solche Verbote aus Sorge, zuviel Brotgetreide könne für Bier gebraucht werden, gab es auch bei anderen Völkern, in Frankreich 1415, 1482, 1693, 1709 und 1740.

Bier ist weiblich

Die Bauern brauten – das bedeutet genauer: die Bäuerinnen. Fast überall, vor allem außerhalb Europas, war das Brauen ursprünglich in Frauenhand und eng mit dem Backen verbunden. Noch mittelalterliche Urkunden berichten von einer Brauerin, die im Dienste der St. Apostelnkirche in Köln stand. Aus dem mittelalterlichen Frankfurt sind Brauerinnen bezeugt, und in Straßburg wurde 1358 eine der sieben Brauereien von einer Frau betrieben und hieß dementsprechend «Zur Bierfrouwen». Im Jahr 1439 waren in Oxford die Frauen im Braugewerbe in der Überzahl; aber schon in einer fünf Jahre jüngeren Urkunde werden nur männliche Brauer genannt. Um diese Zeit wurden in ganz Europa die Frauen allmählich aus den Berufen (außer den unbezahlten zu Hause) vertrieben und Frauenzünfte aufgelöst. Berufstätige Frauen verfolgte man als Hexen – plötzlich fand man auch «Bierhexen», die angeblich bewirkten, daß Bier sauer wurde. In der Mark Brandenburg wurde die erste «Bierhexe» 1423 verbrannt; die Verfolgung dauerte noch zwei Jahrhunderte.

Brauerinnen gab es nach dieser Zeit in Europa nur noch wenige. In Finnland haben sie sich länger gehalten, und König Gustav III. von Schweden holte 1573 eine finnische Brauerin an seinen Hof. In England und Schottland waren in reicheren Haushalten noch bis ins 19. Jahrhundert besondere Küchenfrauen für Backen und Brauen zuständig; sie bekamen höheren Lohn.

Brauen war auch in China lange eine weibliche Domäne. In einem chinesischen Grab eines Beamten der Han-Dynastie aus dem 2. Jahrhundert ist eine Küchenszene abgebildet: Dutzende von Männern holen Wasser, schlachten, rupfen Geflügel, zerlegen Fisch, machen Nudeln, grillen und kochen. Aber mit Schöpfkellen an Fässern und am Herd stehen Frauen: Bier zubereiten, überhaupt alle Tätigkeiten, die mit Vergärung zu tun hatten, waren auch in reichen chinesischen Haushalten Frauen vorbehalten.

Gleiches berichtet K. S. March noch aus dem Tibet unseres Jahrhunderts: «Nur Frauen, und vor allem die wichtigste Frau in jedem Haushalt, stellen Hefe her, machen Bier und destillieren die stärkeren Schnäpse. Frauen servieren auch diese Getränke, besonders bei formellen und gesellschaftlichen oder religiösen Anlässen. In allen Stadien von Herstellung und Servieren sind Bier und Hefe von Mythologie umgeben ... Frauen machen nicht nur Bier, sie haben auch Anteil an den vielen Segnungen – Gesundheit, Stärke, Fruchtbarkeit, Wohlergehen, Überfluß und Wachstum –, welche ein Opfer von fermentierten Nahrungsmitteln bewirkt.»[14]

Viele Völker anderer Kontinente praktizierten von alters her ein einfaches Verfahren, die Gärung in Gang zu setzen oder zu beschleunigen. Vor einem halben Jahrtausend sahen die spanischen und portugiesischen Eroberer in Südamerika zum ersten Mal voller Abscheu, wie die Indianer alkoholische Gärung auslösten. Die hatten ja schon lange vor der Ankunft der Europäer Bier gebraut. Geröstete Maiskörner wurden lange gekocht, dann gekaut, dann in Gefäße gespuckt, oft ein weiteres Mal gekocht. Statt Mais kauten sie auch Maniok oder anderes. Das war stets eine weibliche Aufgabe. Alte Frauen in Paraguay, Jungfrauen bei den Tupi-Guarani, jungfräuliche Priesterinnen im alten Peru – sie kauten und spuckten. Dann fügten sie Wasser hinzu, oft auch Honig und/oder andere Früchte. Dann kochten sie die Mischung; nach Abkühlung seihten sie sie durch ein Tuch. So beschrieb es Girolamo Benzoni[15] 1565; der protestantische Franzose de Léry, der im 16. Jahrhundert in Brasilien lebte, schilderte es ebenfalls.

«Leider wußte er, wie sein Getränk zubereitet worden war, sonst hätte es ihm wohl geschmeckt», läßt Maurizio[16] einen Reisenden erzählen, der bei Indianern in Paraguay beobachtet hatte, wie das weitverbreitete Maisgetränk Tschitscha (oder Chicha) auf diese Weise hergestellt wurde. Meist heißt es Maisbier, seltener Maiswein. Sie können das nachvollziehen. Wenn Sie ein Stück Brot (am besten dunkles) ganz lange kauen, schmeckt es immer besser und wird etwas süß. Durch das Einspeicheln wird die im Brot enthaltene Stärke verzuckert, die Gärung eingeleitet. Das Gebräu wurde in Töpfen aufbewahrt. In den Anden gruben die Frauen die Töpfe wegen der gleichmäßigen Kühlung in den Boden ein. Je länger sie im Boden blieben, desto stärker wurde das Getränk.

«Chicha stürzt sie in Inzest, Sodomie und Mord. Selten gibt es eine Trinkerei ohne heidnische Riten; oft ist der Teufel als Indianer verkleidet sichtbar anwesend», klagte Pater García Marcos.[17] Der Abscheu der frühen Chronisten galt aber weniger der Moral als dem Kauen.

Daß das Bierbrauen bei vielen Völkern lange Zeit ein weiblicher Bereich war, hatte nichts mit der Hausfrau am Herd zu tun, sondern – besonders in den anderen Erdteilen – mit der Rolle des Brauens und Trinkens als gesellschaftliche und öffentliche Angelegenheit. Mit dem Brauen waren auch das Weiterverteilen und Trinken verbunden, und das fand meist öffentlich statt.

Im traditionellen Afrika rankt sich eine ganze Bierkultur um Frauen. Bier wurde in vielen Gegenden nicht in kleinen Mengen für die Familie, sondern in großen Mengen für das ganze Dorf gebraut. Die Frauen eines Dorfes übernahmen umschichtig diese Aufgabe (wie auch bei den Indianern Südamerikas). Je nach Wetter dauerte das zwischen fünf und zehn Ta-

Brauen in Äthiopien.

gen. In Zeiten von Überfluß, etwa nach der Ernte, gab es einmal die Woche Bier, in mageren Zeiten vielleicht nur einmal im Monat. Das Bier wurde dann jeweils im Haus der Brauerin getrunken, in dem sich so viele Menschen versammelten, wie nur hineinpaßten, und vor dem Haus setzte sich das Fest fort, wurde Musik gemacht und getanzt. Manchmal verkauften die Frauen das Bier, wie auch Tausende von Jahren v. Chr. Frauen in der «Alten Welt» des Nahen Ostens.[18] Die Käufer waren zum Teilen und Abgeben verpflichtet: Einer bezahlte dann etwa eine ganze Kalebasse, die gemeinsam geleert wurde (ein bißchen wie das System der Lokalrunden). Auch wenn das Bier nicht verkauft wurde, sondern zunächst einmal an die anwesende Familie und Verwandten ausgeschenkt, bekamen meistens die Ältesten im Dorf eine Kalebasse geschickt, die sie gemeinsam trinken konnten, und ins Haus der Brauerin kamen nach und nach alle Dorfbewohner wenigstens für einige Schluck auf einen kurzen Besuch. Auch die Frauen kamen, aber doch nur für kurz und mehr als Randerscheinung. Der Mittelpunkt des Trinkfestes war immer die Brauerin. Gelegentlich brauten die Frauen auch eine Extrakalebasse für sich für ein gesondertes Frauentrinkfest.

Audrey Richards berichtete schon in den dreißiger Jahren aus dem damaligen britischen Nordrhodesien, dem heutigen Sambia, daß die dörflichen Bierfeste zurückgingen, seit Fabrikbier zu haben war. Wer Geld hatte, konnte sich das jeden Tag kaufen und brauchte nicht zu teilen, da auf dieses moderne Produkt keine traditionellen Regeln des Zusammenlebens angewendet wurden. Damit war die Brauerin als der Mittelpunkt der dörflichen Feste entthront. So, wie auch in Europa die von Männern geführten Großbetriebe mit moderner Technik den Frauen die Traditionsarbeit aus der Hand genommen hatten.

Die große soziale Funktion des Bieres (des Alkohols überhaupt) auf und in anderen Gebieten, von der auch in anderen Abschnitten dieses Buches die Rede ist, blieb davon unberührt, nahm nur andere Formen an. Als Thomas Becket[19] 1158 nach Frankreich reiste, nahm er zwei Wagenladungen Alefässer für seine Gastgeber mit – Bier als Sozialfaktor. Über eine deutsche Spielart schrieb 1927 der polnische Professor Maurizio in seinem Werk über Pflanzennahrung: «Überall wird getrunken, aber nur die Deutschen, die Gebildetsten unter ihnen nicht ausgenommen, haben das Biertrinken zu einer Art Kult erhoben. Der Biergenuß mit seinem Zwang und seinen Biersitten wird in gewissen Kreisen zum Ausgang einer philisterhaften, gedankenleeren Weltbildung.»[20]

Mit der Entwicklung der Städte wurde Bier ein städtisches Gewerbe, eine Handelsware. Im 16. Jahrhundert fingen in Europa die großen Grundbesitzer auf dem Lande ebenfalls an zu brauen, auch für den Weiterverkauf. In England freilich war bis 1800 mindestens die Hälfte allen Biers häuslich gebraut.

Jahrhundertelang hatten städtische und ländliche Brauereien bedeutende Konkurrenz in den Klöstern. Deren Verdienste an der Entwicklung des

Rechte Seite: Bierkrüge aus dem 16. Jahrhundert.

Bieres sind nicht geringer als ihr hoher Anteil an der Weinkultur. Viele Klöster verdienten sich durch Brauen und Ausschank zusätzliche und beachtliche Einnahmen. Berühmte große Brauabteien waren Corvey, St. Gallen, Saint-Mond, Westminster und Corbie. Maguelonne Toussaint-Samat erinnert mit Recht daran, daß die Klöster damals die Vorläufer der späteren Agroindustrie waren. Sie hatten genug Grund und Boden, und sie sorgten sich um Rentabilität, im Gegensatz zu den adligen Grundbesitzern, die ihr Land oft verkommen ließen.[21] Im Mittelalter gab es mehr als 500 bierbrauende Klöster allein in Deutschland. So respektvoll man damals und später ihr Bier lobte und auch ihr soziales Wirken, so anstößig wirkte ihre Abgabenfreiheit, die andere Brauer und Wirte als unlautere Konkurrenz betrachteten und die auch die Gemeindeverwaltungen erbitterte. In ihren Wirtschaften ließen manche von ihnen nicht nur das schon damals beliebte Kegeln zu, sondern auch Brett- und Würfelspiele um hohe Einsätze. Das war sehr umstritten, hielt sich aber besonders in Süddeutschland, wo schließlich am 17. November 1725 der Landgraf Ludwig von Hessen-Darmstadt den Geistlichen den Wein- und Bierausschank verbot, weil er ein Eingriff in das Bürger- und Brauergewerbe sei. Seltsam nehmen sich die Auseinandersetzungen zwischen der Stadt Görlitz und ihrer Pfarrei aus. Grässe zufolge «trieben die Geistlichen es nämlich so arg, daß der Pfarrhof, wo sie ihr Bier verschenkten, geradezu eine vollständige Spielspelunke war, wo die Priester mit den Bürgern spielten und ihnen mit Karten, Kugel und im Brett das Geld abnahmen»[22].

Zunächst waren die Biere der verschiedenen Völker lange Zeit ziemlich bis sehr sauer, was auch für das Bier der Germanen zu gelten scheint[23] und im russischen Kwas fortdauert. Im frühen Mittelalter hat dann offenbar differenzierter Geschmack eingesetzt; die Biertrinker verlangten und entdeckten Besseres.

Bier wurde frühzeitig kontrolliert. So verhängte das Augsburger Stadtrecht von 1104, 1156 und 1157 Strafen über Wirte, die schlechtes Bier ausschenkten oder das vorgeschriebene Maß nicht vollfüllten; das Bier wurde beschlagnahmt und den Armen geschenkt. In Erfurt gab es 1351 genaue Eichmaße für Biergefäße. Die älteste Münchner Brauordnung stammt aus dem Jahre 1420. In Frankreich gab es Bestimmungen gegen Bierverfälschung in den Jahren 1489, 1515, 1630, 1686 und 1714.

Eine Katastrophe für die mitteleuropäische Braukunst war der Dreißigjährige Krieg. Die Zerstörung der Getreideernten, der Landwirtschaft überhaupt, beraubte die Brauereien ihrer Rohstoffe, besonders in Norddeutschland. Auch für den Weinbau war es eine Katastrophe, in weiten Gegenden war er ganz zum Erliegen gekommen. Die Bauern setzten nun lieber Obstbäume, deren Most sie in die eigenen Keller brachten. Aber bis ins 18. Jahrhundert blieb Bier das unumstrittene Getränk der Bauern. Um es zu trinken, gingen sie nun mehr und mehr in die Wirtschaften, so daß nach einiger Zeit auch diese wieder aufblühten.

ST. FLORIANVS. ANNO. MDXXXVIII.
KRAKOWIAE ST
KRAKOWIAE ST. FLORIANVS. ANNO. MDXXXVIII.
F. del.

Um diese Zeit und im Jahrhundert danach entstand und wuchs in Nordamerika die Bierbrauerei der frühen «settler». Zunächst verwendeten sie geeignete Wurzeln oder Rinden (Sassafras), auf die Indianer sie aufmerksam gemacht hatten. Ihr Bier war noch schwach, etwa zweiprozentig, aber es gab schon bald auch zehnprozentiges.[24]

Bier verstehen

Einige Tausende von Jahren nachdem sie das Bier erfunden oder besser gesagt entdeckt hatten, verstanden die Menschen erstmals, was die Gärung bedeutete und wie sie zustande kam – erst im 19. Jahrhundert. Gärung ist das Werk lebender Organismen, der Hefe. Der berühmte Justus von Liebig irrte, als er diese Erkenntnis bekämpfte und die Gärung einem chemischen Prozeß zuschrieb. Pasteur war da auf dem besseren Weg: Mit der Entdeckung der Mikroorganismen als Gärungsauslöser begründete er die Mikrobiologie. Ganz abgesehen davon, daß seine Methode der «Pasteurisierung», also der Erhitzung des Bieres auf Temperaturen von 60 bis 70 Grad, solche Organismen tötet und damit unerwünschte Gärung beendet. Damit eröffnete er den Brauern erst die Möglichkeit zu gleichbleibender, gleichmäßiger Qualität.

Auch in der «Alten Welt» wußte man, daß Speichel ein starkes Gärungsmittel ist. Dort wurde schließlich vor mindestens ebenso langer Zeit eine Mischung aus Speichel, anderem Gärstoff und Hefe zum Bierbrauen verwendet – in Dauermischungen angesetzt, unter Beigabe von Salz, Asche oder Kalk, damit sie sich länger hielten. Auch in der «uralten» Welt – «alle Naturvölker kennen den Vorteil des Einspeichelns, das rasch die Stärke verzuckert, so die Gärung einleitet», sagte Maurizio[25]. Dem Chicha der Indianer entsprachen das Pombé und viele andere Biere der Afrikaner und anderer Völker.

In mehr als 5000 Jahren Biergeschichte hat es nicht nur viele verschiedene Geschmacksrichtungen gegeben, sondern immer wieder Anekdotenbiere. Zum Beispiel das «Dünnbier aus Spelt, Erdweihrauch und Lolch» in Hogars (Brabant), von dem Theodor Grässe erzählt, «welches zwar sehr süß schmeckte, aber jeden, der viel davon trank, halb toll machte und in einen todähnlichen Schlummer versetzte. Man sagt, daß in dem niederländischen Befreiungskriege die Einwohner des genannten Dorfes den hierher kommenden wallonischen und spanischen Soldaten dieses Bier vorgesetzt hätten, welche davon so benebelt worden seien, daß sie am nächsten Morgen nicht zum Appell bei der Fahne, trotz des durch Heerespauken gegebenen Zeichens, erschienen und deshalb als Deserteure bestraft worden seien.»[26]

 In manchen Gegenden wurde noch bis in unser Jahrhundert Steinbier gebraut, nach der Uraltmethode des Kochens mit glühenden oder jedenfalls sehr heißen Steinen. Sie wurden in die Maischekübel geworfen; ein Polster aus Wacholderzweigen verhinderte, daß sie auf dem Boden lagen. Bis Steinbier als zu altmodisch und umständlich in der Herstellung galt, hatten sich seine Abnehmer sehr an den Brandgeschmack gewöhnt – es existiert weiter.

Theodor Grässe zählt eine stattliche Liste verschiedener Kräuterbiere auf, die schon seit dem 5. Jahrhundert für jeden nur denkbaren medizinischen Zweck bestimmt waren, hilfreich bei schlechten Zähnen, Augen- und Brustbeschwerden, Fieber, Magen- und Regelstörungen, Rheuma und Unfruchtbarkeit und noch vielem anderen. Daß Bier gekochtes Wasser ent-

«Altnordische Saufgesellschaft».

hält, hat in Epidemiezeiten den Menschen neue Trinkgründe geliefert. Der heilige Arnulf, flämischer Benediktiner und Ende des 15. Jahrhunderts Bischof von Soissons, bemerkte während einer Choleraepidemie, daß die Biertrinker wesentlich seltener Koliken bekamen als Wassertrinker. Also rührte er das Bier in einem Faß mit seinem Kreuz um und verteilte es an seine Gemeinde. Die es tranken, blieben von der Cholera verschont. Weiter aus Grässes Anekdotenschatz: Ein armer schottischer Kohlebergwerkarbeiter namens William Hunter, den Rheuma und Gicht seit Jahren gelähmt hatten, wurde zum Neujahrsabend 1758 von Nachbarn besucht, die viel Ale mitbrachten. Hunter ließ keine Runde aus, «und da schottisches Ale ein verführerisches Getränk ist, aber auch ein ebenso treuloses und gefährliches, da es die Sinne verwirrt und zuletzt die Vernunft ganz überwältigt, so verlor zwar der gute William Hunter für den Augenblick seinen Verstand, allein von Stund an waren seine Beine wieder in Ordnung, und er machte für noch 20 Jahre einen bewunderungswürdigen Gebrauch von ihnen.»[27]

Wieviel Bier Menschen trinken sollten (oder konnten), wurde früher deutlich höher eingeschätzt als heute. Beim Konzil von Aachen wurden den teilnehmenden Kanonikern vier Liter täglich zugebilligt. Es gab Nonnenklöster, deren Insassinnen sich täglich sieben Liter gönnten. Herzog Georg «der Bärtige» von Sachsen (regierte 1500 bis 1539) wies vor einer Entbindung der Herzogin seinen Rentmeister an, ihr vier oder fünf Eimer Bier «auszurichten, auf daß Ihro Gnaden dies in ihrem Kindbett genießen möge»[28]. Für kleine Kinder war im England des 16. Jahrhunderts Ale oder Bier Nahrung und Getränk, auch schon zum Frühstück.[29] In Österreich wurde es ihnen ebenfalls gegönnt und in den frommen Stiftungshäusern zugeteilt. Die Stiftsordnung des Heinrich Kellerschen Waisenhauses in Linz schrieb jedem Waisenkind mittags und abends je ein halbes Seidel Bier zu, älteren ein ganzes, zu kirchlichen Feiertagen zusätzlich ein halbes oder für die größeren ein ganzes Seidel Wein.[30] Bier galt ja auch von Anfang an als nahrhaft, was bei seiner Herkunft aus dem Brei nicht verwundern kann. So war es auch das geeignete Getränk für die körperlich arbeitende Schicht. Wenn ein junger Mann in England im 17. Jahrhundert drei Pints am Tage trank, hatte er damit 500 bis 600 Kalorien seines Tagesbedarfs von etwa 2500 gedeckt.[31] 1730 entstand in England das Porter, so genannt nach den Lastenträgern (porter), die es dann auch tranken.

Auch Indianer, auch Afrikaner bezogen wichtige Nährwerte aus ihrem Bier.

Drummond machte darauf aufmerksam, daß das meiste Tafelbier im 18. Jahrhundert nur zwei oder drei Prozent Alkohol gehabt habe, das Bier im Jahrhundert davor selten weniger als vier bis fünf Prozent. Schwächer oder stärker – mit dem angestiegenen Lebensstandard des 20. Jahrhunderts wurde Bier in Europa immer weniger für ein Nahrungsmittel gehalten. Als im Ersten Weltkrieg die Biererzeugung eingeschränkt wurde und die deutsche Bierlobby dagegen Sturm lief, erklärten die Berliner Behörden und Heeresdienststellen, daß Bier nicht zu den notwendigen Nahrungsmitteln gehöre, sondern ein entbehrliches Genußmittel sei. Die Heeresleitung meinte, die Verminderung des Bierverbrauchs im Kriege sei durchaus erwünscht im Interesse einer gesunden und sparsamen Volksernährung. Gegen die Abstinenzbewegung war ein «Deutscher Abwehrbund gegen die Ausschreitungen der Abstinenzbewegung» entstanden. Das Kriegsministerium verbot, daß seine Flugblätter unter den Soldaten verteilt würden.

Die Bierindustrie verzichtete also mehr und mehr auf die Behauptung, daß ihr Produkt nahrhaft sei, was ja schließlich auch nicht mehr recht zur Schlankheitswelle der jüngsten Zeit paßte. Die Reklame betonte nun Erfrischung und Genuß – Vergnügen. Ein gutes Beispiel entdeckte ich vor wenigen Jahren in London, Reklame für Kronenbourg: «Es hat Europa mehr Vergnügen gebracht als die Folies-Bergères, Bayern – München und Wagner zusammen.»

Um diese Zeit wollten viele gern den guten Geschmack guten Bieres genießen, ohne durch Alkoholisierung die Fähigkeit zum Autofahren zu verlieren. So entstanden abermals alkoholschwache Biere und schließlich gar alkoholfreie. Ein Kreislauf hatte sich geschlossen.

Der Wein der Christen

Unseren Wein verdanken wir dem Christentum. Damit ist nicht gemeint, daß ihn der liebe Gott hat wachsen lassen, sondern daß es kein anderes alkoholisches Getränk gibt, für das sich eine ganze Religion oder vielmehr ihre Kirche so entschieden und sachverständig eingesetzt hat.

Viele Millionen Kinder in aller Welt werden wie ich beim ersten Abendmahl gehört haben, daß es sich beim Wein um etwas Heiliges handele. Jesus bezeichnete sich ja auch als den wahren Weinstock, dessen Reben die Jünger seien.

Der Bibel zufolge wurde Noah, nachdem er in seiner Arche die verschiedenen Lebewesen vor der Sintflut gerettet hatte, der erste Winzer. Sobald er Wein keltern konnte, betrank er sich.[1] Wir können bis Adam und Eva zurückgehen. Die Frucht, von der sie entgegen dem göttlichen Verbot gekostet hatten, wird oft als Apfel dargestellt. Aber der Originaltext spricht nur von Frucht, und nach jüdischer Auslegung war es die Weintraube.

Christus, der seinen Jüngern als Vermächtnis hinterließ, Brot und Wein seien als sein Leib und Blut Bestandteil des heiligen Abendmahles, zwang damit die Kirchenmänner zum Weinbau. Im Nahen Osten gab es den zu seiner Zeit schon lange, im alten Griechenland und im Römischen Reich ebenfalls. Auch in anderen Religionen der Antike spielte Wein eine wichtige Rolle; er wurde oft als Ausdruck der Göttlichkeit verehrt. Aber sobald christliche Missionare die Welt durchstreiften, Menschen in allen Breiten zu bekehren, und gar dann, als sie Erfolg hatten, brauchten sie mehr und mehr Wein für die Eucharistie, das heilige Abendmahl. Die Mönche und Nonnen in einer wachsenden Zahl von Klöstern als Zentren für die Gläubigen ihrer Umgebung, schließlich die etablierten Kirchengemeinden – sie alle benötigten Wein und steigerten den Bedarf. Für den heiligen Zweck durfte es natürlich kein schlechter Wein sein.

Wo also der verfügbare Wein nicht schmeckte, sorgten die Kirchenleute für Verbesserung der Anbau- und Bereitungsmethoden. Wo der Weinbau darniederlag, oft aus Gründen der Not, in Kriegen, infolge von Wetterkatastrophen, Epidemien, halfen sie bei der Wiedererweckung. Und wo es gar keinen Wein gab, sorgten sie dafür, daß welcher angebaut wurde, oder sie brachten Weinhandel in Gang, um sich und ihre Gemeinden versorgen zu können. So wurden Mönche und Nonnen zu führenden Weinbauexperten – und zu höchst sachverständiger Kundschaft.

«Es ist besser, mit Vernunft Wein zu trinken, als mit Hochmut Wasser»,

Rechte Seite: Weinstöcke als ägyptischer Grabschmuck, etwa 1500 v. Chr.

sagte denn auch Bischof Palladius von Hellenopolis Anfang des 5. Jahrhunderts.[2] «Wer den Wein ohne Andacht und Ehrfurcht trinkt, der säuft. Wer den Wein aber mit Andacht und Ehrfurcht trinkt, der betet» – den Spruch fand Prälat Georg Schreiber[3] im 20. in Trittenheim an der Mosel.

Für die Sumerer war das Schriftzeichen für «Leben» das Weinblatt. Als die Juden das Gelobte Land suchten, erschien ihnen als Vorbote eine Weintraube; sie war so groß, daß sie von zwei Männern an einem Stock getragen werden mußte. Moses verordnete: «Wer einen Weinberg gepflanzt, und hat seine Früchte noch nicht genossen, der mache sich auf und kehre heim, daß er nicht im Kriege sterbe und ein anderer seine Früchte genieße.»[4]

Die alten Ägypter benutzten Wein schon etwa 3000 Jahre v. Chr. bei religiösen Anlässen und Begräbnissen. Bei den meisten Völkern der Frühzeit gehörte Wein zum Totenkult. Die Skythen gaben ihren Toten Wein (und Öl) mit ins Grab, ebenso wie die Ägypter und andere.

Etwa 2700 v. Chr. wurde in sumerischen Schriften eine Weingöttin erwähnt. Von da an tauchten in den sumerischen Mythen weitere Weingottheiten auf, auch andere alte Völker identifizierten bestimmte Gottheiten mit dem Wein. Dionysos bei den alten Griechen, ursprünglich nur Gott der Pflanzenwelt und der Fruchtbarkeit, aber dann des Weines, wurde Bacchus bei den Römern. Sein Kult war besonders erfolgreich, er beförderte Weinbau und Weinpflege.

Römische Weinbauern betätigten sich schließlich in vielen Gegenden des Römischen Reiches, aber als das Reich zerfiel, waren die besetzten Völker Mittel- und Westeuropas keineswegs schon überall den Aufgaben gewachsen, die der Weinbau stellt. Das war die Stunde der christlichen Kirche. Mönche und Missionare, Päpste und Priester einte nicht nur ihr Glaube, sondern auch die Aufgabe, immer mehr und besseren Wein erzeugen zu helfen, oft im Rahmen ihrer ebenfalls bemerkenswerten Bemühungen um die Landwirtschaft.

Erklärte Weingegner gab es auch schon: besonders die Manichäer, die im 4. Jahrhundert im Vorderen Orient, aber auch in Rom, Gallien und Spanien wirkten. Im 7. Jahrhundert hatten sie in China viele Anhänger, im 8. war der Manichäismus Staatsreligion in Ostturkestan. Auch die Bogomilen, die seit dem 10. Jahrhundert besonders auf der Balkanhalbinsel hervortraten, lehnten Wein und Alkohol überhaupt ab, ebenso wie die von beiden beeinflußten (christlichen) Katharer (11. bis 15. Jahrhundert) in Frankreich und Italien, die von der Inquisition als Ketzer blutig unterdrückt wurden.

Der radikalste und erfolgreichste Angriff gegen den Wein (und anderen Alkohol) kam Anfang des 7. Jahrhunderts mit dem Islam. Er hat die Weinwirtschaft im Vorderen Orient und entlang des Mittelmeeres einschließlich Spaniens unter arabischer Herrschaft (bis etwa Mitte des 13. Jahrhunderts) schwer geschädigt, in manchen Gebieten ganz ausgerottet. Kleine Inseln des Weinbaus haben diesen Ansturm eine Zeitlang überlebt, sowohl

in Afrika als auch in Spanien. Im Iran blieb Chiraz bis zum 19. Jahrhundert ein angesehenes Weinzentrum. Muslime im heutigen Afghanistan hielten ebenfalls am Weinbau fest. Ägypten bewahrte sich etwas mildere Regeln, Bier und Wein behielten ihre Anhänger und wurden im Lande weiter produziert. Auch Tunesien blieb ein Hort guter Weine, Algerien behielt einigen Weinbau bis ins Mittelalter (Rebstöcke wuchsen sogar in Oasen der Sahara), die Franzosen bauten dann im 19. Jahrhundert eine Massenproduktion auf. Aber im allgemeinen folgte die muslimische Welt dem Leitsatz, daß alle Getränke verboten sind, die betrunken machen (können).

Die Anti-Wein-(und Alkohol)-Kampagne des Islams blieb nicht ohne Reaktion der Betroffenen. In Spanien, das so lange von den Arabern besetzt war, wurde Wein geradezu zum Symbol der Christenheit. Nach der Reconquista blühte im 11. und 12. Jahrhundert in Kastilien der Weinbau – die Gegend war gar nicht günstig dafür, aber es war eine Demonstration. Großfürst Wladimir, unter dem Rußland christlich wurde, wollte für «seine» Russen eine Religion auswählen und forderte Juden, Christen und Muslime auf, ihm ihren Glauben zu erklären. Den Islam lehnte er wegen des Weinverbotes ab. «Trinken ist der Russen Freude, ohne dieses Vergnügen können wir nicht existieren.»[5]

Da die Vertreter des Christentums halfen, die Grenze des Weinbaus immer mehr nach Norden vorzuschieben, ergab sich ganz natürlich, daß unter ihrer Regie weit mehr Wein erzeugt wurde, als sie für ihre unmittelbaren kirchlichen Bedürfnisse benötigten. Aber Wein war ja, wo es ihn gab, ein Getränk des täglichen Konsums geworden, lange gemeinsam mit dem Bier dem unsicheren, hygienisch bedenklichen Wasser vorzuziehen – auch in den Klöstern. Klöster wurden immer größer, brauchten immer mehr Mittel. Wenn schon Wein da war, auch noch so guter, wie es die Religion erforderte, dann war er auch verkäuflich. Kirchlicher Weinbesitz wuchs. Papst Johannes XXII. verschaffte sich Weinberge in Châteauneuf du Pape. Als die Päpste von Avignon nach Rom zurückkehrten, zögerten Mitglieder des päpstlichen Haushaltes sehr, die französischen Weine der Gegend so ohne weiteres aufzugeben.

Die Mönche machten nicht nur Wein. Am Champagner waren Dom Pérignon und Frère Oudart beteiligt, anderswo entstanden Liköre (Bénédictine und Chartreuse beispielsweise) und Bier, etwa das Trappistenbier in Belgien.

Manche Autoren halten die Rolle der Klöster für überbetont. Viele der frühen Kirchen hätten nicht genug Personal gehabt, um Weinbau betreiben zu können; was sie benötigten, hätten sie auch durch Schenkungen bekommen können (auf die komme ich gleich). Doch die Mehrheitsmeinung ist, daß die Mönche den Weinbau geradezu gerettet hätten. «Durch das frühe Mittelalter hindurch hatten nur sie die Sicherheit und die Mittel, die Qualität ihrer Weinstöcke langsam und geduldig zu verbessern. Fast 1300

 Jahre lang gehörten fast alle der größten und besten Weinberge religiösen

Häusern und wurden von ihnen betrieben. Mindestens würde die Weinkultur ohne ihren Beitrag viel länger gebraucht haben, sich zu entwickeln.»[6]

Jedenfalls hat die Kirche auch durch ihr Festhalten daran, daß Meßwein nur naturreiner Wein sein dürfe, die Achtung vor dem natürlichen Produkt zu wahren geholfen, die sich im Lauf der Zeit weitgehend durchgesetzt hat.

Das Kloster von St. Germain des Prés (Paris) produzierte zur Zeit Karls «des Großen» jährlich mehr als 50 000 Liter Wein. Hunderte, wenn nicht Tausende Klöster beteiligten sich in Europa am Weinbau – selbst im irischen Cork wuchs schließlich Wein, abgesehen von England, wo schon die Römer Wein angebaut hatten, und in heute für Weinbau so wenig vorstellbaren Orten wie Fulda oder Guben (bis ins 17. Jahrhundert). Aber das Kloster Fulda besaß auch, ebenso wie das Kloster Lorsch, umfangreichen Weinbesitz im Rheinland, im Elsaß, in Franken, Österreich und der Schweiz.

Immer wieder bedachten Mächtige, Reiche und Fromme die verschiedenen kirchlichen Einrichtungen vom Bischof bis zur Pfarrei mit Schenkungen von Weinbergen und Weingärten. Die Kirchen erwarben solche auch aus eigenen Mitteln, und Bischöfe waren ja oft auch Landesherren mit entsprechender Verfügungsgewalt über Grund und Boden. Besonders reiche Weinbesitzer waren das Kölner, das Mainzer und das Hildesheimer Domkapitel. Die Bischöfe von Speyer hatten schon früh ausgedehnte Besitzungen an der Haardt; um 650 verlieh ihnen der fränkische König Siegbert den Zehnten von allen Erzeugnissen der herrschaftlichen Güter im Speyerer Gebiet – von Frucht, Vieh und Wein. Trier war nicht schlechter dran. Das Kloster Prüm hatte im Jahr 874 Weinberge in 192 rheinischen Orten, das Kapitel zu Meissen 1564 rund neun Hektar Rebfläche. Bayrische und württembergische Klöster wurden von den dortigen Herzögen ebenso großzügig bedacht, die Hochstifte Bamberg und Würzburg waren gewaltige Weinbergbesitzer. Der Deutsche Ritterorden war nicht ärmer an Wein. Norddeutsche Klöster wie Corvey und Herford verschafften sich Weinberge an Rhein und Mosel. Kaiser Otto I. überließ dem Marienstift zu Aachen im Jahr 966 Weinberge bei Oberdollendorf am Siebengebirge, heute die nördlichste Winzergemeinde des Rheinlandes.

Die Liste ließe sich verlängern. Das alles war keine deutsche Spezialität. In Frankreich häuften Klöster und Pfarreien ebensolche Weinreichtümer an. Cluny und St. Rémi (Reims) waren Großgrundbesitzer an Wein. Cluny erhielt im 11. Jahrhundert 65 Weingüter übereignet. Klöster, die keinen (eigenen) Wein in der Umgebung hatten, verschafften sich – wie Fulda oder Lorsch – Besitz anderswo. Beispiel: die Abtei von St. Michel vor der Küste der Normandie, deren Weine aus Anjou kamen. Als die Französische Revolution ausbrach, gehörte ein großer Teil der Weinberge in Burgund der Kirche, darunter die meisten heute berühmten Lagen, und auch in anderen französischen Anbaugebieten war sie reichlich begütert. In Italien war es

nicht anders. In der Schweiz besaß das Kloster von St. Gallen im 10. Jahrhundert so viele Weinfelder, daß die Keller nicht mehr ausreichten. Es ging ganz zwangsläufig vom Bierkonsum zum Wein über. Im 13. Jahrhundert wurden an der Tafel des dortigen Abtes Weine aus der Schweiz, vom Nekkar, aus dem Elsaß, aus Tirol, Frankreich und Italien serviert.

Linke Seite: Weinlese im Mittelalter. Fresko in Trient aus dem 15. Jahrhundert.

Die starke Stellung der kirchlichen Weinwirtschaft zeigte sich besonders an der großen Zahl der von ihr betriebenen Verkaufsstellen und Schenken. Bischöfe verliehen gegen Zins das Recht, Weinschenken zu betreiben, und achteten darauf, daß in «ihren» Lokalen auch «ihr» Wein ausgeschenkt wurde. Ihre energische Betätigung auf dem Weinmarkt trug der Kirche gelegentlich den Vorwurf der Preistreiberei ein. Prälat Georg Schreiber sagt in seiner monumentalen *Deutsche Weingeschichte*, Preissatzungen für Wein (und Getreide) 794 in Frankfurt, 813 in Chalon und 826 in Paris hätten sich gegen «Weinwucher» der Geistlichen gerichtet.[7] Der Bischof von Chur in der Schweiz betrieb noch im 18. Jahrhundert einen Weinausschank. Auch in Basel und Straßburg bestimmte der jeweilige Bischof, was und wo getrunken werden durfte, doch Straßburg konnte Anfang des 12. Jahrhunderts diese kirchlich-grundherrliche Verfassung loswerden. Die kirchliche Weinwirtschaft profitierte jahrhundertelang von Steuerfreiheit, was den Stadtverwaltungen keineswegs gefiel. Daran entzündete sich beispielsweise im Jahre 1366 ein heftiger Streit zwischen der Stadt Worms, die nicht länger auf die Besteuerung des kirchlichen Weinhandels verzichten wollte, und dem Bischof. Nach jahrzehntelangen Auseinandersetzungen exkommunizierte Papst Urban VI. die Wormser Bürger. Diese gaben schließlich nach. Schreiber macht darauf aufmerksam, daß ja auch die Wein-Geistlichen Wormser gewesen seien. Die Stadt Speyer verbot 1345 ihren Bürgern, in Lokalen von Geistlichen Wein zu trinken.

In der französischen Bischofsstadt Beauvais entstand 1259 ein solcher Streit zwischen dem Bischof selbst als Landesherrn und den Zisterziensern, die in der Stadt Höfe und Weinkneipen besaßen und ihre überschüssigen Weine zum Nachteil des städtischen Weinhandels verkauften. Der Bischof verlangte, sie sollten die Weinsteuer zahlen, sie weigerten sich. Schließlich mußten sich die Zisterzienser damit zufriedengeben, daß sie eine bestimmte Menge abgabenfrei verkaufen durften, was darüber lag (es war einiges), aber zu versteuern hatten.

In Madrid unterhielten mehrere Kirchengemeinden Weinkneipen: St. Basilius, St. Jérome, St. Thomas, Carmen, du Rosaire, la Merced Calzada, das gesamte Noviziat.

Die Säkularisation (1782 in Österreich, 1789 in Frankreich, 1802/03 in Deutschland) nahm den Kirchen auch ihre Weingüter. Es ist umstritten, ob das der Weinwirtschaft allgemein geschadet hat. Inzwischen hatte sich die Kenntnis des Weinbaus verbreitet, nichtkirchliche Fachleute waren wohl nicht mehr schlechter als die kirchlichen. Dorfgemeinden, die plötzlich Großgrundbesitzer an Wein wurden, mag es nicht so gut bekommen sein.

Wein gab es schon immer. Spuren, Reste von Weintrauben aus wild wachsenden Rebstöcken, sind an vielen Stellen Europas und des Nahen Osten gefunden worden, aber auch im inneren Asien. Man hat sie auf etwa eine halbe Million[8] bis drei Millionen[9] Jahre datiert. Vorstufen existierten vor etwa 25 Millionen Jahren im damals sehr milden Klima, und ein fossiles Weinblatt, das bei Verona gefunden wurde, datierten die Spezialisten gar auf etwa 52 Millionen Jahre vor unserer Zeitrechnung.

Trauben pflücken, essen, Most daraus quetschen ist noch nicht Wein machen. Das kam viel später, und eine allgemeine Weinbautradition konnte nicht gleich entstehen, denn zunächst einmal machten Eiszeiten der höheren Vegetation ein Ende. Was Menschen dieser frühen Zeit an Weinbau gelernt haben könnten, erfror im buchstäblichen Sinne des Wortes.

Die Kälte, die nur einen kleinen Teil Mitteleuropas gletscherfrei ließ, vernichtete mit viel anderer Vegetation auch die vielen Weinarten. Andere, günstiger gelegene Gegenden waren auch nicht für die Vitis Vinifera geeignet, diejenige Weinsorte, die uns schließlich das nach dem Wasser bedeutendste und in unseren Gefilden am meisten verehrte Getränk unserer Geschichte gebracht hat. Erst etwa 9500 v. Chr. war es soweit, daß Pflanzen und Bäume beginnen konnten, sich in Europas erwärmter Atmosphäre wieder auszubreiten. Vitis Vinifera, eine Liane, also Kletterpflanze, brauchte den Halt von Bäumen – ein Parasit. Noch heute ranken sich in manchen Weinbaugegenden der Welt die Weinstöcke um Bäume. Die Menschen lernten, daß Wein durch Stecklinge zu züchten war und daß man ihn auch mit anderen Stützen anbauen könnte, anstatt ihn sich um Eichen ringeln zu lassen oder um Pappeln. Das nutzte den Boden besser.

Aber woher hatte man denn noch eine, die Vitis Vinifera sativa, beziehungsweise ihre wilde Vorstufe, aus der die ersten Züchter sie entwickelten, die Vitis silvestris? Noah? Gottlob hatte es ein paar wettergeschützte Zonen gegeben, in denen Vegetation des gemäßigten Klimas überleben, richtiggehend überwintern konnte, in Tälern, im Windschatten mancher Gebirge. Professor Henri Enjalbert von der Universität Bordeaux, Professor Mario Fregoni (Piacenza) und andere haben überzeugend klargemacht, daß für das Überleben des Weines nur eine solche Zone in Frage kam: an der Ostküste des Schwarzen Meeres, geschützt durch den Kaukasus vor den eisigen Winden Sibiriens und weit genug von den damals eisigen Wassern des Atlantik wie den Gletschern Nordeuropas. Das Klima, das sowohl der Vitis Vinifera als auch den von ihr benutzten Laubbäumen Existenzmöglichkeit bot, herrschte in Georgien. Dort entstand dann auch der erste trinkbare Wein.

Die Vorstufe, saftreiche Trauben auszudrücken und dadurch ein Getränk zu gewinnen, war zu logisch, um nicht schon lange vorher Menschen zu Mosttrinkern gemacht zu haben. In einem Dorf im heutigen Syrien, südlich Damaskus, verrät eine 8000 Jahre alte Presse (beziehungsweise was von ihr übrig ist) nicht mehr, ob sie Most als Most oder als Vorstufe zu Wein preßte. Aber aus Traubenmost, den niemand trinkt, wird ja fast automatisch Wein. Ganz, wie schon beim Met beschrieben: Bei ausreichender Wärme vergären die Beeren beziehungsweise ihr Inhalt von selbst. Der oder die ersten, die das durch Kosten herausfanden, waren Nutz(ge)nießer eines nicht sehr großen Zufalls. Es muß also schon sehr früh gewesen sein. Dann dauerte es freilich noch eine ganze Weile, bis der Zufall zum System wurde.

Vitis Vinifera mit einer ungeheuren Zahl von Arten war auch in anderen Kontinenten verbreitet – hätte sie nicht dort den Menschen ebenso und früher dienen können? Besonders in Nordamerika gab es sie doch, auch in Nordindien. Aber soweit die Reben ausprobiert wurden, ergaben sie fast überall nur Wein mit schlechtem Geschmack (was nicht heißt, daß ihre Trauben nicht gut schmeckten und zum Essen oder Most genutzt werden konnten), und jedenfalls führten sie nicht zu Weinbau. Die heutige Verbreitung des Weines ist ohne das Eingreifen der Menschen nicht denkbar, die in Zentralgeorgien und Nordwestarmenien, dann in Mesopotamien, in Turkestan und anderen Gegenden Vorderasiens lernten, die Weinreben zu nutzen und ihre Wachstumsbedingungen zu beeinflussen, zu verbessern.

Die ältesten Weinbauspuren in dieser Gegend sind 7000 Jahre alt. Etwa gleich alt sind sumerische Keilschriftzeugnisse über Weinbau, nur etwa 1000 Jahre jünger sumerische Rollsiegel mit Weinmotiven, die im Museum von Bagdad hoffentlich den amerikanischen Bombardements des Golfkrieges von 1991 entgangen sind. Die Funde im iranischen Godin Tepe, wo Forscher in Steinguttöpfen unverkennbare chemische Spuren von Wein identifizierten, der vor etwa 6000 Jahren darin gelagert hatte, habe ich schon im Abschnitt über das Bier erwähnt. Im Museum für anatolische Zivilisationen in Ankara kann man feststellen, daß es in Anatolien um etwa die gleiche Zeit schon Weinberge gab. Zu Anfang des 3. Jahrtausends vor unserer Zeitrechnung war der Weinbau praktisch in seiner uns heute vertrauten Form etabliert und die Wanderungsbewegung der nützlichen Reben in unsere Richtung in vollem Gange, aber auch in Richtung «tieferes Asien»: nach Indien und China.

Die Weintrauben wurden (wie noch lange nachher, bis in unsere Zeit) mit den Füßen gestampft; die Ägypter erfanden Haltevorrichtungen aus Seilen und Stangen, damit die Stampfenden nicht ausrutschten. Die Trauben, die nicht genug ausgequetscht waren, wurden danach in Säcken ausgewrungen. In Ägypten fanden die Archäologen auch die ältesten Weinetikettierungen, die, auf Krügen eingeritzt, genau Sorten, Jahr und Hersteller angaben. Die Ägypter entwickelten auch eine Kunst des Rebschnitts, die noch Jahrhunderte später die antiken Griechen mit ihrer hohen Weinkultur veranlaßte, ihre besten Weinberge von Ägyptern pflegen

Ägyptische Weinstampfer mit Halteseilen.

zu lassen. Je weniger Triebe an den Stöcken gelassen werden, desto besser wird der Wein. Schon in ferner Vorzeit konservierten die Griechen Schnee in Kellern und Höhlen, um ihren Wein kühlen zu können. Es gab auch viele, die ihn nicht nur lauwarm schätzten, wie es ebenfalls viele taten, sondern heiß. Araber düngten als erste mit einer Lösung aus verdünntem Urin und Asche von Weinblättern[10] und vervollkommneten die Kunst des Pfropfens. Bald danach düngten die antiken Griechen mit Tiermist.

Ein Sonderfall in der Weingeschichte ist China. Die Chinesen verstanden unter «Wein» auch alkoholische Getränke aus Hirse oder Reis (eben: Reiswein) und Weizen. Solche Weine sind bereits für die Shang-Dynastie (18. bis 12. Jahrhundert v. Chr.) nachgewiesen. Sie wurden auch mit Kräutern oder Fruchtsäften angereichert. Ihre Vielfalt und Beliebtheit sind besonders gut für die Zeit ab dem 2. Jahrhundert v. Chr. dokumentiert; sie entsprechen etwa dem japanischen Sake, der aus Reis entsteht und einen Alkoholgrad zwischen 14,5 und 18 Prozent erreicht. Die vorhandenen Quellen erwähnen erst verhältnismäßig spät Trauben und Traubenwein. Samen von Wein wurden gegen Ende des 2. Jahrhunderts v. Chr. ins Land gebracht. Um 600 n. Chr. kam Wein aus Zentralasien, besonders aus

Taschkent. Eigener Weinbau scheint gegen 640 angefangen zu haben. Marco Polo berichtete Ende des 13. Jahrhunderts über ausgedehnten Weinbau in der Provinz Shansi (südlich Peking). Um diese Zeit wurde auch schon in Tibet und der Mongolei Wein angebaut. Andererseits aber wurden in China 6000 Jahre alte versteinerte Reste von Reben der Vitis gefunden, und «unsere» Eiszeiten haben die Weinreben Asiens ja nicht zerstört. In der Mandschurei existieren wilde Rebsorten, besonders die der Vitis Vinifera sehr ähnliche Vitis amurensis, aus denen dort seit Jahrhunderten Wein gemacht wird. Sie werden heute mit europäischen Sorten gekreuzt in der Hoffnung, diese ebenso widerstandsfähig gegen manche Rebkrankheiten zu machen, wie sie selbst sind.

Auf dem indischen Subkontinent gab es Vitis Vinifera im Industal schon etwa 3000 v. Chr. Mario Fregoni vermutet, sie seien von Phöniziern gebracht worden.[11] Weine aus dem Mittelmeerraum kamen ab dem 1. Jahrhundert nach Indien. Vom 3. Jahrhundert an war Wein in den indischen Oberschichten ziemlich verbreitet.

Den weiteren Weg der Weinexpansion zu beschreiben, können wir uns hier ersparen. Weinbeeren wurden auch von Vögeln geschluckt, ihre Kerne in alle Welt getragen, wo sie freilich besonderer Bedingungen zur Neuentwicklung bedurften. Die Kenntnisse des Weinbaus verbreiteten sich jedenfalls ziemlich schnell; eine so attraktive Frucht (nicht jede wohlschmeckende Traube war, wie gesagt, für Wein geeignet) und ihr berauschendes Getränk sprachen sich dank des zunehmenden Handels über Grenzen hinweg herum. Mit der Ausbreitung kam die Vervielfältigung der Rebsorten. Etwa 2000 v. Chr. kannten die Ägypter ein halbes Dutzend. Das Alte Testament erwähnt zehn[12], möglicherweise nur verschiedene Begriffe für weniger Sorten. Cato der Ältere zählte im 2. Jahrhundert v. Chr. in Italien 15 auf. 58 registrierte Columella (2 v. Chr. bis 65 n. Chr.), bedeutender Schriftsteller über die Landwirtschaft; Plinius brachte es im gleichen Jahrhundert schon auf 80. Heute sind wir bei 5000 bis 6000, vielleicht gar 10000 dank vieler Mutationen und Neuzüchtungen; manche Sorten haben in verschiedenen Gegenden verschiedene Namen. Eindrucksvoller noch als diese Diversifizierung war und ist die Fähigkeit der Vitis Vinifera, sich mit menschlicher Hilfe an die unterschiedlichsten klimatischen und Bodenbedingungen zu gewöhnen.

Die Ausweitung des Weinbaus nach und in Europa schien Ende des 1. Jahrhunderts durch den römischen Kaiser Domitian schwer gefährdet zu werden – er blieb nicht nur als Christenverfolger im Gedächtnis, sondern in Europas Weinbauländern hauptsächlich durch das Verbot, außerhalb Italiens Wein anzubauen. Aber sein Edikt wurde keineswegs überall befolgt, und im Jahr 280 hob es Kaiser Probus wieder auf. So konnte sich die Weinwirtschaft in Europa, die in der römischen Besatzungszeit aufgeblüht war, solide verankern. Probus freilich wurde von Soldaten erschlagen, die er zum Pflanzen eines Weinberges eingesetzt hatte und selbst beaufsichtigte; sie waren erbost über seine Reden gegen Kriege und Soldatentum.

Der Wein der frühen Jahre schmeckte trotz aller Entwicklung der Kellereifähigkeiten nicht allen und hielt sich nicht lange. Er konnte sauer sein und dünn oder auch sirupartig süß. Vor allem für die Unterschichten blieb er schwach und sauer, eher ein notwendiges Erfrischungsgetränk als ein Vergnügen. Die Soldaten des antiken Rom trugen stets eine Feldflasche an ihrem Gürtel, mit einer Mischung von saurem Wein (aus jungen grünen Trauben gekeltert), Wasser, etwas Honig und Garum. Die Feldflasche war von Stoff umgeben, den man im Sommer anfeuchtete, damit das Getränk frisch bliebe. Als der römische Soldat dem gekreuzigten, sterbenden Jesus einen mit Essig getränkten Schwamm reichte, wie ich es im Religionsunterricht gelernt habe, handelte es sich in Wirklichkeit um jenes Gebräu. «Seine Geste war nicht Spott, sondern Mitleid», sagt Gildas Jaffrenou[13].

Weinpresse aus einem kirchlichen Lehrbuch für Weinwirtschaft, Frankreich 1789.

Die Autoren der Antike und auch noch der Folgezeit berichten über die seltsamsten Verfahren, den Geschmack zu verbessern und Wein haltbarer zu machen. Griechen und Römer mischten während der Gärung oder danach alles mögliche hinzu: getrocknete süße Weinbeeren, Honig, Kräuter, Gewürze wie Zimt oder Pfeffer, Blüten diverser Pflanzen, sogar Weih-

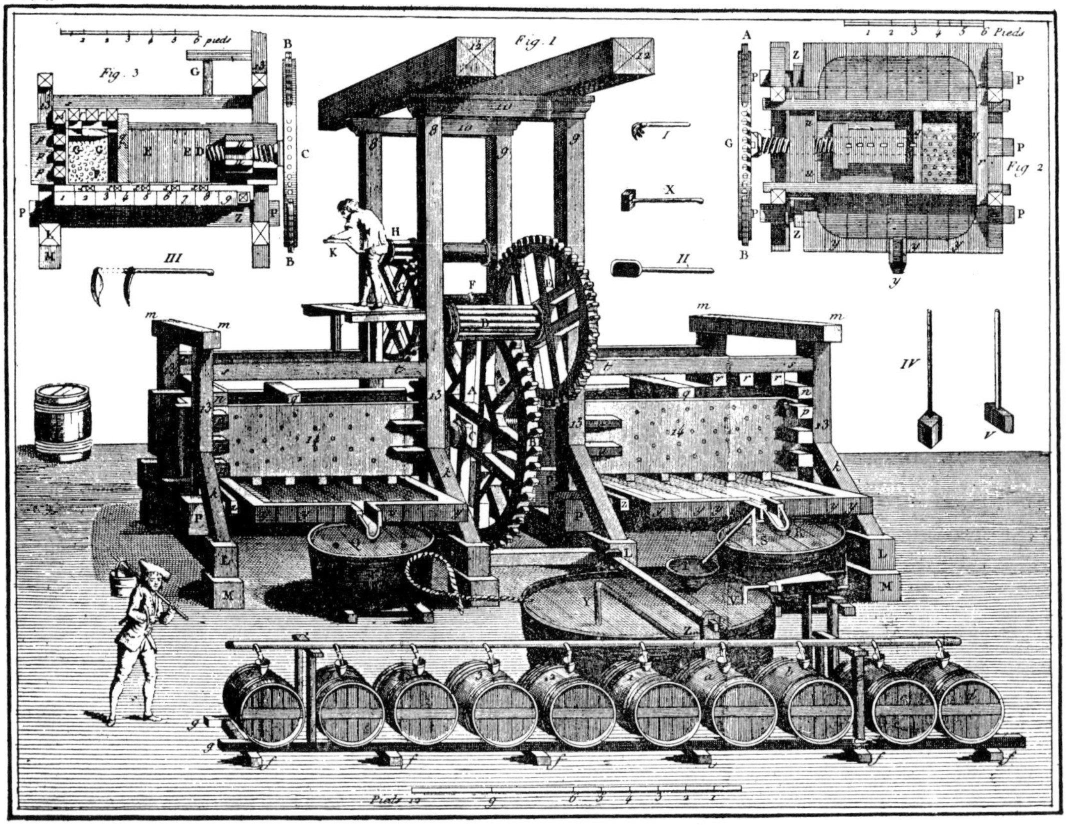

rauch. Manche liebten es deftiger, sie mischten Ziegenkäse und Gerstengrütze oder Mehl dazu oder gar Brei von Hülsenfrüchten. «Gewürzwein» hielt sich auch in Mitteleuropa durch das Mittelalter hindurch. «Klaret» oder «Lautertrank» war Landwein mit Beimischung von Safran, Nelken, Zucker und Honig,[14] in anderen Rezepten mit anderen Kräutern und Würzungen.

Honig vor oder während der Vergärung zuzugeben brachte einen alkoholreicheren, schweren Wein hervor, 15- bis 16prozentig, gar 18prozentig, den weitere Beigabe sehr süß machte und der vor dem Trinken gefiltert werden mußte und, wie im alten Griechenland, mit Wasser verdünnt, im Verhältnis 2:1 oder 3:1. Die Griechen verdünnten Wein sogar auch mit Meerwasser. Nur zum Abschluß eines Festmahles tranken sie unverdünnten, schweren Wein in winziger Menge, und zum Frühstück tunkten sie Brot in etwas ebenfalls unverdünnten Wein. Als Regel tranken sie Wein nur mit oder gleich nach dem Essen. Athenäus behauptete, die Leute von Syrakusa tränken wie Frösche – ohne zu essen.[15]

Um den Wein haltbarer zu machen, wurde der Most oft erhitzt, bis ein Drittel oder die Hälfte der Flüssigkeit verdampft war. Die Vergärung dauerte dann viel länger und blieb oft unvollständig. Schon die Römer verwendeten Most, den sie im Meer oder in tiefen Brunnen kühl lagerten, so daß er nicht vergor, wie die Deutschen 2000 Jahre später ihre «Süßreserve» zum Süßen trockener Weine.

Zur längeren Haltbarkeit wurde sogar Pech hinzugegeben oder auch Salz, bei den Griechen Harz. Zum Erhitzen verwendeten die Römer oft Eisentöpfe mit einer Bleilegierung, was zu zahlreichen Vergiftungen und zu Sterilität führte. Einige berühmte alte Weine der Römer kamen auf so zweifelhafte Weise zustande, und mit Recht warnt Enjalbert davor, den Geschmack der damaligen Weine überzubewerten. Immerhin kannte die antike Welt schon den natürlich süßen Trockenbeerenwein, der im Mittelalter verschwand und erst in der Neuzeit wiederauftauchte, und im 1. Jahrhundert v. Chr. hatten die Römer eine Nobelweinhierarchie berühmter Lagenamen und großen Respekt vor lange, bis zu 25 Jahren gelagerten Weinen, die dann aber offenbar immer süßer oder oft nach nichts Gutem schmeckten.

Weinhandel über Köln und Bordeaux

Eine wirkliche Qualitätssteigerung setzte im Mittelalter in Mittel- und Westeuropa ein, mit dem wirtschaftlichen Aufschwung dieses Gebietes ab etwa dem 11. Jahrhundert und der stürmischen Entwicklung des Weinhandels, dessen wichtigste europäische Zentren lange Zeit Köln und Bordeaux waren.

Die ersten Weinhändler überhaupt waren wohl Armenier, die den georgischen und armenischen Wein nach Babylon brachten, und Sumerer, die das Weinwissen Transkaukasiens am Persischen Golf verbreiteten. Hethiter hinterließen etwa 5000 v. Chr. das Wort «wee-an» in Keilschrift, aus dem im Lauf der Zeit und in vielen sprachlichen Abwandlungen auch unser Wort «Wein» wurde. Hethiter hatten 2000 v. Chr. die ersten bekannten großen Weinkeller des Altertums, die 2000 Hektoliter faßten. Der Handel weitete sich dann Richtung Syrien und Phönizien aus und nach Ägypten entlang des Nils, im östlichen Mittelmeer zwischen den griechischen Inseln und Kleinasien. Die Phönizier, die Etrusker, die Griechen sorgten für ausgedehnten Handel kreuz und quer über das Mittelmeer, im 8. Jahrhundert v. Chr. über Sizilien nach Italien, 200 Jahre später zur griechischen Kolonie in Südfrankreich, dem heutigen Marseille. Spanische Weine nahmen den entgegengesetzten Weg. Mitte des 2. Jahrhunderts machten sie in Rom den italienischen erfolgreich Konkurrenz. Die Gallier zahlten gewaltige Preise – eine einzige Amphore Importwein aus Italien war ihnen oft einen Sklaven oder eine Sklavin wert. Italienische Weine kamen in Küstenschiffen. Ein Wrack eines solchen aus dem 2. Jahrhundert v. Chr., das Taucher auf dem Meeresboden untersuchten, hatte 3000 Amphoren an Bord. Ein späteres, aus der Mitte des 1. Jahrhunderts v. Chr., hatte zwischen 7000 und 8000 geladen. Michel Rambaud: «Wenn es nicht zu kühn wäre, aus diesen beiden Beispielen weitere Schlüsse zu ziehen, würde man sagen, daß sich der italienische Handel mit Wein nach Gallien verdoppelt hat. Jedenfalls beweist die Zunahme der Tonnage der Handelsschiffe, daß er nicht zurückgegangen war.»[16] Im burgundischen Chalon (-sur-Saône), das schon Anfang des 2. Jahrhunderts ein Hauptumschlagplatz für italienische Weine in Frankreich war, wurden im 19. Jahrhundert 24 000 Weinamphoren ausgegraben. In unserer Zeit fand man bei den Bauarbeiten für ein nahes Atomkraftwerk im Durchschnitt pro Kubikmeter ausgeschachteten Boden eine weitere. Heute wird die Zahl der im dortigen Boden meist in Scherben liegenden Weinbehälter auf mehrere Hunderttausend geschätzt, jeder ursprünglich mit einem Fassungsvermögen von 30 Litern. Der Wein wurde in Lederschläuche und in Fässer umgefüllt und weiterbefördert. Der Weintransport konnte sich besonders entwickeln, seit die Kelten Holzfässer erfunden hatten, die allmählich, bis zum 3. Jahrhundert, die bis dahin verwendeten Tonamphoren oder Schläuche ersetzten. Der gewaltige Bedarf an Amphoren hatte zu einem gewaltigen Aufschwung der Keramik beigetragen.

Persisches Weingefäß aus dem 7. Jahrhundert.

«Die Entdeckung von Fußketten läßt annehmen, daß Chalon im Tausch für den italienischen Wein Sklaven exportierte – so versteht man, mit welch finsteren Mitteln Gallien schließlich romanisiert wurde», sagt Richard Adam[17].

Im 9. Jahrhundert tauschten friesische (holländische) Händler in Mainz

Textilien und anderes gegen Wein; Rheinwein gelangte als erster nach Nordeuropa. Im Jahr 1070 wird in Florentiner Schriften erstmalig ein Weinverkäufer erwähnt (vinadro): Offensichtlich hatte der spezialisierte Weinhandel begonnen. Die erste urkundliche Erwähnung französischen Weins in Deutschland findet sich in einer Zollrolle, die Herzog Johann I. von Sachsen 1278 ausstellte. In England räumte König Heinrich II. 1157 dem französischen Wein auf dem Londoner Markt gleiche Vergünstigungen ein, wie sie der Rheinwein bereits genoß; die Hanse handelte mit beiden und versorgte auch die Ostseeländer damit. 1174 erhielten französische Händler aus Rouen in London das gleiche Privileg für Weine, die über die Seine verschifft wurden. Im 14. Jahrhundert war den Hanseaten in London gestattet, ihre Weine direkt an Privatkunden zu verkaufen. Im damals dänischen Schonen (später schwedisch) konnten die Händler der Hanse eigene Weinlokale betreiben. Das Zollwesen war ihnen nicht gerade ungünstig: Was zwei Pferde ziehen konnten, war zollfrei. Für Weinladungen, die vier Zugpferde benötigten, war eine halbe Mark («schonisch») fällig.[18]

Norwegen war schwieriges Terrain. 1186 vertrieb König Sverain alle hansischen Kaufleute, weil sie zuviel Wein ins Land gebracht hätten. 1302 regelte Haakon IV. den Weinhandel über Bergen neu, aber mit so hohen Abgaben, daß der Export nach Norwegen für die Hanse uninteressant wurde; hingegen nahm der deutsche Bierexport nach Norwegen stark zu. Spanische Weine waren im Hansehandel ebenso wichtig, hauptsächlich für Holland und England, dann auch für die Ostseeländer. Griechische Weine wurden 1390 in Stralsund und 1392 in Brügge urkundlich erwähnt. Um 1400 war Niederösterreich in der Lage, jährlich etwa 100 000 Hektoliter Wein auszuführen – die Kapazität war gegenüber dem 13. Jahrhundert um das Fünffache gestiegen.[19]

Anfang bis Mitte des 14. Jahrhunderts wurden aus dem Gebiet Bordeaux jährlich mehr als 80 000 Fässer Wein exportiert (à 900 Liter).[20] Bordeaux hatte seit 1154 zu England gehört und eine wirtschaftliche Blüte erlebt. Als größter Weinmarkt Europas überflügelte es auch Köln. Aber Ende des 14. Jahrhunderts verfrachtete der Weinhafen nur noch etwa 20 000 Fässer jährlich – der Hundertjährige Krieg wirkte sich aus. 1452 wurde Bordeaux wieder französisch, und im späten 16. Jahrhundert kam der Export noch einmal auf einen Jahresdurchschnitt von etwa 60 000 Fässern.[21]

Bordeaux und La Rochelle waren seit dem 5. Jahrhundert bedeutende Weinhäfen auch für preußische und Danziger Schiffe, die zwischen Portugal und den Ostseeländern Weinhandel betrieben; im Ärmelkanal wurden sie gelegentlich von englischen und holländischen Piraten aufgebracht.

In der Rheinweinausfuhr hatte Köln bis zum 16. Jahrhundert die Vormachtstellung. Im Norden entwickelte sich, abgesehen von den Hansehafenstädten, auch Münster zu einem großen Weinhandelsplatz, wofür eine große kirchliche und adelige Kundschaft an Ort und Stelle und in der westfälischen Umgebung sorgte.

Der Weinhandel führte fast überall zum Weinanbau oder seiner Erweiterung. Gegen 1510 hatte Deutschland eine Anbaufläche von 260 000 Hektar[22], mehr als zweieinhalbmal größer als 1991 (99 400 Hektar). Damals lebten etwa 18 Millionen Deutsche, von denen etwa ein Viertel, besonders die ärmere Bevölkerung im Osten, keinen Wein trank. Der jährliche Konsum der anderen wird auf 40 bis 50 Liter pro Person geschätzt,

Der Pariser Weinhafen im 14. Jahrhundert.

etwa doppelt soviel wie heute (24 Liter). Der französische Konsum erreichte seinen Höhepunkt gegen 1880: 140 bis 150 Liter pro Person und Jahr.

In die «Neue Welt» Amerikas kamen Kenntnis und Anfang des Weinbaus ab 1492 (Karibik und Mittelamerika), 1452 (Südwesten Lateinamerikas) und 1619 (Nordamerika). Südafrikas Weinproduktion begannen die holländischen Einwanderer 1665, bald verstärkt durch Hugenotten aus Frankreich.

Die Weinproduktion der ganzen Welt betrug Anfang der neunziger Jahre knapp 30 Millionen Tonnen.

Trinkrituale

Der Gastgeber erhob sein Glas, sah in die deutsch-französische Tischrunde und sagte «Zum Wohl!», vielleicht war es auch «Prosit!» – aber da waren die Gläser der Franzosen schon halb leer, einige hatten ihn nicht verstanden und aßen weiter, die anderen sahen eher verdutzt drein. Mein erstes deutsch-französisches Diner, an dem ich Anfang der fünfziger Jahre als Neuling in Paris teilnahm, entbehrte nicht einer peinlichen Komik. Nicht lange danach kam es umgekehrt: Die einen hatten ihren Wein schon längst gekostet, da warteten die anderen noch, ob nicht jemand «Prost!» oder so sagen, der Gastgeber nicht «die Auflassung geben» würde, also das Zeichen, von nun an könne getrunken werden.

Was die einen für eine seltsame Marotte, die anderen für grobe Unhöflichkeit halten mochten (bitte beachten: Es ist fast ein halbes Jahrhundert her), zeigte lediglich, wie verschieden sich die Trinksitten der Völker entwickelt haben, wie verschieden sie auch heute trotz allen Zusammenwachsens in Europa noch sind. Bei den Deutschen hat sich deutlich ein Rest urgermanischen Trinkgebarens erhalten, noch lebendig und eher verstärkt durch die Gewohnheit, Wein überwiegend außerhalb der Mahlzeiten zu trinken. Die Franzosen hingegen betrachten auch den besten und teuersten als Begleitung des Essens, schlucken ihn also nicht als Ritual, sondern auf Lust und Kommando von Gaumen und Zunge.

Daß viele Deutsche, wie man immer noch beobachten kann, auch nach der «Auflassung» gern jeden weiteren Schluck mit einem «Prost!» in Richtung Gast einleiten würden, wirkt (nicht nur) auf Franzosen störend: Es bringt ihren Trinkrhythmus durcheinander aus Gründen, die nichts mit dem Essen zu tun haben, und sie würden es auch nach dem Essen nicht schätzen. Schon im 16. Jahrhundert beschwerte sich der französische Essayist Montaigne, daß ihm das häufige Zuprosten deutscher Gastgeber mit dem Folgezwang so gegen seine Natur und Gewohnheit gegangen sei, «daß ich keinen Tropfen schlucken konnte»[23]. Zutrinken ist und war aber

Rechte Seite: Weinkeller eines reichen Franzosen im 15. Jahrhundert.

nicht nur eine deutsche Sitte. Slawen, Nordeuropäer und andere taten und tun es ebenso, Polen und Russen eher mehr, ebenso wie die alten Römer und Griechen. Und als Montaigne das schrieb, unterschied sich die deutsche Weinsitte von der französischen noch drastischer, aus heutiger Sicht noch seltsamer: Franzosen tranken ihren Wein mit Wasser verdünnt. Ihn unverdünnt zu trinken galt als deutsche Marotte.[24]

Da die Menschen von Anfang an und so lange dem Rausch eine übersinnliche, religiöse, soziale Funktion zuschrieben und Alkohol in einem Maße nicht nur genossen, sondern respektvoll verehrten, wie wir es uns heute kaum vorstellen können, war logisch, daß sich Rituale herausbildeten, die beim Trinken befolgt wurden, oft werden mußten. Das wurde regelrechtes Zeremoniell. Wer was trank, in welcher Reihenfolge, war in alter Zeit bei den meisten Völkern anderer Erdteile genauso festgelegt wie in Europa. Oft auch, aus welchem Gefäß – im alten Persien durften Personen, die beim König in Ungnade gefallen waren, nur noch Steinguttassen benutzen.[25]

Frühzeitig weihte man das berauschende Getränk seinen Göttern. Es wurde wichtiger Bestandteil von Opfern. Für viele sprach aus dem Alkohol die jeweils verehrte Gottheit. So gut wie alle hatten eine für jede Art alkoholischen Getränks. Feste, Versammlungen, Mahlzeiten begannen mit einem Trankopfer. Der Priester, der Ranghöchste, der Älteste erhob das Gefäß zu Ehren der Göttin oder des Gottes. Er trank den Inhalt oder teilte ihn, den Becher kreisen lassend, mehr oder minder symbolisch mit den anderen, oder das Getränk wurde vergossen. Nach der Christianisierung gelang es der Kirche, Trinkfeste, die germanischen Göttern gewidmet waren, auf christliche Heilige umzumünzen.

Die Götter der griechischen Mythologie tranken einander zu. Bald machten es die Menschen ihnen nach. Wer seinen Becher oder Humpen einem anderen entgegenhob, wünschte ihm Wohl. Oft sagte er es mit entsprechender Formel. Unser «Prost!», älter «Prosit!», geht auf die lateinische Sitte zurück, und die Römer folgten da den alten Griechen. Der Zutrinker hatte den ersten Schluck, um zu beweisen, falls er der Gastgeber war, daß das Getränk kein Gift enthielt.

Sich zuzutrinken ist also älter als alle Kneipen. Es stammt noch aus der Urzeit des gemeinschaftlichen Sichberauschens, es hatte eben ursprünglich den Sinn, Feindseligkeit und Bedrohung auszuschließen, es machte das Getränk zum «Garant und Symbol der Gemeinschaft, Freundschaft, Brüderschaft derer, die es verbindet»[26]. Da ein Zuprosten das andere nach sich zog, läßt sich leicht vorstellen, wie die Hemmungen schwanden. «Noch im 16. Jahrhundert endet jedes Trinkgelage notwendig im Vollrausch aller Beteiligten», sagt Schivelbusch[27], «da es eine unerhörte Verletzung des Trinkkomments gewesen wäre, wenn einer von sich aus vorher aufhörte. Es gibt ein großes Tabu des Trinkens, nämlich einen angebotenen Trunk nicht anzunehmen und nicht zu erwidern.»

Vinū rubeum grossum.
natur. splendidissimū iuvamentū
sedat sincopim. nocumentum splenī et epati debilibus.
remotio noci. acetosis.

Trinkrunden hatten friedlich zu sein, Konflikte sollten dabei nicht ausgetragen werden. Das Gastrecht war eng mit Essen und Trinken verbunden, es einte auch Gegner. Beim christlichen Abendmahl, einer «kultisch überhöhten Trinksituation», dient das Trinken «der völligen Aussöhnung der Menschen untereinander, mit Gott und sich selbst, überhöht durch eine mystische Teilhabe mit dem Göttlichen»[28].

Die alten Griechen veranstalteten «Symposien», welches Wort in ganz anderer Bedeutung in unsere Umgangssprache eingegangen ist. Ein Symposion war nach der abendlichen Mahlzeit ein Trinkgelage der Männer nach recht festen Regeln, religiös eingeleitet (Dionysos geweiht, dem Gott des Weines), mehr oder minder reich ausgestattet mit Unterhaltungsteil, je nach Reichtum und sozialer Stellung des Gastgebers, mit erotischen Episoden oder auch nicht, mit Musik und literarischer Diskussion oder auch politischer, aber stets nach festen Ablaufregeln. Mäßigkeit war keineswegs Bedingung, aber die Teilnehmer tranken stets nur gemeinsam, auf Kommando eines zu Anfang gewählten «Symposearchen», also Vorsitzenden, der sowohl die Menge des zu trinkenden Weines festlegte als auch dessen Mischungsverhältnis mit Wasser. So sorgte er für völlig gleichmäßige Berauschung. Die Römer übernahmen die Sitte der Symposien; bei ihren gab es auch individuelles Zutrinken. Griechen und Römer tranken auch schon auf ein Ideal, eine Sache, ein Ziel.

Zu den Varianten des Zutrinkens gehörte damals, so viele Becher zu leeren, wie der Name des- oder derjenigen, denen man zutrank – oder auch derjenigen, die man verehrte –, Buchstaben hatte. In späterer Zeit, so ist aus manchen Gegenden der Schweiz und Frankreichs überliefert, tranken Hinterbliebene den Toten zu, ihre Gläser stießen sie gegen den Sarg.[29]

Ob Symposion oder nordeuropäische Trinkrunde oder Gastmahl – auf gutes Benehmen wurde durchaus Wert gelegt (je nachdem, wie man das nach Zeit und Kulturkreis verstand). Zeitgenössische Regeln machten klar, was als Fehlverhalten anzusehen war.

Ein Beispiel aus der zweiten Hälfte des 15. Jahrhunderts: «Beut dir jemand seinen Wein, sollst beim Genuß du mäßig sein. Höflich sollst du den Becher heben, und sittsam sollst du ihn weitergeben. Wenn du den Becher empfangend bist, kehr ihm nicht den Rücken zu, zu keiner Frist. Mach nicht ein Geschleck von Speise und Wein, mit gekautem Brot im Munde dein ... Dieweil die Speise im Munde ist, sollst du nicht trinken, zu keiner Frist. Die Zähne schlag nicht in des Bechers Rund, und schlürfe nicht mit vollem Mund.»[30]

So viele Becher Wein die Griechen der Antike bei ihren Trinkgelagen leerten – zum Essen tranken sie wenig (jedenfalls die Oberschicht). Die alten Ägypter hatten Bier zum Frühstück. Biersuppe war jahrhundertelang ein verbreitetes Frühstück in Mittel- und Nordeuropa, bis zum 18. Jahrhundert. In den reicheren Schichten gehörten Bier und/oder Wein zu den Mahlzeiten vom Frühstück bis zum Abendbrot.[31] Bei den romanischen und südosteuropäischen Völkern übernahm allmählich auch die übrige Bevölkerung die Gewohnheit, Bier oder Wein zum Essen zu trinken.

An das griechische Symposion, außer ihren Erotika, erinnert die Sitte englischer Oberschichten, nach größerem Dinner sich in getrennten Gruppen in separaten Räumen zu versammeln – die Männer dann zwecks wesentlich gesteigerter Alkoholaufnahme und stärkerem als dem Tischwein: Port, Sherry, Cognac, Whisky und andere Spirituosen.

Die Trinkrituale der Völker hingen naturgemäß davon ab, ob sie Wein, Bier oder Stärkeres tranken – wie die Chinesen und Japaner ihren Reiswein (zwölf- bis 16prozentig) oder die Türken Raki (über 40 Prozent, aber oft mit Wasser verdünnt). Für Europa unterscheidet Uhr[32] die Weinkultur im Süden als stärker «genußorientiert» von der «Bierkultur» im Norden. Genußorientiert – da war mehr und mehr das Essen hinzugekommen, siehe den Anfang dieses Abschnitts.

Der Einbruch von Branntwein und Schnaps in die im Vergleich zu ihrer starken Wirkung gemächliche europäische und nordamerikanische Wein- und Bierlandschaft veränderte Trinkgewohnheiten, also Rituale breiter Schichten, drastisch. Sich mit Wein oder Bier zu berauschen brauchte Zeit. Trinkgelage folgten im allgemeinen auf Mahlzeiten, und dann lernten die Menschen ja auch schnell, daß weitere Bissen zum Getränk das Alkoholvergnügen verlängern konnten, bis der Rausch eintrat. Dies ließ also Zeit für ein umfangreiches, detailliertes Zeremoniell. Dies hatten im Lauf der Jahrhunderte nach den adligen auch die bürgerlichen Schichten entwickelt, ebenso wie die Bauern, schließlich die Handwerker und die Lohnarbeiter. Die hochprozentigen Spirituosen hingegen wirkten so rasch, führten zu so schnellem Rausch, machten so früh besinnungslos betrunken, waren im Verhältnis zur Wirkung auch so viel billiger, daß sie den bisher entwickelten alkoholisierten Zusammenhalt sprengten, besonders in den ärmeren Schichten.

Der mittels einiger Schnäpse Betrunkene war dann kein gesellschaftliches Wesen mehr, sondern Einzeltrinker. Auch diese bildeten zwar instinktiv neue Umgangsformen heraus, aber die erzeugten kein vergleichbares Gemeinschaftsgefühl mehr. Das Verhalten des neuen Trinkertyps störte auch immer mehr sein Familienleben; mit geringem Aufwand, aber auf Kosten der Familienkasse und des häuslichen Zusammenhalts konnte sich der Arbeiter jederzeit auf dem Weg von der Arbeit in kürzester Zeit in ein unzurechnungsfähiges Einzelwesen verwandeln. Die Folgen waren eine gewaltige Zunahme privaten Unglücks und sozialer Spannungen. Angehörige der oberen Schichten erlagen der spirituosen Verlockung ebenfalls, aber für sie hatte es im allgemeinen weniger schwere Folgen, außer vielleicht für die Gesundheit.

Es ebbte erst wieder ab, am spürbarsten im 20. Jahrhundert, als weitere Erfolgsgetränke wie Kaffee und Tee neue Anregungsmittel gebracht hatten, um die herum sich neues, harmloseres Gemeinschaftszeremoniell entwickeln konnte, als überdies die Trinkwasserversorgung stark verbessert war, übrigens auch die Bierqualität – die Rolle alkoholischer Getränke als fast ausschließliche Durstlöscher war damit beendet. Nun kamen auch Mineralwasser und andere alkoholfreie hinzu, und der steigende Lebensstandard in den Industrieländern beendete auch die Rolle alkoholischer Getränke, besonders natürlich des Biers, als wichtiger Beitrag zur Ernährung.

Kneipen

Während der langen, alkoholisierten Reise der Menschheit durch Begeisterung, Rausch und Ernüchterung, in großen, religiös oder sozial inspirierten Gruppen, hatten sich im Lauf der Zeit verschiedene Rahmen des gemeinschaftlichen Trinkens herausgebildet. Das wachsende Angebot an Bier, Wein, Hochprozentigem und Mixgetränken nahm dem Alkohol das Weihevolle, machte ihn «normal» auch für immer kleinere Gruppen wie die Familie. Auch das Einzelwesen begann für sich allein anzuwenden, was es in Gruppen erfahren und eingeübt hatte und durchaus weiter praktizieren wollte. Doch zu einsam wollte es auch wieder nicht sein. Die freundliche Wärme eines Kollektivs war nach wie vor erwünscht.

So entstand die Trinkkneipe. Kneipen, Gaststätten (nicht im feinen Sinn von heute), Herbergen für Reisende hatte es schon vorher gegeben. Zunächst, man schätzt schon etwa 3000 v. Chr., für die «Dienstreisenden» der jeweiligen damaligen Herrscher, von China bis zu den antiken Römern, und dann entlang der großen Handelsstraßen für die Händler. Wein und Bier gehörten bald ebenfalls zur Handelsware. Für sie galt also entsprechend zeitig das Gesetz von Angebot und Nachfrage. Ausschank und Verkauf lohnten sich schon sehr früh – in Assyrien, Babylon, Ägypten und dann im klassischen Griechenland gab es genug.

Begonnen hat es mit dem Verkauf durch die Hersteller. Winzer schenkten ihren Wein aus, Brauer (lange war es ja im wahrsten Sinn familiäres Gebräu) ihr Bier. Als sich aus dem Verkauf so etwas wie «Wirtschaft» entwikkelte, war sie noch geraume Zeit im oder am Haus des jeweiligen Winzers oder Brauers (oft der Brauerin). Der Dorfkrug unserer Zeiten kam erst spät. In manchen Gegenden Deutschlands war er bis ins 19. Jahrhundert nur selbständigen Bauern vorbehalten, die Landarbeiter hatten keinen Zutritt.

Das Urlokal in der Stadt war anfänglich nicht aufwendig eingerichtet. Ein Behälter – Ledersack, Amphore, später Faß – und ein Ausschenker, der mitgebrachte Gefäße der Kundschaft füllte, nach einer Weile ihnen Becher zur Verfügung stellte, mehr war nicht nötig. Viel Sauberkeit auch nicht, wenn man den alten Chronisten folgt.[33] Immerhin rekonstruierte der berühmte Ägyptologe Maspéro ein keineswegs trübes «Bierhaus» im alten Theben: der Empfangssaal frisch gekalkt, eingerichtet mit Matten, Schemeln, Sesseln, auf denen die Zecher Seite an Seite saßen und Wein, Bier, «Lebenswasser» aus Palmensaft und parfümierte Liköre tranken.[34]

Die Trinkkneipe hat (wenn wir von den erwähnten Reiseherbergen absehen) einen logischen Vorsprung vor dem Eßlokal – dieses wurde erst später gebraucht. Die Gebote der Gastfreundschaft in dieser längst vergangenen Welt bewirkten, daß sich die wenigen Reisenden damals kaum Sorgen um ihre Nahrung zu machen brauchten. Aus dem alten Griechenland und Rom sind zahlreiche Zeugnisse für die Verachtung der inzwischen entstandenen Lokale überliefert: Wer auf sich hielt (weil er es konnte), wurde doch von seinesgleichen bewirtet. So waren die Eßlokale zunächst für die unteren Schichten da. Das hatten die Trinkstätten lange Zeit mit ihnen gemein, und dem verdankt die gesamte Gattung in der Tat auch jahrtausendelange Verachtung der Reichen und Mächtigen, bis sich gehobenere Formen herausbildeten. Aber schon im alten Athen und Rom war klar, daß ihre Wirte reich wurden. Wein brachte im alten Rom besonders großen Profit. Trimalchio, der Berühmt-Berüchtigte vom Fest, erzählte selbst, daß er sein Vermögen Spekulationen mit Wein und Lebensmitteln verdanke.

Gambrinus, der Schutzpatron der Brauer.

Jedenfalls vermittelten die Trinklokale, ob schließlich feinere Bars oder Cafés oder weiterhin karge Stehkneipen, schon dank der Wirkung des Alkohols die Nestwärme, die einer festen Gemeinschaft entsprach, nun auch an einzelne, die sich nicht kannten und die nur noch verband, daß sie eben gleichzeitig gegen Bezahlung Alkohol trinken wollten. So ist es ja noch heute. Im 15. Jahrhundert zählte Paris nicht weniger als 4000 Kneipen, in denen täglich insgesamt 700 Fässer Wein ausgeschenkt wurden[35].

Im Nest will man nicht gern gestört werden. Das merken wir, wenn wir Lokale betreten, in denen viel Stammkundschaft sitzt. Die Gespräche verstummen, wir werden angeglotzt. Wir sind da in einen geschlossenen Kreis eingebrochen, der uns oft auch merken läßt, daß er sich gestört fühlt – bis die Chefin oder der Chef uns gnädig nach unserem Durst fragt, allmählich von seiner Ernsthaftigkeit überzeugt wird, mit Einschenken, vielleicht schon Geplauder eine Art Eintrittskarte ausstellt. Da haben die anderen ihre Gespräche wiederaufgenommen, und wir sind akzeptiert. Und reagieren bei Ankunft der oder des nächsten Fremden ebenso.

Doch gab es schon immer Bars, in denen wir nicht akzeptiert worden wären. Trinkstuben für «Herren» beispielsweise, die nicht wegen der Abwesenheit von Damen so hießen oder im Gegenteil wegen deren leichter Verfügbarkeit. «Herrentrinkstuben» waren seit dem späten Mittelalter den Führungsschichten der Städte vorbehalten.[36] Sie ermöglichten ihnen, in weniger trockenem Zustand zu «regieren» als im Sitzungssaal. Manchmal waren die Führungsschichten außerhalb des Sitzungssaales gespalten – dann gab es eben mehrere solcher Trinkstuben, im 14. Jahrhundert in Basel drei, davon eine für den Adel. Im allgemeinen begannen sie alle als reine Trinkstätten. Speise durften sie erst später anbieten. Man kann sie als Vorläufer der heutigen Ratskeller ansehen. Nicht aller freilich – die Hansestädte, aktive Weinhändler, legten frühzeitig Weinkeller an, sowohl für den Verkauf als auch für Direktkonsum, teilweise als Privileg der Ratsherren, die für ihre Tätigkeit in so früher Zeit kaum bezahlt wurden. Zum Weinausschank kam bald das Essen. Die Hansestädte versorgten die Ratskeller mit Naturalabgaben – in Bremen hatten die Fischer Lachse und Neunaugen zu liefern, die Schlachter Lämmer, die Bäcker zu Weihnachten und Ostern Brot. In Lübeck konnte der Keller die Ratsherren mit Gänsen, Fisch, Zucker und anderem versorgen. Bald verteilten die Ratskeller festgelegte Mengen Wein an Amtspersonen, nach Rang abgestuft, und mangels anderer Auszeichnungsmöglichkeiten bekamen auch hohe Gäste von außerhalb «Ehrenwein» (Hansestädte lehnten Orden ab). Aber im wesentlichen leisteten sie Beiträge zur öffentlichen Kasse. Das ließ viele andere Städte nicht ruhen; auch sie gründeten ihre Ratskeller.

Geradezu amtlich geweiht wurden vom 11. Jahrhundert an die Wirtshäuser an Marktplätzen– dort gaben Amtspersonen Verfügungen der Obrigkeit bekannt, dort tagten Gerichte und Gemeinderäte.

Konkurrenz machte den weltlichen Zechstätten wie erwähnt der Klerus mit eigenen Schankstuben, für die er im Mittelalter keine Steuern zu bezahlen brauchte. Oft befanden sie sich direkt in den Pfarrhäusern. In Madrid eröffneten mehrere katholische Gemeinden «Tabernas», sobald diesen 1795 erlaubt wurde, auch Essen anzubieten. Nach der Säkularisation 1803 verschwand in Deutschland die fromme Konkurrenz ziemlich schnell. Dauerhafter waren die gleichen Vorteile der Universitäten, deren Schankstuben für Studenten ebenfalls steuerbegünstigt waren. Der berühmte «Auerbachs Keller» in Leipzig war in der Tat die Gründung eines akademischen Lehrers, Dr. Stromer von Auerbach.

Im Geschäft mit dem Trinken gab es frühe Spezialisierungen – neben Bierkneipen die Weinstuben, andere, die nur Schnaps ausschenkten wie zeitweise viele Londoner Ginkneipen oder Grogschenken an der Ostsee, oder auch die Unterteilung in Stehkneipen ohne viel sonstigen Komfort wie englische Pubs und zahlreiche kontinentale Tagesbars und Lokale mit größerem Sitzkomfort – Cafés, wie wir sie heute noch erleben.

Viele dieser Trinkstätten waren schon immer frühmorgens offen. Die Arbeiter stärkten sich da auf ihrem Weg zur Arbeit. Die Kombination von schwarzem Kaffee mit Rum, Cognac oder anderen Spirituosen war in Frankreich besonders verbreitet.

Kneipen etablierten sich auch als Horte neuer Kollektive. Nicht nur, daß Zünfte und andere Gruppen unter ihnen ihre Stamm- und Vereinslokale wählten. Auch für die Arbeiterbewegung wurden Stammkneipen zu Zentren politischen Zusammenhaltes und von Organisation, sogar politischer Bildung – wo sonst hätten sich die Arbeiter treffen können? Hauptmagnet der Lokale war aber natürlich die Lust auf Alkohol und dann wieder auf das Erlebnis nachbarschaftlicher Wärme beim Trinken. Beides machte und macht noch heute aus einander fremden Zechern für die Zeit im Lokal oft neue (kurzlebige) Gruppen. Zu deren Ritualen gehört die «Lage», die «Runde», die einer für die anderen ausgibt; wer annimmt, muß sich revanchieren. Unter dem Einfluß des Alkohols und der Gruppenwirkung reden sich Leute an, die sonst nicht miteinander sprechen würden.

Das streng spezialisierte Lokal – Weinhaus, Bierkneipe, die Bar mit nur «harten Sachen» – ist nach vorübergehender Blüte weitgehend dem Lokal mit gemischtem Angebot gewichen. Das Trinken im Lokal hat, als aus Gruppen Einzelbesteller wurden, zu einer gewaltigen Zersplitterung, also Ausweitung des Angebotes geführt, wovon in den Bars die gewaltigen bunten Flaschenbatterien zeugen. Nicht nur bei uns – Gernet berichtet in *La Vie quotidienne en Chine*[37], daß im 13. Jahrhundert in den Lokalen der damaligen Hauptstadt Hangzhou – die damals Linan hieß – mehr als 54 Varianten von Reisschnäpsen angeboten worden seien. In Danzig stellte schon 1791 die Brennerei «Der Lachs» 75 verschiedene Branntwein- und Likörsorten her.

Der Ausweitung des Angebotes, der Spezialisierung entsprach die Entwicklung der Trinkgefäße. Den frühesten Trinkern dienten Muschelschalen, Kokosnußschalen, Tierschädel, aber auch Schädel erschlagener Feinde, Tierhörner. Dann kamen Tontöpfe, Keramikpokale aller Größen und Formen, Steingutbecher und Krüge, auch Holzbecher (in Deutschland noch bis ins 16. Jahrhundert benutzt). Seit dem 1. Jahrhundert n. Chr. aber verbreitete sich das Trinkglas, zunächst gleichförmig, dann immer verschiedener, und heute gibt es für fast jede Art alkoholischen Getränks eine bestimmte Form.

Alkohol wirkt appetitanregend. Besonders als das Trinkziel nicht mehr möglichst schnelle Trunkenheit war, sondern gehobene Stimmung, waren die kleinen Bissen zur Stelle, überall in der Welt. Ihre Funktion: einerseits dem Magen eine Grundlage zu geben, auf der Alkohol nicht so schnell berauscht, und andererseits neuen Durst auf Alkohol zu machen. In China war es schon im 1. Jahrhundert n. Chr. Sitte, Gästen, die man nach einem Mahl zu weiterem Trinken dabehielt, getrocknetes Fleisch oder Dörrfisch oder gesalzene dunkle Bohnen zu servieren.[38] In deutschen Wirtsstuben standen für die Zecher Brot und Käse auf den Tischen, wie schon für die Zeit gleich nach dem Mittelalter belegt ist.[39] Charles Hankok[40] berichtet plastisch von japanischen Nawanoren – winzigen Trinkstuben, ursprünglich meist hinter einem Vorhang zur Straße, wo hauptsächlich Sake und Bier serviert werden, dazu kleine Bissen. Osteuropäische Sakuski, nahöstliche Mezze, spanische Tapas, die Unmengen Nüsse und Salzstangen und dergleichen auf den Bartresen in aller Welt – das Prinzip ist immer gleich. Am ausgewogensten erschien es mir in spanischen Tapa-Kneipen, wo auf Wunsch zu den kleinen Bissen auch nur ganz winzige Portionen Wein oder Bier ausgeschenkt werden.

Kampf gegen Alkohol

Sehr früh haben sich in den Alkohol trinkenden Völkern Stimmen gegen Alkoholexzesse erhoben, und schon vor Tausenden von Jahren zerbrachen sich manche den Kopf über die Schattenseiten des Alkohols.

«Warum scheint sich sehr Betrunkenen alles im Kreise zu drehen?

Warum sehen Betrunkene manchmal alles mehrfach?

Warum sind Betrunkene unfähig zum Geschlechtsverkehr?

Warum macht gemischter Wein am nächsten Morgen mehr Kopfschmerz als ungemischter?

Warum bewirkt Wein, sowohl zu betäuben als auch zu Raserei anzustacheln?

Warum sind Betrunkene schneller zu Tränen gerührt?

Warum stolpert die Zunge von Betrunkenen?»

Solchermaßen wurden in den *Problemata*, die angeblich von Aristoteles (384 bis 322 v. Chr.) stammen, aber wahrscheinlich ein paar Jahrhunderte später entstanden sind, schon relevante Fragen aufgeworfen.

Nüchternheit propagierten manche generell, andere nur oder besonders für Frauen und Jugendliche. Freilich dachten sie weniger an deren Gesundheit als an die Sexualität. Thomas von Aquin argumentierte im 13. Jahrhundert, da beide besonders den Begierden ausgesetzt seien – die Frauen wegen moralischer Schwäche, die Jugendlichen wegen des besonders starken Triebes –, dürften sie sich nicht durch Alkohol zusätzlich enthemmen.[1]

Da stand der fromme Mann in durchaus heidnischer Tradition. Bei den alten Griechen in Massilia durften Frauen nur Wasser trinken, ebenso wie in Milet und zeitweise im alten Rom. Dort war ihnen wenigstens der süße Wein aus Trockenbeeren erlaubt, der Passum. In Rom durften auch eine Zeitlang unter 30jährige Freie keinen Wein trinken, und in Sparta wurden der Jugend betrunkene Heloten vorgeführt, um ihr das Risiko der Trunkenheit zu zeigen. Im westlichen Lokris der alten Griechen bedrohte übrigens sehr pauschal das Gesetz alle mit Todesstrafe, die ohne ärztliches Rezept unvermischten Wein tranken.

Platon meinte in weiser Mäßigung, daß Jugendliche unter 18 Jahren nicht zuviel Wein trinken sollten – aber nach dem 40. Geburtstag sei ganz natürlich, sich zu betrinken, um Sorgen zu vergessen.[2]

Im Gegensatz zur Frage in den *Problemata* hat Alkohol in antiker und mittelalterlicher Lesart (abgesehen von heutiger) eben doch als sexfreundlich gegolten. Sultan Saladin stellte in Ägypten zwei Mönche auf die Probe, die behauptet hatten, ihre Ernährung aus Fisch und Wein ermögliche ihnen das Leben in Enthaltsamkeit. Nachdem er sie mit Fleisch und Wasser bewirtet hatte, ließ er zwei Frauen an ihnen ihre Verführungskünste üben. Die Mönche blieben standhaft. Dann ließ Saladin ihnen Fisch und Wein auftischen – und danach wurden sie schwach. Man könnte auch das Alte Testament anführen. 1 Moses 19 berichtet, wie die beiden Töchter Lots ihm Wein gaben und sich von ihrem berauschten Vater schwängern ließen.

Die Verbindung Alkohol (damals Wein) und Sex, poetischer «Eros» genannt, zeigt sich in frühen Kulten und Religionen mehr oder minder drastisch. Am extremsten haben es wohl Griechen und Römer im Dionysos beziehungsweise Bacchuskult erfahren, der bei den Griechen im 7. Jahrhundert v. Chr. begann, von besessenen Mänaden («Rasenden», den Anhängerinnen des Kultes) übersteigert wurde und dann bei den Römern Anfang des 2. Jahrhunderts v. Chr. in die Bacchanalien mündete. Dionysos und Bacchus waren die Götter des Weines, der keineswegs nur zu alkoholischem Rausch führte. Schlemmermähler, wohl wesentlich ausgelassener als beim altgriechischen Symposion, mündeten im alten Rom zunächst an drei Tagen im Jahr, dann aber fünfmal jeden Monat in Massenorgien, die schließlich in Gewalttätigkeiten ausarteten. Ursprünglich waren es nur weibliche Teilnehmer, aber 204 v. Chr. waren auch Männer zugelassen.

Dionysos, der Gott des Weins. Griechische Darstellung um 380 v. Chr.

Die Literatur von den alten Griechen herab bis heute zeigt, von den Mänaden abgesehen, die männlichen Teilnehmer, besonders ältere, als Nutznießer weiblicher Sexraserei. Die Annahme eines unersättlichen weiblichen Verlangens nach Männern ist ein roter Faden der Weltgeschichte, aber nicht viele weibliche Zeugnisse bestätigen das, und heute wirkt es eher verblüffend. Eine entsprechende «Weisheit», deren Spuren sich in der Vergangenheit verlieren, sind Sprüche wie «Damit der Wein den Frauen guttut, müssen ihn die Männer trinken».

Daß damals ältere griechische und römische Männer es auch gern mit Knaben trieben, war wohl nicht ganz allgemein akzeptiert, wenn wir lesen, wie der römische Geschichtsschreiber Livius etwa zwei Jahrhunderte später formulierte: «Zur religiösen Feier kamen die Schlemmereien in Wein und Mahl, wodurch die meisten Gemüter erhitzt wurden. Als der Wein die Geister benebelte und die Nacht, und die Männer, die sich insonderheit mit den zarteren jüngeren Frauen mischten, jegliches Gefühl für Scham ausgelöscht hatten, da blieb es nicht bei einer einzigen Sorte von Verbrechen, sondern da wurden durcheinander und übereinander Knaben und Weiber wahllos geschändet.»[3] Wer nicht mitmachte, wurde oft umgebracht. Hugh Johnson[4] meint in seiner Weingeschichte, der Bericht des Livius gleiche verdächtig den Anschuldigungen, die später gegen die Christen erhoben wurden, doch eine Widerlegung ist in der alten Literatur nicht zu finden.

Der römische Senat hat den Kult 186 v. Chr. unterdrückt. Rund 7000 Personen wurden in Rom vor Gericht gestellt, die meisten zum Tode oder zu Gefängnis verurteilt, die vier Hohenpriester des Bacchuskults geköpft. Auch im übrigen Gebiet des heutigen Italien folgten Prozesse, doch im Süden hielt sich der Kult noch länger, ohne dort unterdrückt zu werden.

Strafvorschriften gegen Trunkenheit und ihre Exzesse, manchmal gegen Alkohol überhaupt, sind in der geschichtlichen Überlieferung weniger gut dokumentiert als die Neigung selbst oder sogar Leidenschaft für den Alkohol, wenn man vom totalen Alkoholverbot des Islams absieht, das einen großen Teil der Menschheit seit mehr als 1000 Jahren überhaupt vom Alkohol ferngehalten hat.

Aus China kennt man Trinkverbote schon aus dem Jahr 1600 v. Chr. Im 9. Jahrhundert v. Chr. (Zhou-Dynastie) bedrohte der Herrscher Würdenträger, die außerhalb der offiziellen Bankette Trinkgelage veranstalteten, mit dem Tode. Die Chinesen wurden ermahnt, nur während der religiösen Feiern zu trinken.

Der *Kodex Hammurabi* (etwa 1750 v. Chr.) sah vor, daß in Schenken lärmende Personen festgenommen werden sollten, und verbot Priesterinnen das Betreten von Gasthäusern. Gegen Trunkenheit sagt er nichts. In Athen wurde im 7. und 5. Jahrhundert v. Chr. vorübergehend gesetzlich gegen exzessive Trunkenheit vorgegangen. Die Spartaner bestraften sie ebenfalls, sie verachteten die anderen Griechen wegen ihrer Symposien. In England verfügte König Edgar Mitte des 10. Jahrhunderts, daß kein Dorf mehr als einen Ale-Ausschank haben dürfe.

In der lückenhaften Geschichte der Bekämpfung von Alkoholismus im frühen Mittelalter gibt es auch deutsche Zeugnisse für Bemühungen, die

«Dämonen in der Destillerie», amerikanisches Pamphlet von etwa 1830.

Trunksucht einzudämmen, und die Kirche machte mit. Eine Mainzer Synode verhängte 813 über jeden Trinker die Exkommunikation, die erst aufgehoben wurde, wenn er sich besserte. Milder, aber dafür schon im 7. Jahrhundert, verfügte in England der Erzbischof von Canterbury, daß exzessive Trinker 15 Tage lang Buße zu leisten hätten. Verschiedene Synoden und Konzile des 13. Jahrhunderts verboten Geistlichen den Besuch von Wirtshäusern und setzten Strafen für betrunkene Kirchenleute fest. Sehr früh und entschieden haben sich Minnesänger auf die Seite der Mäßiger gestellt. Möglicherweise stammen die folgenden Zeilen von Walther von der Vogelweide (ca. 1170 bis 1230): «Ich würde gern dort trinken, wo man maßvoll ausschenkt und wo niemand an Unmäßigkeit denkt, weil sie den Mann an Leib, Besitz und Ansehen schwächt... Der hat nicht recht getrunken, der sich betrinkt. Wie ziemt es einem braven Mann, daß ihm die Zunge hinkt vom Wein? Ich glaube eher, Hauptsünde und Schande winken ihm zu... Es trinke jeder so viel, daß er den Durst löscht... wer dagegen so viel trinkt, daß er weder sich noch Gott kennt, hat damit sein Gebot gebrochen.»[5]

Die protestantische Reformation erneuerte die prinzipielle christliche Opposition gegen maßloses Trinken. Sie mißbilligte die enge Bindung zwischen dem Weltlichen und dem Heiligen, wie sie sich auch im gewaltigen Trinken bei Kirchenfesten zeigte. Aber gegen maßvolles Trinken hatte auch sie nichts. Im Alten Testament war ja schon zu lesen: «Sei nicht ein Weinsäufer, denn der Wein bringt viele Leute um... so man seiner zu viel trinket, bringet er das Herzeleid. Die Trunkenheit macht einen tollen Narren noch toller. Daß er trotzt und zankt, bis er wohl gebläuet, geschlagen und verwundet wird.» Aber eben auch: «Der Wein erquickt dem Menschen das Leben, so man ihn mäßiglich trinkt. Und was ist das Leben, da kein Wein ist? Der Wein ist geschaffen, daß er Menschen fröhlich soll machen.»[6] Orthodoxen Juden schreiben ihre heiligen Texte zwar vor, im Tempel Wein zu trinken, aber in den Schriften wird Trunkenheit als schädlich hingestellt, und so ist sie bei ihnen auch selten, was nicht zu allen Zeiten galt.

Strafgesetze gegen Trunkenheit führte das Heilige Römische Reich Deutscher Nation 1495 ein, Frankreich 1536 und England 1606. Die französischen, unter Franz I., waren jedoch so drastisch, daß sie kaum je angewendet wurden: Gefängnis, Auspeitschung, bei Rückfall öffentliche Prügel, bei abermaligem Rückfall Abschneiden der Ohren, Ächtung und Verbannung. Um die gleiche Zeit Anfang des 16. Jahrhunderts griffen einige tausend Kilometer westlich die Azteken im alten Mexiko wirklich so drastisch gegen den Alkoholismus durch. Dort durften überhaupt nur alte Leute trinken, außer bei gewissen Festen möglichst heimlich – bei Kindstaufen konnten sie sich sogar auch sichtbar betrinken. Aber wer sonst sich in der Öffentlichkeit betrunken zeigte oder irgendwo trinkend überrascht wurde, mußte mit Strafen bis zum Tode rechnen.

Wesentlich milder verbot im Jahr 1618 die «Frickenheimer Ordnung» (in Franken) bei Geldstrafe, im Wirtshaus oder anderswo «überflüßig» zu trinken. Besonders nachdrücklich verfolgten die Obrigkeiten schließlich die (wie sie nach geraumer Weile fanden) «Unsitte» des Zutrinkens, das die Alkoholisierung einer Versammlung beständig steigerte, also die «öffentliche Ordnung» zu stören drohte. Die Zutrinker standen freilich mehr unter sozialem Zwang als unter entsprechendem Durst. Der Reichstag verbot es für das Deutsche Reich mehrfach – schon 1497 und 1498, dann wieder in den Jahren 1500, 1512, 1518 und 1548, und die einzelnen Gebiete und Städte folgten mit Ausführungsbestimmungen. In der Begründung des Reichstagsabschieds von 1512 hieß es: «Wiewohl das Zutrinken in vorgehaltenen Reichstagen mehr denn einmal höchstlich verboten, so ist es doch bisher wenig gehalten, vollzogen oder gehandhabt worden. Darum und sonderlich, dieweil aus dem Zutrinken Trunkenheit, aus Trunkenheit viel Gotteslästerung, Todtschlag und sonst viel Laster entstehen, also daß sich die Zutrinkenden in Fährlichkeit ihrer Ehre, Vernunft, Seele, ihres Leibes und Gutes begeben, so soll in allen Landen eine jede Obrigkeit, hoch oder niedrig, geistlich oder weltlich, bei ihr selbst und ihren Untertanen solches abstellen und es bei merklich hohen Strafen verbieten.»[7]

Ulm verbot 1502 zugleich das Zutrinken und das Fluchen; der Wirt wurde haftbar gemacht bei vier Gulden Strafe. Bamberg setzte 1516 eine Geldstrafe von drei Gulden oder drei Tage «im Thurm» bei Wasser und Brot fest. In St. Gallen kostete es 1530 eine Mark. In Tirol verband die Polizeiordnung von 1573 das Verbot des Zutrinkens mit der Einführung einer Polizeistunde – nur bis neun Uhr abends durften die Zecher in den Wirtschaften bleiben. Angedroht wurden je nach Umständen und Standeszugehörigkeit Geldstrafen, Gefängnis, Entlassung aus Amt und Dienst, Landesverweisung oder sogar Körperstrafen, eventuell gar die Todesstrafe. Die Chronisten sind freilich ziemlich einig, daß die Verbote wenig fruchteten – nicht zuletzt, weil der Adel selbst «damals zu sehr dem Laster der Trunksucht ergeben war»[8]. Adlige tranken sich mit dem Spottruf zu: «Es gilt dem Reichstagsabschied!»[9]

Vor langer Zeit wurden in Frankreich Verbrechen, die im Zustand der Trunkenheit begangen wurden, doppelt hart bestraft. Die Menschen sollten davon abgeschreckt werden, ihren Verstand mit Alkohol außer Kraft zu setzen und somit unverantwortlich zu werden. Heute ist es bekanntlich umgekehrt. Wenn Trunkenheit die Zurechnungsfähigkeit mindert, gilt sie als strafmildernd.

Auf Zurechnungsfähigkeit wurde, trotz aller Rauschlust, schon früh geachtet. Vor fast 4000 Jahren machte im alten Ägypten die Obrigkeit Trinker darauf aufmerksam, daß sie im Rausch keine Geschäfte erledigen könnten. Die alten Perser pflegten zwar, berichtet Herodot, im Rausch auch die wichtigsten Angelegenheiten zu verhandeln, aber das Beschlossene nur auszuführen, wenn die Beratenden es am nächsten Tag in nüchternem Zustand bekräftigt hatten. Merkwürdigerweise habe auch die umgekehrte Regel gegolten. Was nüchtern beschlossen worden war, mußte noch einmal im Zustand der Trunkenheit beraten werden.[10] Von Karl «dem Großen», der selbst ein sehr maßvoller Trinker war, stammt ein Gesetz, daß kein Betrunkener vor Gericht auftreten solle, und kein Graf solle zu Gericht sitzen, wenn er nicht nüchtern sei. Aus verwandten Gründen hat wohl in Tübingen 1562 der Landesherr den Fakultäten der Universität eingeschärft, keine «versoffenen» Professoren zu wählen.[11] Im 16. Jahrhundert erleichterte und bekräftigte die Wirkung von Wein in der Schweiz häufig Eheversprechen unter vier Augen, die später strittig wurden, wenn ein Teil sich nicht mehr deutlich genug erinnerte oder Reue verspürte. Solche «Weinheiraten» wurden schließlich für ungültig erklärt, und die Zürcher Ehegerichtssatzungen legten fest, daß «fürderhin keine Ehe hinter dem Wein, an Hochzeiten, Dantzen, Mahlzeiten, Kilchwinen, Liecht-Stubeten und sonsten leichtfertigen Zusammenkonfften von zwey Personen versprochen werden solle»[12].

Studenten der Universität Tübingen wurden ab 1548 mit Karzer bestraft, wenn sie «bis über beide Ohren voll» waren. In Leipzig ordnete der Stadtrat 1773 an, daß betrunkene Frauen vom Büttel auf den Markt geführt werden sollten, wo er ihnen einen Zettel mit der Aufschrift «versoffene Krugurschel» an die Stirn zu heften hatte. 1736 wurde in Braunschweig-Lüneburg verordnet, daß die «durch den Brandtewein zugezogene Trunkenheit ernstnachdrücklich geahndet und ... mit dreytägigem Gefängnis bestraffet werde»[13]. Bei Wiederholung wurde «Karren-Zucht und Spinnhaus-Straffe» angekündigt. Weiter sagte das *Edictum*, daß «hinfort der Mißbrauch des Brandteweins bei Hochzeiten, Kindtaufen und anderen Zusammenkünften gänzlich abgestellet» werden solle. Die Stadt Lübeck regelte genau, wieviel und was bei Hochzeitsfeiern getrunken werden durfte. Zur Eindämmung des bäuerlichen Trinkaufwands wurde 1773 im Bistum Osnabrück verfügt, daß Bauern nur vier Fässer Bier und rund 20 Liter Branntwein zur Hochzeit verbrauchen durften. In zahlreichen Orten wurden Wirte und Kundschaft bestraft, wenn sie während der Gottesdienstzeiten Alkohol ausschenkten beziehungsweise tranken. 1728 verbot eine Verfügung für Süderstapel im westlichen Holstein «alles liederliche, bishero auch sogar von vielen unter Predigt getriebene gottlose Spielen, Sauffen und Schwelgen bey scharffer obrigkeitlicher Ahndung», und 1774 verfügte Schleswig-Holstein, alle an Sonn- und Feiertagen in Wirtshäusern entdeckten Zecher «der Obrigkeit zu denuncieren»[14].

Im 18. und 19. Jahrhundert breitete sich das Trinken in den armen Bevölkerungsschichten weiter aus, auch auf dem Land. Zur Oberschicht gehörten ebenfalls viele exzessive Trinker, aber ähnliches Verhalten von Arbeitern sah sie mit Mißvergnügen. In der Tat begannen Umstände und Folgen der Trunkenheit die Arbeit zu beeinträchtigen, also auch die Erträge und die Gewinne. Um diese Zeit schwoll auch die Arbeiterbewegung an – Ablehnung ihres Trinkverhaltens durch Bürgertum und Aristokratie, die

SPEECH
PARLIAMENT

sich bedroht fühlten, ging Hand in Hand mit der Ablehnung der organisierten Arbeiterschaft selbst. In Umkehrung von Ursache und Wirkung wurde die Flucht in den Alkohol nicht als Folge der Armut verstanden, sondern als ihr Grund. Nun entstanden zahlreiche Vereine gegen den Alkohol, in Amerika (Temperence Union), in England und auf dem Kontinent, deren Öffentlichkeitserfolg freilich nicht lange anhielt.

Linke Seite: Zufriedene Biertrinker in England: William Hogarths Beer Street *aus dem 18. Jahrhundert.*

Mit wachsendem Wohlstand hatten die reicheren Schichten die allgemeinen Bars und Trinkstätten verlassen. Sie nutzten bequemere Möglichkeiten in den eigenen Häusern und frequentierten eigene Klubs. Bars, Pubs etc. galten ihnen bald als Horte nicht nur von Betrunkenen, sondern auch von «Gesindel» und Verbrechern. Dieser Auffassung huldigten ganz besonders die Behörden in Spanien, wo eine Serie von Verordnungen über Jahrhunderte hinweg darauf zielte, die Kundschaft der «Tabernas» abzuschrecken und die Tavernen, die damals hauptsächlich Wein verkauften und ausschenkten, so ungemütlich wie möglich zu machen. Derartige Verordnungen sind besonders aus Madrid überliefert, vom 13. bis zum 18. Jahrhundert, und deutlich von dem Gedanken inspiriert, daß in den Tabernas Vagabunden, Bösewichter, Verschwörer, Spieler und sonstige unmoralische Wesen verkehrten. Das freilich dachten schon die alten Babylonier, Griechen und Römer. Deren Stadtkneipen waren den untersten Schichten vorbehalten, die Wirte als Betrüger, Panscher und Zuhälter verrufen. Personen von Rang und Würde mieden die Lokale, seien es Wein- oder Bier- oder Eßlokale (in denen ebenfalls getrunken wurde). Mitglieder des Aeropag würden, wenn sie so ein Lokal aufsuchten, aus dem Rat ausgestoßen worden sein. Zu dieser Verachtung paßt eine bemerkenswerte Order des persischen Herrschers Xerxes gegen die Babylonier, die sich gegen seine Herrschaft erhoben hatten: Sie sollten hinfort ihr Leben in Kneipen verbringen und in Orten, in denen Gelage stattfänden, damit sie Energie und Charakter verlören und Sklavennaturen würden, die unfähig wären, für ihre Unabhängigkeit zu kämpfen und sich selbst zu regieren.

Auch die spanischen Tabernas waren anscheinend von Anfang an Trinkkneipen für die untersten Schichten, konnten sich aber wohl auch nicht steigern, da ihnen im 16. Jahrhundert verboten wurde, irgendwelches Essen anzubieten. Merkwürdigerweise wurde ausdrücklich hervorgehoben, daß sie kein Wild servieren und keinen Fisch zubereiten dürften. Die nächste Eßkneipe mußte mindestens drei Häuser entfernt sein. Dieses Verbot wurde 1613 bekräftigt, auch das von Tischen und Stühlen, damit die Kundschaft es sich nicht mit ihrem Wein noch gemütlich machen konnte. Unter dem Vorwand, daß die Wirte sonst Wein mit Wasser verdünnen würden, wurde ihnen auch verboten, auf ihrem Grundstück oder im Hause große Krüge oder gar Brunnen zu besitzen (darunter hatten oft auch Nachbarn zu leiden, für die dort die Frischwasserquelle gewesen war). Tabernas durften nur eine einzige Tür ohne Vorhang haben.

Bei so finsterer Einschätzung verwundert kaum, daß der Wirt, falls er

Rechte Seite: England im Ginrausch: Hogarths berühmter Stich Gin Lane, *18. Jahrhundert.*

Junggeselle war, keine Frau unter 40 Jahren beschäftigen durfte. Dem weiblichen Personal war das Weintrinken in der Taverne verboten, andere Frauen durften sich darin nicht aufhalten; Wein holen durften sie offenbar. Die denkbar geringe Wertschätzung von Frauen im Zusammenhang mit Lokalen, besonders dieser Art, hat lange Tradition.

Die nicht angetrauten Lebensgefährtinnen von Wirten wurden damals und noch lange Zeit später auch in anderen Ländern «Konkubinen» genannt. In Spanien wurde zur Zeit Alfons X. Ende des 13. Jahrhunderts verfügt, daß kein Mann nobler Herkunft eine Tavernenwirtin zur «Konkubine» nehmen dürfe. Im römischen Kaiserreich gewöhnten sich freilich auch die «respektablen» Oberschichten an, Tavernen aufzusuchen. Dem Ruf der Wirte half es nicht. Nun erwarben sie auch den Ruf, Erpresser zu sein – die feine Kundschaft hatte offenbar Schwächen. Plinius verdanken wir die Nachricht, daß römische Patrizier sogar selbst Wirtshäuser aufmachten. Es lohnte ja wohl von Anfang an.

Handwerkern und Lehrlingen war das Betreten von Tabernas während der Arbeitszeit untersagt. Erst 1795 wurden die spanischen Bestimmungen gelockert. Nun durften die Wirte Tische und Sitzmöbel aufstellen und sogar Essen anbieten, aber nur gebratenes – weil das schneller gehen würde als gekochtes oder geschmortes, und die Obrigkeit wollte noch immer nicht, daß die Kunden lange blieben. Spanien versuchte auch in seinen amerikanischen Kolonien, den Alkoholkonsum zu bremsen. Seit seiner Herrschaft dort waren die strengen Alkoholverbote der besiegten Reiche gefallen. In Mexiko durften die Einheimischen nun ihren Pulque (so nannten ihn die Spanier) in von Spaniern betriebenen Pulquerias trinken, und das Getränk schmeckte auch den Besatzern. 1672 ordnete König Karl II. an, daß es in der Stadt Mexiko nicht mehr als 36 Pulquerias geben dürfe, davon zwölf für Frauen (!).

In den meisten europäischen Ländern wurden vom 18. Jahrhundert an auch die gesundheitlichen, medizinischen Aspekte des Trinkens – der Unterschichten wohlgemerkt – aufs Korn genommen. In England konzentrierte sich die Ablehnung längere Zeit auf den Gin, dessen Konsum durch diverse staatlich verordnete Einschränkungen schließlich auch reduziert wurde.

Friedrich II. von Preußen verbot 1785, Kindern Wein zu trinken zu geben. 1803 wies Friedrich Wilhelm III. auf das «überhandnehmende Branntweintrinken unter der gemeinen Volksklasse» hin und verfügte, daß die Prediger vor den Folgen warnen sollten. Er hielt aber nichts von gesetzlichen oder Polizeimaßnahmen, da sie ihren Zweck verfehlen würden.[15]

Nun kamen auch Kaffee und Tee als neue Massengetränke auf und halfen, den Alkoholverbrauch ganz allgemein zurückzudrängen. In England begann Ende des 18. Jahrhunderts Tee, das Bier als alltägliches Getränk zu verdrängen. In Irland und Schottland führte der Versuch, den Whiskyverbrauch durch höhere Besteuerung einzudämmen, hauptsächlich zur Verbreitung illegaler Destillerien.

E PAWN-BROKER
ER-ROYAL

Die Beurteilung, was Alkoholismus sei, hing immer von den Umständen ab. Die Niederlage Frankreichs im Krieg gegen die Deutschen 1870/71, die kurzlebige Herrschaft der «Pariser Kommune» schrieben gehobene Schichten dem «Alkoholismus» der Arbeiterklasse zu. Daß die Kommune ihre Truppen alkoholisiert ins Gefecht ziehen ließ, nicht anders, als es auch in regulären Truppen praktiziert wurde, galt als verrückt. Französische Ärzte veröffentlichten plötzlich Warnungen vor den Gefahren des Alkoholexzesses, 1872 erließ die Armee die erste Verordnung zur Unterdrückung des Alkoholismus (nur bei ihren Soldaten). Das Parlament verabschiedete 1873 das erste derartige Gesetz: Auf öffentliche Trunkenheit stand Geldstrafe, im Wiederholungsfall Gefängnis, nach einer zweiten Verurteilung der Verlust der Bürgerrechte. Außerdem winkten den Wirten, die Betrunkene oder Kinder unter 16 Jahren bewirteten, Geldstrafen. Um diese Zeit verkündeten aber bedeutende französische Wissenschaftler wie Pasteur (1866) und Bergeron (1871), Wein sei das gesündeste und hygienischste Getränk. Die französische Regierung hielt noch 1930 die Propagierung des Weinkonsums für ein richtiges Mittel, den Alkoholismus zu bekämpfen.[16]

In unserem Jahrhundert ging in Europa eine Zeitlang Belgien besonders weit mit der Gesetzgebung gegen Alkohol. 1919 wurden Angebot und Konsum aller Getränke mit mehr als 22 Prozent Alkoholgehalt in «allen öffentlich zugänglichen Orten» verboten, natürlich in allen Lokalen, aber auch Vereinsräumen. Begründet wurde es damals damit, daß die Arbeiter am Vertrinken ihrer Löhne gehindert werden müßten, als ersetzten nicht zwei Gläser Wermut oder ähnliches leicht ein Glas Schnaps. Noch Anfang der siebziger Jahre bekam ich in belgischen Restaurants den bestellten Cognac nach dem Essen in einer Kaffeetasse, damit ihn niemand sehe, und in der Bar des Luxushotels «Amigo» neben der Grande Place in Brüssel mußte man eine «Clubkarte» kaufen (sie kostete so gut wie nichts), wenn man dort Höherprozentiges trinken wollte; in «Clubs» durfte man inzwischen … Diese Regelungen sind erst 1983 aufgehoben worden für alle Lokale, die sich gegen Gebühr eine entsprechende Ausschankerlaubnis verschafften.

In skandinavischen Ländern war Alkoholkonsum in unserem Jahrhundert jahrzehntelang rationiert (in Schweden 1923 bis 1955) und/oder durch staatliche Monopole mit hohen Preisen gebremst. Der Beitritt der Skandinavier zur gemeinsamen Wirtschaftszone mit der Europäischen Gemeinschaft bedeutete, daß die Tage dieser Monopole auf längere Sicht gezählt waren. Freilich ergab eine Untersuchung des Schwedischen Brauereiverbandes im Jahr 1993, daß das Monopol nur zur Hälfte den tatsächlichen Alkoholkonsum des Landes deckte – genausoviel, wie es verkaufte, verschafften sich die Schweden noch einmal durch Schmuggel und illegale Destillation. Alkoholisches durften Lokale nur zum Essen servieren, ebenso wie noch vor kurzem in der Sowjetunion.

 Solche Maßnahmen waren natürlich belanglos, wenn man sie mit der

Antialkoholkampagne in den USA vergleicht, die Anfang des 20. Jahrhunderts zunächst einigen Bundesstaaten, von 1920 bis 1933 dem gesamten Land die «Prohibition» gebracht hat: ein staatliches totales Verbot der Herstellung alkoholischer Getränke und des Handels mit ihnen. Es gilt als ziemlich sicher, daß der in dieser Zeit aufblühende Schmuggel und Schwarzhandel (an dem sich Exporteure aus aller Welt beteiligten, besonders aus den alkoholproduzierenden Ländern Europas), verbunden mit dem dadurch bewirkten Anwachsen des organisierten Verbrechens, dem Lande mehr geschadet haben, als das Verbot seiner Gesundheit nützte. Der Schmuggel wurde zum Bombengeschäft für die französische Inselgruppe St. Pierre et Miquelon. Kanada vorgelagert und nicht weit von der USA-Küste, wurde sie zum Hauptumschlagplatz des Schmuggels. Einträglich war er auch für Britisch-Guayana, das hauptsächlich Rum lieferte. Nach französischen Schätzungen haben die USA-Bürger während dieser Zeit insgesamt etwa genausoviel alkoholische Getränke verbraucht wie vorher. Auch Kanada verbot 1921 jeden Alkoholkonsum außer für medizinische Zwecke (wie die USA, wo sich die Mengen des von Ärzten verschriebenen Alkohols während der Prohibitionszeit vervielfachten); das Verbot wurde nach Jahren durch die Errichtung des staatlichen Monopols für den Alkoholhandel ersetzt. In der ganzen Zeit blieb aber das Destillieren für den Export erlaubt – so erlebten auch die kanadischen Destillerien dank des Schmuggels über St. Pierre et Miquelon eine gewaltige Blüte.

In der Antike sind die Rehabiter dem Prohibitionismus am nächsten gekommen, sagt Gregory Austin[17]. Sie kämpften im 9. Jahrhundert v. Chr. gegen das Weintrinken unter den Juden.

Trost für Zecher.

Lebensdauer der Trinker und Nichttrinker. Die „British Medical Association“ hatte vor kurzer Zeit einen Ausschuß damit beauftragt, sorgfältige Ermittelungen darüber anzustellen, in welchem Verhältnisse zur durchschnittlichen Lebensdauer die gänzliche Enthaltung von geistigen Getränken und der mäßige oder der unmäßige Genuß derselben stehen. Dieser Ausschuß hat seine Untersuchung über 4234 Todesfälle ausgedehnt, und der Bericht ist für die Abstinenten geradezu verblüffend. Man teilte die Verstorbenen in 5 Klassen ein

Erste Klasse: Solche, die garnicht trinken 51,22
Zweite Klasse: An mäßigen Genuß gewöhnte Trinker 63,18
Dritte Klasse: Trinker, welche sich in Acht nehmen . . . . 59,67 Jahre Durchschnittsalter.
Vierte Klasse: Trinker, welche sich keinerlei Zwang auferlegen 57,59
Fünfte Klasse: Stärkste Gewohnheitstrinker 53,03

Es bestätigt sich also die alte Wahrheit, daß die

kürzeste Lebensdauer die der Total-Abstinenten und die längste die der mäßigen Trinker ist,

welch letztere die der Total-Abstinenten um 11 Jahre übersteigt. Selbst der stärkste Gewohnheitstrinker lebt im Durchschnitt ein Jahr länger, als der Total-Abstinent! In einer anderen von dem Ausschusse vorgelegten Zusammenstellung sind alle Todesfälle unter dem Alter von 30 Jahren ausgeschlossen, und das durchschnittliche Lebensalter der fünf angegebenen Klassen ergibt sich wie folgt

Klasse 1: 57,31; Klasse 2: 66,48; Klasse 3: 61,52; Klasse 4: 58,87; Klasse 5: 53,62.

Es bestätigt sich also auch hier wieder die für die Abstinenten unangenehme Tatsache, daß der mäßige Genuß geistiger Getränke eine weit längere Lebensdauer gewährleistet, als gänzliche Enthaltsamkeit.

Hoch jubelt laut, Ihr lust'gen Zecher!
Nicht winkt der Tod uns aus dem Becher,
Wie man bisher es uns gelehrt.

Nein, läng'res Leben bringt das Trinken
Und früher Tod wird dem nur winken,
Der niemals einen Becher leert!

Aus einer Schrift der deutschen Abstinenzbewegung Anfang des 19. Jahrhunderts.

WASSER

Bei aller Rauschlust hätte der Alkoholkonsum nicht solche Höhen erreicht, wenn ordentliches Trinkwasser zu haben gewesen wäre. Natürlich war nach der Muttermilch zunächst das Wasser der wichtigste Durststiller der Menschheit gewesen, Wasser aus Quellen, Bächen, Flüssen und Seen, als Regen vom Himmel. Doch sehr schnell entdeckte sie, daß es keineswegs überall und immer so gut und sauber schmeckte wie aus dem (verhältnismäßig seltenen) Gebirgsquell.

Wasser war verunreinigt auch ohne der Menschen Zutun. Große und kleine Tierleichen verwesten in vielen Gewässern, schlammiges Wasser zu reinigen verstand man noch nicht oder wollte es nicht, auch Mineralien spielten eine Rolle. So wundert man sich nicht, daß die Könige des alten Persien, wie Herodot berichtete, sich ihr Wasser immer nur aus demselben Fluß (bei Susa) bringen ließen. Sie hielten es für das beste – aber es wurde abgekocht. Die Perser beeindruckten Herodot mit ihren Versuchen, ihre Flüsse reinzuhalten: «Nie lassen sie ihr Wasser in einen Fluß oder speien hinein, waschen auch nicht ihre Hände darin oder dulden, daß es ein anderer tut. Vielmehr erweisen sie den Flüssen die tiefste Ehrfurcht.»[1] Als der Ptolemäerkönig Philadelphos von Ägypten im 3. Jahrhundert v. Chr. dem syrischen König Antiochus seine Tochter zur Frau gab, schickte er ihr regelmäßig Nilwasser, weil sie nur aus diesem Fluß trinken solle.

Die alten Griechen stritten schon sehr über das Wasser, aber immerhin schätzten es viele als Genuß und Erfrischung. Merkwürdigerweise wurde es oft heiß getrunken. Das geschah nicht aus hygienischen Erwägungen, denn ebensooft wurde das heiße mit kaltem gemischt – in der Tat war es dann lau. Zum Kühlen diente im Sommer Schnee, der in Kellern gelagert werden konnte. Damals wurde bereits davor gewarnt, zu kaltes Wasser zu trinken. Das heiße galt vielen als die bessere Erfrischung, und natürlich wurde es in kalter Jahreszeit besonders empfohlen. Plutarch meinte, es sei gesund, heißes Wasser zu trinken, auch wenn man keinen Durst habe.[2] Die verschiedenen Wasser hatten ihre Anhänger, nicht anders als heute. Der Komödiendichter Antiphanes fand im 4. Jahrhundert v. Chr. das von Attika unübertrefflich, Athenäus das aus der korinthischen Quelle Peirene leichter und besser.[3]

Das alte Rom übernahm diesen Wasserkult von den Griechen (sehr beständig war er ja nicht) und baute eindrucksvolle Wasserleitungen, viele oberirdisch, die für sauberen Zufluß sorgten (und, nachdem sie zerfallen waren, von den Nachfolgern oft mühsam wiederhergestellt wurden, auch

Traum vom sauberen Wasser: eine Darstellung des 16. Jahrhunderts.

nicht für lange). Römische Patrizier parfümierten ihr heißes Trinkwasser mit Gewürzen.

Schon früh gab es die ersten Warnungen. Hippokrates nannte gutes Wasser trinkbar, aber schon nicht mehr unbedingt für Kranke. Auf keinen Fall solle man es trinken, wenn man kalte Füße habe.[4] Jahrhunderte später warnte Avicenne davor, zuviel Wasser zu trinken, weil das allerlei Beschwerden auslöse. Avicenne, dessen lateinische Schriften vom 12. Jahrhundert an in Umlauf waren, verordnete als Abhilfe – Wein. Um diese Zeit überwogen die Warnungen schon die Empfehlungen. Der Rat berühmter Ärzte wie Galenus, Rufus von Ephesus und Avicenne, zweifelhaftes Wasser abzukochen, war ja auch nicht direkt eine Empfehlung.

Nun zirkulierten Geschichten von größerer Gefahr: Im alten Griechenland sei der berühmte Seher Tiresias, im mittelalterlichen Frankreich König Ludwig X. (1316) gestorben, weil sie zuviel kaltes Wasser getrunken hätten. Die Mutter Ludwigs XIV. war 20 Jahre kinderlos geblieben, weil sie zu kaltes Wasser getrunken habe; das gaben viele mittelalterliche Ärzte als Ursache für Sterilität aus.

Die anwachsende Menschheit, ihre Siedlungen und Städte verunreinigten Bäche und Flüsse mit ihren Abfällen, auch die Brunnen. Die schlechte Qualität, das Gefährliche des Wassers war allgemein anerkannt bis in die neueste Zeit. «Drinck Waater und starff» (stirb), hieß es in einem deutschen Spruch des 17. Jahrhunderts. Auch Perser, Inder, Chinesen (die viel Tee und heißes Wasser tranken) und Mongolen fanden Wasser suspekt. Den Ländern des Islams hatte die Vorschrift, sich mehrmals täglich unter fließendem Wasser zu reinigen, viele nützliche Brunnen verschafft, aber der wachsenden «Zivilisation» waren deren Quellen, meist Flüsse, auch nicht lange gewachsen. Im mittelalterlichen Afrika wurde Wasser, wie nicht als einziger Ibn Battuta berichtete, ebenfalls nicht mehr als das gesündeste Getränk angesehen; es bekam den Menschen nicht. Übrigens hatten Nomaden in der Sahara für Durst-Notfälle eine ungewöhnliche Quelle: Sie holten sich Wasser aus den Mägen erlegter Gazellen oder eigens dafür mitgeführter Kamele, die sie nicht beladen hatten.

Was sollten all jene tun, mehr und mehr Millionen, die sich kaum etwas anderes als Wasser leisten konnten? Die Gemeinden bauten Brunnen, zapften Grundwasser an, errichteten Wasserwerke (Basel und Kiel im 13. Jahrhundert), bauten Leitungen aus Ton, Holz (Breslau 1471), aber auch aus dem gefährlichen Blei (England im 13. Jahrhundert). Verordnungen zur Reinhaltung der Brunnen wurden nur schwach befolgt.

So traf alles zusammen, Epidemien einschließlich Cholera und Typhus zu verbreiten, bis weit ins 19. Jahrhundert hinein. Erst zu dessen Ende wurden die Mikroben im Wasser entdeckt und ihre Rolle als Transportmittel für Ansteckungen. 1845 war ein Bericht über die sanitären Verhältnisse im britischen Königspalast Buckingham so vernichtend ausgefallen, daß die Regierung ihn nicht zu veröffentlichen wagte. Erst im 20. Jahrhundert wurde die Trinkwasserversorgung so ausreichend, wie wir sie heute kennen – aber fast nur in den verhältnismäßig kleinen Wohlstandsinseln Europas und Nordamerikas.

Wasser als Alternative zum Alkohol wurde durch den Aufschwung der Mineralwässer aus Naturquellen sehr verstärkt. Sie waren schon lange in Heilbädern getrunken worden, aber Industrialisierung und Massenverbreitung kamen erst im 20. Jahrhundert – zu dessen Ende das «einfache» Wasser durch die weit vorangeschrittene Umweltverschmutzung von neuem belastet und verdächtigt worden war...

PATRIARCHAT
AN TISCH UND HERD

Am Katzentisch

Vor kurzem erhielten wir eine Einladung zu einem feierlichen Eß-und-Trink-Ereignis. Das Programm sah vor:

«Um 17 Uhr treffen wir uns alle zum Aperitif in den historischen Salons in der ersten Etage des alten Schlosses.

Anschließend beginnt für die Herren das Diner im alten Kelterhaus des Weingutes.

Für die Damen findet das Diner in unseren Festsälen mit begleitender Kammermusik statt.»[1]

Das Kelterhaus macht klar, daß dieses Ereignis nicht in Saudi-Arabien stattfand, wo wir uns über die Separierung vielleicht nicht gewundert hätten. Es war auch nicht in England, wo sich noch heute die Herren zur Essenszeit gerne in ihre Clubs begeben, um unter ihresgleichen zu essen, wozu Frau und Kinder zu Hause am Familientisch nicht zählen. Es war auch nicht im vorigen Jahrhundert. Es war vor kurzem in Deutschland am schönen Rhein. Die anderen sind gar nicht so exotisch.

Von den Exoten, den Menschen aus weit entfernten Erdteilen oder aus weiter Vergangenheit, sind wir das ja gewohnt. In Homers Epen zum Beispiel wurde häufig gegessen und getrunken. Im Hause des Odysseus, der noch durch die Welt irrte und als verschollen galt, hielten die Männer, die um Penelope warben, jeden Tag große Festgelage ab, schmausten die Rinder und Schweine und tranken den Wein des Hauses. Gäste wurden bewirtet, und auch Sohn Telemachos aß mit. Aber Penelope lebte offenbar von Luft und Trauer – nie nahm sie auch nur das winzigste Filetstückchen zu sich. An anderer Stelle reiste Telemachos nach Sparta zu Menelaos und Helena; er traf ein, als gerade die Hochzeit des Sohnes gefeiert wurde. Natürlich forderte man ihn auf, mit zu schmausen und zu trinken – ja, mit wem? Mit Menelaos und seinen Männern, nicht einmal eine Braut war da zu sehen. Als sie fertig gegessen hatten, erschien Helena mit einem Korb Wolle und einer goldenen Spindel. Hatte sie schon vorher gegessen? Oder bedürfen Frauen vielleicht keiner Nahrung?

Das scheinen zumindest manche Ethnologen zu meinen. Begeben wir uns statt in die Vergangenheit in die weite Welt: nach Afrika. Von dort berichtete Michael Gelfand sehr detailliert über die Eßgewohnheiten der Sho-

◁ *Seite 230/231: Im alten Ägypten feierten Frauen und Männer gemeinsam.*

na im damaligen Rhodesien. Akribisch hat er beschrieben, wie die Männer eines Dorfes sich im Halbkreis versammelten, um gemeinsam zu essen, wer auf Steinen und wer auf der Erde saß, wer wie oft in die Hände klatschte vor dem Essen, in welcher Reihenfolge gegessen wurde, wie man die Finger beim Essen hielt, welche Verwandtschaftsgrade wie zueinander saßen, wer aus wessen Teller essen durfte oder auch nicht – viele Seiten lang.[2] Frauen kommen in dieser Beschreibung als diejenigen vor, welche das Essen herbeibrachten. Die Leserin vermutet, daß diese Frauen möglicherweise auch Nahrung zu sich nahmen, aber den Ethnologen hat das nicht interessiert.

Es ist erstaunlich, wie wenig beachtet worden ist, daß Frauen und Männer nicht nur verschiedene Essensgewohnheiten hatten, sondern daß sie auch unterschiedlich viel von der vorhandenen Nahrung abbekamen. Daß Frauen vom Tisch der Männer ferngehalten wurden, bedeutete oft auch, daß sie vom Essen ferngehalten wurden. Sie bekamen weniger und die schlechteren Stücke.

Ein flüchtiger Überblick über Zeiten und Länder ergibt, daß es eher die Regel war, nach Geschlecht getrennt zu essen. Ob im klassischen Griechenland oder im kaiserlichen China, in Indien, Japan, Neuguinea, in arabischen Ländern oder Afrika: Zum Essen sonderten die Männer sich ab, gingen in ihre Männerkantinen (Naucratis, Sparta) oder Männerhäuser (Neuguinea) oder auf den Dorfplatz (Afrika), um gemeinsam zu essen, oder es blieben die Männer einer Familie im Hause beim Essen unter sich, und die Frauen aßen anderswo, meist in der Küche. Im früheren Rhodesien (wo sich zum Glück auch Ethnologinnen aufhielten und berichteten, was Ethnologen nicht interessierte)[3] kochten und aßen die weiblichen Mitglieder einer Familie, also Mutter, Tochter und dazugehörige Schwestern und Tanten, gemeinsam im Haus der Ältesten; ihren jeweiligen Männern, Söhnen oder Schwiegersöhnen schickten sie Portionen vom fertigen Essen in deren Häuser oder auf den Dorfplatz, wo die Jüngeren gemeinsam aßen. Im klassischen Griechenland war man sehr verblüfft zu hören, daß bei den Persern die Frauen auch an offiziellen Banketten teilnahmen; daß bei den Skythen und Thrakern Frauen wie Männer Wein tranken, ohne ihn mit Wasser zu verdünnen. In Griechenland konnten Frauen nur unter sich auf besonderen Frauenfesten, die oft zu Ehren einer Göttin stattfanden, ausgelassen feiern, und diese Feste wurden mehr und mehr eingeschränkt.

Immerhin gab es in der Antike einige Völker, bei denen es Sitte war, daß Frauen und Männer gemeinsam aßen, auch bei Festen. In Babylon war das üblich, bei den Etruskern und im Ägypten der Pharaonen. Dort nahmen Männer und Frauen ihr alltägliches Essen oft getrennt ein, aber bei Essenseinladungen und Banketten tafelten sie zusammen. Aus der Zeit des Neuen Reiches (vom 15. bis 10. Jahrhundert v. Chr.) stammen Darstellungen von Mahlzeiten oder Festen, auf denen Inschriften die Situation verdeutlichen. Auf einem Bild stehen über dem Kopf einer Frau die Worte: «Gib mir achtzehn Becher Wein. Siehe, ich wünsche zu trinken bis zur Trunkenheit. Mein Inneres ist so trocken wie Stroh.»[4] Auf einem anderen Bild ist das Fest offenbar schon fortgeschritten; eine Frau weist ein weiteres Angebot an Alkohol zurück, eine andere übergibt sich bereits, und eine Dienerin, die eine Schale herbeiträgt, kommt deutlich zu spät. Keiner der anderen Anwesenden zeigt besonderes Interesse an der Szene – offenbar war das nicht so ungewöhnlich.

Auch Frauen im alten Ägypten tranken gelegentlich zuviel.

Auch in Deutschland war nicht die Regel, daß Männer getrennt von Frauen aßen. Es gab zwar immer auch die Herrenessen: Fontane erzählte in seinen Kindheitserinnerungen, daß bei Einladungen mit Gästen die Mutter nicht mit am Tisch saß, nur kurz zu den Herren dazukam und dann wieder ging (wenn auch nicht mit Wolle und goldener Spindel ausgerüstet wie Helena). Aber auch das gemeinsame Essen hat lange Tradition.

Karl «der Große» hatte in seinen Tischregeln festgelegt, daß Frauen mit Männern zusammen sitzen und speisen sollten – mit der charmanten Präzisierung, wenn sie nicht durch schlechte Gerüche oder störende Parfüms die Männer belästigen würden. Als in den kommenden Jahrhunderten die Kreuzritter feine Lebensart aus dem Orient mitbrachten, vom Händewaschen über die Kleidermode und Architektur, brachten sie auch die Sitte mit, in ihren Rittersälen ohne die Frauen zu feiern.

Aber das hat sich nie so ganz durchgesetzt; beide Traditionen bestanden nebeneinander. Auf jeden Fall lehrten mittelalterliche Tischregeln auch immer das Benehmen gegenüber Damen und das Benehmen für Damen. *Thesmophagia* aus dem 12. Jahrhundert, ein Tisch-Benimmbuch, das 300 Jahre später von Sebastian Brandt übersetzt wurde und also immer noch gültig war, riet den Männern: «Den Frauen biete Unterhaltung und höfisches Benehmen dar.» Im 15. Jahrhundert richtete sich Clara Hätzlerin aus Augsburg mit ihrer *Tischzucht* ausdrücklich an beide Geschlechter mit denselben Regeln; der einzige Unterschied bei Tisch war, daß die Frauen zuerst nehmen sollten. Hans Sachs empfahl in seiner *Tischzucht* Mädchen und Frauen, beim Essen nicht nach Flöhen zu jagen, und Männern, nicht zu sehr zu flirten: «in bulerey laß dich nit mercken!»[5]

Feiner Unterschied der Tischsitten in Ninive im Assyrerreich: der Mann liegt, die Frau sitzt.

Zu dieser Zeit feierten Frauen in Deutschland auch besondere Frauenfeste, «Weiberzechen», nach der Geburt eines Kindes oder zu bestimmten Feiertagen. Bei solchen Festen floß kräftig Alkohol. Seit dem 16. Jahrhundert versuchte die Obrigkeit, diese «Weiberzechen» einzuschränken oder zu verbieten.

Typischer für die Weltgeschichte ist wohl die Art von Fest, ebenfalls zur Geburt eines Kindes, die in einer chinesischen Erzählung aus der Ming-Zeit, *Der goldene Lotus*, beschrieben ist. Darin brachte ein Kaufmann mit seinen männlichen Verwandten und Dienern in einem taoistischen Tempel Opfer zur Geburt seines Sohnes dar. Was als eine religiöse Zeremonie begann, wurde ein schwelgerisches, betrunkenes Gelage; über den ganzen Tag bis in den Abend zog sich die immer üppiger, vulgärer und lauter werdende Fresserei und Sauferei hin. Männer unter sich. Die Frauen des Hauses feierten inzwischen still zu Hause mit Tee und vegetarischem Essen in der Gesellschaft einiger buddhistischer Nonnen, die ihnen Fabeln erzählten und Gebete rezitierten.[6] – In dieser Zeit hatten die Kaiser der Ming-Dynastie das Vorrecht, auf dem Staatsbankett den eingeladenen Gesandten und Beamten neunmal zuzutrinken, während die Kaiserin in einem anderen Gebäude der Palastanlage den Gattinnen der Gesandten und Beamten nur siebenmal zutrinken durfte und auch weniger Gänge servieren. Hungrig blieb trotzdem keine.

Um hungrig oder satt ging es erst dann, wenn auf diese ungleiche Weise Essen geteilt werden mußte, das ohnehin knapp war. Chitrita Banerji erzählte aus ihrem Zuhause in Nordindien: «Der Mittelpunkt beim Essen war immer der Mann: Ehemann, Vater, Sohn, Schwiegersohn und andere. Die Frauen eilten um sie herum, sorgsam bemüht, Extraportionen zu servieren. Einige Frauen hockten sich hin und wedelten den erhitzten Männern mit Palmblattfächern Kühlung zu. Aber dann gab es immer den Nebenschauplatz beim Essen, wenn sich die Frauen endlich hinsetzen konnten und ihr Mahl genießen. Dann waren die besten Stücke Fisch oder Fleisch allerdings schon weg. Die lange Tradition, daß Frauen noch aus Gemüseresten mit Fischgräten größtes kulinarisches Vergnügen ziehen können, erklärt sich daraus, daß sie sich immer mit den Resten behelfen mußten … Das wird so in allen Kasten und gesellschaftlichen Schichten gehandhabt. Selbst in einer armen Bauernfamilie in Bangladesch, wo es kaum etwas zu essen gibt, ißt der Mann als erster, bedient von der Frau.»[7]

Wer auf Reisen damit nicht rechnet, kann sich arg danebenbenehmen. So saß ich bei meiner ersten Reise in die arabische Welt mit anderen Deutschen bei syrischen Gastgebern. Der Tisch war voll von Schüsseln, und wir versuchten tapfer, diese leer zu machen, um höflich zu sein und zu zeigen, wie gut es uns schmeckte – bis endlich ein Eingeweihter uns zuraunte, daß die Höflichkeit gerade darin bestand, möglichst viel übrigzulassen für den weiblichen Teil der Familie, der hungrig in der Küche wartete. Im Libanon aßen oft sogar nach den Männern erst die männlichen Bediensteten, die beim Essen serviert hatten, und nur die Reste dieser Reste blieben für die Frauen. Und Kochbuchautorin Skipwith erzählte aus Saudi-Arabien, daß sie dort mehrfach zu Hochzeiten eingeladen war; meist wurde das Essen für die Frauen erst um drei Uhr morgens aufgetragen, was die Feier doch ziemlich anstrengend machte.[8]

In Syrien wurde ich als reisende europäische Frau wie ein Mann im Sinne der Eßreihenfolge behandelt und durfte mit am Tisch sitzen und nach Herzenslust zulangen; die wartenden Frauen wunderten mich nur so lange, bis mir eine Szene aus der Kindheit einfiel. Es war Nachkriegszeit, und Essen war knapp. Wer durfte zum zweiten Mal nachnehmen? Der Bruder, denn er mußte ja noch wachsen (er war längst größer als wir zwei Schwestern). Alle Bekannten haben solche Geschichten aus ihrer Familie zu erzählen; meist war es der Vater, der doppelt zulangte.

Und wenn wir noch weitere 50 Jahre zurückgehen und die Not noch größer wird, sieht auch die Ungerechtigkeit noch größer aus. Für das Jahr

1913 veröffentlichte die Fabian Society in England einen Bericht über den erschreckend niedrigen Lebensstandard von Arbeiterfamilien; sie hatte sich über Tage und Monate detailliert schildern lassen, was auf den Tisch kam. Und das sah für eine Familie X mit vier kleinen Kindern, die im Süden Londons wohnte, zum Beispiel so aus:

«Sonntag. Frühstück: Ein Laib Brot, 30 Gramm Butter, 15 Gramm Tee, Dosenmilch für einen Viertelpenny, Zucker für einen halben Penny. Nur für Herrn X etwas Räucherhering. Mittags: Gehacktes Rindfleisch, Batterpudding, grünes Blattgemüse und Kartoffeln. Abends: Wie Frühstück, aber Garnelen statt Räucherhering für Herrn X.

Montag. Frühstück: Wie am Sonntag. Etwas kaltes Fleisch für Herrn X. Mittags: Reste vom Sonntag kalt mit Pickles. Abends: Ein Laib Brot, Marmelade und Tee. Zwei Eier für Herrn X.

Dienstag. Frühstück: Ein Laib Brot, 30 Gramm Butter, Kakao für zwei Pence. Räucherhering für Herrn X. Mittags: Brot mit Bratenschmalz, Käse und Tomaten. Abends: Ein Laib Brot, Marmelade und Tee. Fisch und Chips für Herrn X.»[9]

Herr X hatte einen festen Arbeitsplatz mit einem Wochenlohn von einem Pfund. Frau X war Hausfrau und hatte nichts davon, daß sie mit am selben Tisch sitzen durfte wie Herr X. Er hatte die wirtschaftliche Macht und bestimmte. Es zieht sich nicht nur wie ein roter Faden durch die Geschichte des Essens, daß in vielen Gesellschaften die Herrscher praßten und das Volk darbte. Das Untergewebe dazu sind die unendlich vielen feinen roten Fäden, daß in den einzelnen Familien die kulinarische Unterdrückung stattfand, daß die Herrscher über Einkommen und Lebensmittel die weniger glücklichen Familienmitglieder kurzhielten. So gewöhnten sich beide Parteien im kleinen Rahmen an den Zustand einer Welt, die eingeteilt ist in Prassende und Darbende.

Fleisch ist männlich

Die Sonderzuteilungen für Herrn X, die Frau und Kindern vorenthalten wurden, bestanden hauptsächlich aus Proteinkost. Fast überall auf der Welt bekamen und bekommen Frauen weniger Fleisch. Männer finden, daß das ihnen zustehe, seit mythischer Vorzeit. Wie war das denn bei den ersten Menschen? Die allgemeine These ist, daß bei den steinzeitlichen Jägern und Sammlern die Männer für das Jagen und die Frauen für das Pflanzensammeln zuständig waren und deswegen die Männer mehr Fleisch und die Frauen mehr Pflanzen aßen. Das läßt sich archäologisch weder beweisen noch widerlegen. Es gibt Fälle wie den «Jäger von Barum», ein in Schweden gefundenes Gerippe, der einen Speer mit Steinspitze bei sich hatte und eine Art Knochenmesser, vielleicht zum Abhäuten oder Zerlegen der Beute.

Der wurde ins historische Museum von Stockholm verfrachtet und saß dort als Beweis dafür, daß es eben die Männer waren, die jagten, bis eine genauere Untersuchung ergab, daß der Jäger eine Frau mittleren Alters war, die schon einige Geburten hinter sich hatte. Wir wissen nicht, in wie vielen anderen Fällen in so kühnem Umkehrschluß These und Beweis vertauscht wurden. Aber es würde für die folgenden Zeiten nicht viel weiterhelfen.

Damit würde sich nur etwas weiter in Richtung Gegenwart verlagern, was dann über Jahrhunderte und Jahrtausende behauptet und praktiziert wurde: daß Fleisch nämlich etwas besonders Männliches sei, von dem Männer den Löwenanteil oder besser gleich das Ganze zu erhalten hätten. (Apropos Löwen: Da jagen die Weibchen, und die Kinder langen als erste zu.)

Wenn es um Fleisch geht, entwickeln Männer geradezu Hausfrauentugenden. Eine emanzipierte Berufsfrau unseres Jahrhunderts, die mühsam, aber erfolgreich versucht, ihrem Mann einen paritätischen Teil der Hausarbeit aufzubürden, liest mit Staunen, daß bei Homer die Männer kochten. Nicht nur die Soldaten und Feldherren in der *Ilias*, nein, auch die Männer zu Hause: «Eumaios ging zu dem Schweinestall, wo viele Ferkel eingeschlossen waren, nahm zwei und trug sie herbei und schlachtete sie, sengte sie ab, zerteilte sie und steckte sie an Bratspieße. Und als er alles gebraten hatte, trug er es herbei und setzte es dem Odysseus vor, noch heiß, mitsamt den Spießen, streute weißes Gerstenmehl darüber und mischte süßen Wein in einem Holznapf, setzte sich ihm gegenüber und forderte ihn auf: ‹Iß, Fremder.›»[10]

Wenn man genauer hinguckt, war es nur das Fleisch, das die Männer zubereiteten. Frauen waren für das Brot zuständig, das sie in großen Körben herbeitrugen, und für die Milch. Sie haben wohl entsprechend wenig von der männlichen Prestigespeise zugeteilt bekommen.

Im späteren klassischen Griechenland wurde Fleisch hauptsächlich bei öffentlichen oder privaten Opferfesten gegessen; die Götter bekamen ja nur einen kleinen Teil der geschlachteten Tiere, den Rest teilten sich die Menschen. Da Frauen zu vielen Opfern nicht zugelassen waren, fiel für sie also auch häufig die Fleischverteilung aus. Frauen hatten ihre eigenen Opferfeste, etwa zu Ehren der Demeter; aber da bestanden die Opfer dem Charakter der Göttin entsprechend aus Getreide, Feigen, Öl, Honig und Käse.

Überall auf der Welt war die Meinung verbreitet, daß Fleisch eine besonders männliche Nahrung sei, die denjenigen, der sie ißt, wild und männlich mache. Die Culina, Indianer aus dem Grenzgebiet zwischen Brasilien und Peru, definierten, daß «Männer wild sind wie die Tiere, die sie jagen; sie gehören zum Dschungel, wo solche Tiere leben. Frauen sind sanft und gesellig wie die Früchte, die sie in ihren Gärten kultivieren und ernten.»[11] Eine chinesische Geschichte aus der Ming-Periode beschreibt die Ausnahme: eine Frau, die stark und wild war, jagen ging und Fleisch aß, gelegentlich sogar Tigerfleisch! Kein Wunder, daß Männer sich vor ihr fürchteten wie vor einer Tigerin. Gute und kräftige Nahrung war eben nichts für Frauen, weil gesunde und kräftige Frauen ja «unweiblich» waren.

Van der Post, südafrikanischer Autor und Afrikaforscher, beschrieb eine Fleischmahlzeit in Äthiopien in den vierziger Jahren: «Das rohe Fleisch, blutend und noch lauwarm von dem frischgeschlachteten Tier, ging von einem Gast zum nächsten. Jeder Mann nahm den Rand des Fleischstückes fest zwischen die Zähne und trennte dann mit einem scharfen Messer von unten nach oben einen Mundvoll ab. Die wenigen anwesenden Frauen saßen dicht hinter ihren Männern, und hinter ihnen standen die jungen Knaben, hoch gewachsen und kerzengerade. Von Zeit zu Zeit erinnerten sich unsere äthiopischen Gastgeber der Anwesenheit der Frauen und Kinder, schnitten auf die vorgeschriebene Weise ein Stück Fleisch ab und reichten es über die Schulter nach hinten. Eine solche Essensweise mag uns ungeschliffen vorkommen.»[12] Mit dem letzten Kommentar meinte Post natürlich nicht die Tatsache, daß die Frauen sich nicht nehmen durften, sondern gelegentlich mal wie ein Hund am Tisch etwas zugereicht bekamen und daß die jungen Mädchen offenbar gar nicht teilnahmen – er meinte nur, daß das Fleisch roh gegessen wurde. Und offenbar hatte sich auch keine Frau beschwert...

Das Idealbild von der zarten Frau, die am Essen nur knabbert (nebenher aber durchaus Schwerarbeit verrichten kann), war – und ist – weltweit auch bei Frauen verbreitet. Viele hatten das Machtverhältnis zwischen den Geschlechtern und die entsprechend ungerechte Nahrungsverteilung schon verinnerlicht. Sie glaubten selbst daran, daß es besser sei, wenn sie die kleineren Stücke bekämen. Wie zum Beispiel bei den Berbern in Marokko: «Frauen und Kinder lernen, Fleisch abzulehnen. Wenn sie irgendwo zu Gast sind, dann schwören sie oft, sie hätten schon gegessen. Eine Frau versicherte den anderen Gästen am Tisch, daß sie lieber Knochen als Fleisch äße. Andererseits wird angenommen, daß Männer eben keine Not leiden dürfen, das dürfen nur Frauen und Kinder.»[13]

Wie wir oben gesehen haben, galt diese Meinung auch in Indien oder London. Häufig sagten Frauen als Erklärung, der Mann müsse ja bei Kräften bleiben, weil er hart arbeiten müsse – und das sagten Frauen auch, wenn sie ebenso hart arbeiteten und sogar härter. Anfang dieses Jahrhunderts hörte die englische Sozialarbeiterin Jessie Dawson diesen Satz immer wieder, gerade von schwer arbeitenden Frauen, die obendrein Mütter oder schwanger waren.

Aber das System funktionierte auch da, wo nicht gespart werden mußte, wo es nicht um Verhungern oder Überleben ging. In den reichen Schichten derselben Epoche wurde über Schönheitsideal und Mode das vermittelt, was bei den Armen aus purer Not praktiziert wurde: Frauen durften sich nicht ordentlich satt essen. Zwischen Wespentaille und Schnürkorsett paßten keine Schweinebraten.

 Wenn Ideologie oder Machtverhältnisse noch nicht genügten, dann gab

Arbeitsteilung: Frauen kochen, Männer essen.

es immer noch die Religion, um Frauen ausreichende Nahrung zu verweigern. In manchen indischen Familien aßen die Männer Fleisch, auch wenn sie Hindus waren – und die Frauen wurden auf die reine Frömmigkeit verpflichtet und lebten vegetarisch (das ist auch heute oft der Fall). In großen Teilen des Landes waren die Witwen verpflichtet, für den Rest ihres Lebens strikt vegetarisch zu leben – und das war etwas ungemütlicher, als etwa im reichen Westen Vegetarier zu sein, wo es reichlich alle Sorten Gemüse gibt und Sojaprodukte für den Eiweißbedarf. Dort hieß das auch, keine Milch oder Eier zu essen, bestimmte Sorten Hülsenfrüchte zu meiden, weil sie als nicht vegetarisch galten, und auch Zwiebeln oder Knoblauch war nicht erlaubt, da sie als Fleischgewürz galten. Chitrita Banerji vermutete: «Eine Erklärung dafür könnte die grausame Annahme sein, daß diese armen Wesen, die oft noch jung waren, nun als Last betrachtet wurden, die nur Schwierigkeiten machen würde. Also wurde ihnen mit mangelhafter Ernährung und anderen Mitteln das Leben schwergemacht, um sie auf indirektem Weg möglichst bald in die nächste Welt zu befördern; manchmal zum finanziellen Vorteil ihrer angeheirateten Familie.»[14]

Ähnliches wurde auch von den Salomoninseln berichtet: «Beim Stamm der Mala war es Sitte, daß Witwen schworen, nie wieder im Leben gekochte Nahrung zu sich zu nehmen. Das hieß, daß sie ein sehr schweres Leben am Rande des Verhungerns führten – aber der Eid wurde gehalten.»[15] Und im alten Tahiti waren gar all die hochgeschätzten Fleisch- und Fischspeisen, die zuzeiten oder auch das ganze Jahr durch knapp und schwer zu bekommen waren, einfach für alle Frauen «tabu».

Können wir Europäerinnen und Amerikanerinnen nun zufrieden sein, daß uns nicht nur die Schlachterläden offenstehen, sondern sogar die Hollywooddiät uns als Magernahrung Steak und Salat empfiehlt? Steak als Frauennahrung? Ja, wenn da nur nicht das Wort «Diät» wäre. Da sind wir bei unserer Religion, oder bei unseren Machtverhältnissen. Frauen haben schlank zu sein, wenn sie beruflich oder privat Erfolg haben wollen, und diese Norm ist unerbittlich. Abführpillen und Appetitzügler haben Hochkonjunktur. Frauen setzen sich nicht nur ständig neuen Diäten aus, sondern eine bedrückend große Anzahl ist über diese Diätzwänge in krankhafte Eßstörungen hineingeraten. Die Fälle von Magersucht und Bulimie, also von Freßsucht mit anschließendem Sich-Übergeben, haben erschreckend zugenommen. Täglich erscheinen immer neue Magerprodukte auf dem Markt, Magerwurst, Magerschokolade bis hin zum Magerfett, und immer neue Diätrezepte, die immer neu das Wunder versprechen, daß dasjenige Geschlecht, dem eigentlich das Schlemmen verboten ist, ungestört schlemmen darf.

Das Erbitterndste an diesem Zustand ist, daß es ausgerechnet diejenigen sind, die am engsten mit Kochen, mit Lebensmittelverarbeiten, mit Küche zu tun haben, nämlich die Frauen, die am wenigsten von ihrem fertigen Produkt abbekamen und abbekommen.

Familienköchin und Berufskoch

Überall auf der Welt waren Frauen für die häusliche Küche zuständig – außer wie beschrieben beim Fleisch. Ein seltener Hausmann in Deutschland, ein Sawo in Neuguinea, der sich Essen kocht, wenn die Frau erst nachts von der Sagoernte zurückkommt, ändern nichts an diesem Prinzip. Frauen, die in einer Gesellschaft und in einem Haushalt lebten, welcher reich genug war, sich Sklaven oder Angestellte zu halten, waren zwar von häuslicher Schwerarbeit freigestellt, wie etwa im klassischen Rom, wo Ehefrauen nicht zum Getreidemahlen und Kochen verpflichtet waren; aber die Aufsicht über die Personen, welche diese Arbeit zu verrichten hatten, oblag natürlich ihnen.

Die europäischen und nordamerikanischen Frauen haben sich im Lauf der vergangenen 100 Jahre zwar einen großen Anteil am öffentlichen und am Berufsleben erstritten, was vorher Privileg der Männer war; aber es ist so gut wie gar nicht gelungen, die Männer in ebendiesem Umfang zur Hausarbeit zu bewegen (von den Ausnahmemännern abgesehen, die leider nichts am Prinzip ändern). Das Recht der Männer, frei von Küchenpflichten zu sein, ist ein offenbar noch heiligeres Privileg als der Zugang zu Politik und Öffentlichkeit; und nur selten sind Frauen so weit gegangen, das in Frage zu stellen. Viele Reformvorschläge beschränkten sich auf Möglichkeiten, wie man die Küchentätigkeit für Frauen erleichtern könne – aber eben: für Frauen. Die Sozialdemokratin Lily Braun stellte sich 1901 eine Lösung vor, wie die verheiratete Arbeiterin ihre «doppelten Pflichten» erfüllen könnte: «Solch eine Einrichtung ist die Wirthschaftsgenossenschaft. Ich stelle mir ihr äußeres Bild folgendermaßen vor: In einem Häuserkomplex, das einen großen, hübsch bepflanzten Garten umschließt, befinden sich etwa 50 bis 60 Wohnungen, von denen keine eine Küche enthält. An Stelle der 50 bis 60 Küchen, in denen eine gleiche Zahl der Frauen zu wirthschaften pflegt, tritt eine im Erdgeschoß befindliche Zentralküche, die mit allen modernen arbeitssparenden Maschinen ausgestattet ist. Vorratsraum und Waschküche, die gleichfalls selbstthätige Waschmaschinen enthält, liegen in der Nähe. Die ganze Hauswirthschaft steht unter einer erfahrenen Wirthschafterin, deren Beruf die Haushaltung ist; ein oder zwei Küchenmädchen stehen unter ihrer Aufsicht.»[16]

Teamarbeit am Herd, 1505.

Im Lauf der Jahrhunderte haben neue Techniken viel Erleichterung bei der Nahrungszubereitung gebracht. Erfindungen wie Getreidemühlen, die von Tieren oder vom Wind, später von Motoren angetrieben wurden, machten das sehr anstrengende Mahlen mit Handmühlen überflüssig. Ganze Arbeitsgänge wurden seit dem Mittelalter in Europa aus den Einzelküchen in Fachbetriebe verlagert, das Mahlen, das Backen, das Schlachten, auch ein Teil der Lagerhaltung, weil mehr Nahrungsmittel gekauft werden konnten. Merkwürdigerweise nahm dadurch die Hausarbeit aber nur wenig ab. Denn neue Kochmethoden, neue Ansprüche an

Essen, Tischsitten und Hygiene schufen eine Unmenge von neuer Arbeit. Man aß nicht mehr aus der Schüssel, jeder hatte Teller für sich und Besteck. Nun gab es plötzlich großen Abwasch – und kein fließendes heißes Wasser. Es wurden auch immer raffiniertere und besser schmeckende Zubereitungen erfunden, die Kochkunst machte enorme Fortschritte. Arbeit und Aufwand in der Küche machten die entsprechenden Fortschritte...

Linke Seite: Pieter Aertsen: Die Köchin, *16. Jahrhundert.*

Aber dort, wo diese verfeinerten Küchen ihre Höhepunkte hatten, in den großen Restaurants oder an den Höfen der Könige, Fürsten und sonstigen reichen Esser, da hatten Frauen nun wieder nichts zu suchen. Wenn Kochen als Beruf ausgeübt wurde, der gut bezahlt war und Ehre und Orden eintrug, waren Frauen plötzlich nicht mehr für die Küche zuständig. Bei Prestigeanlässen griffen und greifen Männer schon mal zum Kochlöffel: Daß die Helden der *Ilias* und *Odyssee* sich ihr Fleisch selber brieten, wissen wir schon; die spanische Paella ist ein traditionelles Essen für Feiertagsausflüge und wird vom Familienvater gekocht (der zu Hause nie einen Kochtopf anrührt); wenn auf Samoa, Fidschi oder Neuguinea für große Feste in Erdöfen gekocht wird, dann machen das ebenfalls ausnahmsweise die Männer.

Nicht ausnahmsweise, sondern regelmäßig sind Männer am Werk, wenn es um hochbewertete Berufspositionen geht. Besonders in den Küchen der Fürstenhöfe wurde männliche Exklusivität gewahrt – vielleicht ist der Grund, wie Stephen Menell vermutet, «der Ursprung der gesellschaftlichen Institution des Hofes als einer militärischen Einrichtung, nicht eines ‹privaten› Haushalts. Es ist wahrscheinlich, daß in der Armee immer Männer den Dienst als Köche versahen, so daß ihre Funktion in der Küche des Fürstenhofs als eine Erweiterung der ursprünglichen Funktion ihren Anfang nahm.»[17]

Jedenfalls wurde an den Höfen das männliche Monopol besonders gut gehalten. Die Ausnahmen von der Regel, die großen Köchinnen, sind eher da zu finden, wo eine Restaurantkultur verbreitet war, etwa im China der Sung-Zeit (10. bis 13. Jahrhundert) oder in Frankreich seit dem Ende des 18. Jahrhunderts. Eine berühmte Küchenchefin aus dem damaligen China hatte in Kaifeng, der alten Hauptstadt der Sung-Dynastie, in einem der besten Restaurants kochen gelernt; eine ihrer Spezialitäten war eine Fischsuppe. Als die Regierung 1126 von den Reiternomaden des Nordens verdrängt wurde, die Hauptstadt verließ und in den Süden nach Hangzhou umsiedelte, war die Köchin auch dorthin gegangen und hatte ein Restaurant am Seeufer eröffnet. Eines Tages aß der Kaiser ihre Suppe; er fühlte sich an vergangene Zeiten erinnert und sagte, sie habe köstlich gekocht und werde Ruhm und Reichtum ernten. Vielleicht ist sie die erste Köchin, der ein Gedicht gewidmet wurde:

«Ein Teller Fischsuppe, nur ein paar Groschen wert,
mit dem Geschmack der alten Hauptstadt, macht den Kaiser lächeln.
Nun wollen alle diese Suppe essen, zahlen doppelt:
sie zahlen für des Kaisers Lächeln und die Suppe obendrein.»[18]

Nach Frederick Mote gibt es die gleiche Suppe noch heute am See von Hangzhou in den Restaurants. Welcher Koch kann sich so langer Nachwirkung rühmen?

Vom französischen König Ludwig XV. wird ebenfalls berichtet, daß er über das Werk einer Köchin gelächelt habe. Diese Geschichte beginnt allerdings so, daß er mehrfach behauptete, nie könne eine Frau eine vollkommene Köchin sein, weder von der Inspiration noch von der Körperkraft her. Darüber nun ärgerte sich seine Geliebte, Madame Dubarry, und beschloß, ihm das Gegenteil zu beweisen. Sie verriet einer hervorragenden Köchin die Lieblingsspeisen des Königs, und die kochte ihm dann das perfekte Menü. Natürlich war er begeistert, und genauso begeistert war die Dubarry, ihm sein Vorurteil widerlegt zu haben. Er soll sein Gesicht gewahrt und der Köchin einen Orden verliehen haben. Nicht sicher ist, ob sie daraufhin in den Männerclub der Hofköche eintreten durfte.

Sicher ist jedenfalls, daß es im 19. und 20. Jahrhundert in Frankreich in der Gegend um das eß- und trinklustige Lyon herum einige berühmte Küchenchefinnen gab. Das Restaurant der Mère Guy wurde von einer ganzen Dynastie von Frauen geführt; seine Ursprünge gehen bis 1759 zurück. Ende des 19. Jahrhunderts kochte dort die berühmteste der «Mütter Guy», bei der man einfach gegessen haben mußte, wenn man mitreden wollte. Auch Kaiserin Eugénie machte eigens einen Abstecher. Der Stolz der Küche waren die regionalen Spezialitäten wie Krebsgratin, gefüllte Forelle, Huhn auf Bauernart.

Auch andere Köchinnen aus der Lyoner Gegend waren unter dem Beinamen «Mutter» bekannt, darunter die Mère Blanc, Ururgroßmutter des heutigen Dreisternekochs in Vonnas, die Mère Filioux und die berühmte Mère Brazier mit ihrem getrüffelten «Huhn in Halbtrauer».

Von Anfang an wurde den Köchinnen von der männlichen Konkurrenz das Leben schwergemacht. Die englische Kochzunft beschloß im 17. Jahrhundert, keine Frauen mehr aufzunehmen – bisher hatten einige wenige die Mitgliedschaft vom Vater oder Ehemann geerbt. Einen Koch verurteilte die Zunft 1664 zu einer Strafe von fünf Pfund, weil er «einer Frau beigebracht hatte, Pasteten zu machen und Hefeteig herzustellen gegen die Regeln der Zunft.»[19]

Meinungen wie die von Ludwig XV. hielten sich auch bis in spätere Jahrhunderte; so schrieb der Verfasser eines Buchs über französische Tafelsitten Ende des 19. Jahrhunderts: «Es ist klar, daß eine Köchin eine bedeutende Tafel nie so faszinierend gestalten kann wie ein Koch. Der Beruf erfordert ermüdende Arbeit, der nur ein Mann gewachsen ist, und einen Erfindungsreichtum, den eine Frau nie haben kann.»[20] (Bekanntlich machten sich Männer immer nur Sorgen um schwere oder ermüdende Frauenarbeit, wenn es um Konkurrenz ging: Rübenziehen oder Wäschewaschen in der Vormaschinenzeit billigten sie Frauen gerne zu.)

Als 1883 die Zeitschrift *Art Culinaire* vorschlug, es möchten in die

Köchevereinigung *Union universelle pour le progrès de l'art culinaire* auch Köchinnen aufgenommen werden, gab es so viele Proteste, daß die Zeitung in der nächsten Nummer die Forderung kleinlaut wieder zurücknahm und nun im Gegenteil vom Gesetzgeber verlangte, er möchte für alle Zeiten verbieten, daß Frauen in Restaurants arbeiteten.[21]

Nicht daß die Deutschen freundlicher gewesen wären. Der im 19. Jahrhundert oft als Standardwerk gepriesene Rumohr (der unter dem Namen seines Koches, König, schrieb) meinte: «Den Köchinnen fehlt es nun gar an aller Gründlichkeit der Bildung. Putz und Modesucht, verliebte Narrheiten und mehr deßgleichen lassen gar keinen rechten Zusammenhang der Begriffe in ihnen aufkommen. Insgemein treiben sie heut zu Tage ihr Geschäft mit Unlust. Vergebens habe ich viel hundert deutsche Köchinnen zum Besseren zu leiten versucht.»[22]

Die erste weibliche Kochbuchautorin war die Schweizerin Anna Wecker. Ihr Kochbuch, nach ihrem Tod um 1600 veröffentlicht, stand in der Tradition der antiken Diätbücher, bei denen es weniger um den Wohlgeschmack der beschriebenen Gerichte ging als um ihre Bekömmlichkeit für Gesunde und Kranke. Für die praktischen Hausfrauenkochbücher kann als die früheste Erfolgsautorin wohl die Engländerin Hannah Glasse gelten. Ihr 1747 erschienenes Buch *Die Kochkunst – vereinfacht und erleichtert* wurde in zahlreichen Auflagen immer wieder nachgedruckt. Es versuchte, ganz wie der Titel sagt, Rezepte zu vereinfachen, legte mehr Wert auf Sparsamkeit als auf üppigen Geschmack. Kurz, sie hielt sich an den Bereich, der allgemein als der weibliche angesehen wird. Rezepte wie die chinesische Fischsuppe oder das Trüffelhuhn der Mère Brazier sind eine andere Welt.

Die Ernährerin

Frauen kochen für die Familie – Frauen produzieren auch, was in den Kochtopf der Familie kommt. Es wird geschätzt, daß Frauen zwischen 60 und 80 Prozent aller Landarbeit in Asien und Afrika machen. In Lateinamerika ist ihr Anteil geringer, wird aber immer noch auf ungefähr 40 Prozent veranschlagt. Manche arbeiten gegen Lohn auf großen Farmen, manche ohne Lohn auf den Feldern des jeweiligen Ehemannes, manche bearbeiten das eigene Land auf eigene Rechnung. Aber die werden immer weniger.

Im Hochland von Neuguinea zum Beispiel bauten in der traditionellen Rollenteilung die Frauen in ihren Gärten Süßkartoffeln an, das Grundnahrungsmittel, und allerlei Gemüse und Kürbisse; was in den Gärten wuchs, gehörte ihnen: «Wenn ein Mann einen Garten betritt, in dem Feldfrüchte wachsen, die ja persönliches Eigentum einer Frau sind, dann muß er diese Frau fragen, auch wenn sie seine Ehefrau ist. Sonst heißt es, er

wollte Lebensmittel stehlen, und die Frau darf ihn zur Strafe mit ihrem Grabestock schlagen. Andere Männer greifen dann nicht ein, wie sie es normalerweise bei Streit zwischen Mann und Frau tun, sondern lachen ihn aus.»[24]

Linke Seite: Frauen und Männer bei der Ernte – aus dem Jungfernspiegel *um 1200.*

Die Männer ernteten Zuckerrohr, Yams und Bananen, die hauptsächlich für größere Feste da waren oder um Gäste zu bewirten, außerdem hielten sie Schweine, die sie als eine Art Zahlungsmittel benutzten in dem großen Austauschverkehr von Gütern, den eine Hochzeit nach sich zog. Für solchen Austausch kamen die Produkte aus den Gärten der Frauen nicht in Frage, und umgekehrt wurden Schweine nie geschlachtet, einfach um gegessen zu werden: Es mußte schon ein besonderes Fest sein. Außerdem waren Männer wie Frauen zur Arbeit füreinander verpflichtet: Die Frauen fütterten die Schweine der Männer, die Männer machten die grobe Vorarbeit, wenn neue Gärten angelegt wurden: Bäume und Wurzeln beseitigen, Zäune bauen.

Eine ähnliche Arbeitsteilung gab es in traditionellen Gesellschaften Afrikas oder der Südseeinselwelt. Auch bei den amerikanischen Indianern waren oft die Frauen für den täglichen Bedarf zuständig, für den Anbau von Mais, Bohnen oder Kartoffeln, und die Männer für das Besondere: Sie jagten und lieferten dadurch das Fleisch. In Südostasien waren es hauptsächlich Frauen, die die Grundnahrung Reis produzierten.

Im erwähnten Beispiel aus dem Hochland von Neuguinea hat sich diese traditionelle Arbeitsteilung seit der Einführung der Geldwirtschaft geändert, seit aus dem, was die Frauen für die Alltagsnahrung anbauten, Handelsprodukte wurden. Seit man damit Geld verdienen konnte, interessierten sich die Männer mehr für den Anbau, beteiligten sich am Ernten, und bald wurden die Produkte des Landes als gemeinsamer Besitz angesehen. Die «modernen» Wirtschaftsformen nahmen den Frauen einen Teil ihrer wirtschaftlichen Macht. Das verstärkte sich noch dadurch, daß das Landwirtschaftsministerium seit den fünfziger Jahren in den Dörfern den Kaffeeanbau förderte, nicht in großen Plantagen, sondern auf kleinen privaten Feldern – ein Entwicklungsprojekt, um den Dörflern Möglichkeiten zum Geldverdienen zu verschaffen. Regierungsbeamte verteilten Pflanzen und gaben Unterricht in Anbau und Verarbeitung – wem? Den Männern. Die legten sich ihre Kaffeegärten an, in denen die Frauen zwar auch arbeiteten wie auf den Gemüsefeldern, aber diese Ernte gehörte unbestritten den Männern. Das Gleichgewicht in der Lebensmittelproduktion war nun endgültig gestört.

Auf ähnliche Weise hat sich die traditionelle Arbeits- und Essensteilung auch in anderen Gesellschaften verschoben, oft mit dramatischen Folgen für die Frauen. Sie sind nach wie vor für die Ernährung der Familie, der Kinder zuständig, aber die traditionellen Rechte, Land zu nutzen, werden durch moderne Formen von Eigentum immer mehr eingeschränkt; und die Männer, die für Lohnarbeit Geld erhalten, fühlen sich durch keine Tradition verpflichtet, dieses mit der Familie zu teilen. In Südamerika wurden mehr und mehr Frauen die alleinigen Ernährerinnen der Familie, mit immer weniger Möglichkeiten, dies auch ausreichend zu tun.

Eine ähnliche Entwicklung fand in Afrika statt. So verschieden auch die traditionellen afrikanischen Gesellschaften waren, in einem waren sie ähnlich: Die Familie bildete weder eine Tischgemeinschaft noch eine Wirtschaftseinheit, weder die Großfamilie noch das Ehepaar. Männer und Frauen waren wirtschaftlich weitgehend unabhängig; es gab zwar Bereiche, in denen sie gemeinsam oder füreinander arbeiteten, aber daneben hatten sie ihre jeweils eigenen Aufgaben in Landwirtschaft, Nahrungszubereitung und Handel und auch ihren eigenen Besitz an Lebensmitteln, Vieh oder Land. Der Beitrag der Frauen war in den verschiedenen Völkern unterschiedlich; in Ostafrika bestand er in einem großen Teil der Feldarbeit, in Westafrika mehr im Handel. Bei bestimmten Arbeiten mußten die Männer den Frauen helfen, dafür mußten die Frauen eine bestimmte Zeit auf den Feldern der Männer arbeiten und das Essen für die Männer zubereiten. Es war festgelegt, wer welchen Teil zum Unterhalt der engeren und größeren Familie beitrug, und es bestanden auch weitläufige Rituale von Eßgeschenken, etwa bei Besuchen, bei Notfällen in der Verwandtschaft oder bei größeren Festen, bei Heirat von Verwandten oder bei Todesfällen.

Auch hier hat die Bewertung von Lohnarbeit und von Geld die alte Arbeitsteilung verändert. Wenn Männer arbeiten gingen und Geld verdienten, dann fiel das nicht unter die vorgeschriebenen gegenseitigen Verbindlichkeiten. Und wenn sie auf ihrem Land Kaffee, Kiwis oder andere Exportgüter anbauten und verkauften, dann waren die Frauen zwar nach wie vor verpflichtet, eine bestimmte Zeit für ihre Ehemänner zu arbeiten, aber die Ernte war nicht zum Ernähren der Familie da. Das wurde von Entwicklungshelfern aller Art eher befördert. Die meisten Planer übersahen einfach die bedeutende Rolle der Frauen in der Produktion von Nahrungsmitteln – die europäischen vielleicht aus festgefahrenen Vorurteilen, die bewirkten, daß sie genausowenig wie manche reisenden Ethnologen Frauen überhaupt wahrnahmen. Die einheimischen möglicherweise auch deshalb, weil hier ein massiver Verteilungskampf im Gang war und weil die männlichen Planer auch von der Enteignung der Frauen profitierten. Frauen wurden in Entwicklungsprojekten als ein Teil des Haushalts gesehen, der gemeinsam arbeitete und dessen männlicher Haushaltsvorstand das Geld kassierte. Wie auf deutschen oder französischen Bauernhöfen. Daß sich die afrikanischen Frauen gegen solche Projekte wehrten, ist kein Wunder.

Ein häufig zitiertes Beispiel ist der Plan, Anfang der achtziger Jahre in Gambia mehr Reis zu produzieren, damit es dort mehr zu essen gäbe. Kredite, technische Hilfe, Bewässerung und auch Absatzmöglichkeiten für Überschüsse wurden den Reisbauern angeboten. Aber die Reisbauern waren in Wahrheit nur die Ehemänner der Reisbäuerinnen, denn es waren traditionellerweise die Frauen, die Reis anbauten und mit Reis handelten, innerhalb eines Systems von Arbeitshilfe und Abgabeverpflichtung mit den Männern. Die Planer wollten ein Stück Gemeindeland bewässern. Dieses Land hatten bisher die Frauen benutzt. Nun wurden also mit Hilfe der männlichen Planer die Männer zu alleinigen Besitzern gemacht – und die Frauen sollten auf dem Land ihrer Männer arbeiten. Und alle wunderten sich, daß das nicht klappte und daß der Reisanbau in Gambia so gar keinen Aufschwung nahm. Was in dieser verkürzten Darstellung wie ein Stück Schilda wirkt, hat auf böse Weise System. Frauen werden an den Rand gedrängt, und die Männer, die davon profitieren, nehmen dankbar die Chance wahr. Die Bäuerinnen haben die Wahl, auf dem Land ihres Mannes zu arbeiten und so vielleicht die Lage der gesamten Familie zu verbessern; aber damit haben sie ihre Unabhängigkeit verloren und sind hilflos, wenn ihr Mann sie verläßt oder sonst eine Krise auftritt. Oder sie können sich auf die übriggebliebenen Reste von schlechtem Land zurückziehen und dort ihre eigene Landwirtschaft betreiben – und das bedeutet Armut am Rande des Überlebens.

Und doch sind sie es, die nach wie vor den größten Teil zum Familienunterhalt beschaffen müssen, denn sein Geld sieht der Ehemann nicht notwendig als Familieneinkommen an.

Für Benin hat Irène Albert in einer Umfrage ermittelt, welchen Anteil die Frauen zum Lebensunterhalt der Familie beisteuern: Von den Grundnahrungsmitteln beschaffen sie über 80 Prozent, aus eigenem Anbau oder von ihrem Einkommen bezahlt, und etwa zwei Drittel von dem Räucherfisch und den Gewürzen, aus denen die Beilagen hergestellt werden. Einen Anteil von etwa fünf Prozent beschaffen Mann und Frau gemeinsam – und nur für den Rest fühlen sich die Männer verantwortlich. Die Frauen beklagten denn auch in den Gesprächen, daß ein immer größerer Anteil des Familienunterhalts auf ihre Schultern abgewälzt würde, daß der Ehemann seinen Verdienst als sein persönliches Geld ansehe, mit dem er sich seine eigenen Wünsche erfüllen könne: ein Radio kaufen, ein Fahrrad oder Motorrad, oder Alkohol. «Ein großer Teil der gegenwärtigen Ehekonflikte hat seinen Grund in der Schwierigkeit, die gegenseitigen Verpflichtungen von Mann und Frau neu zu definieren.»[25]

Auf der Weltfrauenkonferenz in Nairobi 1985 waren aus fast allen afrikanischen Ländern solche Berichte zu hören, und viele sagten, daß darin einer der Gründe liege, warum es mit der Erzeugung von Lebensmitteln immer weiter bergab gehe. Die Geber von Entwicklungshilfe scheinen das auch inzwischen halbwegs begriffen zu haben und versuchen nun, Frauenkooperativen und ähnliches zu fördern. Aber nun ist die Neuverteilung von Land und wirtschaftlicher Macht und Nahrung weitgehend gelaufen, und die afrikanischen Frauen werden sich ihr Terrain nur mit derselben Mühe wieder zurückerobern können, wie es die Europäerinnen seit dem 19. Jahrhundert mit vielen Rückschlägen tun.

RELIGION

Essen für Götter

Auch Götter haben Hunger. Sie sind auf Menschen angewiesen, die ihnen den Tisch decken. Fast in jeder Religion ist so etwas wie ein Altar vorgesehen, ein Tisch, auf dem die Menschen den Göttern ihr Essen servieren. Neben anderen Wohltaten erwarten die Menschen dafür, daß die so beschenkte Gottheit nun ihrerseits dafür sorgen wird, daß auf der Erde genug Nahrung für Menschen wächst; meist war sie es ja auch, die ursprünglich diese Nahrung wachsen ließ oder für Menschen verfügbar machte.

In einigen Gebieten von Thailand war es die Reisgöttin, welche jeweils für die nächste Ernte sorgte: Jedes einzelne Reiskorn, das wuchs, war ihr Kind. Wenn der Reis blühte, hieß es, die Reisgöttin sei schwanger, und dann war Zeit, ihr zu opfern. Die Gaben bestanden meist aus Obst. Reis war nicht nur Nahrung, Reis war der Stoff, aus dem die Menschen gemacht sind; so glaubte man über Thailand hinaus in großen Teilen von Südostasien: Das werdende Kind, das in der Mutter wächst, bildet seinen Körper aus dem Reis, den sie ißt; die Mutter gibt ihre Nahrung, ihren Körper, um das Kind zu formen und zu ernähren, und so gibt die Reisgöttin ihren Körper, ihre Substanz, um die Menschen zu ernähren.

Mensch ist Reis – dem entsprach in Amerika die Auffassung, daß der Mensch aus Mais besteht. Für die Hopi (im Süden der heutigen USA) waren die Menschen Kinder von Sonne und Mais; für die benachbarten Zuni galt: «Die Sonne ist der Vater von allem. Die Erde ist die Mutter der Menschen. Das Wasser ist der Großvater. Das Feuer ist die Großmutter. Der Mais, das sind unsere Brüder und Schwestern und die Keime von allem, das entsteht.»[1]

In den Maya-Mythen vermaßen die Götter am Anfang der Zeiten Himmel und Erde wie ein großes Feld und pflanzten dann an den vier Seiten und in den vier Ecken Männer und Frauen aus Mais. Zahlreiche Bilder und Statuen von Maisgöttern sind erhalten. Auch die Pflanze auf dem Feld wurde verehrt. Eduardo Galeano berichtete 1775: «Die Indianer kommen nicht zur Messe. Man muß sie in Dörfern und auf dem Feld suchen und mit Gewalt herbeizerren. Die Abwesenheit wird mit acht Peitschenhieben bestraft, aber die Messe beleidigt die Maya-Götter, und das hat mehr Gewicht als die Furcht vor der Peitsche. 50mal im Jahr unterbricht die Messe die Arbeit auf dem Feld, die tägliche Zeremonie des Umgangs mit der Erde. Für die Indianer ist dies ihr Gebet: Schritt für Schritt den Zyklus zu begleiten, in dem der Mais stirbt und wieder aufersteht. Und die Erde, dieser riesige Tempel, ist ihr täglicher Beweis des Wunders, daß Leben wiedergeboren wird.»[2]

Wie wir aus der traurigen Geschichte Lateinamerikas wissen, hat sich die Religion der Gewalt und der Peitsche durchgesetzt, nicht die der vergötterten täglichen Nahrung. Aber auch dieser Kult hatte seine gewalttätigen Züge: Mais stand mit Blut in einem rituellen Zusammenhang; auf einigen Darstellungen schwimmt der Kopf des Maisgottes in Blut, und mit Blut mußte der Maisgott vor der Aussaat «befruchtet» werden: mit dem rituell abgezapften Blut des Herrschers, manchmal auch mit dem Blut von Feinden. Das paßte zu der neuen Religion, wo ja das Blut des Herrn in der Kirche getrunken wurde. Wenn ein Maiskolben rote Körner hat, dann heißt es heute bei den Nachkommen der Maya, das sei das Blut von Jesus Christus.

Blut brauchten in Afrika, bei den Ashanti und Ibo (heutiges Nigeria), auch die Yams, um wachsen zu können. Zum Erntefest wurde auf dem Yamsfeld ein Verbrecher hingerichtet, wurde als Bote auf den Weg zu dem vorigen gestorbenen König geschickt. Sein Blut mußte in das Loch fließen, aus dem die neu geerntete Yams gerade gezogen worden war. Ein ähnlicher Brauch ist auch aus Mali bekannt. Erst nach dieser Zeremonie durfte von der neuen Ernte gegessen werden.

Maisgöttin des alten Peru.

Von der blutigen Nahrung, welche die Azteken ihren Göttern darboten, handelt der Abschnitt *Kannibalen*. Die meisten Götter scheinen jedenfalls lieber Fleisch als Gemüse gegessen zu haben. Oder um es vom Standpunkt der Menschen aus zu sagen: Das Opfer für die Götter war meist die besondere Nahrung für die Menschen, die es nicht alle Tage gab. Neben dem Anteil für die Götter war ja auch ein Anteil für die Menschen vorgesehen; das Opfer war das Festmahl, bei dem Gemeinschaft zelebriert wurde: Gemeinschaft der Gruppe Menschen, die miteinander aßen, und Gemeinschaft dieser Gruppe mit den Göttern.

Die Inka feierten zur Erntezeit, am Tag der Sonnenwende, ein Opferfest zu Ehren der Sonne, das zugleich ein großes Volks-Eß-Fest war. Der König zelebrierte die Riten und spendete Speise und Trank. Junge Mädchen brauten große Mengen Maisbier, und das Fest begann damit, daß der Inkakönig zwei goldene Becher hielt, die mit diesem Getränk gefüllt wurden. Das erste war für die Sonne, das heißt, der König goß es feierlich in ein goldenes Becken, aus dem zweiten trank er selbst und gab es dann an seine Gefolgsleute weiter. Im Sonnentempel schlachteten die Priester dann eine große Menge Lamas, und nachdem sie allerlei Rituale vollzogen hatten, wurde das Fleisch überall auf den Straßen gebraten, und alles Volk war eingeladen, zu essen und zu trinken. Es gab Fleisch und Bier im Überfluß. Die Nahrung bestand in Peru sonst eher aus Kartoffeln, Mais, Bohnen, Kürbis und allerlei weiteren Gemüsen; entlang der Küste wurde Fisch gefangen, aber Fleisch war sehr selten, ausgenommen Meerschweinchen oder Hunde, die in vielen Haushalten gezüchtet wurden. Nur wenn die Götter den Tisch gedeckt bekamen, bekamen auch die Menschen reichlich Fleisch.

Fleischessen war auch in der europäischen Antike eine religiöse Zeremonie. In Homers Epen kommen häufig Beschreibungen vor, wie die reichen Fürsten (die nach heutiger Auffassung eher als Großbauern zu bezeichnen wären) Tiere opferten, die dann in großer Festrunde verzehrt wurden. Nie aßen sie Fleisch, ohne daß sie zuvor Teile davon, oft nur die Knochen und etwas Fett, den Göttern geopfert hatten, und dazu bedurfte es eines feierlichen Anlasses, einer Hochzeit, eines seltenen Besuches, einer gut ausgegangenen Unternehmung. Just von diesen Dingen handeln nun die Epen, und deshalb könnte man glauben, es sei damals ständig und in großen Mengen Fleisch gegessen worden. Die Alltagsnahrung zu Homers Zeit bestand eher aus Gerste, die in Fladen gebacken wurde, dazu Zwiebeln, Oliven, Gemüsesuppe, Milch und Käse. Wenn beim Fürsten geopfert und geschlachtet wurde, dann war das für alle ein großer und seltener Festschmaus.

Attisches Schweineopfer, etwa 520 v. Chr.

Die Götter galten als ebenso sinnenfreudig und verfressen wie die Menschen, und das Opfer war kein symbolischer Akt, sondern man stellte sich die Götter wirklich schmausend und genießend vor. Odysseus wäre (in Homers Epos) nach dem Trojanischen Krieg nie wieder nach Hause gekommen, wenn nicht auch Götter Appetit gehabt hätten. Weil Poseidon ihm zürnte, mußte Odysseus zehn Jahre lang durch die Welt irren, von allerlei Schicksalsschlägen und Unwettern verfolgt. Aber eines Tages war Poseidon vom Olymp abwesend, weil er in Äthiopien beim Essen saß und genüßlich ein Opfer von 100 Stieren und Widdern vertilgte. Währenddessen gelang es Athene, die anderen Götter zu beschwatzen, den armen Odysseus nun endlich heimkehren zu lassen.

In klassischer Zeit, als die griechische Gesellschaft von einer bäuerlichen zu einer städtischen geworden war, als größerer Reichtum und Luxus verbreitet waren, war nicht mehr das besondere festliche Ereignis ein Anlaß zum Opfern, sondern ein Opfer wurde abgehalten als Anlaß für ein Fest. Menandros rechnet diese Verkehrung der Werte in Geld vor: «Unser Reichtum stimmt nicht mit der Art und Weise überein, wie wir Opfer darbringen. Für die Götter wird ein kleines Schaf für zehn Drachmen geopfert, und man freut sich, daß man es so billig kriegt; aber für Flötenmädchen, Parfüm, Harfenmädchen, für den roten thasischen Wein, Aale, Käse und Honig zahlt man fast ein Talent (ein Talent = 6000 Drachmen). So ist es ja nur gerecht, daß wir nur im Gegenwert von zehn Drachmen von den Göttern gesegnet werden. Wäre ich ein Gott, ich würde nicht erlauben, daß eine solche Schafskeule auf den Altar gelegt würde, wenn nicht auch der Aal dabeiliegt.»[3]

Im klassischen Rom gab es in einigen Tempeln eine eigene Küche, wo Opfer zubereitet wurden. Manchmal duftete es aus solchen Tempeln sehr verführerisch. Vom Kaiser Claudius wird berichtet, daß er Gerichtstag hielt, als bis in sein Tribunal ein wunderbarer Duft aus dem nahe gelegenen Marstempel strömte. Er brach die Gerichtssitzung mittendrin ab und begab sich, frommer Mensch, in den Tempel, um mit den Priestern zu speisen.

Fleischessen als religiöse Zeremonie, als Ausnahme einer sonst eher vegetarischen Diät: Das wurde auch im alten Indien so gehandhabt. Die Auffassung, daß die Religion gebietet, kein Fleisch zu essen, ist in Indien neueren Datums. In der vedischen Zeit (etwa 1500 bis 500 v. Chr.), als die viehzüchtenden Arier nach Indien eingewandert waren und die herrschende Klasse bildeten, war die Kuh zwar auch geachtet, aber geachtet als Opfertier, das geschlachtet und verspeist wurde. Wie viele Hirtenvölker auf der Welt schlachteten sie ihre Tiere nicht einfach als Alltagsnahrung zum Sattwerden (auch kein afrikanischer Massai käme auf die Idee, einfach aus Hunger ein Tier zu schlachten), sondern nur zu besonderen feierlichen Anlässen, wie sie religiöse Feste, Geburten, Besuche von Gästen boten. Damals bestanden schon die vier Hauptkasten, die es heute noch gibt; die Brahmanen waren die Priester, deren Aufgabe es war, bei solchen Anlässen auf rituell vorgeschriebene Weise die Rinder zu schlachten, und deren Privileg es war, einen großen Teil des Fleisches selbst verspeisen zu dürfen. Den Rest verteilte der Besitzer des Tieres. Die vedischen Fürsten, Besitzer

Datteln und Getränke – Opfer für die Götter in Mesopotamien.

der großen Rinderherden, teilten großzügig an ihre Gefolgsleute aus; ganze Dörfer oder sogar ganze Bezirke nahmen an solchen Fleischorgien teil.

Vom Opfertier wurde die Kuh in Indien bekanntlich zum heiligen, unversehrbaren Tier; darüber mehr im Kapitel *Heilige Kuh*. Jedenfalls sind heute angemessene Opfer für Götter Getreide, Obst oder als Bestes und Heiligstes Produkte von der Kuh, Milch oder Ghee.

Einen Rest der alten Opfersitte beschreibt Chitrita Banerji aus Bengalen, wo zu Ehren der Göttin Durga, der Erlöserin und Siegerin über die Dämonen, ein dreitägiges Fest gefeiert wird. «Navami, der letzte Tag vom Durgafest, ist, gastronomisch gesehen, genau das Gegenteil vom zweiten (streng vegetarischen); an dem Tag wird Fleisch gegessen. Dieser Brauch stammt aus der Zeit, wo der Göttin lebendige Ziegen und Büffel geopfert und das heilige Opferfleisch am selben Tag gegessen wurde. Die großen Höfe der reichen Häuser, wo solche Opfer stattfanden, waren voll von Blut. Es gibt grausige Geschichten aus Kalkutta im 19. Jahrhundert, wo die jungen Männer in den blutbedeckten Höfen Ringkämpfe veranstalteten. Wer hinfiel, wurde mit dem heiligen Blut und Schleim beschmiert, bis sie alle aussahen wie Gestalten aus einem Alptraum. Am Abend marschierten diese blutigen Erscheinungen dann mit Fackeln im Triumph durch die Nachbarschaft. Heute organisiert keiner mehr Tieropfer, und das Fleisch, das man an Navami ißt, wird auf dem Markt gekauft. Wer kein Tier opfern will, der kann Kürbisse oder Kokosnüsse als Ersatz benutzen. Das führt dazu, daß die schreckliche und traumabeladene Zeremonie des Opferns bis zur Komödie verkleinert wird, wenn ein ernsthafter Priester den Opferkürbis mit der vorgeschriebenen roten und gelben Farbe und mit Öl schmückt und dann mit einem Messerschlag spaltet.»[4]

Wer alte Opfersitten unter modernen Umständen bewahren will, kommt auch in Deutschland manchmal zu komödienhaften Ergebnissen. In einer Neubausiedlung besuchte ich eines Tages eine türkische Familie und wunderte mich über eine merkwürdige Installation auf dem Balkon. Quer über die Ecke von Brüstung und Seiteneinfassung war ein Besenstiel gelegt, und an dem hing, Beine nach oben, ein totes Schaf. Es war der Tag des islamischen Opferfestes, wo des Propheten Ibrahim gedacht wird, der seinen Sohn Ismail opfern sollte, dem aber Gott in letzter Minute ein Schaf gab, damit der Sohn verschont würde (ein Ereignis, das auch für Juden und Christen von Bedeutung ist; bei uns heißen die Hauptpersonen Abraham und Isaak). An solchen Tagen opfert ein gläubiger Muslim ein Schaf. Den größten Teil des geschlachteten Tieres muß er an Bedürftige verschenken, und den Rest essen Familie und Freunde in einem Festmahl. Wie sie das mit dem Opfern geregelt hatten, darüber ließen sich meine türkischen Bekannten nicht weiter aus; möglicherweise war da auf ihrem Balkon etwas geschehen, was nicht ganz im Einklang mit der deutschen Schlachtverordnung stand. Die wahre Schwierigkeit, das wußten sie aber schon vom vorigen Jahr, würde nun erst kommen. Damals waren sie mit appetitlichen

Teilen von Keule, Schulter und Kotelett durch die Neubausiedlung gezogen, von Reihenhaus zu Reihenhaus, von Etage zu Etage, und keinem ihrer deutschen Nachbarn hatten sie ein Stück von dem Opferfleisch aufnötigen können. Verschenkt mußte doch aber werden, sonst galt das Opfer nicht! – In islamischen Ländern stehen an diesem Tag immer schon Scharen von Menschen vor den Türen der reichen Häuser, in denen geopfert wird, um sich ihren Teil abzuholen.

Heutige Chinesen handhaben das ökonomischer. Da ja erfahrungsgemäß Geister (Chinesen opfern den Vorfahren) sowieso nur einen symbolischen Teil des Opfers zu sich nehmen, wird das entsprechende Tier schlicht wiederverwendet. Chinesen, die in Malaysia leben, können sich ein gebratenes Schwein ausleihen, um es ihren Ahnen zu opfern; entsprechende Läden bieten solchen Service an.

Essen für Tote

Nicht nur Götter sind hungrig, auch die Toten sind es. Darüber sind heutige Archäologen begeistert. Denn dem Hunger der Toten verdanken sie bedeutende Einblicke in die Eßgewohnheiten vergangener Völker: Für den jenseitigen Hunger mußten die Verstorbenen ja allerlei Eßwaren und Geräte mit ins Grab bekommen, und diese ziehen die Ausgräber der Gegenwart Jahrtausende später ans Tageslicht. Schon in Steinzeitgräbern wurden neben den Toten Stücke vom Schwein oder Rind gefunden.

In der chinesischen Geschichte ist die Zeit der Han-Dynastie (während der zwei Jahrhunderte vor und der zwei n. Chr.) besonders reich an nahrhaften Grabbeigaben, an kleinen Modellen von Küchen, an Bildern von Banketten, vom Essen, Trinken und Kochen.

Im von den Archäologen so bezeichneten «Han-Grab Nr. 1 von Mawangtui» wurde im 2. Jahrhundert n. Chr. eine Edeldame begraben, die für die Ewigkeit gut versorgt war, bis sie 1972 ausgegraben wurde: Um ihre Grabkammer herum waren vier Nebenräume angeordnet; in einem stand ein Tablett mit Eßgeschirr, auf dem auch Essen serviert war, Eßstäbchen lagen dabei, daneben warteten Figürchen von Musikern und Tänzern, wie sie bei Banketten auftraten; in den drei anderen lagerten weiteres Eßgeschirr, Küchengeräte, Gefäße und reichliche Vorräte. 48 Bambuskästen, 51 Tongefäße verschiedener Größe und einige Jutesäcke waren voll mit Nahrungsmitteln und Gewürzen, und die Kochrezepte lagen auf Bambusblättchen geschrieben dabei.

Die Vorräte bestanden aus vielen verschiedenen Fleischsorten, Rind, Schaf, Schwein, Hund, Reh und Hase, zwölf Sorten Geflügel, von denen uns Eule, Elster, Storch und Spatz vielleicht überraschen, der Rest sind Fasan und wilde und zahme Sorten von Gans, Ente, Huhn und Taube. Auch sechs Sorten Fisch standen zur Wahl, hauptsächlich verschiedene Arten von Karpfen, und natürlich Reis, Getreide, Sojabohnen und Linsen. Dann Gewürze: Zimt, Fagara (eine Art Pfeffer), Hanfsamen, Malve, Senf, Zwiebeln, Lotoswurzel, Ingwer und Galangal (ähnlich wie Ingwer). Auch das Obst, Birne, Jujube, Pflaume und Erdbeere, war eher zum Würzen gedacht (Pflaumensauce war zu der Zeit beliebt). Auf den Bambusblättchen werden als Gewürze auch noch Salz, Zucker, Honig und Sojasauce erwähnt.

Andere Tote der reichen Oberschicht, die sich aufwendige Gräber leisten konnten, hatten ihre Küchen als Wandgemälde oder Steinrelief mit im Grab. Da waren Dutzende von Beschäftigten abgebildet, reiche Vorräte, meist ein Brunnen in der Küche, und oft waren auch Szenen vom Schlachten dargestellt, wie ganze Ochsen zerlegt und Geflügel gerupft wurden. Zur Einrichtung gehörte auch immer ein großer Fleischständer mit Haken, an denen Fleisch und Fisch hingen. Diese Kücheneinrichtung war im ganzen riesigen Reich mehr oder minder dieselbe.

Sicher waren solche Bilder dazu da, den Reichtum und die herausgehobene Stellung der Verstorbenen zu zeigen, aber vermutlich waren sie auch dazu da, sie direkt zu versorgen. Denn chinesische Tote hatten Hunger; ihnen wurde regelmäßig von der Familie Nahrung geopfert. Entweder sie bekamen ihre Nahrung auf dem Hausalter serviert, oder man brachte ihnen das Essen zu den Gräbern. Das tun Chinesen auch heute noch. Die kleinste Mahlzeit für die Vorfahren besteht aus Tee und Obst, wobei das Obst möglichst die glückbringenden Farben Rot und Gold haben soll, wie Orangen oder Tangerinen. Das größte Opfer besteht aus einem ganzen Schwein, das beim Braten oft mit Zuckerglasur rötlichgold gefärbt wird. Manchmal muß es dann auch ein Leih-Opferschwein tun wie in Malaysia.

Von den früheren Skythen berichtete Herodot, daß der gerade Verstorbene vor seinem Begräbnis noch eine Besuchsrunde bei seinen Freunden machte: «Seine nächsten Verwandten legen ihn auf einen Wagen und fahren ihn herum zu den Freunden. Jeder empfängt und bewirtet die Begleitung des Toten und setzt der Leiche von allen Speisen vor wie den anderen. 40 Tage werden die Leute aus dem Volke so herumgefahren und dann begraben.» Bei den Königen war das Verfahren noch aufwendiger.[5]

Noch in diesem Jahrhundert wurden in einem Teil Madagaskars die Gerippe der Toten einmal im Jahr aus ihren Gräbern in die Häuser geholt und an die Eßtische gesetzt.

In vielen Ländern wird dieser Brauch, den Toten Essen zu servieren, heute noch gepflegt; meist ist das ein Anlaß für die Lebenden, mit den Vorfahren zusammen ein gemeinsames Mahl einzunehmen. In Japan besteht die traditionelle Mahlzeit für die Toten aus Reis mit Sojaquark und Bohnenmus. Sie wird zu Hause angerichtet oder im Familientempel, wenn es einen gibt. Von den Yao in Südostasien berichtet Annie Hubert, daß sie ihren Toten die «Essenz» ihrer Nahrung geben: Sie selbst essen Reis und Fleisch, die Toten bekommen Reiswein, die Essenz von Reis und Blut, die

Essenz von Fleisch.[6] In Indien wird bei Beerdigungen nicht nur für den Gestorbenen, sondern auch für alle anderen Vorfahren, an welche die Familie sich erinnern kann, in einzelnen Portionen Reis und Fisch in den Tempel gebracht. Ein symbolisches Stück ißt der Priester (wenn er Hunger hat, auch mehr, und darüber gibt es viele Witze), der Rest wird in den nächstgelegenen Fluß geworfen.

Durch solche Gebräuche bleiben die Toten im Leben ein wenig anwesend, sind nicht ganz verschwunden. Vielleicht ist der Tod auf diese Weise normaler und weniger bedrohlich, als wenn er ganz aus dem Alltag verbannt wird. Vielleicht ist es auch nicht so schwer zu sterben, wenn man daran glauben könnte, daß man wenigstens gelegentlich wiederkommen darf.

In Mexiko haben die Toten einmal im Jahr, am 1. November, «Ausgang» aus der jenseitigen Welt und kommen in ihre alten Häuser zurück (symbolisch – nicht leibhaftig wie in Madagaskar). Die Familie hat schon Maisfladen, kandierten Kürbis und Kuchen für sie bereitgestellt oder auch Totenköpfe aus Marzipan und Brot in Form von gekreuzten Knochen. Auf vielen solchen Gabentischen ist ein besonderes Plätzchen für die «einsame Seele» eingerichtet, die keine Verwandten mehr hat, welche sie besuchen kann. Manche Familien rüsten sich auch mit Decken, Picknickkörben und Getränken aus und gehen ihre Toten auf den Gräbern besuchen. Der Totentag ist einer der wichtigsten Feiertage in Mexiko, eine Mischung aus Aztekenglauben und christlichem Allerseelen.

Auch anderswo sind Christen mißtrauisch, ob denn im christlichen Himmel wirklich für alles gesorgt ist. In Polen wird auf manchen Bauernhöfen am Weihnachtsabend ein Extrateller für die Toten auf den Tisch gestellt und ihnen ein Löffel aus jeder Schüssel vorbehalten. Filipinos bringen ihren Toten im November ihre Lieblingsmahlzeiten ans Grab, auch Alkohol und Zigaretten werden nicht vergessen. Und eine Dokumentaristin der DEFA berichtete mir von einem russischen Osterfest, das sie 1984 in Wolgograd erlebte: Die Toten wurden auf den Friedhöfen mit Gaben bedacht, mit buntgefärbten Eiern, Brot, Zwiebeln, Bonbons, Kuchen und Schnaps. An den Gräbern trafen sich Familien, aßen und tranken, machten Musik, zankten laut, plauderten. Bedürftige alte Frauen und Männer warteten darauf, von der Totenspeise ihren Teil abzubekommen.

In islamischen Ländern besuchen die Familien nach dem Ende des Fastenmonats Ramadan die Friedhöfe, bringen Datteln, Früchte und Gebäck mit, die sie im Namen der Toten an Bedürftige verschenken. Manchmal lassen sie sich auch auf oder in den Gräbern zum gemeinsamen Essen nieder. Kairos großer Friedhof ist berühmt für seine großräumigen Grabhäuser, in denen die Familien der Toten für einige Tage im Jahr wohnen, um mit den Verstorbenen zusammenzusein und auch zusammen zu essen. Die Gräber sind so groß und solide gebaut, daß viele schon von Wohnungssuchenden auf Dauer besetzt und bezogen sind.

 Große Gräber mit viel Platz haben bekanntlich in Ägypten lange Tradi-

Grabmalerei im alten Ägypten: Der Tote wird mit Eßwaren versorgt.

tion – man muß nur an die Pyramiden denken oder an die atemberaubende Ausstellung der Grabbeigaben von Tutanchamun, die an verschiedenen Plätzen Europas zu sehen war. Wenn es die Gräber nicht gäbe, wüßten wir sehr viel weniger über das alte Ägypten, denn Gräber und Tempel waren aus solidem Stein für die Ewigkeit gebaut, während die Lehmziegel und das Holz, aus denen Wohnhäuser in Städten und Dörfern gebaut wurden, längst verwittert sind. Aus den Gräbern stammen auch die meisten Erkenntnisse darüber, was die alten Ägypter gegessen haben, denn die Toten wurden für die Ewigkeit auch mit allen möglichen Nahrungsmitteln ausgerüstet und mit Dienern, um sie zuzubereiten. Eine solche Speisenfolge für das Jenseits aus der Zeit der zweiten Dynastie, also aus dem 3. Jahrtausend v. Chr., «enthielt Gerstenbrei, gekochten Fisch mit Brot, Taubenragout, Schnepfe, Nierchen vom Rind, gebratene Rippchen und Rinderschenkel, Feigenkompott, eine Beerensorte, Honigkuchen, Käse und Weintrauben. Dazu wurden Bier und Wein gereicht.»[7] Nach einigen Jahrtausenden ist es verblüffend genug, daß solche Grabbeigaben noch erhalten sind. Oft ist auf den Behältern ordentlich notiert, was darin war, gerade auf Krügen mit Bier, Wein oder Öl, die schnell verdunsten oder sich zersetzen.

Am aufschlußreichsten sind die langen Bildfriese, auf denen die Nahrung, welche die Toten brauchen, abgebildet ist und damit symbolisch für sie vorhanden; ausführlich ist auch aufgemalt, wie diese Nahrung hergestellt wird, damit der Nachschub für die Ewigkeit gesichert ist. Für uns lesen sich diese Bilder wie Szenen aus dem täglichen Leben: Bauern bestellen Felder und ernten, große Herden ziehen vorbei, Tiere werden gemästet, geschlachtet und zerteilt, in großen Küchen bereiten emsige Köche und Köchinnen all das zu. Es gibt Szenen vom Weinkeltern und vom Bierbrauen, auch Darstellungen, wie auf dem Markt mit Getreide und Fisch gehandelt wird. In manchen Gräbern hatten die Toten auch kleine Tonmodelle von Werkstätten aller Art zur Verfügung, Bäckereien, Schlachtereien und ähnliches, in denen symbolisch alles hergestellt werden konnte, was sie im Jenseits brauchten. Und natürlich gibt es üppige Bilder davon, wie der oder die Tote all diese Köstlichkeiten in einem reichen Festmahl verspeist.

Die ägyptische Vorstellung vom Jenseits war für unser Verständnis ausgesprochen «diesseitig», mit den gleichen Wünschen, Sorgen und Vergnügungen. Arne Eggebrecht faßt die Aussagen von Texten, die auf Särgen stehen, zusammen: «Das Bild vom jenseitigen Leben, das man sich in der Zeit der späten Ersten Zwischenzeit und des Mittleren Reiches macht,[8] zeigt eine kaum zu überbietende Vielfältigkeit. Alles steht unverbunden nebeneinander, nur dem einen Ziel dienend, das Leben über die Schwelle des physischen Todes hinweg zu erhalten und angenehm zu gestalten. Bei Nähe besehen, sind es ganz menschliche Wünsche und Sorgen, die das Wesentliche des Jenseitsglaubens der Sargtexte ausmachen. Die Überschriften der Texte belegen dies in drastischer Weise: Man will nicht aufgehalten, verstümmelt oder vernichtet werden. Man will Luft atmen, nicht angewiesen sein, seinen Kot zu essen und seinen Harn zu trinken.»[9]

Zu dieser lebendigen Vorstellung des Jenseits gehörte allerdings der Gedanke, daß auch dort Nahrung und andere notwendige Dinge nach wie vor produziert werden müssen. Da geriet ein Toter natürlich in die Gefahr, von den Herrschern jener Welt zum Beispiel zur Feldarbeit eingeteilt zu werden, auch wenn er im Leben einen hochrangigen Posten bekleidet hatte. Aber auch dafür war vorgesorgt: Alle Toten hatten kleine Figürchen in ihrem Grab, die solche Arbeiten an ihrer Stelle erledigen würden. Um die Herrscher der Unterwelt zu täuschen, waren diese Figürchen Abbilder der jeweiligen Verstorbenen, oder sie trugen eine Aufschrift mit Namen und Titel der Person, die sie vertreten sollten. Sie hießen «Antworter», denn sie hatten zu antworten, wenn im Jenseits zur Arbeit gerufen wurde, und manche hatten eine Inschrift, in der ihnen das noch einmal eingeschärft wurde: «O Antworter, wenn der Tote N abgezählt, gerufen und dazu bestimmt wird, in der Nekropole alle Arbeiten zu verrichten, die dort getan werden müssen, damit die Felder gedeihen, nämlich die Ufer zu bewässern, Sand vom Osten nach Westen zu befördern und umgekehrt und dort das Unkraut auszureißen, so wirst du sagen: ‹Ich mache es, hier bin ich.›»[10] Die neue Ernte war also gesichert. Und zur Sicherheit, falls das alles noch nicht den Hunger der Toten stillen sollte, gab es ja noch die Lebenden, die zu den Gräbern kamen und an bestimmten Festtagen dort Speiseopfer darbrachten.

Kannibalen

Manche Götter gaben sich mit einem ausgeliehenen Schwein nicht zufrieden und schon gar nicht mit Reis oder Früchten. Sie wollten Menschen essen. Und auch dieses Festmahl teilten die Menschen mit ihnen.

Über Kannibalismus gibt es einige Berichte, viele Vermutungen und noch mehr Märchen, Angstvorstellungen, Schauergeschichten. Es läßt sich aber keineswegs leugnen, daß zahlreiche Völker in verschiedenen Gegenden der Erde ihresgleichen verspeist haben. Allerdings taten sie das meist nicht aus Gründen des Appetits oder Wohlgeschmacks und nur selten aus Verzweiflung in extremer Hungersnot. Menschen zu essen war immer mit Tabus besetzt und nur unter bestimmten Voraussetzungen und unter Einhalten bestimmter Rituale erlaubt. Den angemessenen Rahmen für Kannibalismus boten zum Beispiel Kriege – oder eben die Religion.

So stellten sich Europäer im 17. Jahrhundert ein Grillfest bei südamerikanischen Kannibalen vor.

Schlachterladen bei Kannibalen in der Phantasie der Europäer.

Als besonders blutdurstig ist der Sonnengott der Azteken bekannt. Bernal Diaz, der bei der Eroberung Mexikos durch die Spanier im 16. Jahrhundert dabei war, berichtete über die Einheimischen: «Jeden Tag opferten sie ihren Götterbildern an derselben Stelle vor unseren Augen drei, vier oder fünf Indianer, deren Herzen diesen Götterbildern dargebracht wurden und mit deren Blut man die Wände bespritzte. Die Füße, Arme und Beine der Opfer wurden abgeschnitten und gegessen, ganz wie wir die Stücke essen, die bei uns in einer Fleischerei verkauft werden.»[11]

Der religiöse Rahmen für diesen schauerlichen Brauch war folgender: Im aztekischen Mythos war die Sonne durch das Opfer und das Blut der vorhergehenden Göttergeneration entstanden; ohne Opfer und Blut, so wurde geglaubt, könnte sie sich nicht weiterbewegen, würde das Universum aufhören zu existieren. Also wurden Kriegsgefangene geopfert; es wurden sogar eigens Kriege geführt, um genug Gefangene heranzuschaffen.[12] Auf dem Gipfel der großen Tempelpyramide, vor der eindrucksvollen Kulisse von Palästen, Tempeln und Schädelhäusern, wurden die Gefangenen von vier Priestern gehalten, ein fünfter öffnete mit einem mächtigen Messerschlag den Brustkorb, riß das Herz heraus und opferte es der Sonne. Einen Teil des Geschlachteten aßen hohe Beamte und Verwandte des Königs; den Rest bekam die Familie desjenigen Soldaten, der ihn gefangengenommen hatte, sie verspeiste ihn zu Hause. Da angenommen wurde, das Opfer gehe durch seinen geheiligten Tod direkt in das Reich der Sonne ein und werde ein Teil von ihr, war das Fleisch des Toten also zugleich das Fleisch Gottes, das die Menschen in einer blutigen Kommunion verspeisten.

Die moralische Empörung, der Abscheu der Spanier vor dieser Sitte kommen uns heute scheinheilig vor; kamen sie doch aus dem Spanien der Inquisition, wo Scharen von Menschen für einen Gott auf Scheiterhaufen verbrannt wurden, und was sie in Mexiko an Krieg, Mord und Folter und durch eingeschleppte Seuchen anrichteten, war noch weit grausiger: Zu Beginn der spanischen Eroberung hatte Zentralmexiko etwa 25 Millionen Einwohner, 30 Jahre später noch etwas mehr als sechs Millionen.

Vielleicht ist Empörung auch nicht uns heute Lebenden gestattet, die wir mit unserem Abendbrotteller vor den Fernsehapparat rücken und uns kauend die Schlachtfelder dieser Welt in den Abendnachrichten begucken. Es scheint mir aber auch eine zu freundliche historische Objektivität, solche Blutrituale nur mit religiöser und kultureller Andersartigkeit zu erklären.[13] Religion ist ja nichts anderes als ein Abbild der Gesellschaft. Der Aztekenstaat war im Inneren sehr streng hierarchisch aufgebaut, führte nach außen Eroberungskriege und machte sich die umliegenden Völker tributpflichtig. Entsprechend sind diese Opferrituale mit Herrschaftsgebaren besetzt, mit Demonstration von Königtum, Staat und Macht. Die Menschenopfer stellen deutlich dar, wer Herr über Leben und Tod ist; sie zeigen den Geist einer kriegerischen Herrengesellschaft, die genauso blutig ist wie ihre Opferriten.

Auch bei anderen Völkern in Amerika und in Ozeanien hatte Kannibalismus mit Kriegführen zu tun und war von religiösen Auffassungen und Ritualen begleitet. Eine der ausführlichsten Quellen für Amerika ist der Bericht von Hans Staden, Mitglied der Besatzung eines spanischen Schiffes, das 1550 vor Brasilien Schiffbruch erlitt.[14] Vier Jahre schlug er sich im Lande durch, dann wurde er von einer Gruppe der Tupinamba-Indianer gefangengenommen und lebte neun Monate in ihrem Dorf, bevor er fliehen konnte. In dieser Zeit hat er mehrfach miterlebt, wie andere Gefangene gekocht und gegessen wurden, jeweils bei einem großen Fest, zu dem Indianer aus anderen Dörfern zu Besuch kamen. Jedesmal wurden dieselben Vorbereitungen getroffen, wurde Maisbier gebraut, jedesmal wurden dieselben Riten eingehalten. Dazu zählt auch, daß derjenige, der eines der Opfer tötete, selbst nicht am Mahl teilnahm, sondern fastend in einer Hängematte saß und daß er an diesem Tag einen neuen Namen bekam.

Das Schlachten von Menschen war also eine Art Taufe, und bevor ein junger Mann sich nicht auf diese Weise einen Erwachsenennamen erworben hatte, durfte er nicht heiraten. Frauen töteten zwar nicht, aber sie waren durch diverse Aufgaben in dieses grausame Männlichkeits- und Machtritual mit eingebunden. Jeweils eine Frau hatte das Opfer zu ernähren, mit ihm zusammenzuleben und auch zu schlafen, monatelang, manchmal bekam sie sogar ein Baby von ihm; später hatte sie dann zusammen mit den anderen Frauen sein Fleisch zuzubereiten – und auch das des gemeinsamen Babys.

Da tröstet es wenig, daß angeblich die Gefangenen gern starben, weil auch sie das Kriegerimponiergehabe mitmachten. Ein jesuitischer Pater berichtet: «Sogar die Gefangenen haben das Empfinden, daß ihnen eine noble und ausgezeichnete Behandlung zuteil wird, und bitten um einen in ihren Augen glorreichen Tod, denn sie sagen, daß nur Feiglinge und Schwächlinge sterben, um beerdigt zu werden und das Gewicht der Erde zu tragen, das sie für über die Maßen schwer halten.»[15] Da tröstet es auch wenig, daß die Religion behauptete, nach dem Tod werde die Seele von den Göttern verschlungen, danach aber in einem Bad kochenden Wassers wieder auferstehen, gestärkt und verjüngt (die Menschenopfer wurden ja auch gekocht).

Das Wort «Kannibalismus» selbst geht auf ein indianisches Volk zurück, die Kariben, bei denen die Spanier zum ersten Mal diesen Brauch erlebten. Die Indianer waren bis dahin sehr entgegenkommend und freundlich gewesen. Nun hießen bei den Europäern alle Menschen, die Menschen aßen, etwas falsch verstanden Kaniben oder eben Kannibalen.

Im 18. Jahrhundert sah Kapitän Cook auf seiner ersten großen Reise, die ihn bis Neuseeland führte, Maori Menschenfleisch essen. Eine Gruppe kam mit einem Menschenschädel und allerlei Stücken Fleisch an Bord des Cookschen Schiffes, ein Stück war schon gebraten und aufgegessen worden, ohne daß Cook dabei war. «Der Anblick dieses Kopfes versetzte mir einen Schrecken und füllte meinen Geist mit Unmut gegen jene Kannibalen; da ich begierig war, ein Augenzeuge zu werden eines Vorgangs, welchen viele Leute anzweifeln, überwand ich meinen Widerwillen und befahl, ein Stück des Fleisches zu braten und auf das Zwischendeck zu bringen, wo einer dieser Kannibalen es mit offensichtlich gutem Appetit verzehrte im Angesicht der gesamten Mannschaft, welcher Vorgang auf einige von ihnen eine solche Wirkung hatte, daß diese sich übergeben mußten.»[16]

Nur unser Reporter behielt offenbar die Fassung. Es kann ihn auch nicht sehr verblüfft haben – auf englischen Segelschiffen galt ja die Regel, daß nach einem Schiffbruch, wenn im Rettungsboot die Nahrung ausging, gelost wurde, wer sich als Notnahrung zur Verfügung zu stellen hatte.

Immer haben in Hungersnöten verzweifelte Menschen auch als letzten Ausweg ihresgleichen gegessen. Im 10. und 11. Jahrhundert wurde aus deutschen und französischen Gebieten sogar von Banden berichtet, die Menschen überfielen und ihr Fleisch auf den Märkten verkauften, an mehr oder weniger wissende Kunden, die aber nicht genau nachfragten. Ähnliches geschah immer wieder und überall, bis in die Gegenwart, wo die Überlebenden eines Flugzeugabsturzes ihre toten Mitreisenden aßen, bis sie endlich gefunden und gerettet wurden.

Auch extremer Fanatismus machte aus Menschen Menschenfresser. Im China der Kulturrevolution töteten Schüler ihre «konterrevolutionären» Lehrer auf dem Schulhof, kochten und aßen sie, wie Berichte von lokalen chinesischen Verwaltungsbeamten ergaben, die 1993 veröffentlicht wurden; mindestens 137 Personen sind auf ähnliche Weise umgekommen. In der Bartholomäusnacht 1572 haben fanatische Katholiken nicht nur Tausende von Protestanten umgebracht, sondern manche brieten auch die Herzen ihrer Opfer und aßen sie.

Weit verbreitet war Kannibalismus (wenn man das noch so nennen kann) als Teil von Totenritualen: daß nämlich die Überlebenden einen Teil der Gestorbenen aßen, ein wenig von der Asche des verbrannten Leichnams unter ihre Nahrung mischten oder ähnliches. Der König der Yoruba (in Nigeria und Benin) hatte bei Amtsantritt das Herz seines gestorbenen Vorgängers zu essen. Aus Südamerika stammt der Augenzeugenbericht eines Ethnologen:

«Wir selbst haben mehrere Fälle beobachtet, in denen Verstorbene am Tag ihres Todes auf dem Dorfplatz verbrannt und die halbverkohlten Knochen sorgfältig aus der Asche herausgelesen wurden, um in einem Holzmörser zu Mehl zerstoßen zu werden. Das Mehl wurde in kleine Kalebassen geschüttet und den nächsten Verwandten des Toten übergeben, die es in ihren Hütten in Dachnähe aufbewahrten. Bei festlichen Gelegenheiten taten die Verwandten etwas von diesem Pulver in eine große Kalebasse, die halbvoll mit Kochbananenbrühe war, und tranken die Mischung unter Wehklagen. Die Familie achtete sehr sorgfältig drauf, daß nichts davon verschüttet wurde.»[18]

Rechte Seite: Fra Angelico: Hölle, 15. Jahrhundert

Ähnliche Berichte gibt es aus anderen Ländern, aus Indien und Tibet, aus Ozeanien, wo die Nachkommen überzeugt waren, daß durch das Vertilgen verstorbener Ahnen deren Zeugungskraft erhalten bleibe und auf sie übergehe.

Aus weiterer Vergangenheit berichtet Herodot von solchen Bräuchen in Indien, in Asien. «Wenn einem Issedonen (nördlich des Kaspischen Meers) ein Vater stirbt, bringen alle Verwandten Vieh herbei, das geschlachtet und zerlegt wird. Aber auch der tote Vater des Wirtes wird zerlegt, unter das andere Fleisch getan und dann ein Mahl gehalten. Dem Schädel wird die Haut abgezogen; dann wird er gereinigt und vergoldet und gilt nun als etwas Heiliges.»[19]

Himmel und Hölle

Himmel und Hölle waren in der Religion der Natchez-Indianer in Nordamerika Orte des Eßvergnügens und der Essensqual. Ein jesuitischer Priester, der sie im 17. Jahrhundert besuchte, berichtete, ihr Himmel sei «ein Land der Vergnügungen, wo alle Arten ausgesuchter Speisen im Überfluß serviert würden», während die Verdammten «in unfruchtbare Gegenden verstoßen würden, ganz mit Wasser bedeckt, wo sie niemals Mais haben, niemals Fleisch essen und überhaupt keine Nahrung bekommen außer Krokodilfleisch und verdorbenem Fisch und Muscheln»[20].

Wer denkt bei diesen armen Verdammten nicht gleich an den mythischen Tantalus in der griechischen Totenwelt, der unter Bäumen von Obst, Feigen und Oliven hungern mußte, weil die Zweige zurückfuhren, sobald er nach ihnen langte, der an einem See dürstete, weil das Wasser zurückwich, sooft er sich zum Trinken bückte? Und wer denkt bei den Seligen nicht an die Krieger in Walhall, von denen die *Edda* erzählt, daß sie täglich in einem großen Topf einen Eber kochten und verspeisten, der abends wieder auflebte und also täglich von neuem zubereitet und gegessen werden konnte? Auch manche christlichen Prediger erträumten sich kulinarische Seligkeit, etwa im 13. Jahrhundert der Franziskaner Berthold von Regensburg, der einen Himmel beschrieb, in dem es Speisen gab, die irdische Köche nicht in der Lage waren zu kochen; Geschmacksrichtungen gab es so viele wie Heilige im Himmel. Andererseits war die Angst verbreitet, «in Teufels Küche» zu kommen, wie es heute noch umgangssprachlich heißt. Damals meinte man damit sehr konkret eine Hölle, in der die Verdammten in großen Kesseln gesotten oder an Spießen gebraten wurden.

Mit Symbolen und Mythen vom Essen beschreiben Religionen nicht nur die Ewigkeit, sie bestimmen auch den menschlichen Alltag: was man ißt und was nicht, wie und wann man ißt. An bestimmten Festen werden in verschiedenen Religionen zum Beispiel bestimmte vorgeschriebene Speisen

gegessen, die das Gefühl der Zusammengehörigkeit verstärken: An diesem Tag ißt jedes Mitglied der Religionsgemeinschaft das gleiche, egal, wo auch immer auf der Welt. So essen zur Pessachfeier fromme Juden auf der ganzen Welt ungesäuertes Mazzebrot, so teilen sich Christen beim Abendmahl Brot und Wein, so essen zum Fest des Fastenbrechens Muslime in aller Welt Datteln, wie es seinerzeit der Prophet tat. Der geschichtliche Ursprung und Sinn solcher ritueller Speisen wird dabei manchmal sogar in sein Gegenteil verkehrt: Mohammed aß Datteln, weil sie das billige Grundnahrungsmittel seiner Zeit waren, was Muslime in anderen Weltgegenden sinngemäß mit «Reis» oder «Yams» oder «Maniok» übersetzen müßten. Aber das buchstabengetreue Festhalten an der Tradition läßt sie lieber teure Datteln importieren. Und mit der Ausbreitung des Christentums wurden Weizen und Wein auch in Ländern angebaut, die eigentlich klimatisch nicht sehr dafür geeignet waren, unter großen Mühen und oft mit verlustreichen Ernten, wie Weizen in Skandinavien oder Wein in Nord- und Ostdeutschland.

Tabus: Pferd und Hund

Noch sorgfältiger als das, was gegessen werden soll, schreiben Religion und Tradition vor, was nicht gegessen werden darf. Tabus beim Essen entstanden oft aus sozialen, wirtschaftlichen oder regionalen Notwendigkeiten. Aber die sind meist so sehr Vergangenheit, daß sie inzwischen vergessen wurden. Die eigenen Tabus hinterfragt man nicht mehr, und die Tabus der anderen findet man absurd.

Als der Asienforscher Nikolai Prschewalski (nach dem das von ihm entdeckte Wildpferd heißt) Mitte des vorigen Jahrhunderts die Mongolei erforschte, briet er sich eines Tages eine Ente. Dieser Anblick war seinem mongolischen Führer so zuwider, daß er «vor Ekel zu brechen begann. Derselbe Mongole aß mit Gleichmut Fleisch von gefallenen Tieren und ungewaschene Hammeldärme, und doch konnte er den Anblick, daß ein Europäer eine Ente genoß, nicht ertragen.»[21] Die Ente war, wie alle Vögel, für Mongolen tabu.

Möglicherweise lachen wir über den Mongolen, der eine leckere Ente verschmähte; möglicherweise hätte der Mongole genauso über unsereinen gelacht, der eine leckere Pferdekeule verschmäht. Oder sie gar nicht erst bekommt. Wir beiden Autoren leben in Köln, wo neben Reibekuchen und Miesmuscheln rheinischer Sauerbraten *das* Traditionsessen ist. Fragt man in einem Lokal, ob denn auch genau nach traditionellem Rezept gekocht wird, wird eifrig genickt, präzisiert man die Frage aber dahin, ob der Braten denn wirklich aus Pferdefleisch besteht, erntet man einen Blick, als hätte man nach geschmortem Baby gefragt. Pferd ist in Deutschland weitgehend tabu – wie auch in großen Teilen Europas und in Amerika, wurde allenfalls in Hungersnöten und von armen Leuten gegessen.

Das war nicht immer so. In der europäischen Frühgeschichte wurden geradezu Pferdeorgien gefeiert: An einer Fundstelle im Burgund lagen Knochen von über 100 000 Wildpferden, die sich die Steinzeitjäger hatten schmecken lassen. Später wurde in der germanischen und nordeuropäischen Kultur das Pferd ein Mythen- und Göttertier. Wotan ritt seinen Hengst Sleipnir. Einen Überrest der alten Pferdeverehrung kann man noch heute in der Gegend um Bremen und Oldenburg sehen: Den First der Fachwerkbauernhäuser, wo Wohnung und Stall unter einem Dach sind, zieren noch heute als Glücksbringer je zwei hölzerne Pferdeköpfe. Das Pferd war deshalb das passende Opfer, das man Wotan zu Ehren schlachtete und in festlichem Rahmen verspeiste.

Entsprechend energisch wurde das Pferdeessen von den christlichen Missionaren bekämpft. Bonifatius, der im 8. Jahrhundert die Deutschen zu bekehren versuchte, korrespondierte mit den Päpsten Gregor III. und Zacharias unter anderem in Sachen Pferdefleischverbot, auf das beide Päpste großen Wert legten. Gregor schrieb an Bonifatius: «Unter anderem hast du auch erwähnt, einige äßen wilde Pferde und sogar noch mehr äßen zahme Pferde. Unter keinen Umständen, heiliger Bruder, darfst du erlauben, daß dergleichen jemals geschieht. Erlege ihnen vielmehr um alles in der Welt eine angemessene Strafe auf, durch die du mit Christi Hilfe imstande bist, es zu verhindern. Denn dieses Tun ist unrein und verabscheuungswürdig.»[22]

Die Isländer wurden nur unter dem Vorbehalt Christen, daß sie weiterhin ihre leckeren Pferde essen durften. Aber sonst schrumpfte der Verzehr. Das hatte nun freilich auch seine wirtschaftlichen Gründe. Pferde kann man nur dort in großen Mengen züchten, wo es sehr viel Weideland gibt. Da sie keine Wiederkäuer sind, verwerten sie Futter schlechter als Kühe. Mit wachsender Bevölkerungsdichte in Europa wurde mehr Weideland in Felder umgewandelt, und die Pferde wurden gebraucht, um diese zu pflügen und um Nahrungsmittel und andere Waren zu transportieren. Es war also sinnvoller, sie für diese Zwecke einzusetzen, und es kam letzten Endes mehr Nahrung dabei heraus, als wenn man sie direkt auf den Tisch gebracht hätte.

Der zweite wichtige Grund, Pferde zu pflegen und nicht aufzuessen, war ihr Dienst im Kriege: Sie trugen die Ritter (was ja Reiter bedeutet) in ihren schweren Rüstungen. Marvin Harris weist hin auf die große Auseinandersetzung zwischen den arabischen Reitern, die im 7. und 8. Jahrhundert den Islam im Heiligen Krieg durch Nordafrika und Europa trugen, und den christlichen Franken. Die Entscheidungsschlacht war 732 bei Tours unter Karl Martell. Harris denkt, die Kirche habe sich deshalb besonders heftig gegen das Pferdeschlachten gewehrt, weil Pferde unverzichtbar im Krieg gegen den Islam waren: «Das Pferd zu verteidigen, hieß, den Glauben zu verteidigen.»[23]

Auch andere berittene Krieger hielten Pferde nicht für Alltagsnahrung, so die französischen Normannen, die 1066 England eroberten – auf Pferden, die sie mit Schiffen über den Kanal fuhren. Sie brachten ihre Eßkultur und deren Bezeichnungen mit. Tiere haben auf englisch, wenn sie lebendig herumlaufen, angelsächsische Namen: «sheep», «cow», «pig». Liegen dieselben Tiere im Kochtopf, heißen sie angliziert französisch: «mutton», «beef», «pork». Nur das «horse», das Pferd, hat keinen Kochtopf-Namen – vermutlich doch, weil es für andere Zwecke geschont wurde.

Die berittenen Hirtennomaden in Asien, die Mongolen, Jakuten, Tataren und andere, die mit ihren Pferden lebten und die als berauschendes Getränk Kumys, vergorene Stutenmilch, tranken, verspeisten ihre Tiere bei festlichen Gelegenheiten, ganz wie früher die Germanen. Christ zu sein bedeutete allerdings, auf Pferdenahrung und Kumys zu verzichten. «Nach Gmelins (Sibirienreisender Mitte des 18. Jahrhunderts) Beobachtung bei den christlichen Tataren bestand das Christentum für sie im wesentlichen darin, daß sie ein Brustkreuz trugen ... und sich des Pferde- und Eichhörnchenfleischs enthielten. ... Noch zur Zeit von Castrén (Mitte des 19. Jahrhunderts) aß ein reicher Katscha als Christ kein Pferdefleisch und trank keinen Kumys. ... Nach Rubruks Bericht (schrieb über seine Mongolenreise 1253 bis 1255) tranken die christlichen Russen, Griechen und Alanen, die unter den Mongolen lebten und ihr Religionsgesetz streng beachten wollten, keinen Kumys. Sie betrachteten sich selbst sogar nicht mehr als Christen, wenn sie davon getrunken hatten, und ihre Priester mußten sie dann erst wieder in die Kirchengemeinschaft aufnehmen, gleichsam als ob sie dadurch den christlichen Glauben verleugnet hätten.»[24]

Nach Erfindung von Panzer und Pflug galt das eben noch kostbare Tabutier in Europa als Essen für Notzeiten und für arme Leute. In Frankreich wurde nach der Revolution das Pferdeessen propagiert, der Vorbehalt dagegen als Rest finsteren Religionszwanges angeprangert. Vermutlich kam mit dem Revolutionsheer und Napoleon das Pferdefleisch auch in die Kölner Töpfe. Aber Köln war zu wenige Jahre französisch, um noch heute reichlichen Vorrat zu haben. Heute fährt ein traditioneller rheinischer Koch am besten nach Frankreich einkaufen, wo in jeder Stadt mindestens an einem Laden die goldenen Pferdeköpfe signalisieren, was es hier zu kaufen gibt. Und wo Kinderärzte als erste Babynahrung nach Milch und Brei Pferdehack empfehlen.

Noch strikter wacht die westliche Welt über das Hundetabu, von dem noch weniger zu klären ist, woher es stammt und welchen Sinn es einmal machte. Es kann nicht daran liegen, daß Hunde liebe Haustiere sind, denn das sind auch Schafe oder Kaninchen, und wir essen sie trotzdem. Andere Völker, die ihre Hunde hätscheln, wie die Maori oder die Bewohner Tahitis, sehen keinen Widerspruch darin, sie auch zu essen. Und schließlich waren Hunde als Nahrung nicht nur in so entfernten Kulturen beliebt, sondern auch bei denen, die wir für unsere kulturellen Vorfahren halten: den alten Griechen, die sie sogar für besonders bekömmliche Krankennahrung hielten (Hippokrates zum Beispiel empfahl Hund), und den Römern, die sie wie Hasen zubereiteten und schätzten.

Im Staat Illinois in Amerika wurde in den sechziger Jahren ein Mann verurteilt, der einen Hund geschlachtet und am Spieß gegrillt hatte, wegen «Grausamkeit zu einem Tier», obwohl es keinerlei Beweis gab, daß er beim

Pferde für den Krieg statt für den Kochtopf: Die Normannen reiten zur Schlacht bei Hastings.

Schlachten irgendwie grausam gewesen war. In Deutschland rief eine Massenzeitung zum Boykott der Olympischen Spiele in Seoul auf, weil das Ereignis im Lande von Hundeessern stattfand. Und in England gab es gar Massendemonstrationen, als die Queen den Präsidenten von Südkorea empfing – nicht wegen der Dissidenten im Gefängnis, sondern wegen der Hunde im Topf. Aber wir Kuhesser erwarten, daß Hindus oder Buddhisten zu Olympischen Spielen nach Europa kommen und freundlich auf unsere Steakhäuser blicken.

Heilige Kuh

Die «heilige Kuh» ist bei uns das Symbol für eine sinnlose Tradition, an die nicht gerührt werden darf, und wenn von Hunger in Indien die Rede ist, weiß jeder Europäer die Antwort: Sollen sie doch erst mal ihre Kühe schlachten. Daß ein geschlachtetes Rind weniger zur Ernährung der Menschen beiträgt als ein lebendes, bedarf nur wenig Nachdenkens: Kühe geben Milch, und Ochsen ziehen den Pflug. Sie aufzuessen wäre etwa so, als wenn ein deutscher Bauer aus Not seine Saatkartoffeln ißt oder früher seine Ackergäule gekocht hätte. Sicher, man könnte diese alten hageren Klappergestelle aufessen, die zu nichts mehr recht nütze sind, die herrenlos durch die Straßen ziehen und sich von alten Zeitungen, Bananenschalen und was sonst so herumliegt ernähren (die indischen Zebukühe sind sehr viel anspruchsloser als etwa Angus oder Charolais). In vielen indischen Bundesstaaten gibt es Gesetze, die das Schlachten von Rindern verbieten, in einigen sind die alten nutzlosen Tiere tatsächlich ausgenommen.

Aber ein Tabu ist kein Gesetz und besteht nicht nur aus Rationalität. «Das hinduistische Ideal, die Kuh zu schützen, ist ganz anders als das Ziel der westlichen Milchwirtschaft und geht weit darüber hinaus. Beim letzteren geht es nur um wirtschaftliche Werte, das erstere übersieht zwar nicht den wirtschaftlichen Aspekt der Frage, betont aber den geistigen Aspekt: nämlich den Gedanken, sich selbst zu kasteien und aufzuopfern, um die gequälte Unschuld zu schonen, welche die Kuh verkörpert», schrieb Gandhi 1954.[25] In der Debatte, ob der Schutz der Kuh in die indische Verfassung geschrieben werden sollte, argumentierten die orthodoxen Hindus, die Kuh müsse als «Mutter» geschützt werden.

Diese Vorstellung hat eine weitverbreitete Geschichte. Die Kuh als Muttergottheit oder als das Tier, welches dieser Göttin zugeordnet war, war in vielen historischen Kulturen verbreitet: im frühgeschichtlichen Catal Hüyük (7. und 6. Jahrtausend v. Chr.), in Ägypten, wo die Kuh der Isis heilig war, im alten Griechenland mit seiner kuhäugigen Muttergöttin Hera. In Ägypten war es verboten, Kühe zu schlachten, wie Herodot berichtet: «Stiere also und Kälber werden überall in Ägypten geopfert. Kühe zu opfern ist dagegen nicht erlaubt. In allen Gegenden Ägyptens werden die Kühe von allen Haustieren am höchsten verehrt. Darum würde auch kein Ägypter oder Ägypterin einen Hellenen auf den Mund küssen oder das Küchenwerkzeug oder Kochgefäß eines Hellenen benutzen.»[26]

Für die Griechen nämlich paßten Kuhverehrung und Kuhopfer – und also auch das Verspeisen der geschlachteten Opfer – durchaus zusammen. Das war ja auch im alten Indien so gewesen. In der ganzen vedischen Periode (etwa 1500 bis 500 v. Chr.), der Zeit, in der die heiligen Schriften der Hindi entstanden, wurden Rinder geschlachtet und gegessen. Die Brahmanen als Priester waren am Rinderschmaus besonders beteiligt.

Eine Änderung kam gegen Ende des 6. Jahrhunderts v. Chr. mit zwei religiösen Reformbewegungen: dem Buddhismus und dem Jainismus.[27] Ihr religiöses Ideal war Askese und «ahimsa». (Der Begriff «ahimsa» wurde im Westen durch Gandhi bekannt, der es als politisches Prinzip benutzte und mit «non-violence», Gewaltlosigkeit, übersetzte.) Gautama Buddha setzte «ahimsa» gegen die Opferreligion der Brahmanen und ihre Rindfleischexzesse. «Schlachte nicht den Ochsen, der dein Feld pflügt», war eine seiner Maximen, und eine andere: «Fröne keiner Gier, für die du Tiere schlachten mußt.»[28] Er verbot nicht das Essen von Fleisch generell – ein ohnehin schon getötetes Tier durften auch die Anhänger seiner Lehre verspeisen. Der Buddhismus breitete sich dann eher in anderen Teilen Asiens aus, weniger in Indien, aber das Prinzip «ahimsa» blieb für Indien prägend.

Die Jaina versuchten noch strikter, jegliches Leben zu schonen, erlaubten sich nicht einmal fermentierte Getränke wegen der lebenden Kulturen darin oder Gemüse, die zum Verzehr ganz entwurzelt werden müssen wie Kartoffeln oder Rüben. (Darüber mehr im Kapitel *Kein Fleisch*.)

Diese religiösen Bewegungen fielen in eine Zeit, in der das normale Volk ohnehin kaum mehr Fleisch auf den Tellern hatte. Die Bevölkerung war über die 1000 Jahre der vedischen Periode stark gewachsen. Weniger Weidefläche stand zur Verfügung, weil Land bestellt wurde, um Getreide für Menschen anzubauen. Die Kleinbauern brauchten ihre Ochsen zum Pflügen und waren nicht davon begeistert, sie im Tempel zum Schlachten abzuliefern. Vermutlich sahen sie mit Neid, wie die oberen Schichten nach wie vor mit Rindfleisch praßten. Religiöse Reformer, die diesen Brauch als unfromm anprangerten, fanden breite Gefolgschaft. Die Brahmanen mußten sich anpassen, wenn sie nicht ihren Einfluß verlieren wollten. Louis Dumont faßt zusammen: «Die Brahmanen mußten den Vegetarismus akzeptieren, um nicht von den Asketen als geistliche Führer übertroffen zu werden.»[29]

So gesehen scheint die «heilige Kuh» also aus einer religiösen Bewegung hervorgegangen zu sein, die auch eine Sozialreform war, indem sie Prasserei der Reichen verbot, um Zugtiere und Milchlieferanten der kleinen Bauern zu schonen. Je höher die Kaste, um so mehr haben sich die Menschen an die religiösen Gebote zu halten. Brahmanen sind sehr streng verpflichtet, keinerlei Fleisch und schon gar nicht Kuh zu essen. Der Normal-Hindu muß das so genau nicht nehmen, wird allenfalls berücksichtigen, daß es «reiner» ist, Wild zu essen als etwa ein Hausschwein, das ja von den unteren Kasten aufgezogen wird, daß es «reiner» ist, pflanzenfressende Tiere zu essen als fleischfressende. Die unteren Klassen aber können alle Sorten Fleisch essen – und essen auch das Fleisch der an Altersschwäche eingegangenen Rinder, deren Kadaver sie zu beseitigen haben. Eine zumindest in der religiösen Theorie sehr soziale Umkehrung der überall üblichen Erfahrung, daß nur die Reichen sich viel Fleisch oder überhaupt Fleisch leisten können.

In der Praxis ist das orthodoxe Verhalten weitgehend gelockert. Große Teile Indiens, hauptsächlich der Norden, haben ohnehin nicht jede Art von Fleisch mit Tabu belegt. Chitrita Banerji aus Bengalen berichtete, daß ihre Familie das «ahimsa»-Gebot zwar sehr ernst nahm, aber trotzdem regelmäßig Ziegenfleisch aß. Huhn aß nur die junge Generation, für die Großeltern war es tabu, weil es als Nahrung von Muslimen und Europäern galt. Ihre Mutter hatte ihr erstes Hühnchen heimlich im Garten zusammen mit ihren Brüdern zubereitet.[30] Heute kommt es auch häufig vor, daß das ursprünglich soziale Gebot, sich des Fleisches zu enthalten, als ein Mittel benutzt wird, um Privilegien zu sichern: Da werden die Frauen der Familie auf die reine Frömmigkeit festgelegt und essen fleischlos, und die Männer lassen sich die saftigen Braten munden.

Verbotenes Schwein

Ein anderes Tier, das stark mit Tabus behaftet ist, gibt weder Milch, noch zieht es Pflüge: das Schwein. Es muß für keinen anderen Zweck geschont werden. Sein Hauptnutzen besteht in seinen saftigen Schinken und anderen Fleischstücken. Die aber sind bei Juden und bei Muslims tabu. Wieso kamen Religionsstifter auf die Idee, diese zu verbieten? Das häufig vorgebrachte Argument der Gesundheit, daß Schweine nämlich Trichinen haben können und daß Schweinefleisch im heißen Klima des Nahen Osten schnell verdirbt, kann nicht genügen: Denn erstens verdirbt auch anderes Fleisch schnell und überträgt mindestens so schlimme Krankheiten, nämlich Milzbrand und Brucellose (Bakterienerkrankung), und zweitens beziehen sich Tabus selten auf gesundheitsschädliche Speisen; es gibt zum Beispiel kein Tabu auf Giftpilze – die verbietet ja der gesunde Menschenverstand.

Peter Farb vermutete, der Grund des Schweineverbots sei die Tatsache, daß sich der Nahe Osten einfach nicht eignet für die Zucht von Tieren, die viel Feuchtigkeit, Schatten und am liebsten Wälder brauchen: «Die Trokkenheit der arabischen Halbinsel hatte solche Bedingungen geschaffen,

Schweinezucht im alten Ägypten.

daß es aus wirtschaftlicher Sicht völlig abwegig gewesen wäre, andere Tiere zu züchten als solche, die Gras fressen und die auf weitläufigen Flächen weiden können. Das Schwein konkurriert für seine Nahrung direkt mit dem Menschen, weil es Körner, Nüsse und Knollen frißt, und ebenso für das Wasser ... Es war deshalb absolut notwendig, den Gebrauch eines Tieres zu verbieten, das zur Umwelt- und zur Wirtschaftskatastrophe geworden wäre, wenn man es in großer Anzahl aufgezogen hätte.»[31]

So könnte man also auch das Schweineverbot ähnlich wie die «heilige Kuh» als eine Art von Sozialreform verstehen: die Aufzucht eines Tieres zu verbieten, die nur unter immensen Kosten für Reiche möglich gewesen wäre, die über genügend Brunnen und genügend Lebensmittel verfügten, um sie für Schweine statt für Menschen zur Verfügung zu stellen.

Aber gab es denn überhaupt Schweine im Nahen Osten? Es gab sie auf jeden Fall zur Steinzeit, wie Funde von Schweineknochen beweisen; es wird von ihnen noch im Neuen Testament berichtet: «Es war aber daselbst eine große Herde Säue an der Weide auf dem Berge»[32], und in Teilen des alten Ägypten, vor allem in der (feuchten) Deltaregion, waren sie ein beliebtes Speisetier, das mit Datteln gemästet wurde. Je mehr die Menschen ihre Umwelt veränderten, Wälder abholzten, um Anbauflächen zu schaffen, je mehr ein verändertes Klima die Gegend trockener und kahler machte, desto weniger war sie geeignet für Schweine. Diese Entwicklung fand überall im Mittelmeerraum statt. In Griechenland führten in der *Odyssee* die Schweinehirten ihre Tiere noch durch bewaldete Berggegenden – Abholzung, wachsende Bevölkerung und Überstrapazierung des Bodens haben diese Wälder in verkarstete kahle Landschaften verwandelt, in denen allenfalls noch Ziegen etwas finden.

Was in der Umgebung, wo diese Religionen entstanden, also normales und auch von anderen praktiziertes Eßverhalten war, wurde zum Unterscheidungsmerkmal, als diese Religionen anderswo auf der Welt Fuß faßten. Es schloß Juden von den Tischgemeinschaften aus, in denen sich in den mitteleuropäischen Städten die Handwerke organisierten. Es wurde bei den zahllosen Verfolgungen als Indiz benutzt. Als Portugal im 16. Jahrhundert seine Mauren und Juden aus dem Lande trieb, gab es ein eigens erfundenes Gericht, um sie zu erkennen, ein Ragout aus Ferkelfleisch, Venusmuscheln (in der jüdischen Küche verboten) und Weinmarinade (Islam verbietet Alkohol): «porco con ameijoas a la alentejana» hieß das Rezept der Intoleranz.

Beiden Religionen ist auch gemeinsam, daß ihre Anhänger kein Blut essen dürfen. Die geschlachteten Tiere müssen völlig ausbluten, um verzehrbar zu sein. «Ich habe den Kindern Israels gesagt: Ihr sollt keines Leibes Blut essen. Denn des Leibes Leben ist in seinem Blut. Wer es ißt, der soll ausgerottet werden», sagt der Herr zu Moses.[33] Man kann ermessen, was für ein kulinarischer Rebell Jesus gewesen ist, der seine Jünger aufforderte, nicht nur Blut, sondern sogar sein eigenes Blut zu trinken (wenn auch nur symbolisch). Er brach ja auch sonst mit allen jüdischen Eßtabus, die außer dem Schwein zahlreiche andere Tiere vom Tisch verbannen: alle Säugetiere, soweit sie nicht Wiederkäuer und Paarhufer sind, alle Wassertiere, die nicht Flossen und Schuppen haben, und eine große Reihe Vögel.

Noch mehr Tabus

Kam diese Liste der jüdischen Tabutiere, wie Zubeida und andere vermuten,[34] aus einem Ordnungsprinzip zustande? Demnach wären alle Tiere verboten, die nicht klar in eine Kategorie gehören: Wassertiere schwimmen mit Flossen – Muscheln, die zwar im Wasser leben, aber nicht mit Flossen schwimmen, werden so ausgegrenzt. Die Haus- und Zuchttiere im Nahen Osten (Ziege, Kuh, Schaf) sind Paarhufer und Wiederkäuer. Ausgegrenzt wird, wer diese Merkmale nicht besitzt. Farb verwies darauf, daß auch sonst der Ordnungsgedanke in der jüdischen Religion eine wichtige Rolle spielt: Rind und Esel dürfen nicht zusammen angeschirrt werden. Verschiedene Getreidesorten dürfen nicht auf demselben Feld gesät werden. Milch und Fleisch darf nicht zusammen gegessen werden.

Ein ähnliches Ordnungsprinzip herrscht auch bei den Nahrungsverboten der Thai. Sie teilen alle Tiere zunächst in drei Gruppen: Insekten (nicht eßbar), Vögel (eßbar) und «Tiere». Die «Tiere» wiederum teilen sich in

Land- und Wassertiere. Was nicht klar in diese Kategorien paßt, darf nicht gegessen werden, zum Beispiel Schlangen und Warane, die auf dem Land und im Wasser leben, Seeotter, die im Wasser leben, aber wie Hunde aussehen.

Die meisten Nahrungstabus betreffen Fleisch. Daß ägyptische Priester und Pythagoräer keine Bohnen aßen, daß für manche Hindus Zwiebel und Knoblauch als Muslimgewürz tabu waren, daß schwangere Frauen auf Java keine Ananas und Bananen essen durften, ist eher die Ausnahme.

Daß ein großer Teil der Menschheit keine Milch anrührt, viele ostasiatische Völker wie Chinesen, Koreaner, Thai, viele Völker Afrikas, amerikanische Indianer, hat mit Tabu nichts zu tun; sie bekommt ihnen ganz einfach nicht (siehe auch Kapitel *Grenzen*). Die südafrikanischen Zulu sind traditionell ein Hirtenvolk und trinken Milch, aber nur die von der eigenen Kuh. Ein Nahrungshilfsprogramm, das in den vierziger Jahren die Ernährung von Müttern und Kindern verbessern wollte, scheiterte an diesem Tabu. Für die Zulu gab es eine enge Verbindung zwischen einem Menschen, seinem Vieh und seinen Ahnen. Frauen konnten nicht einmal von der Kuh des Mannes trinken (falls dieser eine hatte), sondern nur, wenn sie eine eigene Kuh mit in die Ehe gebracht hatten. Der Bann wurde schließlich gebrochen mit pulverisierter Trockenmilch, bei der die Beziehung zu einer Kuh nicht mehr so augenscheinlich war.

Manche Eßtabus beziehen sich nur auf ein Geschlecht oder auf eine bestimmte Lebenszeit. Im alten Tahiti benachteiligten solche Tabus die Frauen: Sie durften dort keine Schweine, Hunde, Schildkröten, Thunfisch, Haifisch, Delphin, Wal oder Tümmler essen. Kurz, es waren ihnen die wichtigsten Proteine vorenthalten. Bei den Foré in Neuguinea war das Fleisch von größeren Tieren für Frauen tabu; die fingen und aßen Frösche, Insekten und andere Kleintiere.

Auf Java waren es just die stillenden Mütter, die nach unserer Meinung besonders gehaltvolle Nahrung brauchen, für die alles Fleisch, aller Fisch, Sojabohnen und Eier tabu waren. Ähnliche Tabus für stillende Mütter gab es auch anderswo: Für einige Gruppen von Frauen in Südindien war (bei einer Untersuchung in den siebziger Jahren) während der Stillperiode Milch tabu, für andere auch Fisch und Fleisch. In Malaysia aßen Mütter nach der Geburt für 40 Tage keinen Fisch, Obst und Gemüse.

Patricia Townsend, die in den sechziger Jahren in der Gegend des Sepik auf Neuguinea Feldforschung betrieben hat, vermutet in diesen Einschränkungen ein Mittel zur Begrenzung des Nachwuchses: «Nahrungstabus für Schwangere und Stillende schränken die Proteinquellen für sie so schwerwiegend ein, daß im Ergebnis die Anzahl der überlebenden Kinder reduziert wird.»[35]

Sie berichtet andererseits, daß geschlechtsbezogene Tabus im übrigen zur gleichmäßigen Verteilung des Vorhandenen führen: «Verschiedene Sorten von Wildtieren sind jeweils einem Geschlecht vorbehalten. Darunter sind verschiedene Sorten Beuteltiere, Nagetiere, Schlangen, Eidechsen und Vögel. Ungefähr eine gleiche Anzahl von Arten ist für Männer und für Frauen tabu. Diese Nahrungstabus bewirken, daß Nahrung innerhalb der Gemeinschaft geteilt wird, und im ganzen scheinen sie wichtig zum Überleben zu sein. Wegen der Tabus essen alle Männer der Gemeinschaft das Wild, das für Männer bestimmt ist, und alle Frauen das für die Frauen. So bleibt das Fleisch nicht in der Familie der besten Jäger.»[35] Ein ähnlich sozialfreundliches Tabu besagt, daß ein Jäger nicht das von ihm selbst getötete Tier verspeisen darf – er muß es also an andere verteilen.

Aus der Welt der Jäger kommen vermutlich die Tabus, bei denen ein Clan, eine Sippe oder größere Familie, jeweils ihr «Totem», ihr Wappentier, verehrt und schont. Der Clan versteht sich als verwandt mit seinem Totemtier, gemeinsam stammen sie von einem tierischen Stammvater oder einer Stammutter ab. Diese Vorstellung war bei den nordamerikanischen Indianern weit verbreitet. So gab es bei den Irokesen die Totemtiere Bär, Wolf, Schildkröte, Biber, Reh, Schnepfe, Reiher und Falke. Auf dem Symposium für ethnologische Nahrungsforschung 1973 in Helsinki berichtete Roger L. Welsh, der zum Stamm der Ohama gehört: «Jeder der zehn Clans vom Stamm der Ohama hatte Verbote und Verantwortungen, die sich auf Essen beziehen. Jeder Clan hatte zwei Tabus, eins betrifft das Berühren und eins das Essen, beide sind vermutlich dem Ursprung nach Totems, aber die Beziehung des Totems zu diesen Verboten haben die meisten Clans schon Mitte des vorigen Jahrhunderts vergessen. Zum Beispiel durfte der Büffelclan nicht den Kopf des Büffels essen und nicht seine Hörner berühren, der Rehclan durfte kein Reh essen und keine Kohle oder Kohlefarbe berühren, und mein eigener Clan, der Windclan, durfte keine Muscheln essen und keinen Grünspan berühren, beides Symbole von Himmel, Wasser und Regen und also auch von Wind.»[36]

Solche Totemtabus waren weit verbreitet: Aus Afrika berichtet Goody, das bei den LoDagaa (in Ghana) jeder Clan seine Tabus hatte, die über die Generationen weitergegeben wurden, und zusätzlich noch jeder einzelne seine Spezialtabus, die teils von Vorzeichen oder Träumen bezeichnet wurden, teils auch von Priestern auferlegt.

Auch bei australischen Ureinwohnern war verbreitet, ein Totemtier zu verehren und zu schonen. Es gibt auch Versuche, die zahlreichen jüdischen Speiseverbote darauf zurückzuführen, daß es sich um die Totemtiere der einzelnen Sippen handelte, die später in einer für alle gültigen allgemeinen Liste geordnet wurden. So argumentierte der amerikanische Ethnologe Mallery im vorigen Jahrhundert und nach ihm andere.

Ein Tabu, das so rational zu begründen ist, daß es kaum noch als Tabu auffällt, bezieht sich darauf, die Vorräte zu schonen, bis sie ausgewachsen sind und sich vermehrt haben. So wurden auf der Insel Ponape im Südpazifik keine jungen Pflanzen oder Tiere gegessen, wurden in Persien keine jungen Lämmer und im orthodoxen Rußland keine Kälber geschlachtet, so gibt es in Europa Wildschonzeiten und vorübergehendes Heringsfangverbot, so durfte in Teilen Afrikas niemand, selbst der Eigentümer nicht, die Feldfrüchte vor einem bestimmten Zeitpunkt der Reife berühren, so konnte auf den melanesischen Inseln der Chief vor Festen ein Tabu auf die Lebensmittel legen, die dann als Festschmaus verzehrt werden sollten. Dieses Recht nutzten manche allerdings später im Sinne der Marktwirtschaft aus; ein Bericht von 1920: «Von Zeit zu Zeit legt der Chief ein Tabu auf alle Kokosnußbäume in seinem Gebiet... Wenn das Tabu aufgehoben wurde, wurden die Nüsse zu einem großen Berg aufgestapelt und an die Leute verteilt, die ... ein großes Fest mit Nachbarn und Freunden machten. Ein großer Chief tabuisiert immer noch Nüsse, aber kein Fest feiert die Aufhebung; da gibt es eher heimliches Geschimpf und Unruhe, denn aus den Nüssen wird Copra gemacht, und mit dem Geld leistet sich der Chief irgendeinen Luxus für sich.»[37]

Am wenigsten Tabus hat es durch Jahrtausende hindurch in China gegeben. Zwar gab es Nahrungsmittel, von denen die klassische Ernährungsliteratur abriet, aber das wurde medizinisch oder mit Geschmack begründet. Möglicherweise hängt das damit zusammen, daß Chinesen traditionell einen sehr ausgeweiteten Speiseplan hatten und aus den erstaunlichsten Dingen etwas Wohlschmeckendes zubereiten konnten – je variationsreicher Menschen essen, desto leichter sind sie bereit, Neues auszuprobieren.

Fasten

Essensfragen können ganze Religionsbewegungen auslösen: In der Schweiz begann die Reformation mit Zwinglis Schrift *Von Fryheit der spysen*, eine Polemik gegen die kirchlichen Fastengebote.[38] Oder präziser gesagt, die Reformation begann mit Würsten in der Fastenzeit. Ein Buchdrucker setzte sie seinen Gesellen vor, die schwerer als sonst schufteten, weil sie einen Termin für ein Buch einhalten mußten – ein frommes Werk, die Paulusbriefe. Auch Zwingli nahm an diesem Mahl teil, und obwohl er selbst bei den Würsten nicht zugelangt hatte, verteidigte er in den Auseinandersetzungen, die sich nun ergaben, die Wurstesser. Fasten sei nicht durch die Bibel vorgeschrieben, und Gott sei es egal, ob der Mensch Fleisch oder Graupen esse.[39] Der Streit ging immer höher in der Hierarchie der Kirche und der Regierung, bis 1525 der Rat der Stadt Zürich die Reformation einführte.

Alle Religionen hatten ihre Asketen, die Wunder an Selbstbeschränkung und Enthaltsamkeit vorlebten. Auch die Religionsgründer selbst verstärkten ihre Einkehr und Meditation durch Fasten. Jesus fastete in der Wüste 40 Tage und 40 Nächte, bevor er seine Berufung fühlte. Mohammed suchte fastend in der Einsamkeit der Berge seine Begegnung mit Gott. Mahavira, der die wichtigsten Gedanken des Jainismus formulierte, lebte asketisch und fastete sich selbst zu Tode. Gautama Buddha schreibt über seine Askesezeit:

«Da ich nun jedesmal nur ganz wenig Speise zu mir nahm, immer eine Handvoll, zum Beispiel Bohnenbrühe oder Wickenbrühe oder Kichererbsenbrühe, gelangte mein Körper zu übermäßiger Magerkeit... Wie ein Kamelhuf wurde mein Gesäß infolge dieser geringen Nahrungsaufnahme, wie eine gedrehte Haarflechte war mein Rückgrat erhoben und eingesunken infolge dieser geringen Nahrungsaufnahme; wie an einem verfallenen Hause die Dachsparren abgebrochen und auseinandergebrochen sind, so waren meine Rippen wie abgebrochen und auseinandergebrochen infolge dieser geringen Nahrungsaufnahme ... Und wenn ich die Haut meines Bauches berühren wollte, so erfaßte ich mein Rückgrat; und wenn ich mein Rückgrat berühren wollte, so erfaßte ich die Haut meines Bauches.»[40]

Entsprechend eiferten die Anhänger dieser Religionen ihren Vorbildern nach. Die Fastenzeit soll die Zeit der Enthaltsamkeit, der Einkehr sein, des Abwendens vom Leben und Hinwendens zu Gott. Die Fastengebote der großen Religionen sind freilich alle so gefaßt, daß sie zwar Entbehrung mit sich bringen, aber daß niemand asketisch verhungern muß. Juden fasten an Jom Kippur, und zwar total – aber nur einen Tag lang. Muslims fasten einen Monat lang, und so radikal, daß sie auch nichts trinken – aber nur tagsüber, nachts ist Essen und Trinken erlaubt. In den meisten Muslimländern ändert sich dann sichtbar das öffentliche Leben: Im Fastenmonat Ramadan sind die Läden nachts geöffnet, in den Restaurants und Imbißläden kann man bis zum frühen Morgen, bis vor Sonnenaufgang essen, und außer den nächtlichen Gebetsstunden in den Moscheen finden auch nächtliche Musik- und Theaterveranstaltungen statt. Dafür sind tagsüber die Bürostunden verkürzt. Ramadan endet mit einem dreitägigen Fest: Zum Fastenbrechen wird ein besonderes Festmenü gekocht, man geht in die Moschee, man tauscht Glückwünsche aus, besucht die Verwandten und seine Toten auf dem Friedhof, man gibt den Armen Almosen. Früher war es üblich, daß der jeweilige Herrscher die Tore seines Palastes öffnete und seine Untertanen bewirtete – ein weltliches Symbol für den Himmel, der an diesem Tage den Frommen offensteht.[41]

Für Hindus gibt es zahlreiche Fastentage, die je nach Kaste und Geschlecht befolgt werden. Aber auch hier ist das Fasten nicht total, sondern bedeutet Enthaltung von bestimmter Nahrung; etwa nimmt man nichts Gekochtes zu sich oder keine Nahrungsmittel, die durch Pflügen hervorgebracht werden. Es wird dann nur Obst gegessen, oder es wird in Häusern, in denen sonst auch Fleisch verzehrt wird, an bestimmten Tagen nur vegetarisch gegessen. Die Jaina dagegen nehmen beim Fasten kein frisches Obst oder Gemüse zu sich, also keine «lebenden» Pflanzen, nur gekochte Linsen oder Reis.

 Ein Anlaß zum Fasten ist in Indien der Tod von Angehörigen. Im frühen

China aßen Hinterbliebene nach dem Tod des Vaters oder der Mutter monatelang nur vegetarisch. Ein ähnlicher Brauch herrschte auch im alten Ägypten: Dort fasteten die Angehörigen zwischen Tod und Beerdigung. Mit dem Leichenschmaus, der oft am oder im Grab eingenommen wurde, wurde das Fasten gebrochen.

Christliche Fastenspeise Fisch.

Christen fasteten (manche tun es noch) jeden Freitag und die 40 Tage vor Ostern, aber dieses «Fasten» bedeutet nur, daß sie kein Fleisch zu sich nehmen. Früher waren auch Milch und Eier verboten. In manchen Gegenden wurden sogar noch mehr Fastentage eingehalten; auch die 40 Tage vor Weihnachten und außer dem Freitag noch ein weiterer Wochentag. Das war nun eine so bedeutende Zeit, daß manche Kochbücher gleich zwei Abteilungen hatten, für Fastentage und für andere. So gab es viele interessante und verfeinerte Fischrezepte besonders in den französischen Kochbüchern, wo die Reformation nicht recht Fuß gefaßt hatte und also die strengen Fastenregeln galten. Immer neue Zubereitungen mit Mandelmilch oder Mandelkäse wurden als Ersatz für das Tierprodukt erfunden. Eine Schwäbin hörte ich behaupten, auch die Erfindung der Maultasche gehe auf die Fastengebote zurück: damit Gott das Fleisch darin nicht sehen kann! In England wurden im 16. Jahrhundert die «Fischtage» vom Staat genau überwacht. Wer an solchen Tagen Fleisch aß, wurde streng bestraft. Das hatte aber, wie aus einer Regierungsvorlage hervorgeht, nicht soviel mit frommem als mit militärischem Denken zu tun: «Es ist notwendig, daß mehr Fisch gegessen wird, um die Flotte Englands zu unterstützen, und daher sollte noch ein Tag in der Woche per Gesetz Fischtag sein, am besten der Mittwoch», schlug William Cecil 1563 vor, und noch im selben Jahr wurde ein entsprechendes Gesetz erlassen.[42]

Heute sind bei den meisten Christen vom Fasten nur noch der vorhergehende Karneval übriggeblieben und die Tatsache, daß an Donnerstagen der frische Fisch in die Läden geliefert wird und daß man deshalb freitags Fisch ißt. Aber wenn man nur reich genug war, war auch früher das Fasten nicht gerade Einschränkung. Hier ein Fastenmenü, das der Kardinal von Bologna 1536 anrichten ließ: Es gab insgesamt sieben Speisefolgen aus der Küche und fünf vom kalten Buffet. Als ein Beispiel hier die sechste Speisefolge aus der Küche:

«Seesterne und Krebse, in Wein gekocht, hübsch serviert, Zangen und Scheren versilbert und vergoldet.
Gekochte Seekrabben in weißer Tunke mit Granatapfelkernen.
Gekochte Rabenfische mit Majoran.
Kabeljau auf spanische Art in Senfsauce.
Falsche Kalbsschnitzel aus gegrillten Fischfilets, mit Zucker und Zitronensaft angerichtet.
Thunfischauflauf.
Torte aus Aal und Spinat.
Marzipankuchen mit verschiedenen Wappen.
Schildkröten aus Teig, vergoldet und versilbert.
Lachs in Gelee und so bereitet, daß er wie Schinken aussieht.»

Die anderen sechs, und auch die fünf kalten Folgen, waren nicht weniger umfangreich[43].

Freilich, dem Buchstaben nach war alles korrekt: kein Fleisch auf dem Tisch. Wie bescheiden war dagegen das Zürcher Wurstessen mit den schwerwiegenden Folgen!

Auch anderen Religionen war Fasten vertraut. Die Algonkin-Indianer benutzten es geradezu, um ihre Götter zu erpressen: «Sie glaubten, daß durch das Fasten der demütig Bittende sich solchen Leiden unterzog, sich selbst so schwach machte, daß die Geister von Mitleid erfüllt wurden und ihm alles gewährten, worum er bat.»[44]

Es ist immer versucht worden, dieses Prinzip auch in der Politik anzuwenden. Fasten ist die letzte Waffe derer, die keine Waffen und keine Macht haben. Es setzt allerdings voraus, daß der Gegner diese Waffe respektiert, daß er dieselbe moralische Ebene einnimmt. Als Gandhi gegen die englische Herrschaft in Indien fastete, war dies ein machtvolles Druckmittel und führte zu Erfolgen. Einige Jahrzehnte später ließ die englische Regierung einen irischen Aktivisten, der gegen die englische Herrschaft in Nordirland kämpfte, im Hungerstreik im Gefängnis sterben.

Fasten als Waffe der Schwachen gab es schon im Alten Testament: Bevor Esther den persischen König bitten ging, den Todesbefehl gegen die Juden aufzuheben, ließ sie ihr Volk drei Tage und drei Nächte fasten. Im keltischen Irland war dieses Mittel sogar gesetzlich vorgesehen: Wenn jemand seine gerichtlich festgelegte Strafe nicht zahlte, dann hatte der Kläger die Möglichkeit, dies durch Fasten zu erzwingen: Er setzte sich vor die Tür des Schuldigen, ohne zu essen oder zu trinken, bis dieser bezahlt hatte oder ein Pfand gegeben – und das tat der dann auf jeden Fall, denn «wer nicht reagierte, wenn gegen ihn gefastet wurde, der verlor sein Ansehen und wurde allgemein geächtet»[45].

Wenn Gert v. Paczensky sein jährliches Fasten beginnt, keinerlei Nahrungsaufnahme außer Buttermilch, sonst nur Tee (mit Milch) und Wasser, dann hat das nichts mit Religion oder Politik zu tun. Er folgt da aber auch einer alten Tradition: Schon Hippokrates empfahl Fasten, um die Gesundheit zu erhalten. Er kurierte damit sogar akute Krankheiten. Auch in anderen Kontinenten wurde die Fastentherapie erfolgreich angewendet. In Europa blieb sie bis ins 18. Jahrhundert in Gebrauch, so lange, wie die Grundsätze der antiken Medizin gültig blieben. Erst in diesem Jahrhundert wurde sie wiederentdeckt und bildet einen wichtigen Bestandteil der alternativen Naturmedizin. Da waren die Erfahrungen der Völker wichtig, die sie immer praktiziert hatten: Paczenskys Fastenarzt hatte seine Praxis in Indonesien begonnen.

KEIN FLEISCH

Seinen eigenen Tod malte George Bernard Shaw sich so aus: «Ich bin in einer sehr ernsten Lage. Ich darf nur weiterleben unter der Bedingung, daß ich Beefsteak esse ... Aber Tod ist besser als Kannibalismus. Mein Testament enthält Anordnungen für meine Beerdigung, bei der nicht trauernde Karossen dem Sarg folgen werden, sondern Herden von Rindern, Schafen, Schweinen, ein Geflügelschwarm und ein kleines fahrbares Aquarium mit lebenden Fischen, die alle weiße Schärpen tragen, um den Mann zu ehren, der lieber sterben wollte, als seine Mitgeschöpfe zu essen.» [1] Shaw starb nicht an mangelndem Steak, sondern im Alter von 94 Jahren nach einem fleischfreien Leben an den Folgen eines Sturzes. Ein Vorzeige-Vegetarier.

Vegetarier haben gern behauptet, daß ihre Ernährung die ursprüngliche sei, daß der Mensch als Pflanzenesser gemeint sei. Christen oder Juden können eine solche Meinung sogar auf das Alte Testament stützen, wo im Paradies Pflanzen und Früchte verspeist wurden und erst nach Sündenfall und späterer Sintflut Gott auch Tiere zum Essen freigab. Archäologie und Frühgeschichtsforschung beweisen eher das Gegenteil: Je mehr sich die Hominiden durch Lebensweise und Entwicklung von den Affen entfernten, um so mehr nahmen sie Fleisch zu sich. Der Hominidenzweig, der vegetarisch blieb, der «Australopithecus robustus», starb aus; nur die Fleischfresser konnten sich in den waldlosen Savannen der Eiszeit mit den riesigen wilden Herden ausreichend ernähren. Auch für Mediziner ist der Mensch, seinen Zähnen und seinem Verdauungsapparat nach, eher ein Alles- als ein Pflanzenfresser.

Je mehr Land bebaut wurde, je mehr Menschen von demselben Stück Land leben wollten, desto weniger Platz blieb für große Weiden und Viehzucht, desto mehr lebten die Menschen von den Früchten ihrer Felder. Fleisch wurde zu etwas Besonderem, etwas, was man den Göttern weihte, bevor man es schlachtete, was zu Opferfesten gegessen wurde. Wo sich die Klassengesellschaften herausbildeten, wurde Fleisch etwas für die Reichen. Daß Menschen wenig Fleisch essen (aber gerne mehr hätten), das war und ist auf der Welt sehr weit verbreitet. Etwas ganz anderes ist es, aus Gründen (aus welchen, werden wir gleich erörtern) auf Fleisch zu verzichten.

Etwa im 6. Jahrhundert v. Chr. entstanden unabhängig voneinander in Indien und in Griechenland Bewegungen, die den Fleischverzehr ablehnten. Der Beginn von Buddhismus und Jainismus in Indien wurde im Kapitel *Religion* geschildert, vor allem vor seinem sozialen Hintergrund: die

Fleischverschwendung der Oberschicht anzuprangern, da Fleisch knapp geworden war. Der leitende religiöse Gedanke beider Bewegungen ist die Überzeugung, daß Menschen nicht anderes Leben zerstören dürfen. Ein eigentliches Gebot, vegetarisch zu leben, gibt es im Buddhismus nicht. Ein Buddhist darf kein Tier schlachten und kein Fleisch eines Tieres essen, das extra für ihn geschlachtet wurde. Ist dies aber nicht der Fall, dann spricht nichts dagegen, daß auch Mönche Fleisch essen, das ihnen zum Beispiel geschenkt wurde. Eine solche Regelung läßt auch allerlei Auswege zu: So sagen Buddhisten in Thailand, die viel Fisch essen, sie töteten ihn ja nicht, sie entfernten ihn nur aus dem Wasser. Und Rinjing Dorje berichtet aus Tibet: «Obwohl die Nomaden einen Großteil ihrer Nahrung sich dadurch beschaffen müssen, daß sie Tiere ihrer Herden schlachten, ist ihre Lebensweise doch mit der Religion im Einklang. Und Menschen, die anders leben, sogar Mönche und Nonnen, sind dankbar für die Milch und das Fleisch der Nomaden. Aber in Tibet ißt man nicht das Fleisch von kleinen Tieren. Da ein Leben ein Leben ist, egal wie groß, denken die Menschen, es ist besser, nur ein Leben zu nehmen, von einem großen Tier. Um soviel Fleisch zu haben, bedürfte es der Leben vieler kleiner Tiere.»[2]

Die Jaina sind wesentlich strikter. Nichts Lebendes töten heißt auf jeden Fall, keine Tiere zu schlachten und zu essen, aber es heißt noch viel mehr. Es heißt, keine Eier zu essen, die ja das zukünftige Leben in sich haben (und nicht etwa Mehl in einem Laden zu kaufen, in dem es auch Eier gibt). Es heißt auch, nichts Fermentiertes zu essen, weil sich darin lebende Organismen befinden, vor allem keinen Wein. Für andere Lebensmittel ist eine Zeitspanne gesetzt, innerhalb der man sie essen darf, weil sie danach durch lebende Organismen verändert werden: Butter nur eine knappe Stunde nach der Herstellung (geklärte Butter, Ghee, hat dagegen eine längere Frist), Milch zwölf bis 24 Stunden, wenn sie erhitzt wird. Jaina beziehen das Gebot, nichts Lebendiges zu töten, um es zu essen, auch auf Pflanzen: Sie essen keine Pflanzen, die man dafür ganz ausreißen und zerstören müßte wie Rüben, Kartoffeln oder Zwiebeln (die Kartoffel wird oft trotzdem gegessen, weil sie billig und das ganze Jahr zu haben ist). Pflanzennahrung darf auch nicht roh gegessen werden, weil dann noch Leben in ihr ist. Ein anderes wichtiges Gebot ist, niemals nach Einbruch der Dunkelheit zu essen, weil man sonst ungesehen mit der Nahrung kleine Tiere verschlucken könnte. Das hat Auswirkungen auf die ganze Lebensgestaltung, auf Geschäftsessen und Einladungen. Und auf das Familienleben: Anders als sonst in Indien, wo die Frauen erst den Männern servieren und danach die Überbleibsel von deren Mahl essen, essen Jainafrauen vor den Männern, damit sie ihnen servieren können, wenn die erst kurz vor dem Dunkelwerden von der Arbeit nach Hause kommen. Auch die Berufswahl ist durch das Gebot des Nichttötens sehr eingeschränkt. Unmöglich können Jaina zum Beispiel Landwirte werden, weil sie da schon beim Pflügen allerlei Würmer und Getier zertreten würden. So radikal wird das vegetarische

Rechte Seite: «Du bist, was du ißt» – Vexierbild von Giuseppe Arcimboldo.

Prinzip sonst selten angewendet – wenn es in der Praxis auch manche Ausnahmen gibt.

Ungefähr zur selben Zeit, als sich Jainismus und Buddhismus in Indien verbreiteten, entstand in Griechenland die Bewegung der Orphiker und in ihrer Folge der Pythagoräer, die sich gegen die blutigen Opfer wandten und empfahlen, keinerlei Tiere zu essen. Orpheus ist eine Figur halb aus Geschichte und halb aus Legende, Dichter und Lyraspieler aus Thrakien, im Mythos (und in Glucks Oper) bekannt als derjenige, der in die Unterwelt ging, um von dort seine gestorbene Frau Eurydike zurückzuholen. In seiner Gedankenwelt kommen Motive vor, die den indischen ähnlich sind: das Reinheitsprinzip, die Weltabkehr, die Askese. Die orphische Lehre kennt auch den Gedanken der Seelenwanderung: Die Seele sei in dem Rad des Schicksals und des Werdens eingeschlossen und sehne sich aus diesem Kreise des Werdens heraus.[3] Platon über die Orphiker: «Wir hören von Menschen, die sogar den Genuß von Ochsenfleisch mieden und den Göttern keine Tiere als Opfer darbrachten, sondern Kuchen und mit Honig befeuchtete Früchte und sonstige unschuldige Opfer dieser Art, während sie sich des Fleischgenusses enthielten als einer sündlichen Speise, wie sie denn auch die Befleckung der Götteraltäre mit Blut für eine Sünde hielten. Vielmehr hielten sich die damaligen Menschen an die sogenannte orphische Lebensweise, indem sie sich den Genuß alles Leblosen gestatteten, dagegen den Genuß alles Beseelten mieden.»[4]

Pythagoras führte den Gedanken der Seelenwanderung weiter, daß nämlich jede menschliche Seele unsterblich sei und durch verschiedene Tierleiber und auch wieder Menschen wandere. Er benutzte ihn als Begründung dafür, kein Fleisch zu essen. «Dabei flößte er den Menschen Furcht ein vor Verbrechen und Vatermord, da sie ahnungslos an die Seele des Vaters geraten und diese durch Schwert oder Biß verletzen könnten», schrieb Seneca später über ihn. Pythagoras lebte im 6. und Anfang des 5. Jahrhunderts v. Chr. und ist allen Mathematikschülern unvergeßlich als der Erfinder des gleichnamigen Lehrsatzes. Athenäus berichtete von ihm, daß er, als er diesen Satz herausgefunden hatte, den Göttern ein reiches Opfer von mehreren Ochsen darbrachte.[5]

Olivenernte. Griechische Amphore des 5. Jahrhunderts v. Chr.

Er betrachtete es auch anfangs als erlaubt, im Zusammenhang mit Opfern Fleisch zu verzehren, lehnte das aber später strikt ab: «Er verband die Menschen mit den verwandten Tieren, indem er ihnen befahl, diese für vertraut und befreundet zu halten, so daß man keinem von ihnen Unrecht

tun oder es töten und verzehren dürfe ... weil sie aus denselben Elementen wie wir bestehen und an dem gemeinsamen Leben mit uns teilhaben.»[6] Pythagoras ließ sich in Süditalien nieder und gründete dort eine Gemeinde seiner Anhänger und Anhängerinnen (bemerkenswert für seine Zeit, daß Frauen gleichberechtigt zugelassen waren), die nach seiner Lehre lebten und sie weiterverbreiteten.

In Indien hatte die Idee, Tiere zu schonen und vegetarisch zu leben, eine große Wirkung. Die Hindus übernahmen diese Lehre, die in die Vorstellung der Seelenwanderung und der Wiedergeburt paßte. Obwohl ein eher geringer Teil der Inder heute strikt vegetarisch lebt (man schätzt nicht mehr als ein Viertel), gilt die vegetarische Ernährung doch als diejenige, die mehr verehrt wird, die religiös und sozial höher eingestuft wird. Die Askese gilt als Ideal, auch wenn man sie selbst nicht praktiziert. Nicht nur die «heilige Kuh» wurde unantastbar. Mahatma Gandhi berichtete aus seiner Jugend, daß er sechsmal Fleisch aß, weil er wissen und ausprobieren wollte, ob die Engländer, die damals Indien beherrschten, vielleicht daher ihre Kraft bezögen. «Jedesmal, wenn ich dann schlafen ging, kam es mir vor, als ob eine lebendige Ziege in meinem Inneren schrie, und ich sprang voller Reue auf.»[7]

Auch sonst in Asien wurde die vegetarische Lebensweise unter dem Einfluß des Buddhismus hoch respektiert. Oder auch ohne Buddhismus. In China schrieb der ehemalige Beamte und Gastronomiephilosoph Li Yün im 17. Jahrhundert: «Vermag sich der Mensch von Fleischgenuß fernzuhalten, so verzehrt er Gemüse und erfreut sich daran. So wächst in seinem Bauch ein Gemüsegarten, der von keinem Hammel niedergetrampelt werden kann ... Es ist dasselbe Vergnügen, das man beim Verehren von Antiquitäten empfindet. Daher wundere ich mich über Leute, die (das Vegetariertum) nicht gutheißen, es als Irrglauben abtun und als ‹buddhistisch› bezeichnen. Das ist doch Unsinn!»[8] An anderer Stelle behauptet er, daß Fleischessen dumm mache.

Ungleich weniger Wirkung hatten Orpheus und Pythagoras. Das sehr diesseitige klassische Griechenland, das sich eine ebenso diesseitige Götterwelt erschaffen hatte, in der die Götter all das tun, was Menschen auch tun – essen, saufen, sich streiten, sich betrügen, sich lieben –, das vernünftig, wissenschaftlich und lebenslustig war, konnte mit dem weltabgewandten orphischen Gedankengut nicht sehr viel anfangen (den asketischen Platon und einige andere ausgenommen). Es war ein Lieblingsthema der griechischen Komödiendichter, die Vegetarier zu verspotten. Bei Alexis sagt eine Figur: «Ich komme jetzt daher, ohne etwas Lebendes eingekauft zu haben. Ich kaufte große Fische, die tot sind; das Fleisch stammt von einem fetten Widder, der nicht mehr lebt. Denn sonst wäre es nicht möglich! Was weiter? Auch gebratene Leber nahm ich hinzu. Wenn mir jemand nachweist, daß etwas von diesem eine Stimme oder eine Seele hat, so gebe ich zu, Unrecht getan und die Satzung der Pythagoräer übertreten zu haben.»[9]

Und der Römer Plautus, der griechische Komödien für das römische Publikum bearbeitete, läßt einen Koch sagen:

«Ich wandle nicht auf Wiesenwegen,
wie manche meiner werten Kollegen,
die Gras und Kräuter präparieren,
als gält' es, den Kühen zu servieren;
zu dem Gras der Wiesen Kräuter vom Felde,
wie Ampfer, Weißkohl, Mangold, Melde,
Koriander, Fenchel, Knoblauch auch,
die schlimmste Pest für Atem und Bauch.
Kein Wunder, daß die Sterblichkeit
zunimmt wie in der Cholerazeit,
wenn man die Leute zwingt, sich den Magen
mit solchem Unkraut vollzuschlagen,
greulich zu nennen, geschweige zu essen;
der Mensch soll verdauen, was Tiere nicht fressen.»[10]

Obwohl die Römer noch zu Catos Zeit mehr von Getreidebrei und Kohl als von Fleisch lebten, hatte sich inzwischen das Wohlleben so weit verbreitet, daß die Aufzählung des vegetarischen Speiseplans auch in Rom für Lacher sorgte.

In Europa tobte der Kampf der Argumente für und wider – bis heute. Natürlich wurde die Gesundheit ins Feld geführt. Der Londoner Arzt Lambe ging Anfang des vorigen Jahrhunderts sogar so weit, alle Krankheiten des Körpers auf tierische Nahrung zurückzuführen, und war überzeugt, daß vegetarisches Essen alle Krankheiten heile. Dagegen setzte Liebig (der mit dem Fleischextrakt), daß durch Anstrengung verbrauchte Muskelsubstanz nur durch Fleischessen regeneriert werden könne. Noch heute führt nach Meinung der Gegner das vegetarische Leben zu Anämie und anderen Mangelerscheinungen wegen der fehlenden Proteine und ist also höchst gefährlich; nach Meinung der Anhänger ist es wegen der vielen Ballaststoffe und des wenigen Cholesterins höchst gesund, verhindert Herzkrankheiten, Darmkrebs und anderes.

Lambes Lehren trugen mit dazu bei, daß 1847 die *Vegetarian Society of England* gegründet wurde – die übrigens dieses Wort prägte und zum ersten Mal benutzte: Vegetarier. Die Gesellschaft hatte bald zahlreiche Anhänger, und England war das erste Land in Europa, in dem viele vegetarische Restaurants eröffnet und vegetarische Kochbücher geschrieben wurden – erstaunlicherweise, ohne dabei viel an Rezepten und Würzungen aus der bemerkenswerten Gemüseküche der Inder zu übernehmen, die sie doch als Kolonie beherrschten. Vielleicht war ihnen diese reiche Duft- und Würzküche zu sinnlich? Denn die *Vegetarische Gesellschaft* vertrat die Meinung, Fleischessen sei deshalb nicht gut, weil es tierische Leidenschaf-

ten errege und also philosophische und geistige Gedanken behindere. Diese Meinung paßte ins beginnende lustfeindliche viktorianische Zeitalter.
Die Schlacht um Sittlichkeit und Moral des Fleischessens tobte mit Heftigkeit. Von der milden buddhistischen Toleranz, die fleischloses Leben empfahl, aber Fleischessen nicht verdammte, waren die überzeugten europäischen Vegetarier weit entfernt. Der Lyriker Shelley steuerte poetische

Juan Sánchez Cotán: Stilleben, *geeignet für Vegetarier.*

Munition bei; er dichtete über den Menschen, der Lamm ißt: «Es weckt alle verderbten Launen in ihm, alle bösen Leidenschaften, jeden eitlen Glauben, Haß, Verzweiflung und Verlangen, die Wurzeln von Elend, Tod, Krankheit und Verbrechen.»[11] (Auf englisch sind das sehr getragene Blankverse.)

Diese Art Argument hatte damals schon Geschichte: «Brotesser werden keine Diebe und Haudegen, aber von den Fleischessern kommen die Verleumder und herrschgierigen Tyrannen», schrieb der Grieche Porphyrios im 3. Jahrhundert n. Chr.;[12] Fleischesser seien böse, blutdurstig und gewalttätig, behauptete auch der Amerikaner Graham (Neu-Entdecker des Vollkornmehls, nach dem noch heute das bekannte Grahambrot heißt). Diese Meinung, daß Vegetarier bessere und friedlichere Menschen seien, hat spätestens der Vegetarier Adolf Hitler gründlich widerlegt.
Wo die Debatte etwas ruhiger geführt wurde und wo etwas weniger heftig Ideologien wie Dreschflegel gebraucht wurden, da tauchten die beiden Argumente der Jaina, Buddhisten und Orphiker wieder auf: der soziale Gedanke, daß Fleisch aufwendiger produziert wird als Pflanzennahrung und daß es weltweit gesehen also besser für alle ist, die Fleischherstellung zu reduzieren – und der Gedanke, daß Tiere Wesen sind, die ein Recht auf

Louise Moillon, Obst- und Gemüsehändlerin, *1630.*

Leben haben wie wir. «Wer Leben nicht ehrt, der verdient es selbst nicht», schrieb Vegetarier da Vinci.[13]

Der Gedanke war ja auch manchen Fleischessern nicht so fremd. Junichi Saga kannte einen Pferdeschlachter in einem japanischen Dorf, der in seinem Garten einen kleinen Tempel hatte, in dem er für die Seelen der Pferde betete, die er schlachtete.[14] Und von den Kung der Kalahari berichtete van der Post, daß sie Gesang und Tanz anstimmten, nachdem sie eine Antilope erlegt hatten, und ihm erklärten: «Noch nie, seit es Menschen wie uns auf der Welt gibt, haben wir ein solches Tier erlegt und von ihm gegessen, ohne uns danach bei ihm zu bedanken, daß es sich uns zur Speise gegeben hat.»[15]

ESSEN UND SEX

Zum Fressen gern

Was in Isoldes Liebestrank war, wissen wir nicht. Gottfried von Straßburg, der Dichter von Tristan und Isolde, hat es uns nicht verraten. Er beschrieb zwar seine Wirkung: «Mit wem man davon gemeinsam trinkt, den muß man, auch wider Willen, über alles andere lieben»[1], aber

Tristan und Isolde beim entscheidenden Schluck.

über die Zusammensetzung sagte er nichts, erwähnte nur, daß dieser Trank dem Wein ähnelte. Das ist wohl auch anderen als Tristan und Isolde schon geschehen, daß sie sich bei einem Glas Wein ineinander verliebten. Oder bei einem guten Essen. Essen, Trinken und Liebe gehören auf vielfältige Weise zusammen. Sehen wir zum Beispiel in die Bibel.

> «Wie ein Apfelbaum unter den wilden Bäumen, so ist mein Freund unter den Jünglingen. Seine Frucht ist meiner Kehle süße... Er labet mich mit Äpfeln, denn ich bin krank vor Liebe...
>
> Siehe, meine Freundin, du bist schön, siehe schön bist du. Deine Wangen sind wie der Ritz am Granatapfel zwischen deinen Zöpfen... Deine Mitte ist wie ein runder Becher, dem nimmer Getränk mangelt. Dein Bauch ist wie ein Weizenhaufen, umsteckt mit Rosen... Deine Brüste sind lieblicher denn Wein. Deine Lippen sind wie triefender Honigseim, Honig und Milch ist unter deiner Zunge. Du bist ein verschlossener Garten...

Mein Freund komme in seinen Garten und esse seine edlen Früchte...

Ich komme, liebe Braut, in meinen Garten. Ich habe meinen Honig gegessen, ich habe meinen Wein samt meiner Milch getrunken.»[2]

Nicht nur diese Liebenden, die im *Hohelied* Salomons miteinander sprechen, umschreiben die begehrten Körper und das, was sie miteinander zu tun wünschen, mit Bildern vom Essen. Auch ein französischer Liebhaber von heute würde seiner Geliebten ein zärtliches «mon petit chou» zuraunen, und Anderssprachige fragen sich allenfalls, was denn an einem «kleinen Kohl» so erotisch sein soll. Da leuchten einem die duftenden Granatäpfel, die Weintrauben und der Honig aus der Bibel noch eher ein. In Rußland ist offenbar der liebevollste Kosename, den man sich zuwispern kann, ein «Fischchen». Geschmäcker sind verschieden, aber Essen und Erotik scheinen überall nah beieinanderzuliegen.

Dafür gibt es auch deutsche Beispiele, vom platten: «Ich hab dich zum Fressen gern» bis zu erlesenster Poesie. Im 17. Jahrhundert verglich Hofmannswaldau eine unglückliche Liebe mit einer verdorbenen Mahlzeit:

«Ach freundin! das gelück und dessen freuden-fest /
speist die verliebten offt mit leeren fleisch-pasteten /
Und ob es seinen Wein gleich etwas schmecken läst /
So fließt er mehrenteils nur unsre lust zu tödten.

Wie der verdruß hernach mir meinen tisch gedeckt /
Wie nichts als traurigkeit mir oben an gesessen /
Wie bitter mir hierauf das mittags-mahl geschmeckt /
Das kanst du / liebst du mich / auch vor dich selbst ermessen.»[3]

Viele erotische Gedichte und ihre kulinarischen Vergleiche haben männliche Autoren, und auch viele umgangssprachliche Begriffe entsprechen der männlich dominierten Weltsicht, in der Frauen nur als Objekte vorkommen: Da wird die Frau umschrieben als die «appetitliche» und «knackige» Speise, die der Mann «vernascht», als das Wild, das er jagt, als das Stück Fleisch, das er «passe à la casserole» oder «fait frire», in den Topf tut oder brät, oder in England als ein Honigtopf oder eine heiße Tomate. Und wenn denn eine Frau bei der Liebe ißt, dann wird nicht lustvoll getafelt, sondern dann ist immer die männliche Angst dabei, total verschlungen zu werden. Wie etwa in Rushdies *Satanischen Versen*, wo ein in London lebender und englisch denkender Inder ein Liebeserlebnis in Bombay mit der Jugendfreundin Zeeny hat:

«Manchmal dachte er, sie wolle ihn bei lebendigem Leibe auffressen. Sie liebte wie eine Kannibalin, und er war ihr Schweinsfilet. ‹Hast du gewußt›, fragte er sie, ‹daß ein erwiesener Zusammenhang besteht zwischen der vegetarischen Lebensweise und dem Drang zum Kannibalismus?› Zeeny, die

Aphrodisische Eß- und Badefreuden im 15. Jahrhundert.

sich gerade an seinem nackten Oberschenkel gütlich tat, schüttelte den Kopf.»[4]

Manchmal ist das angstbesetzte Bild nur auf den entscheidenden Körperteil bezogen, der sich direkt in Gefahr begibt: Da wird aus der Vagina ein bedrohliches Maul, mit Zähnen besetzt, das den Penis verschluckt und nie wieder herzugeben droht. Ein Beispiel aus einer Sammlung populärer Reime, den Liederhandschriften des Studenten Clodius von 1669:

«O welch ein Maul, sieh doch,
wie sperr er sich von weiten,
hat Zähn auf allen Seiten,
das ist ein seltsam Flog.
Ich traue mich fast nicht,
an dieses Tier zu machen,
du möchtest mich auslachen,
wo ihm nicht recht geschicht.»[5]

In unserem Kulturkreis muß man sich noch weiter in die Vergangenheit begeben, wenn man auch die Frauen ungeniert mit am Tisch der Liebe sitzen sehen will. Da stößt man auf Gemälde aus dem Mittelalter, die große Badezuber darstellen mit Platz für ein halbes Dutzend Menschen, in denen Männer und Frauen gemeinsam nackt im Wasser sitzen und von geschickt über den Wannenrand plazierten Brettern speisen. Da plauderten in einem Fastnachtsspiel Frauen von ihrem «Bettfutter», und die Männer billigten ihnen das Anrecht darauf zu, «sintemalen der Nachthunger Jungfrauen und Frauen kränkt»[6].

Bei den Mehinaku, einem Indianervolk aus Zentralbrasilien, beruht die sexuelle Eßlust durchaus auf Gegenseitigkeit: «Von Männern heißt es, daß sie Frauen essen, und von Frauen, daß sie Männer essen. Seine Genitalien geben ihren ‹Nahrung› und umgekehrt. Ein junger Mehinaku sagt etwa über seine Freundin: ‹Sie ist die Speise meines Penis.› Und ein Mann, der seine Frau sucht, kriegt zu hören: ‹Die Speise deines Penis ist Wasser holen gegangen.› Auch die Qualität von Sex wird in gastronomischen Begriffen beurteilt. Langweiliger Sex heißt wie langweiliges Essen ‹mana›, ohne Geschmack, ein Begriff, mit dem normalerweise ungewürzte Lebensmittel bezeichnet werden, etwa kalter Maniokpudding oder Wasser. Die Mehinaku sagen, man soll mit Sex so großzügig sein wie mit Essen, denn eine Person, die Hunger hat, sexuell oder gastronomisch, kann krank werden oder ihre Seele an einen Geist verlieren. Aber in der kleinen Gesellschaft, die sie sind, hängt das Wohlergehen der Gemeinschaft von jedem einzelnen Mitglied ab. Also wird um jedes einzelnen und um der Gemeinschaft willen eine begründete Bitte um Nahrung oder Sex selten grundlos abgeschlagen.»[7]

Liegt es wirklich auf unserer Welt, dieses kleine Paradies, wo die beiden grundlegenden Wünsche immer erfüllt werden? Oder hat der beschreibende Feldforscher auch unbewußt seine eigenen Träume von Üppigkeit und Glück beschrieben, sein privates Schlaraffenland? In unserem Kulturkreis erschufen der Hunger nach Nahrung und der Hunger nach Sex ebendiese Phantasie vom ewigen Überfluß. Im Schlaraffenland gehörte beides zusammen, und beides gab es nach Belieben, mühelos zu erlangen und straflos zu genießen, eine Schwelgerei ohne Ende für Arm und Reich. Dieser Traum geisterte durch die Kulturgeschichte. Die Versionen, bei denen nur die Fresserei übrigblieb, waren oft Märchenfassungen für Kinder, in denen die Lust an der Sexualität und das Recht auf Freiheit und Gleichheit verschwiegen wurden. Hier eine Version aus dem Frankreich des 13. Jahrhunderts, bei der Schwelgerei und sexuelle Freiheit ausdrücklich für beide Geschlechter gelten:

«In dem Land gibt es viele Genüsse,
denn von Braten am Spieß und Eisbein
sind die Weizenfelder ringsum eingefaßt;
durch die Straßen laufen
die fetten Gänse und braten;
sie drehen sich um sich selbst,
und stets folgt ihnen die weiße Knoblauchsauce.
Die Frauen in jener Gegend sind wunderschön,
jeder nimmt sich die
Damen und Fräulein, wenn er Lust dazu hat,
ohne daß sich jemand darüber aufhält;
dann treibt er es mit ihnen, wie es ihm gefällt;
solange er will und ganz vergnügt.
Und wenn es sich zufällig ergibt,
daß eine Dame ihre Aufmerksamkeit
einem Mann zuwendet, den sie sieht,
dann nimmt sie ihn sich mitten auf der Straße
und macht mit ihm, was sie gern möchte.
So tut eines dem anderen viel Gutes.»[8]

Wie Sprachkundige aus anderen Teilen der Welt berichten, benutzen einige Völker gleich dasselbe Wort für «essen» und «miteinander schlafen» (man beachte diese merkwürdige deutsche Metapher), etwa die Burmesen, die afrikanischen Yoruba oder die Yanomami vom Amazonas. «Haben Sie heute schon gegessen?» fragen die Ureinwohner Australiens, und das kann auch bedeuten: «Haben Sie heute schon Sex gehabt?» Und wenn sie äußern, sie hätten Hunger, dann kann sich das auf Nahrung oder auf Erotisches beziehen. Auch die Franzosen können sowohl eine Mahlzeit wie auch ihre Ehe «consommer», und sie gehen «in die Erdbeeren», wo die Deutschen ins Bett gehen.

Das war oft mehr als nur ein bildhafter Ausdruck. Es umschrieb die gesellschaftlich vorgesehenen und erlaubten Formen, wie Männer und Frauen miteinander umzugehen hatten. Der einfachste Sinn einer menschlichen Gruppe war ja, Nahrung und Nachwuchs zu erzeugen, und so waren Austausch von Essen und Austausch von Sexualität die Urformen, wie die Geschlechter miteinander zu tun hatten.

Die Hua in Neuguinea glaubten, daß man Lebenssubstanz durch Essen gewinnt, durch Sex aber verliert – jedenfalls der Mann; beim Sex «ernährt» der Partner seine Partnerin. Auf den pazifischen Palauinseln (Republik Belau) wurde diejenige Nahrung, für die Männer beziehungsweise Frauen zuständig waren, direkt mit deren Sexualität in Verbindung gebracht: «Ihre Genitalien werden mit Worten beschrieben, die mit Taro oder Tapioca zu tun haben, und die männlichen mit Nahrungsmitteln aus dem Meer. Die sexuelle Beziehung, die zur Ehe gehört, wird durch die Nahrungsmittel beschrieben, die das Paar gemeinsam ißt und die sich ergänzen.»[9] In Burma galten ein Mann und eine Frau, die regelmäßig zusammen aßen, als ein Paar; früher mußte in solchen Fällen geheiratet werden. Auch in Sri Lanka verstand man, wenn eine Frau von dem Mann sprach, für den sie kochte, daß damit ihr Liebhaber gemeint war. Auf den Tongainseln galt eine Frau, die ohne Unterschied von verschiedenen Männern angebotenes Essen annahm, als so leichtsinnig wie in unseren Gegenden eine, die gleich mit ihnen ins Bett stieg. Diese Beispiele stammen aus jüngster Vergangenheit. Im 3. Jahrhundert v. Chr. machte in China der gemeinsame Verzehr von Fleisch aus Mann und Frau so etwas wie eine Einheit, jedenfalls bestimmte ein Gesetz aus dieser Zeit, daß eine Ehefrau für die Verbrechen ihres Mannes zu gleichen Teilen mitschuldig war, wenn sie mit ihm gemeinsam Fleisch gegessen hatte.

Um so merkwürdiger, daß ein Blick in die Geschichte und in die weite Welt klarmacht, daß bei der Mehrzahl der Völker Ehemann und Ehefrau nicht miteinander essen oder aßen. Liegt es daran, daß gemeinsames Essen als intimerer, innigerer Vorgang angesehen wurde als eine sexuelle Beziehung? In Indien jedenfalls konnte ein Mann höherer Kaste durchaus sexuelle Verbindungen mit einer Frau weit niederer Kaste haben – durfte aber keine von ihr zubereitete Nahrung essen und schon gar nicht mit ihr zusammen. Aus Madagaskar berichtete Jean Paulhan 1912: «Ein Fremder kann durchaus im Schlafzimmer von Mann und Frau schlafen, er stört sie nicht. Eine Frau schämt sich auch nicht, sich vor dem Fremden auszuziehen. Überrascht man aber eine Familie beim Essen, dann fühlen sie sich noch lange danach tief beschämt.»[10]

Essen und Sexualität gehören zusammen – für Genießer und für Asketen. Im viktorianischen England galt beides als verpönt, als eine Notwendigkeit, die man irgendwie erledigen mußte, aber ohne darüber zu reden oder gar Spaß daran zu haben. In der mönchischen Askese verschiedener Religionen wird – wenigstens in der Theorie – Enthaltsamkeit von beidem gefordert. Mahatma Gandhi berichtete von seinem asketischen Leben nach seiner Auslandszeit, daß er über eine längere Periode nur von getrockneten Früchten und Ziegenmilch lebte und ohne sexuelle Beziehungen; er mied sogar Kuhmilch, weil diese ihm lüsterne Gedanken machte, was Ziegenmilch nicht bewirkte.

Auch die Anhänger des Pythagoras (der Vegetarier mit dem rechtwinkligen Dreieck) und seiner Lehre bemaßen sich die Vergnügungen von Tisch und Bett nur äußerst karg zu. Sie ließen bei Festen die appetitlichsten und kostbarsten Speisen auftragen – und dann wieder abräumen, um zu lernen, die Begierden im Zaum zu halten. Spärliche Nahrung, glaubten sie, diene dazu, in Menschen beiderlei Geschlechts das sexuelle Verlangen auf Sparflamme zu setzen. Wofür das gut sein sollte – vielleicht schärfte es die Sinne für die Vorzüge der Schenkel von Dreiecken. Vielleicht ging es nur nach der plumpen Weisheit des vollen Bauches, der nicht gern studiert.

Der volle Bauch wurde übrigens auch als Sexualsymbol benutzt: Bei den Yanomami bedeutete das Wort für «satt, vollgegessen» auch zugleich «schwanger». Und daß er einer Frau einen Braten in die Röhre geschoben hat, kann ein Mann auch bei uns sagen, wenn er denn etwas vulgär sein will. Die Vorstellung, daß ein Fötus in der Mutter wächst und gebacken wird wie ein aufgehender Teig im Ofen, war im mittelalterlichen Frankreich verbreitet. Auch die Chinesen sahen aufgehenden Teig, wie er zum Beispiel beim Bierbrauen benutzt wurde, in enger Verbindung mit der weiblichen Fruchtbarkeit, deshalb waren nur Frauen für die Handhabung von vergorenen Lebensmitteln zuständig. Als ein ähnliches Symbol verstanden Inder die beim Kochen aufquellende Milch; genau in dem Moment, wenn nach der Hochzeit die Braut das Haus ihres neuen Mannes betrat, ließen die Verwandten einen großen Topf Milch schäumend überkochen.

Die nahrhaften Symbole galten auch umgekehrt. Es wurden nicht nur erotische Gedanken und sexuelle Vorgänge mit Eßbarem umschrieben, sondern Eßbares wurde sexuell interpretiert. Der Gedankengang war naheliegend, die Erzeugung von Nahrungsmitteln mit der Erzeugung von Nachwuchs in Verbindung zu bringen. Wir kennen das Bild von der Erde als Schoß, in die der Pflug wie ein Penis eindringt – hier haben männliche Bauern formuliert. Bäuerinnen hatten andere Bilder: Bei den Sawo auf Neuguinea war Sago das Hauptnahrungsmittel; er wurde von den Frauen gewonnen, indem sie aus dem Mark der Sagopalme die Stärke herauswuschen. Diesen Vorgang haben die Sawo Markus Schindlbeck, der sich in den siebziger Jahren dort aufhielt, so beschrieben:

«Moem ist der erste Mann der Frau. Die anderen Männer kommen erst an zweiter Stelle. Moem ist Sago. Wenn eine Frau die Rinde der Sagopalme entfernt, ihr Sitzlager auf dieser Rinde einrichtet, wenn sie sich daraufsetzt, wenn sie ihren Hinterteil und ihre Vulva auf die Sagorinde setzt, so beschläft Moem die Frau. Wenn die Frau viel Sago gewaschen hat, so hat Moem die Frau gut beschlafen. Moem hat alle Frauen als erster beschlafen.»[11] Ein anderer Gewährsmann formulierte so: «Wenn die Frau im Sagosumpf ist, so haben wir mit ihr keinen Geschlechtsverkehr. Denn sie hat mit diesem Mann Geschlechtsverkehr, mit Moem. Der Sago, den sie wäscht, ist wie seine Samenflüssigkeit. Wir nehmen seine Samenflüssigkeit. Seine Samenflüssigkeit fließt hinunter und wird fest wie Erde, Sago entsteht.» Moem, der Sago-Mann, galt auch als Ahne des ganzen Stammes, um den sich viele Mythen rankten, die immer mit Sex und Essen zu tun hatten.

Die Fipas in Tansania verbanden Anbau und Sexualität nicht nur in Sprachbildern oder Gedanken, sondern ganz konkret. Peter Farb beschreibt: «In der Nacht vor dem ersten Tag der Aussaat haben die Eheleute Sexualverkehr; nach dem Orgasmus verbringt der Mann den ganzen Rest der Nacht damit, die Geschlechtsorgane der Partnerin und seine eigenen zu berühren. Am nächsten Morgen tut er die Samen, die er auf seinem Land pflanzen will, in ein Sieb, ohne sich vorher die Hände zu waschen, um nicht den Geruch zu vertreiben, der an ihnen haftet. Dann hockt er sich nackt hin, das Gefäß mit den verlesenen Körnern zwischen seinen Beinen. Während sein Penis so auf den Körnern liegt, reibt er ihn mit einem Hirsebrei, in den ein Zaubermittel gemischt ist, bis er eine Erektion hat. Auf diese Weise glaubt er sicherzustellen, daß die nächste Ernte gut wachsen wird und genauso stark werden wird wie sein aufgeschwollenes Organ.»[12]

Aus einem ähnlichen Gedanken haben die Maya eine königliche Zeremonie gemacht: Da begab sich der König in den Tempel, wo ein Bild des Maisgottes aufbewahrt wurde, der zentralen und wichtigsten Gottheit der Maya. Mit einem besonderen Messer, nur für dieses Ritual gebraucht, ritzte er sich den Penis so weit, bis Blut kam, und «befruchtete» mit diesem Blut den Maisgott.

Jäger hatten ähnliche Symbole wie Landwirte. So wurde bei den Wik-Mungkan in Neuguinea der Speer, mit dem sie jagten, als eine Art Penis betrachtet, und ein Ehemann durfte zum Beispiel nicht Fleisch von einem Tier essen, das der Bruder seiner Frau mit dem Speer erlegt hatte, denn «zu essen, was vom Speer seines Schwagers kommt, das ist genauso, wie von dessen Penis zu essen oder sogar den Penis selbst zu essen»[13]. Hatte der Schwager aber, ohne Speer, eine Schildkröte gefangen, dann kam es auf das Geschlecht des Tieres an: «Eine männliche Schildkröte zu essen, die der Schwager gefangen hat, das wäre so, wie ihn selbst zu essen. Aber man könnte eine weibliche Schildkröte essen, die er gefangen hat, denn das wäre so, wie seine Schwester zu essen, und das hat man ja sozusagen schon getan, als man sie geheiratet hat.»

Aphrodisiaka

Alle Völker der Erde kannten bestimmte Nahrungsmittel, die unfehlbar (so dachten sie) die sexuelle Lust und Kraft erhöhten. Wenn man versuchen wollte, eine Liste derjenigen Gerichte aufzustellen, denen irgendwann irgendwo eine einschlägige Wirkung in Sachen Liebe nachgesagt wurde, dann käme so gut wie jedes Lebensmittel vor. Wer hätte zum Beispiel gedacht, daß unsere harmlose Allerweltskartoffel als hochgradiges Aphrodisiakum galt? Von der «traurigen Folge von Leidenschaft und Kartoffel» spricht Lord Byron im *Don Juan*, und schon Shakespeares Falstaff trotzte aus den sicheren Armen einer Frau der verführerischen Kartoffel: «Nun mag es Kartoffeln regnen, Liebesperlen hageln und Mannstreu schneien; ein Sturm von Versuchung mag sich erheben, ich gehe hier in Deckung.»[14]

Zu Shakespeares Zeit war die Sache einleuchtend: Kartoffeln waren selten, kaum bekannt und teuer – Eigenschaften, die auch in anderen Fällen aus einem Lebensmittel ein Liebesmittel machen. Was ist bei uns selten und teuer? Kaviar. Trüffel. Auster. Alle drei bekannte Aphrodisiaka. Mit schwindenden Fangquoten und steigenden Preisen rückt vielleicht auch bald der Hering in diesen Rang auf. Der mit einer Chinesin verheiratete Boulet erzählte, wie sie in Kanton ihren Hochzeitstag mit einem entsprechenden Essen begehen wollten. Sie bestellten also in einem Restaurant eine Mahlzeit, «die das Yang stimuliert, besonders das Yang der Lenden». Der Kellner verstand und brachte – Schwalbennestersuppe, bei weitem das Teuerste vom ganzen Angebot.[15]

Die Kartoffel hat möglicherweise ihren Ruf bis in die Zeit retten können, in der sie schon billige Volksnahrung war (und in der Lord Byron dichtete), weil der gewaltige Bevölkerungszuwachs des 19. Jahrhunderts in den Kartoffelländern Deutschland, England und Irland irgendwie mit ihren magischen Kräften in Verbindung gebracht wurde. Diese magische Kraft bestand damals ganz einfach daraus, daß sie satt machte und leicht anzubauen war, und wo es mehr Nahrung gab, wuchs die Bevölkerung. Aber hier sind wir trotzdem schon einem wichtigen Geheimnis auf der Spur, einer der Möglichkeiten, wodurch Aphrodisiaka wirken. Viele sind nämlich einfach wohlschmeckende Nahrungsmittel, nach deren Genuß sich ein angenehmes Gefühl einstellt und möglicherweise auch die Lust auf weiteres Angenehmes. Bei einer Mahlzeit mit Spargel, Artischocken, Fischen und Muscheln, Geflügel, einem guten Wein dazu (alles Mittel von der Erotikliste) werden Geruchs- und Geschmackssinn gereizt, auch das Auge wird befriedigt, der Puls erhöht sich, angenehme Wärme durchströmt den Körper, besonders in der unteren Hälfte: Das sind doch alles die richtigen Voraussetzungen.

Ein anderes Prinzip, das aus Lebensmitteln Liebesmittel machte, bestand darin, das entsprechende Tierorgan zu verspeisen in der Hoffnung, es verstärke die Wirkung des menschlichen Pendants. So kamen die Hoden von Känguruhs, die Penisse von Stieren und Gebärmütter von Schweinen auf die Erotikliste. (Die Griechen, die laut Athenäus das letztere benutzten, scheinen in Sachen weiblicher Lustgefühle nicht gerade anatomische Experten gewesen zu sein.) Auch die Ähnlichkeit mit entsprechenden Körperteilen genügte schon. Bei Karotte, Gurke und Banane mochte man mit reichlich Phantasie an einen Penis denken, mehr Phantasie brauchte man schon, um zu finden, daß die lange und schmale Vanilleschote der Vagina ähnelt (angeblich kommt sogar das Wort «Vanille» von Vagina), und auch bei Feige, Artischocke oder Backpflaume war der Vergleich etwas mühsam. Wegen der Ähnlichkeit mit einem menschlichen Unterleib wurden (oder werden) die Wurzeln von Ginseng und Mandragora hoch geschätzt.

Einige der gepriesenen Mittel haben nun tatsächlich toxische Wirkung, wie die beiden besagten Wurzeln, Pfeffer, Chutney, manche Kräuter. Sie erhöhen den Blutdruck oder machen das Herz rasen, setzen Magen und Eingeweide in Bewegung, manche wirken sogar eher beruhigend bis lähmend. Das wirkungsvollste dieser Giftmittel ist sicherlich die «Spanische Fliege», hergestellt aus pulverisierten Käfern, welche den Giftstoff Cantharidin enthalten (zum Beispiel der grüne Blasenkäfer). Die Wirkung wird allerdings so beschrieben, daß es noch mehr Phantasie als bei der Vanille bedarf, um die Verbindung zur Erotik herzustellen: Die Blutgefäße verkrampfen sich, alle Schleimhäute in Mund, Kehle, Magen und Darm werden angegriffen oder geschädigt, das ganze Verdauungssystem revoltiert, und es können auch Schäden an anderen Organen wie etwa der Niere eintreten. Bei einer zu großen Dosis kann innerhalb eines Tages nach schrecklichen Schmerzen der Erstickungstod eintreten. Irgendwo dazwischen soll sich dann auch ein Zustand heftiger sexueller Erregung einstellen, samt einer starken Erektion von Penis und Klitoris.

Vielleicht trägt die Lebensgefahr zur Erregung bei; vielleicht könnte man sich dasselbe Vergnügen verschaffen, indem man zu zweit in eine Bucht mit starker Haifischbevölkerung steigt statt in die Doppelbadewanne zu Haus? Den Liebhabern des guten Essens leuchten jedenfalls Trüffeln und Austern mehr ein.

Immerhin sind es hier ausdrücklich beide Geschlechter, denen die mehr oder minder segensreiche Wirkung zukommen soll. Die meisten Aphrodisiaka sind nämlich exklusiv dem männlichen Geschlecht zugedacht. Boulet, der als gründlicher Eßforscher vor seinem chinesischen Hochzeitsmahl in Apotheken, Restaurants und bei Freunden nach einschlägigen Mitteln fragte, bekam zwar allerlei empfohlen, von Ginseng über junges Hirschhorn bis Hundefleisch und Geckoschnaps – seiner Frau aber konnte man rein gar nichts empfehlen. Die kommentierte: «Normal! In China soll sich die Frau ja während des Beischlafs passiv zeigen. Warum also Aphrodisiaka benutzen?»[16]

Im historischen europäischen Kontext bis ins 14. oder 15. Jahrhundert scheint die Lage allerdings genau umgekehrt gewesen zu sein: Da brauchten die Männer solche Lustspeisen, um mit ihren überaktiven Frauen mithalten zu können. Bei Chaucer dachte die *Frau von Bath* darüber nach, daß ihre fünf Ehemänner sich zwar nach Kräften im Bett abgemüht hätten, aber doch nicht immer zu ihrer Zufriedenheit; erst der gegenwärtige genügte ihren Ansprüchen. Bei Boccaccio wurde eine Ehefrau, die man mit ihrem Liebhaber erwischt hatte, vor Gericht freigesprochen, weil sie nachweisen konnte, daß sie ihren Ehemann ja nie vernachlässigt hatte, und was schließlich sollte sie mit dem verbleibenden Rest von sexueller Energie machen? Kein Wunder, wenn solche Geschichten kursierten, daß sich die Männer mit allem eindeckten, was zu haben war, um nicht zu versagen, ob getrockneter Frosch oder Brennessel.

Die Frauen wußten ja auch, welche Mittel gut waren ... Pierre de Brantôme warnte in seinen Lebenserinnerungen (Ende des 16. Jahrhunderts): «Nun aber kommen die Früchte des Sommers, die doch eigentlich unsere ehrsamen, warmblütigen Damen abkühlen müßten. Das Schlimme bei der Sache ist, daß es wohl Früchte gibt, die abkühlen können, aber auch eine ganze Masse anderer, die auch ebenso einheizen, und gerade diese werden von unseren Damen ganz besonders bevorzugt, als da sind Spargel, Artischocken, Trüffeln, Morcheln, Räßlinge, Steinpilze und junges Fleisch, das ihnen die Köche auftragsgemäß zurichten und genüßlich und lecker zubereiten und das die Ärzte ihnen wohl auf Rezepten zu verschreiben und zu verordnen verstehen. Sind diese guten Mahlzeiten vorbei, dann habt acht, ihr armen Liebhaber und Ehemänner! Denn habt ihr nicht eure Augen offen, so seid ihr schon eurer Ehe verlustig, und nur gar zu oft schleicht man sich von euch weg, um auf den Wechsel zu gehen.»

Wenn man dann noch bedachte, wie viele Speisen solche Gefahren in sich bargen! Sogar die gewöhnlichen und billigen Bohnen – die hatte der heilige Hieronymus für Nonnen verboten, «quia in partibus genetalibus titillationes producent» – weil sie im Genitalbereich Kitzel erzeugen.[18]

Das Problem bei den diversen Mitteln war nur, daß es viele gab, welche die einen für ein Aphrodisiakum hielten und die anderen für genau das Gegenteil. Hätte man zum Beispiel als Ägypter bei den Pharaonen gelebt, wäre Salat ein hervorragendes Liebesmittel gewesen; der weißliche Saft des Salats wurde mit der männlichen Samenflüssigkeit in Verbindung gebracht. Der ägyptische Salat, hoch aufgeschossen mit anliegenden Blättern, war dem Gott Min heilig und wurde in Prozessionen ihm zu Ehren herumgetragen. Min war Fruchtbarkeitsgott, dargestellt mit einem erigierten Penis; sein Hauptfest wurde zu Beginn der Erntezeit gefeiert, und es war jeweils am Minfest, daß der Pharao dem Ritus gemäß seinen Erben zu zeugen hatte. Möglicherweise gelang das Timing mit Hilfe von Salatsaft.

Wäre man nun aber auf der anderen Seite des Mittelmeers antiker Grieche gewesen, dann hätte die Sache ganz anders gelegen. Athenäus erklärte den Mythos, daß Aphrodite den Adonis in einem Salatbeet versteckte, als Allegorie dafür, daß ständiges Salatessen impotent macht; er zitierte eine Stelle von Eubulos: «Stell mir keinen Salat auf den Tisch, Frau, oder du hast es dir selbst zuzuschreiben»; und er berichtete, daß eine bestimmte flachblättrige Salatsorte «Eunuch» genannt wurde.[19]

Als Mittel gegen «maßlose Lust» tauchte Salat in einem englischen Kräuterbuch des 17. Jahrhunderts auf.

Von der Kuhmilch, die Gandhi sexuell so erregte, daß er wieder von ihr Abstand nahm und sie durch Ziegenmilch ersetzte, berichtete Boulet, daß sie in China als Beruhigungs- und Anti-Liebesmittel galt. Auch die Auster, allgemein in potenzstärkendem Ruf, war im alten China als Mittel gegen nächtliche Samenergüsse bekannt.

Die hilfreiche Wirkung von Mandragora kann man in der Bibel nachlesen: «Und Ruben fand Mandragora auf dem Feld und brachte es seiner Mutter Lea. Da sagte Rachel zu Lea: Bitte gib mir das Mandragora deines Sohnes. Und sie antwortete: Nicht genug, daß du meinen Mann genommen hast, nun willst du auch noch das Mandragora meines Sohnes? Und Rachel sagte: Dafür wird er heute nacht bei dir liegen, wegen des Mandragora deines Sohnes.» Nach dieser Nacht «erhörte Gott Lea, und sie ward schwanger» [20]. Für genau den entgegengesetzten Zweck benutzte es Kleopatra in Shakespeares *Antonius und Kleopatra.* Als Antonius nach Rom abreisen mußte, befahl sie ihrem Diener: «Gib mir Mandragora zu trinken, damit ich diesen großen Abgrund Zeit verschlafe, in der mein Antonius von mir fort ist.» [21] Sie scheint damit jedoch näher an der medizinischen Erkenntnis zu liegen als Rachel und Lea, denn in der antiken Medizin wurde Mandragora als Mittel gegen Schmerzen und zur Beruhigung verwendet, auch vor Operationen.

Natürlich hatte sich auch früher schon herumgesprochen, daß man sich im Ernstfall auf all diese Mittel nicht allzusehr verlassen konnte. Spöttisch genug war eine altgriechische Tragödienparodie von Xenarchos (natürlich

Mandragora-Pflanzen in vermenschlichter Darstellung. Die einschlägige Wirkung zeigt sich bei ihnen selbst allerdings nicht.

Was mögen die beiden getrunken haben? – Griechische Vase, etwa 500 v. Chr.

im Original in sehr getragenen Versen): «Zugrunde geht das Haus, dessen Herr seine Manneskraft verloren hat. Dann hat auch die spundhalsige Gefährtin der Göttin Deo, die erdgeborene Zwiebel, so hilfreich sonst ihren Freunden, keine Macht, es zu retten, und unnütz ist auch der Krake, ernährt in den dunklen Strudeln des Meeres, der das Blut zur Leidenschaft treibt, wenn er, gefangen im drückenden Zwang des Netzes, die starke Höhlung der Schüssel füllt, der Tochter der Töpferscheibe.»[22]

Ein heutiger Psychologe würde vielleicht sagen, die Wirkung all dieser Mittel beruhe zu einem wichtigen Teil darauf, daß man daran glaubt, und daß sie eher die Phantasie, das Selbstvertrauen oder was immer beflügeln als eine direkte körperliche Wirkung entfalten. Leider kommt solche Erkenntnis für das Nashorn schon fast zu spät – denn daß diese Tierart fast ausgerottet ist, liegt weitgehend daran, daß es unerschütterlicher Glaube sexhungriger Männer war und ist, daß das pulverisierte Horn dieses Tiers unerschöpfliche Liebeskräfte verleiht. Könnte es da nicht auch eine Karotte tun?

DER TISCH IST GEDECKT

Sitzen, hocken, liegen

Der Tisch ist gedeckt – aber wer ißt denn schon von Tischen? Von Tellern, mit Messer und Gabel?

«Man soll das Essen auf eine auf die Erde hingelegte Lederdecke (Sufra) stellen, denn das entspricht dem Handeln des gepriesenen Gottgesandten mehr als ihr Hochstellen auf einen Tisch. (Er) stellte nämlich eine Speise, wenn sie gebracht wurde, auf die Erde, da dies der Demut am nächsten kommt... Der Tisch aber macht das Essen bequemer und ist ebenfalls erlaubt, solange er nicht zu Hochmut und Überheblichkeit Anlaß gibt... Die Haltung beim Sitzen soll gut sein, und zwar gleich wenn man sich an die Sufra setzt, und man soll sie beibehalten. So hockte sich der gepriesene Gottgesandte oft auf seine beiden Knie zum Essen nieder und saß auf seinen beiden Fußrücken, manchmal stellte er sein rechtes Bein hoch und saß auf seinem linken.»[1] So beschrieb der arabische Gelehrte Al-Ghazzali Ende des 10. Jahrhunderts die korrekte Eßzimmermöblierung.

Weltweit war er damit durchaus bei der Mehrheit. Ob Gallier oder Kelten, ob Inder oder Japaner, Azteken oder Maori – zum Essen ließ man sich auf die Erde nieder, auf Teppich, Kissen oder Matte. Dabei gab es durchaus Regeln, wie man zu sitzen hatte. Bei den Guanchen auf den Kanarischen Inseln saßen die Frauen mit überkreuzten Beinen, die Männer stützten sich auf den linken Ellbogen und streckten die Beine aus. In der Mitte stand auf einer Palmenmatte das Essen. In Afrika waren es die Männer, die sich hinhockten, die älteren auch auf einen kleinen Hocker, während die Frauen mit ausgestreckten Beinen saßen.

Weiter verbreitet als irgendwelche Sitzgelegenheiten waren kleine flache Tische, auf die man das Essen stellte. So hatten die vorchristlichen Skythen runde oder ovale flache Schüsseln mit niedrigen gedrechselten Füßen als Teller für alle und zugleich Tisch. Bei manchen waren die Füße abnehmbar, so daß man die Schüssel mit oder ohne verwenden konnte. Ähnlich benutzten die Araber große Messingplatten, wie sie heute noch im Gebrauch sind. Sie wurden mit Speisen gefüllt und auf ein sechsbeiniges Gestell plaziert, so daß sie einen Tisch bildeten. Poseidonios beschrieb im 1. Jahrhundert v. Chr. Tische bei den Kelten, die nur flach über dem Boden standen. Bei den Afghanen wurde im Winter an einem Tisch gegessen, und zwar an einem heizbaren: Unter dem Tisch stand ein Holzkohleofen, dessen Kohle gut durchgebrannt war und dann mit Asche bedeckt wurde. Eine dicke Samtdecke hing so tief herunter, daß die Esser um den Tisch ihre Beine darunterstecken konnten und so gewärmt wurden. Sonst wurde auf Teppichen gegessen, über die eine Tischdecke gebreitet wurde.

Ein flacher Tisch war bei den Azteken Zeichen gehobener Lebensart. Der Herrscher aß von einem solchen, sogar mit Tischtuch und Serviette, und hatte auch einen flachen Korbsessel mit Lehne, während das normale Volk auf geflochtenen Matten hockte. Komplizierte und aufwendige Möbel stehen nicht notwendig in Zusammenhang mit komplizierter und aufwendiger Eßkultur. Im traditionellen Japan mit seiner sehr detaillierten Etikette, wo jede Handbewegung beim Essen besondere Bedeutung hatte, wo die Reihenfolge der Bissen, die Haltung der Stäbchen und die Art des Gesprächs ritualisiert waren, sitzt man bis in die Gegenwart zum Essen kniend auf Kissen und ißt von flachen Lacktabletts.

Auch im China der Zhou- und Han-Dynastie (zwischen dem 12. Jahrhundert v. Chr. und dem 2. n. Chr.) mit seiner ausgeprägten Bankettkultur, seinen zahlreichen Schriften über Eßkultur und Etikette, kniete man beim Essen auf Matten oder Kissen. Auf einem Grabgemälde der Han-Zeit ißt der Gastgeber, ein Distriktgouverneur, leicht erhöht auf einem hölzernen Podest ungefähr von der Größe und Dicke unserer Matratzen, und zwar ebenfalls kniend. Manchmal stand neben den Essenden ein Hocker, nicht

Die Ägypter aßen von kleinen Tischchen.

um sich daraufzuhocken, sondern um sich an ihn anzulehnen und zu stützen. Die Tische waren zu der Zeit klein, viereckig, wie ein Tablett mit sehr kurzen Beinen. Sie wurden erst mit den Speisen herbeigebracht und sonst in der Küche gestapelt. Sie waren so leicht, daß von einer chinesischen Dame gesagt wurde, sie «hob den Tisch so hoch wie ihre Augenbrauen», wenn sie ihrem Mann servierte.[2]

Stühle und hohe Tische wurden erst zur Zeit der Sung-Dynastie ab dem 10. Jahrhundert n. Chr. eingeführt. In der Zeit wurden auch auf den Straßen vor Restaurants und Teestuben lange Tische mit Bänken aufgestellt – die Bilder erinnern ein wenig an heutige Biergärten.

Von einem tragbaren Picknicktisch aß ein ägyptischer Arbeiter aus Amarna im 14. Jahrhundert v. Chr.: Er hatte sich den Korb mit seiner Mittagsmahlzeit, die aus Brot, Gurke und Zwiebel bestand, auf ein kleines Gestell gehoben; davor saß er mit angewinkelten Beinen auf der Erde, und so ist er auf der Wand des Atentempels dargestellt. Reichere Ägypter saßen durch alle Dynastien hindurch zum Essen auf Stühlen, die oft mit kunstvoll geschnitzten Tierfüßen verziert waren. Sogar Götter wurden häufig auf Stühlen sitzend dargestellt. Die Tische waren klein und zierlich, häufig rund, mit einem Fuß in der Mitte. Jeder Esser bekam seinen eigenen vorgesetzt, oder man teilte sich einen zu zweit.

Auch in Assyrien hatte die Oberklasse Sitzgelegenheiten zum Essen, und zwar besonders hohe: Eine Abbildung aus Khorsabad, ein Relief, zeigt ein Bankett, bei dem die Gäste jeweils zu viert an einem Tisch sitzen, auf so hohen Hockern (wie moderne Barhocker), daß ihre Füße nicht bis zum Boden reichen. Die einfachen Leute hingegen hockten sich zum Essen auf die Erde, mit gebogenen Knien oder im Schneidersitz.

Homers Helden haben an Tischen gesessen, welche zum Essen herbeigetragen wurden – die Sitte, beim Essen und beim anschließenden Trinkgelage zu liegen, kam in Griechenland erst in der klassischen Zeit auf. In der *Odyssee* wird ein Gast bewirtet (es handelt sich um die Göttin Athene, verkleidet in Gestalt eines Mannes): «Er führte sie zu einem Stuhle und ließ sie, nachdem er ein Leinen darüber gebreitet, auf ihm niedersitzen: einem schönen, kunstreich gefertigten, und unten an ihm war ein Schemel für die Füße ... Und (eine Magd) stellte vor ihnen einen geglätteten Tisch auf.» Dann wird Brot, Fleisch und Wein gebracht.[3]

Es gibt also Stuhltücher, keine Tischtücher. Solche gab es auch am Hof des makedonischen Königs Alexander «des Großen». Bei einem Fest bewirtete Alexander 6000 Gäste, die teils auf Silberstühlen und teils auf Eßliegen saßen, über welche purpurrote Decken gebreitet wurden. Normalerweise waren zu Alexanders Zeiten diese Liegen in der Tat zum Liegen da – allerdings durfte in Makedonien sich ein Mann erst dann zum Essen hinlegen, wenn er ohne Jagdnetz einen wilden Eber erlegt hatte – die anderen mußten sitzen.

In Griechenland waren es seit dem 5. Jahrhundert die Männer, die sich auf Eßliegen lagerten, um miteinander zu essen und zu trinken. Die Frauen aßen für sich und im Sitzen. Eher verwundert berichtete Aristoteles über die Tyrrhenoi, also die Etrusker: «Sie essen zusammen mit ihren Frauen, liegen gemeinsam unter einer Decke.»[4] Die Römer übernahmen die Sitte, im Liegen zu essen (und taten das häufiger als die Griechen gemeinsam mit ihren Frauen). Sie hatten große Liegen mit Platz für jeweils drei Esser. Meist wurden drei davon um einen großen viereckigen Tisch herumgruppiert, so daß man zu neunt aß; die vierte Seite blieb zum Servieren frei.

Das war nach den großen Restauranttischen im China der Sung-Zeit das zweite Mal, daß der große gemeinsame Eßtisch auftauchte, der heute in Europa als das Normale gilt. Im Mittelalter war er noch in Konkurrenz mit kleinen tragbaren Tischen, wie Wolfram von Eschenbach beschreibt:

«Der Tafeln mußten hundert sein,
die man zur Türe trug herein.
Man setzte jegliche schier
vor der werten Ritter vier.»[5]

Daneben gab es im Mittelalter auch schon die großen Tische, an denen die gesamte versammelte Tischgesellschaft aß, sorgfältig nach Rang und Stand aufgereiht, und ebenfalls nach Rang und Stand wurde die Sitzgelegenheit zugeteilt: Sessel, Hocker, Bank. Auch Tischtücher gab es, die häufig gleichzeitig als Servietten benutzt wurden: Man aß ja mit der Hand.

Mit den Fingern essen

«Wenn ich Zeit habe, wenn ich genießen will, wenn ich aufwendig gekocht habe und mit Familie oder Freunden esse, dann esse ich mit der Hand», sagte mir Ama Ata Aidoo, Schriftstellerin und Dozentin aus Ghana. «Aber wenn ich in Eile bin, einen Termin in der Uni oder anderswo habe, dann schaufle ich mir auch mal schnell das Essen mit der Gabel rein.» Sie ließ keinen Zweifel daran, daß sie das Reinschaufeln mit der Gabel für ziemlich unkultiviert und genußfeindlich hielt. Wie umgekehrt unsereiner es ja nicht für höchste Lebensart hält, schnell aus der Hand eine Bratwurst oder ein Butterbrot zu essen, wenn man in Eile ist: Zur wahren Lebensart gehört der gedeckte Tisch mit der silbernen Gabel.

Was das Eßwerkzeug angeht, teilte und teilt sich die essende Welt in drei Gruppen: Die erste ißt mit der Hand, die zweite mit Stäbchen, die dritte mit der Gabel (Messer oder Löffel werden gelegentlich von allen dreien benutzt). Mit der Hand gegessen wurde schon immer, mit Stäbchen seit 3000 bis 4000 Jahren, mit der Gabel seit 300 bis 400 Jahren.

 Bis ins 16., 17. Jahrhundert hat die ganze Welt bis auf China, Japan,

Korea und Vietnam mit der Hand gegessen. Die Mehrheit der Menschen tut das auch heute noch (wenn auch die Gabel stark an Boden gewinnt).

«Wir nähern uns dem Essen zunächst einmal mit dem Tastsinn. Wie in ganz Indien essen Bengalis alles mit ihren Fingern ... Was könnte schließlich besser sein als die feinfühligen Finger, um gefährliche Gräten aus dem Fisch zu suchen? Aber außer dieser praktischen Funktion kann man mit den Fingern auch die Konsistenz der Speise fühlen, und das wird so wichtig wie das Gefühl der Zunge. Die verschiedenen Gemüsepürees, die unterschiedlichen Sorten Reis, die zahlreichen Arten Fisch, die wir essen, werden alle von den Fingern genossen, bevor sie in den Mund gelangen.»[6] So schreibt die Bengalin Chitrita Banerji über die kulinarischen Vorteile der Finger beim Essen.

Meist wird zum Essen nur eine Hand benutzt, die rechte, weil die andere für weniger appetitliche Tätigkeiten wie den Toilettengang aufgespart wird (egal, wie oft man sich zwischendrin wäscht). Da kann ein Europäer in Indien schon heftiges Entsetzen auslösen, wenn er ahnungslos beim Essen die «Klohand» zu Hilfe nimmt. Schließlich langt man mit seinen Händen ja in die gemeinsamen Schüsseln, die große Reisplatte und die Schälchen mit Linsen, Gemüse, Fisch, Chutneys, Pickles, aus denen alle essen.

Bei feierlichen Essen hatte manchmal in Indien auch jeder sein eigenes Set von Tellern und Schalen. Und die mußten nicht unbedingt aus Metall oder Porzellan sein: Im 10. Jahrhundert berichtete ein reisender arabischer Kaufmann aus Indien, dort esse man von «Tischen, die aus zusammenge-

Tonschale aus Neuguinea.

Indische Wegwerfteller aus Blättern. Illustration zum Epos Ramayana, *1650.*

flochtenen Blättern der Kokosnußpalme hergestellt sind. Mit diesen selben Blättern machen sie eine Art Schüsseln und Teller. Ihre Mahlzeit essen sie von solchen Blättern, und nach dem Essen werden Tische, Teller und die Überreste des Essens ins Wasser geworfen.»[7] So wurde es auch noch in diesem Jahrhundert gehandhabt: «Als meine Eltern in den vierziger Jahren heirateten, wurden Hochzeiten noch traditionsgemäß gefeiert. Jedem Gast wurde auf Bananenblättern serviert; wenn sie ihr Essen gegessen hatten, wurden die Blätter weggeworfen und eine neue Anzahl Blätter den nächsten Gästen serviert. So sparte man Abwasch und vermied die Gefahren, nicht korrekt zu reinigen.»[8]

Auch einmal benutzte Teller oder Becher aus Ton wurden nach Gebrauch weggeworfen. Diese Sitte gibt es heute noch: Besonders auf Bahnhöfen kann man für unterwegs mit Tee oder Wasser gefüllte Tonbecher kaufen, die anschließend weggeworfen werden (und heute natürlich Plastikkonkurrenz haben). Diese Sitte gab es auch schon vor 4000 Jahren: Bei Ausgrabungen in Mohenjo Daro, einer der ältesten Städte der Menschheit, die im heutigen Pakistan liegt, sind in der Nähe von Quellen Unmassen von zerbrochenen Tonbechern gefunden worden, die offenbar dort als Einweggefäß benutzt wurden.

Außer dem Wegwerfgeschirr wurden in Indien durchaus auch Platten aus Zinn, Kupfer oder Porzellan benutzt – ein reisender Franzose bemängelte im 18. Jahrhundert, daß es kein Gold oder Silber gab, außer hier und da einer Betel- oder Gewürzdose.[9]

Natürlich kann man mit seiner Hand mehr oder weniger fein essen: «Manche nehmen ihren Reis und die Beilagen sehr elegant, berühren die Nahrung nur mit den Fingerspitzen. Das ist der Stil der Elite. Andere zerquetschen ihren Reis mit den Fingern und mischen ihn dann mit den anderen Speisen. Noch andere formen kleine Bällchen aus Reis und Beilagen und werfen sie dann in ihren Mund. So werden Kinder von ihren Müttern gefüttert. Und dann gibt es diese herzhaften, ein bißchen derben Esser, die ihre Hand bis zum Handgelenk ablecken. ‹Bis zum Handgelenk im Essen› ist eine bengalische Redewendung, um gefräßige Schwelgerei zu bezeichnen.»[10]

Auch Griechen und Römer benutzten nur die rechte Hand, um in die Speisen zu langen. Den linken Arm brauchten sie, um sich in ihrer hingelagerten Haltung aufzustützen. Und da jeder auf der linken Seite lag, konnte es nicht vorkommen, daß einer sich zwischen zwei ihm zugewandten Rücken befand. Der Tisch war bei den reicheren Schichten mit allem Luxus gedeckt; mit der Hand essen hieß ja keineswegs «einfach essen». «Nun muß plötzlich jedes Essiggefäß und alle Pfannen und Töpfe aus Kupfer sein, statt der alten Fischteller muß Silber her.»[11] Im klassischen Griechenland wurde solch überflüssiges teures Tafelgeschirr mit Spott bedacht. So hieß es von den möchte-gern feinen Leuten: «Sie essen Salzfisch für zwei oder drei Obolus von einer Silberplatte, die ein Pfund wiegt, und dazu Kapern für einen halben Obolus aus einer Silberschüssel, die 50 Drachmen wert ist. Dabei gab es früher kaum mal ein Silberschälchen in einem Tempel.» Aber immerhin waren schon solche Spezialgeräte wie Eierlöffel im Schwang: mit einem spitzen Ende zum Aufbrechen der Schale und einem runden, um den Inhalt auszulöffeln. Und natürlich gab es Krüge, aus denen man sich Wasser über die Hände goß, und Schalen zum Auffangen. Auf Reinlichkeit wurde überall großer Wert gelegt, wo mit den Händen gegessen wurde.

Auch bei den reichen Römern langten die Hände beim Essen in allerlei Gold und Silber, jedenfalls in der späteren Kaiserzeit. Zur Zeit der Republik war Silbergeschirr bis auf Salzfaß und Opferschale verboten. Zur Kaiserzeit war schon der Tisch ein prachtvolles Stück, oft mit Intarsienarbeit, dazu gab es gestickte Tischtücher, Servietten und Schweißtücher, zur Unterstützung der Finger lagen Tranchiermesser und Löffel bereit, und für spezielle knifflige Aufgaben wie etwa das Hervorholen von Schnecken aus ihren Schalen gab es ein schmales, gabelartiges Gerät mit gebogener Zinke. Das teure Geschirr war so wichtig für das Prestige des Gastgebers, «daß der Kaiser seinen Gouverneuren häufig Silber- und teilweise Goldgeschirr leihweise zur Verfügung stellen mußte»[12].

Kein Wunder, daß die Römer etwas irritiert über die Eßsitten der Kelten im nördlichen Gallien waren: «Sie essen zwar auf reinliche Weise, aber wie die Löwen, ergreifen ganze Keulen mit beiden Händen und beißen das Fleisch vom Knochen; wenn ein Stück sich nicht vom Knochen zerren läßt, dann schneiden sie es mit einem kleinen Messer ab, das an ihrer Schwertscheide hängt.»[13]

Die reichen Ägypter der Pharaonenzeit langten mit ihren Fingern in kostbare Steingefäße. Für den Alltag gab es Ton. Die Prachtgefäße, Becher, Schalen, Teller, Schüsseln waren aus Alabaster, schwarzem oder blauem Schiefer, Granit oder Bergkristall. Auch Gold und Silber wurden verwendet. Unter den Eßtischen standen jeweils eine Kanne und eine Schüssel zum Händewaschen.

In Afrika staunten arabische Reisende im Mittelalter über die goldenen Teller und Trinkgefäße, die zum Beispiel der König von Bornu in der Gegend des Tschadsees benutzte; Gold war in Westafrika durchaus häufig. Die normalen Eß- und Trinkgefäße waren jedoch fast überall in Afrika Kalebassen verschiedener Größe, oft mit schöner Schnitzerei.

Gold oder Silber verwendeten auch die Inka bei spektakulären Anlässen. Sonst tranken sie aus Holzbechern, die sie nach Gebrauch wegwarfen. Aber auch die edlen Metallgefäße benutzten sie nur einmal – nach dem Trinken wurden sie eingeschmolzen und neu gearbeitet.

Eine Art Einwegteller gab es im Europa des Mittelalters: eine besonders harte, vier Tage alte Brotscheibe. Man nahm mit den Händen Fleisch oder andere feste Teile von der großen Servierplatte, zerlegte größere Stücke mit einem Messer auf diesem Brot und schob sie mit der Hand, manchmal auch mit dem Messer in den Mund. Das Messer war meist das eigene, das man bei sich führte, der Gastgeber legte keines auf. In der Schweiz führte die Hausfrau ihr Messer stets an einer Kordel bei sich. Was zu flüssig war, um es mit der Hand auf die Brotscheibe zu befördern, wurde in kleineren Schüsseln serviert, eine für je zwei Personen, und direkt aus dieser Schüssel geschlürft; manchmal teilte man sich einen Löffel, bis sich etwa im 14. Jahrhundert mehr und mehr durchsetzte, daß jeder einen eigenen Löffel bekam.[14] In einfacheren Häusern waren es (oft selbstgeschnitzte) Holzlöffel, in reichen Häusern waren sie entsprechend prächtig. Es gab auch allerlei prunkvolles Tafelgeschirr; das wichtigste war ein silberner Tafelaufsatz, häufig in Form eines Schiffes, abschließbar, in dem das kostbare Salz und andere Gewürze aufbewahrt wurden. Wer prächtige Krüge, Schüsseln, Karaffen und Becher aus Silber oder Gold besaß, stellte sie auf eine Anrichte neben den Tisch – zum Ansehen, nicht zum Benutzen. Die Schüsseln auf dem Tisch waren aus Zinn oder Ton.

Seit der Zeit Karls «des Großen» gab es Tischtücher, an denen man sich die schmutzigen Finger abputzen konnte; später benutzte man dafür Servietten. Das Brot, das sich beim Essen mit allerlei appetitlicher Sauce vollsaugte, wurde am Schluß gegessen. In reicheren Häusern aß es die Bedienung, oder es wurde an die Armen verteilt, die bei festlichen Essen schon vor der Tür darauf warteten. Zum Trinken gab es meist einen gemeinsamen Pokal, der von einem Gast zum anderen gereicht wurde.

Sehen wir einem Kaiser beim Essen mit den Fingern zu; Wiegelmann zitiert einen Augenzeugenbericht von 1547 über Karl V.: «Ich habe den Kaiser auf etlichen Reichstagen oft essen sehen . . . Er ließ sich nichts vorschneiden, brauchte auch das Messer nicht viel, sondern schnitt so viele Stücklein Brot, so groß, wie er sie zu jedem Bissen in den Mund stecken konnte. Das Gericht, von dem er essen wollte, löste er an der Ecke, wo es ihm am besten gefiel, mit dem Messer, sein Stück brach er mit den Fingern auseinander, zog die Schüssel unter das Kinn und aß so natürlich, jedoch reinlich und sauber, daß man seine Lust daran sah.»[15]

Auf dem Land hat sich überall in Europa bis ins vorige, gelegentlich sogar bis in dieses Jahrhundert erhalten, daß man mit den Fingern oder dem Löffel aus einer gemeinsamen Schüssel aß. Ein Teilnehmer eines Symposiums für ethnologische Nahrungsforschung in Helsinki 1973 beschrieb aus seiner Heimat Norwegen: «An vielen Orten auf dem Lande verwendete man bis in die letzte Hälfte des 19. Jahrhunderts nur Löffel und Messer. Der Teller ist auch eine späte Erscheinung. Daher waren die Eintopfgerichte sehr gewöhnlich. Den Brei und die Suppe hat man aus der gemeinsamen Schüssel gegessen. Das Fleisch wurde in passende Teile zerschnitten und mit Rüben, Kohl oder Erbsen gekocht. Bei Tisch nahm jeder ein Stück Fleisch aus der Schüssel (oder es wurde von der Hausfrau verteilt), legte es auf einen Holzteller oder ein Stück flaches Brot, zerschnitt es und führte den Bissen mit dem Messer in den Mund. Gleichzeitig wurde die Brühe aus der Schüssel gegessen.»[16] Ein Nachklang dieser alten Sitte, nun wieder ins Festliche erhoben, ist das Fondue-Essen; allerdings hat sich hier schon die Gabel eingeschlichen.

Kokoslöffel aus Neuguinea.

Harte Brotscheiben als Teller im 15. Jahrhundert.

Mein schönstes Von-der-Hand-in-den-Mund-Essen sind die holländischen Heringe, die im Juni überall an Straßenbuden angeboten werden. Man packt sie vorsichtig am Schwanz und läßt sie senkrecht von oben in den Mund gleiten. So aß man früher in Neapel die Makkaroni; Bilder von Neapolitanern, die sich aus der Hand die Nudeln in den Mund gleiten lassen, Vesuv im Hintergrund, wurden in großer Auflage gedruckt. Für die Touristen aus Nordeuropa, wo weit strengere Gabel- und Tischsitten herrschten als heute, waren sie ein beliebtes Souvenir.

Stäbchen

In einer Veröffentlichung des japanischen Kulturinstituts heißt es über Stäbchen: «Sie vermitteln die reine, glatte Konsistenz von Sashimi oder die etwas kräftigeren Genüsse der chinesischen Küche. Die zarte Würze des ersteren läuft nicht Gefahr, durch den Metallgeschmack verdorben zu werden, den Messer und Gabel leicht mitteilen können, und für Speisen, die in Öl zubereitet wurden, sind sie sehr praktische und wirkungsvolle Abtropfgeräte.»[17] Andere führen für die kulinarischen Vorzüge der Stäbchen an, mit ihnen müsse man langsam essen, die verschiedenen Bissen einzeln zu sich nehmen und sich auf ihren jeweiligen Geschmack konzentrieren. Die Menschen, die mit den Fingern oder mit Stäbchen essen, ziehen dies anderen Möglichkeiten vor, weil es zweckmäßig ist *und* weil es besser schmeckt. Die Argumente für die Gabel haben nichts mit Geschmack zu tun: Reinlichkeit, Eleganz oder auch Zweckmäßigkeit.

Die ältesten bekannten Stäbchen sind aus Elfenbein und wurden in China in den Ruinen eines Palastes der Zhou-Dynastie gefunden, der aus dem 11. Jahrhundert v. Chr. stammt. Kwang-Chih Chang, der eine umfassende Geschichte der chinesischen Eßkultur herausgegeben hat, nimmt an, daß Stäbchen auch schon unter der vorhergehenden Shang-Dynastie benutzt wurden, also schon zwischen dem 18. und 12. Jahrhundert v. Chr., wenn auch weniger häufig als Finger. Sie passen genau zu der chinesischen Kochweise, bei der alles vor dem Essen präpariert und kleingeschnitten wird, so daß sicher das eine das andere bedingt hat. Warum nun ausgerechnet die Chinesen Geräte erfanden, die als Mittler zwischen Hand und Mund dienten, kann nicht allein mit den verfeinerten Tafelsitten einer Hochkultur erklärt werden. Andere Hochkulturen mit kulinarischem Bewußtsein kamen ohne das aus. Mir scheint lohnender, nach dem praktischen Grund zu suchen, warum in der chinesischen Küche so viele Bestandteile kleingeschnitten und dann ganz kurz gegart werden. Der Hauptgrund war sicher die Knappheit der Vorräte, sowohl an Lebensmitteln wie an Brennstoff. In China gab es im Verhältnis zur Bevölkerung wenig bebaubares Land. Der Variationsreichtum und die Phantasie der chinesischen Küche sind aus der Not geboren, aus allem, was wächst oder herumläuft, etwas Eßbares zu machen – wie auch mancherlei Rezepte zeigen, welche die Zubereitung von Quallen, Eselshaut, Hammelkopf, Hanfwurzel, Malve, Pfirsichkern und ähnlichem beschreiben, das unsereins für abwegig hält. Um solche Merkwürdigkeiten eßbar zu machen, bedurfte es nun freilich allerlei Würzung und Kombination, und um dies mit der minimalen Menge Brennstoff zu garen, bot sich das Kleinschneiden an. Da sind wir wieder bei den Stäbchen, die hervorragend geeignet sind, solche kleinen Happen zum Munde zu führen.

Wer mit Stäbchen ißt, speist ohne Waffe. In vielen Gesellschaften war es üblich, die Waffen abzulegen, bevor man sich zum Essen setzte; in China hatte man nicht einmal ein Messer. Stäbchen waren keine Prestigeobjekte wie Tafelsilber; sie waren aus Bambus, aus Holz, allenfalls aus Elfenbein. In dem überaus reich ausgestatteten Grab einer vornehmen Dame der Han-Periode waren die Eßstäbchen aus Bambus.[18] Nur sehr selten wurden Stäbchen aus teuren Metallen, aus Gold oder Silber gemacht, denn dann hätten sie ja den häßlichen Metallgeschmack ans Essen abgegeben. Am kaiserlichen Hof gab es Silberstäbchen; die waren aber zum Auflegen und wurden als Gifttest gebraucht: Vergiftete Speise, nahm man an, würde die Stäbchen schwarz färben.

Beim Essen hatte jeder sein eigenes Reisschälchen vor sich stehen. Gemüse, Fleisch oder Pickles standen in der Mitte, so daß alle davon nehmen konnten. Man aß aber nicht direkt aus den gemeinsamen Schüsseln, sondern brachte jeweils einen Bissen mit seinen Stäbchen in die Reisschale und von dort zum Mund. So ähnlich wird es ja heute noch gehandhabt, nur daß es manchmal Auflegelöffel oder Auflegestäbchen gibt. 1984 versuchte die Kommunistische Partei, den Brauch abzuschaffen, daß beim Essen jeder Teilnehmer mit seinen Stäbchen in die gemeinsamen Schüsseln langt, weil dabei leicht Infektionskrankheiten übertragen wurden. Weil sie aber propagierte, die Stäbchen ganz aufzugeben und statt dessen Messer, Gabeln und Löffel zu benutzen, hatte die Kampagne keinen Erfolg.

Wenn im alten China die Stäbchen nicht aus Luxusmaterial waren, so war es doch das Eßgeschirr bei Leuten, die es sich leisten konnten. Ein Sprichwort sagte: «Feines Essen kommt nicht feinem Geschirr gleich.»[19] Bis etwa um 700 n. Chr. Porzellan in Gebrauch kam, galten Lackgefäße als das Edelste, wurden meist nur zum Ausstellen und Vorzeigen benutzt; gegessen wurde von Keramik oder Korbwaren. Um 100 v. Chr. kostete ein Lackschälchen soviel wie zehn Bronzeschälchen. Später war Porzellan das bevorzugte Material für Eßgeschirr. Allzu protzig sollte es aber auch nicht sein; der kaiserliche Minister Chang Ying schrieb im 17. Jahrhundert: «Als Geschirr ist Porzellan geeignet, man nehme jedoch nur feines und reines. (Andererseits) wähle man (aber auch) kein zu gutes, denn es zerbricht leicht und erleidet schnell Schaden. Außerdem ist man (beim Essen) immer (um das gute Geschirr) besorgt und findet so keine innere Ruhe. Daher gebrauche ich Geschirr der Mittelklasse.»[20]

Von China aus verbreiteten sich die Stäbchen nach Korea und Vietnam. Im 6. Jahrhundert n. Chr. gelangten sie auch nach Japan, und zwar mit den religiösen Riten des Buddhismus. Noch heute erinnern einige Tabus an diese religiöse Bedeutung: Nie darf man in Japan mit seinem Stäbchen Essen von einer Person zur anderen reichen, weil das an die Zeremonie erinnert, in der die Knochen des Toten von Mitgliedern der Familie weitergereicht werden. Und nie darf man die Stäbchen senkrecht in den Reis stecken, weil eben das, eine Schüssel mit senkrecht stehenden Stäbchen, den Toten als Opfer geweiht wird. Die Lack- und die Porzellanschälchen, aus denen man mit den Stäbchen aß, waren in Japan jedoch kleiner, weil jeder sein eigenes Set von Schälchen auf einem Tablett vorgesetzt bekam, bei größeren Essen auch auf mehreren Tabletts pro Person. Außer Schalen gab es auch Teller und Kästchen verschiedener Formen und Größe, die jeweils zum Geschmack der Speisen, zur Jahreszeit und zum Anlaß passend sein sollten. Noch in den dreißiger Jahren unseres Jahrhunderts wurde genau beachtet, was man zu welcher Gelegenheit zu benutzen hatte: «Porzellanschalen werden manchmal für Suppen benutzt, aber korrekt ist es, dafür Lackschalen zu benutzen ... Die Reisschalen sind bei formellen Essen aus Lack und bei anderen Mahlzeiten aus Porzellan. Alle Gemüseschalen und -teller,

große und kleine, sind aus Porzellan. Die Sakebecher sind bei formellen Essen aus Lack und bei anderen Mahlzeiten aus Porzellan. Die Stäbchen sind bei formellen Essen aus Gallapfelbaum, Zypresse oder Weide, die Stäbchen für den täglichen Gebrauch aus Zedernholz ... Zedernholzstäbchen darf man nur einmal benutzen.»[21]

Mit Stäbchen aßen Chinesen schon, als die übrige Welt noch mit der Hand aß.

Aber die Sitten verfallen – in den achtziger Jahren stellte das japanische Bildungsministerium in einer großen Untersuchung fest, daß fast die Hälfte aller japanischen Schulkinder nicht mit Stäbchen umgehen konnte, und auch ein Drittel aller Erwachsenen war nicht zu korrektem Umgang mit dem traditionellen Eßwerkzeug fähig. Daraufhin wurde beschlossen, das Essen mit Stäbchen in den Schulen zu lehren. Da war wohl schon die Gabel stark auf dem Vormarsch, die von Europa aus die Welt eroberte.

Die Gabel startete ihre Karriere als Küchengerät. In homerischer Zeit gab es eine Sorte, bei der fünf Zacken im Rund standen. Bei den Römern tauchte sie für manche Spezialfunktionen schon in kleinerer Ausgabe bei Tisch auf, wie etwa die Schneckengabel. Im 11. Jahrhundert berichteten erstaunte Reisende aus Venedig von Tischgabeln: «Der Doge von Venedig, Orseolo II., hatte eine Byzantinerin zur Frau ... Sie rührte keine Speise mit den Fingern an, sondern die Eunuchen mußten ihr die Gerichte in kleine Stücke haargenau schneiden, die sie sich dann mit einem zweizinkigen Gäbelchen aus Gold in den Mund schob.»[22]

Damals war das aber noch die vielbelächelte Ausnahme; erst im 16. Jahrhundert verbreitete sich das Essen mit der Gabel, zunächst in Venedig und Italien und dann weiter in Europa. In Frankreich führte Heinrich III. Ende des 16. Jahrhunderts die Gabel bei Hof ein, und gleich waren die Spötter zur Stelle. Eine anonyme Spottschrift mit dem Titel *Insel der Hermaphroditen* schrieb: «Sie führten das Fleisch mit Gabeln zum Munde, streckten dabei ihren Hals und ihren ganzen Körper zum Teller hin aus ... denn in diesem Land ist es verboten, das Fleisch mit den Händen zu berühren, wie schwierig auch immer das ist, sie wollen lieber, daß dieses kleine gezinkte Instrument ihre Lippen berührt als ihre Hände ... Danach gab es Artischocken, Spargel, Erbsen, Bohnen, und es war ein Vergnügen zu sehen, wie sie das mit den Gabeln aßen. Denn die es nicht ganz so gut konnten, ließen das meiste in die Schüssel fallen, auf die Teller oder unterwegs auf dem Weg zum Mund.»[23]

Noch Ludwig XIV. lehnte es ab, mit Gabeln zu essen, und verbot das auch den Prinzen in seiner Gegenwart, wie seine Schwägerin Liselotte von der Pfalz nach Deutschland berichtete. Sie fügte hinzu: «Mir hat noch niemals jemand dergleichen verboten, ich habe mich zeit meines Lebens beim Essen nur meines Messers und meiner fünf Finger bedient.»[24]

Einige Jahrzehnte später waren es dann die deutschen Spötter, welche die «welsche» Sitte des Gabelessens kritisierten, so Hans Michael Moscherosch 1643: «Ich meynte, sprach der Alte, der Alamode solte dir heut vergangen seyn. Diese Thorheit, den Salat mit der gabel essen, haben deine Vorfahren auch von den Wälschen gelernet; und ich dachte anders nicht, als es wird dieselbe langst wider erloschen sein gewesen bey euch ... Ich esse, sprach Hanß Thurnmeyer, wie ein rechter redlicher Boyrischer Schwob; wo zu sollen mir sonst die Finger? wie kan mir der Salat wol schmecken, wan ich ihn nicht mit den Fingern esse?»[25]

Ungeachtet der Spötter machte die Gabel ihren Weg, von Süden nach Norden und, auf die Gesellschaftsklassen bezogen, von oben nach unten. Aus französischen Gaststätten berichtete Goethe, daß er sich Messer und Gabel mitbringen mußte, und im 19. Jahrhundert trug man auf dem Land sein Besteck mit sich herum. Im übrigen war die Gabel in Europa fester Bestandteil des «gedeckten Tisches» geworden.

Niemals eine Gabel benutzt: Liselotte von der Pfalz, Schwägerin Ludwigs des XIV.

Von Europa aus machte sie sich auf, die Welt zu erobern. Je mehr die europäischen Kolonialmächte sich in der Welt ausbreiteten, je mehr auch nach ihrem Rückzug die «westliche» Lebensart für Reichtum und Oberklasse stand, desto mehr gewann die Gabel an Boden. Sie drängte sich in die Hände der Völker, denen bis dahin ebendiese Hände genügt hatten. Überall auf der Welt werden in Hotels und Restaurants, bei Geschäftsessen, formellen Einladungen und anderen öffentlichen Angelegenheiten Messer und Gabeln benutzt – just an den Orten und bei den Gelegenheiten, bei denen auch die ehemalige Kolonialsprache, Englisch oder Französisch, benutzt wird. So wie Inder und Afrikaner zweisprachig leben, so sind auch ihre Tischsitten «zweisprachig»: Zu Hause, unter Freunden, wo man die Muttersprache spricht, wo man die traditionellen Gerichte kocht, da benutzt man auch die traditionellen Eßwerkzeuge, nämlich die Finger.

Am ehesten widerstanden noch diejenigen Kulturen der Gabel, die seit Jahrhunderten entsprechende Geräte, nämlich Stäbchen, benutzten. Hier konnte das westliche Besteck sich auch bei offiziellen Anlässen nicht durchsetzen. Aber es war unerläßlich für manche westliche Gerichte. Eine Japanerin berichtet aus ihrer Jugend: «Nachdem wir in Tokio angekommen waren, aßen wir im Bahnhofshotel. Zum ersten Mal in meinem Leben aß ich ein Steak. Aber ich hatte keine Ahnung, wie man westliche Nahrung ißt. Ich versuchte, (die anderen) nachzumachen, aber leider kam ein Kellner, vielleicht weil ich mein Messer und meine Gabel falsch hingelegt hatte, und räumte den Teller weg, bevor ich aufgegessen hatte. Noch heute bin ich traurig, wenn ich daran denke, daß ich diese Mahlzeit nicht zu Ende essen konnte.»[26]

In Japan haben zahlreiche westliche Speisen den Speiseplan erweitert; sie werden mit ihren (abgewandelten) westlichen Namen bezeichnet. So gibt es neben den japanischen gebratenen Gerichten (Tempura) die «westlichen» Katsu und Furai, nach dem englischen Cutlet und Fry, neben den japanischen Schmorgerichten (Ni-mono) diejenigen, die Shi-chu heißen, nach englischem Stew. Diese Gerichte mit den fremden Namen werden nicht auf japanischem Geschirr und mit Stäbchen serviert, sondern mit Tellern, Messern und Gabeln. Und wenn zu solchen Gerichten Reis gegessen wird, dann heißt er nicht mehr japanisch Gohan, sondern verwandelt sich in Raisu: kulinarische Zweisprachigkeit.

ETIKETTE

Essenszeit

Rechte Seite: Herrscher und Chiefs essen allein.

Wer kennt sie nicht, die merkwürdige Atmosphäre, wenn man ganz allein im Restaurant sitzt, wenn die Kellner noch mit Tischdecken beschäftigt sind oder gar in einer Ecke noch selbst essen. Dabei ist es doch schon acht, eine Stunde nach der deutschen Essenszeit. Aber hier ist Spanien, und da beginnt die Essenszeit frühestens in einer Stunde. Und die Leute, die das nicht wissen, gelten als provinzlerisch. Vor 200 Jahren schrieb Jane Austen aus der Provinz an ihre Schwester: «Wir essen jetzt um halb vier und sind vermutlich fertig, ehe Ihr anfangt – um halb sieben trinken wir Tee – ich fürchte, Du wirst uns verachten.» [1]

Ob früher oder später – bei vielen Völkern in Vergangenheit und Gegenwart wird und wurde dreimal am Tag gegessen. Und im Gegensatz zum Spruch, daß man morgens wie ein König und abends wie ein Bettler essen soll, wurde die gehaltvollste Mahlzeit am Abend nach der Arbeit eingenommen.

Je schwieriger und unregelmäßiger Nahrung zu haben war, desto mehr waren Menschen daran gewöhnt, mit einem Essen längere Zeit auszuhalten. Von den Nomaden in Asien berichtet Takamiya: «Die Altaier waren von Jugend auf die größte Unregelmäßigkeit beim Essen gewohnt. Sie konnten tagelang hungern, hatten sie aber wieder Nahrung, dann genossen sie im Übermaß . . . Manche Mongolen konnten während eines Gelages nicht weniger als fünf Kilo Hammelfleisch verzehren. Aber sie waren auch imstande, mehrere Tage ohne jede Speise zu leben.» [2]

Tomas O'Crohan, ein armer irischer Fischer, berichtete in den dreißiger Jahren: «Manche Leute spielen viermal am Tag mit ihrem Essen rum. In meiner Zeit haben wir bei einer Mahlzeit so viel gegessen wie die bei vier. Mit so einer Mahlzeit konnte man dann zwei Tage auskommen, wenn es nötig war.» [3] Die afrikanischen Bemba aßen gewöhnlich nur eine Mahlzeit täglich, und zwar am Abend – schon allein deshalb, weil das übliche Essen, ein Getreidebrei mit Gemüsesauce, so viel Zeit zum Zubereiten brauchte, daß es unmöglich mehrmals täglich gemacht werden konnte. Wahre Wunder an Durchhaltevermögen sollen die Kung gewesen sein, die Bewohner der Kalahari, die von einem Essen zum anderen viele Tage aushalten konnten.

 Im europäischen Mittelalter und danach galten häufig zwei Mahlzeiten

pro Tag als das Normale, und sie waren beide gleich gehaltvoll. Das *Diaeteticon* von 1682 empfiehlt das ausdrücklich. Im Wien des 17. Jahrhunderts wurde schon für vormittags um zehn Uhr zu einer Hauptmahlzeit geladen.

Allmählich lösen sich unter dem Einfluß von Fertiggerichten und Snacks die festen Essenszeiten auf – nicht nur in Amerika, wo man den ganzen Tag lang mit Chips, Süßigkeiten und Fast Food auskommen kann; über eine ähnliche Entwicklung berichtete auf einem der Oxforder Symposien Sri Owen aus Indonesien: «Es gibt jetzt eine Formlosigkeit beim Essen – vielleicht war sie immer da ... Man kommt von der Arbeit nach Hause und ißt sofort, nimmt das Essen aus dem Regal oder Kühlschrank und setzt sich meist nicht mal an den Tisch. Es steht immer gekochtes Essen im Haus, keinen stört, daß es kalt ist, und so gibt es keinen Grund, sich an die Förmlichkeit einer festen Stunde für das Familienessen zu halten.»[4] Nicht nur in Indonesien verdrängen unterschiedliche Arbeitszeiten, Schnellimbisse und Snacks das gemeinsame Essen.

Tischgemeinschaft

Das Familienessen hat es ohnehin nur selten gegeben. Daß Männer und Frauen gemeinsam aßen, war in Afrika, Indien, China und Europa eher die Ausnahme als die Regel – darüber berichtete ausführlich das Kapitel *Patriarchat*. Die Männer aßen für sich; die Frauen aßen nach ihnen oder woanders. Die Kinder aßen meist mit den Frauen, wenn sie nicht, wie bei manchen reicheren Familien in Europa, extra im Kinderzimmer ihr Essen bekamen.

Oft galt es als ein Zeichen von besonderem Rang und Würde, allein zu essen, ohne vom niederen Volk gesehen zu werden. So etwa in der Familie einer Japanerin, deren Vater und Großvater kaiserliche Beamte waren: «Großmutter speiste immer allein an einem hübschen flachen Lacktisch. Mutter saß neben ihr und bediente sie; sie mußte genau wissen, wann sie mehr essen wollte, und im richtigen Moment ein neues Tablett servieren. Keine der Dienerinnen, nicht einmal ihre alte Zofe, durften dabei hereinkommen.»[5]

Der arabische Reisende Ibn Battuta, der Ende des 14. Jahrhunderts Mali besuchte, berichtete, daß der König ihm als besondere Ehre ein luxuriöses Mahl schicken ließ, das er in Ruhe allein verspeisen konnte. Auch bei den südafrikanischen Bemba war es Sitte, einen besonders geehrten Gast nicht gemeinsam mit den anderen Männern der Familie zu bewirten, sondern ihm einen Korb mit Essen zu schicken, das er allein aß – oder zu dem er nach Belieben den einen oder anderen der Gastgeber hinzuladen konnte. Weibliche Besucher hingegen aßen meist gemeinsam mit der Gastgeberin und hatten auch meist schon beim Zubereiten des Essens mitgeholfen.

«Dem älteren Onkel einen Korb mit Essen zu geben, das er hinter geschlossener Tür ißt, heißt, ihn als Chief (Häuptling, hochgestellte Person) zu behandeln, der allein essen oder Nahrung verschenken kann, wie er will. Er ist der Besitzer des Essens. Ihm von deinem Essen abzugeben, heißt, ihn auf eine Stufe mit dir zu stellen oder ihn als Abhängigen zu behandeln.»[6]

Ein afrikanischer Chief ißt allein. Als Jack Goody in Ghana einen Hoteldirektor zum Essen einlud, «wollte er nicht in das Restaurant gehen, wo viele Freunde und Bekannte saßen, und sagte: ‹Chiefs essen nicht in der Öffentlichkeit.› Schließlich aßen wir an einem Tisch, der etwas abgetrennt an der Seite stand.»[7]

Auch auf Neuseeland beobachtete Missionar Taylor, daß sich beim Essen der Chief hinter eine Trennwand aus geflochtenem Korb setzte, wo ihn die anderen und auch der Gast nicht sahen. Das machten die Chiefs in Europa früher ähnlich: Sie aßen allein. Zum Beispiel Kaiser Karl «der Große»: «Wenn Karl aß, bedienten ihn Herzöge, Fürsten oder Könige verschiedener Völker. War er fertig und saßen sie bei Tisch, so warteten ihnen Grafen, Statthalter oder verschiedene hohe Würdenträger sonst auf. Und waren sie zu Ende damit, dann speisten die Ritter und die Palastwachen. Nach ihnen aller Arten Beamte, dann die Diener und endlich die Bedienten dieser Diener, so daß die letzten nicht vor Mitternacht zum Essen kamen.»[8]

Könige und Kaiser behielten diesen Brauch bis über das Mittelalter hinaus bei. Sie speisten allein, aber öffentlich. Von Ludwig XIV. wird berichtet, wie perfekt er die Kunst beherrschte, die Zuschauer der Reihe nach in ein Gespräch zu ziehen. Gelegentlich lud er auch Gäste an seine Tafel.

Ähnlich war die Hofetikette bei den Azteken. Der König aß allein, während seine Würdenträger, Beamte und Priester ihm zusahen; gelegentlich ehrte er den einen oder anderen dadurch, daß er ihm von seinem Essen anbot. Erst wenn er fertig war, aßen die Gesandten anderer Städte oder Länder und die Höflinge, dann die Palastwachen, Erzieher, Priester, die Hofsänger und schließlich alle anderen. Manchmal ließ er sich auch, wenn er aß, mit einer vergoldeten Wand von seinen Zuschauern abschirmen.

Am antiken persischen Königshof speiste der König in einem Extrasaal hinter einem Vorhang, durch den er seine Gäste sehen konnte, sie aber nicht ihn. Zur selben Zeit galt es in Persien für einen Gastgeber als höflich, seinen Gästen die Mahlzeit vorzusetzen und sich dann zu entfernen, damit sie ungestört essen konnten.

Sobald mehrere Menschen zusammen essen, stellt sich die Frage der Rangfolge. Wo sitzt die wichtigste Person? Im alten China war der Ehrenplatz derjenige, der nach Osten sah. Wenn der Gastgeber der Ranghöchste in der Runde war, nahm er ihn auch selbst ein. Oft saßen der Gastgeber und die Ehrengäste erhöht auf einem Podest. Bei den Mongolen und asiatischen Nomaden war der Ehrenplatz rechts vom Gastgeber – wo er heute in Europa ist. Im alten Europa war die große Tafel in oben und unten eingeteilt: Oben, wo Gastgeber und Ehrengäste saßen, endete bei dem

Kostbares Salzfaß aus dem 16. Jahrhundert. Wer «unterhalb vom Salz» sitzen mußte, zählte nicht zu den feinen Leuten.

kostbaren silbernen Tafelaufsatz, der das Salz enthielt. «Unterhalb vom Salz» saßen minder bedeutende Gäste, auf dem Land auch das Gesinde, denn außer an Kaiser- und Königshöfen aßen im Mittelalter Herrschaft und Bedienstete vom selben großen Tisch. Bei größeren Anlässen, wenn mehrere Tische im Saal standen, wurde der Ehrentisch oft mit einem Podest erhöht. Deswegen war der vielbeschriebene runde Tisch des Königs Artus etwas so Besonderes: Hier saßen alle Ritter ebenbürtig ohne Rangfolge.

Feines Benehmen

Manche Kinder erinnern sich noch bis weit ins Erwachsenenalter der täglichen Tortur des Essensdrills, zum Beispiel Franz Kafka: «Was auf den Tisch kam, mußte aufgegessen, über die Güte des Essens durfte nicht gesprochen werden, düstere Stille war bei Tisch, unterbrochen von Ermahnungen: ‹Zuerst iß, dann sprich› oder ‹Siehst du, ich habe schon längst aufgegessen›. Bei Tisch durfte man sich nur mit Essen beschäftigen.»[9]

 Die Tortur der Erwachsenen ist allerdings nicht geringer, wenn es darauf ankommt, bei einem wichtigen Anlaß alle komplizierten Eßregeln zu beherrschen und nicht zu versagen, nicht den Fisch mit dem Messer zu essen, nicht die Stäbchen senkrecht in die Schale zu stellen, nicht das Aufstoßen nach dem Essen zu vergessen – je nachdem, wo man lebt.[10] Nicht überall schüttet die Gastgeberin, wie in Georgien, vor dem Essen Wein über das blütenweiße Tischtuch, damit die Gäste sich nicht in acht nehmen müssen, nicht überall schlürft der Gastgeber mit gespieltem Genuß die Fingerschale leer, weil soeben ein unwissender Gast von seiner getrunken hat. Häufiger werden Übertreter der guten Sitten so behandelt wie in einer arabischen Geschichte: Da hatte bei einem Gastmahl jemand seine angebissene Feige wieder auf den Obstteller gelegt, und sofort bissen alle anderen Gäste jeweils eine Feige an und legten sie auf einen Teller, den sie dem Frevler servierten. Oft entscheidet das Bestehen oder Versagen bei einem «Testessen», bei dem der Getestete seine Kenntnis der Etikette beweisen muß, über die Zulassung zu einem Beruf, einem bestimmten gesellschaftlichen Zirkel, einem Verein. Zur Zeit der Sung-Dynastie in China verlor ein Minister Einfluß und Macht, weil er bei einem Kaiserbankett aus Versehen das Fischfutter gegessen hatte, mit dem die Gäste zur Unterhaltung die Fische im kaiserlichen Teich füttern sollten.

Unkenntnis der Etikette kann politische Folgen haben: In Tibet wird noch heute erzählt, schreibt Rinjing Dorje[11], wie Anfang des Jahrhunderts der erste englische Gesandte die Tibeter vor den Kopf stieß. Er lud nämlich die Spitzen der Gesellschaft von Lhasa zu einem Essen ein, bei dem allerlei verlockende Speisen zwar vorgezeigt, aber dann sofort wieder abgeräumt wurden, ohne daß die Gäste sie essen durften. So sahen es diese Gäste; der Gastgeber hingegen fühlte sich düpiert, weil sein Essen zurückgewiesen und verschmäht wurde. Das folgende kühle Verhältnis hätte sich vermeiden lassen, hätte der Gesandte gewußt, daß tibetanische Höflichkeit gebietet, angebotenes Essen mehrfach abzulehnen, daß der Gastgeber mehrfach insistieren muß und daß erst dann der Gast sehr zögernd sich dazu drängen lassen darf, doch etwas zu essen.

Um solche Mißverständnisse zu vermeiden und um die Angst der Erwachsenen vor formellem Essen zu mildern, gab es schon immer die Etikettebücher. Sie reichen von philosophischen Betrachtungen über Anleitungen zur Erziehung junger Menschen, bis hin zu äußerst detaillierten Benimmvorschriften; es gibt sie seit Tausenden von Jahren. Das älteste solcher Werke ist möglicherweise die Weisheitslehre des Wesirs Ptahhotep, der vor mehr als 4000 Jahren lebte.[12] Er gab in diesem Werk auch Regeln über das Verhalten beim Essen, riet etwa den Gästen, mit Worten und Blicken vorsichtig zu sein, empfahl aber andererseits den Gastgebern, so großzügig wie möglich zu sein, wenn die Mittel es erlaubten.

In China sind die ältesten Regeln für das Verhalten beim Essen in den Lehren des Konfuzius zu finden, die seine Schüler um 500 v. Chr. aufgezeichnet haben. In ihnen herrschte der Gedanke des Maßes und der Har-

Rechte Seite: Römische Essensreste – nicht ausgespuckt, sondern Bestandteil eines kunstvollen Mosaikfußbodens in einem Eßzimmer des 2. Jahrhunderts.

monie: Man soll zum Essen gar nicht erst Platz nehmen, wenn die Matte nicht richtig ausgebreitet ist. Man soll nur zur rechten Zeit essen. Man soll nichts Übelaussehendes oder schlecht Gekochtes essen. Man soll kein Fleisch ohne Würztunke essen und nur so viel Fleisch, daß der Geschmack von Reis oder Hirse nicht übertönt wird. Man soll Wein genießen, wenn man mag, aber nicht so viel, daß man betrunken wird.

Dieser Gedanke des Maßes blieb über Jahrhunderte, Jahrtausende in der chinesischen Literatur, die sich mit dem Verhalten bei Tisch befaßte, erhalten. Im 11. Jahrhundert schrieb Huang T'ing-chien unter ausdrücklicher Berufung auf Konfuzius: «Ißt man zu gut, so entsteht Begierde. Ißt man zu schlecht, so entsteht Unmut. Ißt man den ganzen Tag lang, ohne sich über die Herkunft der Speisen im klaren zu sein, so ist man ein Dummkopf.»[13] Er empfahl auch, die Mühe hochzuschätzen, die auf das Essen verwendet wurde, beim Anbau, beim Ernten, beim Kochen.

Innerhalb solcher allgemeinen Prinzipien war die Etikette bei Tisch bis ins kleinste Detail festgelegt; die beiden frühen Werke, auf die Chinesen sich immer wieder bezogen, *Li-Chi* und *Zhou-Li*, sind aus Einzelteilen zusammengesetzt, die in der Zeit vom 5. bis 1. Jahrhundert v. Chr. geschrieben wurden. Da wird die Anordnung des gedeckten Tisches beschrieben: «Das Fleisch, das am Knochen gegart wurde, steht links, das kleingeschnittene Fleisch rechts, der Reis links, die Suppe rechts, gehacktes und gebratenes Fleisch hinter dem anderen Fleisch, Pickles und Saucen davor, daneben Zwiebeln. Die Faltstellen des Trockenfleisches müssen nach links zeigen, die Enden nach rechts.» Und so weiter...[14]

Auch waren genaue Verhaltensregeln während des Essens angegeben: «Ist ein Gast von geringerem Rang als der Gastgeber, ergreift er seinen Reis, steht auf und weigert sich, die Ehre anzunehmen, die man ihm bietet. Der Gastgeber steht dann auf und weigert sich, den Gast gehen zu lassen. Danach setzt der Gast sich wieder hin.» Es wurde vorgeschrieben, wie sich Höhere und Niedere, Junge und Alte zu benehmen hatten, in welcher Reihenfolge gegessen wurde, wer wann trinken durfte. Man sollte Hirse nicht mit Stäbchen essen, Trockenfleisch nicht mit Zähnen teilen, Suppe nur dann trinken, wenn kein Gemüse in ihr war, nicht nachwürzen, weil sich der Gastgeber sonst für die schlechte Küche entschuldigen müßte, nicht gierig und nicht laut essen und auf zahlreiche weitere solche Regeln achten. Darunter auch einige, die anderswo eher als schlechtes Benehmen gegolten hätten: Knochen einfach aus dem Mund fallen lassen, mit offenem Mund kauen – Regeln, die heute noch gelten, wie der Franzose Marc Boulet in der Familie seiner chinesischen Frau etwas angewidert konstatierte.

Bei den benachbarten Mongolen standen im Gegenteil Ausgelassenheit, Übermaß und Prasserei in höchstem Ansehen. Sie tischten nicht nur Unmengen von Speisen und Getränken auf; mehrere Reisende, die sich dort im 13. Jahrhundert aufhielten, berichteten, daß es geradezu eine Anstandsregel war, auch entsprechend unmäßig zuzulangen. Ein Gast mußte

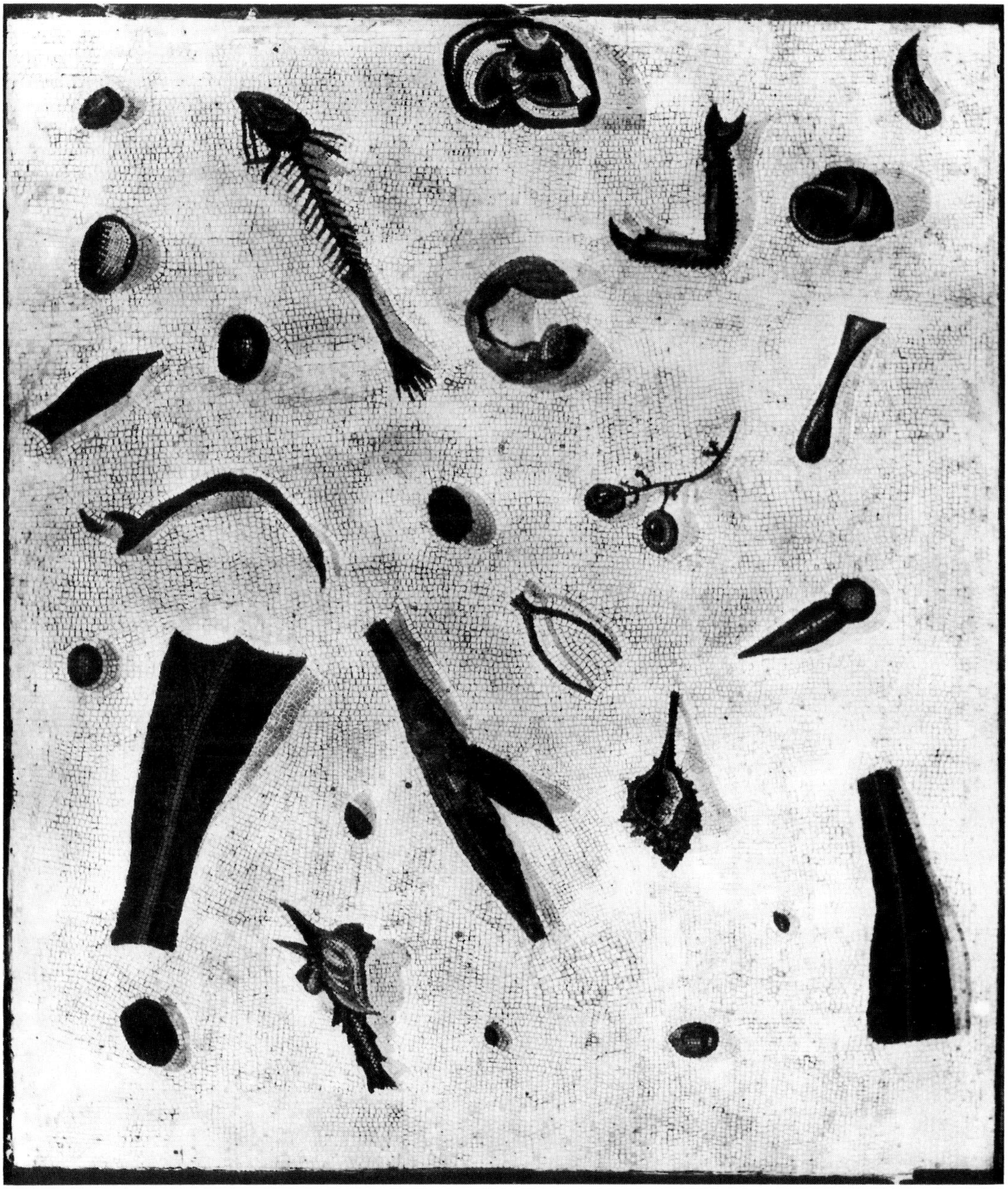

nicht nur üppige Portionen essen, sondern er mußte sich auch, wenn er den Gastgeber nicht beleidigen wollte, völlig betrinken.

Man kann sich den Kulturschock vorstellen, als die mongolische Yüan-Dynastie im 13. Jahrhundert in China für fast 100 Jahre die Herrschaft übernahm. Zu den Palastgebäuden in Peking wurden ein Schafstall und eine Brauerei für Kumys, alkoholisierte Stutenmilch, hinzugebaut. Das beliebteste Gericht bei Festen waren Schafe, die im ganzen zubereitet und dann vor den Gästen zerteilt wurden, so daß jeder ein Stück Fleisch am Knochen erhielt. Ein chinesischer Augenzeuge berichtete irritiert, daß jeder einen kleinen Dolch an der Seite trug, mit dem er sein Fleisch schnitt. Für Chinesen, die so sorgsam ihre Etiketteregeln beachteten, geradezu barbarisch! Frederick Mote schreibt: «In der Zeit der Yüan-Dynastie wurden die Riten und Anstandsformeln (des *Li-Chi* und *Zhou-Li*) von allen akzeptiert und hatten großen Einfluß in der Gesellschaft; ihr Wert wurde womöglich für große Teile der Bevölkerung noch dadurch gesteigert, daß die fremden Herrscher ihrer entbehrten.»[15]

Der erste Herrscher der Ming-Dynastie, welche die Mongolen ablöste, war ungebildet und von einfacher Herkunft, aber eine seiner ersten und wichtigsten Entscheidungen war, die alte Etikette wieder bei Hof einzuführen, wo sie 100 Jahre nicht beachtet worden war. Er setzte Komitees ein, die nach den alten Quellen neue Benimmbücher erarbeiten sollten, und schon am dritten Tag nach seiner Machtübernahme hielt er ein großes Bankett ab, dessen Verlauf den alten Regeln entsprach.

Japanische Etikette war ähnlich detailliert und hat sich ähnlich lange gehalten – wie das Illustriertenpublikum anläßlich der Hochzeit des Kron-

Erstaunt über fremde Eßsitten: Theodor de Bry porträtierte im 16. Jahrhundert Indianer beim Essen.

prinzen 1993 nachlesen konnte. Nicht nur bei Hof, auch für Geschäftsessen, Hochzeiten und ähnliche Anlässe war genau vorgeschrieben, welche Sorte Geschirr benutzt wurde, aus wieviel Gängen ein Essen zu bestehen hatte: eine Suppe und drei Speisen, zwei Suppen und fünf Speisen oder drei Suppen und sieben Speisen. Diese Speisen hatten ihre festgelegten Plätze auf den Tabletts, die vor jedem Teilnehmer aufgebaut wurden, und auch die Reihenfolge, in der man davon kosten durfte, war festgelegt. Zwischen jedem Schluck Suppe oder Happen Speise mußte Reis genommen werden. Je nach Rang durften die Gäste viel oder wenig zum Tischgespräch (oder richtig: Tablettgespräch) beitragen. Diese Regeln galten noch Anfang dieses Jahrhunderts.

Natürlich galten sie, wie auch die zitierten chinesischen, nur für die oberen Klassen – meist waren solche Regeln ja unter anderem das Klassenmerkmal, um zu unterscheiden, wer zur eigenen Gruppe gehörte und wer nicht. Sobald sie aufgeschrieben waren und also auch außerhalb der Gruppe nachgelesen werden konnten, halfen die Benimmbücher den aufsteigenden Schichten, sich an das Benehmen von denen, die schon oben waren, anzupassen. Wie die Armen, die Bauern, die Arbeiter aßen, hat kaum literarischen Niederschlag gefunden. Da ist schon eine Ausnahme, daß überliefert ist, wie Schreiner im 11. Jahrhundert in Japan aßen; eine Hofdame fand das so außerordentlich, daß sie es weiterberichtete: «Im Augenblick, wo das Essen gebracht wurde, fielen sie über die Suppenschalen her und stürzten den Inhalt hinunter. Dann stießen sie die Schalen beiseite und putzten alles Gemüse weg. Ich fragte mich, ob sie den Reis übriglassen wollten, aber eine Sekunde später war kein Korn mehr in den Schalen. Sie benahmen sich alle ganz genau gleich, so daß ich vermute, das ist eben die Art von Schreinern.»[16] Offensichtlich war es das erste Mal in ihrem Leben, daß sie hungrige Leute essen sah.

In Indien schrieb und schreibt die Trennung der Kasten Etiketteregeln vor, die anderswo als extrem unhöflich angesehen würden. Jack Goody berichtete von seinem Aufenthalt in Indien in den siebziger Jahren, daß ein Angestellter der Bildungsbehörde, ein Hindu, in sein Haus zu Besuch kam: «Zur Begrüßung reichte ich ihm ein Glas Wasser, wie ich es in Afrika oder anderswo tat. Als ich ihm das Glas gab, stellte er es beiseite mit der Bemerkung, er esse nur in seinem eigenen Haus, womit er meinte, in seiner eigenen Kaste. Jede andere Nahrung war für ihn nicht rein, nicht wegen ihrer Beschaffenheit, sondern wegen des Standes der Person, die sie zubereitet oder angeboten hatte.»[17]

Die indische Eßetikette wurde zwischen 800 und 300 v. Chr. in den Sutren, kürzeren Lehrstücken, aufgeschrieben und wird teilweise heute noch befolgt; sie drehte sich hauptsächlich um das Prinzip der Reinheit. Dieses Prinzip war eng mit dem Kastendenken verbunden. Wenn ein Mensch niederer Kaste eine gekochte Nahrung berührte, wurde sie dadurch für Menschen höherer Kaste unrein. Besonders für die höchste

Kaste, die Brahmanen, reichte schon der Schatten eines «niederen» Menschen, um sein Gericht uneßbar zu machen. Im höchsten Grade rein waren hingegen alle Produkte der Kuh; eine mit Ghee zubereitete Speise durfte ein Brahmane auch aus den Händen anderer Kasten entgegennehmen. Auch rohe Nahrung war von diesen Reinheitserwägungen ausgenommen. So kam ein Brauch zustande, der unsereinen vor den Kopf stoßen würde: Die Angehörigen einer Mittelkaste in Zentralindien «geben sich sittenstreng, und wenn sie eingeladen sind, bestehen sie darauf, ihre Speisen roh zu erhalten und sie bei sich zu Hause zu kochen»[18].

Natürlich konnte jeder Nahrung essen, die von einem Brahmanen gekocht wurde; also waren Brahmanen als Köche sehr gesucht. Manche eröffneten eigene Restaurants, wo sie auch Angehörige von niederen Kasten bekochten und bedienten – daran war nichts unrein. Probleme in Restaurants konnte allenfalls das Geschirr machen, von dem möglicherweise andere, unreinere Personen vorher gegessen hatten. Chitrita Banerji berichtet, daß noch ihre Großmutter und Mutter auch zu Hause keinen Becher ihre Lippen berühren ließen: Beim Trinken hielten sie den Becher ein Stück vom Mund weg, neigten den Kopf zurück, und Wasser oder anderes Getränk konnte ohne Berührung in den Mund laufen.[19] Von den Palmblättern, die als Einwegteller dienten, war schon im vorigen Kapitel die Rede.

Auch der Platz, auf dem man sich zum Essen niedersetzte, durfte nicht verunreinigt sein: In den Sutren steht, daß man ihn mit Kuhdung reinigen soll. Kuh ist ja besonders rein ... Ich bin nicht sicher, ob sich viele Restaurantbesitzer oder Familien diese Vorschrift heute noch sehr zu Herzen nehmen.

Die Benimmregeln, die sich nicht speziell auf rein oder unrein bezogen, waren ähnlich wie in China: Nicht das Essen tadeln, beim Essen nicht Gier oder Ärger zeigen, solche Speisen essen, die nach Alter und Stand zu einem passen, nicht laut schmatzen. Die Forderung, Maß zu halten, Extreme zu vermeiden, war weit verbreitet.

Auch in den jüdischen Eßregeln, die im Buch *Sirach* niedergelegt sind, spielte das Maß eine Rolle: Vernünftig sein, nicht nach dem langen, was der Nachbar will, nicht zu gierig sein, als erster mit Essen aufhören, vom Wein nur mäßig trinken. Ähnlich klang es in einem der wichtigsten arabischen Etikettebücher, *Über die guten Sitten beim Essen und Trinken*, das der Theologe und Philosoph Al-Ghazzali Ende des 11. Jahrhunderts verfaßte: Er empfahl, nicht aus Leidenschaft zu essen, vor dem Sattsein mit dem Essen aufzuhören, nicht mehr zu verlangen, als man habe, nicht am Essen zu mäkeln, sich mit Brot zu begnügen. Außerdem sollte der gesittete Esser: vor und nach dem Essen Hände waschen, nicht allein essen, sondern möglichst mit vielen gemeinsam, Brot brechen und nicht schneiden, Fleisch abbeißen und nicht schneiden, nichts zurück in die gemeinsame Schüssel tun, heruntergefallene Speise aufheben und trotzdem essen (Inder wären entsetzt), Finger nicht am Brot reinigen, aus Achtung vor diesem wichtigsten Nahrungsmittel, sondern ablecken, Zahnstocher benutzen.

Manches von dem begegnet einem bei Lektüre von mittelalterlichen europäischen Benimmbüchern, sogenannten Tischzuchten, wieder. Aber um diese Zeit scheinen die Europäer doch ungeschliffener gewesen zu sein als Chinesen, Inder oder Araber. Es finden sich erstaunliche Verbote in den Tischzuchten, und ein Verhalten wäre ja wohl nicht ausdrücklich verboten worden, wenn es nicht weit verbreitet gewesen wäre. In der Tischzucht, die unter dem Namen des Tannhäusers überliefert ist, wurde von folgendem Verhalten abgeraten: ungewaschen essen, sich wie ein Schwein über die Schüssel hängen und schmatzend schnappen, so gierig essen, daß man sich in die Finger beißt, mit vollem Mund wie ein Vieh trinken, mit fettigem Mund aus dem gemeinsamen Glas trinken, sich ins Tischtuch schneuzen, mit dem Messer in den Zähnen bohren, Nase mit Fingern schneuzen und es in der Hand verreiben (mit der man ja in die gemeinsame Schüssel langt), abgenagte Knochen in die Schüssel zurücktun. «Solche Unsitte vermeiden die Höfischen», oder «den hält man nicht für einen Ritter (der so etwas tut)», schrieb Tannhäuser[20]. Es war also durchaus die Oberschicht, die dieser Belehrung bedurfte. In anderen, auch französischen und englischen Benimmbüchern, die oft zur Erziehung der jungen Adligen dienten, wurde als schlechtes Benehmen getadelt: über den Tisch zu spucken, mit dem Messer in den Tisch zu schnitzen, bei Tisch zu rülpsen und sich zu übergeben.

Im 14. und 15. Jahrhundert waren die Städte stark und die Bürger reich geworden; sie bemühten sich, es an Aufwand bei der Bewirtung und an feinen Sitten dem Adel gleichzutun. Nun richteten sich Tischzuchten an bürgerliche Schichten, wie etwa das *Liederbuch der Clara Hätzlerin* aus Augsburg (Mitte 15. Jahrhundert) oder *Ein Tischzucht* von Hans Sachs 1534.

Um diese Zeit waren die Etikettevorschriften an den Höfen schon übertrieben detailliert. Allein die Beschreibung, wie der Oberbrotmeister am Hof Karls «des Kühnen» von Burgund Servietten, Salz und Brot auszugeben hatte, füllte drei Seiten.[21] Die Bürger eiferten dem nach. Das Essen wurde immer komplizierter. Suppe zum Beispiel wurde zu Beginn des Mittelalters aus dem gemeinsamen Topf getrunken. Dann kamen Löffel zum Essen von Suppe auf, meist wurde einer von zwei Personen geteilt, und die Tischzuchten schrieben vor, daß er vorher am Brot oder Tischtuch abzuwischen sei. Bald hatte jeder seinen eigenen Löffel, der nach wie vor abgewischt, da immer noch in die gemeinsame Schüssel getunkt wurde. Bald hatte auch jeder seinen eigenen Teller, und schließlich schob sich zwischen Schüssel und individuelle Teller auch noch ein Servierlöffel. Nun konnte die Vorschrift gespart werden, daß der Löffel abzuwischen war – aber dafür gab es zahlreiche über das Auftun und Nehmen, über die Frage, ob Suppe von der Spitze oder Seite des Löffels zu essen war.

England, Ende des 19. Jahrhunderts: «Jetzt muß ich aber noch sagen (denn dieses Buch ist ja für diejenigen geschrieben, die sich in der Gesell-

Das galt in Tischzuchten als schlechtes Benehmen: sich bei Tisch übergeben, zu heftig flirten.

schaft nicht so gut auskennen), daß man seine Suppe von der Seite des Löffels essen soll, niemals von der Spitze.»[22] Deutschland, Anfang des 20. Jahrhunderts: «Der Löffel wird nicht mit der Seite, sondern mit der Spitze zum Munde geführt.»[23]

Wenn der Etiketteklassiker Adolph Freiherr von Knigge mit seinem *Umgang mit Menschen* von 1788 hier zu kurz kommt, dann deshalb, weil ihn Essen nicht sonderlich interessierte: «Ein mäßiger Mann verlangt doch nicht mehr, als sich satt zu essen, und das kann er ja leicht um geringen Preis. Das Mehr oder Weniger ist so viel nicht werth, und ich halte wahrhaftig meine Gesellschaft und meine verlohrne Zeit eben so theuer als Ihro Hochmögenden Dero Pasteten und Braten.»[24]

Norbert Elias hat eine umfassende Theorie aufgestellt, nach der die zunehmende Etikette darauf hinauslief, mehr und mehr die Affekte zu kontrollieren. Alle körperlichen Äußerungen wurden zunehmend aus der Öffentlichkeit verbannt: gemeinsames nacktes Baden, Schlafen in gemeinsamen Sälen, öffentliches Verrichten der Notdurft. Das Peinlichkeitsgefühl nahm zu: Man wollte nicht Zeuge von solchen körperlichen Äußerungen sein und vermied auch mehr und mehr körperlichen Kontakt. So wurde auch mehr und mehr alle Körperlichkeit vom Essen verbannt; man wollte den eigenen Körper möglichst wenig wahrnehmen, man rülpste nicht mehr, langte nicht mehr mit der Hand ins Essen und vermied Berührungen mit dem Nachbarn, man wollte auch nicht mehr sehen, daß die Nahrung auf dem Tisch einmal ein Tier gewesen war, man mochte keine Zubereitungen mehr wie ganze Pfauen mit Federn oder gefüllte Schweine auf der Tafel, keine ganzen vor dem Kamin am Spieß gebratenen Rinder. Den Prozeß der «Zivilisierung» beschreibt Elias also als ein Vorrücken der «Peinlichkeitsschwelle und Schamgrenze»[25].

Das ist wohl nur ein Teil der Erklärung. Wichtig war auch, daß das Gefühl für Individualität zunahm – gerade deshalb, weil die Menschen immer zahlreicher wurden. Sie wollten Platz zwischeneinander lassen, sich abgrenzen können. Wichtig waren auch praktische Erwägungen. Daß ganze Tiere seltener auf den Tisch kamen, hatte vor allem damit zu tun, daß Fleisch knapper und kostbarer wurde. Elias führt die chinesische messerlose Eßkultur als ein Parallelbeispiel zur europäischen Entwicklung an: «Die Regelung und Bindung des Affekthaushalts verschärft sich. Die Gebote und Verbote um das gefahrbedeutende Instrument häufen und differenzieren sich. Schließlich wird der Gebrauch des bedrohlichen Symbols soweit als möglich eingeschränkt.»[26] Außer dem Affekthaushalt sollte man bei der chinesischen Art, alles kleinzuschneiden und kurz zu garen, aber auch und vielleicht als erstes die Brennholzknappheit bedenken.

Wichtig ist schließlich bei der Entwicklung von Tischsitten das Verhältnis der Schichten innerhalb der Gesellschaft. All die Neuerungen gingen von den Höfen aus und wurden von den Bürgern übernommen, und kaum hatten diese sie übernommen, hatten die Höfe neue Regeln hinzugefügt, so daß der lerneifrige Bürger immer noch nicht auf der Höhe der feinen Leute war. Die wollten sich eben gern abgrenzen. Aber die Bürger wollten gern dabeisein und sich ihrerseits nach unten abgrenzen – und so kam es dazu, daß im 19. Jahrhundert die bürgerlichen Eßregeln in Europa so genau und kompliziert waren, daß man sie heute in einer weniger klassenbewußten Zeit eher lächerlich findet.

Tischgespräch

Die meisten der erwähnten Benimmbücher, ob chinesisch, arabisch oder deutsch, legten den Tafelnden ans Herz, nicht am Essen herumzumäkeln. Aber durfte man es denn loben? «Haben Sie etwa erwartet, in meinem Haus schlecht zu essen?» soll eine viktorianische Gastgeberin spitz gefragt haben, als einer der Gäste ihr Essen lobte. So als wäre das lobende Wort eher ein Ausdruck der Erleichterung: Gott sei Dank, ganz so schlimm wie befürchtet ist es ja nicht. Hatte eine schweizerische Tischzucht des 17. Jahrhunderts solche Mißverständnisse im Sinn, als sie ausdrücklich formulierte: «Der Wohlerzogene ... wird Speise und Getränk weder rühmen noch tadeln ... Er lobe und danke Gott mit ernster und lauter Stimme für Speise und Trank»[27]? Oder haben hier genußfeindliche Puritaner verboten, sich selbst und anderen zuzugeben, daß Essen Lust und Vergnügen machen kann? Daß da ein Koch oder eine Köchin mit Sorgfalt am Werk war und das Essen nicht direkt vom Himmel fiel?

Auch in Dagestan im Kaukasus galt es als schlechtes Benehmen, eine Speise zu loben oder sich gar darüber zu freuen, wieviel aufgetischt worden war. Es wurde erwartet, daß man sich ernsthaft unterhielt, denn Essen war eine ernsthafte Angelegenheit. «Ohne Essen gibt es kein Leben und ohne Arbeit kein Essen», war eine Maxime, und darüber sollten keine Scherze gemacht werden.[28]

Bei manchen Völkern galt es als unpassend, beim Essen überhaupt zu reden. Von einem Essen, das der persische Herrscher für eine deutsche Gesandtschaft im 17. Jahrhundert gab, berichtete ein Teilnehmer: «Der König selbst redete nur vier Mal mit dem Vorschneider, und zwar wenig.»[29] Im Hoggar in der südlichen Sahara aßen die Tuareg schweigend und schnell, und schweigend und schnell aßen auch die Bemba im südlichen Afrika. Ihre Gespräche drehten sich zwar während des Tages zu einem großen Teil ums Essen – aber wenn es soweit war, «galt es als unhöflich, jemanden während des Essens anzusehen oder anzusprechen, denn das würde bedeuten, daß man ihn bittet, etwas abzugeben»[30].

Weiter verbreitet war aber doch, daß man sich beim Essen auch unterhielt. Al-Ghazzali schreibt ausdrücklich: «Man schweige nicht beim Essen, denn das ist die Gewohnheit der Nicht-Araber; sondern man rede von passenden Dingen und unterhalte sich über Geschichten von Frommen beim Essen und andere Dinge.»[31] In Japan war der Verlauf des Tischgesprächs traditionell genauso festgelegt wie die Reihenfolge der einzelnen Bissen, die man zu sich nahm. Der höchstrangige Gast bestimmte das Thema, und alle Teilnehmer des Essens hatten sich zu beteiligen. Ausgesprochen respektlos war es, sich zu zweit oder zu dritt über ein anderes Thema zu unterhalten. Andererseits durften die anderen Gäste auch nicht zuviel sprechen: Die meiste Redezeit war dem Hauptgast vorbehalten, die Rolle der anderen war eher, kurze geistvolle Bemerkungen beizusteuern.

Die genußfreudigen Chinesen, bei denen man einen gebildeten Menschen daran erkannte, daß er über Literatur, Malerei und Kochkunst reden konnte, sprachen beim Essen besonders gern über das, was sie da taten, und die Höflichkeit gebot allenfalls, erstaunt zu fragen, womit man denn verdient habe, auf derart großzügige Weise mit derart auserlesener Kochkunst verwöhnt zu werden. Yüan Mei, ein Gourmet des 18. Jahrhunderts, versicherte in einer seiner Schriften, er habe sich bei besonders wohlschmeckendem Essen stets das Rezept geben lassen.[32]

Bei den Griechen fand das geistvolle Gespräch meist nach dem Essen beim anschließenden Symposion statt; wie in Japan bestimmte ein Gast das Thema. Aber daß auch beim Essen gern übers Essen geredet wurde, das zeigt das Buch des Athenäus, *Die Deipnosophisten*, was heißt «die Weisen beim Mahl» oder auch «die Eßgelehrten», entstanden um 200 n. Chr. Die Rahmenhandlung des Buches ist ein Festmahl, zu dem sich Philosophen, Dichter, Wissenschaftler und andere kluge Leute getroffen haben, und während immer neue Gänge aufgetischt werden, spricht die Gruppe über nichts anderes als Essen. Während dieses langen Gesprächs zitieren sie vieles, was in der klassischen Literatur je über Essen geschrieben wurde, andere Schriften werden dem Inhalt nach erzählt, Anekdoten beigesteuert. Eine hellenistische Kulturgeschichte des Essens, erzählt beim Essen. Dem Werk des Athenäus verdanken wir auch die Kenntnis von Autoren und Schriften, deren Originale sonst längst verschollen sind.

Auch bei den eßlustigen Franzosen wurde und wird gern beim Essen über Essen geredet. Das verhindert natürlich nicht, daß dabei auch Geschäfte aller Art abgewickelt werden. In der Antike galt das als ausgesprochen unpassend. Das Tischgespräch sollte leicht sein, Geschäfte wurden vor- oder hinterher besprochen. Homer beschrieb häufig, daß ein Fremder, der ein Haus betrat, zunächst einmal bewirtet wurde, und erst wenn er gegessen und getrunken hatte, wurde er gefragt, wer er sei und in welcher Angelegenheit er komme. Auch bei den Römern wurde das Geschäft oder die Politik vom Essen ferngehalten; allenfalls besprach man derlei beim anschließenden Trinkgelage. Eher erstaunt registrierten die Römer, daß die Germanen gern beim Essen verhandelten, daß sie sogar wichtige Verträge während einer Mahlzeit abschlossen. Bis ins frühe Mittelalter hatte das gemeinsame Mahl sogar eine rechtliche Bedeutung; wie ein Schwur bekräftigte es den Abschluß eines Bündnisses oder eines Vertrages. Da waren die Germanen ausnahmsweise die Vorreiter in Eßkultur: Diese Sitte hat sich in Europa ausgebreitet, und heute könnte kaum ein feines und teures Restaurant von Dreisternerang ohne Geschäftsessen existieren.

Die Gänge einer Mahlzeit

Al-Ghazzali erwähnt in seiner Schrift *Über die guten Sitten beim Essen und Trinken* aus dem 11. Jahrhundert, wie einmal ein Syrer einen Iraker bewirtete. Beim ersten Gericht, das er seinem Gast vorsetzte, sagte dieser: «Bei uns im Irak wird dieses Gericht nur als letztes serviert.» Da antwortete der Gastgeber: «So ist es auch in Syrien», denn er hatte keinen weiteren Gang mehr, den er hätte servieren können. Und der Gast schämte sich. Deshalb sei es ratsam, schloß Al-Ghazzali, daß man alles zugleich vorsetze oder aber sage, was man noch im Hause hat.[33]

In den meisten arabischen Ländern wurde und wird das erste Prinzip befolgt: Alles kommt auf einmal auf den Tisch (außer in Restaurants, wo sich allmählich die europäische Servierweise in Einzelgängen durchsetzt). Über

Die Mogulherrscher brachten persische Rezepte und Tischsitten nach Indien.

Saudi-Arabien schreibt Ashkain Skipwith: «Das Essen wird sehr verschwenderisch in großen Mengen serviert, die ganze Vielfalt von Gerichten, Fleisch, Geflügel, Gebäck, Obst wird zusammen serviert, egal, ob es sich um ein Familienessen handelt oder um ein festliches Bankett. Brot gibt es mit jeder Mahlzeit.»[34] Von Al-Ghazzali kann man erfahren, daß es so schon vor seiner Zeit gehalten wurde, und zwar damit mäßig gegessen werde, damit nicht mit immer neuen, noch delikateren Gerichten immer neu der Appetit angestachelt würde.

Aus genau der gegenteiligen Erwägung wurden in Japan alle Speisen zugleich gebracht: Sie sollten sich gegenseitig ergänzen, die verschiedenen Geschmacksrichtungen sollten zusammenwirken und dadurch das Eßvergnügen steigern und intensivieren. Das war nur möglich, wenn die verschiedenen Gerichte zugleich serviert wurden. Die Bestandteile eines Menüs wurden dabei nicht nach ihren Zutaten ausgesucht (wie etwa in Frankreich: Fisch – Fleisch – Gemüse – Obst), sondern nach ihrer Zubereitungsart. Bei einem Normalmenü, das aus einer Suppe und drei Gerichten bestand, war meist eines roh, etwa roher Fisch, eines gegrillt und eines geschmort. Es konnten aber bei sehr aufwendigen Menüs alle neun Zubereitungsarten auftauchen: außer den vier genannten das (sehr kurze und heiße) Braten, Kochen, Dampfkochen, Fritieren, Einlegen (in Salz, Essig oder ähnlichem). Rohes und Suppe zählten auch als Zubereitungsarten. Reis war immer dabei.

In Japan bekam jeder Teilnehmer am Mahl seine Speisen in eigenen Schälchen in kleinen Portionen vor seinen Platz gestellt. Was sich heute europäische Restaurants als «Tellerservice» angewöhnt haben, hat hier seinen Ursprung. Beim japanischen Menü wurde erwartet, daß die verschiedenen Speisen durcheinander gegessen wurden, es war sogar vorgeschrieben, zum Auftakt des Essens erst von jeder Speise einmal zu kosten, immer mit einem Happen Reis dazwischen, bevor man in beliebiger Reihenfolge weiteressen durfte.

Beim indischen Menü, bei dem auch alle Speisen zugleich aufgetragen wurden, sollte man genau das nicht tun. Man sollte die Gerichte nacheinander essen, die verschiedenen Würzungen einzeln genießen, und zwar in der Reihenfolge des Geschmacks, den die antike indische Medizin, das Ayurweda, empfiehlt: bitter – kräftig – sauer – süß. Die Speisen, auch der Reis, standen in der Mitte, und jeder nahm sich. Man konnte also auch in anderer Reihenfolge nehmen, aber man sollte nicht zwei verschiedene Speisen mischen – so wie es heute die ausländischen Gäste in indischen Restaurants meist tun und wie, zugegeben, auch wir es gelegentlich genießen. Glücklicherweise haben wir noch nie Chitrita Banerji in einem indischen Lokal getroffen; vielleicht hätte sie uns gesagt, was in ihrem Buch steht: «Ein Koch oder eine Köchin, die stolz auf ihre Kunst ist, wäre empört über solche geschmacklose Art zu schmecken.»[35]

Als Ibn Battuta im 14. Jahrhundert von einem Sultan an der indischen

Westküste bewirtet wurde, bewahrte der ihn vor solcher Mißachtung des Geschmacksablaufs: Es stand zwar die ganze Mahlzeit in verschiedenen Töpfen auf dem Tisch, aber daneben saß eine Serviererin, die ihm in der richtigen Reihenfolge auftat, das nächste erst, wenn das vorige gegessen war.

Beim normalen chinesischen Menü standen alle Speisen zugleich auf den kleinen Tischen, von denen jeweils mehrere Personen aßen. Jeder hatte ein eigenes Reisschälchen, sonst bediente man sich in beliebiger Reihenfolge aus den gemeinsamen Gefäßen, höflicherweise nur aus denen, die einem nahe standen. Meist wurde am Schluß die Suppe geschlürft (wie es auch in Polen und Schlesien häufig gehalten wurde). Von festlichen Banketten des 1. und 2. Jahrhunderts ist eine andere Abfolge überliefert: Zunächst wurde den Gästen Wein angeboten. Dann wurde als erstes ein Fleischragout serviert. Danach kamen die anderen Speisen, und erst am Schluß, um anzuzeigen, daß das Essen nun zum Ende kam, wurde Reis gebracht. Danach gab es oft noch Obst, aber das zählte nicht mehr als Bestandteil des Essens (der Nach-Tisch zählte ja ursprünglich auch nicht mehr zu dem, was auf dem Tisch stand). Und wenn hinterher weiter getrunken wurde, gab es noch allerlei zum Knabbern wie Trockenfleisch mit Ingwer, gepfefferten Trockenfisch, in Salz eingelegte Bohnen.

Diese Sitte schienen auf aller Welt sonst nur die Engländer zu kennen: Da wurde nach dem Nachtisch für die Herren, die noch Port trinken wollten, Salziges serviert, sogenannte «savories», zum Beispiel «Engel zu Pferd», nämlich Austern mit Speck (die sich heute in ein Vorgericht verwandelt haben). Von dieser Sitte wußten wir noch nichts, als uns eines Tages an der französischen Atlantikküste die frischen Austern des Vorgerichts so gut schmeckten, daß wir noch nach Hauptgang und Nachtisch Appetit auf sie hatten. Wir sind selten so verwundert, ungläubig angesehen worden. Aber wir haben sie bekommen, nach dem Schokoladeneis. Vielleicht hatte die Bedienung gewußt, daß einige hundert Jahre vorher in Frankreich und auch anderswo in Europa ein großes Menü einst mit Süßigkeiten begann . . .

Ein überliefertes italienisches Menü von 1488 begann mit gezuckerten Pinienkernen und süßem Mandelkuchen, eines von 1536 mit Marzipan, Pistazientorte und gezuckerten Orangenscheiben. Meist gab es sogar bei jedem Gang Süßspeisen. Die «Gänge» damals waren etwas ganz anderes als die Gänge eines Essens heute. Vom Mittelalter bis ins 18. Jahrhundert stellte man in Frankreich, Deutschland, Italien die verschiedenen Gerichte zusammen auf den Tisch: Suppen, Fisch, Fleisch, große Braten, Pasteten, Süßigkeiten. Auf diese üppige Weise füllte man die Tische mehrmals hintereinander, meist dreimal, das waren die drei «Gänge» oder «Trachten». Der dritte bestand manchmal, aber nicht immer, nur aus Kaltem wie Käse, Pasteten, Kuchen und anderen Süßigkeiten. Worin der Unterschied der ersten beiden lag, ist oft schwer auszumachen, außer daß der große Braten

Illustrierte Anleitung zum Serviettenfalten aus dem 17. Jahrhundert.

meistens im zweiten erschien. Ein eher bescheidenes Beispiel aus Deutschland ist die Einweihung einer Pfarrkirche 1303; da gab es in einem Gang Schweinefleisch, Eierkuchen mit Honig und gebratenen Hering, in einem anderen Hecht, Eiersalat und Mandelkuchen mit Anis. Die zahllosen Menüfolgen, die von den Festen der europäischen Reichen überliefert sind, unterscheiden sich voneinander durch immer größeren Aufwand. Das Prinzip war dasselbe. Jeder «Gang» war eigentlich eine Mahlzeit für sich. Oft gab es zwischen den Gängen Unterhaltung, Musik, Tanz, so daß die Gäste neuen Appetit ansammeln konnten. Je riesiger das Angebot und der Tisch waren, desto weniger hatte der einzelne die Möglichkeit, alles zu probieren; man aß von den Platten, die in der Nähe standen. Bis zum 18. Jahrhundert wurden solche Festmenüs immer komplizierter. Innerhalb der Gänge wurden Platten ausgewechselt, nachgereicht, noch Zwischengänge eingeschoben. Zum Abschluß gab es in einem Extraraum noch Süßigkeiten und Gewürze «zum Verdauen».

Der Nachteil dieser Art des Servierens, und das betrifft alle Völker, die alle Speisen zugleich herbeibringen, ist natürlich, daß keine davon mehr richtig warm ist, wenn man sie ißt. Alles steht herum, alles wird kalt und

Bankett

bei Einweihung der Pfarrkirche zu Weißenfels

im Jahre 1303 durch Bischof Bruno von Zeitz, ein geborener Graf von Quedlinburg.

Das Gastmahl wurde noch von der Gegenwart der Aebtissin des Nonnenklosters zu Weißenfels, einer geborenen Landgräfin von Thüringen, verherrlicht.

Ao. Dom. XIIICIII den **15.** September alsz am ezwa Herrn Sundage nehist noch dem Herrn Creucz is der Ehrwerdige Herr Brwn Bischop von Czeytz in unser newin Kirche gewezen und alldorinne seyne Einweihungsdinge verichtet und hebben eme de Vorsteher II Dage tracteeret und is enen tho eßen gegewen als volget: Den ersten Dagk als der Domina derbey gewest:

Daz ehrste Gericht

Eine Eyersope mit Safran, Pfefferkörner und Hönig darin

Ein Hyrssen Gemüze

Ein Essen Schavfleisch mit Cybollen daröber

Ein gebraten Hun mit Tzwetzschken

Daz ander Gericht

Stockfisch mit Öl und Rosszynen

Bleyer in Öl gebacken

Gesottne Al mit Pfeffer

Gerehster Pückling mit Lypziger Senff

Daz drytte Gericht

Spese-Fische sawer gesoten

Ein Parmmen gebacken

Kleine Vegel in Schmalz gepregelt

Eine Schwynzkeile mit Korcken

Den andern Dag hat man gegeben:

Daz ehrste Gericht

Gelb Swyne-Fleisch

Ein Eierkochen mit Honigk und Wynbeeren

Gebraten Heringk

Daz ander Gericht

Kleine Vische mit Rosszynen

Kalte Bleyer gebraten, de dez voregen Dages ebrig geblewen

Ein gebraden Ganz mit roten Rüben

Daz drytte Gericht

Gesalzen Hecht mit Peterlinn

Ein Salat mit Eyern

Ein Gallerdten mit Mandyln besetzt und Ervortischen Anisse eberstreyt.

schon gar der große Braten, der vor den Augen der Gäste tranchiert wird. Diesem Mißstand und auch der Schwierigkeit der Küche, so vieles Verschiedene gleichzeitig fertig zu haben, sollte eine Neuerung abhelfen, die Anfang des 19. Jahrhunderts aus Rußland kam und sich zunächst in Deutschland und dann auch weiter westlich verbreitete: der «russische Service», in Frankreich auch manchmal «service à l'allemande» genannt. Dabei wurden die Speisen nacheinander gebracht, wie wir es auch heute noch halten, jeder Gang bestand nur aus einem Gericht, das allen Gästen warm aus der Küche serviert wurde. Nun wurde freilich mehr Bedienungspersonal gebraucht, um alles heiß und gleichzeitig aufzutragen, und die Gäste hatten weniger Auswahl. Als schließlich noch der Tellerservice eingeführt wurde, konnten sie nicht einmal mehr über die Größe ihrer Portion entscheiden. Vielleicht sind deshalb die Buffets und die Sonntagsbrunches so beliebt, wo zur beliebigen Auswahl die ganze Fülle in mittelalterlicher Pracht angeboten wird.

Der «russische Service» stammt nicht erst aus dem 19. Jahrhundert und nicht aus Rußland. Es gab ihn schon in der Antike; in Rom wurden die Speisen nacheinander serviert, und so wurde es noch früher in Athen gehalten. Athen stand damals allein mit dieser Art zu essen, und für den Rest Griechenlands war das ein Anlaß zu immer neuen Witzen: Bei einem Essen in Athen werde man «an den Rand des Verhungerns getrieben, weil knauserig jede kleine Speise extra angebracht wird»[36]. Die kleinen Appetithappen, die zum Auftakt gebracht wurden, waren besonderes Ziel von Spott: «Da bringt der Koch ein Tablett mit fünf kleinen Tellern. Auf einem ist Knoblauch, auf dem zweiten ein Paar Seeigel, auf dem dritten süßer Weinkuchen, auf einem zehn Muscheln, auf dem letzten ein Stück Stör. Während ich das eine esse, ißt ein anderer schon das andere. Ich möchte das eine und das andere, aber das ist unmöglich, denn ich habe weder fünf Münder noch fünf rechte Hände.» Wenn man die athenischen Speisefolgen, die überliefert sind, ansieht, dann gibt es meist 20 oder 30 solcher Gänge – aber wer lieber die ganze Fülle auf einmal vor sich hatte, fand das am Anfang höchst unbefriedigend.

Dennoch hat sich diese Art zu servieren auch im antiken Rom durchgesetzt. Vom Oströmischen Reich übernahm es die Türkei; dort fand es die Frau des englischen Botschafters, Lady Montagu, genauso unbefriedigend wie die Spötter in Athen. Sie war von der Frau des Sultans eingeladen und schrieb darüber: «Sie ließ mir eine Festmahlzeit mit 50 Gängen servieren, die einer nach dem anderen angebracht wurden, wie es in dem Land üblich war. Das war sehr strapazierend.»[37]

Zum besseren Einteilen des Appetits hatten die alten Griechen etwas erfunden, was sich seither auch anderswo sehr bewährt hat: die Speisekarte. «Es war bei Festessen üblich, daß der Gast, nachdem er seinen Platz auf der Liege eingenommen hatte, eine Tafel überreicht bekam, die eine Liste der Speisen enthielt, die vorbereitet waren, so daß er wußte, was für Essen der Koch servieren wollte», schrieb Athenäus über das 5. und 4. Jahrhundert v. Chr.[38] Speisekarten gab es auch in der arabischen Welt; Al-Ghazzali berichtete «von einem Mann mit Weltmanieren, daß er auf einen Zettel zu schreiben pflegte, was er an Gerichten anzubieten hatte, und legte ihn den Gästen vor»[39]. Die erste deutsche Speisekarte hat anscheinend Herzog Heinrich von Braunschweig Ende des 14. Jahrhunderts auf einem Reichstag in Regensburg benutzt: Seine Tischgenossen wunderten sich, weil beim Essen «ein langer zedel bei ihm uf der Tafel liegen that, den er oftermahl besahet» – sein Nachbar fragte ihn schließlich, und der Herzog zeigte den Zettel: «Darin hat ihm der Küchenmeister alle esen und trachten in der ordnung uffgezeichnet und kunnt sich demnach der herr Herzog mit sinem esen darnach richten und sinen apetitum uf die besten trachten sparen.»[40]

Teilen

Die Reden sind vorbei, das Buffet ist eröffnet. Da springen sie alle auf, Geschäftsleute, Politiker, Journalisten, pelzbehangene Damen, mitten im Gespräch, und spurten nach dem besten Platz in der Schlange, drängeln sich vor, können nicht warten, etwas vom Essen zu ergattern; all die feinen Leute stürzen sich ungeduldig auf die Speisen, als hätten sie tagelang vorher hungern müssen. Futterneid ist offenbar ein tief verankertes Gefühl.

Essen zu teilen ist jedoch ein wichtiger Bestandteil der Eßkultur und des Soziallebens. In den Benimmregeln fast aller Völker finden sich die Mahnungen, bescheiden zuzulangen, nicht das zu nehmen, was gerade ein anderer will, nicht zu hastig zu essen, nur von den Speisen zu nehmen, die man in der Nähe hat, und nicht quer über den Tisch nach anderen zu langen. Nach chinesischer Auffassung, die schon vor Tausenden von Jahren galt, die heute immer noch Kindern beigebracht wird, ißt ein wohlerzogener Mensch so, daß die anderen am Tisch nicht merken, welches seine Lieblingsgerichte sind.

Aber wer ist schon wohlerzogen ... Aus der griechischen Geschichte wurde von Philoxenos, einem Zeitgenossen Alexanders «des Großen», erzählt: «Dieser Vielfraß hatte so sehr jedes Gefühl für Anstand gegenüber seinen Mahlgenossen verloren, daß er in den öffentlichen Bädern seine Hand an Hitze gewöhnte, indem er sie in heißes Wasser tauchte, und er gurgelte mit heißem Wasser, damit er heißes Essen vertragen könnte. Es hieß, er hatte die Köche dazu gebracht, das Essen sehr heiß zu servieren, so daß er alles allein essen konnte, weil niemand anders es ihm gleichtun konnte.»[41]

Hätte dieser Philoxenos seinen Homer besser studiert, hätte er sich ein Beispiel nehmen können. Da schenkte Odysseus von der besonders schönen Portion Schweinebraten, die ihm als Gast überreicht worden war, ein

Stück an den Sänger weiter, der die tafelnde Gesellschaft unterhielt. An anderen Stellen wird wiederholt beschrieben, wie der Gastgeber das beste Stück erhielt und von diesem eigenhändig etwas an die Ehrengäste weiterverteilte.

Daß der Gastgeber dem Gast die besten Stücke vorlegte, war weit verbreitet. In der Bibel schickte Joseph seinen Brüdern, als er sie in Ägypten bewirtete, Essen von seinem Tisch – dem jüngsten, Benjamin, fünfmal soviel wie den anderen. Ein italienischer Reisender berichtete im 13. Jahrhundert von den Mongolen: «Einer von ihnen zerschneidet das Fleisch, ein anderer nimmt davon kleine Stücke mit seiner Messerspitze und reicht sie den einzelnen hin, dem einen mehr, dem anderen weniger, je nachdem man ihnen mehr oder weniger Ehre erweisen will.»[42] Es galt als besondere Ehre, vom Gastgeber die guten Bissen eigenhändig in den Mund geschoben zu bekommen. Diese Ehre hatte jedoch ihre Tücken. Es war absolut beleidigend, dieses Stück wieder aus dem Mund zu nehmen und mit Hilfe der Hände weiterzuessen, auch wenn es noch so groß war. Bei den Kasachen konnte das gefährliche Folgen haben; derselbe Reisende berichtete: «Wenn jemand einen Bissen Fleisch bekommt und ihn nicht hinunterschlucken kann, sondern ihn wieder aus dem Mund ausspeien muß, so graben sie ein Loch unter der Jurte, ziehen den betreffenden Menschen durch diese Öffnung hindurch und töten ihn dann ohne alle Barmherzigkeit.»[43] Wenig Trost zu erfahren, daß der Gastgeber ein Bußgeld für Totschlag zahlen mußte, wenn er dem Gast einen Knochen in den Mund schob und der daran erstickte.

Auch Captain Cook war während seiner Weltreisen nicht entzückt von dem Brauch, als Gast gefüttert zu werden, wie es ihm auf Hawaii passierte. Sein Begleiter James King berichtete: «Dann begannen Koah und Pareea (die Gastgeber), das Schweinefleisch in Streifen zu schneiden und es uns in die Münder zu schieben . . . Captain Cook, welcher von Koah bedient wurde, konnte sich eines Gefühls des Übelseins nicht erwehren; und sein Widerwille ward keineswegs geringer, wenn der alte Mann, seiner eigenen Art folgend, dieses für ihn vorgekaut hatte.»[44]

Die Chinesen hingegen hielten nichts davon, Gäste durch Zuschieben von Leckerbissen zu ehren: Jeder Gast habe doch seinen eigenen Geschmack und solle sich selbst nehmen; seinen Gästen aufzutun sei unhöflich, und gar ihnen mit Stäbchen Essen in den Mund zu schieben sei Vergewaltigung, betonte ein Etikettebuch.

Wohl aber sah die Etikette vor, daß Gäste des Kaiserhofes beim Bankett entsprechend ihrem Rang mehr oder weniger zu essen bekamen: hohe Beamte elf verschiedene Gänge, Beamte dritten Ranges sieben, die vom fünften Rang nur noch drei. In Europa betraf an den Fürstenhöfen die ungleiche Verteilung mehr die Qualität: Auf den Ehrenplätzen «oberhalb des Salzes» wurden die besten Stücke serviert, nach unten, wo die Gäste minderen Ranges saßen, kamen nur noch die Reststücke, und Wild oder ähn-

liche Kostbarkeiten wurden ohnehin nur am oberen Ende der Tafel verteilt.

Noch einmal chinesische Sitten: Dort gab es nicht nur eine Staffel nach Rang, sondern auch nach Alter. Im *Li-Chi*, den Etikettevorschriften aus dem 5. bis 1. Jahrhundert v. Chr., war festgelegt: «Mit 50 Jahren darf man außergewöhnliche Kornspeisen essen. Mit 60 darf man auch vor der Nachtruhe noch Fleisch essen. Mit 70 darf man doppelte Rationen zu sich nehmen. Mit 80 darf man andauernd Köstlichkeiten verzehren. Mit 90 darf man auch im Schlafgemach speisen.» [45] So altersfreundliche Zuteilung kennen wir sonst nur aus einem Käseladen in Berkeley, einer Kooperative, die ihren Kunden «für ihren persönlichen Gebrauch» folgenden Rabatt anbietet: ab 60 Jahren zehn Prozent, ab 70 fünfzehn, ab 80 zwanzig, ab 90 fünfundzwanzig Prozent, und 100jährige dürfen umsonst mitnehmen, was sie essen wollen.

In vielen Ländern der Welt teilte der großzügige Gastgeber auch mit denen, die er eigentlich nicht erwartet hatte: Reisende, auch Unbekannte, genossen Gastrecht, und zwar besonders in Zeiten und Gegenden, in denen es noch keine Herbergen gab, wo man Entsprechendes gegen Geld hätte haben können. Ob Afrika oder Südseeinseln, ob klassisches Griechenland oder vorkolumbisches Amerika: Fremde mußten bewirtet werden.

Im klassischen Griechenland wurde das Gastrecht von manchen offenbar überstrapaziert; jedenfalls sind die Komödien voll von Spott über Schmarotzer, die sich selbst einladen: «Wenn ein Gastgeber einen Mann einlädt, kommen achtzehn weitere», «zu jedem Fest sollte man einen Ochsen extra schlachten für die nicht Eingeladenen»[46]. In Rom waren die Schmarotzer schon eine feste Einrichtung: Jeder reiche Mann hatte seine «Klienten», die er mit Essen und Geschenken bedachte und die ihm dafür politische, geschäftliche oder andere Dienste erwiesen. Vor Wahlen mußten Politiker eine große Anzahl von potentiellen Anhängern häufig bewirten, wenn sie auf ihre Stimmen zählen wollten.

Tacitus äußerte sich bewundernd über die Gastfreundschaft der Germanen, und in Irland war es im 5. Jahrhundert geschriebenes Gesetz, daß Personen höheren Standes einen Gast bewirten mußten, «ohne irgendwelche Fragen zu stellen»[47]. Außerhalb von Europa gab es diese Gastfreundschaft sogar noch, als sie in Europa langsam vergessen wurde – wie man an den oft erstaunten Kommentaren der Reisenden merkt, die davon berichteten.

Essen zu teilen bedeutete auch, Reste zu lassen für diejenigen, die nicht am Mahl teilnahmen, Familienangehörige, Bedienung oder auch die Bettler vor der Tür. So bekam der mit dem vorgekauten Fleisch gefütterte Captain Cook ein kleines Schwein als Geschenk für seine Schiffsbesatzung mit. Von einem Festmahl in Frankfurt schrieb Johann Heinrich Merck seinem Freund Goethe, daß die Dienstmädchen mit ihren Körben am Rande des Saales saßen, um Speisen abzutransportieren. Nachdem sich schon längst alle satt gegessen hatten, wurde eigens für diesen Zweck weiter aufgetra-

Linke Seite: Ein Mönch teilt mit Pilgern Brot und Wein.

gen: «Spansauen von sublimer Größe wurden serviert und jedem der Gäste ein Viertel vorgelegt, das er nach Belieben sogleich nach Hause schicken konnte. Auf einmal erschien jedem Mann ein Vogel, und jeder hatte einen gebratenen Hahn für sich auf dem Teller, die auch alle unberührt von jedem nach Hause transportiert wurden.»[48]

Im antiken Rom waren die Servietten nicht nur zum Gebrauch während des Essens da, sondern auch, um darin die Reste einzuwickeln, welche die satten Esser ihrer Frau und ihren Kindern nach Hause trugen. Der letzte Gang wurde meist speziell zum Mitnehmen serviert. Auch anderswo herrschte in der Antike solche Sitte: Die Gäste am persischen Königshof durften mitnehmen, was sie nicht essen konnten, und Kleopatra gab ihren Gästen sogar das kostbare Silber- oder Goldgeschirr mit, aus dem sie gegessen hatten.

Was sind dagegen die heutigen «Doggie-Bags» – die ja auch deshalb «Hundetüten» heißen, weil es inzwischen so schrecklich unfein geworden war, Reste zu essen; man tat eben so, als wäre es für den Hund. Das wurde früher in Europa nicht so fein gehandhabt. Da ließ sich Königin Elisabeth I. bei einem Besuch im Städtchen Sandwich nach dem Bankett einige Platten in das Haus schicken, wo man sie untergebracht hatte. Reste waren etwas so Kostbares, daß der Hof von Versailles einen eigenen Laden hatte, wo das, was von der königlichen Tafel übrigblieb und was auch die Dienstboten nicht vertilgen konnten, verkauft wurde. «Es geht auch mancher mit dem Degen an der Seite hinein und besorgt sich einen Steinbutt oder einen Lachskopf, ein köstliches und seltenes Stück»[49], bemerkte ein Zeitgenosse. Später verkauften in Paris die Restaurants ihre Reste – was übrigens auch in China üblich war.

Heute verbieten das die Lebensmittelgesetze. Einmal berührte Lebensmittel müssen weggeworfen werden, «weil sonst ein Feind dem Esser schaden könnte, indem er sich seiner Essensreste bemächtigt und einen Zauber auf sie spricht»[50]. Ach nein – diesen Grund unterstellten Europäer den Maori, den Einwohnern Neuguineas und anderen Völkern, die ihre Essensreste wegwarfen. Bei uns ist es natürlich die Hygiene: Einmal berührte Lebensmittel könnten Krankheiten übertragen. Da kann nichts mehr geteilt werden.

Das ritualisierte Teilen von Essen sorgte innerhalb einer größeren Gemeinschaft oft dafür, daß keiner hungrig blieb. In Dagestan im Kaukasus war es Anfang des Jahrhunderts üblich, daß eine Familie alle Verwandten, Nachbarn und andere Dorfbewohner einlud, wenn sie eine Fleischmahlzeit mit Schaf oder Rind zubereitet hatte. Taten sie das nicht, wurden sie als «Schandfamilie» vom ganzen Dorf geächtet.[51] Bei den Pulap in Mikronesien war ein Mensch «gut», wenn er großzügig mit Nahrung war und abgab. Einem unpopulären politischen Kandidaten wurde vorgeworfen, er «esse wie ein Amerikaner», das hieß allein und ohne jemanden einzuladen, mit ihm zu teilen.[52] Bei den Namu auf den Marschallinseln galt es als ganz und gar unmöglich, daß ein Mensch für sich viel zu essen hatte, während andere nur wenig hatten. Nahrungsaustausch begründete bei den Zumbagua in der Andenregion eine Art Wahlverwandtschaft zwischen Familien, die dann zu gegenseitiger Hilfe verpflichtet waren.

Bei den Bemba im südlichen Afrika wurde die Verpflichtung zum Teilen schon den Kindern vermittelt; Mütter, die normalerweise nicht streng mit ihren Kindern waren, ließen in dieser Beziehung nichts durchgehen. «Ich habe eine Mutter beobachtet, die einem Kleinkind ein Stück Kürbis aus der Hand nahm und heftig schimpfte: ‹Gib auch deinen Freunden was! Du sitzt hier und ißt allein! Das ist schlimm, was du da machst!›»[53]

Was da von klein auf eingeübt wurde, war für die Erwachsenen lebenswichtig. Der Familienclan teilte miteinander, und wenn jemand von Mißernte betroffen oder sonst in Not war, gab es immer Verwandte im Dorf oder auch weiter weg, die aushelfen mußten, wenn es ihnen besserging. «Gastfreundschaft dieser Art wird von vielen während der mageren Jahreszeit in Anspruch genommen, wenn ganze Familien über Land ziehen, um ‹Getreidebrei zu suchen› oder ‹dem Hunger wegzulaufen› – so die dramatische Bezeichnung der Bemba, die den Brauch beschreibt, bei wohlhabenderen Verwandten lange Besuche zu machen.»[54]

Dieser Brauch war nicht nur in großen Teilen von Afrika, sondern auch in großen Teilen der Welt verbreitet, bis Individualisierung und Kleinfamilie ihm ein Ende machten und die Sozialversicherung einen Ersatz bot. In Osteuropa war diese Sorte Familienzusammenhalt vor dem Krieg noch sehr verbreitet, und auch die Paczenskys erzählen, wie die weniger reichen Teile der Verwandtschaft gerne auf den Gütern der reicheren zu Besuch waren. In Afrika verschwanden die alten Sitten mit den neuen Wirtschaftsformen: Gekaufte Nahrung unterlag nicht der Verpflichtung zum Teilen. Mit Geld bezahlte Speisen konnte man in aller Ruhe vor den Augen der hungrigen Nachbarn vertilgen. So halten es ja auch wir Europäer.

TECHNIK

Küche und Herd

Die Stadt Fribourg in der Schweiz erließ 1580 eine Verordnung, die einem alten Brauch ein Ende machen sollte: All denen drohte nun eine Gefängnisstrafe, die nach herkömmlicher Sitte am Aschermittwoch den Ofen küßten (vermutlich nicht gerade die heiße Feuerstelle). Der Schweizer Historiker Albert Hauser vermutet, daß dieser Brauch mit der alten Vorstellung zusammenhing, daß sich am Ofen oder Herd die Geister der Ahnen aufhalten, daß dieser Platz heilig ist. Manche beteten tatsächlich ihren Ofen an oder beichteten ihm. Fribourg war zu dieser Zeit ein Zentrum der Gegenreformation; tote Seelen am Herd paßten nicht ins katholische Weltbild. Schon eher in das der Antike: Bei den Römern hatten die Hausgötter, die Laren und Penaten, ihr Heiligtum am Herd. Herd und Altar, das war fast dasselbe. Auch in China wohnte der Küchengott im Herd – manche Chinesen glauben das noch heute. Daneben oder dahinter war ein kleiner Altar, wo man Räucherwerk für ihn verbrennen konnte. Der Pflanzenforscher Adam Maurizio vermutete sogar, ursprünglich sei das Haus nur als Umrahmung für den Herd entstanden, die frühen Menschen hätten ihre ersten Behausungen hauptsächlich zu dem Zweck gebaut, um ihre Glut zu schützen.[1]

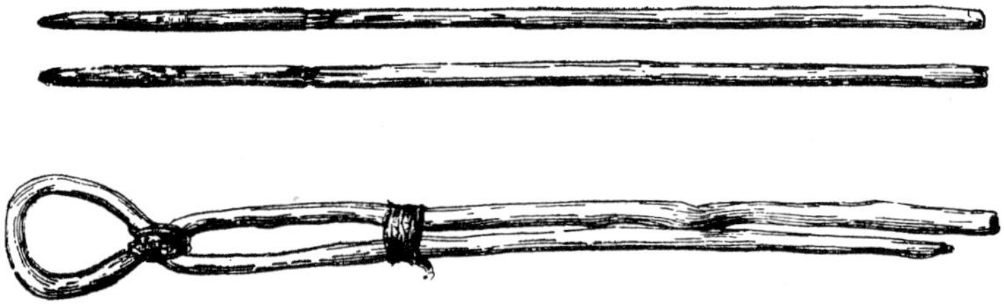

Greifer, mit denen kalifornische Indianer heiße Steine vom Feuer in die Suppe und zurück legten.

Der erste «Herd» war nichts als eine offene Feuerstelle und der erste «Backofen» ein Erdloch, in dem die Menschen ihre Nahrung mit Hilfe von heißen Steinen garten. Sowohl die heißen Steine als auch das offene Feuer blieben lange im Gebrauch. Mit heißen Steinen kochten noch im 19. Jahrhundert nordamerikanische Indianer in ihren Kochkisten oder wasserdichten Körben, Basken in hölzernen Gefäßen.

Über offenem Feuer kochten in Afrika in jüngster Vergangenheit die

Ein ungewöhnlicher Topf: Irische Reisende kochen Fleisch in der Haut des geschlachteten Tiers, 16. Jahrhundert.

Yoruba, die LoDagaa, die Bemba und andere. Innerhalb der Hütte waren drei Steine oder drei Sockel aus Ton fest in die Erde eingelassen, darauf stand der große, rundbauchige Topf. Solche Kochtöpfe haben Archäologen auch in afrikanischen Siedlungen ausgegraben, die fast 2500 Jahre alt sind.

Die bauchigen Töpfe, die auf Steine oder einen Dreifuß gesetzt wurden oder die selbst schon drei Beine hatten, unter denen ohne festen Herd ein Feuer entzündet werden konnte – da waren also Herd und Topf identisch –, gab es in den verschiedensten Ländern, in Indien, Tibet, im antiken Griechenland, im Europa des Mittelalters, bei den Arabern, bei den Skythen mit Standring statt der Beine. Das war die Ausrüstung für die einfache Küche, für Brei und Eintopf. Für Komplizierteres gab es auch kompliziertere Küchentechnik. Daß es überhaupt «Küchen» gab, also besondere Räume zum Kochen, war in vielen Kulturen die Ausnahme.

Die Ägypter benutzten zum Kochen Praktischeres als ein offenes Feuer: zylinderförmige Herde aus Ton, etwa einen Meter hoch, mit offenem Ofenloch für den Luftzug und zum Nachlegen und Entfernen der Asche. In einem ägyptischen Grab von etwa 2000 v. Chr. sind Holzmodelle solcher Herde gefunden worden; sie waren aber schon lange vorher im Gebrauch. Sie waren so alltäglich, daß das Bild des Herdes mit dem Loch als Hieroglyphe für den Buchstaben G benutzt wurde. Die Ägypter hatten viele verschiedene Sorten Töpfe, mit denen sie auf solchen Herden kochen, braten, schmoren, dünsten konnten. Ein wichtiges Kochutensil war der Feuerwedel, um bei Bedarf größere Hitze zu erzeugen. Das war nicht nur für die Ernährung der Reichen da: Die Bauarbeiter, die Echnaton im 14. Jahrhundert v. Chr. nach Mittelägypten geholt hatte, damit sie ihm

Chinesische Köche aus dem 2. Jahrhundert. Wandgemälde in einem Grab.

dort seine neue Hauptstadt Amarna bauten, kochten in ihrem Dorf auf solchen Herden. Manche hatten in ihren Häusern sogar eigene Küchen, in denen diese Herde standen.

In Griechenland war in derselben Epoche die Kochtechnik der homerischen Fürsten viel simpler: Der große Saal war zugleich Empfangsraum, Eßzimmer und Küche, hier röstete das Fleisch an großen Spießen über dem offenen Feuer. Nur selten gab es eigene Küchenräume mit fest eingebautem Herd, wie zum Beispiel im «Westhaus» von Mykene. Als Rauchabzug diente ein Loch in der Wand. Später, im klassischen Griechenland, kochten die meisten Familien auf offenem Feuer im Hof oder auf der Straße; nur die Reicheren hatten eigene Küchen, auch mit offenem Feuer. Über das Feuer setzten sie für das Grillen einen Rost mit Füßen, zum Kochen Kochtöpfe auf dreibeinigen Topfständern. Das Wasserbad – ein Topf in einem mit heißem Wasser gefüllten anderen – kannten sie auch. Um die Kochhitze regulieren zu können, benutzten sie mehrere verschieden hohe Topfständer; so konnten sie die Speisen je nach Bedarf tiefer und also näher an die Glut stellen oder höher. Oder ein Sklave stand mit Holzkohle, Blasebalg und Wasser parat, um die Hitze zu vergrößern oder zu mildern.

Die Römer und die Etrusker hatten in den größeren Villen hohe, gemauerte Herde, oft mit mehreren Feuerstellen, an denen man bequem stehen konnte. Sie wurden von unten durch ein großes Feuerloch geheizt, so daß der Koch weniger der Hitze ausgesetzt war als neben einem offenen Feuer. So konnte er es länger am Herd aushalten, Komplizierteres zubereiten, auch bei kleinerer Hitze langsamer kochen. Oft war die Küche vom Haus getrennt, um Rauch und Geruch fernzuhalten. Auch im Römischen Reich hatten viele Häuser allerdings weder Küche noch Kochstelle. Wenn die Bewohner sich nicht ihr Feuer auf der Straße anzündeten, waren sie auf Garküchen angewiesen.

In China gab es spätestens seit der Han-Zeit (206 v. Chr. bis 220 n. Chr.) ziemlich perfekte Herde, von unten zu heizen, oben mit einer oder mehreren Öffnungen, die groß genug waren, daß man einen bauchigen Topf darüber- (und halb hinein-)stellen konnte, und hinten mit Schornstein. Sie waren aus Ziegelsteinen oder einfach aus getrocknetem Lehm. Möglicherweise gab es solche Herde schon vorher, denn die Vielfalt der Zubereitungsarten, die aus der vorhergehenden Zhou-Zeit bekannt sind, wäre ohne fortgeschrittenen Herd wohl kaum möglich gewesen: Kochen, Braten, in Sauce Schmoren, Grillen, Dämpfen, Backen. Solche Herde gab es im 20. Jahrhundert immer noch im ländlichen China. Die Technik mußte nicht mehr sehr verbessert werden.

Am häufigsten wurde ein Doppeltopf verwendet: ein bauchiger, der direkt auf dem Herd stand, und ein schrägwandiger Dampftopf, der auf diesen gesetzt wurde. Unten köchelte meist ein Ragout, und obendrauf dämpften der Reis, die Hirse, kleine Teigtaschen. Gedämpfte Teigrollen und -taschen kamen in der Han-Zeit groß in Mode – die Sorte Essen, die es heutzutage mittags als Dim Sum gibt. Das Gerät, das heute am ehesten für die chinesische Küche typisch ist, kam allerdings erst im 7. oder 8. Jahrhundert auf: der Wok, die runde Bratpfanne, in der sehr heiß und kurz gebraten wird. Er wurde schnell beliebt, weil man mit ihm so wenig Brennstoff brauchte.

In einem Grab aus dem 2. Jahrhundert ist eine reiche Küche abgebildet. Sie hat einen Herd mit mehreren Feuerstellen, ein großes Kohlebecken mit Grill, einen Brunnen für frisches Wasser, rechts werden Tiere geschlachtet und vorbereitet, hinten Fische gesäubert, in der Mitte sitzen drei Nudelmacher und streichen mit runden Holzstäben den Teig aus, Frauen bereiten Bier oder vielleicht Essig, Fleisch und Fisch hängen zum Trocknen von der Decke, große Vorratskrüge stehen herum.

Das Küchengebäude von Fontevrault.

Geradezu ärmlich waren dagegen die Kochmöglichkeiten im Mittelalter in Europa. Ich erinnere mich noch an zahlreiche Enttäuschungen, wenn einem beim Besichtigen einer alten Burg oder eines Schlosses versichert wurde, die alte Küche sei noch intakt und werde vorgeführt. Was sieht man denn da? Eigentlich nichts. Meist einen riesigen Kamin, darin an einer Kette den großen Kessel, der früher über dem Feuer hing. Einen Ständer für Spieße, mit denen man vor dem Feuer grillen konnte. Und das war es meist.

Aber so war es eben wirklich. Ob Schloß oder Hütte, es gab ein offenes Feuer, und darüber hing der große Eintopfkessel an einer gezahnten Kette, an der man ihn höher oder tiefer hängen konnte. In der Hütte wurde mangels Fleisch nicht gegrillt. Aber die große Überlegenheit so riesiger Küchenanlagen wie etwa der des Klosters von Fontevraud (nahe der Loire) bestand hauptsächlich in der besseren Belüftung. Diese Küche ist ein sehr schönes und ungewöhnliches romanisches Gebäude, gestaltet wie ein dicker, massiver Turm, mit zahlreichen

Schornsteinen, die von spitzen Hauben gekrönt sind. Ungewöhnlich wirkt es wohl vor allem deshalb, weil es eins der wenigen erhaltenen romanischen Küchenhäuser ist; andere waren ähnlich konstruiert. 20 offene Kamine brannten drinnen unter den Schornsteinen. Offene Feuer brannten auch in Burgen und Schlössern, in den Feuerstellen der Bauernhöfe, Katen und Stadtwohnungen. Darüber hingen die großen Kessel, davor wurden manchmal die Fleischspieße gedreht. Damit wären die Kochmöglichkeiten schon beendet gewesen, wenn es nicht auch Backöfen gegeben hätte, in denen die beliebten Pasteten gebacken wurden – darüber später.

«In den Städten erlaubte die rudimentäre Ausstattung der kleinen Wohnungen höchstens die Zubereitung von Suppen und Brei; auch der bescheidenste Versuch darüber hinaus machte den Gang zum Bratkoch, zum Schweinemetzger, zum Speisewirt, zum Pastetenbäcker notwendig. Nur der hohe Adel und reiche Bürger hatten eingerichtete Küchen und das erforderliche Personal.»[2] So schreibt Alfred Gottschalk in seiner *Geschichte der Ernährung* über das Mittelalter, und das gilt noch für längere Zeit danach. In solchen Läden gab es fertige Speisen zu kaufen; sie bereiteten aber auch Lebensmittel zu, welche die Kunden mitbrachten. Ein im Teig gebackener Kapaun kostete in einem englischen «Cookshop» des 14. Jahrhunderts acht Pence; wenn man den eigenen brachte, zahlte man für «Teig, Feuer und Arbeit» zwei Pence.[3]

Seit dem 13. Jahrhundert wurden auch kleinere gemauerte Herde benutzt, eher eine Art Steinbänke, auf denen ein offenes Feuer brannte, manchmal in einem Eisenkorb. Die kleineren Feuerstellen waren besser zu regeln, und die Personen, die an ihnen hantierten, liefen weniger Gefahr, gleich mitgeröstet zu werden.

In Rußland gab es seit dem frühen Mittelalter geschlossene Herde, die von unten beheizt wurden. Im 10. Jahrhundert waren sie halbrund, aus Lehm, unten mit einem großen Feuerloch und oben einer Öffnung, auf der gekocht wurde und durch die der Rauch entwich; einen Schornstein hatten sie nicht. Über Nacht konnte man Schmortöpfe, die viel Zeit brauchten, in die heiße Asche setzen. Im 16. Jahrhundert wurden die russischen Herde eckig, mit flacher Oberfläche und gekachelt.

Im Jahr 1963 bezog ich eine Wohnung in Berlin-Kreuzberg, in deren Küche ein Kachelherd fest eingemauert war. Er war mit Kohle zu heizen, hatte oben vier Öffnungen, die ich mit verschieden großen Eisenringen verschließen konnte, so daß ich Töpfe auf die direkte Feuerhitze oder die indirekte der Eisenringe stellen konnte. Dieser Herd hatte auch eine Backröhre, war an den Schornstein angeschlossen und heizte im übrigen sehr gemütlich den Raum. Das Haus stammte aus der Gründerzeit, und der Ofen muß schon damals altmodisch gewesen sein: Da gab es ja längst die modernen transportablen Eisenherde und seit etwa 1850 auch schon die praktischen Gasherde, die weder Dreck noch Asche machten. Ob die Erfindung des Elektroherds dann wirklich ein Fortschritt für die Küche war, darüber kann man streiten. Professionelle Köche streiten nicht: Sie bevorzugen Gas. Es ist endlich eine Wärmequelle, die genau regulierbar ist, ohne Sklaven mit Wassereimer. Die Mikrowelle, die seit den siebziger Jahren in die Küchen einzog (ein Patent wurde schon 1945 angemeldet), ist der passende Herd für die Familie, in der jeder zu einer anderen Zeit kommt, geht und ißt: bestens geeignet zum Aufwärmen selbstgekochter Speisen oder gekaufter Fertignahrung.

Der Backofen hatte in Europa einen steinzeitlichen Vorläufer, und zwar ein Paar runder Platten aus gebranntem Ton, nur einige Millimeter dick und etwa 20 Zentimeter im Durchmesser. Diese zwei Platten dienten als Unterlage und Deckel für einen Teigfladen; das Ganze kam ins schwache Feuer oder in die Asche. So entstand Fladenbrot. Zur minoischen Zeit benutzten die Kreter eine Art Backtopf: ein Gefäß, das sie auf das Feuer setzen konnten, mit einem stabilen Deckel, in den Glut für die Oberhitze kam. Im Deckel befanden sich kleine Schlitze, um die Hitze besser nach unten zu leiten. Ähnliche Töpfe gab es im antiken Rom und später in Italien.

Die brotliebenden Ägypter kannten schon etwa 3000 v. Chr. große Backöfen, die zu reichen Großhaushalten gehörten, dem des Pharao selbst oder von hohen Beamten, die viele Leute zu versorgen hatten. Sie hatten die Form von riesigen Bienenkörben, oben mit runder Kuppel, die in der Mitte ein Loch hatte. Unten im Ofen brannte das Feuer, und der Bäcker klebte die flachen Fladen von oben an eine Innenwand. Später wurde der Ofen verbessert, eine Ebene wurde zum Heizen abgetrennt, unter der Trennwand brannte das Feuer, und auf ihr lag das Brot. In solchen Öfen konnte man auch Hefe- oder Sauerteigbrot backen, das hoch aufgeht und nicht am Ofenrand klebenbleiben würde. Bei großen Öfen war es manchmal gefährlich, das Brot hinein- und wieder herauszubekommen: «Wenn der Bäcker zum Backen kommt und das Brot auf das Feuer legt, dann ist sein Kopf im Ofen, und sein Sohn hält ihn an seinen Füßen fest. Wenn es nun passiert, daß er aus den Händen seines Sohnes gleitet, dann fällt er in den Ofen.»[4] So beschreibt ein Schulbuch aus der Ramseszeit (13. Jahrhundert v. Chr.) die Gefahr.

Solche Tonöfen mit runder Kuppel und abgetrenntem Heizteil, in denen große aufgegangene Brotlaibe gebacken wurden, machten ihren Weg nach Europa; im 17. Jahrhundert galten sie als Spezialität der Töpfer in Devon, die sie von dort in andere Teile Englands, nach Irland und in die damaligen Kolonien verkauften. Das restliche Europa bevorzugte eher Modelle, die aus Backsteinen fest gemauert waren. In der Backröhre wurde Feuer gemacht; wenn die Steine weißglühend waren, fegte man die Glut heraus und schob das Brot hinein. Nur zu großen Haushalten oder Bauernhöfen gehörten eigene Backöfen. Manchmal unterhielten Dörfer einen gemeinsam. Sonst mußten Kleinbauern und Pächter beim Grundherrn gegen Geld backen lassen; in den Städten machten das Berufsbäcker. Auf den gemauerten Herden war manchmal seitlich ein Backrohr aufgemauert. Erst der

Eisenherd des 19. Jahrhunderts hatte auch für kleinere Haushalte die Backröhre dabei. In den geschlossenen Herden Osteuropas konnte man ohne besondere Backröhre Brot backen.

Die ältere Version des ägyptischen Backofens, die mit dem offenen Feuer und dem Fladenbrot, das am Ofenrand bäckt, machte ihren Weg nach Osten, wo Fladenbrot bevorzugt wird. Im Nahen Osten hieß er Tannur, in Indien Tandoor. 1992 wurden bei einer Ausgrabung in Deir Alla im Jordantal über 50 Tannur-Öfen gefunden, die aus der Zeit König Davids und den folgenden Jahrhunderten stammen, etwa 1000 bis 600 v. Chr. Sie hatten die Bienenkorbform, waren aber nicht groß, etwa 50 Zentimeter im Durchmesser.[5] Die Ausgräberin sah, daß dieselbe Sorte Backofen im heutigen Nordsyrien benutzt wurde; die einzige Verbesserung waren kleine Luftlöcher unten am Rand, die man öffnen oder schließen konnte – die alten bekamen ihre Luft nur durch das Oberloch.

Der indische Tandoor, der gleichfalls bis in die heutige Zeit überlebt hat, funktioniert nach demselben Prinzip. Diese Öfen sind nicht nur zum Fladenbrotbacken da, auch Fleischgerichte können darin geröstet werden. Tandoori-Speisen stehen auf jeder indischen Speisekarte.

Der große Mörser durfte früher in keiner Küche fehlen.

So wie heute in der modernen Küche der Mixer nicht fehlen darf, so war in den Küchen der Antike der Mörser unentbehrlich. Früher ersetzte er sogar die Getreidemühlen – in Teilen Afrikas stampfen die Frauen heute noch das Getreide in hüfthohen Mörsern. Das ist anstrengend und braucht viel Zeit. Nicht weniger anstrengend war es, in den großen mittelalterlichen Bronzemörsern das Fleisch zu einer Fleischpastete zu mörsern: Ein Pfund Fleisch konnte ein kräftiger Mensch in etwa zehn Minuten zerstoßen, und in solchen Pasteten wurden 50 Pfund und mehr verarbeitet. Die Fürsten, die sich solche Pasteten leisten konnten, konnten sich auch das Personal zum Mörsern leisten. Saucen wurden oft aus zahlreichen Bestandteilen zusammengemörsert und dann extra zum Essen gereicht, nicht mitgekocht.

In großen Küchen waren stets mehrere Mörser vorhanden; bei den Arabern waren diejenigen, die man zum Zerkleinern von Gewürz und Gemüse nahm, aus Holz, die für das Fleisch aus Stein. In Indien haben Archäologen steinerne Mörser gefunden, die aus dem 14. Jahrhundert v. Chr. stammten. Die römischen waren aus Holz oder Steingut, der Stößel hatte eine harte Metallspitze. Die Mörser waren nicht nur zum Zerkleinern da, sondern auch zum Vermengen verschiedener Zutaten, eben ganz wie die Mixer. Ein arabisches Nachtischrezept verlangte Mandeln, Walnüsse, Pinienkerne, Brot und Honig. Die Zutaten mußten mit dem Mörser zerkleinert und zu einer einheitlichen Masse vermengt werden. Besonders in der römischen Küche gab es viele Rezepte, in denen verschiedene Zutaten und Gewürze so miteinander kombiniert, zerkleinert und vermengt wurden, daß von den ursprünglichen Bestandteilen nichts mehr zu schmecken war, wie in dem folgenden Beispiel aus dem *Apicius*-Kochbuch:

«Falscher Fisch. Koche Hasen-, Ziegenbock-, Lamm- oder Hühnerleber, zerreibe sie im Mörser mit Pfeffer, Salz oder Fischlake, gib Öl dazu und forme aus dem Teig einen Fisch, den du mit frischem Öl übergießest.»[6]

Den zeitsparenden «Papinschen Topf», den Dampfdrucktopf mit dem Sicherheitsventil, in dem Speisen im Überdruck schneller gar werden, erfand der französische Physiker Papin im Jahr 1681. In manchen Teilen der Welt waren Naturverfahren mit ähnlicher Wirkung bekannt. Die Serben garten Speisen in einer Rindenröhre, die sie an beiden Seiten luftdicht mit Lehm verschlossen; das Ganze wurde dann in die Erde vergraben und ein Feuer darüber entzündet. In Sibirien beobachtete der Reisende Gmelin, wie ein Ziegenlamm im eigenen Fell gegart wurde. Seine sibirischen Gastgeber zogen das Fell so ab, daß es ganz und gar ohne Löcher blieb, verschlossen es am Hals mit einem Stein, banden es an einem Ende zu und füllten es mit Wasser, dem Fleisch des Tieres und heiß gemachten Steinen. Nun banden sie das Fell auch am anderen Ende so gut wie luftdicht zu, so daß das Fleisch fast wie im Dampfkochtopf siedete. Aber leider bekam der Topf ein Loch, ein Stein brannte sich durch das Fell, obwohl es ständig hin und her gewälzt worden war, um ebendas zu verhindern.[7] Vielleicht war es auch der Überdruck gewesen, denn die Ziege hatte ja kein Papinsches Ventil.

Indianer konservierten Fleisch durch langsames Trocknen über einem Feuer. Stich von Theodor de Bry, 16. Jahrhundert.

Konservieren

«Erhebe dich, o König da! Nimm deinen Kopf, sammle deine Knochen, raff deine Glieder zusammen, schüttle die Erde von deinem Fleisch! Empfange dein Brot, das nicht schimmelt, und dein Bier, das nicht schal wird!»[8] So verspricht eine Grabinschrift im 3. Jahrtausend v. Chr. einem ägyptischen Pharao die Wonnen des Paradieses: Dort gibt es Lebensmittel, die nicht verderben können. Denn das war eines der Hauptprobleme vor Dosennahrung und Tiefkühlkost: Wie hielt man sein Essen frisch?

Seit Urzeiten haben Menschen sich Möglichkeiten ausgedacht, wie sie ihre Nahrung vor dem Verderben retten könnten. Die späteren Generationen konnten ja nicht mehr wie die Eiszeitjäger das Stück vom Rentier, das sie nicht gleich aufaßen, in eine Höhle ins ewige Eis packen. Manche versuchten das allerdings, mit gar nicht so schlechtem Ergebnis. Es gab durchaus brauchbare Kühltechnik zwischen Eiszeit (bis ca. 10000 v. Chr.) und Eismaschine (seit 1850).

Die Chinesen konnten schon seit der Zhou-Dynastie (seit etwa 1100 v. Chr.) kühlen; sie brachen im Winter Eis aus gefrorenen Flüssen oder

Teichen und lagerten es in «Eishäusern», in denen sie während der warmen Jahreszeit verderbliche Lebensmittel aufbewahrten: Das waren nach ihrer Meinung hauptsächlich Früchte. Noch 1000 Jahre später sieht man auf Abbildungen Fleisch an großen Gestellen in der Küche hängen, nicht in Eishäusern liegen, und Gelehrte haben sich den Kopf zerbrochen, wie man einen «Fleischfächer» bauen könnte, der automatisch ein kühles Lüftchen für das Fleisch erzeugt. Im Mittelalter verkehrten Eisschiffe auf dem großen Kanal Richtung Peking, auch hauptsächlich mit Obst an Bord; sie durften ihn mit Vorrang benutzen, nach den Zeremoniebeamten des Hofes.

Über frühe Eiskünste berichtete Athenäus aus Griechenland; da bekam im 4. Jahrhundert v. Chr. eine Braut als Mitgift neben zwei Stuten, einer Ziegenherde und allerlei anderen schönen Sachen einen Eimer voll Schnee. Als Alexander die indische Stadt Petra belagerte, ließ er zunächst einmal für sein Heer 30 Gefriergruben ausheben; sie wurden mit Schnee gefüllt und mit Zweigen bedeckt.[9] Aber auch die Griechen kühlten nicht etwa ihren Fleischvorrat damit – sondern ihren Wein. Geeiste Getränke waren ein großer Schlager. Die Römer benutzten ebenfalls Eis und Schnee hauptsächlich dafür; im *Apicius*-Kochbuch wurde auch eine Sülze erwähnt, die auf Eis serviert werden sollte. Wenn es in Italien keinen kalten Winter gab, brachten es die Römer auf Eseln von den Alpen herbei.

Eis wurde in Indien, in arabischen Ländern, in der Türkei benutzt – hauptsächlich, um Sherbet, kühlen Fruchtsaft, zu machen. Im kalten England dachte im 17. Jahrhundert endlich einer, man könnte damit Fleisch frisch halten – und wurde gleich ein Märtyrer seiner Idee: Sir Francis Bacon, Philosoph und Naturwissenschaftler, wollte im Jahr 1626 ausprobieren, ob und wie lange ein mit Schnee gefülltes Hühnchen sich frisch hält. Während er im Schnee herumstapfte, um das Hühnchen damit zu füllen, erkältete er sich; zwei Wochen später starb er an Bronchitis. Gedenken wir seiner, wenn wir ein Hühnchen aus dem Kühlschrank nehmen!

Wenn vorher keiner auf diese Konserviertechnik gekommen war, dann vielleicht, weil Fleisch und Fisch seit Urzeiten anders haltbar gemacht wurden: durch Trocknen, Räuchern, Einsalzen, also mit den Methoden, die bis zur technischen Revolution im 19. Jahrhundert benutzt wurden.

In heißen Gegenden wurde Fleisch einfach in der Sonne getrocknet: «Wenn es geschieht, daß ihnen ein Ochse oder ein Pferd krepiert, so dörren sie das Fleisch, indem sie es in dünne Streifen zerschneiden und in die Sonne und in den Wind hängen. Es wird ohne Salz sofort dürr, ohne irgendwelchen schlechten Geruch an sich zu haben», berichtete Wilhelm Rubruk im 13. Jahrhundert von den Mongolen.[10] Diese Methode war in Afrika besonders beliebt. Die alten Ägypter hängten ihre Fleischstücke und kleine Vögel auf eine Art Wäscheleine. Anderswo tat man vor dem Trocknen Salz oder Gewürze an das Fleisch. Cato empfahl seinen Römern, Schinken erst zwölf Tage in Salz zu legen, dann mit Olivenöl und Essig einzureiben und ihn dann zum Trocknen aufzuhängen.

In Gegenden, wo die Sonne nicht heiß genug war, konnte man dem Trocknungsvorgang mit einem niedrig brennenden Feuer nachhelfen, wie es etwa die Indianer Nordamerikas im 16. Jahrhundert taten: «Sie stecken vier kräftige Stangen in die Erde, die sich oben gabeln, darauf legen sie andere, so daß eine Art Gitter entsteht. Darauf legen sie das Wild, und dann machen sie darunter ein Feuer, um es im Rauch zu härten. Dabei gehen sie sehr sorgfältig zu Werk, damit das Trocknen ohne Fehler vonstatten geht und das Fleisch vor dem Verderben bewahrt wird.»[11] Je nach Methode war Trockenfleisch ein paar Monate oder sogar ein paar Jahre haltbar.

Von den nordamerikanischen Indianern stammt das berühmte Pemmikan, das nicht etwa Karl May erfunden hat. Dafür schnitten sie Fleisch von Wild, am liebsten von größeren Tieren, in ganz feine Scheiben, trockneten es in der Sonne oder über Feuer, zerstampften es, vermengten es mit Fett und würzten mit wilden Beeren. Es war ein nahrhaftes Dauergericht, das auch weiße Händler und Forscher als Fertignahrung für längere Reisen schätzenlernten. Das südamerikanische Pendant dazu war Charqui, das noch heute als Jerky für Picknick und Camping beliebt ist. Charqui wurde vor dem Trocknen eingesalzen und für zwölf Tage wieder in die Tierhaut gewickelt. In Südkansas bemerkte ein spanischer Forschungsreisender im Jahr 1540, daß die dort lebenden Indianer etwas erfunden hatten, von dem wir heute meinen, wir verdanken es Knorr oder Maggi: die Instantsuppe. «Sie trocknen Fleisch in der Sonne, und wenn es trocken ist, zerstoßen sie es zu Pulver. So bewahren sie es auf und machen eine Art Suppe daraus, die sie essen. Wenn sie eine Handvoll in einen Topf werfen, schwillt es auf und ergibt eine große Menge.»[12] Zur selben Zeit gossen sich die Nomadenvölker in der Gegend des heutigen Mauretanien und die Hirten in Tibet auf ähnliche Weise ihre Pulversuppen mit Wasser oder Fett auf. Mehr als 1000 Jahre früher taten das schon die Kelten.

Die Tataren bereiteten eine Art Trockenmilch, die sie bei Bedarf mit Wasser wieder aufgossen; Marco Polo berichtete im 13. Jahrhundert: «Sie machen auch Vorrat von Milch, die sie eindicken oder trocknen, bis sie eine feste Paste wird, und zwar auf folgende Weise: Sie kochen die Milch, schöpfen oben den sahnigen Teil ab und tun ihn in ein Extragefäß als Butter, denn solange sie den in der Milch lassen, wird sie nicht hart. Dann stellen sie die Milch in die Sonne, bis sie trocken ist.»[13]

Griechen und Römer aßen getrocknetes Obst, Afrikaner kochten eine Art Spinat, formten ihn zu Bällchen, preßten ihn aus und trockneten ihn. Die Bewohner des Hochlands von Peru erfanden vor der Inkazeit die Methode des Gefriertrocknens: Sie breiteten die frischgeernteten Kartoffeln, eine frostunempfindliche Sorte, auf der Erde aus, stampften tagsüber darauf herum, um das Wasser aus ihnen herauszupressen, und ließen sie dann im Nachtfrost draußen liegen. Nach fünf Tagen und Nächten waren die Kartoffeln trocken und konnten lange gelagert werden.

Mit den bewährten Mitteln machten von Babylon bis Japan die Men-

Schon vor mehr als 3000 Jahren beherrschten Ägypter die Kunst, Geflügel durch Einlegen haltbar zu machen.

schen auch Fisch haltbar: Trocknen, Räuchern und fast immer vorher Salzen. Ägypter trockneten ihren Fisch manchmal, indem sie ihn in heißem Sand begruben – häufiger aber, indem sie ihn an hölzernen Rahmen in die Sonne hingen. Von den alten Babyloniern berichtet Herodot: «Die gefangenen Fische werden an der Sonne gedörrt. Darauf bereitet man sie folgendermaßen zu: Man wirft sie in einen Mörser, zerstampft sie mit einer Keule und bewahrt sie in indischer Leinwand auf. Zum Essen knetet man sie dann entweder wie Brei oder bäckt sie wie Brot.»[14] Getrocknete Thunfischflocken kann man im Asien-Regal im Supermarkt kaufen, da, wo auch die Sojasauce steht. Man benutzt sie für japanische Suppen und Saucen. Was heute eine feine Spezialität ist, entstand aus einer alten Methode, Fisch haltbar zu machen. Thunfisch wurde erst gekocht, dann langsam über Holzfeuer getrocknet, dann in einem Trockenraum zwischen Strohmatten nachgetrocknet, wobei sich noch mehrfach ein leichter Schimmelpilz bildete, der jedesmal von Hand entfernt wurde; wenn kein Pilz mehr entstand, war der Fisch endgültig trocken und konnte zu Flocken gerieben werden.

Eine südwestfranzösische Köstlichkeit aus dem Delikatessenladen, nämlich das Confit von Ente oder Gans, ist ebenfalls nichts anderes als eine alte Art, Fleisch zu konservieren: indem man es mit Fett luftdicht abschließt. Die Enten- und Gänsezüchter ließen ihre Tiere, nachdem sie die kostbaren fetten Lebern herausgenommen hatten, ganz langsam im eigenen Fett gar sieden, füllten sie in Gläser oder Töpfe und bedeckten das Fleisch mit dem Fett. So hielt es sich ein Jahr oder noch länger. Genau dasselbe hatten drei bis vier Jahrtausende vor ihnen schon die alten Ägypter gemacht: Sie bewahrten ihre Enten in großen Krügen auf und bedeckten sie mit Fett. Auch Assyrer und Araber konservierten Fleisch in Fett. Die Ägypter legten Enten außerdem in Salzlake ein – eine andere Methode, ein anderer Geschmack. Herodot berichtet, daß sie auch rohe Vögel so einpökelten und später aßen, ohne sie noch weiter zu kochen oder zu braten.

In Salzlake legten die Römer Gemüse ein, Salzfisch war von Japan bis Nordeuropa verbreitet; die Chinesen legten Enteneier in Salzlake, die sie mit Kalk oder Asche, manchmal Tee mischten; nach ein paar Monaten war das «100jährige Ei» fertig. Auch Essig und Wein waren Konservierungsmittel; Chinesen und Römer liebten sauer eingelegtes Obst. Honig wurde zum Haltbarmachen von Obst und von Fleisch verwendet.

Geniestreich Käse

Die genialste Methode, Lebensmittel haltbar zu machen, war aber, das Verderben selbst zu steuern und die biologischen Veränderungen, die beim Verderben entstehen, für das Konservieren nutzbar zu machen. So ent-

Ägyptische Milchwirtschaft.

stand zum Beispiel Käse – schlecht gewordene Milch, könnten Käsefeinde sagen. Das Produkt geronnener Milch und fortschreitender Vergärung bis zur Fäulnis ließ sich aufbewahren – und damit das Nahrhafte der Milch. Der Preis: starker Geruch, der keineswegs allgemein geschätzt wurde.

Viele Chinesen, die nur wenig Molkereiprodukte verbrauchen, halten Käse für «verfaulte schleimige Absonderung aus den Eingeweiden eines Tieres»[15]. Immerhin gibt es auch in China längst eine Käseproduktion. Andere Völker Zentralasiens fabrizierten Käse früher als die Chinesen, mehr aus gesäuerter Milch als mit dem im Westen üblichen Zusatz von Lab.

Paczenskys Großmutter pflegte Anfang der dreißiger Jahre regelmäßig aus Böhmen in der damaligen Tschechoslowakei in sein nördlich des Harzes gelegenes Heimatdorf zu reisen, um Kinder und Enkel zu besuchen. Dabei versuchte sie ebenso regelmäßig, reifen Olmützer Quargel zu schmuggeln. Doch sie mochte ihn noch so luftdicht in mehreren Töpfen verpacken wie russische Puppen und diese mit Tüchern umhüllt noch so tief in ihrem gewaltigen Koffer verstecken – unweigerlich war die erste Frage des Zöllners an der Grenzstation: «Wer hat den Käse?»

Wenn wir das heiße Klima des Nahen Osten bedenken, wo die Sumerer schon vor mehr als 4500 Jahren Käse machten, zunächst aus Schafs- oder Ziegenmilch, können wir uns leicht vorstellen, daß sich auch dort stärkere Gerüche entwickelten – und Käseliebhaber mehr verlockten als abschreckten. Um diese Zeit oder kurz danach aßen Saharanomaden ebenfalls Käse, und in der französischen Provence war seine Produktion schon etwa 4000 v. Chr. verbreitet. In Libyen wurden Höhlenzeichnungen, die offenbar Käsezubereitung zeigen, sogar auf etwa 5000 v. Chr. datiert. Die älteste bisher gefundene Käseform mit den typischen Löchern (aus denen die Flüssigkeit tropft, um Quark weiter zu konzentrieren) stammt aus dem 5. Jahrtausend v. Chr.[16] Ebenso alt ist wohl, daß zum Verkäsen Lämmer- oder Ziegenmägen verwendet wurden.

Käse hat länger gebraucht, mit menschlicher Hilfe seine heutige gewaltige Sortenvielfalt zu entwickeln, als der Wein. Wie beim Wein haben christliche Klöster sehr viel für seine Weiterentwicklung getan. Daß die Mönche sich etwa Wein suchten, um ihren Käse passend zu begleiten, kann natürlich nicht stimmen. Wein war ja von Anfang an Bestandteil des Sakramentes. Doch etwas später dürften sie durchaus auf die Sorten geachtet haben.

Im Mittelalter entstanden die harten Riesenkäse. Sie waren so solide und verläßlich, daß sie auch als Zahlungsmittel für Abgaben dienten.

In seinem *Diaeteticon* stufte Elsholtz 1682 die Qualität der Käse so ein: Schaf – Kuh – Ziege. Er hielt Parmesan und Edamer für die besten.

Auch das Sauerkraut entstand durch gesteuertes «Verderben» – es ist eben nicht «schlecht», sondern haltbar geworden. Die Bauarbeiter, die im 3. Jahrhundert v. Chr. in China die Große Mauer bauten, bekamen als Grundnahrungsmittel Reis und sauren Kohl. Mongolen und Tataren brachten nicht nur das rohe Steak, sondern auch den sauren Kohl nach Europa. Der Völkerkundler Jacques Barrau vermutet, daß schon die Steinzeitmenschen eine Art Sauerkohl kannten: Sie aßen ja vermutlich, wie es die Kung und andere Jägervölker noch heute tun, den fermentierten Mageninhalt der erjagten Tiere – schon ein Sauergemüse; und womöglich bewahrten sie Blätter und Pflanzen, die sie sammelten, in diesen Mägen auf und holten sie nach einiger Zeit leicht fermentiert wieder hervor. So machten es die Lappen und andere Rentierzüchter.

Auf den Polynesischen Inseln wurden Brotfrucht und Banane zum Haltbarmachen gesäuert. Die Einwohner von Samoa schälten fast reife Brotfrüchte, zerteilten sie und packten die Stücke in eine Erdgrube, die sie mit Blättern ausgelegt hatten. Nach einem Monat war das Ganze ein Brei geworden, der leicht säuerlich roch, «ein bißchen wie alter Limburger Käse», und der Geschmack war «sehr streng, wie ein strenger Käse mit einem Hauch von Sauerkraut»[17]. In solchen Gruben hielt sich die Sauerbrotfrucht bis zu einem Jahr; auch Bananen konnten so behandelt werden, hielten sich aber nicht so lange. In Sibirien vergrub man Fleisch und Fisch, um es durch Fermentieren haltbar zu machen, und in China war fermentierter Fisch eine Spezialität. Die Fischsauce Garum, ohne die kaum ein römisches Gericht denkbar war, bestand in der Hauptsache auch aus fermentiertem Fisch.

Wenn Menschen ihr Getreide nicht in hochgelegenen Speichern aufbewahrten, sondern in zugedeckten Erdgruben, sicher vor Feuchtigkeit und Luft, dann machten sie sich auch biologische Prozesse zunutze. Fing nämlich das Getreide an zu keimen, so entstand dabei Kohlendioxid, und das sorgte erstens dafür, daß das Getreide gleich wieder aufhörte zu keimen, und zweitens, daß Pilze, Insekten, Würmer, die sich mit in der Grube befanden, erstickt wurden. Solche Gruben wurden schon bald nach Beginn des Ackerbaus in der menschlichen Frühgeschichte benutzt und dann immer wieder an allen möglichen Orten der Erde. Das Getreide soll sich nicht nur Jahre, sondern Jahrzehnte gehalten haben. Die Araber im mittelalterlichen Spanien legten bei der Geburt jedes Kindes so ein Silo an – als einen Grundstock zum eigenen Vermögen, den das Kind bekam, wenn es erwachsen war.

Man kann sich nur wundern, wie unsere frühen Vorfahren, die weder die Formel von Kohlendioxid kannten noch über das Wirken von Mikroorganismen Bescheid wußten, solche Technik entdeckten. Sie verfügten auch über erstaunliche Möglichkeiten, Lebensmittel verdaubar zu machen, ihnen ihre Bitterkeit und ihr Gift zu nehmen. Sicher hat es noch mehr Märtyrer außer Francis Bacon gegeben, bevor sie herausgefunden hatten, welche Methode wirksam war und welche nicht.

Die Indianer Kaliforniens machten ihr Mehl aus Eicheln; die Hälfte der etwa 20 kalifornischen Eichensorten hatte eßbare Früchte, aber sie waren so bitter, daß sie eine umständliche Vorbehandlung brauchten. Die Indianer schälten die Eicheln, trockneten sie in der Sonne und zerstampften sie dann in Steinmörsern oder Vertiefungen im Felsen zu Mehl. Das Mehl füllten sie in wasserdurchlässige Körbe oder in Sandgruben, die sie zuvor mit Blättern ausgelegt hatten, und zwar in einer dünnen Schicht an Boden und Rand. Nun gossen sie Wasser hinein, das langsam wieder wegsickerte und die Bitterstoffe ausschwemmte. Das Wasser mußten sie mehrfach erneuern. Am Ende trockneten sie das Mehl an der Sonne; nun konnten sie es essen oder auch längere Zeit aufbewahren.

Auf ähnliche Weise mußte Kassawa entbittert werden. Einige Sorten enthalten sogar giftige Blausäure. Die läßt sich durch Vergärung entfernen. Die südamerikanischen Indianer und später die Afrikaner, die Kassawa anbauten, zerkleinerten sie, weichten sie dann in Wasser ein und ließen sie in der warmen Sonne stehen, bis sie anfing zu vergären. Das gab einen unangenehmen Gestank, und um so mehr sind die Menschen zu bewundern, die herausfanden, daß das stinkende Zeug nun nicht mehr giftig war. Beim Trocknen verschwand der Geruch wieder. Auch manche Wurzel- und Knollensorten, die auf Neuguinea und den Polynesischen Inseln gegessen wurden, und manche afrikanischen Yamssorten sind giftig und mußten ähnlich mühsam bearbeitet werden wie Kassawa.

Einige eßbare Pilze sind in rohem Zustand giftig, viele Gemüsesorten sind nur gekocht zu verdauen. Die frühen Menschen müssen viel ausprobiert haben. Woher wußten die Azteken und Maya, daß man Mais mit Kalk verarbeiten muß, in Kalkwasser einweichen, mit Asche oder Muschelschalen kochen oder mit Kalkstein mahlen? Nur so wird das Niacin freigesetzt, das sonst der menschliche Körper nicht verarbeiten kann, und auch das Lysin (Aminosäure) im Mais ist besser verwertbar. So vermieden sie die Mangelkrankheit Pellagra, die in Italien, Ägypten, Afrika in den Bevölkerungsschichten grassierte, die nur Mais und sonst fast nichts zu essen hatten. Dort war diese Technik unbekannt. Die Maya und Inka kannten noch ein weiteres Mittel gegen den Vitaminmangel im Mais: Sie aßen ihn zusammen mit Bohnen, die reich an Niacin und Lysin sind. Die Bohnenpflanzen setzten sie zwischen den Mais, so daß sie sich an den Maisstauden hochranken konnten; Bohnen reichern den Boden an und dienten also auch noch als Dünger für den Mais.

Die alten Methoden blieben über Jahrtausende im Gebrauch. Erst in der Neuzeit entdeckten die Menschen andere Möglichkeiten, ihre Nahrung länger eßbar zu halten, und auch so, daß sie ihnen besser schmeckte und sie nicht mehr den ganzen Winter mit Trockenfleisch, Salzfisch und Sauerkraut überleben mußten. Liebig entwickelte seinen Fleischextrakt, Pasteur entdeckte das Verfahren, wie Milch durch «Pasteurisieren» haltbar gemacht werden kann, Maggi entwickelte mit seinen Suppenwürfeln das moderne Pendant zur indianischen Fleischpulversuppe, und Knorr brachte die vegetarische Version, die Erbswurst, auf den Markt. Die beiden wichtigsten Neuerungen waren das Einmachen in Dosen und das Kühlen und Einfrieren.

Im Jahr 1804 testete der Franzose Nicolas Appert ein von ihm entwickeltes Verfahren, Lebensmittel durch Erhitzen in geschlossenen Glasbehältern haltbar zu machen. Die französische Regierung hatte einen Preis von 12000 Franc ausgesetzt für eine Erfindung, die es ermöglichen würde, Soldaten mit haltbarer Nahrung zu versorgen, die möglichst wenig verändert war – also kein Trockenfleisch. Es war die Zeit der Kriege Napoleons, das Heer brauchte Proviant, der Rußlandfeldzug stand noch bevor. Fünf Jahre später erhielt Appert den Preis. (Auch Knorrs Erbswurst war zunächst Militärverpflegung, und zwar für den Krieg von 1870/71; das preußische Kriegsministerium hatte für 37000 Taler die Herstellungsrechte gekauft.) Appert hatte kein Patent angemeldet; Engländer und Amerikaner übernahmen seine Methode, ersetzten die schweren, teuren Glasgefäße durch leichte, billige Blechdosen. Bald schon brachen Forscher zu Weltreisen mit Konservendosen im Gepäck auf, auf Schiffen wurden Dosengemüse und Dosenfleisch mitgenommen, und zahlreiche Armeen wurden damit ernährt. Für viele waren Dosenobst und Dosengemüse im Winter aber immer noch teurer Luxus, und Dosenfleisch wurde erst gegen Ende des 19. Jahrhunderts billiger als frisches. Inzwischen war eine besser schmeckende Konkurrenz auf dem Markt: Gekühltes und Tiefgefrorenes.

Eishäuser zum Kühlen von Fleisch und Fisch gab es schon Anfang des 19. Jahrhunderts in Europa, Asien und Amerika; es hatte sich herumgesprochen, daß Eis auch für anderes als Wein und Obst gut ist. Aber die Kosten des Eissammelns, Aufbewahrens und Verfrachtens waren so hoch, daß diese Technik kein durchschlagender Erfolg war. 1822 kam eine Schiffsladung norwegisches Eis in England an; bevor die umständlichen Zollformalitäten erledigt waren, war alles Eis geschmolzen. Dennoch gab es einen blühenden Eishandel: von Alaska nach Kalifornien, von Norwegen nach Südeuropa, von Boston nach Liverpool.

Das Kühlen wurde einfacher und billiger, als in den fünfziger Jahren Techniken erfunden wurden, Eis künstlich herzustellen. 1850 konstruierte James Harrison, ein Australier schottischen Ursprungs, eine Maschine, die mit Verdampfung und Kompression von Äther Eis erzeugte. Der französische Ingenieur Ferdinand Carré baute 1857 eine Eismaschine, die mit Ammoniak arbeitete. Genau ein Jahrhundert später kaufte meine Familie den ersten Kühlschrank; aus dieser Zeit erinnere ich mich noch an den Pferdewagen, aus dem der Kutscher riesige längliche Eisblöcke ablud und an Kneipen oder Läden lieferte. Aber wir waren spät dran: Die Kühltechnik hatte längst die Welt erobert, lieferte zuverlässig haltbares und auch außerhalb der Saison verfügbares Obst, Gemüse, Fleisch. Und Eiscreme war nicht mehr etwas Luxuriöses und Kostbares.

Die moderne Chemie und Pharmazeutik bescherten allerlei Mittel, Nahrungsmittel vor dem Verderben zu retten, Krankheiten von Schlachttieren zu bekämpfen, Pflanzenschädlinge zu vernichten. Wie im *Zauberlehrling* verwandelte sich aber dieser Segen schnell in eine unaufhaltsame Flut, die Küchen und Eßtische überschwemmte. Kaum ein Lebensmittel war noch

Betrug mit Lebensmitteln – englische Karikatur des 19. Jahrhunderts.

ohne Zusatzstoffe zu haben, selbst die frischen Hähnchen oder Tomaten auf dem Markt oder im Laden strotzten von Chemie. Da wuchsen kleinen Jungen Busen, weil sie hormonhaltiges Kalbfleisch gegessen hatten, da kamen Zigtausende von Schweinen in die Tierkörperbeseitigungsanstalt statt auf den Tisch, weil sie mit dem Futter zuviel giftiges Insektizid gefressen hatten (ein bißchen ist ja normal), da wurden Mütter gewarnt, ihre Kinder zu stillen, weil zu viele Schadstoffe einschließlich DDT in der Muttermilch waren. In Fertigprodukten, ob Käse oder Dosensuppe, Saft, Margarine, Nudel oder Backware, werden zusätzlich zur Chemie im Grundprodukt noch Farb- und Konservierungsstoffe, Geschmacksverstärker, Süßstoffe und Säuremittel, Verdickungsmittel, Emulgatoren, Enzyme, Vitamine und allerlei mehr dazugetan.

In den achtziger Jahren versuchte die Bundesrepublik, Ordnung in den Chemie-Dschungel zu bringen; die Zusätze mußten gekennzeichnet werden. Erkennen kann man sie allerdings nur, wenn man ständig das Lexikon der E-Nummern mit sich führt: Jeder der einigen hundert Zusatzstoffe, die erlaubt sind, bekam seine eigene E-Nummer. Und wer weiß schon auswendig, daß zum Beispiel E250 ein gefährliches Natriumnitrit ist, das den Sauerstofftransport im Blut behindert und in bestimmten Verbindungen Krebs erregen kann, E270 aber nur die harmlose Milchsäure. Einige der Zusatzstoffe können Allergien auslösen, andere bewirkten im Test bei Ratten Geschwüre, Blutveränderung, langsameres Wachstum, Vergrößerung der Leber, bei Hunden Krämpfe. Zu dieser Zeit verbrauchte die Bundesrepublik jährlich rund 100 000 Tonnen Zusatzstoffe (noch nicht gerechnet Enzyme und Vitamine), so daß also im Durchschnitt jeder einzelne – Frau, Mann, Baby oder Oma – gut anderthalb Kilo davon zu sich nahm.

Inzwischen werden Bananen oder Tomaten durch Begasen mit Äthylen reif gemacht; in vielen Ländern der Welt, auch Europas, macht Bestrahlung Lebensmittel haltbar. Und während noch über die ethische Zulässigkeit von Gentechnik gestritten wird, sind in Amerika genetisch veränderte Produkte ohne Kennzeichnungspflicht zugelassen, essen wir auch in Deutschland längst, ohne es zu merken, Käse mit genmanipuliertem Lab, experimentieren Forscher mit Pflanzen, die mit einem menschlichen Gen widerstandsfähiger gegen Krankheiten sind. Wird das Kannibalismus sein, wenn wir die eines Tages essen sollen?

Bevor wir nun aber der guten alten Zeit mit den gesunden Lebensmitteln nachtrauern, müssen wir uns klarmachen, wie häufig Brotvergiftung in Europa grassierte, weil das Getreide giftiges Mutterkorn enthalten hatte – die Betroffenen hatten Krämpfe, Wahnvorstellungen, dann starben ihnen die Glieder ab. Wie oft Hungersnöte ausbrachen, weil mangels Chemie Schädlinge die Ernte vernichtet hatten, wie oft das Vieh an Seuchen starb. Butter war öfter ranzig als frisch, leichtere Fleisch- und Fischvergiftungen waren nichts Außergewöhnliches, und am Ende des Winters waren mehr oder minder heftige Anzeichen von Skorbut normal. Und Chemie gab es auch: Giftige Kupfer- und Bleiverbindungen verliehen unansehnlichen Lebensmitteln frische Farben. Damals hätten die Menschen sicher lieber gespritzte Apfelsinen und Tiefkühlhühnchen gehabt.

WEGE IN DEN HUNGER

Falsche Weichenstellungen

Rechte Seite: Der Niedergang der Bauern war gleichzeitig Voraussetzung für den Aufschwung des adeligen Großgrundbesitzes und dessen Folgen. Aus dem Stundenbuch Les très riches heures du Duc de Berry, *15. Jahrhundert.*

Kaum hatten die Menschen angefangen, Vieh und Pflanzen zu züchten, was als Beginn der Landwirtschaft und besonderer Glücksumstand gefeiert wird – sonst hätte die damals auf fünf Millionen geschätzte Erdbevölkerung sich nicht so vermehren und ausbreiten können –, da taten sie auch schon die ersten Schritte auf einem Weg dorthin, wo wir keineswegs die «beste aller Welten» vermuten: Sie unterteilten sich nicht nur nach Fähigkeiten und Vorlieben – Auftakt zu Handwerken und Berufen –, sondern sie legten auch schon die Grundlagen für die Spaltung in Satte und Hungrige, also in Reiche und Arme. Sie begannen auch sogleich, ihre Umwelt zu verändern, teilweise zu zerstören, mit Folgen, von denen uns einige erst spät im 20. Jahrhundert klarwurden.

Unsere Vorfahren mögen diesen Weg gegangen sein, weil sie sich dazu gezwungen fühlten und die Folgen nicht bedenken konnten. Jedenfalls hat er (nicht nur) dazu geführt, daß das, was wir heute als hohe Küche, gute Gastronomie, erstklassiges Essen erleben können, im Weltmaßstab nur die «Küche» einer winzigen Minderheit war und ist, der reichen Schichten. Das heißt freilich nicht, daß nur Reiche Nahrung mit Liebe und Können «erlesen» zuzubereiten und zu würdigen vermögen. Eßkultur, Bewirtungs- und Festzeremoniell sind auch bei armen Völkern, denen es leider eine nur seltene Möglichkeit ist, hoch entwickelt.

Die Geschichte vom Essen ist nicht nur die des angenehmen Appetits, sondern auch die des Hungers. Beide haben die Menschheit auf ihrem Weg begleitet, geplagt, oft dezimiert, aber die Menschen auch sehr früh dazu gebracht, Initiative zu entwickeln: zunächst nur, um sich zu sättigen, bald aber, um immer abwechslungsreicher zu essen. So fing Technik an. Aber damit kamen auch Fehler, die sich im Lauf der Zeit häuften und immer schlimmer auswirkten.

In Europa begannen diese, als nach der Eiszeit die Eisschicht allmählich geschwunden war und die Menschen des Neolithikums sich von Südosten nach Nordwesten ausbreiteten. Europa bedeckte sich mit Wald. Aber die beginnende Landwirtschaft brauchte Platz, die ersten Wälder schwanden wieder.

Da planmäßige Landwirtschaft möglich machte, immer mehr Menschen zu ernähren, vermehrten sich die Menschen entsprechend. Also brauchten sie auch wieder mehr Nahrung, immer neue Flächen für den Anbau. Das ging im letzten Jahrhundert v. Chr. besonders auf Kosten der fruchtbaren Atlasländer Nordafrikas, vor allem Karthagos. Die Wälder fielen, und die

arietis
piscium
gradus
mensis
dies
lune

Felder wurden rücksichtslos ausgebeutet, überdüngt, die Fruchtfolge wurde nicht mehr eingehalten, auf zu magerem Land weidete zuviel Vieh, und schließlich ließ die bis dahin erstaunliche Fruchtbarkeit des Gebietes nach. A. Harry Walters nennt es das vielleicht erste klassische Beispiel, wie der Mensch ein bedeutendes Ernteland verwüstete.[1]

Das war ein langsamer Prozeß. Nicht nur bäuerliche Bedürfnisse nach Acker- und Weideland waren daran beteiligt. Im Lauf der Zeit kamen auch frühindustrielle Notwendigkeiten hinzu: Feuerholz, Bauholz. Vom 18. Jahrhundert an wurde wieder aufgeforstet, besonders auf sandigen Böden, die sich für die Landwirtschaft nicht so gut eigneten. Aber da hatten schon Erosionsschäden eingesetzt, am schlimmsten in den Randgebieten des Mittelmeeres, besonders aber denen des Südrandes. Zur Schädigung bis zur Vernichtung trug die Verbreitung der Ziegen bei: Das fast alles fressende Tier war im wahrsten Sinne des Wortes sattsam am Ruin der Wälder beteiligt.

Gegen Ende des Mittelalters traf ganze Landstriche Italiens ein ähnliches Los. Anfang des 14. Jahrhunderts gab der ausgelaugte Boden immer geringere Ernten, so daß kleine Bauernhöfe schon nicht mehr eine Familie ernähren konnten.

Daß Bewässerung ohne entsprechende Drainage in prähistorischer Zeit den Ackerboden im Nahen Osten zu salzig für Weizenanbau machte, haben wir schon im ersten Kapitel dieses Buches erzählt. Statt dessen mußte Gerste angebaut werden, die für die Menschen dort von weit geringerem Wert war.

Störende, zerstörerische Auswirkungen der Landwirtschaft hatten auch die anderen Erdteile hinzunehmen. In China brachten die Verwandlung von Grasland und Wäldern in Äcker und deren Überbeanspruchung, die vor etwa 4000 Jahren begannen, schon früh Erosion und Überschwemmungskatastrophen. Ähnliches erlebte Indien.

Die Erde erschien groß genug, um diese Beeinträchtigungen zu ertragen, und wahrscheinlich sahen damals nur wenige den Zusammenhang. Aber was die frühen Menschen anrichteten, lieferte schon erste Gründe dafür, daß sich viele ihrer Nachkommen nicht leicht «höher» entwickeln konnten. Immer bessere Technik hat nicht aufhalten können, was Menschen Menschen eingebrockt haben: Not, Elend – Hunger.

Frühe Katastrophen

Hungerkrisen, regelrechte Katastrophen, gab es schon, als wesentlich weniger Menschen auf der Erde lebten als heute, also nicht soviel Nahrung und dafür nicht soviel fruchtbares Land brauchten.[2] Die frühesten Hungersnöte sind uns nicht überliefert, die der Antike sehr wohl, die des Mittelalters und noch jüngerer Zeit reichlich und immer genauer.

In seiner *Geography of Famine*[3] hat William A. Dando mehr als 8000 Hungerkrisen über einen Zeitraum von mehr als 6000 Jahren hinweg erfaßt. Die Auswertung seiner Datenbank zeigte eine große Wahrscheinlichkeit, daß es auch in Zukunft Hungersnöte geben werde.

Diese vergangenen Hungersnöte waren nicht selten Folge von Mißernten, die durch Schlechtwetterkatastrophen ausgelöst wurden, von langer Trockenheit oder auch von Regenfluten, von Überschwemmungen der Flüsse, von Heuschrecken- und anderen Plagen. Viel öfter freilich mußten Menschen hungern, weil Kriege ihr Land verwüsteten, weil Epidemien sie schwächten (was oft Hand in Hand mit schlechter Ernährung kam), weil Handelsströme sich änderten und sie ihren Verdienst verloren, weil ihr Vieh Seuchen zum Opfer fiel. Aber auch, weil Knappheit die Nahrung verteuerte, dann aber noch Spekulanten die Preise hochtrieben oder jede Lieferung einstellten oder das Getreide woandershin verkauften – schon sehr zeitig in der Geschichte der Menschheit.

Das alte Rom machte in der Zeit zwischen 509 und 384 v. Chr. durchschnittlich jedes neunte Jahr eine Hungerkrise durch, zwischen 123 v. Chr. und 50 v. Chr. jedes fünfte. Athen war zwischen 403 und 323 v. Chr. durchschnittlich jedes sechste Jahr so übel dran. Aber als richtige Katastrophen gelten diese Nöte noch nicht. In Palästina sind wirklich schwere Hungersnöte aus 312/313 n. Chr. überliefert, aus dem nördlichen Mesopotamien von 499 bis 501.

Eine Stele nahe Assuan enthält des ägyptischen Königs Djoser (etwa 2700 v. Chr.) Klage über eine Hungerkrise, da schon seit sieben Jahren das Nilwasser nicht mehr das Niltal überschwemmt und befruchtet habe. Die Stele gilt als Fälschung aus viel späterer Zeit, etwa 300 v. Chr. Einen Kern historischer Erinnerung scheint sie jedoch widerzuspiegeln.[4]

Weniger umstritten sind die indischen Hungerkatastrophen der alten Zeit, zum Beispiel etwa 445 in Kaschmir. Gleich danach begann die lange Serie von Invasionen, unter denen Indien von 450 an bis ins 15. Jahrhundert zu leiden hatte. Sie lösten zahlreiche Krisen aus, besonders schwere Anfang und Mitte des 14. Jahrhunderts. Die ständigen, jahrhundertelangen Kriege zwischen Hindu- und Moslemdynastien brachten weitere Hungersnöte; die von 1472 im Dekhan erzwang eine Massenauswanderung nach Gujarat und Malvan. Die Mongoleninvasion 1526 schuf, sagt Dando, «ein soziales und wirtschaftliches Klima, das viele schreckliche Hungersnöte erzeugte; einer davon fielen zwei Drittel der Bewohner des Hindukönigreiches Vijaynagor zum Opfer.»[5] Eine Politik der «verbrannten Erde» sollte den Invasionstruppen die Nahrungsmittelversorgung entziehen. Neuanpflanzungen und Lebensmittelbelieferung wurden für bestimmte Gegenden verboten. Die Folge dieser im Lauf der Geschichte häufig angewandten «Waffe» konnte nur mehr Hunger sein. 1555 und 1596 führten schwere Hungersnöte in Nordwestindien zu Kannibalismus.

Kaiser Shah Jahans, berühmt als Erbauer des Tadsch Mahal, wird in In-

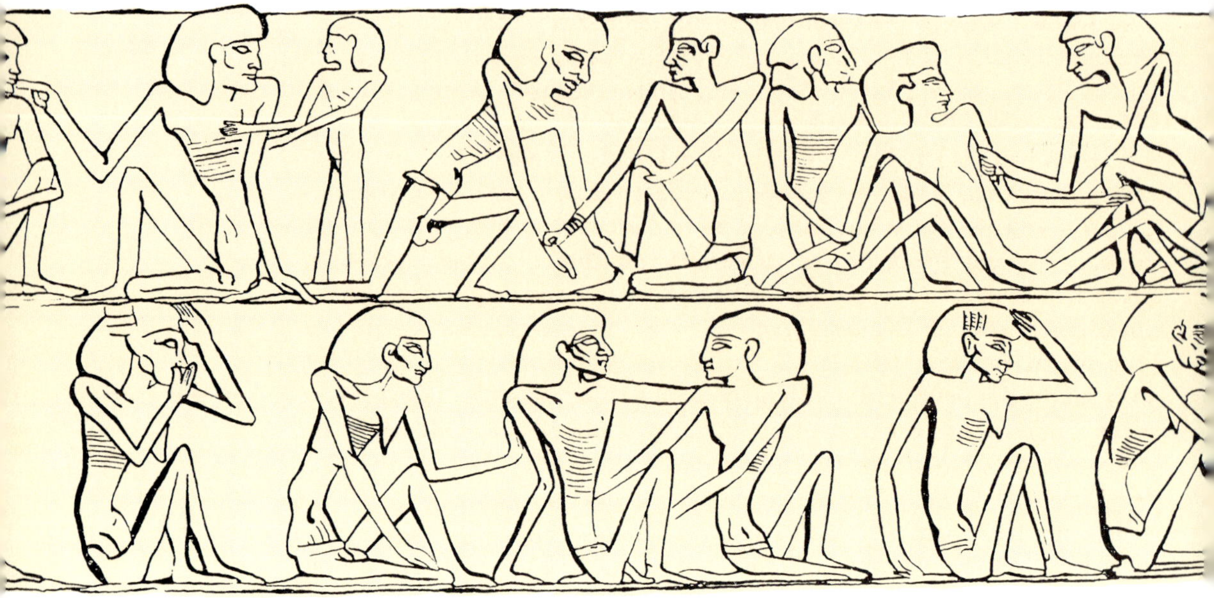

Hungersnot im alten Ägypten. Grabmalerei, ca. 2350 v. Chr.

dien ebenso wegen der gewaltigen Hungersnot 1629 bis 1631 gedacht, die in seine Regierungszeit fiel und verbreitet zu Kannibalismus führte. Braudel zitiert einen holländischen Augenzeugen: «Hunderttausende und Aberhunderttausende starben, bis das ganze Land mit unbestatteten Leichen bedeckt war, von denen ein solcher Gestank ausging, daß die Luft davon ganz erfüllt und verpestet war.»[6] Im Jahre 1687 führte während der Belagerung von Golconda die Nahrungsmittelknappheit im Dekhan dazu, «daß selbst reiche Leute zum Betteln gezwungen waren»[7], und 1702 bis 1704 starben dort etwa zwei Millionen Menschen an Hunger und Pest. 1747 traf es Rajputana und den Westen Indiens.

China führte zwar schon Jahrhunderte vor unserer Zeitrechnung Volkszählungen durch, doch sind aus dieser Zeit keine Statistiken überliefert. Nichtsdestoweniger hat Robin Yates[8] aus verschiedenen Quellen für die Regierungszeit der Shang- und der Zhou-Dynastie (1500 bis etwa 200 v. Chr.) 89 Hungerkatastrophen ermittelt, die Menschenleben kosteten, ausgelöst durch Fluten, Trockenheit, Erdbeben, Frosteinbrüche, Heuschreckenplagen und ähnliches. In der Han-Dynastie (206 v. Chr. bis 220 n. Chr.) fand er 203, mit zunehmender Tendenz während der jüngeren Zeit. Zu den «natürlichen» Gründen kamen Kriege und Bürgerkriege, besonders während der Installierung der Han und auch bei ihrem Ende. Außerdem wurde schon im letzten Jahrhundert vor unserer Zeitrechnung erstmals als Grund für Hungerkrisen angegeben, daß Reiche Getreide horteten. 119 v. Chr. gab es im Osten Chinas eine Flutkatastrophe; die Regierung sah keinen anderen Ausweg, als fast eine Dreiviertelmillion Menschen in die nordwestlichen Grenzgebiete zu schaffen, um sie vor dem Verhungern zu retten. Im 9. Jahrhundert besang der Dichter Po Chu Yi das Bankett der kaiserlichen Garde – aber das Gedicht endete: «Südlich des Flusses ist Dürre. In Chu chow essen Menschen Menschen.»[9]

Bis in die moderne Zeit hinein trafen China solche Desaster, den Süden mit seiner viel besseren Ernährungsbasis weniger als den Norden. Brothwell[10] verzeichnet nicht weniger als 1800 Hungerkrisen, überwiegend regionale (was keine Beruhigung ist), in der Zeit zwischen 100 v. Chr. und 1910. Die Wirren im 19. und 20. Jahrhundert lösten ebenfalls schwere aus, besonders durch die lange Bürgerkriegszeit, die dann Mitte des 20. Jahrhunderts mit der Etablierung der Kommunisten endete. Das schlimmste Jahrhundert in dieser Beziehung war das 19. Fast 45 Millionen Chinesen kamen in den schweren Hungersnöten der Jahre 1810, 1811, 1846 und 1849 um. Von 1875 bis 1878 forderte Hunger in vier Nordprovinzen abermals neun Millionen Menschenleben. 1920 verhungerten eine halbe Million Chinesen, 1929 in Hünan mindestens zwei Millionen.[11]

Persien erlebte in den Jahren 1870 bis 1872 nach einer langen Dürreperiode in seinen verschiedenen Provinzen immer schärfere Hungerkrisen, zu denen neben dem ungünstigen Klima die Unfähigkeit der Verwaltung ebenso beitrug wie das Horten von Getreide durch Spekulanten und den Reisexport. Die Zahl der Toten durch den Hunger und seine Krankheitsfolgen wurde auf anderthalb Millionen Menschen geschätzt. Einwohner der ostpersischen Stadt Mashhad flohen in die Ebene, um sich von Turkmenen fangen zu lassen – sie zogen vor, auf den Sklavenmärkten von Khiva und Buchara verkauft zu werden, statt in ihrer Stadt zu verhungern.

Fritz Curschmann hat Ende des 19. Jahrhunderts Hungersnöte des Mittelalters in Mitteleuropa untersucht.[12] Er verzeichnete für die Zeit zwischen den Jahren 700 und 1317 sowohl regionale Krisen als auch Hungerzeiten, die größere Gebiete trafen. Besonders viele registrierte er im 12. Jahrhundert, die wenigsten im 13., aber er entdeckte auch ein interessantes Süd-Nord-Gefälle. Die meisten Hungersnöte hatte der Südosten zu erdulden, Österreich, Böhmen, Bayern und Süddeutschland. Am Mittelrhein und in Belgien blieben die Menschen ziemlich verschont. Die Landwirtschaft im Nordwesten sei schon leistungsfähiger gewesen, sagt Curschmann.

An großen, das ganze Gebiet erfassenden Hungersnöten führte Curschmann im 9. Jahrhundert vier auf, im 11. Jahrhundert zwei, im 12. Jahrhundert fünf, im 13. Jahrhundert eine (1225/26). Die nächste kam dann erst 1315 bis 1317. Den Rückgang führte er auf die Verbesserung der Landwirtschaft und den zunehmenden Handel (auch mit Lebensmitteln) zurück. Für die südfranzösische Provence registrierte Louis Stouff zwischen 1318 und 1484 44 mehr oder minder starke Hungerzeiten, meist lokale, von denen aber acht das gesamte Gebiet trafen.[13]

So plausibel es klingt, daß Hunger von Mißernten kommt, sei es wegen schlechten Wetters oder wegen Getreidekrankheiten und weil dann der Getreidepreis steigt, bis ihn die Ärmeren nicht mehr bezahlen können – schon früh war klar, daß Hunger kein materielles Desaster sei, sondern ein kulturelles, oder wenn man will, ein politisches. Aus keiner Hungersnot unseres Kulturkreises wird berichtet, daß neben den vielen Armen auch Reiche verhungert seien. Also wird kein totaler Mangel an Eßbarem geherrscht haben, sondern «nur» einer an Lebensmitteln, die sich weniger Begüterte leisten konnten. So lag es wohl eher an mangelndem Mitgefühl der Oberschicht (heute sagt man lieber Solidarität) mit den weniger Privilegierten, mit der großen Mehrheit.

In der Tat weiß man aus vielen Hungerkrisen, bei denen Tausende oder noch viel mehr verhungerten, nicht nur in Europa, sondern auch in den überseeischen Kolonien der europäischen Mächte (aber auf die komme ich noch), daß die Knappheit nur relativ war. Nicht nur verspürten die Reichen sie nicht – oft wurden aus Hungergebieten mitten während der Katastrophe Getreide oder andere Lebensmittel ausgeführt. Diese lieber zur Linderung der Not an Ort und Stelle zu verwenden kam denjenigen, die über sie verfügten, nicht in den Sinn.

Das war eben die Atmosphäre der Zeit, sagen heute viele, die sich um die Aufarbeitung dieser unser aller Vorgeschichte drücken wollen. Aber Karl «der Große» wird ja wohl die Zeit, in der er lebte, auch ganz gut gekannt haben. Schon er erließ im Hungerjahr 805/806 ein Ausfuhrverbot für Lebensmittel, weil er zu starken Export befürchtete. Da unterschied er sich sehr, nur ein Beispiel, von den Briten, die später während furchtbarer indischer Hungersnöte ungerührt ununterbrochene Getreideexporte aus Indien zuließen. In Athen setzte der Archon Solon während einer Krise im 6. Jahrhundert v. Chr. ein Gesetz durch, das jeden Agrarexport außer Olivenöl verbot. Auch der thrakische Stadtstaat Selymbria hatte ein solches Gesetz.

Wenn wir hier Hungerzeiten betrachten, ist nicht nur bloße Knappheit gemeint, mit der sich einigermaßen fertig werden ließe. Diese Hungersnöte brachten Tausenden von Menschen den Tod, oft vielen Tausenden. Curschmann: «Ein so großes und allgemeines Unglück, wie es eine Hungersnot ist, muß notwendig eine tiefe Wirkung auf das ganze Leben des Volkes ausüben. Durch den drückenden Mangel schwand die Sicherheit für den Bestand der früheren Lebenshaltung des Einzelnen, und die weitere Folge hiervon war eine Auflösung jeder bestehenden Ordnung. In kopfloser Flucht verlassen die Bauern ihre Höfe, ganze Dörfer stehen leer, in großen Scharen durchstreifen elende, verzweifelte Menschen das Land ... eine dumpfe, hoffnungslose Apathie war die Grundstimmung der Massen. Besser als über die Vorgänge auf dem Lande ... sind wir über die Lage in den Städten unterrichtet. Da entwerfen zuerst die Gesta Treverorum[14] ein höchst bezeichnendes Bild. Bischof Poppo reitet eines Tages mit großem Gefolge zur Kirche, ein hungriger Haufe umringt ihn und verlangt Hülfe. Geld, das der Bischof verteilen lassen will, verschmähen die Armen, für

Geld ist in diesen teuren Zeiten für sie wenig zu kaufen, aber sein fettes Pferd verlangen sie. Und der Bischof und einige seiner Begleiter müssen sich entschließen abzusteigen und ihnen die Tiere überlassen. Sofort hat der hungrige Haufe die Pferde zerrissen und verzehrt sie vor den Augen des Bischofs.»[15]

Abermals Curschmann: «In der elementaren Not konnte nur bestehen, wer unmittelbar große Vorräte von Lebensmitteln besaß, also die großen Grundherren. Klöster und Bischofskirchen besaßen solche Grundherrschaften, und daher war es ihnen auch oft in Notjahren möglich, neben dem Unterhalte der eigenen Angehörigen noch zahlreichen Armen zu helfen. In anderen Fällen hören wir aber auch, wie sich die Not in den Klöstern fühlbar machte. Die Basler Dominikaner werden wir noch nicht sehr bedauern, die 1275 aus Not sogar Schwarzbrot essen mußten, ebenso die Mönche, die häufig über den Mangel an Wein klagten. Aber es ist doch interessant, einmal zu hören, wie die ganze Lebenshaltung in den Klöstern durch den allgemeinen Mangel herabgesetzt wurde. Es berichtet darüber ein Mönch aus Sankt Martin bei Doornik. Weizenbrot und Wein gab es während des ganzen Notjahres 1095 nur, wenn es ein Reicher einmal besonders geschenkt hatte, auch Roggen fehlte ganz, nur mit Haferbrot mußte man sich durchhelfen. Das Mehl dazu wurde nicht gereinigt und das Brot nur flüchtig überbacken, und wenn man es durchschnitt, so war es mehr Spreu als wirkliches Brot, und doch aßen es die hungrigen Mönche bis auf den letzten Bissen.»[16]

Und schließlich: «Ein ungeheurer Menschenverlust ist eine der sichtbarsten Wirkungen einer jeden Hungersnot. Auf die Not folgen, man kann fast sagen immer, große Volkskrankheiten; *mortalitas* und *pestilentia* sind

Hunger brachte oft Pest, der Menschen und Tiere erlagen. Druck aus dem 16. Jahrhundert.

Klostergarten.

untrennbare Begleiter einer jeden Hungersnot ... Nur selten berichten die Quellen vom Tode durch Verhungern, und darin haben sie offenbar richtig beobachtet; denn der Hungertod wäre auch vom medizinischen Standpunkt aus kaum denkbar. Besonders fällt den alten Schriftstellern die große Zahl der Toten auf ... Überall fand man die Leichen auf den Straßen, in den Städten und draußen auf dem Felde und in den Wäldern ... Die Luft war vom Geruche der verwesenden Leichen verpestet ... An ein ordnungsmäßiges Begraben der Verstorbenen war nicht mehr zu denken, überall mußte man Massengräber anlegen, so wurden in Prag acht Gruben angelegt, jede zehn Ellen[17] im Quadrat, und jede soll 1000 Leichen gefaßt haben ... Man muß immer bedenken, wie ungeheuer in solchen Notzeiten die Bevölkerung in den Städten durch den Zuzug von Flüchtlingen aus dem ganzen Lande angeschwollen war. Wenn unter diesen unglücklichen, halbverhungerten Menschenmassen eine Seuche ausbrach, so können wir uns die Wirkung gar nicht furchtbar genug denken; da werden auch Zahlenangaben möglich, die zu der Einwohnerzahl der Städte in normalen Zeiten in keinem Verhältnisse stehen. Während der großen Hungersnot von 1316 sollen in Erfurt allein 7895, nach anderen Angaben 8100 Menschen in den Massengräbern bei dem Dorfe Neuschmidstädt bestattet worden sein; noch lange Jahre danach erinnerte man sich dieser furchtbaren Zeit ...»[18]

Curschmanns Angaben haben spätere Autoren ergänzt. Professor Teuteberg führt märkische Chroniken für schwere Hungersnöte 1312, 1352,

1362, 1397, 1416, 1426, 1467 und 1527 an. «Eine Geschichte der Stadt Spandau überliefert um 1598, von 3000 bis 4000 Einwohnern seien 1000 infolge Hungers an einer pestartigen Krankheit gestorben.»[19] Welche Verwüstungen und Nöte der Dreißigjährige Krieg 1618 bis 1648 brachte, darf man als bekannt voraussetzen. Da wurde schließlich auch Menschenfleisch gegessen. In Finnland ging 1696/97 ein Viertel, wenn nicht ein Drittel der Bevölkerung zugrunde. Frühe britische Zeugnisse führen zwischen den Jahren 500 und 1500 124 Hungerkrisen auf. Dando zitiert Cornelius Walford[20]: 187 Hungersnöte in England in der Zeit zwischen dem Jahr 10 und 1850 unserer Zeitrechnung – davon zwei Drittel von Menschen gemacht beziehungsweise nicht verhindert. Die schlimmsten ereigneten sich laut Maurizio 1315, 1316 und 1321.[21] Schon 1586 war England wieder schwer getroffen.

Noch ein paar Statistiken von Braudel: Frankreich im 10. Jahrhundert zehn Hungersnöte, im 11. Jahrhundert 26, im 12. Jahrhundert zwei, im 14. Jahrhundert vier, im 15. Jahrhundert sieben, im 16. Jahrhundert 13, im 17. Jahrhundert elf und im 18. Jahrhundert 16. Er hält diese aus dem 18. Jahrhundert stammende Statistik für zu optimistisch, da sie «Hunderte und Aberhunderte von örtlich begrenzten Hungersnöten» übergehe. «Sämtliche Länder Europas befinden sich in der gleichen Lage. In Deutschland, wo Stadt und Land hartnäckig vom Hunger heimgesucht werden, fol-

Bittprozession gegen die Pest, an der Spitze der Papst.

gen selbst im 18. und 19. Jahrhundert trotz wachsender Annehmlichkeiten die Katastrophen noch Schlag auf Schlag.»[22] 1730 Schlesien, 1771/1772 Sachsen und Süddeutschland, 1816/1817 Bayern und Grenzgebiete.

Im belgischen Ypern, einem Städtchen von etwa 20 000 Einwohnern, ließ die Verwaltung zwischen Anfang Mai und Mitte Oktober 1316 2794 Leichen begraben. In Padua wurden im Jahr 1528 jeden Morgen auf den Abfallhaufen in den Straßen 25 oder 30 Verhungerte gefunden.

Auch wenn keine katastrophale Hungersnot zu verzeichnen war, bedeutete das nicht, daß nicht breite Schichten schlecht ernährt waren, unterernährt, falsch, also ungesund ernährt. Die arbeitende Bevölkerung Europas gab Mitte des 18. Jahrhunderts, wenn die Getreidepreise nicht über die «normale» Höhe gestiegen waren, 60 bis 75 Prozent ihres Haushaltsbudgets für Essen und Trinken aus. Aber die Getreidepreise stiegen von 1737/38 bis 1741 um 30 (Schweiz) bis 77 Prozent (Niederlande), je nach Gegend. Deutschland lag bei etwa 48 Prozent. Es läßt sich leicht vorstellen, daß die armen Schichten da nicht mithalten konnten. Die Sterbeziffern stiegen stark an, es gab Epidemien von Ruhr und anderen fiebrigen Durchfallkrankheiten.

In unser heutiges Bild von der wohlhabenden Schweiz paßt kaum, daß dort ebenfalls «zahlreiche Familien unter dem Existenzminimum lebten ..., daß im 17. und 18. Jahrhundert das Verhältnis der unterstützten Familien zum Beispiel in Zürich zu den ökonomisch selbständigen 1:5 stand. Im Notjahr 1692 waren von 128 000 Seelen auf der Landschaft 11 300 unterstützungsbedürftig, und im Jahre 1771 waren von 137 267 rund 42 000 besitzlos und vollkommen ‹entblößt›. Es waren meist Leute, die keinen eigenen Grund und Boden hatten.»[23] In Genf waren viele unterernährt, ob normale oder anormale Zeiten. Im Januar 1630 kostete Brot pro Pfund fünf sols, aber Seidenarbeiter verdienten nur zwei sols am Tag,

Die Speisung von Hungrigen, Schweiz 1635.

und zwei Pfund Brot waren das täglich benötigte Minimum; so mußte der Stadtrat die Zahlung zusätzlicher Löhne anordnen. 1655, in einem normalen Jahr, als Brot fünf sols pro Pfund kostete und Käse und Fleisch sieben, verdiente ein Zimmermann etwa 22 sols am Tag. Das kann kaum genügt haben, um eine Familie zu unterhalten. Viele verdienten noch weniger als Zimmerleute.

Aus Dijon im Hungerjahr 1694 steuert Henry Kamen ein interessantes Beispiel für Klassenunterschied bei: «In der reichen Gemeinde von Notre Dame starben 99, in der armen von St. Philibert 266.»[23] Die Bürger in den Städten fühlten sich von den Armen des Landes bedroht, wenn diese in Notzeiten als Arbeitsuchende und Bettler in der Stadt erschienen. Braudel schildert, wie die Stadt Troyes 1573 die Armen aus der Stadt vertrieb, wie in ganz Europa die Bürger bestrebt waren, die Armen loszuwerden oder als Zwangsarbeiter unter Kontrolle zu halten, und die Stadt Dijon schon 1656 ihren Bürgern verbot, Armen Almosen oder Obdach zu gewähren.[24] So etwas war keineswegs selten.

Zwei große Hungersnöte – die von 1594 bis 1597 und 1659 bis 1662 – trafen Europa besonders katastrophal. 1594 bis 1597 litt der größte Teil Europas unter gewaltigem Regen und entsprechend schlechten Ernten. Getreide wurde knapp und teuer. Besonders in Spanien, Italien und Deutschland forderten Pestepidemien viele Opfer. Das Elend und die Entrechtung der Landbevölkerung führten zu Bauernaufständen und städtischen Aufruhrbewegungen, die von Frankreich und Österreich bis Finnland und Litauen reichten.

Die Hungerzeiten trafen, wie schon gesagt, nie alle. Wilhelm Abel erwähnt Getreideeinkäufe der Stadt Augsburg 1571 bei Deutsch-Ordens-Meistereien in Frankfurt/Main und Mergentheim, der Stadt Basel beim Johanniterorden, der Stadt Zürich beim Bischof von Langres. Weltliche oder geistliche «Herrschaften» konnten Getreide häufig auch in den schlimmsten Zeiten verkaufen und in Notjahren entsprechend mehr an Lebensmitteln verdienen.[25]

So etwas war nicht auf Europa beschränkt. B. Rosenberger berichtet aus dem Marokko des 16. Jahrhunderts, daß auch dort nur Privilegierte über Silos verfügten, in denen sie Vorräte für Notzeiten lagern konnten. Das «Volk» war vom Getreidegroßhandel abhängig, und zu den «Spekulanten» gehörten auch reiche Würdenträger des Hofes.[26]

Zu Beginn des 18. Jahrhunderts verlor Ostpreußen in einer Hungersnot beinahe die Hälfte seiner Bevölkerung. Nach 1770 verhungerten in Böhmen oder starben an Epidemien eine Viertelmillion Menschen.

Was niedriger Lebensstandard im nächsten Jahrhundert in Europa bedeutete, schildert Abel, gestützt auf Bruno Hildebrand, am Beispiel eines hessischen Schuhmacher- oder Schneidermeisters um das Jahr 1840. Sein Jahreseinkommen betrug etwa 100 Reichstaler. «Davon ging ein rundes Drittel für Wohnung, Holz, Licht, Kleidung, Wäsche und einige andere Be-

Rechte Seite: Bauernkrieg im frühen 16. Jahrhundert, ausgelöst durch Rechtlosigkeit und Hunger.

dürfnisse ab, so daß für die tägliche Kost der Familie nur fünfeindrittel Silbergroschen zurückblieben.» Dafür konnte er 3,4 Kilo Roggenbrot oder 800 Gramm Fleisch kaufen. «Davon sollten Mann, Frau und vielleicht noch Kinder leben. Das glückte selbst in guten Jahren nicht immer.»[27]

Der *Koblenzer Anzeiger* vom 21. Juli 1846 beschrieb, wie es in Mainz zu einer «Brotrevolution» kam. Spekulanten hatten fast allen Roggen auf dem Lande aufgekauft, auf dem Markt war so wenig Getreide angeboten worden, daß die Mainzer mit einer schnellen Verteuerung des Brotes rechneten. Also «wollten viele Unbemittelte noch ein etwas wohlfeileres Brot am Freitag nachmittag kaufen. Sie wurden jedoch und, wie man versichert, nicht mit Höflichkeit, von den meisten Bäckern abgewiesen, während es bekannt war, daß viele derselben große Massen Brot teils in ihren Kellern, teils an anderen Orten verborgen hatten. Der durch dieses Verfahren veranlaßte Sturm brach mit Anbruch der Nacht los. Er verbreitete sich, gleich einer Pulverexplosion, schnell über den größten Teil der Stadt, um sich später in den nordwestlichen und den nächst dem Rhein gelegenen Stadtvierteln, welche von vielen armen Leuten bewohnt werden, zu konzentrieren. Am Triller (Schmiedepförtchen), am Fischtor, in der Schlossergasse, der Holzgasse, der Augustinergasse, dem Kirschgarten, der Schustergasse, der Steingasse etc. wurden diejenigen Bäckerläden, wo nachmittags kein Brot mehr verkauft worden war, von einer wütenden Menschenmenge überfallen, die Fenster, zum Teil selbst die Fensterladen und Türen zertrümmert, Schränke und Kasten mit Äxten erbrochen und Nachsuchungen nach Brot angestellt. Wo solches, oft in Menge, gefunden wurde, teilte es die Menge unter sich, und zog lärmend in andere Straßen, um dasselbe Verfahren dort zu wiederholen. Einige Bäcker wurden mißhandelt, andere aus den Betten gerissen, verschiedene Wucherer aber mit Hängung bedrohet und in dem Hause eines derselben ein Strick an einem starken Nagel befestigt. Erst gegen Mitternacht gelang es den vereinten Bemühungen der Polizeimannschaft ..., der großherzoglich hessischen Gendarmerie zu Fuß und zu Pferde und den zahlreichen Patrouillen der Bundesbesatzung, die Ordnung einigermaßen wieder herzustellen, weitere Zerstörungen zu verhindern und acht der erbittertsten Rädelsführer zu verhaften.»

Die letzte Hungersnot, die durch Naturunbilden ausgelöst war, erlebte Deutschland 1845 bis 1847.[28]

Der Anteil menschlichen Versagens oder Verschuldens wurde von den frühen Chronisten kaum beachtet. In den Worten William A. Dandos: «Viele Faktoren können eine Mißernte verursachen. Aber Menschen können dadurch, daß sie jenen nicht helfen, die verzweifelt etwas zum Essen brauchen, eine Hungersnot schaffen.» Oder des von ihm an gleicher Stelle zitierten Historikers Richard G. Robbins jr.: «Hungersnot trifft selten eine wohlhabende Nation. Sie kommt nur, wenn die Agrarbevölkerung eines Landes in einen Zustand chronischer Armut und Not herabgedrückt worden ist.»[29]

Der Bauernkrieg

Suppen-austeilung.

Die irische Tragödie

Ein besonders erschütterndes unter vielen tragischen Beispielen für Hungerkatastrophen lieferte Irland. Es könnte auch als Warnung vor der Monokultur dienen – nicht derjenigen, die nur für den Export bestimmt ist (siehe weiter hinten), sondern der für die eigene Ernährung.

Die Bevölkerung Irlands war weitgehend von der Kartoffel abhängig geworden. Das ergiebige, billige Gewächs beziehungsweise seine Knolle ermöglichte dem Land, das nun endlich genug zu essen produzierte, eine gewaltige Vermehrung: von etwa anderthalb Millionen Menschen im Jahre 1760 auf rund neun Millionen 1840. Auch Rüben, Hafer und einiger Weizen wurden angebaut, aber für die Armen, und das war die gewaltige Mehrheit, gab es hauptsächlich Kartoffeln.

Die Massenarmut verdankte die Insel der Jahrhunderte währenden englischen Besatzung. In dieser Armut wirkten schon knappe Kartoffelernten verhängnisvoll. Von 1739 bis 1741, als viel weniger Menschen auf der Insel lebten, fiel ein Drittel der Bevölkerung dem Hunger und seinen Folgen zum Opfer, etwa eine halbe Million. In den 125 Jahren bis 1849 gab es 38 Krisenjahre, von denen mindestens ein Dutzend als katastrophal gelten. 1821/1822 starben schätzungsweise 250 000 Iren am Hunger und seinen Folgen.

Die größte Katastrophe aber war, was auch als «der irische Hunger» in die Geschichte eingegangen ist: 1845/46 vernichtete die Braunfäule binnen kurzer Zeit die gesamte Kartoffelernte. Große Teile des kontinentalen Europa waren gleichfalls betroffen, aber die größere Mannigfaltigkeit ihrer Landwirtschaft und rechtzeitige Käufe in den USA und den Mittelmeerländern halfen ihnen, das Schlimmste abzuwenden. Die Iren hatten keine solche Möglichkeit.

Man schätzt die Zahl der irischen Hungeropfer (genaue Statistiken wurden nicht geführt) auf eine Million, und mehr als eine Million Iren wanderte aus, um dem Elend zu entgehen. Die Auswanderungswelle wurde durch weitere Hungersnöte immer von neuem angefacht – bis zum Ersten Weltkrieg haben fünfeinhalb Millionen Iren ihre Heimat verlassen.

Der *Registrar General* (der oberste Staatsbeamte), T. W. Grimshaw, berichtete im Sonderauftrag der Regierung beispielsweise 1879 über die Versorgungslage: «Die Kartoffelernte war in ganz Irland weitgehend eine Mißernte. Im günstigsten Fall beträgt der Ertrag nicht einmal die Hälfte des Durchschnitts früherer Jahre, und in mehreren Teilen des Landes ist es die schlechteste Ernte seit 1847/48 ... Es ist ganz klar, daß im kommenden Winter viel Not herrschen wird.»[30]

Grimshaw erwähnte, daß im vergangenen Quartal mehr Menschen gestorben seien als normal, und die ihm vorliegenden Berichte bezeugten auch «eine große Zunahme des Pauperismus». Insgesamt verkamen in diesem Jahr durch die Fäule Kartoffeln im Wert von sechs Millionen Pfund Sterling, 120 Millionen Mark.

Die irische Tragödie war trotz aller «natürlichen» Gründe weitgehend Menschenwerk. Eine Wurzel war die radikale anti-irische Besatzungspolitik der Briten. Sie hatten Irland, wie Hobhouse sagt, «zu einer Agrarkolonie gemacht und verhindert, daß hier irgend etwas hergestellt wurde, was ihrer Ansicht nach in England produziert werden sollte»[31]. Das ging so weit, daß London den Iren den Export von Rindern verbot, ob lebendig oder als Schlachtvieh. Die irischen Bauern stellten sich daraufhin auf Schafsweidewirtschaft um und hatten Erfolg mit erstklassiger Wolle, die aber aus dem Land geschmuggelt werden mußte.

Die Iren sollten, so zitiert Woodham einen Zeitgenossen, «zu unbedeutenden Sklaven werden, zu nichts im Stande, als Holz zu hacken und Wasser zu schleppen»[32]. Kein Katholik (die Iren waren katholisch) durfte Land kaufen. Wenn ein katholischer Bauer starb, mußte sein Grund und Boden auf alle Söhne aufgeteilt werden, wie winzig die Splitter auch sein würden. Nur wenn der älteste Protestant wurde, erbte er alles.

Noch ein anderer Punkt zeigt, wie sehr nicht nur die Natur, sondern auch der Mensch an der Katastrophe schuld war: Große Teile des irischen Bodens gehörten ja englischen Grundbesitzern, und während der gesamten gewaltigen Not wurden Getreide und andere Lebensmittel aus Irland exportiert.

Irland war weitgehend ohne Industrie. Also gab es keine Arbeiter, deren noch so niedrige Löhne den Kauf von Lebensmitteln ermöglicht haben würden. Aber auch Länder mit Industrie erlebten Mitte des vergangenen Jahrhunderts Armut und Hungerkrisen in Fülle, wofür das heute so wohlhabend wirkende Belgien ein besonders trauriges Beispiel war. Die Industrialisierung brachte Preissteigerungen durch den Zug in die Städte, der dort stetig wachsenden Bedarf an Unterkünften für die Arbeiter auslöste. Und diese mußten sich nun auf städtischen Märkten versorgen, anstatt sich wie bisher von eigenem Land wenigstens teilweise selbst ernähren zu können.

Im Jahre 1886 berichtete der Gouverneur von Ostflandern, die Arbeiterklasse ernähre sich von Brot und Kartoffeln mit etwas Zwiebel- oder Essigsauce, mit sehr wenig Fett und «sogenannter Butter». Nur ein Jahrzehnt zuvor hätten sich die Arbeiter, wie es in einem anderen Bericht hieß, Wurst, Speck, Butter und Eier leisten können – allerdings nur während einer kurzen, günstigen Spanne von etwa fünf Jahren 1870 bis 1875. Die Not betraf besonders die Flamen, die in Scharen ihre Heimat verließen und sich entweder in anderen belgischen Provinzen oder in Frankreich niederließen.

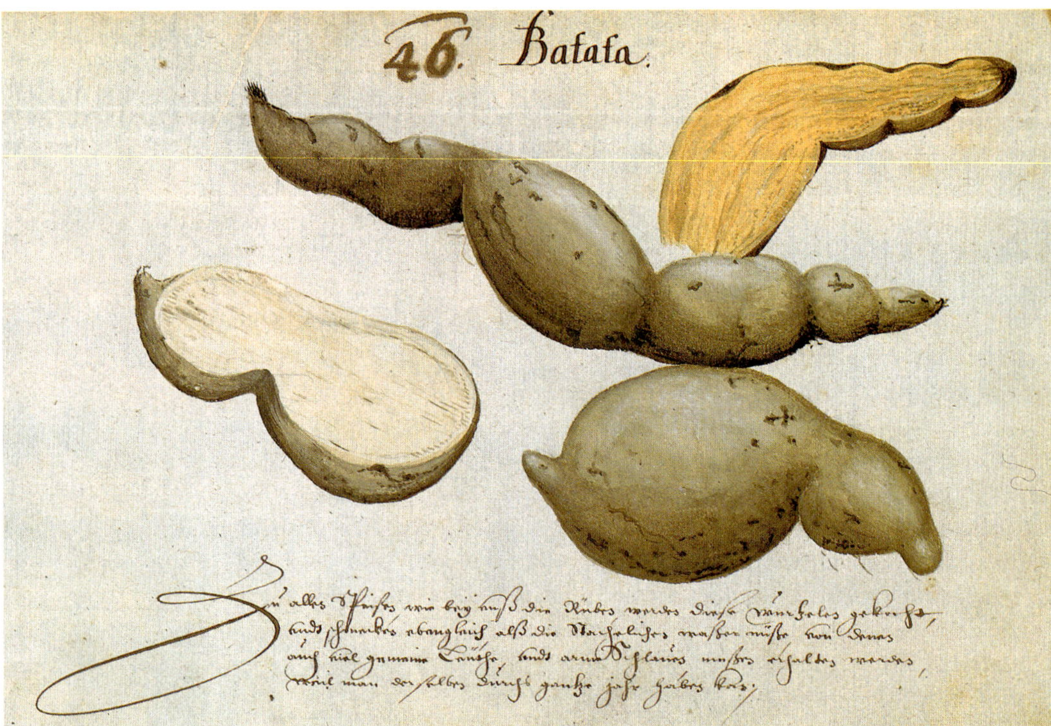

Kartoffelpflanze, gezeichnet von Zacharias Wagner (1614 bis 1668).

«Es zeigt sich, daß auch die Geschichte des Abendlandes auf weite Strecken hin eine Geschichte der Not, des Hungers und des Elends war», schrieb Professor Wilhelm Abel im Februar 1974. «Das ist in unser Geschichtsbewußtsein noch kaum eingedrungen. Vorstellungen ... einer Harmonie zwischen Stadt und Land, einer befriedeten, nur von der Willkür einiger Menschen und Menschengruppen gestörten Gesellschaft beherrschen noch das Bild, das von dem vorindustriellen Zeitalter in unsere Geschichtsbücher einging. Aber das Bild ist falsch.»[33] Mir scheint, das ist noch immer nicht in unser Geschichtsbewußtsein eingedrungen.

Eine besonders tragische Hungergeschichte hat auch Rußland durchgemacht. Zur widrigen Natur kam rückständige, wenig produktive Landwirtschaft. Die Aristokratie unterdrückte die Bauern länger als anderswo und verkaufte Roggen und Weizen ins Ausland – auch während der Hungersnöte. Die gewaltigen Transportschwierigkeiten des Riesenreiches führten dazu, daß manche Teile völlig isoliert lebten, also auch oft andere gute und schlechte Jahre hatten als andere Teile des Landes.

Die schlimmsten Hungerzeiten machte die russische Landbevölkerung in der Zeit der Leibeigenschaft im 19. und Anfang des 20. Jahrhunderts durch. Bauern und Landarbeiter konnten sich Fleisch, Milch und Eier immer weniger leisten, zur Unterernährung kam der gesundheitsgefährdende Mangel an Proteinen.

In der Zeit von 971 bis 1925 hat Rußland, wie Dando berechnete, 114 Hungerjahre erlebt. Einige der schlimmsten folgten auf den Ersten Weltkrieg und die Machtübernahme durch die Kommunisten. Sie dauerten von 1918 bis 1923, wobei dem Hunger 1921 mehr als fünf Millionen Menschen zum Opfer gefallen sein sollen. Die Schätzungen schwanken zwischen dieser Zahl und etwa neun Millionen. Zwischen 1932 und 1934 zählte Rußland dann 4,7 Millionen Hungertodesopfer, nach Ende des Hitlerkrieges 1946/47 etwa zwei Millionen.

Der Niedergang der Bauern

Die Welt-Hungerstatistik der frühen Zeit ließe sich leicht verlängern. Was ich gezeigt habe, ist schlimm genug. Wie konnte das so kommen? Gemessen an der langen Geschichte der Menschheit vor dem «Glücksfall», als der die Aufnahme der Landwirtschaft angesehen wird, war doch nach dieser gewaltigen Verbesserung der Ernährungs-, also Lebensmöglichkeiten nur wenig Zeit vergangen. Wieso brachte die eine derartig unglückliche Entwicklung?

Das Warum mag rätselhaft sein. Das Wie und das Was nicht. Allenfalls noch, wann es begann. Es war die Unterjochung der vielen, die von und in der Landwirtschaft lebten, durch wenige, die stärker waren und immer stärker wurden. Es war die Teilung der Welt in viele Arme und wenige Reiche, die Herausbildung von Oberschicht und Unterschicht, mit einem Abstand an Macht und Reichtum zwischen den beiden, den wir uns heute nur noch mühsam vorstellen können, der aber heute noch groß ist.

Es scheint schon in der Jungsteinzeit angefangen zu haben, als das Abschmelzen der Eiszeitgletscher den Hirten und Reitervölkern des Nordens und des Nordostens ermöglichte, nach Westen, Südwesten und Süden vorzudringen. Sie unterwarfen sich die kleinen Gemeinschaften der Pflanzen- und Ackerkultur, fast durchweg friedliche Völker ohne Expansionsgelüste, und bildeten dort eine aristokratische Herrenschicht. Die Bauern wurden ihres Grundeigentums beraubt und zu Pächtern gemacht, die einen großen Teil ihrer Ernten den neuen Herren abliefern mußten.

Die Steigerung der Ablieferpflicht und das Verbot, den Grund zu verlassen, machten die Pächter zu Leibeigenen. In Handwerk und Gewerbe, so lesen wir bei Alexander Randa, «wird durch die Einstellung zahlreicher Kriegsgefangener als Sklavenarbeiter eine ähnliche Entwicklung herbeigeführt, die noch tiefer, bis zur völligen Entrechtung des Menschen führt. Während so auf der einen Seite Millionen von Menschen noch unter das Menschentum hinabgedrückt werden, erhebt sich auf der anderen Seite das Herrschertum weniger Menschen zur Höhe eines schrankenlosen Absolutismus und schließlich zur völligen Vergottung.»[34]

Im Lauf der Zeit zogen sich die wenigen Mächtigen eine wachsende Schicht Privilegierter heran, die an Macht und Reichtum teilhatten. Die Schicht der Unterprivilegierten wuchs ebenfalls.

Schon da, wo man vermutet, daß die erste höherentwickelte Bauernzivilisation entstanden ist, im Nahen Osten, gab es, wie es bei Randa heißt, den «unvermeidlichen Machtwechsel». Hier eine Erklärung: «Die demokratische Ackerbaukultur birgt in sich offenkundige Keime der Unsicherheit. Der vom Handel genährte Wohlstand mehrt die Gefährdung des schmalen Kulturgebietes durch peripherische Nomaden und bedingt die Wahl siegreicher Feldherren zu Alleinherrschern, die ihr Amt auch nach dem Siege behalten ...»[35] Die aristokratische Stadtkultur breitete sich schnell aus, aber die zu ihr gehörende Landwirtschaft mit Rind und Pflug blieb lange auf Europa und seine Randgebiete beschränkt.

Auch wenn diese Schilderung wenig einleuchten mag – das Ergebnis ist nicht bestreitbar. Und uns näher entnehmen wir dem gelehrten *Brockhaus*: «Die griechische und die römische Kultur hatten bäuerliche Wurzeln, doch wurde das römische Bauerntum durch Großbetriebe mit Sklavenarbeit zurückgedrängt und später zum schollengebundenen Kleinpächtertum.» Die germanischen freien Bauern wurden im fränkischen Reich und später in England «meist in die Organisationsform der Grundherrschaft einbezogen und stiegen zu einem hörigen Bauernstand ab, freilich immer mit Erhaltung einer bäuerlichen Einzel-Eigenwirtschaft»[36].

Zinspflichtige Bauern bringen Abgaben. Darstellung aus dem 16. Jahrhundert.

Zunächst hatten die Bauern nur Zins und Pacht in Geld und Naturalien geschuldet. Im Mittelalter brachte die Landwirtschaft sehr geringen Ertrag. Wenn er so gering war, daß sie nicht genug Zins und Pacht leisten konnten, verloren sie ihr Land an den Großgrundbesitzer und schuldeten ihm ihre Arbeit. Mit alldem sicherten sie den Grundbesitzern ihre Vormacht – und ihren Lebensstandard.[37]

«Die Geschichte des Landbesitzes und der Landpachtung in Europa ist sehr komplex, und vieles liegt noch im dunkeln», sagt der *World Atlas of Agriculture*[38]: «Was immer früher an Gemeinde-Pachtsystemen existierte – im Mittelalter herrschte über einen großen Teil Europas die eine oder die andere Art des feudalen Pachtsystems. Grund und Boden hatte man im Dienst eines feudalen Oberen, der es letztlich von der Krone hatte, obwohl das Land selbst von Pächtern bearbeitet wurde, die sowohl ihren Kleinbesitz auf eigene Rechnung bebauten als auch auf dem Gut ihrer Oberen arbeiteten. In der extremen Form waren diese Bauern Leibeigene und an den Boden gebunden ...»

Vom wirtschaftlichen Standpunkt, so Henri Pirenne, war die auffälligste, charakteristischste Institution dieser Zivilisation der Großgrundbesitz. «Er geht natürlich auf viel ältere Zeit zurück ... Es gab Großgrundbesitzer in Gallien lange vor Cäsar, ebenso wie in Germanien lange vor den Invasionen. Das römische Imperium erlaubte den großen gallischen Landsitzen, weiterzubestehen ... Die gallische ‹villa› der imperialen Zeit, mit ihrer getrennten Reserve für den Besitzer und vielen Pachtgütern für die ‹coloni›, stellt den gleichen Typ der Ausbeutung dar, wie ihn die italienischen Agronomen zur Zeit Catos beschrieben hatten. Er überstand die

Das idealisierte Bild des europäischen Bauern, wie hier auf einem Kupferstich des 18. Jahrhunderts, ignorierte die katastrophale Lage der Landbevölkerung.

Periode der germanischen Invasionen, ohne sich nennenswert zu ändern, das Frankreich der Merowinger behielt ihn bei, und die Kirche führte ihn jenseits des Rheines ein, Schritt für Schritt, wie die dortigen Länder zum Christentum bekehrt wurden.»[39]

Während in Südeuropa das Pächtersystem herrschte, hielten sich freie und selbständige Bauern hauptsächlich in Schweden und in der Schweiz. In Osteuropa entwickelte sich die Abhängigkeit bis zur Leibeigenschaft. Als die Bauernbefreiung im 18. und 19. Jahrhundert die Härten milderte, war die große Mehrheit der Bauern schon unerholbar arm, worüber eine Minderheit reicher Großbauern nicht hinwegtäuschen konnte. Dazu hatte das Erbrecht sehr beigetragen: Die Aufsplitterung in immer kleinere Anwesen zerstörte die Fähigkeit zur Selbstversorgung. Kamen zitiert als Beispiel für diese schon sehr früh begonnene Entwicklung das Languedoc-Dorf Lespignan: 1492 konnten die meisten Bauern noch einen Überschuß erwirtschaften, der ihnen die Mittel für benötigte Waren verschaffte. Ein Jahrhundert später, 1607, mußte die Mehrheit Getreide hinzukaufen, weil die eigene Ernte nicht mehr genügte – aber sie waren gezwungen, sich die Mittel dafür durch Verdingung zur Arbeit anderswo zu verdienen.[40] Überall wurden die Bauern vom Staat auch noch hoch besteuert, als wenn sie nicht schon Bürden genug hätten.

Je mehr Land die Großgrundbesitzer besaßen, desto mehr Arbeiterinnen und Arbeiter brauchten sie, vor allem zu Saat- und Erntezeiten – besonders in Mittel- und Osteuropa. Da fanden es die Bauern vorteilhafter, Tagelöhner zu werden, anstatt an ihrer eigenen kleinen Landwirtschaft festzuhalten. So entstand ein Markt für aufgegebene Bauernhöfe, die billig zu haben waren. Davon profitierten Aristokratie und Großgrundbesitzer, die ihr Land entsprechend vergrößern konnten, ohne viel dafür zahlen zu müssen. Kamen zitiert das Beispiel von Stargard (Mecklenburg), wo drei Viertel des bäuerlichen Grundbesitzes in die Hände des Adels gelangten. Auf diese Weise brachten es auch wohlhabende städtische Bürger zu Landgütern, in Italien, Spanien und Deutschland, und auch die Kirche wurde zu einer immer größeren Gutsbesitzerin.

Um sich die benötigten Arbeiter zu sichern, setzten die adligen Grundbesitzer immer neue Gesetze zur Zementierung der Leibeigenschaft durch, wozu auch Gesetze gehörten, die sich gegen die Flucht von Landarbeitern aus dieser Fron richteten, wie zum Beispiel von Brandenburg nach Polen.[41] Dort hatten geflohene Bauern aus der Mark Brandenburg mehr als 40 neue Dörfer gegründet.

Zur Zeit der fränkischen Reichsgründung war freies Bauerntum fast verschwunden. Mitte des 17. Jahrhunderts waren beispielsweise von insgesamt 64 000 Bauern in Böhmen nur etwa 500 frei. In Bayern stellten freie Bauern im 18. Jahrhundert ganze vier Prozent der Landbevölkerung. Am schlimmsten war ihre Unterdrückung in Rußland. Hier wie in Polen gehörte die Kirche zu den großen, von der Leibeigenschaft (um nicht zu sagen Versklavung) der Bauern profitierenden Grundbesitzern; arm an Land war sie auch in Westeuropa nicht.

Gegen Abhängigkeit und Verelendung begehrten Bauern und Landarbeiter immer wieder, aber erfolglos auf. Zwischen 1300 und 1800 sind mindestens 130 bäuerliche Erhebungen nachgewiesen.

Als schließlich im 19. und 20. Jahrhundert die Lage der Bauern sich besserte – auch die politische und soziale –, waren sie längst eine kleine Minderheit in der Landbevölkerung geworden: Die Mehrheit war schon lange nicht mehr selbständig und lebte von Lohnarbeit.

Das System der Fron für die Großen war keineswegs besonders produktiv, eher im Gegenteil. Die Bevölkerungszunahme während all dieser Jahrhunderte hätte aber größere Produktivität verlangt. Nun können wir schon besser verstehen, daß Mißernten, auch verhältnismäßig harmlose, die Ernährung der Massen schnell gefährdeten und daß die weniger harmlosen zu regelrechten Hungerkatastrophen führten. Auch unter den Bauern, von denen man doch theoretisch erwarten würde, daß sie der beste Schutz vor solchen Katastrophen seien.

Wenn sie wirklich richtigen Hunger hatten, lebensbedrohenden, aßen die Menschen dann doch wieder, was ihre Vorfahren, denen es in ferner Vergangenheit gedient haben mochte, vor Urzeiten aufgegeben hatten. Und noch einiges nach unseren Begriffen völlig Unverdauliche dazu.

Gewisse Nomaden der Sahara, die gar nichts mehr besaßen, aber doch durch beharrliche Suche irgendwo etwas zu finden hofften, banden sich möglichst fest einen Stein auf den Bauch vor den Magen. Das betäubte den Hunger. Es verlängerte die Chance, daß ihr Reitpferd mit seinem besseren Instinkt dann doch noch eine Oase finden würde, mindestens etwas Grünes, Saftiges.

Grünes – das war in der menschlichen Ernährungsgeschichte verblüffend schnell in Verruf geraten. Eine Unzahl von Pflanzen, deren sich die Sammler und Jäger der Vorzeit erfreut hatten, war längst nicht mehr Bestandteil des Mittagstisches oder Abendbrotes. Freilich muß hier wieder einmal zwischen Arm und Reich unterschieden werden. Die Reichen, in den meisten Zeiten große Fleischesser, legten kaum Wert auf Grünes. Die Armen, die sich gar kein Fleisch leisten konnten, mußten es essen, zusätzlich zur füllenden Kost ihrer Grundnahrungsmittel wie Korn als Brei oder Brot.

In wirklicher Notzeit setzte das kollektive Gedächtnis wieder ein: Wie Tausende Jahre früher aßen Menschen, um nicht zu verhungern, Gras, Wurzeln, Farn, Brennesseln, Löwenzahn, Brunnenkresse, die Blättchen der Getreidestengel, Disteln, Radieschen- und Rübenblätter, natürlich auch Blätter von Laubbäumen, grün oder trocken, wilde Zwiebeln, in China Wurzeln von Wasserkastanien und Flohkrautsamen. All dies teils gekocht, teils roh, teils vergoren.

Sonst verachtete Rüben und Kräuter, Eicheln von den Bäumen kamen dazu, die Eicheln gekocht oder in heißer Asche geröstet oder als Mehl für Brei oder Suppen.[42] Wenn es wirklich ernst wurde, genügte das nicht – oder es war schon nicht mehr zu haben. Da half auch nicht, daß sich die Menschen wieder an den Hafer, inzwischen war er nur noch Viehfutter, als Brotgetreide erinnerten. Oder wenn Schweizer Winzer ihre Rebstöcke ausrissen und statt dessen Getreide aussäten, wo doch Rebland je Hektar bedeutend teurer war als Ackerland.

Gemahlene Baumrinde wurde zu Brotmehl oder Brei, ebenso Nuß- und Mandelschalen, in anderen Kontinenten Erdnußschalen, aber auch gehäckselter Farn vermischt mit Heidekraut, Maiskolben ohne Körner, Kartoffelschalen, Kastanien, reine Kleie.

All das klingt wie Genuß, gemessen an der Notnahrung der nächsten, bittereren Stufe: Ins Brotmehl (das dann wohl schon eines der erwähnten Ersatzmehle war) wurde Mehl aus zerstampften Obstkernen gemischt oder aber Tonerde (Tonerde als Magenheilmittel war weit verbreitet) oder

Schindel- oder Ziegelbruchstücke oder feingemahlene Knochen oder Unkraut. In der Sahara suchten die Nomaden nach den Nestern bestimmter Ameisen, die Körnervorräte horteten, ein guter Fund konnte bis zu fünf Kilo ergeben.[43]

In der Not versuchten Menschen, alte Tierfelle in Eßbares zu verwandeln, die Nomaden in der Wüste sogar Kamelhufe (zu Mehl zerstampft). Nomaden ritzten die Venen ihrer Kamele auf, um sich von ihrem Blut zu nähren. Europäer taten Gleiches mit dem Blut ihrer Rinder. In der Not aßen Menschen auch Tiere, die sie sonst anekelten – in China stieg dann der Rattenpreis auf 4000 Cash pro Tier, in Europa auf vier Gulden. Hunde und Katzen zu essen war dann längst selbstverständlich, das verbreitete Tabu gegen das Verzehren von Pferdefleisch wurde dann ebenfalls gebrochen. Auch Dung von Tauben diente als Nahrung.

Es wird kaum von einer wirklich strengen Hungersnot berichtet, bei der nicht schließlich auch Menschenfleisch gegessen worden wäre – frischbegrabene Leichname wurden aus den Gräbern geholt, Gehenkte vom Galgen geschnitten, Kinder und Kranke umgebracht und zu Nahrung gemacht . . .

Gleichzeitig entsetzlich und versöhnlich wirkt dagegen die frühere russische Praxis, in Hungersnotzeiten ganze Dörfer für vier bis fünf Monate amtlich in den Winterschlaf zu befehlen – die Bauern und ihre Familien sollten nur das Allernotwendigste tun, viel liegen und eigentlich nur aufstehen, um ihre Hütte zu heizen. Mit Nahrung helfen konnte der Staat nicht.

Immerhin bemühten sich in Notzeiten Fürsten, Regierungen und Stadtverwaltungen hier und dort, ihren notleidenden Bürgern zu helfen – der Landbevölkerung weniger. Bekannt sind Bemühungen, Lebensmittel gerechter zu verteilen und zu hohe Lebensmittelpreise zu senken, seit den alten Griechen und Römern. Athen hatte im 4. Jahrhundert v. Chr. entsprechend strenge Gesetze und staatliche Einrichtungen, die freilich wieder verschwanden, als die Demokratie 322 v. Chr. abgeschafft wurde.

Karl «der Große» glaubte, Hungersnot sei eine Strafe Gottes für die Sünden der Menschen, also ordnete er in Notzeiten zunächst allgemeines Fasten und das Lesen von Messen an. Aber mehrmals versuchte er, durch Festsetzen von Höchstpreisen der Teuerung entgegenzuwirken, die in Notzeiten oft die wahre Katastrophe auslöste, da sie für mehr und mehr Menschen das tägliche Brot zu teuer machte. Und, wie erwähnt, er verbot auch einmal jeden Lebensmittelexport.

Die Verwaltung von Florenz ließ in der Hungersnot von 1328 bis 1330 zunächst Getreide verbilligt abgeben, dann aber sämtliche Bäcker auf Rechnung der Stadt Brot backen, das billig an die Armen verkauft wurde. Schweizer Behörden in Bern, Basel und Luzern schrieben im 15. Jahrhundert den Bürgern vor, Getreidevorräte anzulegen, möglichst einen Jahresbedarf, keineswegs immer mit Erfolg. Vielerorten, auch außerhalb Euro-

Brotverteilung an die Armen, *Italien, 15. Jahrhundert.*

pas, stellten die Verwaltungen armen Bürgern Lebensmittel, den Metzgern und Bäckern billige Kredite zur Verfügung. Freilich erreichte solche Hilfe immer nur einen kleinen Teil der Notleidenden.

Rosenberger nennt zwei Beispiele, daß der König von Marokko im 16. Jahrhundert Lebensmittel aus seinen Beständen verkaufen ließ, um die Preise zu senken, und daß die bloße Ankündigung schon genügte, die Preise fallen zu lassen. Fielen sie zu stark, zog er seine Bestände zurück.[44]

Aus Indien berichtet Srivastava[45], daß die Herrscher manchmal neben Hilfe wie Getreideverteilung, Steueraufschub und öffentlichen Arbeitsprogrammen, um die Kaufkraft der Bedürftigen zu erhöhen, Kinder, die von ihren Eltern verkauft worden waren, auslösten und zurückgaben.

Preußen und Dänemark gelang es durch Vorratsmaßnahmen, Preiskontrollen und Marktüberwachung um die Mitte des 18. Jahrhunderts, trotz empfindlicher Versorgungskrise eine wirkliche Hungersnot abzuwehren.

Während des internationalen Symposiums *Essen und Trinken in Mittelalter und Neuzeit*[46] trug der Gießener Professor Heinrich Sprankel einen amüsanten Bericht über die Findigkeit und Kunst vor, mit der während der deutschen Hungerblockade von Paris 1870/71 Mitglieder der *Société Zoologique d'acclimatation* ein Feinschmeckerdiner aus Notnahrung veranstalteten.[47] Verarbeitet wurden Pferde-, Hunde-, Katzen- und Rattenfleisch, als Gemüse dienten Begonien («größte Ähnlichkeit mit Sauerampfer»). «Scheibchen von Hundeleber» erinnerte die Teilnehmer an Hammelnieren, «Rattenwildbret» an Vogelfleisch. «Der Katzenziemer war sehr köstlich» (mit Sauce Mayonnaise). Hundekoteletts waren mit grünen Erbsen garniert, Hundekeulen mit kleinen Ratten. Den Auftakt machte Pferdebrühe mit Hirse, den Schluß bildete Plumpudding mit Rum und Pferdemark.

Ende Dezember 1870 fand in der gleichen Atmosphäre allgemeinen Hungerns im Theater Montparnasse eine Benefizveranstaltung «für die Armen» statt – mit einer Tombola. Die Preise: ein Pferdefilet, eine Hundekeule, ein Katzenrücken, ein Mäusehackbraten, ein Stück Elefantenfleisch (die beiden Elefanten des Zoos waren geschlachtet worden), ein Bund Zwiebeln, ein saurer Hering, eine Tafel Schokolade, 125 Gramm Schweizer Käse, zwei Eier.[48]

Katastrophengrund Kolonialismus

Noch weit schlimmer als die Irrtümer und die Unterdrückung der vor- und frühgeschichtlichen Bauern unserer Erde und die frühzeitige Aufspaltung der Menschheit in Reich und Arm wirkte später die zerstörerische Kraft des Kolonialismus. Er hat die Ernährungsgrundlagen vieler Völker in fürchterlicher Weise eingeschränkt oder ganz ruiniert.

Als die Europäer auszogen, um sich fremde Länder anzueignen, hatten deren Bewohner, so «primitiv» sie manchen ihrer Eroberer und Besatzer vorkommen mochten, in weiten Gebieten in einem ausgewogenen Ernährungssystem gelebt, das im großen und ganzen funktionierte. Kriegswirren und Naturkatastrophen machten Indien zu einer Ausnahme. Wo diese andere Länder trafen, richteten sie bei weitem nicht soviel Schaden an wie der Kolonialismus.

Viele «primitive» Völker hatten im Verhältnis zu ihrer Zahl ausreichend zu essen, und heute erkennen die Spezialisten an, daß ihre Nahrung (mit Ausnahme Indiens, wo das Kastensystem verheerend wirkte) durchaus den Bedarf an Proteinen, Vitaminen und Mineralstoffen deckte, den man damals noch gar nicht kannte, auch in Europa nicht. Dieses Gleichgewicht haben die Europäer zerstört, auf vielfache Weise und so gut wie überall. Zunächst dort, wo die Geschichte des neuzeitlichen Kolonialismus angefangen hat: im heutigen Lateinamerika.

Eine Reihe der dortigen Indianervölker, besonders im Norden, lebte in einem verblüffenden, aber wohlorganisierten System für die Beschaffung der zur ausgewogenen Ernährung nötigen Nahrung: Sie siedelten in verschiedenen Anbaugebieten, die oft weit auseinander lagen. André Franqueville[1] führte das Beispiel der Lupaqa (aus dem Sprachstamm der Aymara) an. Sie lebten zum Teil am Titicacasee, aber ihr politisches Zentrum lag im Hochland Westboliviens. Ihre verstreuten «Oasen» oder «Inseln» reichten im Westen bis zum Pazifik und im Osten bis zum tropischen Wald. Die im Hochland bauten hauptsächlich Kartoffeln, andere Knollenfrüchte und Quinoa an, die an der Küste lieferten unter anderem Mais (nebst Guano, Baumwolle und Meeresfrüchten), aus dem Waldgebiet kamen Honig und Koka. Dieser Arbeits- und Versorgungsteilung machten die spanischen Eroberer ein Ende. Sie unterbrachen die Verbindungen, sie verboten manche der einheimischen Agrarkulturen und ersetzten sie teilweise durch europäische von geringerem Nährwert. Diese wurden freilich nicht eingeführt zur Ernährung der Einheimischen, sondern sie mußten von ihnen zur Tributzahlung an die Eroberer angebaut werden. Auf diese

Weise schrumpfte die Ernährungsbasis der Eroberten nicht nur nach Fläche und Umfang, sondern auch ihre Qualität ging mit verheerenden Folgen zurück.

Allerdings gab es vorübergehend eine bemerkenswerte Einschränkung, auf die John C. Super aufmerksam gemacht hat.[2] Als die einheimische Bevölkerung dezimiert war, sowohl durch die rücksichtslosen Eroberungsfeldzüge und die gewalttätige Ausbeutung als auch durch die von den Europäern eingeschleppten Krankheiten, gegen die das Immunsystem der Indianer machtlos war, da hatten die von den Spaniern gebrachten Viehsorten die Fleischvorräte des Landes stark vergrößert – weniger Menschen hatten nun mehr Fleisch. Super zufolge haben sich die indianischen Überlebenden der Entvölkerungskatastrophe daher eine Zeitlang besser ernähren können als die meisten anderen Völker der Welt. Aber das Glück dauerte nicht lange. Bald wurde mehr und mehr Land zur Ernährung der neu entstandenen Städte benötigt. Nun zogen die Indianer, die aus den fruchtbaren Gegenden weggedrängt oder aber als Landarbeitersklaven für die spanischen und portugiesischen Besatzer immer kärglicher verpflegt wurden, wieder den kürzeren.

Mit besonderer Leidenschaft bekämpften die Spanier den Anbau von Amarant, einer in Mittelamerika seit Jahrtausenden genutzten Pflanzensorte mit kleinen Körnern, die einen besonders hohen, anderem Getreide überlegenen Gehalt an der lebenswichtigen Aminosäure Lysin haben und auch sonst wertvolle Mineralstoffe und ungesättigte Fettsäuren enthalten. Die Spanier störte, daß Amarant im Kult der Indianer eine große Rolle spielte.

Wie der Kolonialismus allgemein die Ernährung der Menschen geschädigt und viele von ihnen dem Hunger ausgesetzt hat, davon seien hier nur einige besonders tragische Episoden aufgezählt.

Durch den Sklavenhandel verlor das ohnehin schwachbesiedelte Afrika im Verlauf weniger Jahrhunderte viele Millionen Menschen. Es genügt anzusehen, was afrikanische Sklaven in Brasilien und in den Südstaaten Nordamerikas geleistet und aufgebaut haben, um sich klarzumachen, was dem afrikanischen Kontinent verlorenging.

Portugiesen führten in Brasilien ein Gesellschaftssystem ein, das die Kolonialzeit überdauerte und die Reichtümer des Riesenlandes in den Händen einer winzigen Minderheit konzentrierte. Es hat zur Verelendung vieler Millionen Menschen und zu einem Raubbau an der Natur geführt, der den Europäern erst letzthin in seinem katastrophalen Ausmaß klargeworden ist. In unserem Zusammenhang ist besonders wichtig, daß zwei Prozent der brasilianischen Landbesitzer 60 Prozent allen anbaufähigen Landes gehört, sie aber das meiste davon ungenutzt lassen. Mehr als zwölf Millionen Landarbeiter haben hingegen keinerlei Land, das sie nutzen könnten, und etwa 40 Millionen Brasilianer sind unterernährt. Das vorhandene ungenutzte Ackerland ist ihnen verschlossen; so suchen viele von ihnen die Rettung in den Amazonaswäldern – auf das Thema Waldsterben

Für den Sklavenhandel gefangene Afrikaner.

komme ich noch. Die Grundbesitzer wiederum verwenden den Gewinn aus ihren Latifundien kaum in der Umgebung, die dadurch Mittel zur Weiterentwicklung bekäme, sondern der landet auf Banken zur Anlage anderswo, nicht zuletzt zur Finanzierung eines extrem aufwendigen Lebensstandards in den Städten und im Ausland. So verhalten sich auch die aus dem Kolonialismus hervorgegangenen Oberschichten in anderen Ländern.

In einem Landraub großen Stils nahmen die Kolonialmächte den Unterworfenen in drei Erdteilen den Boden weg, ob Acker oder Wiese oder Wald, von denen sie sich ernährt hatten. Das weggenommene Land wurde teils zum Abbau von Bodenschätzen genutzt – in Bergwerken, in denen die Einheimischen ohne oder bei schlechter Bezahlung schuften mußten –, teils zum Plantagenanbau von Nahrungs- oder Genußmitteln für den Export, Export entweder in die Heimat der Kolonisatoren oder anderswohin, aber zu nur ihrem Gewinn. Oft zwangen sie die Einheimischen auch, auf dem ihnen belassenen Boden solche Exportfrüchte anzubauen.

Die erste solcher «Kolonialwaren» war Zucker, den Portugiesen im heutigen Brasilien anbauten. Darüber mehr im Kapitel über den Zucker. Die koloniale Welt wurde in Produktionszonen für europäische Großunternehmen aufgeteilt – besonders radikal von den Franzosen, die beispiels-

weise im Senegal am liebsten nur Erdnüsse sehen wollten und andere Gebiete jeweils für Sisal, Palmöle, Kakao und Baumwolle bestimmten.

Ob so methodisch oder nicht – alle Kolonialherren entzogen den Kolonien auf diese Weise nicht nur einen wichtigen Teil ihrer Lebensgrundlagen. Sie zwangen auch die Einheimischen dadurch, sich neue Gebiete für ihre eigene Landwirtschaft zu erschließen. Das waren schlechtere Böden. Überstrapazierung durch Ackerbau oder Viehherden führte also hier noch schneller zu ökologischen Schäden wie der Bodenerosion, aber hauptsächlich zu ständig sinkendem Ertrag, also schrumpfendem Lebensstandard.

In fast allen Kolonien waren die Einheimischen auch noch zu unbezahlter oder gering bezahlter Arbeit für die Besatzer gezwungen, die im allgemeinen dabei keine Verpflegung zur Verfügung stellten – mit verhängnisvollen Folgen für die allgemeine Gesundheit. Zu diesen Arbeiten wurden die Männer oft sehr weit weg von ihren Dörfern geschleppt: Sie fielen dann als Ernährer ihrer Familien aus. Es gab kaum eine Kolonie, in der sich nicht schon nach wenigen Jahren Unterernährung bemerkbar machte.

Indochina ist ein besonders plastisches Beispiel für die Leiden, die den Kolonien auf diese Weise zugefügt wurden. Die französische Besatzungsmacht beschlagnahmte in Tongking (dem Norden des Landes) etwa ein Viertel des Gemeindelandes, auf dem Reis angebaut worden war, und verwandelte es in französisches Konzessionsgebiet. Im südlichen Cochinchina wurden zwischen 1860 und 1931 etwa 40 Prozent des reisfähigen Bodens in Konzessionsgelände für Kautschuk, Kaffee, Tee und Exportreis umgewandelt.

Die Vertreibung der indochinesischen Bauern von ihrem Grund und Boden führte natürlich zum Anwachsen des Landproletariats. In Amman (Mitte Vietnams) hatten 1952/53 mehr als die Hälfte aller Bauern kein Land mehr. Von denen, die noch Grund und Boden besaßen, konnten mehr als die Hälfte nicht mehr ihren eigenen Reisbedarf decken. Dagegen förderte die französische Verwaltung die Entstehung einer kleinen, kollaborierenden, begüterten Grundbesitzerschicht. Schließlich verfügten 0,1 Prozent der Grundbesitzer über 17 Prozent des Reislandes, die nächstreichen sechs Prozent über 22 Prozent. 94 Prozent der Bauern hingegen teilten sich nur etwas mehr als ein Drittel der verfügbaren Anbaufläche; der Rest war Gemeindeland.

Unter der französischen Herrschaft hatten die Vietnamesen immer weniger zu essen: im Jahr 1900 262 Kilo Reis pro Person, 1913 225 Kilo, 1937 nur noch 182 Kilo. Dann kamen der Zweite Weltkrieg und die japanische Besetzung – das Ernährungssystem brach zusammen. Auf die Folgen komme ich gleich.

Bald danach begann der französische Wiedereroberungskrieg, den die Franzosen verloren, dann der amerikanische Aggressionskrieg unter dem heuchlerischen Banner einer Verteidigung gegen kommunistische Aggression, von dem der *Brockhaus* sagt: «Der Vietnamkrieg hat die Zivilbevölkerung in weiten Teilen Vietnams auf das schwerste in Mitleidenschaft gezogen und die ökologische Struktur Vietnams (durch Flächenbombardement und chemische Entlaubung von Wäldern) schwer beschädigt.» 25 Millionen Bombenkrater behinderten die Landwirtschaft, 150 000 bis 300 000 Tonnen nicht explodierte Munition machten die Feldarbeit noch lange nach dem Kriege lebensgefährlich.

Linke Seite: «Indios bei der Ernte» wurde ein Motiv iberoamerikanischer Maler, nachdem die spanischen und portugiesischen Eroberer die Landwirtschaft der Indianer weitgehend ruiniert hatten.

In Indonesien, um ein weiteres der volkreichen Länder zu nennen, zerstörten die Holländer durch den Anbau von Zucker und anderen Exportkulturen wie Kaffee ebenfalls Reisland, das für die Ernährung der Bevölkerung wichtig gewesen war. Im südlichen Zentraljava wurden die Wälder abgeholzt: Dort mußten die Bauern Kaffeebäume pflanzen, die aber in dem Klima nicht gediehen. Mitte der dreißiger Jahre unseres Jahrhunderts waren die Berge weitgehend kahl. Die japanische Besetzung während des Zweiten Weltkrieges – die Japaner waren keine besseren Kolonialisten als die Weißen – sorgte für weitere Abholzungen. 1958 waren keine acht Prozent der Gegend mehr von Wald bedeckt, und daraus machten die verarmten Bauern dann Feuerholz. Auch hier verloren immer mehr Bauern ihr Land. Der Ertrag deckte ihre Schulden nicht mehr und konnte ihnen keine Existenz mehr bieten. Schon 1903 war der Besitz von mehr als 70 Prozent der Bauern auf einen Durchschnitt von weniger als 0,7 Hektar pro Familie geschrumpft.

Im heutigen Papua-Neuguinea meinte 1895 der britische Gouverneur, wenn der Einheimische sehe, «wie man Tee anbaut, Kaffee, Vanille, Reis, Zuckerrohr, Ingwer, Tabak und solche Dinge, wird er es bald den anderen nachmachen, sobald er erfährt, daß er sein Erzeugnis verkaufen kann»[3]. Der gutgemeinte Rat wurde von der Kolonialverwaltung sicherheitshalber mit Zwangsmaßnahmen durchgesetzt – übrigens gegen Proteste der weißen Pflanzer, die fürchteten, unabhängige Bauern mit Einkommen würden nicht mehr als Arbeiter für sie zur Verfügung stehen.

Die weitverbreitete Enteignung der Bauern hat natürlich auch das kolonisierte Afrika nicht verschont. Beispiel Kenia: Bis zur Unabhängigkeit hatten etwa 3500 britische Familien mit zusammen rund 14 000 Menschen 7560 Quadratmeilen des besten Bodens, während sich rund fünf Millionen Afrikaner von den ihnen belassenen 34 000 Quadratmeilen ernähren sollten. Im französischen Senegal, wo die Bauern auf Befehl der französischen Kolonialmacht Erdnüsse anbauen mußten, sank die verfügbare Lebensmittelmenge von 240 Kilo pro Kopf im Jahr 1920 auf 145 Kilo im Jahr 1959 – keine 400 Gramm pro Tag! Schließlich importierten die Franzosen, um die senegalesischen Erdnußbauern am Leben zu erhalten, Reis – aus Vietnam. Da kann man wohl verstehen, daß Richard Franke bitter sagt: «Vietnamesische Bauern und Arbeiter, die verhungerten, um das französische industrielle Wachstum zu subventionieren, hungerten auch, um westafrikanische Erdnußbauern zu ernähren, die ihrerseits verhungerten, um das Wachstum der französischen Industrie zu subventionieren.»[4]

Im Tschad zwangen die Franzosen die Bauern, einen Teil ihres Bodens auf Baumwollanbau umzustellen und diese dann billig, oft mit Verlust, an französische Händler zu verkaufen. Die Einnahmen deckten gerade eben die Transportkosten bis zur Ablieferungsstelle, konnten also nicht etwa den Lebensstandard erhöhen, der nun durch den Verlust von Acker für Grundnahrungsmittel sowieso sank.

Ein weiteres Erbe des Kolonialsystems sind Transportwege – Pisten, Straßen, Bahn –, die nicht dazu dienten, innere Märkte und Produktionsstätten der Kolonien miteinander zu verbinden, sondern um Produkte zu den Exporthäfen zu schaffen. Das erwies sich nach der politischen Unabhängigkeit dieser Länder als weiteres Hindernis für eine wirtschaftliche Erholung, gar einen Aufschwung.

Wen wundert es, daß die landwirtschaftliche Produktivität pro Person in der «Dritten Welt» zwischen 1960 und 1980 nur um 0,3 Prozent zunahm, im Nahen Osten und in Südasien stagnierte, in manchen Gegenden Afrikas zurückging?

Als die Kolonialherren die direkte Herrschaft beendeten, waren die (wirtschaftlich keineswegs) unabhängig gewordenen Länder nicht in der Lage, sich aus dem Zustand der erzwungenen Minderwertigkeit zu befreien. Sie brauchten die Exporternten nun (wie sie meinten, und es stimmte ja auch eine Zeitlang), um wenigstens etwas von dem Geld zu verdienen, mit dessen Hilfe sie sich zu modernisieren gedachten. Also blieben ihre Ernährungsgrundlagen dürftig, um so mehr, als die «Spezialisierung» durch die Kolonialherren zur Abhängigkeit vom Exporterlös von immer weniger Produkten geführt hatte.

Monokulturen sind das Schicksal eines großen Teils der «Dritten Welt», und sie erlebt einen Preissturz nach dem anderen – teils wegen des Überangebotes, teils wegen nachlassender Abnahmebereitschaft just der reichen Industrieländer, die sie zu dieser einseitigen, krisenempfindlichen Spezialisierung gezwungen hatten. In den Jahren nach dem Zweiten Weltkrieg übte Australien noch eine ganze Weile die Herrschaft über die früheren britischen und deutschen Teile Neuguineas aus (Papua-Neuguinea wurde 1975 unabhängig). Die australische Regierung veranlaßte die Papua, zunächst Kakao und dann auch Kaffee anzupflanzen, abgesehen davon, daß sie das Land australischen Siedlern öffnete, die noch mehr Kaffee anbauten, und diesem Beispiel folgend wurden nun wieder ganze Papuadörfer bewogen, mehr und mehr Kaffee anzupflanzen. Zur Unabhängigkeit des Landes mußten bereits 23 Prozent der konsumierten Lebensmittel eingeführt werden.

Der durch die Kolonialherrschaft erzwungene Versuch, von dem weit weniger guten, mittlerweile ausgelaugten Boden zu leben, hat zu neuen Umweltschäden geführt: Weideflächen vertrockneten, Wüsten breiteten sich aus. Das wiederum bewirkte Klimaveränderungen, die den Boden noch weniger fruchtbar machten. Regen brachte nicht mehr nur Feuchtigkeit, sondern wusch auch Ackererde weg, Überschwemmungen der Flüsse taten das gleiche. Mehr als die Hälfte allen kultivierbaren Bodens der Erde ist in schlechtem Zustand.

Nur ein Beispiel der Folgen: Nordafrikanische Gemüsebauern unter dem französischen Kolonialregime, von Ende des 19. Jahrhunderts bis etwa 1950, hatten fast die Hälfte des Jahres Nahrungssorgen. Während

Kaffee, seit Jahrhunderten Volksgetränk Europas und Nordamerikas, macht die Anbauländer in Übersee bei weitem nicht so reich wie die multinationalen Handelsfirmen.

dreier Monate lebten sie am Rande des Hungers, während eines Monates bis zu eineinhalb Monaten hungerten sie sehr.[5]

Die Ackerländer verlieren nach einer Schätzung in jedem Jahr mehr als 25 Milliarden Tonnen Boden.[6] Nicht nur die «Dritte Welt» ist betroffen – Ende der siebziger Jahre berichtete das amerikanische Landwirtschaftsministerium, die USA verlören jedes Jahr drei Milliarden Tonnen Mutterboden. Das liegt nicht nur an Überweiden und Auslaugung durch übermäßigen Anbau ohne Schonzeit, sondern auch an der fortschreitenden Verringerung der Waldflächen.

Schrumpfende Wälder

Das Abholzen der tropischen Regenwälder zu bedauern ist heute modern, ebenso wie es dem «Hamburger»-Appetit Amerikas und Europas zuzuschreiben. Es bedroht das Klimagleichgewicht der Welt, gewiß. Aber ebenso wie die Fast-Food-Ketten sind daran die vielen Menschen der armen südlichen Länder beteiligt, die sich neue Anbauflächen schaffen wollen/müssen, weil die von ihnen bisher genutzten erschöpft sind und weil ihnen die Kolonialmächte und in deren Nachfolge ihre eigenen «Oberschichten» alle guten genommen haben. Auch in Brasilien und in anderen lateinamerikanischen Waldgegenden suchen Arme ein Stückchen Land; von der Abholzung versprechen sie sich Rettung vor dem Verhungern (viele werden, sobald sie ihr Stückchen gerodet haben, von den mächtigen Grundbesitzern vertrieben). Diesen Grund für die Schrumpfung der Regenwälder zu nennen ist offensichtlich weniger beliebt als der Kampf gegen Mc Donald's.

Die riesigen Konzessionsgebiete, die zum Beispiel Brasilien internationalen Multis gewährt hat, dienen nach dem stark verengten Informationsstand der Europäer von heute im wesentlichen als Rinderfarmen für den Massenfleischkonsum in Nordamerika, Westeuropa und dem Nahen Osten. Doch die ungeheuren Flächen, die gerodet wurden, um in Brasilien Zucker, Kaffee und Kakao anzubauen (Brasilien ist für alle drei Großexporteur), werden bei uns gnädig übersehen. Und dazu kommt auch noch die gewaltige Nutzholzindustrie – auch diese für den Export in unsere reiche Welt. Nicht nur Brasilien – 33 Länder der «Dritten Welt» exportieren Holz, weil sie so dringend auf diese Einnahmen (beziehungsweise die Abgaben der internationalen Multis) angewiesen sind. Wegen des Raubbaus ohne Wiederaufforstung werden es in wenigen Jahren nur noch etwa zehn Ausfuhrländer sein.[7] In Asien wird übrigens noch stärker abgeholzt als in Lateinamerika, gewaltig auch in Afrika, besonders an der Elfenbeinküste und in Nigeria.

Viele gerodete Wälder werden in Ackerflächen verwandelt, aber ein Hauptgrund ist, wofür gerade Europäer Verständnis haben sollten, der Bedarf an Brennholz. Sollen die vom Kolonialismus geschundenen, in ihrer wirtschaftlichen Entwicklung von ihm besonders behinderten Völker auf die Klimaängste ihrer Unterdrücker Rücksicht nehmen? Ohne die hätten vielleicht auch sie andere Heizmethoden ... In Madagaskar war 50 Jahre nach der Eroberung durch die Franzosen ein Drittel der ursprünglich zwölf Millionen Hektar nutzbaren Waldes zerstört, also rund vier Millionen Hektar. Nicht nur durch Abholzung ohne Wiederaufforstung – die französischen Unternehmer ließen ihre madagassischen Arbeiter, um ihnen nichts oder nur ganz wenig zahlen zu müssen, durch Brandrodung rudimentäre Landwirtschaft betreiben. Der fielen damals schon fast drei Millionen Hektar zum Opfer.

Im Sudan finanzierte ausgerechnet die Weltbank in den sechziger und siebziger Jahren eine Mechanisierung der Landwirtschaft, der Tausende von Hektar Wald- und Weideland zum Opfer fielen; nicht lange danach führte die rücksichtslose Nutzung des Bodens zur Erosion.

Nach dem bisher Aufgezählten wird niemanden verwundern, daß sich viele Länder, die sich vor der Kolonialzeit selbst ernähren konnten, in Einfuhrländer für Lebensmittel verwandeln mußten. Die Einfuhren kommen oft aus Europa oder Nordamerika – oder aus Plantagen in anderen «Drittweltländern», die ebenfalls westlichen Unternehmen gehören.

Verhängnisvolle Exportwirtschaft

In großen Teilen der «Dritten Welt» hat die Monokultur, also der Anbau eines einzigen Produkts für den Export, zu einer Abkehr von Obst- und Gemüseanbau und -verzehr geführt. Das hat die Ernährung dieser Völker oft noch weiter verschlechtert.[8] Die Monokultur scheint ihnen aber unverzichtbar zu sein, weil sie ihre Hauptdevisenquelle ist, aus der die Lebensmitteleinfuhren bezahlt werden können – falls die Länder nicht ohnehin schon auf internationale Lebensmittelhilfe angewiesen sind.

Internationale Lebensmittelhilfe, darunter die der USA für die vormaligen Kolonialländer, hat oft den Nachteil, daß sie Eßwaren ins Land bringt, die dort unbekannt waren oder jedenfalls nicht vertraut, aber nach einer Weile wegen des dauernden Angebots doch Anklang finden und neue Bedürfnisse wecken, die von den einheimischen Bauern nicht befriedigt werden können. Sie schaffen und verlängern also die Abhängigkeit von Einfuhren, für die wieder Devisen benötigt werden. Nicht minder schwer wiegt, daß die als Hilfe ins Land gebrachten Lebensmittel mit den Produkten der einheimischen Landwirtschaft konkurrieren. Deren Erzeugnisse sind teurer, also der Konkurrenz nicht gewachsen. Die Bauern verlieren den Anreiz, mehr zu produzieren, als für ihre eigene Ernährung unbedingt nötig ist.

Auf diese Weise haben ja schon die Kolonisatoren den Kolonien einen Teil ihrer eigenen Ernährungsgewohnheiten mitgebracht. In vielen Kolonien galt es als erstrebenswert, die Speisen der so offensichtlich überlegen scheinenden Besatzer zu übernehmen. Diesem Umstand verdankt nicht nur das Weißbrot seinen Siegeszug um die Welt, auch da, wo die Menschen das wesentlich gesündere und billigere dunkle oder auch überhaupt keins gewohnt waren. Gerade die städtischen «Eliten» der Kolonien bemühten sich, die Ernährung der Weißen nachzuahmen, die doch auf ganz anderen historischen und physiologischen Grundlagen ruht, und ihre Nachfolger tun das auch heute.

Im Kolonialismus wurden keine Eliten herangebildet, die nach der Unabhängigkeit fähige Führungsschichten der neu selbständigen Länder sein konnten. In den meisten regieren nun, weiterhin stark abhängig von den vormaligen Besatzern beziehungsweise deren wirtschaftlichen Interessengruppen, Militärs, Händler, Landbesitzer und Regierungsbürokraten, die noch nicht gesinnt oder fähig erscheinen, das Steuer herumzuwerfen. Auch sie vernachlässigen die einheimische Landwirtschaft, die zur Ernährung der eigenen Bevölkerung beitragen würde, zugunsten des Exports, von dem das Land so gut wie nichts hat. Außer eventuell ein paar Devisen zur Tilgung der Schulden, die höchst selten entstanden, um das Los der Menschen zu verbessern.

Zu unserer Zeit, während der afrikanischen Hungerkrise 1984, importierten Simbabwe 39 000 Tonnen Mais und Kenia 26 000 Tonnen für ihre hungernde Bevölkerung. Aber gleichzeitig hatte Simbabwe Rekordernten von Tabak, Sojabohnen und Baumwolle für den Export, und Kenia exportierte Erdbeeren und Spargel nach Europa.

Wenn man sich das katastrophale, durchaus mörderische Erbe vor Augen führte, das der Kolonialismus für die Ernährung vieler Millionen in der «Dritten Welt» bedeutete, und die Dickfelligkeit der reichen westlichen Länder gegenüber diesen Nöten verfolgte, dann las man im Jahre 1980 einen Schlüsselsatz des «Brandt-Berichtes»[9] mit Verwunderung: «Die Beschäftigung mit Fragen historischer Schuld vermittelt keine Antwort auf das entscheidende Problem der Eigenverantwortung, auf die gestützt allein sich gegenseitige Achtung entwickeln kann. Selbstgerechtigkeit schafft weder Arbeitsplätze, noch stopft sie hungrige Münder.» Da könnte man sich kaum wundern, wenn Vertreter der «Dritten Welt» diesen Satz als Frechheit empfinden würden. So wünschte die Nord-Süd-Kommission, die es hätte besser wissen können, die «Dritte Welt» allein für ihren Hunger verantwortlich zu machen, und bescheinigte ihr gar «Selbstgerechtigkeit» für den Fall, daß sie doch endlich die Ursachen und Zusammenhänge offenzulegen gedächte!

Ohne die Wirkung des Kolonialismus ist eben nicht zu verstehen, und der Bericht der Brandt-Kommission hat da nicht weitergeholfen, warum die Welt-Hungerbilanz auch in neuer Zeit so schrecklich aussah und noch aussieht. Unter diesem Gesichtspunkt müssen wir sie uns also noch weiter ansehen.

Das volkreichste Land der Erde, China, hat im 19. Jahrhundert und um die Wende zum 20. Hunger- und Notzeiten durch Aufstände und Bürgerkriege erlebt, meist im Zusammenhang mit dem Eindringen europäischer Mächte. In den dreißiger Jahren des 20. Jahrhunderts brachte die japanische Invasion neues Elend. Nach dem Zweiten Weltkrieg verleitete die kommunistische Machtübernahme viele Menschen in Ost und West zu der Erwartung, daß nun gerechtere Verteilungsverhältnisse einträten und China, sobald die Folgen des Bürgerkrieges überstanden seien, keine Hungersnot mehr erleben würde. Doch entsprechende beruhigende Mitteilungen angeblicher Experten waren nichts als die Wiedergabe amtlicher chinesischer Verlautbarungen. Inzwischen weiß man, daß in der Zeit nach 1958 die chinesische Getreideproduktion stark zurückging, und die Ergebnisse des Zensus von 1982 ergaben, daß in den Jahren der Hungerkatastrophe von 1959 bis 1961 nicht weniger als 30 Millionen Menschen umgekommen sind.[10]

Nach der tristen Vorgeschichte Lateinamerikas wäre überraschend, wenn nicht auch dieser Kontinent in der neueren Zeit von Hungerkrisen heimgesucht worden wäre. Sein mit Abstand größtes Land, Brasilien, erlitt eine besonders schwere Anfang der siebziger Jahre des vergangenen Jahrhunderts, weitere 1890, 1915, 1930 und in unseren fünfziger Jahren. Chile 1960, El Salvador und Haiti Anfang der fünfziger, Peru Ende der vierziger und 1970, Nicaragua Anfang der siebziger Jahre.

Anfang der siebziger Jahre erlebte das internationale TV-Publikum erstmals das seither immer wiederkehrende Kapitel «Wassermangel, Dürre», also «Hunger» in der Sahelzone. Aber dann stellte sich heraus, daß jedes der betroffenen Sahelländer durchaus genug Getreide produzierte, um seine gesamte Bevölkerung ernähren zu können,[11] und auch Wasser war genug da, um erhebliche Anbauflächen zu bewässern – für Exportprodukte!

Afrika hatte, bevor die Weißen seine Lebensgrundlagen störten und zerstörten, keine so gewaltigen Hungerkrisen erlebt. Frühe Reisende haben sich eher beeindruckt über den Reichtum an Nahrungsmitteln aller Art geäußert, den sie dort vorfanden. Als Beispiel seien nur die Berichte des Portugiesen Odoardo Lopez über das Königreich Kongo und seine Nachbarländer erwähnt, aus denen der italienische Historiker und Diplomat Filippo Pigafetta Ende des 16. Jahrhunderts ein Buch machte. «Diese ganze Ebene ist sehr fruchtbar und gut gedüngt», schrieb er, «sie hat Wiesen voller Gras und immergrüne Bäume. Sie trägt allerlei Getreidesorten, aber das Wichtigste und Beste von allen wird Luco genannt und ist Senfsamen sehr ähnlich, der aber etwas größer ist. Mit Handmühlen gemahlen, gibt es ein sehr weißes Mehl, aus dem sie Brot machen, das sowohl weiß ist als auch von gutem Geschmack und sehr bekömmlich. Es steht in keiner Weise hinter unserem Weizen zurück.»[12]

Pigafetta gab dann einen Überblick über den Früchte- und Gemüsereichtum des Landes, in dem auch Hirse und Mais wuchsen, Datteln, Kokospalmen und andere Palmensorten. Er beschrieb die Rinder als Zug- und Lastentiere. Beeindruckt war er (beziehungsweise sein Gewährsmann Lopez) vom Königreich Angola: «Es ist fruchtbar in jeder Art Lebensmittel und verschiedenem Vieh und besonders mit großen Rinderherden. Tatsächlich aber ziehen diese Leute Hundefleisch allem anderen Fleisch vor, und so füttern und mästen sie sie, und dann töten sie sie und verkaufen sie in ihren offenen Schlachthäusern.»[13] Auch Schafe gebe es in Massen.

Auch arabischen Reisenden verdankt man zahlreiche Schilderungen des damaligen Afrika. Westafrika hatte reichlich Hirse und Reis, besonders das heutige Mali, berichtete im 14. Jahrhundert Al-Omari[14]. Anfang des 16. Jahrhunderts schilderte Leo Africanus, daß entlang des Niger reichlich Getreide wachse. Im 14. Jahrhundert verzeichnete Ibn Battuta zwar eine Dürrekatastrophe und eine Heuschreckenplage im Gebiet von und um Mali, aber damit verbunden waren Berichte über die dortige ausgedehnte Landwirtschaft. Battuta beschrieb auch den außerordentlichen Wohlstand

an der afrikanischen Ostküste (wie im Kapitel *Die Verfressenen* an einem Beispiel gezeigt).

Ibu Battuta (ca. 1304 bis 1377). Im Hintergrund eine Karte mit den Routen seiner Reisen.

Alle diese Länder wurden durch die Kolonialherrschaft zu Hungergebieten des 20. Jahrhunderts.

Zur ersten großen Störung wurde, wie schon erwähnt, der transatlantische Sklavenhandel. Der erhebliche Verlust an arbeitsfähigen Menschen, die mit der Sklavenjagd zusammenhängenden kriegerischen Wirren und Fluchtbewegungen führten prompt zu Hungerzeiten. Eine lange Strecke übermäßiger Trockenheit, die von Mitte des 17. Jahrhunderts bis gegen 1760 währte, war für die derart desorganisierte afrikanische Landwirtschaft naturgemäß schwerer zu verkraften, auch der innerafrikanische Lebensmittelhandel erholte sich nur mühsam. In dem solcherart geschwächten Kontinent mußte dann der direkte Kolonialismus um so zerstörerischer wirken.

In den französisch beherrschten Gebieten des Tschad und des Sudan wütete in den Jahren 1913/14 eine Hungersnot. Allein im Bezirk Ouadai lebten von 700 000 Menschen, die 1912 geschätzt worden waren, 1914 nur noch 400 000. Ein Siedler schrieb damals an die französische Verwaltung: «Während der Hungersnot von 1898/99 hat der Sultan seine Untertanen ernährt. Sie haben sie krepieren lassen ... Was für große Dörfer gab es doch bei unserer Ankunft, reich bevölkert, reich an Vieh, an Hirsevorräten. Sie sind zusammengeschrumpft, verschwunden.»[15] Auf den Hunger folgten Epidemien von 1916 bis 1918. Von je 100 Menschen blieben schließlich 40 übrig ...

1932 litt die französische Kolonie Obervolta unter Hunger. Ein französischer Kolonialbeamter erinnerte in einem Bericht daran, daß die Bauern früher stets beträchtliche Getreidereserven gehabt hätten, im allgemeinen die Menge von drei Ernten. So hätten sie auch geschafft, «die schreckliche Hungersnot von 1914 ohne Schwierigkeit zu überstehen»[16]. Aber seit Ende der zwanziger Jahre lebe diese Bevölkerung von der Hand in den Mund. Was die Erntereserven drastisch reduziert habe, sei die zwangsweise eingeführte Produktion von Exportkulturen. Susan George bemerkt, der springende Punkt sei, daß diese angeblich rückständigen Bauern durchaus imstande gewesen seien, Lagersysteme für drei Jahre Speicherung zu organisieren – «bis der Kolonialismus diesen Brauch zerstört hat».

Ein anderes Beispiel von nur zu vielen möglichen der Kolonialismusgeschichte: Algerien. Die umfangreichen Landenteignungen durch die Franzosen, die Vertreibung der Herden aus den Wäldern und den fruchtbaren Weiden, die von der Kolonialbehörde erzwungene Abwanderung der einheimischen Landwirtschaft auf immer schlechteren Boden lösten Hungersnöte aus, 1867, 1877/78, 1887/88 (diese noch verstärkt durch eine außerordentliche Heuschreckenplage).[17] Die Enteignung und Proletarisierung der algerischen Bauern wurden ungerührt fortgesetzt. In einer der vielen deprimierenden Reden auf dem Antikolonialkongreß in Brüssel 1927 erklärte der Algerier Messali Hadj: «Wir haben periodische Hungersnöte, und jedes Jahr sterben Tausende vor Hunger und Kälte. Jedermann hat im Jahre 1922 und 1923 festgestellt und wird auch jetzt noch feststellen können, wie die Einheimischen in den städtischen Siedlungen jeden Morgen aus dem Abfall ihre Nahrung heraussuchen. Diese periodische Hungersnot ist die Folge der systematischen Landenteignung der Einheimischen, die auch ihrer sonstigen Güter beraubt werden. Mehr und mehr werden sie auf die Hochebene zurückgedrängt, wo der Ackerbau ihnen nicht genügend Ertrag liefert, um ihren Lebensunterhalt zu sichern.»[18]

Zum Hunger aus Mangel an Nahrung kommt seit jeher die Fehlernährung, die Unterernährung, deren schlimme Folgen sich nur langsamer, aber ebenso sicher einstellen. Proteinmangel ist wahrscheinlich die schlimmste, mit einer langen und schrecklichen Liste schwerer Gesundheitsschäden, die sich von Kindheit an zeigen, angefangen schon mit Fehl- oder Frühgeburt und hoher Kindersterblichkeit. Auch Vitaminmangel bewirkt fürchterliche Schädigung, ebenso wie das Fehlen bestimmter lebenswichtiger Minerale in der Nahrung oder deren totale Fettlosigkeit. So kann man nur bewundern, wie die Menschen schon in der frühesten Zeit sich eine Nahrung verschafften, die alles Nötige enthielt, was zunächst nur dem Instinkt zu verdanken sein kann. Auch wenn wir davon ausgehen, daß die Menschen damals nicht so alt wurden wie heute, was immer die Gründe gewesen sein mögen, zum Beispiel wohl die geringere Kenntnis von Arzneien und die lückenhaftere Heilkunst, so erreichte die menschliche Ernährung bei Völkern, die wir und unsere Vorfahren als primitiv bezeichneten, doch eine gesunde Ausgewogenheit. Da waren freilich Nahrungsmittel beteiligt, die den «zivilisierten» Europäer schaudern lassen – Insekten und anderes, was man bei uns für nicht eßbar hält. Dieser Ausgewogenheit machte der Kolonialismus in denkbar roher, brutaler Weise ein Ende.

Von den hungrigen Menschenmassen dieser Welt leben 90 Prozent auf dem Lande.[19] 90 Prozent der unterernährten, hungernden Menschen sind also für die Städter, die den Ton in Politik, Wirtschaft und Gesellschaft angeben, unsichtbar. Da handelt es sich um eine halbe Milliarde Menschen, schätzt die FAO, vielleicht eine ganze Milliarde, denkt die Weltbank.[20] So bleibt auch unsichtbar und in seiner Bedeutung unverstanden, daß die Zahl der Bauern in der «Dritten Welt», die von ihrer Landwirtschaft das ganze Jahr hindurch leben können, weil sie groß und ergiebig genug ist, beständig abnimmt. Sie werden zu Landarbeitern, deren Zahl entsprechend zunimmt und denen es noch schlechter geht.

Fast 200 Millionen Kinder dieser Welt haben Untergewicht – 155 Millionen in Asien, 27 Millionen in Afrika, drei Millionen im Nahen Osten. In Sambia starben laut UNICEF 1977 29 Prozent der Kinder unter fünf Jahren an Unterernährung und dadurch bedingten Krankheiten. 1983 waren es 43 Prozent! In manchen Gebieten Bengalens sterben 21 Prozent aller Neugeborenen. «An direkter Folge der Unterernährung sterben so viele Menschen, als würde alle drei Tage eine Atombombe vom Hiroshimatyp abgeworfen», sagt Jon Bennett[21].

Die hohe Kindersterblichkeit hängt sehr damit zusammen, daß das Millionenheer von Landarbeitern am Rande des Existenzminimums ebenso starken saisonalen Schwankungen unterworfen ist wie die Ackerfrüchte, zu deren Aussaat und Ernte sie hauptsächlich beschäftigt werden. Etwas verdienen können viele von ihnen, wahrscheinlich die meisten, nur zu diesen beiden Zeiten. Gerade dann sind diejenigen, die in der Zwischenzeit nichts verdienen konnten, durch Unterernährung geschwächt, anfälliger gegen Krankheiten, besonders zur Regenzeit, wenn ihre mageren Vorräte erschöpft und Lebensmittel am teuersten sind. Wenn sie am schwächsten sind, müssen sie am meisten leisten. Frauen, die ja in der «Dritten Welt» einen großen Teil der Landarbeit verrichten, müssen aufhören, ihre Babys zu stillen, wenn gerade die Regenzeit die Ansteckungsgefahren erhöht. Andere müssen ausgerechnet in der letzten Phase der Schwangerschaft zur Feldarbeit oder kurz nach der Entbindung. «Von Bangladesch bis Afrika zeigen alle verfügbaren Untersuchungen, daß die Kindersterblichkeit am Ende der Regenzeit und in der Zeit vor der Ernte am schlimmsten ist», sagt Susan George[22], der ich viele Angaben dieses Kapitels verdanke. «Eine schlechternährte Mutter, die sich gerade zum Ende ihrer Schwangerschaft am meisten anstrengen muß, riskiert eine Fehlgeburt oder ein Kind mit Untergewicht zur Welt zu bringen. Sie hat Probleme mit dem Stillen, oder sie stillt auf (weitere) Kosten ihrer eigenen Gesundheit; so hat sie weniger Zeit und Energie, um sich um ihre Kinder zu kümmern ...»

Im Abschnitt über die Zentralafrikanische Republik lernt man aus dem Welt-Landwirtschaftsatlas, wenn die Aussaat gleich bei den ersten Regenfällen stattfände, könnte der Ertrag höher sein. Der Boden müsse vorbereitet sein, gerodet, das Unterholz weggebrannt. «Unglücklicherweise passiert oft, daß Krankheit oder Erschöpfung, die von der Unterernährung zum Ende der Trockensaison herrührt, die Bauern daran hindern konnten, die vorbereitenden Arbeiten rechtzeitig zur Aussaatzeit abzuschließen.»

In früheren überseeischen Gesellschaften waren die Bande zwischen Landbesitzern und Arbeitern fester. Die Besitzer konnten die Arbeiter, die für sie ihren Reichtum produzierten, nicht verelenden lassen und wollten das auch nicht. Seither hat die vom Westen ausgelöste Entwicklung diese Beziehung weitgehend zerstört. Nun sind Boden, Arbeit, Lebensmittel Handelsware, die unter reinen Gewinngesichtspunkten ge- und behandelt wird. Kredite, die Regierungen der «Dritten Welt» zur Modernisierung, sprich Mechanisierung der Landwirtschaft zur Verfügung stellten, halfen hauptsächlich den Großbauern und Latifundisten, mit neuen Maschinen Handarbeiter und Pächter überflüssig zu machen.

Auch in Lateinamerika leben Menschen in extremer Armut – allein in Brasilien 50 Millionen, von denen 40 Millionen unterernährt sind. Auch in Lateinamerika beruht die von Latifundien geprägte Landwirtschaft auf der Lohnarbeit von Landarbeitern, die während der meisten Zeit arbeitslos sind,[23] während die brasilianischen Großgrundbesitzer im Durchschnitt nur elf Prozent ihres Bodens anbauen (lassen), die in Zentralamerika nur 14 Prozent. Bemerkenswert war die 1969 im Welt-Landwirtschaftsatlas veröffentlichte Statistik, welcher Teil der landwirtschaftlich nutzbaren Flächen wirklich genutzt würde: in Brasilien zwei Prozent, in Argentinien sieben, in Mexiko zwölf.

Extremfall Indien

Indien ist ein besonders krasses, entsetzliches Beispiel für Hungerkatastrophen, die nicht hätten stattzufinden brauchen. Sie wurden nicht durch Naturgewalten ausgelöst, sondern waren von Menschen zu verantworten. So prekär die Nahrungslage zuzeiten in der Frühgeschichte und bis in die frühe Neuzeit gewesen sein mag, richtig düster wurde das Bild unter britischer Kolonialherrschaft.

 Historiker unterteilen diese Herrschaftszeit in die Phase, in der nicht die britische Regierung das Regiment führte, sondern die von der Krone mit allen Rechten und Vollmachten ausgestattete Ostindien-Gesellschaft, und die dann folgende, in der Indien direkt als britische Kolonie regiert wurde. Für die Inder machte das keinen großen Unterschied.

Nach einer Reihe von Mißernten in Bihar, Bengalen und Orissa erlebte Indien 1770 die erste der großen Hungerkatastrophen unter dem Regime der East India Company, das die Inder nach Kräften ärmer machte und die Gesellschaft reicher. Die Zahl der Toten schätzte der Generalgouverneur

Haus der Ostindischen Kompanie in London. Kupferstich aus dem 17. Jahrhundert.

auf zehn Millionen. Eltern verkauften ihre Kinder, wenn sie überhaupt Abnehmer fanden, es kam zu vielen Fällen von Kannibalismus. Die Kolonialregierung, also die Gesellschaft, unternahm nichts, um der notleidenden Bevölkerung zu helfen – manche ihrer Funktionäre betätigten sich im Getreidehandel. Immerhin verbot die Regierung den Export von Getreide und warnte davor, Lebensmittel zu horten.

Die nächste schwere Hungerkrise folgte 1781, dann kam 1785 eine noch schlimmere. Diesmal waren die Nordwestprovinzen betroffen, Oudh, Kaschmir, der Pandschab, Madras, ein Teil Bengalens (Bihar und Purnea), Teile von Rajputana und Bombay. Wie ausgerechnet Warren Hasting als Generalgouverneur schrieb, war ein Hauptgrund für die Katastrophe eine «mangelhafte, wenn nicht korrupte und grausame Verwaltung»[24]. Doch war ja gerade das Bestreben der Ostindien-Gesellschaft, aus Indien möglichst viel herauszupressen, was das Elend im Lande ständig vergrößerte.

Die Kriege der Engländer gegen indische Fürstentümer oder um Aufstände niederzuwerfen, verschlimmerten die Not noch mehr. Die Katastrophenserie ging weiter, manchmal in Gegenden, die es schon so hart getroffen hatte, dann wieder in bisher verschonten: 1783, 1787, 1790 bis 1792, 1799 bis 1801, 1802 bis 1804, 1806/07, 1812 bis 1815, 1819/20, 1822, 1824/25, 1832 bis 1834, 1837/38, 1854. Im Jahr 1859 übernahm Großbritannien direkt die Verwaltung, Indien wurde Kronkolonie, Königin Viktoria später «Kaiserin von Indien». Das Unbehagen über die Wirtschaft der Ostindien-Gesellschaft war dann doch zu groß geworden, die Kritik zu laut.

Der drastische Eingriff der Briten in die Gesellschaftsordnung Indiens hatte ähnlich schlimme Folgen wie das, was Spanier, Portugiesen und Engländer in Amerika anrichteten. Die Briten machten aus bäuerlichen Steuerpächtern, die bis dahin für die Einziehung der Steuern von den Bauern zuständig waren, erbliche Landbesitzer, enteigneten also die Bauern. Sie setzten hohe Steuern fest, auf die diese nunmehr landbesitzenden Steuerpächter, Zamindare, ihre erhebliche Gewinnspanne aufschlugen. Bald setzten die Zamindare zahlreiche Unterpächter ein, die ja auch von der Pfründe leben wollten: Immer mehr Bauern konnten nicht mehr zahlen und verloren ihren Besitz. Daran hatte auch eine rasch wachsende Zahl von Geldverleihern mit ihren Wucherzinsen großen Anteil. Ein wesentlicher Teil des indischen Elends geht auf dieses von den Briten eingeführte System zurück. Die hohen Summen, die Großbritannien aus Indien herauspreßte, trugen weiter zur Verelendung bei. Anfang des 19. Jahrhunderts war der Lebensstandard der Inder schon stark gesunken.

Das britische Zerstörungswerk traf auch die gerade aufblühende indische Industrie. Ursprünglich hatte England indische Textilien eingeführt, nun sorgten die britischen Fabrikanten für ein Einfuhrverbot. Statt dessen mußte Indien britische Textil- und andere Industrieerzeugnisse einführen. Nach dem Ruin der Textilunternehmen fielen auch Schiffbau-, Metall-, Glas- und Papierbetriebe der Kolonialherrschaft zum Opfer, ebenso wie

Teppich-, Waffen- und Schmuckfabrikation. Das alles hatte Mitte des 19. Jahrhunderts bereits verhängnisvolle Auswirkungen. Die Textilarbeit hatte der ärmeren ländlichen Bevölkerung das zusätzliche Einkommen verschafft, das sie zum Überleben brauchte.

Als Nachfolgerin der Ostindien-Gesellschaft, die erklärtermaßen kein anderes Ziel hatte, als Indien gründlich auszubeuten, setzte die britische Regierung die gnadenlose Steuer- und Belastungspolitik auf Kosten der ländlichen Bevölkerung fort, mit dem Ergebnis, daß Unterernährung das Los vieler Millionen Inder wurde. Am Zusammenhang zwischen der Ausbeutung der Bauern und der Hungerkrise hatten britische Amtspersonen im vergangenen Jahrhundert keinen Zweifel. Im Auftrag der britisch-indischen Regierung verfaßte Oberst Baird Smith 1861 nach eingehender Untersuchung einen Bericht, der zahlreiche Gründe für die Not zeigte; er verschwand im Archiv.

Katastrophal war auch eine aus heutiger Sicht unvorstellbare, aber immer noch nachwirkende Unterentwicklung der Transportwege unter britischer Kolonialherrschaft, die unter anderem dazu führte, daß Lebensmittelpreise in einem Ort zu hoch für die hungernde Bevölkerung waren, während ein paar Dutzend Meilen entfernt billigerer Einkauf möglich gewesen wäre.

Das Beste, wenn auch nicht Klügste, was die britische Verwaltung von sich sagen konnte, war ihr Glaube an die freie Marktwirtschaft. Der Handel werde schon für die richtige Verteilung der Nahrungsmittel sorgen. Aber das tat er nicht, und 1860 erlebte nun die neue Kolonialregierung ihre erste Hungersnot unter den Indern. Sie lernte kaum mehr daraus, als es ihre Vorgängerin getan hatte, und traf keine besonderen Vorkehrungen, weitere Katastrophen zu verhindern. So verhungerten beziehungsweise starben an Folgen des Hungers 1866/67 in Orissa schätzungsweise zehn Millionen Menschen. 1873/74 war die Verwaltung dann besser vorbereitet und konnte durch Hilfen im Wert von etwa neun Millionen Pfund in der nächsten Krise die Zahl der Opfer vergleichsweise niedrig halten. Aber 1876 bis 1878, als Madras, Bombay, Mysore und Hyderabad betroffen waren, setzte die Hilfe erst ein, als Hunderttausende umgekommen waren. Abermals ging die Zahl der Toten in die Millionen.

Britische Untersuchungen ergaben, daß Indien als Ganzes so gut wie jedes Jahr landwirtschaftliche Überschüsse erzeugte, die das Land durchweg hätten ernähren können. Doch aus den Ernteerträgen wurde die Kolonialverwaltung finanziert – das Getreide wurde exportiert, ab 1870 in immer größerer Menge. Aber die Briten konnten auch anderes brauchen – Srivastava zitiert das Beispiel von vier nördlichen Distrikten Patnas (Bihar), wo 1874/75 ein großer Teil fruchtbaren Ackerlandes, das Getreide getragen hatte, auf den Anbau von Indigo umgestellt wurde. So kosteten drei bis vier Hungersnöte pro Jahrzehnt von 1880 bis 1910 Millionen von Menschen das Leben.

«Schlachte nicht den Ochsen, der dein Feld pflügt» – indischer Reisanbau im 19. Jahrhundert.

Erst Anfang des 20. Jahrhunderts nahm sich die britische Regierung unter dem Eindruck weltweiter Kritik der Problematik entschiedener an. Die sich 1907/08 anbahnende Hungerkrise wurde besser gemeistert, und dann gab es einige Jahrzehnte keine mehr – bis 1943 im Zweiten Weltkrieg in Bengalen. Ihr fielen Millionen Bengali zum Opfer – die Schätzungen schwanken zwischen zwei und vier Millionen. Das war die Folge nicht einer Naturkatastrophe, sondern der Politik des britischen Oberkommandos. Dieses erwartete eine japanische Invasion. Zunächst führte die inflationäre Politik, mit der die britische Regierung Indiens Rüstung und Mobilisierung zu finanzieren trachtete, zu einer Verteuerung der Nahrung. Reis wurde für die ländlichen Massen fast unerschwinglich. Dann ließen die Briten Reisvorräte aus Bengalen wegschaffen, dann alle Transportmittel. Reis wurde also noch teurer. Schließlich verboten sie weiteren Reisanbau: Die Japaner sollten sich, wenn sie kämen, nicht aus dem Lande ernähren können. Sie kamen freilich nicht, ohne daß die Briten für nötig hielten, die weggeschafften Vorräte zurückzubringen. Immerhin wäre noch genug Nahrung vorhanden gewesen – wenn sie für diese Millionen erschwinglich gewesen wäre.

Es ist klar, daß eine Politik, die eineinhalb Jahrhunderte darauf ausgerichtet war, aus Indien rücksichtslos ein Höchstmaß an Gewinn für die Briten herauszuholen, zur Verelendung führen mußte. Die Menschen des Subkontinents waren weder nach ihrem Einkommen noch nach ihrem Gesundheitszustand in der Lage, Krisen zu überstehen. «Während der meisten Hungersnöte gab es in Indien Essen genug, aber die Menschen hatten kein Geld, es zu kaufen.»[25]

Freilich muß auch erwähnt werden, daß die Leiden durch die Hungerkrisen von Anfang an durch das Kastenwesen verstärkt wurden, was wieder nichts mit den Unbilden der Natur zu tun hatte, sondern mit den Menschen selbst. Gerade bei Nahrungsmittelhilfe weigerten sich Inder, Essen anzunehmen, das in Häusern von Menschen niedrigerer Kaste verteilt wurde oder in öffentlichen Notküchen. Srivastava berichtet, Menschen niedriger Kaste hätten Essen, das ihnen schon ausgeteilt worden war, stehenlassen, weil es jemand von noch niedrigerer Kaste berührt hatte. Auch die strenge Trennung der Geschlechter brachte Probleme, besonders für Muslimfrauen, deren Abgrenzung den Zutritt für männliche Helfer ebenso weitgehend verhinderte wie die Betätigung der Frauen in Hilfsorganisationen und öffentlichen Küchen.

Hunger als Waffe

Hunger war oft Waffe. In vielen Kriegen suchten die Gegner, sich durch Abschnüren der Lebensmittelversorgung in die Knie zu zwingen. Mit belagerten Festungen fing es an. Mit Blockaden ganzer Länder ging es weiter. Die «verbrannte Erde» habe ich schon erwähnt. In der Sowjetunion benutzte Stalin die Macht über die Lebensmittelversorgung, um widerspenstige Bauern zu bestrafen, und löste dadurch 1933/34 und 1946/47 Hungerkatastrophen aus.[26]

Indochina war von der französischen Kolonialmacht gezwungen worden, Exportkulturen für die Franzosen anzubauen anstatt Nahrung für die eigene Bevölkerung. Im Zweiten Weltkrieg requirierten die Franzosen die verfügbaren Lebensmittel für ihre Soldaten. Dann kamen die siegreichen Japaner, sie requirierten ebenfalls. Anfang 1945 begann die Hungersnot. Im Süden des Landes gab es noch genug Reis. Aber die Alliierten zerbombten die Bahnen und die Schiffe, die ihn hätten nach Nordannam und Tongking bringen können. Die Hungersnot forderte nach französischen Angaben 600 000 Opfer, nach vietnamesischen zwei Millionen.

In einem der trübsten Kapitel der Menschengeschichte haben die

Weißen Südafrikas den Hunger als Waffe eingesetzt, um die einheimischen Afrikaner im System der Rassentrennung (Apartheid) zur unterbezahlten Lohnarbeit bei den Weißen zu zwingen. Gegen Ende des 19. Jahrhunderts hatten die afrikanischen Bauern dieses Gebietes im großen und ganzen genug Ertrag, um sich ernähren zu können. Die Bauern Transkeis exportierten Wolle, Getreide und Vieh. In manchen Gegenden erwiesen sich die «Kaffern» als den Buren und Briten überlegene Landwirte. Dann begannen die Briten, die Afrikaner in Reservate zusammenzudrängen. Dadurch schrumpfte deren Ernährungsbasis, und bald waren sie gezwungen, wenn sie nicht verhungern wollten, als Lohnarbeiter Geld hinzuzuverdienen. Dieses Regime wurde im burischen Südafrikastaat immer mehr verschärft. Doch dann begannen sich in der südafrikanischen Wirtschaft Rationalisierungen auszuwirken, aber auch Krisen, und da fanden die Afrikaner, die in ihren «Reservaten» längst nicht mehr genug zu essen bekommen konnten, auch nicht mehr genug Arbeit bei den Weißen. Mitte der siebziger Jahre war ein Viertel der aktiven afrikanischen Bevölkerung arbeitslos und hungerte, ihre Familien mit ihnen.

Im Jahr 1974 fielen in Bangladesch mehr als 100 000 Menschen einer Hungerkatastrophe zum Opfer; Überschwemmungen hatten die Ernten zerstört. Auch da stellte sich heraus, daß durchaus genug zu essen im Lande war – wenn es nur gerecht verteilt worden wäre. Doch da gab es noch etwas anderes. In den zwei Jahren davor hatte die amerikanische Regierung Bangladesch 500 000 Tonnen Lebensmittelhilfe gewährt. Dann kam eine Unterbrechung: Die USA wollten die Regierung in Dakka zu einer Änderung ihrer Politik bewegen, und daß Bangladesch Jutesäcke nach Kuba exportierte, verstieß gegen das amerikanische Gesetz über die Lebensmittelhilfe: Wer mit kommunistischen Ländern Handel trieb, durfte keine US-Hilfe bekommen. Sie wurde erst gegen Ende 1974 in stark verringertem Umfang wiederaufgenommen.

Als in Chile der Sozialist Salvador Allende regierte, kürzten die USA drastisch ihre Lebensmittelhilfe. Als die von den USA gestützte Junta Allende beseitigt hatte, setzte die Hilfe wieder ein.

Auch eine internationale Institution wie die Weltbank ist sich nicht zu schade, mit dem Hunger Politik zu machen. Als Beispiel zitiert Bennett den Fall Mali: (Nicht nur) dort hing die Lebensmittelhilfe davon ab, daß die Regierung die Auflagen der Weltbank und anderer Geberländer erfüllte. Die Regierung des Niger wurde 1982/83 von ihren westlichen Haupt-Hilfegebern gezwungen, ihre Getreidereserven zu verkaufen, um ihre Schulden bei französischen Banken bezahlen zu können. «Die tragische Auswirkung machte sich erst bei Beginn der Hungerkrise 1985 im ganzen Ausmaß bemerkbar.»[27]

Kein Ende in Sicht

Ruin im Dienst der Reichen

Etwa zwei Drittel der Menschen in der sogenannten «Dritten Welt» sind Bauern. Sie erzeugen 44 Prozent aller Nahrungsmittel, davon viele für den Konsum in den reichen Industrieländern. Die von diesen beherrschte Weltwirtschafts-«Ordnung» freilich ist darauf angelegt (zum Dank?), sie im Elend zu halten. Davon profitiert die Landwirtschaft in den Industrieländern, in der nur neun Prozent der Arbeitenden tätig sind. Sie mögen in Europa über ihre Benachteiligung in der EU protestieren und sich aufgegeben und von ihren Regierungen verraten fühlen. Aber sie werden durch Subventionen, Zölle und andere Kniffe gegen die Konkurrenz aus den sogenannten «Entwicklungsländern» geschützt, die also entsprechend weniger Markt- und Verdienstchancen haben.

Was diese Länder in der Kolonialzeit im Interesse ihrer Beherrscher anbauen oder fördern mußten, Agrarprodukte oder andere Rohstoffe, ist unter der besagten Weltwirtschafts-«Ordnung» längst nicht mehr geeignet, ihnen entsprechende Einnahmen zu verschaffen, mit denen sie es zu höherem Lebensstandard bringen würden. Die damalige Umstellung ihrer Produktion ist schuld am heutigen Elend. Mit berechtigter Bitterkeit sagt Susan George, die «Internationale Wirtschafts-Ordnung» sei darauf abgestellt, immer weniger Menschen immer besser zu ernähren.[1]

Was früher durchaus ehrlich «Kolonialwaren» hieß, wird heute international als «commodities» bezeichnet. Gemeint sind Rohstoffe, darunter Grundnahrungs- und Genußmittel. Zum Nachteil der Lieferanten wollen die Industrieländer diese Rohstoffe möglichst nur unverarbeitet haben, eben im Rohzustand. Weiterverarbeiten zu höherwertigen Gütern möchten sie selber. So bleibt den Lieferanten aus der «Dritten Welt» nur das, womit am wenigsten zu verdienen ist. Eine weiterverarbeitende Industrie, an der sie mehr verdienen würden, gönnen ihnen die reichen Industrieländer nicht.

Das zeigt schon deren Zollsystem. Zucker aus der «Dritten Welt» unterliegt im reichen Norden durchschnittlich einem Zoll von etwa einem Prozent, wenn er als Rohzucker geliefert wird. Käme er raffiniert, also veredelt und gebrauchsfertig, stiege der Zoll auf etwa 20 Prozent. So ist es auch beim Kaffee. Rohkaffee wird in der EU mit neun Prozent verzollt, gerösteter und gemahlener schon mit 16,5 Prozent (in Japan mit 20). Kaffee-Extrakt, Löskaffee in der EU mit 18 Prozent, in Japan mit 20,5 (in der Tabelle alle Angaben in Prozent).

	EU	Japan
TEE		
Als lose Fracht	0	12,5
Für den Einzelhandel abgepackt	5	20
Tee-Extrakt, -Essenzen	12	17,3
KAKAO		
Bohnen	3	0
Kakaobutter	12	2,5
Kakaopulver	16	21,5
GEWÜRZE		
Unverarbeitet	7,5	1,2
Gemahlen, verarbeitet	11,8	6,6

Solche Zölle nützen hauptsächlich den großen Firmen, die in unseren Ländern die Märkte beherrschen. Mit Bekenntnissen zu Entwicklungshilfe sind sie nicht vereinbar. So bleibt die «Dritte Welt» der simple Rohstofflieferant, der für seine Rohstoffe fast nichts bekommt. Fast nichts? So ist es: Als die Kolonialmächte ihre Kolonien zum Anbau von solchen Exportprodukten zwangen, mit denen Firmen der Besatzer weltweite Geschäfte machen wollten und auch machten, waren sie in Konkurrenz miteinander. Außerdem wollten sie jeweils Lieferanten für den eigenen Markt haben, der lange gegen die Produkte anderer Kolonialmächte abgeschottet war. So wurden schließlich an vielen Stellen der kolonialen Welt die gleichen Produkte erzeugt, gefördert. Heute sind es zu viele; sie treiben gegenseitig ihre Preise nach unten.

Das heißt: Mit dem Produkt, zu dessen Anbau die Kolonien auf Kosten ihrer eigenen Ernährungsbasis gezwungen wurden, können sie sich nur schlecht ernähren, oft überhaupt nicht. Vor allem haben sie keine sichere Planungsgrundlage mehr. Eine ehemalige Kolonie, die vergangenes Jahr ihre Ernte bei einem reichen Abnehmerland mehr schlecht als recht absetzte, aber immerhin loswurde, verkauft dieses Jahr womöglich nichts, weil ihr bisheriger Abnehmer eine billigere Quelle gefunden hat. So geschehen zum Beispiel von 1975 auf 1976, als der Zuckerexport Brasiliens in die USA von einem Wert von 100 Millionen Dollar auf Null fiel. Als Guineas Kakaoexport in die USA von fast zwei Millionen Pfund auf Null stürzte. Als der Tschad erst fünf Millionen Pfund Kakao loswurde, aber dann gar nichts mehr. Als die Philippinen dafür ihren Zuckerexport in die USA von 0,8 auf 2,4 Millionen Pfund steigern konnten, Liberia und andere westafrikanische Lieferanten ihre Kakaoausfuhr von Null auf mehr als vier Millionen Pfund brachten.

Solche Schwankungen sind natürlich besonders gefährlich für Länder, die vom Export nur weniger Produkte oder nur eines einzigen abhängen. Das sind so viele, daß man wohl etwas schneller versteht, warum die «Dritte Welt» nicht so recht auf einen grünen Zweig kommt. Da muß es sich keineswegs nur um landwirtschaftliche Erzeugnisse handeln. Mineralien, Erze abzubauen, sind sie ja ebenfalls damals von den Besatzern gezwungen worden, meist aus Boden, der bis dahin Acker- oder Weideland gewesen war. Die Gruben und Werke gehören oft noch heute Firmen der ehemaligen Kolonialmacht, mindestens teilweise.

Hier ein paar Beispiele, welche Rolle einige wenige Produkte in der Exportwirtschaft von «Entwicklungsländern» spielen (in Prozent):

KAFFEE	
Uganda	95
Burundi	87
Äthiopien	66
El Salvador	60
Kolumbien	51
Tansania	40
Nicaragua	36
Kenia	30
Guatemala	32
Costa Rica	26,5
Honduras	26
Haiti	24
KAKAO/TEE	
Ghana	59
Sri Lank	knapp 35
Malawi	20
ZUCKER	
Kuba	80
Dominikanische Republik	knapp 31
OBST	
Honduras	34,6
Costa Rica	27
Panama	26,5
BANANEN	
St. Lucia	91
Dominikanische Republik	71
St. Vincent	28
Grenada	13
CASHEW- UND ERDNÜSSE	
Guinea-Bissau	52
GEWÜRZE	
Grenada	25,7
VIEH	
Somalia	76
Mali	58
Tschad	58
FISCH UND GARNELEN	
Mosambik	43
Mauretanien	42
Senegal	32
Panama	23

Insgesamt sind 66 Prozent der Exporte aus den sogenannten «Entwicklungsländern» für die Märkte der reichen Industrieländer bestimmt. Die USA sind mit 25 Prozent beteiligt, die Europäische Union mit 22, Japan mit 19.

Im allgemeinen haben sich die Preise für diese und andere Waren aus «Dritte-Welt-Ländern» nach unten bewegt. In den achtziger Jahren erreichten sie den (vorläufigen) Tiefstand dieses Jahrhunderts, vielleicht mit Ausnahme der großen Depression 1932. Tee brachte 1981 über 60 Prozent weniger als 1960. Ein Preisverfall von 20 bis 40 Prozent traf Bananen, Weizen, Mais, Rinder, Sojabohnen, Palmöl.

Statt dessen sind die Kosten von Fertigwaren, die diese Länder aus den Industrieländern einführen (müssen), immer weiter nach oben geklettert. Wie verhängnisvoll diese Schere wirkt, ist klar. In der ersten Hälfte der achtziger Jahre fiel die Kaufkraft, die den afrikanischen Ländern südlich der Sahara ihre Ausfuhren einbrachte, um die Hälfte. Zwischen 1980 und 1989 fielen die «Terms of Trade» für Afrika um mehr als 30 Prozent. Die der Industrieländer stiegen an, um zwölf Prozent.

Die Schere bedeutet Defizite in der Zahlungsbilanz der Staaten. Um die notwendigen oder für notwendig gehaltenen Verpflichtungen zu decken, um trotz des Rückgangs ihrer Einnahmen wichtige Investitionsgüter finanzieren zu können, nehmen diese Länder nicht nur gern Hilfe aus westlichen Entwicklungsfonds an (oder japanischen), sondern auch kommerzielle Kredite. Die Schuldzinsen (für kommerzielle Schulden hohe) fressen einen großen Teil der schrumpfenden Exporteinnahmen auf. Ein Teufelskreis. Nicht der einzige.

Schon der nächste resultiert aus dem eben Beschriebenen. Um ihrer Schulden Herr zu werden, bemühen sich diese Länder, ihre Exporte zu steigern. Aber damit vergrößern sie nur ein Überangebot – also fallen die Preise weiter. Ohnehin geht der Versuch, Produktion und Ausfuhr zu vergrößern, meist auf Kosten anderer Länder der «Dritten Welt».

Zu selten wird bedacht, daß höhere Exporteinnahmen, überhaupt die Einnahmen dieser Länder, leider nicht automatisch den Lebensstandard ihrer Völker steigern. Die meist kleinen Führungsschichten, die mit der Regierung auch Handel und Förderung beherrschen, sind wenig geneigt, die Massen am Gewinn teilhaben zu lassen. Eine der Grundtheorien der Entwicklungshilfe ist zwar, die zusätzlichen Mittel würden schon «nach unten sickern», also werde das Volk doch etwas davon haben. Aber das ist weitgehend illusionär. Manchmal funktioniert es, wie Susan George[2] am Beispiel Costa Ricas hervorhebt. Dort bestehe ein deutlicher Zusammenhang zwischen dem Weltmarktpreis für Kaffee und der Zahl der Kinder, die mit Unter- und Fehlernährung im Hospital landen. Bei hohem Preis gebe es nicht so viele Kranke. Allerdings ist die Kaffeeproduktion in Costa Rica weitgehend in den Händen kleiner Bauern, nicht großer Firmen.

 In wesentlich mehr Ländern verhindern die «Eliten», die führenden

Schichten, daß die bäuerliche Bevölkerung am vielgerühmten Fortschritt teilhaben kann. Die Einnahmen des Staates werden hauptsächlich für Rüstung, Prestigeprojekte und Luxus ausgegeben. Die Landwirtschaft wird übermäßig besteuert, was den Bauern jeden Anreiz nimmt, mehr zu erzeugen, ob für die Versorgung des eigenen Landes oder für den Export. Susan George zitiert die Bemerkung eines amerikanischen Schokoladenproduzenten, daß der Farmer in Ghana nur etwa 16 Prozent vom Exportpreis seiner Kakaobohnen bekomme – den Hauptanteil kassiere die Regierung.

Der Vernachlässigung der Landwirtschaft entspricht in manchen Ländern der Ruin der Fischerei durch Vergabe weitgehender Fischereirechte an die Fangflotten Japans und anderer Länder, die das Meer radikal durchkämmen. Folge: Auch der Ertrag der Fischerei ist im Weltmaßstab zurückgegangen, aber für die Fischer in der «Dritten Welt» weit tragischer in ihren eigenen, inzwischen fast leergefischten Gewässern.

Die «Dritte Welt» ist noch übler dran als bisher geschildert. Ein Teil der Exportkulturen, die ihnen aufgezwungen wurden (zu Lasten ihrer Ernährung, man kann es nicht oft genug betonen), muß sich ja nicht nur mit anderen «Dritte-Welt»-Konkurrenten den Markt teilen. Die westlichen Länder (und Firmen) konkurrieren selbst, da sie einen Teil dieser Waren ebenfalls herstellen oder über ihn verfügen. Als sie andere zu teuer fanden, haben sie künstlichen Ersatz entwickelt.

So wie Plastik Jute ersetzt oder Teppiche und vieles andere, so ist High Fructose Corn Syrup, an Süßkraft doppelt so ergiebig wie Zucker, in den USA dessen erfolgreicher Konkurrent beim Süßen von Getränken, Marmeladen, Konfekt und Gebäck geworden – diese hatten zusammen drei Viertel des gesamten nordamerikanischen Zuckers verbraucht. So, wie Maisstärke Zucker verdrängt, gibt es auch schon Schokoladenersatz aus Sojabohnen, entwickelt von marktbeherrschenden Firmen. Mit Kaffee sieht es kaum anders aus. «Ersatzkaffee» (offensichtlich besser als der, den Europäer zu Kriegszeiten tranken) aus Hafer oder Gerste bis hin zu Erdnüssen kann bis zu 80 Prozent dem gemahlenen echten hinzugefügt werden, ohne daß die Verbraucher rebellisch würden. Damit hat die Industrie im Bedarfsfall ein wirksames Druckmittel gegen «zu teure» Kaffeeproduzenten. Wie auch gegen die anderen «Kolonialwaren».

Andere Forschungsprogramme streben an, Europa von Agrarimporten unabhängig zu machen, beispielsweise durch Züchtung von Sojabohnen, die auch im europäischen Klima wachsen würden. Ein Erfolg dieser Bemühungen wäre eine Katastrophe für Sojaausfuhrländer der «Dritten Welt», besonders Argentinien und Brasilien. So, wie Unilevers Erfolg bei der Züchtung schneller wachsender Ölpalmen mit 30 Prozent höherem Ertrag zwar gut für Hauptproduzenten wie Malaia war, aber durch das resultierende Überangebot an billigem Pflanzenöl auf dem Weltmarkt deprimierend für die Produzenten anderer Öle – Erdnuß, Kokos und andere. An deren Produktion sind viele Kleinbauern der «Dritten Welt» beteiligt.

Mit anderen Worten: Je günstiger der Preis ihrer Waren für die Produzenten in der «Dritten Welt» ist, desto eher kurbelt er im «Westen» und «Norden» die Anstrengungen an, Ersatz zu produzieren. So wird es für die «Entwicklungsländer» immer schwerer, wirklich ergiebige Märkte zu finden. Andere Länder der «Dritten Welt», die sich nennenswerte Einfuhren leisten können und nicht schon das gleiche produzieren, sind rar. Vergessen wir nicht, daß viele dieser Exportgüter, von der armen Welt her gesehen, als Luxusgüter zählen.

Als Abnehmer kommen eben in erster Linie die reichen Industrienationen in Frage. Aber wenn sie sich nicht schon durch Zölle schwer zugänglich machen, haben sie andere Hürden aufgestellt. Die Überproduktion fast aller Güter erlaubt dem zahlungskräftigen Abnehmer, die Preise so kräftig zu drücken, daß von Gewinn für den Lieferanten kaum noch gesprochen werden kann. Und ohne Rücksicht auf schon bestehende Überproduktion forcieren die USA und die Europäische Union weitere Überproduktion, indem sie ihre eigene Landwirtschaft durch Subventionen ermuntern, Ernten zu produzieren, für die weder bei ihnen selbst noch sonstwo in der Welt Bedarf besteht. Daß sich die EU in einen Zuckerexporteur verwandelt hat, habe ich schon erwähnt. Die USA wiederum waren bis Anfang der siebziger Jahre der größte Zuckerimporteur gewesen. Aber nicht nur ging die Süßwarenindustrie immer mehr zum Maissirup über – die Subventionen für amerikanische Zuckerproduzenten durch die Regierung brachten sie natürlich dazu, immer mehr zu erzeugen, und nur etwas mehr als ein Jahrzehnt später waren die amerikanischen Zuckereinfuhren auf die Hälfte gesunken. Dank der Politik ihrer Regierungen konnten die Bauern der reichen Länder im Dezember 1984 für ihren Zucker zwischen 19 und 22 Cent pro Pfund kassieren. Die der «Dritten Welt» mußten sich mit dem Weltmarktpreis von 3,51 Cent zufriedengeben; der deckte nicht einmal ein Drittel ihrer Selbstkosten.

In den letzten Jahren sind auch die Weltmarktpreise für Getreide stark gesunken – weil die USA und Europa gewaltige Überschüsse produziert und dann unter den Gestehungskosten exportiert haben. Wenn das billige Getreide von Ländern der «Dritten Welt» gekauft wird, macht es dort den örtlichen Grundnahrungsmitteln wie Hirse, Hülsenfrüchten und Sorghum Konkurrenz und droht sie zu verdrängen, und den Bauern nimmt es jeden Anreiz, in ihre Landwirtschaft zu investieren.

Die europäischen Regierungen brüsten sich gern mit den sogenannten Lomé-Abkommen, die im wesentlichen früheren Kolonien, insgesamt 69 Ländern, Zugang zum europäischen Markt gewähren sollten. Aber in Wirklichkeit ist der Anteil der Importe aus diesen Ländern in die Europäische Union seit 1975 gefallen. Damals hatten sie acht Prozent der EU-Importe bestritten, 1989 nur noch 3,8 Prozent. Der Anteil *aller* «Entwicklungsländer» fiel in dieser Zeit von 20 auf 14 Prozent.[3] Belinda Coote, der ich die meisten dieser Angaben verdanke, unterstreicht, wie

klein in Wirklichkeit der «privilegierte» Lieferantenkreis war. Wenn man vom Erdöl absieht, bestreiten Kaffee, Kupfer und Kakao 40 Prozent aller Exporte in die EU, und fast das gesamte Kupfer kam aus Zaire und Sambia. Die 80 Prozent des Kakaos teilten sich die Elfenbeinküste, Ghana und Nigeria, und aus der Elfenbeinküste kamen auch 30 Prozent des Kaffees.

Agribusiness

Die «Entwicklungsländer» sind in einem gewaltigen Ausmaß in den Kochtöpfen und Salatschüsseln der Industrieländer vertreten. Dagegen wäre nichts zu sagen, wenn sie unsere Eßkultur durch ihre nach unserer Auffassung «exotischen» Gemüse und Gewürze bereichern würden. Doch das ist nur zu einem kleinen Teil der Fall. Hauptsächlich liefern sie, was Europa und Nordamerika von jeher kennen und selbst anbauen oder früher angebaut haben, noch anbauen könnten. Das bißchen Geld, das sie dafür beziehen, langt keineswegs, sich das Essen zu kaufen, das sie brauchen.

Kakao wird in den Ländern der «Dritten Welt» für den Schokoladenappetit der reichen Länder angebaut. Aber Schokolade, an der sie mehr verdienen würden, dürfen sie im allgemeinen nicht liefern. Die reichen Kunden wollen nur den Rohstoff, die Kakaobohnen, um selbst an der Weiterverarbeitung zu verdienen.

Über die gewaltigen Rinderherden der «Dritten Welt», die auf immer größeren Flächen weiden, um Nordamerika, Europa und die arabische Welt mit Steaks und Hamburgern zu beliefern, ist im Zusammenhang mit den Kampagnen gegen die Abholzung der Regenwälder genug geschrieben worden. Ich kann als bekannt voraussetzen, daß diese Flächen, auf denen Ernten zur Ernährung der dortigen Bevölkerung gedeihen könnten, so gut wie ganz im Dienst «unserer» reichen Welt stehen. Weniger bekannt ist offenbar, daß seit 1950 zwischen einem Drittel und der Hälfte allen Fisches, den der reiche Norden verbraucht, aus den Gewässern von «Entwicklungsländern» kommen. Da handelt es sich aber nicht so sehr um unseren Appetit oder nur indirekt: Dieser Fisch wird zu einem erheblichen Teil in Viehfutter verwandelt. Zwischen 80 und 90 Prozent des gesamten peruanischen Sardellenfanges zum Beispiel werden zu Fischmehl verarbeitet, das dann als Futter an große Hühnerfarmen geliefert wird.

Susan George schildert, wie eine amerikanische Firma in Ghana eine große Thunfischverarbeitung für den Export in die USA eingerichtet hat, mit einer Jahreskapazität von «206 000 Kartons Thunkonserve und 67 000 Kartons Thunfischkatzenfutter», in einer Zeit, in der in Ghana Nahrungsmittelknappheit herrschte. George: «In der internationalen Wirtschaft des Agribusiness spricht alles dafür, daß amerikanische Katzen Vorrang vor westafrikanischen Menschen haben, denn jene können zahlen und diese oft nicht.»[4]

Katzenfutter für Amerika oder auch Hühnerfutter für Kolumbianer, die es sich leisten können: In einem Tal Kolumbiens richtete eine amerikanische Firma Futtermühlen ein, die Hühnerfutter herstellen sollten. Zunächst mußten einheimische Bauern dazu gebracht werden, Sorghum und Sojabohnen anzubauen. Die Sorghumfläche wuchs von nichts auf 60 000 Acres, mehr als 24 000 Hektar. Sojabohnen waren schon angebaut worden – die Fläche vergrößerte sich von 15 000 Acres auf 140 000, knapp 57 000 Hektar. Dafür ging die Anbaufläche von Hülsenfrüchten, dem Hauptnahrungsmittel für die Menschen des Tales, um etwa 17 000 Hektar zurück. Für etwa ein Viertel der Bevölkerung machte der Preis für ein Kilo Huhn und ein Dutzend Eier mindestens einen Wochenlohn aus.

Drittes Beispiel: In Ruanda konnte eine amerikanische Firma mit finanzieller Unterstützung durch ihre Regierung eine Teefabrik gründen. Die Projektbeschreibung, zitiert nach Susan George: «Der typische Bauer in Ruanda hat einen Acre oder weniger, und was er anbaut, dient in erster Linie der Ernährung seiner Familie. Das Projekt wird etwa 2500 Subsistenzbauern ermöglichen, Tee mit Gewinn zu verkaufen.» Ein Bauer mit nur einem Acre (4047 Quadratmeter) oder noch weniger dürfte seine Familie kaum üppig ernähren können. Wenn er nur Tee anbaut, wird er von dem Erlös abhängig, also von den Schwankungen des Weltteemarktes. Zu niedrige Weltmarktpreise oder auch eine Krankheit, die seine Tee-Ernte ruiniert – «dann können diese 2500 Bauern und ihre Familien glatt verhungern».

Tee ist sehr arbeitsintensiv. Die Bauern verdienen an ihm weniger, als was ein Unternehmen seinen Arbeitern an Lohn bezahlen müßte.

Welche Risiken das Einsteigen in die Exportwirtschaft den Bauern bringt, erfahren besonders diejenigen, die Gemüse und Obst für die Winterversorgung Nordamerikas anbauen. In Guatemala wurden 82 Prozent der Gurken schon vor dem Verpacken von den Einkäufern als nicht den Standards entsprechend zurückgewiesen, in Honduras 81 Prozent der Melonen, in El Salvador gar 90 Prozent. Die Produktionskosten seien oft höher als der Erlös, konstatiert Susan George. Noch einmal sei betont, daß dieses Obst und Gemüse auf Boden wächst, der ursprünglich Ernten für die Einheimischen getragen hat oder für sie hervorbringen könnte. In den erwähnten Ländern ist ein großer Teil der Menschen unterernährt.

Während der Jahrzehnte, in denen die afrikanische Kaffeeproduktion sich vervierfachte, die dortige Rohrzuckerernte aufs Dreifache stieg und die Tee-Erzeugung auf das Sechsfache – fast all dies für den Export –, ging die Pro-Kopf-Erzeugung von Lebensmitteln für die Afrikaner um 15 Prozent zurück. In Lateinamerika wuchs die Produktion von Exporternten von 1964 bis 1974 um 27 Prozent, die Nahrungsproduktion pro Kopf für die Einheimischen sank um zehn Prozent. Kenia ist eines der Länder, die unter Unterernährung leiden, besonders durch Proteinmangel in der Nahrung. Hier bauen zwölf Prozent aller Landwirte unter Kontrakten mit Vertretern staatlicher und privater (ausländischer) Unternehmen Zucker, Tee, Tabak, Obst und Gemüse für den Export an. Zu den 31000 Tonnen Frischwaren, die jährlich verschickt werden, gehören Nelken für englische Blumenmärkte, die berühmten kleinen Bohnen für Märkte in Frankreich, England, Deutschland, der Schweiz, den USA und Japan, asiatische Gemüse für die vielen asiatischen Gemeinden in Großbritannien. Der Anbau und der Handel mit Gemüse und Obst für den Export sind hauptsächlich in den Händen von Briten und Indern (die Inder sind seit der Kolonialzeit in Kenia eine einflußreiche Minderheit). Eine Bohnenpflückerin kam 1987 auf einen Tagesverdienst von weniger als drei Mark.

Viele Menschen in den «Entwicklungsländern» sind eingespannt in ein weltweites Netz zur Versorgung der Industrieländer, Versorgung meist nicht mit notwendigen, sondern mit Luxusgütern. Die Organisation liegt in den Händen des Agribusiness und der Handelsfirmen der reichen Länder. Was etwa die Briten an Kaffee und Tee und Schokolade konsumieren, stammt zu mehr als der Hälfte von nur drei Unternehmen; fünf Firmen besorgen fast den ganzen amerikanischen Getreidehandel und damit einen gewaltigen Teil des Welt-Getreidemarktes.[5] Aber diese Firmengruppen sind auch stark in Produktion und Handel mit Fleisch, Geflügel, Saatgut, Soja, Zucker, Speiseölen.

«Transnationale» Multis kontrollieren rund 40 Prozent des Welthandels und fast 90 des Rohstoffhandels. Ihre Organisationsmacht bewirkt, daß hauptsächlich sie an allen Stadien der Verarbeitung, des Transports und der Vermarktung verdienen. In den «Entwicklungsländern» werden die Rohstoffe und die örtliche Arbeitskraft so schlecht bezahlt, daß sich an deren wirtschaftlicher «Unterentwicklung» nichts ändern kann, also auch nichts an ihrer Unterernährung.

In die weltweite Ernährungswirtschaft eingegliedert zu sein bedeutete zum Beispiel für die Kel-Ahaggar-Beduinen in der Sahara folgende Erfahrung: 1896 zog eine ihrer Karawanen mit Salz nach Damergou im Gebiet des Niger, wo Hirse angebaut wurde. Damals brachte Salz das 15- bis 20fache Gewicht an Hirse; die Kel-Ahaggar kamen zufrieden zurück. 1945 bekamen sie noch das sechs- bis zehnfache. 1961 war daraus eins zu eins geworden. Nun lieferten europäische Konzerne billiges Meersalz nach Afrika. Ihr Preis war unschlagbar.

Daß Geld allein nicht hilft, bewiesen die Länder des Nahen Osten. Sie konnten sich Mitte der sechziger Jahre noch selbst ernähren. Die danach gewaltig gestiegenen Öleinnahmen verschwanden auf Bankkonten anderswo und in großen Industrieprojekten, weit weniger dienten sie Bewässerungsanlagen und Maßnahmen für die Landwirtschaft. Hingegen stiegen die Ansprüche, die Verführungen durch westliche Waren und Angebote. Mitte der achtziger Jahre konnte nur noch die Türkei ausreichend für ihre Ernährung sorgen.

Seltsame Hilfe

Zu dem Schaden, den die im Kolonialismus begründete Abhängigkeit der «Dritten Welt» vom Export jeweils nur weniger Rohstoffe anrichtete, kam eine Entwicklung, die nicht paradoxer hätte sein und wirken können. Unter dem Stichwort «Hilfe», nämlich Lebensmittelhilfe, verschlechterten die Helfenden die Lage der armen «Entwicklungsländer» noch mehr. «Haupthelfer» waren die USA, die Hilfe bestand im wesentlichen aus Getreide, lange Zeit ganz überwiegend aus dem amerikanischen Überschußvorrat.

Zunächst diente «Food aid» dem Wiederaufbau Europas nach dem Zweiten Weltkrieg im Rahmen des Marshallplans; auch Japan wurde bedacht. Das kriegsgeschwächte Europa hatte und erzeugte nicht genug zum Essen – Lebensmittel- und Agrarhilfe machte 29 Prozent der Marshallhilfe aus, im Wert von etwa vier Milliarden Dollar zwischen 1948 und 1952. Auf diese Weise konnten die USA einen großen Teil ihrer Überschüsse abbauen.

Mit dem Wiederaufbau lebte auch die europäische (ebenso die japanische) Landwirtschaft wieder auf und wurde vom billigen amerikanischen Weizen unabhängig. Nun wurde das Rezept, einen großen Teil der überschüssigen amerikanischen Lebensmittel durch die Auslandshilfe abzusetzen, besonders Weizen, im Weltmaßstab angewendet, und da kam es bald den neu unabhängigen vormaligen Kolonien zugute. Doch da wirkte es ganz anders. Ihr Problem war, daß sie kaum Devisen für die Industrialisierung und ihren staatlichen Aufbau hatten. Die amerikanischen Lieferungen konnten in Landeswährung bezahlt werden, die keinerlei internationalen Kurswert hatte. Dadurch entstanden «counterpart funds» zur Verfügung der USA, die sie im Lande nicht nur für Hilfsprojekte ausgeben konnten – sie dienten auch zur Finanzierung amerikanischer Militärstützpunkte und anderer US-Projekte. Ein großer Teil dieser Mittel wurde den betreffenden Ländern als Anleihen gewährt – für «Entwicklungsprojekte», denen das US-Außenministerium zustimmen mußte.

Für die Empfängerländer war es verlockend, mittels dieses verbilligten Getreides ihre Lebensmittelpreise niedrig halten zu können, ohne in die eigene Landwirtschaft zu investieren. Die hätte ausreichend Lebensmittel produzieren können, aber zu höheren Preisen. Das gesparte Geld sollte der Industrialisierung dienen, ebenso wie die niedrigen Lebensmittelpreise, die den Regierungen ermöglichen sollten, die Löhne niedrig zu halten, um die Industrialisierung nicht zu teuer bezahlen zu müssen. Die Rechnung ging nicht auf. Der billigere ausländische Weizen konkurrierte erfolgreich mit dem einheimischen und mit anderen Produkten der einheimischen Landwirtschaft, also schrumpfte sie. In Kolumbien zum Beispiel fiel der Anteil der einheimischen Weizenproduktion am nationalen Verbrauch von 78 auf elf Prozent, Kartoffeln und Gerste verschwanden ganz. Die Märkte wurden von Importwaren beherrscht. Die einheimische Landwirtschaft brach zusammen, die Bauern wurden Saisonarbeiter oder ganz arbeitslos.

Als die amerikanischen Getreideüberschüsse ihrerseits schrumpften und damit auch die amerikanische Lebensmittelhilfe, waren die Handelswege und die Gewohnheiten in den betroffenen Ländern schon neu zementiert. Der Getreidestrom in Richtung «Dritte Welt» hielt an; nun kam er auch aus anderen westlichen Ländern. Die «Entwicklungsländer» waren jetzt als Märkte für westliche Nahrungsmittel «erschlossen» und konnten sich immer weniger aus dem eigenen Land ernähren. Da die erhoffte Industrialisierung ausblieb und jedenfalls nicht die erwartete Verbesserung des allgemeinen Lebensstandards brachte, konnten die Regierungen nicht mehr so leicht Lebensmitteleinfuhren finanzieren. Die wurden aber benötigt, um die Menschen satt zu machen, seit die einheimische Landwirtschaft der Einfuhrpolitik geopfert worden war – ein weiterer Schritt in die Katastrophe, nach so vielen anderen.

Diesem verblüffenden, deprimierenden Effekt der «Hilfe» entsprachen andere. Der wichtigste war vielleicht die in großem Umfang betriebene Umstellung vieler Menschen, die bis dahin hauptsächlich Erzeugnisse der einheimischen Landwirtschaft gegessen hatten, auf Weizenprodukte, in erster Linie Brot. Ihre Regierungen waren daran keineswegs unbeteiligt: In vielen Ländern hielten sie den Preis für Weizenbrot und -mehl künstlich niedrig, ermuntert von den «Hilfegebern». Sie bewogen auf diese Weise ihre (ständig wachsende) städtische Bevölkerung, die traditionellen Getreidesorten und sonstigen traditionellen Grundnahrungsmittel, seien es Kartoffeln oder andere, zugunsten des Weizens aufzugeben. Der Haken dabei: In den meisten dieser Länder war Weizenanbau nicht oder nur begrenzt möglich. Der allmähliche Ruin der eigenen Produktion von Grundnahrungsmitteln bewirkte wachsende Abhängigkeit vom Importweizen. Zu dessen Verarbeitung wuchs eine gewaltige Mühlenindustrie heran. Ende der achtziger Jahre waren die größten Getreidemühlen der Welt in Ländern, die selbst gar keinen Weizen produzieren – Sri Lanka, Indonesien, Nigeria. Die in Sri Lanka war auf eine Kapazität von 400 000 Tonnen Importweizen ausgelegt – für ein Land, das sich bisher hauptsächlich von Reis ernährt hatte. Susan George berichtet von einer amerikanischen Delegation, die 1977 Westafrika besuchte, um dort größere Aufnahmebereitschaft für amerikanische Weizenimporte zu erzielen.[6] Sieben der besuchten Länder importierten schon jährlich 1,3 Millionen Tonnen. Welche Umstellung der Ernährungsgewohnheiten das bedeutete, läßt sich an ihrer eigenen Weizenernte ablesen: sage und schreibe neun Tonnen im Jahr.

Die Mühlenindustrie der «Dritten Welt» ist keineswegs in der Lage, anderes, einheimisches Getreide zu verarbeiten. Auch die Infrastruktur von den Häfen zu den Städten wurde auf Weizeneinfuhr hin orientiert; die Abhängigkeit von den westlichen Weizenlieferanten wurde zementiert. Nur der traditionelle Gürtel von Reisländern in Südostasien hat sich diesem Sog recht erfolgreich widersetzt.

In mehreren lateinamerikanischen Ländern sind die Hauptkonsumenten von Weizen und Brot übrigens die Mittel- und Oberschichten. Die Subvention des Weizens kommt ihnen zugute, nicht den Armen.

Das westliche Getreide verdrängte nicht nur aus Ländern der «Dritten Welt» vertraute und verläßliche Grundnahrungsmittel. Ihm fielen auch Amarant und Quinoa zum Opfer, die an Nährwert fast allem Getreide überlegen sind. Sie hatten schon den spanischen Eroberern in Mittel- und Südamerika mißfallen. Ähnlich bedroht ist das wesentlich weiter verbreitete Kassawa (Maniok), das Knollengrundnahrungsmittel für rund 400 Millionen Menschen, davon die Hälfte in Afrika, aber auch verwendet in Lateinamerika, wo Kassawamehl dem Brotmehl beigemischt wird. Obwohl es technisch möglich wäre, zehn Prozent des Weizenmehls durch Kassawamehl zu ersetzen, zeigen sich afrikanische Regierungen daran nicht interessiert. Da sie das importierte Weizenmehl subventionieren, ist Kassawamehl teurer. Also werden die Bäckereien förmlich gezwungen, sich immer mehr vom Importweizen abhängig zu machen, auf Kosten der (nicht oder weit weniger subventionierten) einheimischen Landwirtschaft. Dabei gedeiht Kassawa auch auf ganz armem Boden, übersteht Dürre wie Regenflut und kann fast zwei Jahre im Boden gelassen werden. Es ist eine ideale Pflanze für Länder, deren Menschen so vom Hunger bedroht sind.

Die Entwicklung in den USA selbst hat vorweggenommen, was der

Landwirtschaft der «Dritten Welt» durch forcierte Mechanisierung und durch Eingliederung, also Abhängigkeit vom internationalen Getreidemarkt blüht. Auch die amerikanischen Farmer haben gewaltig mechanisiert, industrialisiert, hauptsächlich aber sich verschuldet, um ihre Bedürfnisse an Pestiziden und immer leistungsfähigeren Maschinen und Geräten finanzieren zu können. Resultat: Mitte der dreißiger Jahre gab es 6,8 Millionen amerikanische Farmen, heute sind es kaum mehr als eine Million. Viele gehören schon Großunternehmen des Agribusiness. Die Konzentration auf immer weniger Sorten, überreichlicher chemischer Dünger und die radikale Nutzung des Ackerbodens haben zu wachsender Erosion geführt – und zu höheren Lebensmittelpreisen. Auch im «reichen» Land der Vereinigten Staaten leben mehr als zwölf Prozent der Bevölkerung nun unterhalb des Existenzminimums.

Die gewaltige Ausdehnung des Getreideanbaus, besonders von Weizen, hat auch einen paradoxen Aspekt. 40 Prozent des in der Welt erzeugten Getreides ernähren keineswegs Menschen, sondern Vieh und Geflügel. «Eine äußerst unzulängliche Art, die Ernährungsreserven der Erde zu nutzen», sagt Jon Bennett[7] mit Recht. «Im Durchschnitt produzieren acht bis zehn Kilogramm Getreide und Bohnen gerade ein Kilogramm Fleisch.»

Es kommt aber noch paradoxer. Robin Jenkins hat ausgerechnet, daß das gesamte Agrarland der Welt, geteilt durch die Erdbevölkerung, etwa 80 Quadratmeter Wiese und 60 Quadratmeter Ackerboden pro Person ergeben würde. «Nicht viel, aber mehr als ausreichend, um eine gesunde Kost anzubauen, die mit Liebe und Pflege zehn von uns ernähren kann. Aber es ist nicht genug, die ungesunde Ernährung auch nur einer Person eines Industrielandes anzubauen.» Deren ungesunde industrialisierte Kost bestehe aus zuviel Fett und Protein, die pro Kalorie Lebensmittel weit mehr Quadratmeter Land brauchen. Noch mehr Boden werde benötigt, wenn hauptsächlich tierisches Protein gefragt sei. Das gelte besonders für das Rind, das im Verhältnis zu Schwein oder Schaf oder Geflügel weit weniger vegetarisches Protein in tierisches umwandele. «Wer jeden Tag ein halbes Pfund Hamburger ißt, braucht gut acht Hektar Land – und nicht etwa nur Wiese, denn Burger-Rind wird mit Futterkonzentrat gefüttert, das auf Ackerboden wächst.»[8]

Die Rechnung scheint absurd. Aber absurd ist ja auch, wie sich unser kaloriengläubiger Teil der Menschheit die benötigte Energie verschafft, die in Kalorien ausgedrückt wird (der Versuch der Regierungen, uns das Rechnen in «Joule» anzugewöhnen, ist bisher gescheitert). Da hat Peter Farb[9] eine weitere eindrucksvolle Rechnung aufgemacht. Seine Fragestellung: Holt die mechanisierte Landwirtschaft mehr Kalorien in Form von Nahrung aus dem Boden im Verhältnis zu denjenigen, die für diese Arbeit verbraucht werden, als jene, die den Boden auf einfachere Weise kultivieren? Ich erspare Ihnen seine Gleichungen, aber nicht das Resultat: In einer amerikanischen Konservenbüchse mit Mais im Wert von 270 Kalorien stecken

2790 Kalorien Arbeit, Transport und Lagerung. «Bei der Fleischproduktion ist das Defizit viel größer. Man braucht nicht weniger als 22 000 Kalorien, um etwas weniger als vier Unzen (113 Gramm) Beefsteak zu erzeugen, deren Wert ebenfalls 270 Kalorien beträgt.»

In einer enthusiastisch fortschrittsgläubigen Rechnung wird in Betty Fussels *The Story of Corn* verglichen: «Wo der Indianer 20 Stunden Handarbeit für jedes Bushel Mais (35,24 Kilo) brauchte, benötigte der Farmer im Corn Belt 1956 nur sechs Minuten.» Aus dem Mais der eingeborenen Indianer sei der Welt leistungsfähigste industrielle Ernte geworden.[10] Keine Rede vom Aufwand, den die Herstellung der erforderlichen Maschinen, Dünger, Pestizide usw. bedeutet.

Die moderne Landwirtschaft westlichen Musters ist also in Wirklichkeit weit weniger produktiv als die traditionelle. Über eine Möglichkeit der Kombination, die auch einen Teil der wegrationalisierten vielen Arbeitsplätze zurückbringen würde für Menschen, die dann wieder ihr Essen verdienen könnten, wird nicht hörbar nachgedacht.

Grüne Revolution

Vor fast 1000 Jahren herrschten in Fukien, im Südosten des chinesischen Riesenreiches, wieder einmal Dürre und Hungersnot. Da befahl Kaiser Tschen-Tsung, eine neue Reissorte aus dem heutigen Vietnam zu importieren und anzubauen. Die hatte den Vorteil, so schnell zu reifen, daß in geeigneten Gebieten zweimal jährlich geerntet werden konnte. Außerdem brauchte sie nicht soviel Feuchtigkeit wie die bisher in Fukien verwendeten Sorten, konnte also auch in höher gelegenen, trockeneren Gebieten angepflanzt werden, wo Reisanbau bisher nicht möglich war. Und dieser Reis war billiger.

Das war ein Rezept für eine «grüne Revolution». Zu unserer Zeit gab es auch eine, die die Ernten steigern sollte, damit es endlich keine Hungerkrisen mehr gebe. «Unsere» verdanken wir dem Amerikaner Borlaug, der dafür 1970 auch den Friedensnobelpreis bekam. Er hatte nicht anderswo bessere Sorten entdeckt, sondern selbst eine Weizensorte entwickelt, die weit mehr Ertrag brachte als die bisher bekannten. Alle Welt war begeistert, die UNO, die FAO, die USA, die EG setzten große Hoffnungen in sie, zwei renommierte Institute wurden Hoffnungsträger für immer weitere Bemühungen, Ernten zu vergrößern, hauptsächlich natürlich in der «Dritten Welt» – die Erste erstickte ja schon an ihren bisherigen zu reichlichen Ernten. Das Internationale Reisinstitut auf den Philippinen schaffte dann auch, ebenfalls Reis mit sensationellem Ertrag zu entwickeln. Damit schien von den beiden wichtigsten Grundnahrungsmitteln der Menschheit endlich so viel erzeugt werden zu können, daß sie nun auch

Inka beim Kartoffelsetzen und Ernten. Von Amerika aus eroberte die Kartoffel die Welt.

endlich für alle Menschen reichen würden. Die Ernten wuchsen geradezu phänomenal. In Asien stieg die Nahrungsmittelproduktion pro Kopf von Mitte der sechziger bis Mitte der achtziger Jahre um reichlich 27 Prozent. Was man im ersten Enthusiasmus nicht beachtet hatte: Auch ihre Kosten wuchsen, anders als in jenem historischen chinesischen Beispiel.

Die «Dritte Welt», der es zu helfen galt, noch gilt, ist eine Welt vieler Millionen armer Bauern. Die höheren Kosten bewirkten, daß viele von ihnen sich die grüne Revolution gar nicht leisten konnten. Das vordringliche Ziel, das Los dieser vielen Millionen zu verbessern, ist nicht erreicht worden. Statt dessen profitierten von der unbestreitbaren Erhöhung der Erträge Großgrundbesitz und Handel – nicht gerade Gruppen, die zu den Armen der «Dritten Welt» zählen.

Die neuen sogenannten Hochertragssorten, abgekürzt HYV (high yield varieties), verlangten viel mehr Feuchtigkeit, also Bewässerung, als die bisher verwendeten. Für Bewässerung konnten sehr reiche Betriebe vielleicht selbst sorgen. Der Masse der Bauern hätten die Regierungen helfen müssen. Sie taten es kaum. Die neuen Sorten brauchen erhebliche Düngermengen; die können sich die Myriaden kleiner Bauern nicht leisten. Das ist auch einer der Gründe dafür, warum die Nahrungsmittelproduktion pro Kopf in Afrika zurückging – trotz «grüner Revolution».

Die Propaganda für die neuen Reis- und Weizensorten veranlaßte viele Landwirte, sich in der Erwartung höherer Erträge und Einkommen auf sie umzustellen und dafür andere bisher angebaute Grundnahrungsmittel aufzugeben, auch den bis dahin gepflegten Mischanbau. Mitte der achtziger Jahre wurden auf rund der Hälfte der Reis- und Weizenflächen in der «Dritten Welt» die neuen Sorten angebaut. Das Ergebnis waren empfindliche Monokulturen – empfindlich für Preisschwankungen, empfindlicher als die bisherigen für Krankheiten und Schädlingsbefall und abhängig vom Ausmaß der Düngemittelverwendung.

Monokultur ist hier im Sinn der genetischen Gleichheit zu verstehen. Die Empfindlichkeit oder Widerstandsfähigkeit der Pflanzen gegen Krankheiten und Schädlinge ist genetisch bedingt. Wenn eine von ihnen befallen wird, werden auch die (gengleichen) anderen im Feld, in benachbarten Feldern, in ganzen Anbaugebieten befallen. Je mehr die früher gewahrte Mannigfaltigkeit der Sorten aufgegeben wird, desto größer wird die Anfälligkeit der verbleibenden.

Da sich die neuen Sorten schon weit ausgebreitet haben, sind viele früher genutzte, örtlich genetisch verschiedene Pflanzen- und Getreidesorten und -arten verschwunden. Damit hat sich die pflanzliche Ernährungsreserve der Menschheit gefährlich verengt. Diese Verengung kann eines Tages Ernährungsschwierigkeiten auch der reichen Welt bringen, die bei sich die Züchtung von Hochertragssorten ja noch viel energischer betreibt als die «Dritte».

Dort hat die Verengung der Sorten schon mehrfach dazu geführt, daß Krankheiten oder Parasiten größeren Schaden anrichteten als vorher. Dagegen hilft nur wesentlich stärkerer, also teurerer Einsatz von Pestiziden – auch dies für die Masse der armen Bauern nicht erschwinglich.

In anderen Worten: Die «grüne Revolution» hat der vergleichsweise winzigen Schicht zahlungskräftiger Landwirte in der «Dritten Welt» in der Tat zu teilweise enormen Erntesteigerungen verholfen, während die Masse der armen Bauern unter der Last der teureren Aufwendungen noch ärmer wurde, falls sie die Umstellung überhaupt schaffte. Die Reichen konnten nun mit ihren gesteigerten Einnahmen mehr investieren und neues Land dazukaufen, recht billig, von den weniger Begünstigten. Lappé/Collins[11] führen das Beispiel eines Reisdorfes auf den Philippinen an: Dort vergrößerten die Großbauern in zehn Jahren «grüner Revolution» ihren Landbesitz um mehr als 50 Prozent.

Aber auch diese Reicheren sind neuen Risiken ausgesetzt. Mehr Einsatz von Kunstdünger, Pestiziden und Wasser und entsprechend höhere Erträge bringen sie auf den Weg zur industrialisierten Landwirtschaft. Sie schaffen Maschinen und Traktoren an. Ein Hauptmotiv dafür ist allerdings, Landarbeiter loszuwerden. Eine Folge der «grünen Revolution» ist also noch mehr Arbeitslosigkeit. Am schlimmsten traf das Indien, Indonesien und die Philippinen, die gerade die größten «Fortschritte» in der «Modernisierung» ihrer Landwirtschaft erzielt hatten; die Löhne der Landarbeiter sind zurückgegangen. Indien produzierte nun, seit 1983, genug Weizen für seine (vermeintlichen) Bedürfnisse, aber die Hälfte der Landbevölkerung lebte unter dem Existenzminimum.

Susan George zitiert aus einem Bericht der Asiatischen Entwicklungsbank, daß in 13 Ländern Asiens mehr Menschen schlecht ernährt seien als vor der «grünen Revolution». Die Landreform sei ein Fehlschlag gewesen – an der Mitverantwortung der Regierungen in der «Dritten Welt» für die Not ihrer Völker kann natürlich kein Zweifel bestehen.[12]

Bezeichnend ist auch, daß in Indien in den zehn Jahren von 1961 bis 1971 die Zahl der kleinen Landwirte von 93 Millionen auf 78 Millionen zurückging. Offensichtlich waren sie den Bedingungen der «grünen Revolution» nicht gewachsen. Viele von ihnen wurden unselbständige Landarbeiter. Ein großer Teil von ihnen waren Frauen, die ihr eigenes Stück Land bewirtschaftet hatten. Ihre wachsende Verschuldung führe zum Verlust des Landes, bemerkte die Weltbank.[13]

Bleiben wir noch einen Augenblick bei den Großbauern und Grundbesitzern der «Dritten Welt», die reich genug sind/waren, sich die «grüne Revolution» leisten zu können und damit verbunden eine «Modernisierung» ihrer eigenen Betriebe. Umsonst ist das nicht. Der eigene Aufwand wird größer. Doch was, wenn die Ernten zwar wachsen, aber die Preise dafür fallen? Oder wenn die Kosten der unverzichtbaren «inputs» den Ernteeinnahmen davonlaufen? Das ist keine blasse Theorie – diese Entwicklung hat schon im reichen Amerika die vergleichsweise reichen Bauern einer Kostenschere ausgesetzt, der viele bäuerliche Betriebe zum Opfer gefallen sind. Sie hat auch die Landwirte der «Dritten Welt» nicht verschont. Weiteres Resultat der «grünen Revolution» also: Sie hat zu immer stärkerer Verschuldung der Landwirte geführt, nicht nur, aber ganz besonders in der «Dritten Welt». Weit davon entfernt, die Lebensumstände von vielen Millionen zu verbessern, hat sie sie weiter verschlechtert.

Den wahren Gewinn haben die Hersteller all jener «inputs», die für den Anbau und für die Erhaltung der HYV-Sorten benötigt werden – das Saatgut, chemischer Dünger, chemische Schädlingsbekämpfungsmittel, Maschinen, Bewässerungsanlagen ... Sie stammen fast ganz von Unternehmen der industrialisierten Länder, nicht der «Dritten Welt», der also weder die dabei erzielten Gewinne zugute kommen noch die entsprechenden Arbeitsplätze. Sie muß nur die Zeche zahlen. Indien, immerhin schon ein Land beträchtlicher Industriekapazität, hat seine Einfuhr von Kunstdünger zwischen Ende der sechziger Jahre und 1980 versechsfacht. Versechsfachen müssen? Jedenfalls bezahlen müssen.

Die Rechnung für die Landwirtschaft der «Dritten Welt» wird wohl noch höher durch die «Fortschritte» westlicher Biotechnologie, die es ermöglicht, Saatgut so einzurichten, daß nur bestimmte Dünger- oder Pestizidsorten dazu passen – dann muß der Bauer ein noch teureres Paket kaufen. Pestizide werden freilich auch in der «Dritten Welt» hergestellt. Ihnen und anderen schon erwähnten Faktoren ist eine gewaltige Schädigung der Umwelt zuzuschreiben, die sich abermals schädlich auf die Ernährungsgrundlagen der Menschheit auswirkt, besonders der armen.

Die Liste der Nachteile ist nicht zu Ende. Die HYV-Sorten sind oft Hybriden, die sich nicht selbst reproduzieren: Die Bauern müssen also jedes

Jahr neues Saatgut kaufen, sie können es nicht selbst züchten. Das Geld geht gewöhnlich in den Westen. Und schließlich – die Züchtungserfolge, die so viel für die Linderung oder gar Beseitigung menschlicher Unterernährung, oft krassen Hungers bewirken sollten, betreffen leider großenteils *nicht* die Nahrung der Armen. Bohnen, Linsen, Erbsen, also Hülsenfrüchte, sind nicht nur in Indien wichtige Proteinlieferanten für viele Millionen. Ihr Verbrauch ist erheblich zurückgegangen, und sie werden immer weniger angebaut, während der Verbrauch von HYV-Weizen, der viel weniger Protein liefert, zugenommen hat.

Das Beispiel der irischen Hungerkatastrophe des vergangenen Jahrhunderts zeigt (sollte gezeigt haben), was passieren kann, wenn sich Menschengruppen von einer schmalen Ernährungsbasis abhängig machen. Damals war es die Kartoffel, morgen kann es eine der dominierenden Weizensorten treffen. Dann sind die früher so zahlreichen anderen Sorten, die man wenigstens als Ersatz anbauen und ein Jahr später ernten könnte, ausgestorben – meist in der Tat aufgegessen, denn die Bauern, die sich zu einer neuen Hybridensaat entschließen, pflegen das bisher als Saatgut zurückgehaltene alte Getreide aufzuessen.

Die Schrumpfung der Sortenvielfalt bedeutet auch, daß die Voraussetzungen für Neuzüchtungen, die im Krisenfall benötigt würden, immer mehr schwinden. Benötigt würden deren Gene auch, wenn die Hochertragssorten von Seuchen befallen werden, die dann die gesamte Ernte vernichten. Das ist keine blasse Theorie: 1970 ging die halbe amerikanische Maisernte an einer Pilzkrankheit zugrunde. Lappé/Collins zitieren das Beispiel der indischen Wildreissorten: 30 000 in den dreißiger Jahren unseres Jahrhunderts, kaum mehr als 50 an seinem Ende. Die Menschheit hat sich für die Ertragssteigerung der sieben Feldfrüchte, die fast drei Viertel der gesamten Nahrungsmittelversorgung der Menschheit bestreiten (Weizen, Reis, Mais, Kartoffeln, Gerste, Kassawa und Sorghum), eine gefährliche genetische Gleichförmigkeit eingehandelt.

Tierrassen hat es nicht weniger getroffen. Anfang der neunziger Jahre wies die FAO darauf hin, daß der Drang nach Hochleistungsvieh in Europa seit Anfang des Jahrhunderts Hunderte von Haustierzüchtungen beseitigt habe, etwa die Hälfte aller Rassen. Nun sei in der «Dritten Welt» ähnliches im Gange. Nutztierrassen, die sich unter den dortigen widrigen Bedingungen über Jahrhunderte oder Jahrtausende behauptet hätten, würden durch europäische Rinder oder Hühner ersetzt, von denen man sich mehr Milch oder Eier verspreche, die aber dem Klima nicht angepaßt seien.

Da auch die großen Handelsunternehmen des Agribusiness die Gefahr erkannt haben, sind sie in Forschung und Auswertung der Genvorräte groß eingestiegen. Einige wenige Unternehmen haben eine Monopolstellung für bestimmte Arten erlangt. Ihnen wären also unter Umständen Wohl und Wehe von Millionen Menschen ausgeliefert – nicht nur der Bauern natürlich, sondern überhaupt der Verbraucher.

SÜSSIGKEITEN

Von mittelalterlicher und noch älterer Medizin haben mir in meiner Kindheit alte Stiche am meisten Eindruck gemacht, die mehr Folter als Heilkunst zu zeigen schienen: Riesenzangen zum Zahnziehen, Sägen und Meißel zum Schädelöffnen – schauderhaft!

Doch die alte Medizin kann in neuem Licht sehen, wer sich klarmacht, daß sie die Keimzelle der Konditorei und des Konfekts war. Wenigstens steht fest, daß Ärzte in früher Zeit alle möglichen Süßigkeiten für heilsam hielten. Ihre Patienten werden kaum widersprochen haben. Die Apotheker wiederum, die Medikamente schmackhafter zu machen trachteten, wurden zu Zuckerbäckern und Anfang des 13. Jahrhunderts auch «confectionarii» genannt. Oft kochten sie die verschriebenen Kräuter, Pflanzen und Gewürze mit geschmolzenem Zucker. 1432 verfügte Herzog Albrecht V., daß kein *Confect* nach Wien eingeführt werden dürfe, allein die ortsansässigen Apotheker sollten es fabrizieren und verkaufen dürfen.

Frühe Honigräuber: Stark verkleinerte, mindestens 10 000 Jahre alte Höhlenzeichnung aus der Nähe von Valencia.

Also gewöhnte sich mindestens das aristokratische Europa an Süßigkeiten mit therapeutischem Sinn (dachte man). Beispielsweise sollten diverse Mischungen aus Gewürzen und Zucker nach zu reichlichem und zu festem Essen Magen und Darm erleichtern wie heute Magenbitter; man nahm sie als Dragees vor dem Zubettgehen. Herzog Karl «der Kühne» von Burgund ließ solche 1468 bei seinem Hochzeitsmahl verteilen. Die ständig verfeinerten Gewürzsüßigkeiten sollten noch im 17. Jahrhundert Blähungen bekämpfen und Samenbildung anregen. Der damals berühmte Medicus Arnaud de Villeneuve empfahl Karamel mit Pinienkernen als empfängnisfördernd. Wie in so vielem war Asien da Europa weit voraus: In Indien wurde schon in den ersten Jahrhunderten unserer Zeitrechnung Zimt als Mittel zur Stärkung der Gebärmuttermuskeln benutzt, aber auch gegen Blähungen, Blasenleiden und Magenbeschwerden.

Sosehr wir uns heute über solche Rezepte wundern, sosehr staunen wir, daß sich Europa ziemlich spät an Süßes gewöhnt hat, jedenfalls klafft da in der überlieferten Geschichte eine Lücke. In Asien und dem Nahen Osten kannte man das doch seit Urzeiten dank Honig und Früchten wie Datteln oder Feigen mit ihrem hohen Zuckergehalt.

Jahrtausendelang spielte Honig in der Nahrung der Menschen die Rolle, die dann der Rohrzucker übernahm. Auch aus Beeren, Palmen, Weintrauben und anderen Baum- und Strauchfrüchten und -stämmen wurde süßer Saft oder Sirup gewonnen. Ahornsirup, den die weißen Siedler bei den Indianern Nordamerikas kennenlernten, ist noch heute auf diesem Kontinent beliebt. Datteln und Feigen konnten, wie gesagt, reichlich süßen, aber die Hauptvorliebe galt dem Honig. Honigbienen, als deren Urheimat Zentralasien gilt, wurden in Ägypten schon 5551 v. Chr. erwähnt. Dort konnte sich lange nur die Oberklasse Honig leisten. Die weniger Begüterten verwendeten Datteln, Feigen, Obstpürees und die Früchte des Johannisbrotbaumes.

Ahornsirupgewinnung in Nordamerika, wo er noch heute beliebt ist.

Das früheste Zeugnis stammt jedoch aus dem Westen, aus der Höhlenmalerei der Spinnenhöhle (Cueva de la Araña) nordöstlich Bicorp bei Valencia: Männer räumen ein Bienennest aus, an dem es offenbar qualmt. Barrau datiert es auf etwa 30 000 vor unserer Zeitrechnung, die anderen auf die Zeit 12 000 bis 8000 v. Chr. Die Technik entspricht der, die noch heute afrikanische Pygmäen oder die Indianer im brasilianischen Paraná anwenden.

Regelrechte Bienenzucht scheint vor 6000 Jahren in Ägypten verbreitet gewesen zu sein, aber Abbildungen von Bienenstöcken erschienen erst vor etwa 4500 Jahren. Den Chinesen riet eine rund 4700 Jahre alte medizinische Schrift, regelmäßig Pulver von Ginseng mit Honig zu essen, wenn sie möglichst alt werden wollten.[1]

Honig spielte nicht nur für die Ernährung, sondern auch in der Sprache die Rolle, die später der Zucker übernahm. Lange vor dem Land von Milch und Honig der Bibel fand sich auf einer sumerischen Tontafel die Beschreibung eines Bräutigams in einem Liebesgedicht als «honigsüß».

Auf allen Kontinenten lernten die Menschen schon früh, Honig aus den Nestern wilder Bienen zu sammeln, was einige Naturvölker noch heute tun (Honig aus Nestern hoch in Felsen galt als besonders begehrenswert). Er war nicht nur Süßstoff, sondern auch Nahrungsmittel. Die kriegerischen Massai in Afrika nahmen auf ihren weiten Expeditionen nichts anderes zu essen mit.

Im alten Rom gab es schon im 2. Jahrhundert v. Chr. einen besonderen Markt für Imker. Fleisch mit Honig zu essen war nicht nur eine altrömische und später allgemeine mittelalterliche Spezialität in Europa, die Wedda auf Ceylon (Sri Lanka) taten es von jeher, die Araber ebenfalls, immer mehr im Mittelalter (gekochtes Huhn in Sirup).

Bekanntlich konnte die Menschheit schon frühzeitig nicht ohne Reglementierung auskommen – die ersten Rechtsvorschriften für deutsche Imker entstanden im 14. Jahrhundert. Honig und Honigwachs galten in vielen Ländern als Zahlungsmittel für Steuern und andere Abgaben.

Gebratene Süßigkeiten aus Reis und Gerste sind in Indien 1500 v. Chr. belegt. Babylon kannte Leckereien mit Honig oder Palmsirup spätestens um 700 v. Chr. Ein chinesisches Gedicht aus dem 3. Jahrhundert v. Chr. erwähnt «gebratene Honigkuchen aus Reismehl und Süßwerk aus Zucker und Malz»[2]. Kuchen wurde in Indien etwa 800 v. Chr. (vielleicht nur an den Fürstenhöfen) aus Weizen- oder Reismehl gebacken, aber auch aus Hülsenfrüchten. Süßwaren (gesüßt mit dem Extrakt des Zuckerrohrs) wurden mit Ingwer, Pfeffer und Kardamom gewürzt, Milchreis wurde mit Honig und mit Quark angereichert, es gab kandierte Früchte.

Das Alte Testament nennt zwar verschiedene Obstkuchen, besonders aus Feigen und Datteln, aber das waren (glaubt man heute) lediglich getrocknete, zusammengepreßte Früchte. Dafür ernährten sich die Juden bei ihrem Zug durch die Wüste Sinai von Manna, den getrockneten zuckerhaltigen Ausscheidungen von Schildläusen, die auf Tamariskenbäumen lebten. Noch heute trägt es zur Ernährung der Beduinen bei; in Persien wird es mit Honig und Mehl zu Kuchen gebacken.

Süße Backwaren wurden in ägyptischen Basaren etwa 700 n. Chr. angeboten. Die Araber lernten vieles von den Persern. Diese stellten zum Beispiel aus zerstoßenen Mandeln, Zucker und Rosenwasser frühe Formen des Marzipans her. Am Hof der Sassaniden (3. bis 7. Jahrhundert) waren dicke Früchtegelees beliebt. Daß die Araber gute und phantasievolle Schüler waren, zeigt eine (unvollständige) Zusammenstellung von Lieferungen an den Hof des Kalifen Aziz: Mehl, Zucker, geschälte Pistazien, Mandeln, Haselnüsse, Früchte, Rosinen, Honig, Sesam, Rosenwasser, Kampfer, Safran und Sesamöl, alles in großen Mengen.

Marmeladen, Gelees gehörten regelmäßig auf die Tafel Konstantins VII. von Byzanz (9. Jahrhundert). Der berühmte arabische Arzt Avicenne (980 bis 1037) erwähnte in seinen Schriften mehrere Rezepte mit Zucker. In Mitteleuropa tauchten die ersten Kochbücher, in denen auch Süßspeisen vorkamen, im 15. Jahrhundert auf. In Venedig, einem frühen Zentrum europäischer Luxusgeschichte, sind erst im Jahr 1150 Zuckerbäcker nachweisbar, in Augsburg 1368; es lag an der Handelsstraße Venedig – Brügge. Italiener wurden in Europa die ersten Süßigkeitenmacher großen Stils und beeinflußten die anderen europäischen Länder.

Ende des 15. Jahrhunderts staunten Kolumbus und seine Gefährten in Mittelamerika über Cocoa – die Indianer mischten es in Maisbrei. Sie machten «Schokolade» aus Cocoa, Wasser und Honig.

Mindestens der österreichische Kaiserhof hielt Ende des 18. Jahrhunderts Süßspeisen für wichtiger als anderes Essen; sein oberster Zuckerbäcker verdiente mit 1000 Gulden im Jahr fast dreimal soviel wie die Chefköche des Hofes. In europäischen und südamerikanischen Klöstern fabrizierten Nonnen immer neue Gebäckvariationen. Da war der Siegeszug des Zuckers im Gange; heute gibt es unzählige, Tausende verschiedener Süßspeisen, Backwaren, Schokoladen, Pralinen und Bonbons. Seit etwa 1870 ist Marmelade ebenfalls ein wichtiges Nahrungsmittel – auch ihre Sorten sind nicht mehr zu zählen.

Auch die Geschichte einer weiteren Süßigkeit mit Welterfolg hat in Asien angefangen. Frühe Besucher Chinas sahen die Chinesen eisgekühlte Getränke trinken und geeiste Süßspeisen essen. Die chinesischen Herrscher hatten gigantische Eislager anlegen lassen, die regelmäßig gefüllt wurden und das Eis lange erhielten. Im 13. Jahrhundert gab es in Linan (heute Hangzhou), Hauptstadt der südlichen Sung-Dynastie, spezialisierte Restaurants nur für geeiste Speisen. Von den Chinesen lernten die Araber, Fruchtsirup mit Schnee herunterzukühlen zu «Sherbet», Sorbet. Bei ihnen lernten es Griechen und Römer, immer noch mit Schnee. Im 12. Jahrhundert aber brachte Marco Polo von seiner Chinareise das Rezept mit, wie man durch eine Lösung von Schnee oder Wasser mit Salpeter, in die man die zu kühlenden Behälter stellte, ausreichende Kälte erzielt. Speiseeis aus Wasser und Fruchtsaft wurde eine italienische Spezialität. Katharina von Medici brachte sie mit ihren Köchen im 16. Jahrhundert nach Paris. Ende des 17., Anfang des 18. Jahrhunderts breitete sich die Kenntnis in europäischen Kaffeehäusern aus. Gegen Ende des Jahrhunderts gab das von einem französischen Koch am englischen Königshof erfundene Milcheis dem Appetit der Menschen auf Speiseeis einen weiteren gewaltigen Anstoß. Heute ist Eis in der Spitzengruppe der Süßigkeiten.

ZUCKER

Vor etlichen Jahren war ich als Autor einer Fernsehsendung an Bord eines Motorschiffes der Wasserpolizei auf dem Rhein. Als unser Programm abgedreht war, zauberte der gastfreundliche Kommandant eine Flasche Rum hervor. Dem Fernsehteam und der (kleinen) Besatzung war das bei der herrschenden Kälte sehr willkommen. So weit hatte sich also der alte Marinebrauch bis auf deutsche Flüsse ausgebreitet.

Man wußte ja: Seeleute haben eine Rumration, weil es doch auf den Meeren oft so kalt, feucht und stürmisch ist. Aber dahinter standen keineswegs menschenfreundliche Motive, wie Professor Sydney Mintz klargemacht hat.[1] Triebkraft waren Mitte des 17. Jahrhunderts die britisch-westindi-

Sehr geschönte Darstellung eines Zuckersklaven: So fein waren sie nicht angezogen, und so vergnügt arbeiteten sie keineswegs.

schen Zuckerlobbyisten, die den Absatz ihres Wunderproduktes steigern wollten; Rum entsteht aus Rohrzucker. 1665 eroberte England Jamaika, Barbados und andere Inseln, die Zuckerrohr anbauten oder dafür in Frage kamen: Von da an erhielten englische Matrosen Rumrationen. Das war noch, wie es heute heißen würde, ohne Rechtsanspruch. 1731 wurde der Anspruch institutionalisiert: Einen Viertelliter täglich. Ende des 18. Jahrhunderts wurde die Zuteilung auf einen halben Liter erhöht, «für Erwachsene». Die Kriegsflotten anderer Länder konnten da nicht zurückstehen.

Ebensowenig verdankten es die Insassen der englischen Armenhäuser staatlicher Barmherzigkeit, daß sie ab Ende des 18. Jahrhunderts mit Zucker und Sirup bedacht wurden. Es war Teil einer großangelegten Kampagne, die Engländer zu immer gierigeren Zuckerverbrauchern zu machen.

Seit wann Zucker kultiviert wird, darüber sind die Wissenschaftler verschiedener Meinung. Die älteste Schätzung sagt, es habe vor 8000 Jahren auf Neuguinea angefangen. Vor 6000 Jahren sei das Zuckerrohr nach den Philippinen gelangt, von dort nach Indonesien und Indien. In Indien entstanden schon vor 5000 Jahren diverse Süßigkeiten und Sorbets. Nach Ansicht anderer war Indonesien unabhängig von anderen Einflüssen ein Urgebiet des Zuckerrohres. Die Inselwelt Polynesiens gilt ebenfalls bei manchen Forschern als ein Ursprungsgebiet. Haudricourt/Hédin halten Indochina und Indien für die Ursprungsländer.[2] Die von den anderen genannten Gegenden hätten bereits verbesserte Klone gehabt. China gilt ebenfalls bei manchen als Gebiet frühester Zuckerrohrkultur.

Auch dieses, eines unserer wichtigsten Lebens-, besser gesagt, Genußmittel verdanken wir Asien. Dafür ist dann wenigstens der Würfelzucker allem Anschein nach eine europäische Schöpfung. Den ersten fabrikmäßig hergestellten fabrizierte 1844 die Raffinerie Kirchwidern bei Iglau in Mähren.

In Indien lernten die Perser das Zuckerrohr kennen. Von dort erreichte es Ägypten, das ein Großproduzent wurde. Plinius schrieb, indischer Zukker sei besser als arabischer.[3] Etwa 1700 Jahre später berichtete ein französischer Indienkenner, der indische Zucker sei gepflegter und besser als der aus den französischen Antillen.[4]

Die Araber sorgten für Verbreitung in den südlichen Mittelmeerländern, im 8. Jahrhundert brachten sie die Zuckerkultur nach Spanien. Um 1100 kam Zucker ins christliche Europa. Die Kreuzzüge machten die kurzlebigen christlich-europäischen Ministaaten im Nahen Osten bis zum 13. Jahrhundert zu ebenso vorübergehenden Zuckerproduzenten. 1325 beherbergte Kairo 66 Zuckerfabriken, auf dem Land in Mittel- und Oberägypten gab es weit mehr. Kreta, Zypern, Malta, Rhodos, Sizilien wurden Zuckerzentren; lange Zeit beherrschte Venedig den Handel im Mittelmeer.

Im 15. Jahrhundert bauten die Portugiesen Zucker auf Madeira an, wohin sie 1420 Zuckerrohr und die nötigen Fachleute aus Sizilien geholt hatten, außerdem auf den Azoren, Kap Verde und São Tomé. Die Spanier begannen um die gleiche Zeit Zuckeranbau auf den Kanarischen Inseln. Die Konkurrenz aus dem Atlantik bewirkte beziehungsweise beschleunigte den Rückgang der Zuckerindustrien am Mittelmeer. Immerhin ist belegt, daß ein englischer Segler noch 1551 Zucker aus Marokko nach England brachte. Der Mittelmeerraum konnte seine Stellung auch deswegen nicht halten, weil die Zuckerwirtschaft viel Feuer, also Brennholz, und Wasser brauchte – die Böden waren schließlich ausgelaugt, die Wälder abgeholzt, das Grundwasser war gesunken und damit die Erträge. Um 1500 deckten die Erträge nicht mehr die Kosten.

Kolumbus führte auf seiner zweiten Amerikareise Zuckerrohr mit. Der Anbau in «Westindien» führte zu einer sensationell wachsenden Produktion, entsprechend stieg der Konsum zunächst in Europa, dann so ziemlich auf der ganzen Welt. Die erste Zuckerernte lieferte Santo Domingo (damals Hispaniola) 1515 oder 1516 nach Spanien. Von Santo Domingo dehnte sich der Anbau nach Kuba, Mexiko und Brasilien aus. Brasilien wurde 1526 Großexporteur Richtung Lissabon. Für die Antilleninseln (nicht nur britische und französische, sondern auch holländische und dänische) kam die Zeit der Zuckerblüte im 17., besonders aber im 18. Jahrhundert. Der Kontinent stand kaum zurück. In den 300 Jahren seit Kolumbus war Zucker die wichtigste «Kolonialware», Lateinamerika und die Karibik bestritten mehr als 80 Prozent des Zuckerhandels. Aber auch Java, heute Indonesien, lieferte im 17. und 18. Jahrhundert Zucker nach Holland; produziert hatte es ihn schon im 15., überwiegend durch chinesische Einwanderer.

Schon vom 13. Jahrhundert an hatten sich die Zentren der Zuckerverarbeitung vom Mittelmeer nach Norden verlagert. Zunächst war Antwerpen praktisch die Zentralraffinerie für Europa, später folgten Bordeaux, Bristol und London. Die erste deutsche Raffinerie wurde 1573 in Augsburg errichtet, sie verarbeitete Zucker aus Portugal.

Die frühen Zuckerjahrhunderte brachten den Produzenten zwar schon beachtlichen Gewinn. Aber ihre Kundschaft war nur eine kleine Minderheit, wenn auch eine kaufkräftige: eben die reichen Schichten Europas. Sie verwendeten Zucker weitgehend als Gewürz. Nur die wenigsten Superreichen von damals konnten sich ihn, ab dem 13. Jahrhundert, auch als Süßstoff leisten. Aus jener Zeit stammen Rezepte vom französischen und vom englischen Hof, die Zucker zu Fisch und Fleisch vorsehen, zu Geflügelsaucen und Schinken, gar auf Austern.

Außerdem brauchten ihn, wie gesagt, die Apotheken als Mittel, um die vielen übelschmeckenden Mischungen und Arzneien der damaligen Medizin erträglich zu machen. Übrigens hatten Chinesen Zuckerrohr schon im 1. Jahrtausend v. Chr. als Aphrodisiakum gekaut.[5]

Bei Tisch spielte er zunächst nur eine Dekorationsrolle: Reiche Leute, besonders die Höfe, liebten es, durch Zurschaustellung möglichst eindrucksvoller Skulpturen aus Zuckermasse, vermischt mit Mandelöl und verschiedenen Gummiharzen und dadurch besser formbar, ihren Reichtum

und (angeblich) guten Geschmack zu zeigen. Dafür sind besonders drastische Beispiele auch aus dem Nahen Osten überliefert. Mintz erwähnt den Kalifen al-Zahir, der im 11. Jahrhundert zu den islamischen Feiertagen große Zuckerskulpturen anfertigen ließ und 157 Figuren sowie sieben Palastmodelle in Tischgröße zur Schau stellte, ungerührt von Hungersnot, Pest und Inflation in seinem Lande, und zum Abschluß des Ramadan für seine Festtafel, zu der das Volk geladen war, 73 000 Kilo Zucker verbrauchte – neben anderen Schaustücken stand auf der Tafel auch ein riesiger Baum aus Zucker. Später ließ ein Kalif eine Moschee aus Zucker bauen – sie wurde am Ende der Feiern von dafür eingeladenen Bettlern aufgegessen. Europäische Fürstlichkeiten bemühten sich bis in die Renaissancezeit hinein, ähnlich eindrucksvolle Dekorationen vorzuführen.

Linke Seite: Zuckerherstellung im Mittelalter. Miniatur aus dem 15. Jahrhundert.

Ein Massenmarkt für Zucker entstand natürlich erst, als sich auch Ärmere den billig gewordenen Zucker leisten konnten, zuerst in England etwa ab 1750. Zum festen Bestandteil ihrer Ernährung wurde Zucker nach 1850.

Ein gewaltiger Anstoß für den Zuckerkonsum war der Siegeszug des Tees, der ab Ende des 17., Anfang des 18. Jahrhunderts für einen großen Teil der englischen Bevölkerung zum Hauptgetränk wurde, gerade bei den unteren Schichten. Frühzeitig gewöhnten sich die Briten an (wie bald danach viele andere Europäer), ihn zu zuckern.

Tee, Kaffee und Schokolade, die in diesem Buch gesondert behandelt werden, waren von ihren «Erfindern» und deren erster Kundschaft durchweg bitter genossen worden, außer Tee auch nur in kleinen Mengen und übrigens auch ohne Milch. Als sie nach Europa gelangten, etwa im letzten Drittel des 17. Jahrhunderts, war der Zucker gerade dabei, seine Rolle als Medizinhelfer und Gewürz zu sprengen und allgemein in die Nahrung immer breiterer Schichten einzudringen. Der Verbrauch in England, dem Pionierland dieser Entwicklung, hatte um 1700 etwa dreieinhalb Pfund pro Kopf und Jahr betragen. Bis 1800 stieg er auf mehr als 16 Pfund. In der Nahrung tauchten ab 1750 mehr und mehr Marmeladen, Puddings und süße Backwaren auf; süßer Nachtisch gewann seinen festen Platz bei den Mahlzeiten. Und der Tee, neu, interessant, anregend und relativ billig, begann – gezuckert! – Alkohol als «Nahrungsmittel» abzulösen, mehr und mehr und schließlich überwiegend in den unteren Schichten. Im 19. Jahrhundert beschleunigte sich der Vormarsch des Zuckers noch mehr. 1854 wurde der Zuckerverbrauch der Erwachsenen auf 45 Pfund geschätzt, 1901 auf 81 Pfund pro Kopf der Bevölkerung, 1925 knapp 87 Pfund – 118 Gramm täglich. Die anderen europäischen Völker folgten mit etwas Verzögerung, wenn auch kaum eins die englischen Zahlen erreichte. Die Rolle des Tees spielte bei den Deutschen im 19. Jahrhundert der Kaffee, ebenfalls in der Arbeiterschaft – mit Marmelade- und Sirupbrot.

Seit einigen Jahren liegt der Verbrauch in der Europäischen Union bei etwas mehr als 38 Kilo pro Kopf und Jahr, in Deutschland bei 34,6 Kilo. Zwar scheint der Verbrauch in den Industrieländern rückläufig zu sein, doch andererseits nehmen die Menschen in Fertigkost und Konserven große Mengen versteckten Zuckers zu sich, und die Importe davon sind nicht in der Zuckerstatistik enthalten. Die USA lagen jahrelang weit über dem europäischen Durchschnitt. Letzthin ging ihr Verbrauch an reinem Zucker pro Kopf auf etwa 30 Kilo zurück, dafür konsumieren sie aber soviel andere Süßmittel wie Sirup, daß Professor Mintz ihren Zuckerverbrauch noch weit höher einschätzt.

Zu Beginn des 19. Jahrhunderts entstand dem Rohrzucker ein Konkurrent, der ihm schließlich den wichtigen europäischen Markt weggenommen und ihn auch sonst sehr bedrängt hat: der Rübenzucker.

Es war eine deutsche Entdeckung. Der Chemiker Andreas Marggraf bemerkte im Jahr 1747, daß die der Runkelrübe ähnliche Wurzelrübe (Beta vulgaris) in ihrem Saft eine ziemliche Menge Zucker enthielt, den man gewinnen und auskristallisieren könne. 1786 übernahm sein Schüler Franz Karl Achard das Werk; Friedrich Wilhelm III. von Preußen wurde überzeugt: Die erste Zuckerfabrik auf Rübenbasis entstand 1801 in Schlesien (Kunern). Sie ging bald ein, aber mit ihr hatte ein neues Kapitel der Zuckergeschichte begonnen. Andere waren erfolgreicher.

Anfang des 19. Jahrhunderts – das war die Zeit der Napoleonischen Kriege. Napoleon hatte 1806 per Dekret Europa wirtschaftlich gegen England abschotten und den Briten alle Häfen verschließen wollen. Darauf folgte 1807 die Blockade der europäischen Häfen durch die britische Flotte, die mächtiger war als die Flotten Frankreichs und der von ihm besetzten Länder. So blieb für Frankreich der Zucker aus den französischen Antillen aus, und da interessierte sich auch Napoleon für die Zuckerrübe. Die erste französische Rübenzuckerfabrik entstand 1811 in Passy, das damals außerhalb von Paris lag, heute ein feiner Stadtteil ist.

Als die Kontinentalsperre fiel – durch Napoleons Niederlage in den «Freiheitskriegen» –, kam wieder reichlich amerikanischer Rohrzucker nach Europa; die Preise stürzten so tief, daß die Zuckerrübe keine Chancen mehr zu haben schien. Aber sie erholte sich (nicht nur dank weiterer Kriege), und 1891 schwärmte ein deutscher Professor: «Die enorme Produktionskraft der tropischen Sonne wird paralysiert durch den rastlosen Fleiß und die Intelligenz des Europäers, der in der Bodenkultur und namentlich in der technischen Verarbeitung unendlich Besseres leistet als sein unter heißer Sonne erschlaffender Nebenbuhler ... Das Produkt abendländischer Kultur, das Erzeugnis eines rauhen und nebeligen Klimas bedrängt selbst auf den Märkten Amerikas, Australiens und Indiens das Kind der tropischen Sonne, den Rohrzucker.»[6] Heute sind Deutschland, Rußland und die USA die führenden Rübenzuckerproduzenten.

Der Zucker revolutionierte die Eßgewohnheiten Europas und dann immer größerer Teile der Welt. Mintz vergleicht seinen Siegeszug mit dem des Tabaks, der ab Ende des 16. Jahrhunderts nur 100 Jahre brauchte, um zum «großen Seelentröster aller Klassen» zu werden. Aber das (fast lächerliche) Geheimnis des Zuckers ist, daß es ihn schon überall gab (und gibt), bevor er als gesonderte Pflanze entdeckt wurde. Alle eßbaren Pflanzen enthalten ihn (neben anderen Substanzen), und wenn wir sie kauen, spielen sich biochemische Prozesse ab, die ihre Fasern und Stärke in Zucker verwandeln. Wie schon gesagt: Je länger wir Brot kauen, desto besser, süßer schmeckt es uns; angelsächsisches, Benelux- und französisches Weißbrot sind freilich meist zu schwammig, um diese Erfahrung so gut nachmachen zu können wie mit Graubrot.

In seiner Nahrung hatte also der Mensch seit Urzeiten Zucker. Zucker spendet Energie, die der Mensch braucht. Die in den Kohlehydraten pflanzlicher Nahrung enthaltenen Zucker liefern sie, sind aber nicht unbedingt als süß bemerkbar. Süßes entdeckten die Menschen in Früchten und im Honig, dem wichtigsten Vorgänger des Zuckers als Süßkraft und übrigens ein besseres Nahrungsmittel (wenn auch nicht für die Zähne). Verständlicherweise trachteten sie, das erfreuliche Geschmackserlebnis immer wieder zu wiederholen. Dann wurden sie zuckersüchtig.

Da hatten sie nicht damit gerechnet, daß übermäßiger Zuckergenuß die Gesundheit schädigt – meist im Zusammentreffen mit anderen ungünstigen Faktoren, aber jedenfalls stark und oft entscheidend. Wer zuviel

Französische Zuckerfabrik, 16. Jahrhundert.

Zucker ißt, gefährdet nicht nur seine Zähne, sondern auch andere Organe, wie jeder Arzt bestätigen wird. Eine gewaltige Zuckerlobby, der sich meist auch die der Bauern angeschlossen hat, sorgt heute in allen Industrieländern (und vielen anderen) für Verharmlosung, während ihre Werbekraft immer neue süße Produkte auf den Markt bringt. Hauptzielgruppe sind die Kinder, die besonders empfänglich sind; so wird die Gesundheit kommender Generationen gefährdet.

Außerdem wird Zucker, wie erwähnt, in einem besorgniserregenden Maße versteckt verwendet: Zucker als Konservierungs- oder Stabilisierungsmittel oder zur Intensivierung von Geschmack oder zum Überdecken geringer Qualität und in vielen verblüffenden Kombinationen: etwa im Brot oder in mannigfaltigen Fleischpanierungen. In dieser Mischung wird Zucker im allgemeinen nicht herausgeschmeckt, so daß die Verbraucher ihre ohnehin schon zu hohe Zuckeraufnahme weiter erhöhen, ohne es bemerken zu können. Robin Jenkins beziffert, daß auf diese Weise zum Beispiel die Briten mindestens die Hälfte ihres Zuckerkonsums nicht merken.[7] Ganz zu schweigen vom Zucker in vielen alkoholfreien Getränken und einigen alkoholischen. Das Ausmaß, in dem schon Babynahrung massiv gesüßt wird, in so gut wie allen Konserven, seien es Milchprodukte oder Gemüse oder später anderes, sorgt dafür, den Menschen von früh auf ein Verlangen nach Süßem anzugewöhnen beziehungsweise es zu steigern. Die Vorliebe haben sie von Natur her, wie Untersuchungen schon Ende der dreißiger Jahre ergaben.

Daß zuviel Süßes den Zähnen schadet, konstatierte schon Aristoteles in seinen *Problemen*: «Warum schädigen die Feigen, die weich und süß sind, die Zähne?»[8] In der Tat war Karies unter den Griechen seiner Zeit weit verbreitet – «zweifellos wegen des großen Konsums von Honig und getrockneten Früchten ... Eine getrocknete Aprikose besteht ja zur Hälfte aus Zucker», bemerken Farb/Amelagos. Sie erwähnen auch das interessante Beispiel, daß die Römer, als sie England eroberten, ihre an Honig und Trockenfrüchten reiche Kost mitbrachten, «und Zahnausfall wurde ein alltägliches Problem». Das Studium von Schädelfunden aus der darauf folgenden angelsächsischen Zeit, in der sich die Menschen von zähem Fleisch und harten Körnern ernährten, zeigte dann: «Karies verschwand während dieser Periode fast völlig.» Um wiederzukehren, sobald der Zucker seinen Siegeszug begann.

Im Jahr 1598 beobachtete der Deutsche Paul Hentzner in London Königin Elisabeth I., die damals 65 Jahre alt war, auf dem Weg zur Kirche. Er notierte beeindruckt, daß ihre Zähne ganz schwarz gewesen seien – «anscheinend ein Defekt, der Engländer wegen ihres zu großen Zuckerverbrauchs trifft»[9].

Mit Zucker ist viel Heuchelei verbunden. Von jeher gelten Süßigkeiten als Vorliebe von Frauen und Kindern. Essen Sie mal in einem guten Restaurant, und achten Sie darauf, wer süßen Nachtisch bestellt: Es sind nicht weniger Männer als Frauen. So, wie ja auch Liköre eine größere männliche Kundschaft haben, als man in Anbetracht verkündeter Männlichkeitsideale denken könnte. Die starken Männer verbergen gern ihre Schwächen für Süßes.

Doch die Süßigkeit selbst, der Zucker und sein Anhang, ist alles andere als schwach. Was sie uns nicht alles einreden, um uns zu immer größerem Zuckerkonsum zu bringen ... Heuchelei mag ein zu starkes Wort sein. Aber der Erfolg des Zuckers maskiert so viele Schattenseiten, daß klar ist: Darüber hinwegsehen können eigentlich nur Süchtige, denen gleichgültig ist, wie ihre «Droge» entstanden ist und was sie anrichtet. Sie wollen sie eben haben. Die Geschichte des Zuckers zeigt, daß der Vergleich mit Süchtigen keinesfalls an den Haaren herbeigezogen ist. Seit seiner Entdeckung und seit sie ihn bezahlen können, sind ihm die Massen weitgehend verfallen, und die mächtige Industrie mit ihrer Lobby tut alles, um die Abhängigkeit zu erhalten, zu beschönigen und auszubauen, gegen jede kritische Regung zu verteidigen.

Der Bedarf an Zuckergefäßen kurbelte die Porzellanindustrie an.

Es war schon schlimm genug, mit welchen Menschenopfern die Zuckerwirtschaft errichtet wurde.

Eine englische Porzellanfirma warb zu Beginn des 19. Jahrhunderts, wie Hobhouse erzählt, für ihre Zukkerdosen unter anderem mit einem Hinweis: «Indischer Zucker wird nicht von Sklaven gemacht.» Wer indischen Zucker nehme anstatt des karibischen, verhindere «die Versklavung oder Ermordung einer Mitkreatur».

Ohne afrikanische Sklaven wäre die westliche Zuckerindustrie nie so groß geworden. Das meterhohe Zuckerrohr (es erreicht vier bis acht Meter Höhe) schneiden, einbringen, mahlen, im Siedehaus verarbeiten, das war Schwerstarbeit – viel zu anstrengend, als daß sich europäische Pflanzer dazu bereit gefunden hätten. Die übermüdeten Arbeiter in den Mühlen riskierten, daß ihre Finger von den Walzen erfaßt wurden – «ein Haumesser lag immer bereit, um den Arm, der in solchen Fällen mit hineingezogen wurde, abzuhacken»[10]. Im Siedehaus mußten schwere Schöpfkellen, die hoch aufgehängt waren, und Kessel bewegt werden (durch Verdampfung der Flüssigkeit erhält man die Zuckerkristalle), bei Temperaturen von 50 bis 60 Grad und hoher Luftfeuchtigkeit. Die Arbeiter mußten stundenlang auf hartem Boden stehen und entwickelten oft «Störungen in den Beinen», worunter wohl Krämpfe, Gelenk- und Venenentzündungen zu verstehen sind.

Die Sklaven wurden fast überall schlecht verpflegt. Bei Mintz finden wir eine Schilderung, daß Plantagenbesitzer ihren Sklaven sogar überhaupt nichts zu essen gaben, sondern Rum, den sie verkaufen und mit dessen Erlös sie sich Nahrung kaufen sollten. Oft tranken sie ihn, um ihr fürchterliches Dasein zu vergessen. Viele ruinierte der Eiweißmangel. Der französische *Code Noir* billigte den Sklaven als einzige Proteinquelle einen Hering pro Tag zu, aber darum kümmerten sich keineswegs alle Sklavenhalter. Schwere Arbeit, Hunger, Mangelerscheinungen und die seelische Belastung brachten viele Sklaven früh ums Leben. Bis die Sklaverei abgeschafft wurde, verbesserte sich ihr Los kaum. Auf Kuba, wo sie 1888 freigelassen wurden, hatten die Plantagenherren zum Schluß pro Sklave etwa vier bis fünf Dollar Unkosten – im Monat ...

Portugiesen und Spanier hatten schon ihre Plantagen auf den atlantischen Inseln näher zu Hause mit Sklaven betrieben; das setzten sie nun in größerem Stil fort. Mitte des 16. Jahrhunderts liefen auf Santo Domingo 40 große Zuckermühlen, dort und auf den Plantagen arbeiteten mehr als 30 000 afrikanische Sklaven. Die anderen Europäer mit Besitz in der Karibik und Mittelamerika folgten dem Beispiel der Spanier und Portugiesen. Daraus entstand der berüchtigte Dreieckshandel mit Sklaven und Gütern zwischen Afrika, Amerika und Europa, der bis ins 19. Jahrhundert dauerte (Barrau macht darauf aufmerksam, daß die Rohrzuckerpflanzer im australischen Queensland noch im 20. Jahrhundert mit melanesischen Sklaven arbeiteten)[11].

Im Dreieckshandel errang Großbritannien schnell die führende Rolle, nicht nur als Besitzer und Kunde von Zucker, sondern auch, weil englische Schiffe die meisten Sklaven transportierten, neben denen für die eigenen Siedlungen auch die für Spanier und Portugiesen. Deutsche Häfen und Reedereien profitierten ebenfalls vom Sklavenhandel.

Afrikaner und Afrikanerinnen wurden also gefangen und in die «Neue Welt» verfrachtet. Die dort von ihnen unter grausamen Bedingungen geschaffenen Güter füllten die Frachtschiffe Richtung Europa, mehr und mehr Zucker (halb raffiniert; die lukrative Endverarbeitung fand in Europa statt) und Rum. Von den europäischen Häfen segelten die Schiffe an die afrikanische Westküste, beladen mit Alkohol und Ramsch, für den sie dort billig weitere Sklaven erwarben. Es gab europäische Sklavenfänger, aber die weit größere Zahl lieferten afrikanische Häuptlinge entlang der Küste – ihre Feinde und Kriegsgefangenen und immer mehr Opfer von regelrechten, meist blutigen Fangexpeditionen ins Innere des Landes. Vom «Ertrag» blühten auch andere Unternehmungen in Amerika auf wie Baumwolle und Tabakanbau, aber der Zucker spielte doch die Hauptrolle. Mitte des 18. Jahrhunderts galt, daß Zucker mit den um ihn herum entstandenen Aktivitäten «halb Lancashire» ernährte, womit die englische Textilindustrie gemeint war, und «ein Viertel der gesamten britischen Schifffahrt»[12].

 Um 1800 schätzte man, daß wegen der schlechten Arbeits- und Lebensbedingungen in Plantagen und Fabriken auf je zwei Tonnen nach England geschafften Zucker ein gestorbener Sklave kam. «Kein Faß Zucker, an dem nicht Blut klebt!» schrieb der Dominikaner Jean-Baptiste Labat[13]. Die Zuckerpflanzer ließen so viele Afrikanerinnen und Afrikaner zur Sklavenarbeit kommen, daß beispielsweise auf Jamaika 30 000 Weiße inmitten 250 000 Farbiger lebten. Auf Grenada war das Verhältnis 1000 zu knapp unter 24 000, auf Antigua 2590 zu 37 800, auf St. Christophers 1900 zu 20 400 und so fort. In Brasilien mit seiner gewaltigen Zuckerindustrie kamen zeitweise auf einen Weißen 200 Sklaven. Die Statistik erscheint in noch düstererem Licht, wenn man bedenkt, daß beispielsweise nach Barbados in der Zeit von 1701 bis 1810 insgesamt 252 500 Afrikanerinnen und Afrikaner gebracht wurden (Ende des 18. Jahrhunderts lebten dort 62 000 Farbige), nach Jamaika in der gleichen Zeit 662 400.

Um Europäern einen überflüssigen und gesundheitsschädlichen Überkonsum von Zucker und Zuckerwaren zu ermöglichen, wurde der afrikanische Kontinent entscheidend in seiner menschlichen Substanz geschwächt. Die Schätzungen, wie viele Afrikaner entweder weggeschleppt wurden oder umkamen bei den Sklavenjagden und unter den mörderischen Transportbedingungen, zusammengepfercht auf zu engen Schiffen, schwanken zwischen 40 und 100 Millionen. Je länger es übrigens her ist, desto mehr schrumpfen die Zahlen europäischer und amerikanischer Autoren, doch die höheren Schätzungen sind seriöser. Der Aderlaß war um so schlimmer, als hauptsächlich junge kräftige und zeugungsfähige Menschen weggeschleppt wurden. Im 17. Jahrhundert hatte in Afrika ein Fünftel der Menschheit gelebt, ebenso wie in Europa. 1990 war es etwas mehr als ein Achtel – in einem Kontinent, dessen Menschen im Gegensatz zu den Europäern (heute etwa ein Siebtel der Menschheit) nichts von Geburtenbeschränkung der radikalen europäischen Art hielten und halten. Die Zahl von rund 650 Millionen Afrikanern 1990 trügt noch; davon sind das muslimische Nordafrika und Ägypten mit enormem Bevölkerungswachstum abzuziehen: 1990 waren es 115 Millionen. Da bleiben also 535 Millionen Schwarzafrikaner in einem Kontinent, der wesentlich mehr Menschen ernähren könnte, wenn nicht auch seine Wirtschaft in der Kolonialzeit ruiniert worden wäre, gegen rund 600 Millionen Europäer, denen des seit vielen Jahrzehnten registrierten Bevölkerungsrückganges.

Die Sklaverei war noch nicht abgeschafft, als der Rübenzucker kam. Damit entstand wenigstens ein weit weniger belastetes Gegengewicht; man wäre in Versuchung, von moralisch «sauberem» Zucker zu sprechen. Doch läßt sich das nur mit starken Einschränkungen sagen.

Der Rübenzucker hatte es zunächst schwer, weil der Rohrzucker viel billiger war und durch ständige Ausdehnung der Anbauflächen in immer neue Gebiete die Ernte wuchs und wuchs. In einer friedlichen Welt ungehinderten freien Handels hätte es keinen Bedarf an Rübenzucker gegeben. Aber so friedlich war die Welt nie; die europäischen Länder hofften, sich durch den Rübenanbau unabhängig von überseeischen Produzenten zu machen. Also wurde Rübenzucker schon früh staatlich subventioniert. Freilich waren Unternehmen der wichtigsten europäischen Länder schon längst in Rohrzucker engagiert und engagierten sich weiter und manchmal die Regierungen ebenfalls: in ihren Kolonien.

Kuba «verdankte» seinen Rohrzucker der spanischen Kolonialherrschaft. Nachdem die USA Ende des 19. Jahrhunderts die Spanier vertrieben hatten, geriet Kubas Wirtschaft völlig in Abhängigkeit Nordamerikas. Der Zuckeranbau wurde gesteigert, besonders im Ersten Weltkrieg. In In-

Stolze Werbung einer französischen Zuckerraffinerie Anfang des 20. Jahrhunderts.

donesien zwang die holländische Kolonialmacht die Bauern zur Umstellung großer Reisflächen auf Zuckeranbau, hauptsächlich auf Java, wo die Einwohner des betroffenen Küstengebietes im Norden zunächst in Scharen flohen. «Die Arbeitskräfte sind hier in Java ... in überreicher Fülle zu billigsten Preisen zu haben», konnte dann, 1880, Professor Paasche in seinem Buch über die Zuckerindustrie schreiben. Kuba und Java waren bis kurz vor dem Zweiten Weltkrieg die größten Rohrzuckerproduzenten. Aber auch die Philippinen machten die Spanier und später die Amerikaner zum großen Zuckerexporteur. Die Briten steigerten die Zuckerproduktion Indiens und anderer Kolonien, die Franzosen taten das gleiche auf ihren

Inseln in den Antillen, Brasilien produzierte nach seiner Unabhängigkeit von Portugal mehr und mehr.

Das alles hinderte die europäischen Länder und bald auch die USA nicht, ihren Rübenzucker zu forcieren, und schon in den zwanziger Jahren des 20. Jahrhunderts überstieg das Zuckerangebot der Welt bei weitem den Verbrauch. Das führte zu Preisstürzen, immer wieder neuen Krisen und vergeblichen Versuchen, die Produktion durch internationale Abkommen einzudämmen. Nach dem Zweiten Weltkrieg kam die Entkolonialisierung – aber die «neuen» Länder der «Dritten Welt» blieben, wie im vorigen Kapitel gezeigt, in die Wirtschaftsordnung eingebunden, die im Kolonialismus entstanden war. So wurde auch immer mehr Zucker erzeugt, aber wegen des Überangebots zu immer schlechteren Preisen für die Exportländer.

Bald kam ein neuer verhängnisvoller Umstand hinzu: Die Zuckerpolitik der Europäischen Gemeinschaft gab ein krasses Beispiel für Egoismus und Mangel an Verantwortungsbewußtsein für die übrige Welt.

Nicht nur gibt es weltweit zuviel Zucker, ein großer Teil davon aus «Entwicklungsländern», die auf ihre Exporterlöse dringend angewiesen sind – auch die Europäische Union hat längst zuviel. Das bewirkte ein System von Subventionen und Abschottung gegen Zucker von außen, das die europäischen Bauern auch noch dann zur Produktionssteigerung anreizte, als der eigene Bedarf längst überreichlich gedeckt werden konnte. So wurde Europa, das eben noch Einfuhrland gewesen war, selbst zum Exporteur; sein Zuckerüberschuß betrug 1993 schon mehr als 30 Prozent der Ernte. Die Zuckerrübenbauern in der EU bekommen für ihren Zucker ein Mehrfaches von dem, was auf dem Weltmarkt gezahlt würde, und so subventionieren auch die USA ihren Rübenzucker.

Die EU verkauft ihren Überschuß, einige Millionen Tonnen jedes Jahr, zu Niedrigstpreisen und macht damit den «Entwicklungsländern» Konkurrenz. Freilich hat sie früheren Kolonien garantiert, ihnen Zucker im Gesamtvolumen von 1,3 Millionen Tonnen jährlich abzunehmen, zum guten EU-Preis minus Transportkosten. Aber da sie diesen Zucker gar nicht brauchen kann, exportiert sie ihn wieder, wie ihren anderen Überschuß zum Billigstpreis, und macht nun damit auf dem Weltmarkt dem «frei» angebotenen Zucker der Lieferländer, denen man doch angeblich helfen will, Konkurrenz. Andererseits wirkt die Abnahmegarantie auf diese Länder als psychologische Barriere gegen den Gedanken, sie könnten den Zuckeranbau einschränken oder aufgeben, um wichtigere Nahrungsmittel für ihre Bevölkerung anzubauen. Eher weiten sie den Anbau noch aus, um nur immer die Lieferquote erfüllen zu können, die ihnen die EU zugestanden hat; wird sie zu oft unterschritten, streicht sie die EU oder setzt sie herab.

«Ist Zucker-Irrsinn heilbar?» überschrieb die *New York Times* einen Leitartikel, in dem es hieß: «Zucker aus der Dritten Welt kostet etwa vier Cent das Pfund. Die USA verhängen Importbeschränkungen und Zölle, um den Inlandspreis bei etwa 22 Cent pro Pfund zu halten ... Die Europäische Gemeinschaft zahlt etwa das gleiche an Rübenbauern ...

Verbraucher und Steuerzahler in Amerika und Europa zahlen schließlich drei bis vier Milliarden Dollar extra fürs Süßen ...

Da der Protektionismus die Nachfrage nach Zucker aus der Dritten Welt künstlich einschränkt, ist der Preis auf dem freien Markt auf ein Drittel der Produktionskosten leistungsfähiger lateinamerikanischer Anbauer gefallen ...

Niedrige Zuckerpreise bedeuten niedrige Exporteinnahmen für die Zukker produzierenden Länder. Das macht es Schuldnern wie den Philippinen unmöglich, ihre Anleihen an amerikanische und europäische Banken zurückzuzahlen. Und es drückt den Lebensstandard herunter, was gefährliche politische Wirkungen herausfordert. Das Ende dieses Irrsinns ist nicht in Sicht.»

Erscheinungsdatum dieses Artikels: 26. August 1985 ... Geändert hat sich nichts. Auch nicht das Auf und Ab der Weltmarktpreise; im Oktober 1980 brachte das Pfund Zucker 42 Cent, im Juni 1985 nur 2,74 Cent. So tief war er auch 1966. Wie sollen die «Entwicklungsländer» unter solchen Bedingungen überlegt wirtschaften? An den Preisschwankungen ist natürlich auch der Spekulationsmarkt in Termingeschäften schuld. Die Zuckerbörsen in London und New York ermöglichen lange vor der Ernte preissenkende oder preistreibende Spekulationen, gegen die die Produzenten machtlos sind.

Die heutige «Ordnung» der Zucker-Weltwirtschaft sorgt dafür, daß die Nachkommen jener ersten Opfer und viele andere arme Produzenten in der «Dritten Welt» in tiefem Elend bleiben. Von Zeit zu Zeit schildern Reportagen in westlichen Medien die für Europäer unvorstellbare Misere der vom Zucker abhängigen Familien, Dörfer, Gebiete in den verschiedenen Ländern der «Dritten Welt» von Brasilien bis zu den Philippinen (dort besonders die Zuckerinsel Negros). Insgesamt zwölf Millionen Menschen in der «Dritten Welt» arbeiten für den Zucker, weitaus die meisten unter dem Existenzminimum bezahlt und unterernährt, mit entsprechenden körperlichen und geistigen Folgen.

Die Subventionszahlungen der reichen EU scheinen kleine, bedürftige Bauern zu fördern. Aber die allgemeine wirtschaftliche Konzentrationsbewegung bewirkt, daß Große kassieren. In Deutschland ist die Zahl der Zuckerrübenanbauer zwischen 1960 und 1985 von 187 000 auf 78 403 zurückgegangen, die Zahl der Zuckerfabriken zwischen 1950 und 1985 von 71 auf 46, die Zahl der Zuckerunternehmen von 61 im Jahre 1950 auf 20 1985/86. Den internationalen Zuckerhandel tätigen nur noch einige wenige transnationale Riesenfirmen.

Da manche Produzentenländer einen großen Teil ihres Zuckers selbst verbrauchen – etwa 70 Prozent der Welternte werden in den Erzeugerländern selbst verbraucht –, sind natürlich nicht alle gleichmäßig von der

Krise betroffen. Größter Produzent ist heutzutage Indien (rund elf Millionen Tonnen), aber im Export steht es erst an zwölfter Stelle. Brasilien wiederum, viertgrößter Erzeuger mit knapp acht Millionen Tonnen, ist das drittgrößte Exportland. Seine Absatzschwierigkeiten waren eine Triebkraft für die Entwicklung von Zucker zum Autokraftstoff Methanol (die Energiekrise der siebziger Jahre war die andere), die den Umweltbewußten die Haare zu Berge stehen läßt. Nummer zwei der Zuckererzeuger waren die Länder der vormaligen Sowjetunion (rund neun Millionen), dritter Kuba (etwas über acht Millionen). Deutschland: achter Platz mit rund vier Millionen Tonnen. Es versteht sich von selbst, daß in bevölkerungsschwachen Ländern der «Dritten Welt» 70 Prozent der Ernte nicht verbraucht werden.

Zu den gewaltigen Zuckerkunden gehörten von jeher die Giganten der Soft-Drink-Industrie, an der Spitze Coca-Cola, und die USA waren, wie gesagt, gewaltige Zuckerimporteure. Aber die USA sind auch gewaltige Maisproduzenten, und seit Anfang der siebziger Jahre gibt es den schon erwähnten Maissirup, dessen Süßkraft dem Zucker ebenbürtig ist. Im Fachjargon heißt er High Fructose Corn Syrop, HFCS, in Europa Isoglucose. Maissirup war billiger als Zucker: die Soft-Drink-Produzenten stiegen um, dem Beispiel von Coca und Pepsi folgend. Produzenten in anderen Ländern sahen da ebenfalls eine Chance, von Kanada über die EU bis Japan. Dann gelang es auch, Isoglucose aus Weizen herzustellen. Also schrumpften die Exportchancen der Zuckerproduzenten in der «Dritten Welt» weiter. Allein die Umstellung von Coca und Pepsi bedeutete ja eine halbe Million bis 600 000 Tonnen weniger verkauften Zucker... Nichts zu machen? Die Europäische Union hat die Verwendung von Isoglucose bei sich gleich kontingentiert, um ihre Zuckerrübenbauern zu schützen!

KAFFEE

Am Eingang der Ausgrabungsstätten in der Oase von Al Ain, in der Wüste von Dubai, stand am Tor ein schnurrbärtiger Mann mit Turban und Riesensäbel. Wir kletterten – nein, nicht vom Kamel herab, sondern aus dem Auto; der uns begleitende Araber sagte ein paar Worte. Der andere schob das Tor auf, verschwand in seinem Wächterhäuschen, kam mit einer Thermoskanne und einem winzigen henkellosen Täßchen wieder, das er halb vollgoß und mir hinhielt. Ich dankte und verschluckte den heißen, starken und bitteren Kaffee, gab die Tasse zurück und bekam sie gleich wieder halb gefüllt. «Solange Sie die Tasse nicht mehrmals hin und her drehen, wird er sie Ihnen immer aufs neue füllen», sagte unser Begleiter. «Er wartet auf das Zeichen.» Nun bekamen auch die anderen ihr Täßchen der Begrüßung.

Was in Europa längst nicht mehr automatische Selbstverständlichkeit ist, Begrüßungskaffee für den Fremden, fand ich im Nahen Osten noch überall praktiziert, vom Wachmann bis ins Ministerbüro. Kaffee, Symbol der Gastfreundschaft und Zuwendung – seltsam, wie er früher angefeindet worden ist, als er die Macht des Alkohols zu erschüttern begann.

Wie sehr das Christentum und vor ihm antike Religionen für die Verbreitung des Alkohols gesorgt haben, dürfte in den Kapiteln über Alkohol und Wein deutlich geworden sein. Die Christen konnten später allenfalls «Exzesse» bedauern, obwohl ihre Kirchenvertreter an der Trunkenheitswelle, die Europa im 16. und 17., teilweise bis ins 18. Jahrhundert ergriffen hatte, selbst aktiv beteiligt waren. Dennoch wurde der Alkoholismus in Deutschland gern dem «Saufteufel» zugeschrieben, nicht nur von Kanzeln herab. Der deutsche war freilich nicht mächtiger als der Teufel anderer Völker.

Wenn schon ein Teufel – wie konnte man ihn austreiben? Weihwasser tat es nicht. Durch einen Gegenteufel, einen «neueren, schicklicheren», befand 1782 ein Chronist deutscher Sauferei. Das war der Bibliothekar Johann Wilhelm Petersen, ein Jugendfreund Schillers, und der Titel seines Buches sprach Bände: *Geschichte der deutschen Nationalneigung zum Trunke*.

Der neue war schon zur Stelle. Er brachte Kaffee. Sicherlich das einzige Getränk, dessen frühe Gemeinde regelrechten Verfolgungen ausgesetzt war, dessen Liebhaber lieber Prügelstrafe, Zuchthaus und Zwangsarbeit riskierten, als von ihrer Leidenschaft zu lassen. Die Gemeinde blieb treu,

Kaffeestrauch.

besonders die deutsche, die heute Platz zwei in der Weltrangliste der Kaffeetrinker innehat, nach den Nordamerikanern.

Auch damit war Petersen schließlich nicht zufrieden, und damit stand er nicht allein. Tee (siehe Extrakapitel) mißfiel ihm übrigens gleichermaßen: «König Friedrich ward noch mit Biersuppe erzogen, aber die Kinder von tausend seiner Unterthanen schon mit Kaffee. Die Seuche blieb nicht nur

Das damals neue Trio anregender Getränke ohne Alkohol: Kaffee, Tee und Kakao. Titelblatt eines Buches von 1671.

in den Städten, sondern steckte sogar Bauern und hart arbeitende Taglöhner an. Und so ward allmählich diese Thee- und Kaffeesäuferei zu einem Verderber, welcher die Gesundheit schwächte, weibische Schlappheit und Empfindelei ausbreitete, viele Haushaltungen zugrunde richtete, das Mark der Nation auffraß und jährlich gegen 24 Millionen Gulden aus Teutschland schleppet.» Resigniert fügte er hinzu: «Eine böse, heftige Neigung wird selten getilgt, außer durch eine andere. Ein Teufel nicht ausgetrieben als durch einen anderen.» [1]

 Kaffee (und Tee) anstelle von Alkohol schon morgens – was heute als eher gesund empfunden würde, dafür konnte der Chronist keine besseren Motive entdecken als: «Aus Leckerei und Liebe zum Neuen setzte man sie bald an die Stelle des Biers und des Weins zum Morgen-, Nach- und Untertrunke.»

Wenn die Christenheit so weit mit dem Alkohol verschwägert war, mochte sie den Kaffee wohl als Gegner ansehen. Er kam ja von der Konkurrenz, aus den Gefilden des Islams, ein nichtalkoholisches, anregendes Getränk aus dem Nahen Osten, das in kurzer Zeit den Westen eroberte. Das fand nicht nur Petersen alarmierend. Seither sagen auch manche westliche Historiker, seine schnelle Ausbreitung (ebenso wie die anderer Produkte) sei eine «Mode» gewesen,[2] eine Sache des Nachäffens der Oberschicht, als wenn nicht auch weniger Begüterte Geschmack haben und finden könnten, ob an Kaffee oder an anderem. Diese Leute sagen ja auch nicht, Europas Oberschicht habe, als sie Gewürze entdeckte und zu benutzen begann, Araber und Inder nachgeäfft.

Kaffee wuchs wild in Afrika, in Äthiopien, im Sudan und in Uganda. Er wurde nicht kultiviert, aber die Einheimischen hatten ihn früh entdeckt und kauten die Bohnen oder mischten sie, zerstoßen, mit Fett oder Butter, und rollten sie zu apfelgroßen Kugeln. Äthiopier lernten, Kaffee mit heißem Wasser aufzugießen; dann brachten Reisende nicht nur die Kenntnis über die kleine Meerenge ins nahe Jemen, nach Asien, sondern auch den Kaffeebaum (der vorher allenfalls unerkannt dort existiert hatte).

Legenden, wie beispielsweise, daß jemand – mal ein Derwisch, mal ein junger Hirte – die Wirkung des Kaffees zuerst an der ständigen Munterkeit seiner Ziegen beobachtet habe, sind ebenso verbreitet wie unbeweisbar. In der arabischen Literatur gibt es Stellen, die sich so deuten ließen, daß Kaffee und seine anregende Wirkung schon im 10. Jahrhundert bekannt waren. Sicherer ist, daß er im 15. Jahrhundert vom Jemen aus die arabische Halbinsel, dann Ägypten und die Türkei erobert hatte.

Das war also ein Getränk, das nüchtern machte oder erhielt und heiter stimmte, also besonders geeignet für Frühaufsteher – Bauern, das «niedere Volk» und Nachtarbeiter: Priester, Gelehrte. Die konnten nun nachts studieren oder beten, ohne einzuschlafen. Arabien wurde Kaffeeland. Die jährlichen Pilgerfahrten nach Mekka genügten, Kaffee, der in winzigen Tassen bitter getrunken wurde, in der muslimischen Welt bekannt zu machen. Dann kamen europäische Besucher, die beeindruckt waren und es weitersagten. Der erste war ein Arzt und Naturforscher aus Augsburg, Leonhart Rauwolf, der sich 1573/74 in Aleppo aufgehalten hatte. 1583 erschien sein Buch *Aigentliche beschreibung der Raiss / so er vor diser zeit gegen Auffgang in die Morgenländer / fürnemlich Syrien, Judaeam, Mesopotamiam, Babyloniam, Assyriam, Armeniam etc nicht ohne geringe mühe und grosse gefahr selbs vollbracht: neben vermeldung vil anderer seltzamer und denckwürdiger sachen / die alle er auff solcher erkundiget / gesehen und observiert hat.* Darin erzählte er von diesem «gut getränck». Ein paar Jahre später, 1591, berichtete der Italiener Prosper Alinius in Venedig, daß in den Tavernen von Kairo anstelle von Wein «caova» getrunken würde.

In alten Zeiten setzten Araber und Türken dem sehr starken Kaffee Gewürze zu wie Anis, Nelken, Kardamom, aber nicht Milch und Zucker. Kardamom kann man noch heute als angenehmen Zusatz im Kaffee erleben.

1615 brachten Venezianer als erste Kaffee nach Italien; es war offenbar der erste überhaupt, der nach Europa gelangte. Gegen 1630 tauchte das neue Getränk in Holland und England auf, 1643 kurz in Paris, wo der Händler aber wegen Erfolglosigkeit gleich wieder schloß, endgültig dann 1644 in Marseille, 1668 in Wien, zunächst auch nicht mit großem Erfolg. Deutschland folgte gegen 1670. Schnell entstanden die ersten Kaffeehäuser, Cafés. Da hatte der Nahe Osten einen gewaltigen Vorsprung – Konstantinopel zählte um 1570 bereits 600. Das erste Europas wurde natürlich in Venedig eröffnet, 1647. Drei Jahre später folgte Oxford, 1652 London, 1659 Marseille, 1663 Amsterdam und Den Haag, Paris 1672, Hamburg 1679, Wien 1685, Augsburg 1689, Leipzig 1694, Nürnberg 1696, Salzburg 1700, Brünn 1702, Stuttgart 1712, Prag 1714, Berlin 1721.

Anfangs wurden die gerösteten Kaffeebohnen im Mörser möglichst fein zerstoßen, der aufgebrühte Kaffee wurde auf dem Satz serviert. Die Türken brachten das Stielkännchen ein, in dem sie den Kaffee mehrmals aufkochen lassen. Falls er süß sein soll, wird der Zucker gleich mit aufgekocht. Der Kaffeesatz verschwand aus den Tassen zuerst offenbar in einem der ersten Wiener Cafés, das der Pole Kolczitski eröffnet hatte, nach 1685. Er führte Filter ein, und dort gab es dann auch Milch, später Zucker. Erst diese Zusätze haben dem Kaffee zu seinem Siegeszug durch Europa verholfen. Seither gab es immer neue Methoden und Apparate der Zubereitung mit Anhängern, die auf sie schwören.

Besonders die Erfindung der Kaffeemühle erleichterte die weitere Verbreitung. Sie dürfte aus den syrischen Gewürzmühlen hervorgegangen sein, die schon bald nach 1500 beobachtet wurden. Damals war Damaskus an Metalltechnologie den Europäern weit überlegen. Italiener entwickelten die Mühle weiter. Über Kaffeemühlen in Syrien berichtete als erster 1619 Johannes van Cootwijk[3], über solche in Deutschland als erster der Franzose Philippe Sylvestre Dufour im Jahre 1683.[4]

Um 1700 war Kaffee in den europäischen Oberschichten fest etabliert. Natürlich war er nun auch für den europäischen Handel interessant geworden. Portugiesen und Holländer holten die ersten kleinen Mengen im Jemen ab, der sofortige Erfolg brachte Arabien immer größeren Schiffsverkehr. Kaufleute aller aufstrebenden Mächte Europas sahen jedoch nicht ein, warum das Geschäft die Araber machen sollten, und bemühten sich, heimlich Kaffeebäume oder Stecklinge oder Kaffeekirschen zu beschaffen (die Bohnen sind in einer kirschähnlichen Frucht). Es gelang ihnen. Die Holländer pflanzten auf Ceylon und Java, die Franzosen auf Guyana, dann

Das
Curieuse
Caffe-Hauß
zu Venedig/
Darinnen die Miß-Bräuche und Eitelkeiten der Welt / nebst Einmischung verschiedener so wohl zum Staat / als gemeinen Leben / gehörige Merckwürdigkeiten / vermittelst einiger ergötzlicher Assembléen von allerhand Personen / vorgestellet /
Allen honetten und tugendliebenden Gemüthern aber zu fernern Nachsinnen übergeben werden.
Die erste Wasser-Debauche.

Freyburg /
Zu finden bey Joh. Georg Wahrmund. 1698.

Erste deutsche Schrift über ein Kaffeehaus – jenes in Venedig.

Martinique, die Portugiesen Anfang des 18. Jahrhunderts in Brasilien. Dort wurde der Anbau erst Mitte des Jahrhunderts seriös begonnen. 1730 brachten die Briten Kaffee nach Jamaika, 1740 die Spanier «ihren» nach den Philippinen. Um 1800 waren fast alle westlichen Anbaugebiete der tropischen Welt erschlossen. Im 19. Jahrhundert starteten die Briten noch Kaffeeanbau großen Stils in Indien, Zentral- und Ostafrika.

Wachsende Mengen aus den neuen Anbaugebieten kamen gerade rechtzeitig, um den ansteigenden Konsum zunächst der oberen Schichten zu befriedigen, weiter anzukurbeln und schließlich (ziemlich) die Allgemeinheit für Kaffee zu gewinnen. Längere Zeit beherrschten die Westindischen Inseln den Markt. Zentrale war London, wo mehrmals im Jahr große Kaffeeauktionen stattfanden. Allmählich zeigten sich die Früchte des Anbaus auf Java ebenfalls in wachsenden Exporten, aber bis ins 19. Jahrhundert hinein blieb das Übergewicht bei den westindischen Kaffeeinseln, die ja meist auch Zuckerinseln waren.

Wie der Zucker wurde auch der Kaffee von Sklaven erarbeitet, in den holländischen Kolonien durch zum Anbau gezwungene Bauern. Über die Sklaverei habe ich im Kapitel über Zucker das Wichtigste gesagt – der Kaffee in europäischer Regie hat in diesem Sinn keine bessere Wurzel als der Zucker. Beispiel: Haiti lieferte 1791 rund 40 Prozent des Weltbedarfs an Zucker, 50 Prozent an Kaffee, erwirtschaftet von rund 480 000 Sklaven.

Im 19. Jahrhundert verschoben sich die Gewichte. Von 1830 bis 1869 beherrschten die Holländer mit dem hochwertigen Javakaffee den internationalen Markt; die Haupthandelsplätze verlagerten sich nach Amsterdam und Rotterdam. Doch dann wurden sie allmählich von Brasilien verdrängt, dessen portugiesische Oberschicht die Herrschaft Lissabons abgeschüttelt hatte. Unter Zerstörung riesiger Flächen tropischen Regenwaldes entwickelte sich Brasilien zum Kaffeeriesen, der schließlich in den ersten Jahrzehnten unseres Jahrhunderts 97 Prozent der Welt-Kaffee-Erzeugung bestritt. Sosehr sich auch immer mehr Menschen Kaffeetrinken angewöhnt hatten (heute sind es nach Schätzung der UNO ein Drittel der Weltbevölkerung, mindestens aber eine Milliarde Menschen) – so viel, wie allmählich auf den Markt kam, konnten sie nicht mehr bewältigen. So begann eine nur selten unterbrochene Serie von Überproduktionen, die den Kaffeepreis immer weiter nach unten drückten. Sie wurden oft dadurch verstärkt, daß in den Haupteinfuhrländern Krisen oder Kriege den Verbrauch bremsten.

Das bedeutete – und bedeutet noch heute – anhaltendes Elend in den Anbauländern, deren Arbeiter auf den Pflanzungen auch nach dem Ende der Sklaverei, auch nach dem Ende der direkten Kolonialherrschaft schlecht bezahlt wurden. Brasilien bildete eine Zeitlang wenigstens gebietsweise eine rühmliche Ausnahme. Es hatte zwar 1850 noch 50 000 bis 60 000 Sklaven eingeführt[5], aber im Gebiet um São Paulo, das im Kaffeeanbau immer stärker wurde, arbeiteten zunächst Italiener, um deren Interessen sich ihre Regierung kümmerte, außerdem Spanier. Im Lauf der Zeit verwisch-

Linke Seite: Illustration zum 1714 veröffentlichten Bericht eines Holländers über seine Reise durch Persien nach Indien.

ten sich die Unterschiede. Neben den Arbeitern auf großen Pflanzungen leben heute auch Millionen von Kleinbauern, hauptsächlich in Afrika, mehr schlecht als recht vom Kaffeeanbau.

Die Kaffeegeister, die Brasilien gerufen hatte, wurde es nicht mehr los. Auf dem gerodeten Urwaldboden wuchs der Kaffee schier von selbst. So groß die Kundschaft in aller Welt auch war – Brasilien blieb auf Riesenmengen sitzen, und wegen des Überangebotes entstanden natürlich auch in den anderen Anbauländern unverkäufliche Halden. Um die Preise dennoch zu stützen, versuchte Brasilien es mit Ausfuhrbeschränkungen, die ganze Welt der Produzenten mit Kaffeeabkommen zur Marktregulierung. Als nichts half, begann Brasilien große Kaffeebestände zu vernichten; zwischen 1931 und 1944 wurden fast sechs Millionen Tonnen verbrannt oder ins Meer geschüttet. Es war zwecklos, ebenso wie eine Generation später, 1968, der Versuch der Elfenbeinküste, den Markt durch Vernichtung eines Drittels ihrer Kaffeeproduktion zu verbessern, 100 000 Tonnen Kaffee ... Der Anteil Brasiliens beziehungsweise ganz Lateinamerikas ist seither zurückgegangen. 1990 belief sich die Welt-Kaffee-Ernte auf etwas mehr als sechs Millionen Tonnen, die Brasiliens auf etwas mehr als 1,4 Millionen. Brasilien exportierte rund eine Million Tonnen.

Noch immer ist Überproduktion die Regel, mit entsprechend niedrigen Preisen, also Einnahmeverlusten für die Kaffeeländer. Dann und wann haben Mißernten und Naturkatastrophen die Preise in die Höhe getrieben, aber stets nur für kurze Zeit, und dann trank auch die Kundschaft weniger Kaffee, bis der Preis wieder sank, zum Vergnügen der im Vergleich zu den Kaffeearbeitern schwerreichen Europäer und Nordamerikaner, zum Verhängnis für die Kaffeeländer. Die lukrative Weiterverarbeitung ist überwiegend in den Händen westlicher Großunternehmen.

Gewaltige Kaffeeproduktion und Krisenzeiten – das bedeutet im allgemeinen, daß kleine Unternehmen eingingen und große wuchsen, was man «Konzentration» nennt, und die Konzentrationsbewegung begann schon früh. «Nicht selten sieht man ein und dieselbe Firma gleichzeitig mehrere Rollen spielen: die des Bankiers, der dem Pflanzer Geld zu Lasten seines Besitzes und künftiger Ernten vorschießt, des Exporteurs, der die Ankäufe in den Haupthäfen lagert, des Spediteurs, der auf seine Kosten die Schiffe chartert, des Importeurs, der die Ware am Ankunfthafen in Empfang nimmt und sie dann an Großhandel, Lageristen, Röster verteilt, und schließlich des Händlers, der die Ware durch Unteragenten, die seinem Haus mehr oder weniger verbunden sind, an die Verbraucher liefert.» So schrieb 1908 ein sachverständiger französischer Beobachter[6]. Heute kontrollieren etwa zehn transnationale Firmen fast 70 Prozent des internationalen Kaffeehandels. Größter Kaffeeröster der Welt ist Nestlé. Zu den zehn gehört die deutsche frühere Rothfos-, jetzt Neumann-Gruppe mit etwa 15 Prozent des weltweiten Kaffee-Exports. Den deutschen Kaffeemarkt beherrschen sechs Unternehmen.

Deutschland ist mit etwa einer halben Million Tonnen der zweitgrößte Importeur der Welt nach den USA (zwölf Prozent des bei uns verarbeiteten Kaffees werden wieder exportiert). Die Deutschen haben sich nach den Amerikanern zu gewaltigen Kaffeetrinkern entwickelt. Bis zum Zweiten Weltkrieg war ihr Durchschnitt von etwa zweieinhalb Kilo pro Kopf und Jahr lange konstant geblieben; heute liegt er über sieben Kilo. Mehr pro Person tranken nur die Finnen (11,6 Kilo), Schweden (11,3), Österreicher (10,3), Holländer (zehn) und Schweizer.

Mindestens der Name der beliebtesten Kaffeeart zeigt noch die Herkunft an: Arabica. Sie wird heute in den meisten Kaffeeländern mit höheren Lagen angebaut – sie gedeiht am besten in Höhen zwischen 600 und 1800 Metern. Ihr Anteil an der Produktion liegt zwischen 70 und 75 Prozent. Fast den gesamten Rest bestreitet die Robusta, die Ende des 19. Jahrhunderts in Westafrika entdeckt wurde und auch niedrige Lagen verträgt. Sie wird überwiegend in Äquatorialafrika angebaut.

Löslichen Kaffee, dem man nur Wasser hinzuzufügen braucht, erfand der Japaner Sartori Kato in Chicago um die Wende vom 19. zum 20. Jahrhundert.

Der eingangs erwähnte Johann Wilhelm Petersen wußte vermutlich nicht, wie vielen Kaffeegegnern er mit seiner Beschwerde aus dem Herzen sprach. Viele davon waren eigentlich weniger Kaffeegegner, als daß sie bestimmte Schichten von Kaffeetrinkern mißbilligten, nämlich die unteren: Diejenigen, die in Europa die Macht hatten, nahmen sich des über ihre Völker kommenden neuen «Lasters» nachdrücklich an. Dabei hatten sie, wie Regierende nun einmal so sind, zwei durchaus verschiedene Ziele. Das erste war, möglichst viel an der Besteuerung von Kaffee zu verdienen. Wenn die Bürger, die Arbeiter schon Kaffee tranken, dann sollten sie dafür auch kräftig zahlen, nicht nur an die Lieferanten, sondern auch an den Staat. Zweitens aber, den Abfluß des vielen schönen Geldes ins Ausland zu bremsen, wo der Kaffee herkam – und sei es auch durch behördliches Verbot, Kaffee zu trinken.

Entsprechend Petersens Lamento waren beide Ziele weit verbreitet, besonders in Deutschland. Das handfeste wirtschaftliche Argument wurde mit angeblicher Besorgnis um die Volksgesundheit und mit vielen nationalen Phrasen vernebelt. Den Anstoß für Verbote gab aber 1756 der schwedische König Adolf Friedrich mit einer Verordnung gegen die Einfuhr «gewisser zum Überfluß gehörender Waren». Graf Simon August zur Lippe gebot 1765, daß seine «Unterthanen auf dem platten Land», aber auch die «Handwerks- und Arbeitsleute und Tagelöhner in den Städten sich des ihnen schädlichen Kaffeetrinkens bei fünf Goldgulden Strafe und Verlust ihres Kaffeegeschirrs hinfüro schlechterdings enthalten sollen»[7]; nur die «Amtsmeier» waren ausgenommen. Die Strafe wurde bald auf Zuchthaus erhöht.

Ehrlicher verfügte Herzog Ludwig IX. von Hessen-Darmstadt am

11.2.1775, da unnützerweise große Geldsummen für Kaffee und Zucker außer Landes gingen, «den Brauern und Mälzern der Absatz fehlt und außerdem Holz unnötig verbrannt wird (zum Kaffeerösten und -kochen!), ist ab sofort den Armen auf dem Land und in den Städten, Gesinde und Tagelöhnern, Handwerksjungen und -gesellen, Wäscherinnen und Büglerinnen der Genuß des Kaffees völlig verboten. Vornehme Personen dürfen ihn trinken, aber er wird ebenfalls ab sofort mit einer Akzise von acht Kreuzern belegt, die monatlich von den Bevorrechtigten abzuführen ist.» Die Fürsorge für das Braugewerbe, das einheimische Bier, war vielerorten ein besonders starkes Motiv.

Vier Jahre Zuchthaus drohten 1784 in Westfalen, wenn jemand weniger als 50 Pfund Kaffee einführte und ihn portionsweise abgab (bei mehr war man Händler und durfte). Im Bistum Paderborn und anderswo hatte der regierende Fürstbischof Ludwig 1777 Kaffee nur Adligen, Kirchenleuten und höheren Beamten erlaubt. Darum kümmerte sich zunächst niemand; die Paderborner tranken Kaffee, soviel sie wollten. 1785 kündigte Ludwig eine Verschärfung der Strafen an und ließ Läden, die «illegal» Kaffee führten, schließen. Denunzierte Kaffeetrinker mußten plötzlich Strafe zahlen.

Die Stadt wehrte sich mit einer Demonstration, die zweifellos von reicheren Kaufleuten finanziert war. Eines Abends, so schildert es Ulla Heise[8], gab es ein großes öffentliches Kaffeetrinken. Auf dem festlich beleuchteten Markt stand eines Abends Kaffeebude neben Kaffeebude, und wer wollte, trank gratis so viel Kaffee, wie er konnte. Von nun an blieb das Edikt des Fürstbischofs Papier.

In Hildesheim hieß es in einer Kaffeeverordnung: «Eure Väter, deutsche Männer, tranken Branntwein und wurden bei Bier wie Friedrich der Große aufgezogen, waren fröhlich und guten Mutes. Dies wollen wir auch. Ihr sollt den reichen Halbbrüdern unserer Nation (den Holländern) kein Geld mehr für Kaffee schicken. Alle Töpfe, vornehmlich Tassen und gemeine Schälchen, Mühlen, Brennmaschinen, kurz alles, zu welchem das Beiwort Kaffee zugesetzt werden kann, soll zerstört und zertrümmert werden, damit dessen Andenken unseren Mitgenossen gerichtet sei. Wer sich untersteht, Bohnen zu verkaufen, dem wird der ganze Vorrat konfisciert, und wer sich wieder Saufgeschirr anschafft, kömmt in Karren.»[9]

Die Verbotswelle schwappte auch über Braunschweig, Kalenberg, Göttingen, Gubenhagen, Lüneburg, Hoya, Diepholz, Waldeck, Recklinghausen, Nassau, Dillenburg und Gotha, besonders über Preußen. «Nimmt man die Territorien zusammen, dann ergibt sich ein breiter Streifen, der vom Mittel- und Niederrhein bis nach Brandenburg zieht», sagt Wiegelmann[10]. Das war ein Gebiet, in dem Kaffee schon sehr verbreitet, aber Geld merklich knapp geworden war. Er zitiert den Bericht eines Beamten aus Peine an die Regierung in Hildesheim aus dem Jahr 1767, der auf die Frage antwortete, worin der «immer stärker hervortretende Ruin des bäuerlichen Standes seinen Grund habe». Das liege, berichtete er, an dem «während des

Krieges[11] entstandenen Luxus. Der ärmste Brinksitzer, ja der Hirte isset und trinket täglich delikater als ehedem. Er mag kein Dünnbier, sein sonst gewöhnliches Getränk mehr... Man muß wissen, daß nicht nur in Städten Alles, was Menschen heißen, Handwerker, Tagelöhner, Knechte und Mägde, täglich Kaffee trinken und die Brodherren gezwungen sind, wo sie anders Leute haben wollen, dem Gesinde und den Taglöhnern, ja einigen der letztern wohl gar täglich zweimal Kaffee zu geben: sondern dies Übel ist auf dem Lande ebenso. Ackermann, Köther, Brinksitzer, Taglöhner, Schweine-, Kuh- und Gänsehirt trinket täglich wenigstens einmal... Kaffee.» Er schätzte aber, daß «die Hälfte der Landleute täglich zweimal Kaffee trinkt».

Friedrich II. von Preußen, «der Große», nimmt in den Kaffeeannalen eine eher traurige Rolle ein. Kaffee-Einfuhr und Rösten wurden in Preußen Staatsmonopol. Wieder einmal bekamen nur Adlige, Geistliche und höhere Beamte «Brennscheine». Friedrichs Hauptstadt Berlin hatte ja später als andere deutsche oder europäische Städte den Kaffee kennen- und schät-

Preußische «Kaffeeriecher» schnupperten nach illegalen Röstereien.

Rechte Seite: Kaffeehaus in Venedig Ende des 17. Jahrhunderts.

zengelernt. «Der Große» war durch seine Kriege sehr auf Zölle und Steuern angewiesen, um das Staatssäckel wieder aufzufüllen.

Schon Friedrich I. hatte 1704 eingeführt, daß Kaffeetrinker (nur von Stand!) für ihren «Permissionsschein» zwei Reichstaler zu zahlen hatten. Das können nicht viele gewesen sein. Aber als Friedrich II. 1740 den Thron bestieg, waren es schon wesentlich mehr, und gar nach dem Siebenjährigen Krieg, als Preußen fast pleite war und der König seine Kassen neu füllen wollte und mußte. Da betrugen die jährlichen Ausgaben Preußens für Kaffee 700 000 Taler. Also erhöhte er, der selbst große Mengen Kaffee trank, die Steuern. Mit seiner bekannten (unerwiderten) Liebe zum Französischen besetzte er das Symbol erfolgreichen Deutschtums, die Steuerbehörde, mit Franzosen. Die erhöhten sogleich die Kaffeesteuer. Damit bescherten sie Preußen seine erste drastische Erfahrung mit dem Schmuggel; dessen Kräfte sind bekanntlich zu manchen Zeiten stärker als jeder Staat. Preußen bestand aus verschiedenen, teilweise weit auseinanderliegenden Provinzen, auch zwischen Emden und Cleve am Rhein hatte es Grenzen. Auch das damals schwedische Pommern war eine gute Schmugglerbasis. Das Heer von Zöllnern und Polizisten, das Preußen nun im Kampf gegen den Kaffeeschmuggel beschäftigte, kostete nicht nur fast soviel, wie die Kaffeesteuer erbrachte – die Zöllner machten oft mit den Schmugglern gemeinsame Sache.

Also schlug die (französisch geleitete) Kaffeeregie Friedrich vor, das schon erwähnte staatliche Röstmonopol einzuführen, was er 1781 tat. Wer es mißachtete und selbst röstete, mußte sich durch den unverkennbaren starken Geruch verraten. Und so gab es bald amtliche «Kaffeeriecher», die herumwanderten, um Röstwolken zu schnuppern. Meist waren es Veteranen aus dem Siebenjährigen Krieg, noch in ihrer Uniform. Sie wurden zum Gespött, aber bald auch gehaßt, zumal sie sich nicht auf die Straßen beschränkten, sondern auch in Häuser eindrangen, in Speisekammern schnüffelten, die Deckel von Kochtöpfen abhoben und ganz allgemein den Bürgern mehr und mehr auf die Nerven gingen. Aus dieser Zeit wird übrigens eines der seltenen Beispiele überliefert, daß Adelige so viel Rückgrat hatten, wie sie stets und allgemein die Welt glauben machen wollten: Die Ritterschaft der Kreise Lauenburg und Bütow ließen der königlichen Regie bestellen, sie werde Kaffeespione, die es wagen sollten, ihre Güter zu betreten, hinauswerfen lassen.

Dafür lieferten manche Intellektuelle Munition für die Anti-Kaffee-Lobby, darunter die damals berühmten Gelehrten Schlözer und Möser. Schlözer fand im Kaffeedurst einen «blinden Nachahmungstrieb, durch den die Faulheit und die Armut vermehrt, der Mangel an Holz und Silber vergrößert, das Braugewerbe zerstört, der physische und moralische Verstand geschädigt und Hochmut, Müßiggang, Verschwendung und Verleumdung gefördert»[12] würden. Drastischer noch fand Professor Johann Heinrich Jung von der kurfürstlichen Kameral-Hochschule in Kaiserslautern: «Die

Menge des warmen Wassers, womit der Kaffee getrunken wird, macht den Körper bleich, mager und schaumigt, daß es ein Elend ist. Die Kinder, die in ihrem Keim schon den Kaffeegeist empfangen, erhalten dicke Köpfe und dicke Bäuche, alte Mannsgesichter und Arme und Beine wie die Stecken, sonderlich bei armen Leuten, welche den mageren Kaffee in großen Mengen dreimal täglich hineinschlürfen und ihre Nahrung daraus machen.»

Die Konsumenten fühlten sich allmählich doch über Gebühr bevormundet. Daß die Kaffeeregie in französischer Hand war, leuchtete einem Volk, das so viele Schlachten gegen Franzosen geschlagen hatte, auch nicht ein. Das patriotische Anti-Kaffee-Werk wurde nun wirklich durch Kaffeeverzicht boykottiert – die Steuereinnehmer hatten doch mit der Kaffeesteuer gerechnet. Nun sank sie mit dem sinkenden Verbrauch, die Regie senkte die Preise, es half wenig. Schließlich wurde das Brennmonopol ganz aufgehoben, und kaum war Friedrich II. tot, schaffte sein Nachfolger Friedrich Wilhelm II. die Regie ab und senkte drastisch den Kaffeezoll. Auch die Verbote der anderen Potentaten gerieten nun schnell in Vergessenheit. Die Kaffeetrinker hatten dem staatlichen Druck mit «unglaublich verbissener Zähigkeit»[13] widerstanden. Daß die Verbote immerfort erneuert werden mußten, machte ihre Erfolglosigkeit klar. Die Französische Revolution brachte dann noch ein zusätzliches Argument in die Auseinandersetzung: Deutsche Fürsten wollten nicht gerade in dieser Zeit ihre Bevölkerung durch Kaffeetyrannei reizen.

Der Kampf gegen den Kaffee bewirkte aber etwas, was die Angreifer keineswegs vorausgesehen hatten, aber dann zum Teil für sich nutzen konnten: die Erfindung von Ersatzkaffee. Darauf komme ich gleich. Erst möchte ich noch schnell klarmachen, daß nicht etwa nur deutsche Behörden gegen Kaffeetrinker zu Felde zogen.

Es hatte ja schon bei den Erfindern angefangen, also bei den alten Arabern. Da ärgerten sich Imame schnell darüber, daß die Gläubigen in Cafés saßen, statt in die Moschee zu kommen; es erinnert an die Beschwerden christlicher Kirchenleute über Kneipenbesuch zur sonntäglichen Gottesdienstzeit und an die obrigkeitlichen Maßnahmen dagegen. Auch in Arabien wurde der Kaffee stellenweise immer wieder verboten, schon im 16. Jahrhundert. Da ging der Streit ja auch noch darum, ob Kaffee wegen seiner anregenden Wirkung etwa doch ein Rauschmittel sei wie Alkohol, worauf sich in der Tat Emire und Imame beriefen, die ihn von Zeit zu Zeit verboten. Aber dann entschied das Machtwort des Kalifats.

Manche Historiker sind der Auffassung, der Kaffee habe den muslimischen Armeen bei ihrem Vordringen bis nach Spanien siegen geholfen, weil sie stets wacher gewesen seien als ihre Gegner. Diese Wirkung (bekanntlich trifft sie für viele, nicht aber alle Kaffeetrinker zu) haben sich später auch moderne Regierungen zunutze machen wollen. So verschaffte sich Hitlerdeutschland im Zweiten Weltkrieg so schnell wie möglich die Kaffeevorräte Hollands (Javakaffee) und Frankreichs (brasilianischen und westindischen), dann italienischen und die Bestände der besetzten Länder, um (abgesehen von der NS-Führungsschicht) Fronttruppen mit Kaffee versorgen zu können.

Ähnlich wie der Fürstbischof von Paderborn mußte auch der englische König Karl II. eine Niederlage einstecken, der am 23. Dezember 1675 durch Proklamation die Kaffeehäuser schließen lassen wollte; die öffentliche Entrüstung erzwang nach 14 Tagen die Zurücknahme der Proklamation. Auch in Frankreich wurde gegen frühe Kaffeetrinker gewettert, sofern sie nicht der Oberschicht angehörten, und die Ärzteschaft war zeitweise fast geschlossen dagegen, Kaffee anders denn als Medikament zu gebrauchen. Viel Gehör fand sie nicht. Lieselotte von der Pfalz, fester Fremdkörper am Hof zu Versailles, mochte weder Kaffee noch Tee, noch Kakao, sondern sehnte sich nach einer «guten Biersuppe». Die hatte ja in der Tat, bis der Kaffee sie ablöste, fast überall im mittelalterlichen Europa zum Frühstück gehört.

Gewissen Eindruck machte Ende des 17. Jahrhunderts die Behauptung, Kaffee ruiniere den Sexualtrieb. Sie wurde unterstützt durch die Verbreitung eines Reiseberichts von Adam Oelschläger, *Die Reise zu Moskowitern, Tataren und Persern*, der eine einschlägige Legende vom persischen Hof wiedergab. Der starken Gewöhnung des Königs an Kaffee habe seine totale Entwöhnung von Frauen entsprochen. Als die Königin eines Tages sah, daß ein Hengst, der als zu wild galt, kastriert werden sollte, rief sie den Knechten zu, Kaffee tue es auch. Wenn sie dem Pferd Kaffee gäben, werde es schnell so kalt werden wie der König gegenüber seiner Frau. Jacob meint, nach dem Bekanntwerden dieser Legende in Marseille hätten dort viele Leute den Kaffee wieder aufgegeben.[14]

Das war sicher unnötige Vorsicht. Aber die anregende Wirkung des Kaffees, die auf das Koffein zurückgeht (das auch im Tee enthalten ist), hat in der Tat ihren Preis. Vor so exzessivem Konsum, wie er vergangene Jahrhunderte auszeichnete, wird heute gewarnt; er würde zweifellos viele damalige Leiden erklären, wenn man es noch nachmessen könnte. Jedenfalls steht heute fest, daß zu viele Tassen Kaffee pro Tag das Herz gefährden und daß sich der Körper auch bei relativ schwachem, aber regelmäßigem Konsum an das Koffein gewöhnt wie an eine Droge; Kaffeetrinker, die ihn aufgeben, haben oft vergleichbare Entzugserscheinungen. Doch was im Einzelfall eine richtige Menge ist (es hängt auch davon ab, ob man auf vollen oder auf leeren Magen Kaffee trinkt, ob im «Streß» oder in Gemütsruhe), kann nur für jede Einzelperson gesondert entschieden werden.

Das oft schlechte Verhältnis von Obrigkeiten zu Kaffeehäusern, Cafés, entsprang keineswegs irgendeiner Besorgnis um die Gesundheit der Gäste. Es rührte von dem Verdacht her, dort könnten Kritiker des jeweiligen Regimes sich treffen und absprechen, vielleicht gar Komplotte schmieden, Umsturz vorbereiten (als wenn sie das nicht auch in den vorher existierenden Trinkkneipen hätten tun können). Aus diesem Grund ließ schon

Sultan Murad III., der seine Brüder hatte umbringen lassen, die Cafés von Konstantinopel schließen, wo für seinen Geschmack zuviel über die Morde gesprochen worden war. Aber bald danach waren sie wieder da, sie überstanden auch spätere Verfolgungen.

Linke Seite: Türkisches Kaffeehaus im 16. Jahrhundert.

Wenige Jahrhunderte nach Murad bevölkerte die österreichische Regierung (Metternich) die Wiener Cafés mit Spitzeln, weil die normalen Besucher für amtlichen Geschmack zu freimütig über die herrschenden Zustände redeten. Für längere Zeit verstummten die dann auch; Ernst Moritz Arndt beobachtete 1798: «Was gesprochen wird, bleibt unter zweyen und dreyen, und in der Furchtsamkeit des Flüsterns.» In England hatte der schon zitierte Karl II. seinen kurzen Frontalangriff gegen die Cafés auch damit begründet, daß dort «verschiedene falsche, übelwollende und skandalöse Berichte entworfen und im Ausland verbreitet würden, um die Regierung zu diffamieren».

Dabei hatte das Kaffeehaus in Europa einen so fulminanten Start gehabt – Paris hatte 1716 300 Cafés, 1807 4000. In London gab es im Jahr 1700 schon 2000. Hier konnten Menschen aller Schichten verkehren; Spezialisierungen bildeten sich erst später heraus. Aber die Wiener Cafés, so guten Ruf sie sich im Lauf der Zeit auch erwerben mochten, waren noch im 19. Jahrhundert für Frauen nur mit Männerbegleitung offen. Allein gekommene Frauen wurden nicht bedient. Aber da hatte sich schon von Norden her, aus Hamburg und Leipzig, eine weibliche Konkurrenz ausgebreitet: das «Kaffeekränzchen», das schon 1715 nachgewiesen ist und in den Wohnungen veranstaltet wurde. Es brachte den Frauen praktisch eine Art Klubleben. Aus verschiedenen Quellen geht übrigens hervor, daß in vielen Gegenden Frauen weit mehr «echten» Kaffee tranken als Männer. Eine männlich-überhebliche Erläuterung dazu lieferte der Erfolgsautor Heinrich Eduard Jacob in seinem 1934 erschienenen, 1951 neu aufgelegten Buch *Sage und Siegeszug des Kaffees*: «Es liegt im Wesen des Kaffees, daß er ein wirkliches Lieblingsgetränk für Frauen niemals werden kann. Er macht die Köpfe wach und kritisch. Er fordert zur Umgestaltung der Welt auf. Seine gehirnliche Wirkung steht dem Harmoniebedürfnis entgegen, das gerade den besten Frauen eignet.» Wenn Frauen so viel Kaffee getrunken hätten, müsse es schwacher Kaffee gewesen sein. «Ein Trank, der meist so wässrig war, daß seine eigentliche Wirkung (die der gehirnlichen Erregung) vollkommen ausgeschaltet wurde ...»[15]

Das Kaffeehaus haben Nostalgiker zu einer klassenübergreifenden Einrichtung hochstilisieren wollen, wo sich Arm und Reich begegneten. Aber Begegnung in dem Sinn, wie wir es uns heute vorstellen, war höchst selten; allenfalls haben sie sich gesehen. Sehr früh begann Spezialisierung. Bald gab es Cafés für die verschiedenen Interessengruppen, auch für Arbeiter oder bestimmte Handwerke, ebenso wie für Intellektuelle, Künstler, Politiker usw. Nicht nur europäische Geschäftsleute und Politiker betrieben ihre Unternehmungen in Cafés – das taten auch ihre asiatischen Kollegen

Kaffeekränzchen im 19. Jahrhundert.

und tun es noch heute; entsprechende Berichte gibt es auch aus Japan, Malaysia, Singapur und Indonesien. Aber so hatten sich ja auch schon die älteren Alkoholkneipen entwickelt. Die Grenze zwischen den beiden verwischte sich mit dem Aufschwung der Cafés: Diese schenkten so gut wie nie nur Kaffee aus, sondern von Anfang an auch alkoholische Getränke, abgesehen von Tee, Kakao und anderen alkoholfreien. Folgerichtig rüsteten sich auch die Alkoholkneipen, Bars usw. mit Kaffeemaschinen und den sonstigen nötigen Zubehörs aus. Ihr Anteil an der gesellschaftlichen Bewußtseinsbildung war keineswegs geringer als die Rolle der Kaffeehäuser.

Kaffee bewirkte eine entscheidende Veränderung der Mahlzeiten, jedenfalls für die ärmeren Schichten Europas. Biersuppen und Mehlsuppen wurden mehr und mehr durch Kaffee mit Brot ersetzt. Das ermöglichte, weniger Zeit für die Mahlzeiten aufzuwenden, was seit Beginn der Industrialisierung für die vielen Familien, deren Frauen ebenfalls außer Haus arbeiteten, sehr wichtig geworden war. Da handelte es sich meist um sehr dünnen Kaffee und dann, sobald es ihn gab, meist um Ersatzkaffee.

Kaffee-Ersatz hatte stets Hochkonjunktur, wenn Kriege Bohnenkaffee knapp machten, aber seit Beginn des 19. Jahrhunderts hatte er seinen eigenen, keineswegs kleinen Markt. Zunächst, schon ab dem 17. Jahrhundert, hatten es Erfinderische mit Kastanien, Nüssen, Bohnen, Erbsen, Getreide und Brot versucht, mit Reis, Eicheln und Bucheckern, Mandeln und Kichererbsen, mit diversen Kräutern und Beeren und Rüben, mit Feigen, Datteln und Mais. In Frankreich wurde Kaffee zuweilen sogar mit Tonerde gestreckt.

Erfolgreichste Konkurrenten aber wurden Zichorienkaffee, den Christian Gottlieb Förster 1770 unter einem Privileg König Friedrichs herzustellen begann, und Malzkaffee aus Gersten- und Roggenmalz. Beide waren seit Beginn des 19. Jahrhunderts der Kaffee-Ersatz bei den täglichen Kaffeemahlzeiten der Land- und der ärmeren Stadtbevölkerung.

TEE

«Drei Dinge auf dieser Welt sind höchst beklagenswert: das Verderben bester Jugend durch falsche Erziehung, das Schänden bester Bilder durch gemeines Begaffen und die Verschwendung besten Tees durch unsachgemäße Behandlung.»

Zhih-lai, Dichter der Sung-Periode.[1]

Bier, Wein, Kaffee haben die Menschen verändert, ihr Verhalten und ihre Sitten, und tun das noch heute. Doch an Bedeutung für die Weltgeschichte der Neuzeit, für unsere Gegenwart, verblassen sie vor dem blasseren, weit schwächeren der anregenden Getränke: dem Tee.

Tee war Anlaß für die beiden größten und folgenschwersten machtpolitischen Veränderungen der neuen Geschichte: den Unabhängigkeitskrieg der USA und die europäischen Invasionen Chinas, die dem menschenreichsten Land der Welt eineinhalb Jahrhunderte antiwestlicher Tradition beschert haben. Zudem verdankt die Menschheit ihren ersten bedeutenden Teelieferanten den Aufschwung des Opiums. Da es in erster Linie Chinesen schädigte, kümmerten sich Briten, Amerikaner und Franzosen nicht darum, anders als heute, wo eigene Kinder am Drogenmißbrauch zugrunde gehen. Und schließlich führte die Sucht nach Tee im britischen Kolonialreich zur Umsiedlung von mehr als einer halben Million indischer Tamilen auf die Insel Ceylon, womit die Briten dem heutigen Sri Lanka ein bisher unlösbares, blutiges Minderheitenproblem einbrockten.

Tee aus China – das war von der zweiten Hälfte des 18. Jahrhunderts an ein Mammutgeschäft der britischen Ostindien-Gesellschaft. Sie hatte Portugiesen und Holländer, die vor ihr am Werk gewesen waren, weit überholt. Von rund 50 Tonnen, die sie im Jahre 1700 nach England gebracht hatte, steigerte sie sich bis 1800 auf mindestens 15 000 Tonnen jährlich; ein Drittel davon wurde auf dem europäischen Kontinent verkauft. Einen weiteren erheblichen Teil verfrachtete sie in die Kolonien, besonders nach Nordamerika. Die Gesellschafter waren reich, ihre Abgaben an den britischen Staat saftig.

Aber eine Reihe von Kriegen hatten England (und andere Länder) in der ersten Hälfte des 18. Jahrhunderts viel Geld gekostet: spanische Erbfolgekriege, der Siebenjährige Krieg in Europa, parallel zu ihm der Krieg Englands gegen Frankreich in Amerika, der Kanada britisch machte. So verhängte London Zölle, Einfuhrzölle auch über seine Kolonien, auch die nordamerikanische. Deren Siedler, inzwischen etwa 2,5 Millionen, überwiegend aus England, hatten durch die Auswanderung doch gerade jeder staatlichen Bevormundung entgehen wollen.

Die englische Zolliste verteuerte 1764 Waren wie Rum, Wein, Zucker, Sirup, Indigo, Kaffee, Seide und Leinwand. Die Siedler Neuenglands protestierten erbittert; «no taxation without representation» war der Slogan – sie waren nicht in dem Parlament vertreten, das die Zölle beschloß. Ein Jahr später verfügte London eine Stempelsteuer, also Gebühren für Beurkundungen, dazu Abgaben auf Zeitungen, Druckschriften, Spielkarten und Würfel. In Amerika entstand eine Boykottbewegung. Die Stempelsteuer wurde zurückgenommen. Doch nun verfügte London Abgaben auf Glas, Papier, Malerfarben, Bleiweiß und Tee. Antwort der Siedler: ein verschärfter Boykott britischer Waren, Sabotageakte. Dabei tat sich Boston besonders hervor, die Hauptstadt von Massachusetts.

Die Ausfuhren nach der amerikanischen Kolonie gingen drastisch zurück, mit ihnen der Erlös aus den Abgaben. 1767: 110 000 Pfund, 1768: 70 000. 1769: 30 000 Pfund. Das Parlament in London zog die Konsequenz. Alle Abgaben wurden abgeschafft ... außer der auf Tee. Mit diesem Rest wollte London deutlich machen, wer zu bestimmen habe. Die Siedler in Amerika verstanden es ebenfalls als Prinzipienstreit. Sie lehnten jeden britischen Anspruch ab, ihnen Zölle, Abgaben aller Art aufzuzwingen.

Die Siedler boykottierten den Tee. In den anderen Kolonien herrschte ebenfalls keine günstige Konjunktur und schon gar nicht im kriegsgeschwächten Europa. Allmählich saß die Ostindien-Gesellschaft auf Tee im Wert von 17 Millionen Pfund fest. Sie war mächtig genug, sich vom britischen Exportzoll befreien zu lassen (der übrigens höher war als der amerikanische Einfuhrzoll), versuchte eine Verkaufsorganisation in Amerika aufzubauen und schickte ihre Teeschiffe los.

Aber die Stimmung in Amerika war nicht mehr zu besänftigen. Die Vertreter der Gesellschaft wurden fast überall verjagt, Lotsen unter Druck gesetzt, keine englischen Schiffe abzufertigen. Die Kapitäne der für New York und Philadelphia bestimmten Teeschiffe kehrten um, sobald ihnen die Stimmung auf dem amerikanischen Kontinent klar war. In Boston aber ankerten schließlich im Dezember 1773 drei dieser Schiffe. Am 16. Dezember kletterten 17 als Indianer verkleidete Männer aus Boston an Bord, brachen 342 Kisten Tee auf und schütteten die Fracht ins Meer.

Darauf ordnete die britische Regierung an, den Hafen zu schließen. Sie setzte die Verfassung von Massachusetts außer Kraft, also auch die Rechte der amerikanischen Bürger. Die Kolonie sollte vom englischen Gouverneur direkt regiert werden. Daran entzündete sich der amerikanische Unabhängigkeitskrieg. Tee war nicht der Grund, aber unbestreitbar der Anlaß. Zu den Aufständischen gegen London hatten auch die nordamerikanischen Teeschmuggler gehört, denen das Teemonopol der Ostindien-Gesellschaft ein Dorn im Auge gewesen war. Interessanterweise sind die Amerikaner nie ein Teeland geworden wie das englische «Mutterland», dem sie Sprache und viele Traditionen verdanken, sondern der Welt führende Kaffeetrinker.

Die Briten hingegen hatte es richtig gepackt. Tee war etwa zur gleichen Zeit wie Kaffee Mitte des 17. Jahrhunderts in London angekommen. Der Hof Karls II. stellte sich in den sechziger Jahren von Kaffee auf Tee um. Dessen anregende Wirkung sprach sich schnell herum; «Teein» ist Koffein, nur etwas schwächer. Die frühesten Teetrinker Europas waren anschei-

David Emil Joseph de Noter, Dame beim Tee, *19. Jahrhundert.*

nend Portugiesen, die ihn schon von 1580 an von ihrer Handelsniederlassung in Macau nach Lissabon brachten. Dann hatten ihn die Holländer für sich entdeckt. Die erste holländische Schiffsladung kam 1610 über Java und Sumatra, wohin chinesische Handelsdschunken den Tee von Macau aus geliefert hatten.

Die britische Ostindien-Gesellschaft, die 1660 ihr königliches Patent erhalten hatte, bezog zunächst kleine Ladungen von chinesischen Händlern, die sie ihnen nach Malaia brachten. Die erste gelangte 1664 nach England. Nach einer Weile durften die Schiffe der Gesellschaft direkt Amoy und Kanton anlaufen; die erhältliche Menge stieg sprunghaft an. Im Dialekt von Amoy hieß Tee «tay», in Kanton wurde er «Ch'a» genannt. Beide Ausdrücke sind heute weit in der Welt verbreitet.

Die Gesellschaft blühte mit dem Teegeschäft, hatte das Monopol für den Teehandel zwischen China und England und konnte Preise und Mengen bestimmen. Da Tee hoch verzollt werden mußte (mehr als die Hälfte des Endpreises), blühte auch der Schmuggel. Zeitweise brachten die Schmuggler, die sich meist von holländischen Schiffen versorgten, die Hälfte der «legalen» Menge ins Land, in Rekordjahren jedoch ebensoviel wie die Gesellschaft. 1760 wurden mehr als fünf Millionen Pfund verzollt, um 1800 waren es 20 Millionen – plus Schmuggeltee!

Tee breitete sich, da sind sich die zeitgenössischen Berichte einig, in allen Schichten aus. Schriftsteller der Oberschicht stimmten ein Dauerlamento darüber an, wie auch beim Kaffee. Ein Schotte, Mackintosh of Borlum, mißbilligte es auch in seinen Kreisen: «Wenn ich morgens ins Haus eines Freundes kam, wurde ich gefragt, ob ich schon mein Morgenbier gehabt hätte. Jetzt werde ich gefragt, ob ich schon Tee getrunken hätte. Und anstelle des großen Bechers mit starkem Ale und Toast, und danach ein Schluck von gutem, gesundem schottischen Schnaps, wird nun der Teekessel aufs Feuer gestellt, Teetisch und Silber und Porzellangeschirr hereingebracht, und Marmelade und Sahne!»[2] In der Tat verdrängte der Tee in England fast ganz das selbstgebraute Bier, und er eroberte auch schnell die Kaffeehäuser. Da Zucker und Tee um die gleiche Zeit billiger wurden, schaukelten sich die beiden hoch ... In dem Chor der Mißbilligenden erschallte auch wieder, vom französischen Königshof in Versailles her, die Stimme von Lieselotte von der Pfalz. Sie schrieb im Dezember 1712, Tee schmecke wie «Heu und Mist». Schon 50 Jahre früher hatten Europäer Tee, der wahrscheinlich falsch zubereitet war, «Heuwasser» genannt.

Mintz zitiert den schottischen Juristen und Theologen Duncan Forbes, daß 1744 «auch der armseligste Arbeiter an den Kauf von Tee denken konnte ..., auch die Geringsten im Volk sich an den Gebrauch dieses Suchtmittels gewöhnten»[3], und meint, noch vor 1750 sei selbst Schottland zu einem «Land von Teesüchtigen» geworden.

Ein Hauptgrund, den nicht alle wahrhaben wollten, war freilich, daß die anderen anregenden oder verlockenden Getränke, vor allem Milch und

Bier, teurer waren. Die Armen werden nicht den besten und teuersten Tee gekauft haben; sie tranken ihn äußerst verdünnt, dafür eben auch gesüßt. So konnten sie sich zu ihrem Brot die Illusion einer warmen Mahlzeit verschaffen. Mit Nachahmung der Oberschichten, welches Argument auch in diesem Zusammenhang wieder reichlich verwendet wurde (und noch wird), hatte es wenig zu tun.

Die Unmengen Tee, die allein schon Großbritannien verbrauchte, kamen lange ausschließlich aus China über den Hafen Kanton. Bezahlt wurden sie in Gold, Silber und Kupfer; die chinesischen Händler nahmen am liebsten Silber. Doch um die Jahrhundertwende brachten die Kriegswirren im Gefolge der Französischen Revolution die Finanzen der europäischen Staaten wieder in Unordnung. Es gab eine Inflation, und was die Teekäufer den Chinesen anbieten konnten, war 1801 für sie selbst schon 20 Prozent teurer geworden, 1810 gar 50 Prozent. Und der Teebedarf wuchs weiter.

Da half Opium. Die Ostindien-Gesellschaft hatte das Monopol auf den Anbau in Indien. Außerdem hatten sie 1773 die Portugiesen, die Opium an die Chinesen verkauften – obwohl China Opium schon 1729 verboten und danach Handel, Verkauf und Konsum mit Todesstrafe bedroht hatte –, aus diesem Geschäft verdrängt. 1776 exportierte die Gesellschaft 60 Tonnen Opium nach China, 1790 waren es schon 300 Tonnen, also 300 000 Kilo! Ab 1800 baute sie in Indien, hauptsächlich in Bengalen, eine regelrechte Opiumindustrie auf, die schließlich fast eine Million Inder beschäftigte. Mit diesem Opium finanzierte sie ihr weiteres Teegeschäft. Tee in Kanton kostete etwa 40 Pfund pro Tonne. Der Verkaufspreis für eine Tonne Opium war 1500 Pfund. Von 1830 an setzte sie jährlich fast 1500 Tonnen Opium ab (nach heutigem Geldwert für etwa zwei Milliarden DM).

Die Briten waren damit schon nicht mehr allein. Amerikanische Teehändler besorgten sich Opium in der Türkei, in Griechenland und im Libanon, Franzosen beteiligten sich ebenfalls am Schmuggel. Das chinesische Verbot hinderte niemanden, Schmuggler und Händler zu finden, die den Stoff abnahmen und im Lande weiterverkauften. Die Opiumplage breitete sich in China aus, durchaus vergleichbar, außer daß sie schlimmer war, mit der Drogensucht unserer Tage in Europa und Nordamerika.

Als der Kaiser von China drei seiner Söhne durch Opium verloren hatte, befahl er energische Maßnahmen gegen den Schmuggel und ließ die Vorräte in den Depots von Kanton vernichten. Doch damit löste er den ersten «Opiumkrieg» aus (1840 bis 1842), den britischen Kriegszug, der den Briten im Vertrag von Nanking Hongkong bescherte und den Europäern Handelsrecht in fünf Häfen verschaffte. Das war aber nur der Auftakt zu einer ganzen Serie weiterer westlicher Invasionen, zur «Öffnung» Chinas für den westlichen Handel, zur Einrichtung unabhängiger Hoheitszonen mehrerer fremder Mächte (einschließlich Deutschlands) auf chinesischem Boden, zu massiven Demütigungen der Chinesen, an denen sich auch Russen und Japaner beteiligten. Der blutige Boxer-Aufstand um 1900 zeigte

THE ROSE TEA ROOMS
HARE & Co LONDON.
(Entered at Stationers Hall.)

den Fremden, welchen Haß sie sich zugezogen hatten, aber die Lektion wurde nicht gelernt, an den Privilegien bis zum Zweiten Weltkrieg festgehalten. Die japanische Invasion der dreißiger Jahre tat ein übriges, und bald nach dem Zweiten Weltkrieg war das volkreichste Land der Welt unter Mao Tse-tung nicht nur kommunistisch, sondern auch amerika- und europafeindlich bis über das Ende des Sowjetkommunismus hinaus.

Das alles wegen des Tees, für den mit Opium bezahlt worden war... Sehr lange brauchten Briten und die anderen freilich diese makabre Währung nicht einzusetzen. Die Kolonialmächte hatten sich ja keineswegs mit dem chinesischen Teemonopol abgefunden, und es gelang ihnen, es zu brechen.

In Indien hatten die Engländer wilde Teesträucher gefunden, auch Spuren einer früheren Teekultur, aber niemanden, der sich daran erinnerte und sie wiederaufnehmen konnte. Dort konnten sie also auch nichts lernen – Europa und dann Nordamerika tranken ja viele Jahre lang Tee, ohne zu wissen, wie er angebaut und verarbeitet wurde. Immerhin hatte sich ein Oberst Kyd in Kalkutta einige Teesträucher aus China beschaffen können, die gut gediehen, und ein Weltreisender, Sir Joseph Banks, schlug der Ostindien-Gesellschaft diverse Anbaugebiete vor. Sie wollte aber zunächst ihr gutes Chinageschäft nicht stören, und dann bremsten wieder europäische Kriege (Napoleon) die Entschlußkraft der Londoner Zentrale. Erst 1834 fanden auf Veranlassung von Lord William Bentinck Anbauversuche an den Abhängen des Himalaja statt, und in Oberassam entdeckte man abermals wildwachsende Teesträucher. Darauf wurden die in Kalkutta gezogenen Pflanzen nach Assam geschickt; um die vierziger Jahre kam der erste indische Tee nach England, noch keine große Menge – übrigens von Plantagen, die von Zwangsarbeitern bestellt wurden. Nach der «Öffnung» Chinas durch die Opiumkriege konnten sich die Briten leichter Teesamen und Fachleute beschaffen. Die daraus in den botanischen Gärten von Kalkutta gewonnenen Pflanzen wurden auch am Himalaja eingesetzt, in Darjeeling. Ein holländischer Kaufmann hatte schon vorher 15 Jahre lang in China den Teeanbau ausgeforscht; seine Arbeit bildete die Grundlage für den Teeanbau auf Java, das schon in den sechziger Jahren eine Million Kilo Tee jährlich erzeugte.

So konnte die Ostindien-Gesellschaft allmählich immer mehr indischen Tee auf den Markt bringen, nach den sechziger Jahren aus den Großplantagen industriellen Zuschnitts in Assam. Bald danach, um 1870, wurde auf Ceylon (das heutige Sri Lanka), wo ein Schädling die gesamte Kaffeeplantagenwirtschaft vernichtet hatte, ebenfalls eine große Teeproduktion aufgezogen. Die einheimischen Singhalesen weigerten sich, auf den Plantagen zu arbeiten, so brachten die Briten Tamilen aus Südindien ins Land. Deren Nachkommen sind dort noch heute ein Fremdkörper, eine Gruppe von mehr als einer Million Menschen, von den Singhalesen als Menschen zweiter Klasse behandelt, was nach der Unabhängigkeit zum Bürgerkrieg führte, der noch heute immer wieder aufflackert.

Die neuen Produzenten blieben in der Qualität noch lange hinter den Chinesen zurück. Erst etwa in den dreißiger Jahren unseres Jahrhunderts konnten sie gleichziehen. Zum Hauptunterschied wurde schließlich, daß die Chinesen «grünen» Tee lieferten und die anderen «schwarzen». Beide stammen aus den gleichen frischen Blättern. Grüner wird nur ganz kurz getrocknet, wobei die Blätter welken. Für schwarzen werden die Blätter gerollt, aus ihnen preßt man gerbstoffhaltigen Saft heraus, der dann vergärt, was den Geschmack, das Aroma des Tees entwickelt. Anschließend wird getrocknet. Grüner «fermentiert» nicht. Freilich hat auch China längst angefangen, neben seinem grünen ebenfalls schwarzen Tee zu exportieren – der Black Tea der Provinz Guangdong wird dafür besonders gefördert, aber es verfrachtet auch billigen schwarzen Teestaub.

Als Heimat des Teestrauches gilt Südostasien – Assam, Burma, die Gebiete an der Grenze Südchinas und Indochinas. China war das erste Land, das eine Teekultur entwickelte; über sie liegen historische Texte aus dem 4. bis 6. Jahrhundert vor. Der chinesische Autor Ku Yen-Wu kam jedoch durch Studium alter chinesischer Quellen zu der Auffassung, daß in der Gegend von Szechuan Tee schon vor der Han-Dynastie getrunken worden sei, also spätestens etwa 230 v. Chr.

Die Chinesen haben (wie die meisten anderen Völker) für ihre Vergangenheit Mythen gebildet, zu denen die Existenz (angeblich 2737 v. Chr.) eines Kaisers Shen-nung gehört, des «göttlichen Ackermannes», dem landwirtschaftliche und medizinische Taten und Erkenntnisse nachgesagt werden, darunter die Entdeckung der Eigenschaften des Tees. Das hat in manchen europäischen Nachschlagewerken fälschlich den Rang einer Tatsache eingenommen. Die früheste Erwähnung des Tees, als einer Medizin aus unbehandelten Teeblättern, findet sich in einem chinesischen Lexikon *Er Ya*, etwa 350 v. Chr. Im 8. Jahrhundert gelangte der Tee nach Japan, das nicht nur ebenfalls Großproduzent wurde, sondern eine ganz eigene Teekultur entwickelte.

Araber verbreiteten im 9. Jahrhundert als erste die Kunde von diesem anregenden Getränk im Westen. In Marokko und Algerien ist Tee noch heute mit viel Zucker und Minze mindestens so beliebt wie Kaffee. Für die Nomaden der Sahara war Tee ebenfalls sehr früh ein wichtiges Getränk.

Zum ersten Mal in einem europäischen Buch erwähnt wurde Tee von Giovanni Battista Ramusio, dem um 1550 ein arabischer Händler welchen gebracht hatte.[4] In Rußland waren der Zar und die Moskauer Gesellschaft im Jahre 1638 begeistert, als ein mongolischer Fürst dem Zaren gleich 200 Pakete Tee als Geschenk schickte; wenige Jahrzehnte später war Tee in ganz Rußland verbreitet. Die erste Karawane, die durch eine erhaltene Rechnung bezeugt ist, war schon 1618 in Rußland angekommen. Längere

Zeit konnte Rußland, besonders seit der Eroberung Sibiriens, dank der Landverbindung nach China eine Hauptrolle im Teehandel spielen – «Karawanentee», also der russische, galt lange als dem auf dem Seeweg verschifften mit den ungünstigen Lagerbedingungen auf den Schiffen überlegen. In Deutschland wurde Tee erstmalig gegen 1650 erwähnt. Erst gegen Ende des 19. Jahrhunderts verdrängte bei uns der «schwarze» den «grünen».

Zunächst wurde Tee gepreßt: Die Blätter und Zweige wurden mit Reiswasser angefeuchtet, dann getrocknet, dann wieder über kochendem Wasser gedämpft und dann in hölzernen Formen zu Ziegeln gepreßt, die steinhart wurden. Ab etwa dem Jahr 1000 begann man, das Pulver zerstoßener getrockneter Blätter in heißem Wasser mit «Teepinseln» aus gespaltenem Bambus schaumig aufzuschlagen, 200 bis 300 Jahre später setzte sich der Aufguß durch, den wir kennen.

Mongolen beziehen aus China den Ziegeltee, wie es früher lange die Russen taten, aber mischen seit jeher alles mögliche dazu: Kamelmilch, Fett, Hirsemehl, auch Butter und getrockneten Quark, oft auch Kuchen oder Mehl von gerösteter Gerste.

Die Inder haben das Teetrinken von den Briten gelernt. In Nordindien trinkt man ihn mit Milch und Zucker. Die Blätter werden in kochendes Wasser geworfen, kochen ein paar Sekunden, dann gießt man die Milch dazu und zuckert. Sobald die Mischung von neuem aufkocht, ist sie fertig. Oft werden Gewürze hinzugefügt – Kardamom, Ingwer, Pfeffer, Zimt oder eine fertige Gewürzmischung (Caya masala). Kardamom tun auch die Afghanen oft dazu.

Dafür, daß Tee aus älterer Ernte nicht schlecht sein, der «aus neuer Ernte» keineswegs besser schmecken muß als wesentlich älterer, führt Hobhouse ein treffliches Beispiel an. «Wenn man ihn richtig behandelt, schmeckt drei Jahre alter Tee keineswegs anders als drei Monate alter. 1955 fand ein Teehändler eine versiegelte Kiste Tee, die seinem Urgroßvater, der im Opiumkrieg 1840 gefallen war, gehört hatte; er bereitete den Tee zu und versuchte ihn; 115 Jahre nach seiner Verpackung schmeckte er noch immer hervorragend, delikat, und die Feinheit seines Aromas war mit keinem modernen Tee zu vergleichen.»[5]

Eine weitere für Europäer verwunderliche Erfahrung machte der (in China verheiratete) Franzose Marc Boulet: In einer chinesischen Teemanufaktur bewies ihm der Teemeister, daß der zweite Aufguß deutlich besser schmeckte als der erste, entgegen den üblichen Hinweisen. «Der zweite Aufguß ist immer der beste. Der erste wäscht den Tee und entrollt ihn. Der zweite enthüllt ihn. Liebhaber trinken keinen ersten.»[6]

Als der Zar seinen ersten Tee kostete, bestanden in Persien schon Teelokale. Die verbreiteten sich über die Welt ähnlich wie die Cafés, in Europa freilich waren sie weitgehend mit diesen identisch. Auch da, wo wir heute das Schild «Teestube» oder «Salon de Thé» oder «Tea Room» er-

Perserinnen beim Tee, 19. Jahrhundert.

blicken, gibt es meist auch Kaffee und anderes. Die Einrichtung des englischen «High Tea», fast eine richtige Mahlzeit zur Teezeit, die ihrerseits ähnlich ist der nachmittäglichen Cocktailstunde der Alkoholzivilisation (vorausgesetzt, man knabbert etwas zum Drink), hat sich auch in anderen Ländern verbreitet. Außerhalb Chinas ist Tee zum Essen (und sei es auch zu Fisch oder Geräuchertem und Knoblauchmayonnaise wie im Four Seasons Cliff Hotel in San Francisco) heute so modern wie damals, als er die englischen Arbeiterschichten eroberte, und wie bei den Chinesen selbst, die ihn zu allem trinken.

Ein zusätzlicher Vorteil des Tees war, daß das Wasser zu seiner Zubereitung gekocht werden mußte – in Zeiten, wo Brunnen, später auch Leitungen hygienisch keineswegs zuverlässig waren, bedeutete das einen Schutz vor Epidemien, und das merkten die Menschen nach einer Weile. Aus der frühen chinesischen Hauptstadt Linan, heute Hangzhou, wird beispielsweise berichtet: «Niemand käme auf den Gedanken, reines Wasser zu trinken.»[7] Dort war neben Alkoholischem der Tee das einzig logische, vielgenutzte Getränk.

Die größten Teeproduzenten waren 1990 Indien mit 717000 Tonnen (wovon es das meiste selbst verbraucht), China (551 000), Sri Lanka (233 000), Kenia (197 000), Indonesien (149 000), die Türkei (131 000), die Länder der vormaligen Sowjetunion (115 000) und Japan (92 000). Hauptlieferanten für Deutschland sind Indien, Sri Lanka und Indonesien.

Heute sind in der Welt rund 3,5 Millionen Menschen in der Teeproduktion beschäftigt.[8] Die Arbeiterinnen in den Teeplantagen gehören fast überall zu den am schlechtesten bezahlten überhaupt, und ihre Lebensbedingungen sind entsprechend katastrophal. Den Teearbeitern in Bangladesch gehe es in vieler Beziehung wie Sklaven, stellte die britische OXFAM fest – auf den Plantagen eines schottischen Großunternehmens.[9] Die meisten konnten sich selbst mit Überstunden keine zwei Mahlzeiten am Tag leisten. Über die traurige Lage in den Plantagen auf Sri Lanka sind in westlichen Medien von Zeit zu Zeit Reportagen erschienen. Auf der regenreichen Insel ist das Teepflücken besonders schwere Arbeit. «Meist essen wir Reis, Curry und Papadam» (dünne Waffeln aus Erbsenmehl), zitiert Bennett eine tamilische Arbeiterin,[10] «Fleisch oder Trockenfisch ist sehr teuer – das haben wir etwa alle 14 Tage.» Unterernährung, hohe Kindersterblichkeit – das Bild gleicht sich von Teeland zu Teeland. Den Anteil der Teearbeiter am Preis einer Tasse Tee hat Bennett mit vier Prozent errechnet,[11] also vier Pfennige pro DM, das Bundesministerium für wirtschaftliche Zusammenarbeit (BMZ) 1982 für Sri Lanka pro Kilo Tee, das DM 26,– im Laden kostete, mit 80 Pfennigen.[12]

So wie der Kaffee hat auch der Tee, von China ausgehend, der Porzellan- und Keramikkunst und dann der Industrie gewaltigen Auftrieb gegeben. Noch heute wird weltweit immer neues Teegeschirr nach chinesischen Mustern hergestellt.

Der Teekonsum hat in den Industrieländern seit Jahrzehnten nachgelassen, auch da, wo nicht weniger getrunken wird. Neben der Zunahme von Kaffee und dem gewaltigen Ansteigen der Soft Drinks aller Art ist auch die Einführung der Teeaufgußbeutel daran schuld. Sie enthalten weniger Tee pro Tasse, sind aber teurer als loser Tee. Dieser Rückgang wurde bisher durch eine erhebliche Zunahme des Konsums im Nahen Osten, in Nordafrika, Südasien und den Ländern der früheren Sowjetunion aufgefangen.

Im übrigen gilt für den internationalen Teehandel das im Abschnitt über die Weltwirtschafts-«Ordnung» Gesagte, besonders im Hinblick auf die Rolle großer Konzerne als Marktbeherrscher und Großverdiener. Unilever kontrolliert allein 40 Prozent des Teeweltmarktes.

KAKAO

Wer ist mächtiger – der König oder der Appetit seiner Untertanen? Wir haben schon beim Kaffee gesehen, wie wenig fürstliches Gezeter gegen gezielten Durst erreichen konnte, selbst mit Strafandrohungen: Der Kaffee setzte sich durch. Gerade die Deutschen, angeblich besonders untertänige Leute, heute aber auf Platz sechs der gierigsten Kaffeetrinker in der Welt, würden den Alten Fritz auslachen, wenn er wieder da wäre, um ihnen anstatt Kaffee Ersatz zu gebieten.

Mit Kakao hatte er nicht mehr Glück. Er verbot vergeblich die Einfuhr – außer für sich selbst und seine Umgebung, da er gern und viel heiße Schokolade trank und als Gunstbeweis Schokoladentafeln verschenkte. Der berühmte Voltaire, der zwischen fünf Uhr morgens und drei Uhr nachmittags nur Schokolade mit etwas Kaffee trank, lebte zeitweise an Friedrichs Hof. Der König aber gab Ersatzkakao in Auftrag, ebenso wie Ersatzkaffee. Die Lindenblüte, die dazu herhalten mußte, konnte niemanden beeindrucken – heute stehen die Deutschen als Kakao- und Schokoladeverbraucher an dritter Stelle hinter Amerikanern und Holländern. Da sind sie eher in der Tradition Goethes, der so gern und viel heiße Schokolade trank, daß er sie seinen Gästen oft auch zum Essen als einziges Getränk servieren ließ.

Allerdings – was wir heute an süßer Schokolade vertilgen und an Kakao, ist ganz und gar nicht das, was die Menschen Europas zu Beginn der Neuzeit an Schokolade kennen- und liebenlernten. Da sind ein paar Erfindungen hinzugekommen, nicht alle so gut, wie man damals dachte, und besonders das Süße, das zu Anfang mit diesem Nahrungs- und Genußmittel höchst wenig zu tun hatte, läßt heute übermäßigen Konsum nicht ratsam erscheinen.

Schokolade wird aus Kakaobohnen gewonnen. Die waren den Menschen außerhalb Süd- und Mittelamerikas unbekannt, bis die Spanier dort als Eroberer eindrangen. Im Süden wuchsen die Kakaobäume, deren kürbis- oder gurkenähnliche Früchte die Bohnen enthalten, seit Urzeiten in den Flußtälern. Etwa seit dem 7. Jahrhundert waren sie auch in Mexiko heimisch. Offenbar hatten die Maya sie nach Norden mitgebracht. Dort lernten die Spanier den Kakao kennen. Kolumbus hatte zwar 1502 von seiner vierten Reise einige Bohnen nach Spanien gebracht, doch was das für ein Gewächs war und was man damit anstellen konnte, entdeckten erst die Konquistadoren unter Cortez.

Die «Indianer» mischten zu der Paste, die sie aus den getrockneten und dann gerösteten Kakaobohnen durch Mahlen zwischen Mühlsteinen gewonnen hatten, nicht nur Wasser, sondern auch roten Pfeffer und Vanille, manchmal etwas Maismehl. Die Azteken liebten das als Erfrischungsgetränk, und wie der Cortez-Chronist Bernal Díaz del Castillo 1519 beobachtete, wurde es dem Inka Moctezuma in goldenen Tassen heiß als Aphrodisiakum gereicht. Den Spaniern war es viel zu bitter. Eine zweite Version war durch Trocknen gehärtete Paste in Tafelform: bittere Tafelschokolade. Die konnte so gegessen oder mit heißem Wasser zu dem Getränk verwandelt werden, das wir Kakao nennen. Kakao hieß dort der Baum, Cacau-atl, «Kakaowasser» oder auch «bitteres Wasser», woraus durch mehrere Abwandlungen unser Wort Schokolade wurde.

Der Kakaomacher, seine Geräte und seine Frucht, dazu Vanille. Kupferstich von 1685.

1000 Jahre alter Reibstein für Kakao und andere Körner aus Costa Rica.

Was die Spanier mehr als der Geschmack beeindruckte, war die Wirkung. Das Getränk war anscheinend höchst nahrhaft – heute wissen wir's ja – und anregend. Zahlreiche Zeitgenossen erzählten, daß sie sich mit einigen Tassen Schokolade fit und wach hielten. Cortez berichtete, daß ein Becher einen Soldaten während eines ganzen Tagesmarsches «frisch» erhalte. Die Spanier brauchten nicht lange, sich Verbesserungen einfallen zu lassen. Als sie Anfang des 17. Jahrhunderts auf den Gedanken kamen, Zucker hinzuzutun (abgesehen von Zimt, Nelken, Anis, Mandeln und ähnlichen Zusätzen), brachten sie Kakao auf den Weg zum Welterfolg. Das wollten sie keineswegs, sondern sie suchten das Rezept geheimzuhalten, aber das schafften sie nur ein paar Jahrzehnte lang.

Die Leute, die dieses nahrhafte Vergnügen für den Rest der Welt erschlossen, waren dazu freilich über Leichen gegangen. Es war keine freundliche Übernahme fremder Bräuche, wie man aus der Kolonialgeschichte weiß. Die Einwohner Amerikas wurden unterjocht, versklavt, umgebracht, ihre Städte verwüstet, ihre Kulturen ausgelöscht.

So wertvoll waren den Einheimischen die Kakaobohnen, daß sie auch als Zahlungsmittel verwendet wurden – für zehn gab es ein Kaninchen, für 100 einen Sklaven. Die katholische Geistlichkeit erörterte lange, ob Kakao wegen seines hohen Nährwertes das Fasten breche – der Kardinal Brancaccio entschied, ebenso wie Wein und Bier dürfe man ihn auch während der Fastenzeit trinken.

Das spanische Kakaomonopol beseitigten die Briten, als sie 1655 das damals spanische Jamaika mit seinen Kakaoplantagen eroberten. Zwei Jahre später annoncierte ein Londoner «ein ausgezeichnetes westindisches

Getränk namens chocolate»[1]. In Frankreich bekam Kakao erst große Verbreitung über den Königshof hinaus, als die Franzosen auf Martinique eigene Kakaoplantagen betrieben.

In der feinen Damenwelt «Neu-Spaniens» fand heiße Schokolade besonderen Anklang. Einige Damen gewöhnten sich an, wie 1648 der englische Jesuit Thomas Gage erzählte, sich sogar während der Messe eine Tasse Kakao in die Kirche bringen zu lassen. Die dadurch regelmäßig verursachte Unruhe störte den Bischof, er drohte allen, die während des Gottesdienstes aßen oder tranken, mit Exkommunikation. Als Priester versuchten, den uneinsichtigen Frauen die Tassen wegzunehmen, gab es Aufruhr in der Kirche. Von da an boykottierten diese Damen den Gottesdienst – bis der Bischof bald danach starb, nach allgemeiner Ansicht an einer vergifteten Tasse Schokolade.

Die erste Schokoladenfabrik entstand in Spanien 1580. Als ein paar Jahrzehnte später das verführerische Getränk in England, Frankreich und Italien auftauchte, trank man es dort lieber ohne Anreicherung außer mit Zucker und Vanille. Vorübergehend etablierten sich Schokoladenstuben entsprechend den Kaffeehäusern, aber beide verschmolzen bald. Die damals noch sehr fette Trinkschokolade (die Kakaobohne enthält zu mehr als der Hälfte Kakaobutter) machte der Londoner Arzt Hans Sloane durch Übergießen mit kochender Milch noch nahrhafter (und führte als erster den Begriff Milchschokolade ein), aber dann entwickelte der Holländer Conrad van Houten 1828 ein Verfahren, den Kakaobohnen die meiste Butter zu entziehen, diese mit gemahlenen Bohnen zur Herstellung einer besser zu bearbeitenden Schokoladenmasse zu verwenden und außerdem Kakaopulver zu fabrizieren. Das entfettete und verbilligte den Kakao, der nun für breitere Massen erschwinglicher wurde; damals entstand praktisch das Getränk, das wir heute kennen. Die erste Eßschokolade des uns vertrauten Typs kam 1847 in England auf den Markt. 1876 verwendete der Schweizer Daniel Peter die (neue) Trockenmilch der Firma Nestlé, um die erste feste Milchschokolade herzustellen.

Die Neuerungen brachten wachsende Nachfrage, also stieg auch die Kakaoproduktion; allerdings braucht der neugepflanzte Baum fünf Jahre, bis er trägt, und länger bis zum Höchstertrag. Der Weltverbrauch steigerte sich sprunghaft. 1900 waren es rund 100 000 Tonnen, vor Ausbruch des Ersten Weltkrieges eine viertel Million, 1939 mehr als 700 000 Tonnen. Die Anbaugebiete dehnten sich vom amerikanischen Kontinent (Hauptproduzenten: Ecuador, Venezuela, Trinidad und Brasilien) nach Westafrika aus. Der amerikanische Anteil an der Erzeugung von Rohkakao fiel von etwa drei Vierteln um die Jahrhundertwende auf 30 Prozent 1939, der afrikanische stieg auf 68 Prozent (Asien zwei Prozent). 1990 ernteten Afrika (Elfenbeinküste, Ghana, Nigeria, Kamerun) 1,24 Millionen Tonnen, Amerika (Brasilien, Ecuador, Dominikanische Republik) 516 000, Asien (Malaysia, Indonesien) 404 000 Tonnen.

Für die Produzentenländer gilt das gleiche wie für die anderen Lieferanten ehemaliger «Kolonialwaren»: Das Auf und Ab von Angebot und Nachfrage macht den Export zu einem unsicheren Geschäft, und seit sich die Produktion so ausgeweitet hat, ist Knappheit mit hohen Preisen für die Ausfuhrländer selten geworden. Meist sorgt ein Überangebot für niedrige Preise, mit denen die Produzenten nicht zu Rande kommen. In den zehn Jahren von 1976/77 bis 1986/87 fiel der Preis auf die Hälfte, Ende 1989 war er noch weiter abgerutscht, auf den «tiefsten Stand seit 14 Jahren»[2], 619 bis 623 englische Pfund pro Tonne. Die lukrativere Verarbeitung der Rohware ist noch immer weitgehend in den Händen westeuropäischer Konzerne. Für die Auswirkung gab die Landwirtschafts- und Ernährungsorganisation der Vereinten Nationen 1980 ein Beispiel: Von 1976 bis 1978 exportierten sämtliche «Entwicklungsländer», bei denen Kakaobäume wachsen, zusammen für 500 Millionen Dollar Schokolade. Westeuropa, das den gesamten Rohstoff erst importieren muß, exportierte Schokolade für 2,8 Milliarden Dollar.[3]

Die Preise werden übrigens ebenso wie für andere Rohstoffe von Spekulationen an den Warenterminbörsen beeinflußt, wo Terminkontrakte von Leuten gehandelt werden, die «ihre» Ware nie zu Gesicht bekommen und auch keineswegs haben wollen.

Auch die Schokoladenindustrie wird von einem halben Dutzend Großunternehmen beherrscht. Die Plantagen, also Anbau und Ernte, die großen Arbeitsaufwand erfordern, blieben den (überwiegend) kleinen Pflanzern überlassen; sie tragen auch das Risiko der schwankenden, meist niedrigen Rohstoffpreise. In *Wen macht die Banane krumm* gaben Rainer Grießhammer und Claudia Burg[4] zwei eindrucksvolle Beispiele: «Ein Bauer in Ghana, der 1980 über ein Hektar Kakaobäume verfügte, produzierte etwa 210 Kilo und erlöste 1,56 Franken/Kilo, also rund 320 Franken (pro Jahr!).» Das wären also knapp 400 DM. In Brasilien machten die Hauptarbeit abhängige Plantagenbesitzer. Sie verdienen etwa 3,50 DM am Tag, Kinder, die ebenfalls arbeiten müssen, die Hälfte – aber sie sind bei weitem nicht das ganze Jahr über beschäftigt.

GESUNDHEIT

Moderne Widersprüche

Als Kind wurde ich von meiner Mutter mit Spinat vollgestopft, bis er mir ausgesprochen zuwider war. Spinat enthielt ja so ungeheuer viel gesundes Eisen. Daß das nur auf einem Tippfehler einer frühen Untersuchung beruhte, bei der das Komma eine Stelle nach rechts gerutscht und also der Eisengehalt verzehnfacht war, hat leider erst die nächste Generation Mütter erfahren. Vor kurzem las ich, daß Spinat ein ausgesprochener «Kalziumkiller» sei, er neutralisiere Kalzium und verhindere, daß der Körper es aufnehme. Das soll gut sein für Kinder, die Knochen aufbauen müssen? Ich las es gerade rechtzeitig, um noch eine Chance zu haben, mich mit Spinatverzicht vor der Alters-Osteoporose zu retten.

Aber wie komme ich an mein gesundes Eisen? Da könnte ich mich ja auf eine finnische Studie verlassen, die kürzlich herausgefunden hat, daß Eisen Ursache für Herzerkrankungen sein kann, und also auf das Eisen verzichten. Eisen im Blut, so die finnischen Forscher, könne in Zusammenwirkung mit Cholesterin zum Herzinfarkt führen. Vielleicht versuche ich besser, mein Cholesterin zu reduzieren, folge den Empfehlungen, lieber cholesterinarmen Fisch und Schalentiere statt fettem Schweinefleisch zu essen. Da tappe ich gleich in mehrere Fallen. Erstens enthält Fisch viel Purin, und ich werde bald über Gicht jammern. Zweitens warnt mich ein Artikel der *Washington Post*, Fisch sei die größte mögliche Quelle für giftige Chemikalien, Pestizide und Bakterien in unserer Ernährung. Der Grund: Fleisch muß auf dem Schlachthof durch die Fleischbeschau, Fisch kommt ohne solche Kontrolle auf den Markt. Und drittens: Wo bleiben die fettlöslichen Vitamine, wenn ich nur Magerfisch esse? Ich könnte meinen Fisch in mehrfach ungesättigtem pflanzlichen Fett braten – außer daß just dieses gesunde Fett möglicherweise in einem Zusammenhang mit erhöhtem Risiko von Dickdarmkrebs steht. Ja – da war aber ein Forscher an der Universität Wisconsin, der herausgefunden hatte, daß im Fleisch Substanzen enthalten sind, die Krebs bekämpfen: «Dr. Parizas Ergebnisse beziehen sich hauptsächlich auf Rindfleisch in Form von gebratenen Hamburgern, aber er sagte, es gebe Hinweise darauf, daß die Substanzen, die gegen Krebs wirkten, auch in Schweine- und anderem Fleisch enthalten seien.»[1] Der Hamburger als Inbegriff von Gesundheit ...?

Wenn man nur aufpaßt, kann man jeden Tag in der Zeitung etwas neu-

es Wichtiges über Gesundheit finden. Meist widerspricht es den Erkenntnissen vom Vortag. Ich bewundere die Menschen, die all diese neuen Erkenntnisse tatsächlich im Kopf behalten. Wahrscheinlich essen sie kein Kaninchenhirn, denn das würde vergeßlich machen (laut Erkenntnis von Elsholtz aus dem Jahr 1682).

Wenn es nicht so erbitternd wäre, wäre es schon sehr komisch, wie mit immer demselben Ernst und derselben Überzeugung die Ernährungswissenschaftler uns periodisch die Erkenntnisse von gestern als die Gefahren von heute schildern. Viele Menschen, denen doch zu Recht an ihrer Gesundheit liegt, richten sich jedesmal brav nach den neuesten Empfehlungen und sind ein paar Jahre später wieder die Dummen.

Linke Seite: Gesundheit aus dem Kräutergarten. Illustration aus einem Handbuch der Gesundheit des 14. Jahrhunderts.

Wie war das zum Beispiel mit dem Salz? Salz erhöhe den Blutdruck, haben wir lange gehört, fördere also Herzkrankheiten und sei tunlichst zu vermeiden. Ende der achtziger Jahre prangten in Amerikas Lebensmittelgeschäften auf den erstaunlichsten Produkten, vom Apfel bis zum Mehl, die werbenden Aufkleber «no sodium», ohne Salz. Als mache diese Tatsache die genannten Artikel schon zum Gesundheitsessen. (Noch besser war: «No sodium, no cholesterol» – auch an Äpfeln und Mehl.) Auch in Deutschland ließen herz- und kreislaufbewußte Menschen ihr Essen fad. Dann wurde das Salz rehabilitiert, als lebenswichtig bezeichnet, der Zusammenhang zwischen Salzessen und Hochdruck, so ergaben Forschungen, war nur minimal. Bei einem Versuch in Bonn stellte sich ganz im Gegenteil heraus, daß eine zu radikale Salzbeschränkung bei einem Fünftel der Testpersonen den Blutdruck in die Höhe trieb. Nun durfte man also wieder Salz essen, aber wer tröstet die Gesundheitsbewußten über die verlorenen faden Jahre?

Und was ist mit dem Vollkornbrot? Tut es uns wirklich gut, wenn wir statt knuspriger Brötchen (sofern man einen Bäcker kennt, der noch knusprige Brötchen backen kann) oder statt unseres Lieblingsgraubrots Vollkornbrot aus dem Bioladen kaufen, das manchmal schon am Tag des Kaufs krümelt und am Folgetag hart und trocken ist? Jaja, wir wissen, die wertvollen Vitamine und Mineralstoffe aus den Randschichten. Mineralstoffe? Was ist denn mit der Erkenntnis, daß Kleie Kalzium bindet, ganz wie der gesunde Spinat? Und daß die Phytinsäure, die sich in Vollkornmehl findet, die Aufnahme von Eisen und Zink in den Körper verhindert? Natursauerteig baut Phytinsäure ab. Aber woher weiß ich, ob ein Bäcker Natursauerteig benutzt oder ob er für schnellere Teiggärung zu Ascorbinsäure greift? (Da könnte er sogar noch stolz sagen: «Vitamin C!»)

Wer tröstet die Gesundheitsbewußten darüber, daß sie jahrelang auf den «Dickmacher» Kartoffel verzichteten, wenn sie vor kurzem in einer Illustrierten lesen konnten, die Kartoffel gehöre zu den 20 gesündesten Lebensmitteln der Welt, entlaste Herz und Kreislauf und mache schlank? Wer zahlt ihnen für den Fehler, daß sie jahrelang das als gesund empfohlene Steak mit Salat aßen, wo der heutige Erkenntnisstand eher die Ballaststoffe nahelegt, Linsen statt Steak und Erbsen statt Salat? «Entwarnung bei Filterkaffee»[2] las ich vor kurzem in demselben Blatt: Kaffee treibe zwar den Cholesterinspiegel hoch, aber eine norwegische Studie beweise, daß das nicht für Filterkaffee gelte. Wen klagt man an, wenn man jahrelang ohne Kaffee gelebt hat? Leider verriet das Heft den genußsüchtigen Lesern nicht, daß ein Gläschen Rotwein hilft, den Cholesterinspiegel zu senken. Als diese Erkenntnis 1991 in Amerika publiziert wurde, schnellte der Verkauf von Rotwein in den Supermärkten im Folgemonat um 44 Prozent in die Höhe. Etwas später ergab ein verblüffender Vergleich, daß die Franzosen des Südwestens, die Unmengen von fetten Gänsen und Enten und ihren Lebern essen und zugleich viel Rotwein trinken, bemerkenswert weniger Herzkrankheiten haben als Amerikaner – eine Erkenntnis, die in Amerika als «French Paradox» viel beachtet wurde und die sich sofort in einem ansteigenden Verkauf von Gänseleber und noch mal mehr Rotwein niederschlug.

Ja, überhaupt das Cholesterin! Da wurden jahrelang Menschen mit hohen Werten zu Patienten gemacht, denen Medikamente mit durchaus risikoreichen Nebenwirkungen gegeben wurden. Ein Prozent weniger Cholesterin verringere die Gefahr von Herzkrankheiten um zwei bis vier Prozent, war die Faustregel, und die Furcht vor Arteriosklerose und Herzinfarkt vermieste den Deutschen ihr Frühstücksei und ihr Butterbrot.

Dann wurde diskutiert, daß ja den größten Teil des Cholesterins der Körper selbst produziert – die Menge, die mit der Nahrung aufgenommen wird, ist gerade mal ein Drittel. Es wurde die Frage aufgeworfen, ob Cholesterin Arteriosklerose hervorrufe oder umgekehrt der Körper bei Arteriosklerose mehr Cholesterin produziere, das ja als «Reparatursubstanz» für das geschädigte Gefäßgewebe gebraucht wird. Das «gute» ungesättigte HDL- und das «schlechte» gesättigte LDL-Cholesterin wurden unterschieden. Aber das «schlechte» LDL spielt eine wichtige Rolle als Schutz vor Giften, Viren und Bakterien.

Während all dies erforscht und in Frage gestellt wurde, machte der Geheimtip von der «Mittelmeerdiät» die Runde: Die beste Vorsorge gegen zuviel Cholesterin, gegen Herzkrankheiten und sogar Krebs sollte nun die Art der Ernährung sein, wie sie in südlichen Ländern gegessen wird: viel Brot und Getreidespeisen, viel Gemüse und Hülsenfrüchte, viel Olivenöl, viel Käse, mäßig Fleisch und Fisch und regelmäßig Rotwein. Und die Nordlichter wußten immer noch nicht, woran sie nun eigentlich waren mit ihrem Frühstücksei und der Butter auf dem Brot und dem Bier am Abend.

Vielleicht tröstete sie die Erkenntnis, wie anpassungsfähig der menschliche Körper ist: daß Eskimos fast nur von Fleisch und Fett lebten und dabei gesund waren und großer Kälte trotzten; daß sich Massai in Afrika über große Teile des Jahres nur von Milch und dem Blut ihrer Rinder ernährten und dabei größer und kräftiger wurden als benachbarte Völker; daß im Hochland von Neuguinea ein Volk, das fast nur von Süßkartoffeln und wenig Bohnen lebte und so gut wie keine Proteine zu sich nahm, auch keine Mangelerscheinungen zeigte.

«Es gibt viele, die beim Essen ununterbrochen fragen, wenn zufällig ein Arzt am Tisch sitzt: ‹Ist das hier gut, ist das hier schlecht oder ungesund? Was bewirkt dies hier, was bewirkt das da?› Auf die Weise wird der arme Arzt, der sich mit gutem Appetit hingesetzt hat, immer wieder gestört und unterbrochen, um auf diese Fragen zu antworten, und verläßt den Tisch halb hungrig.» Das Problem ist alt; diese Klage stammt von einem Arzt der Renaissance.[3]

Eine weise Frau des 15. Jahrhunderts kocht am Krankenbett nach ihrem Rezeptbuch eine Arznei.

Heiße und kalte Speisen

Vor der Erfindung der Pillen- und Spritzenmedizin haben die Menschen sich womöglich noch intensiver mit der Wechselwirkung von Speise und Gesundheit beschäftigt. «Man hat 100 Jahre zum Leben zur Verfügung, wenn man sich jedoch nur einmal beim Essen vergißt, so ist das sehr schade, denn das Leben wird dadurch verkürzt», schrieb ein chinesischer Diätetiker am Kaiserhof Anfang des 14. Jahrhunderts.[4] Aber wie sollte man das verhindern?

Ein Gedanke, der sich in vielen Kulturen wiederfindet, ist die Unterteilung der Speisen in kühlende und wärmende; je nach Jahreszeit, Temperament und Zustand des Essers mußte mehr von der einen oder der anderen Sorte ausgewählt werden, um ein Gleichgewicht zu erhalten oder zu erlangen. In China war dieser Gedanke verbunden mit dem von «Yin» und

JOAN. SIG. ELSHOLTII,
Doct. & Sereniss. Elector. Brandeburgensis
Medici Ordinar.

DIÆTETICON:

Das ist/

Newes

Tisch-Buch/

Oder

Unterricht von Erhaltung guter Gesundheit durch eine ordentliche Diät/ und insonderheit durch rechtmäßigen Gebrauch der Speisen/ und des Geträncks.

In Sechs Bücher auff eine sehr bequeme Weise/ und in richtiger Ordnung abgefaßt: auch mit nöhtigen Figuren gezieret/ und mit vollkommenen Registern versehen.

Mit Röm. Käys. Majest. allergnäd. Privilegio.

Cölln an der Spree/

Zu finden bey dem Autore/
Und gedruckt durch Georg Schultzen/ Churf. Brandb. Hoff-Buchdruckern/ Anno 1682.

«Yang», den beiden Prinzipien, die einander entgegengesetzt sind und sich ergänzen, deren Widerspruch die Welt funktionieren läßt: Schwäche und Stärke, Mond und Sonne, Dunkelheit und Licht, weiblich und männlich. Auch in der Medizin spielte er eine Rolle. K. C. Chang schrieb im Vorwort seines Werks über Nahrung in der chinesischen Kultur: «Wenn Yin und Yang im Körper nicht ausgewogen sind, entstehen Krankheiten. Dann muß die richtige Menge Nahrung von der einen oder anderen Sorte gegessen werden, um das Ungleichgewicht wieder auszubalancieren. Wenn der Körper normal ist, dann würde ein Zuviel von einer Sorte ein Übergewicht der entsprechenden Kraft bewirken und also Krankheit hervorrufen. Diese Überzeugung ist für die Zhou-Epoche belegt, einige Jahrhunderte vor Christus, und ist heute noch eine beherrschende Auffassung in der chinesischen Kultur.»[5]

Chinesische Diätbücher teilten alle nur denkbaren Lebensmittel ein in kalt und heiß, sogar das Wasser: Regenwasser war kalt, Wasser aus Tropfsteinhöhlen warm. Als heiß wurde Fleisch betrachtet, vor allem fettes, und die meisten Gewürze; Heißes wärmte den Körper und gab Kraft. Als kalt galten viele Gemüse, Fische, vor allem Krebse. So war es bei Fieber nicht angezeigt, weitere heiße Nahrung zu essen, die bei Erkältung im Gegenteil angeraten wäre. Von einer Frau nach der Geburt nahm man an, daß sie viel Heißes brauche; das wachsende Kind in ihr zehre ihre Yang-Kräfte auf und Anstrengung und Blutverlust bei der Geburt noch mehr. Das typische Wochenbettessen war in Ingwer und Essig geschmorter Schweinsfuß. Auf dem Oxforder Nahrungssymposium 1985 referierte Yan-Kit So, daß in ihrer Jugendzeit die Frauen nach der Geburt einen Monat lang täglich mindestens drei Schalen voll davon aßen – und Gratulanten bekamen kleine Schälchen ab. Heutige Mediziner würden sagen, daß dieses Gericht viel Kalzium enthält (in Essig aufgelöste Knorpel), das bei Schwangerschaft und Stillen besonders gebraucht wird. Auch würden sie vermutlich bei Fieber kein scharf gewürztes fettes Fleisch empfehlen. Die Erfahrungen und Beobachtungen der alten Medizin entsprechen häufig denen der modernen Forschung.

Erstaunlicherweise sind in anderen Gegenden der Welt Ernährungsforscher unabhängig voneinander zu derselben Einteilung gekommen. Die Lehre des Hippokrates, die bis ins 18. Jahrhundert abendländische Diätetik und Medizin beeinflußt hat, beruhte ebenfalls auf der Einteilung aller eßbaren Dinge in warm und kalt; in der traditionellen indischen Diätlehre gab es diese Unterteilung ebenso wie in der arabischen. Dieser Gedanke wurde von späteren Medizinern immer perfekter ausgearbeitet: Ob man den Arzt Galenus aus dem Rom des 2. Jahrhunderts, den Araber Ibn al-Baitar aus dem 13. Jahrhundert, den Chinesen Chia Ming aus dem 14. oder den Deutschen Elsholtz aus dem 17. Jahrhundert liest – für jedes denkbare Lebensmittel gaben sie die Temperatur an, oft sogar akribisch unterteilt in einzelne Stufen.

Im großen und ganzen ähnelte sich weltweit die Einordnung: Fleisch eher heiß, Gemüse eher kalt, Gewürze eher heiß. Aber im einzelnen gab es natürlich die unterschiedlichsten Bewertungen, und die Frage, welche Lebensmittel heiß und welche kalt seien, war damals genauso ungeklärt wie heute die Sache mit dem Cholesterin. So galt Reis bei den Chinesen manchmal als neutral, manchmal als warm, auf den Philippinen sogar als heiß, in Indien hingegen als kalt; die in Malaysia kühle Papaya galt in Indien als so heiß, daß sie bei Schwangeren sogar Fehlgeburten bewirken konnte, und der Spinat war damals schon umstritten: «Wegen seines Temperaments sind die arabischen Medici nicht einstimmig», berichtete Elsholtz in seinem *Diaeteticon* 1682 und nannte ihn selbst «kalt und feucht im 2. Grad, jedoch etwas mehr feucht», weswegen er hervorragend zu Huhn- oder Lammfleisch passe, dem er eine «erquickende Kühlung» gebe.[6]

Mit dem Begriff «feucht» nähern wir uns einem weiteren Prinzip der alten Ernährungswissenschaft. Der Gegensatz warm/kalt war umrahmt von einem Geflecht weiterer Prinzipien, die entweder die Speise betrafen oder sich auf die Person bezogen, welche sie essen wollte. So konnten die Speisen feucht oder trocken sein; in China wurden sie einer der fünf Geschmacksrichtungen zugeordnet: süß, sauer, bitter, scharf und salzig. Diese Geschmacksrichtungen gehörten zu jeweils einem der fünf Elemente: Erde, Holz, Feuer, Metall und Wasser, welche wiederum jeweils einem der fünf Organe zugeordnet waren: Magen, Leber, Herz, Lungen, Nieren. Gesundheit bestand darin, daß dieses komplizierte Geflecht durch Aufnahme der jeweils passenden Nahrung im Gleichgewicht gehalten wurde.

Hippokrates und seine europäischen Nachfolger paßten die Gegensatzpaare heiß/kalt und feucht/trocken in vier Elemente ein: Erde war trocken, Wasser feucht, Feuer heiß und Luft kalt. Dem entsprachen im Menschen vier «Säfte», und zwar so, daß ein «Saft» jeweils eine Mischung aus zwei Elementen war: Schwarze Galle war kalt und trocken, gelbe Galle warm und trocken, Blut warm und feucht, Schleim kalt und feucht. Der Säftehaushalt wurde von der Nahrung beeinflußt, und die Kunst des Diätetikers bestand darin zu verhindern, daß er in Unordnung geriet. Die Medizin unterschied aber vier Menschentypen, bei denen jeweils einer der Säfte vorherrschte: schwarze Galle beim Melancholiker, gelbe Galle beim Choleriker, Blut beim Sanguiniker und Schleim beim Phlegmatiker. Also wirkte dasselbe Lebensmittel durchaus verschieden bei verschiedenen Menschen. Von der Zwiebel schrieb Elsholtz, «daß sie denen Kalten und pflegmatischen Leuten, weil sie mit ihrer subtilen Schärffe den kalten Schleim durchdringen und erwärmen, einiger massen dienlich seyn können, daß sie hingegen denen hitzigen und Cholerischen Naturen, indem ihre scharffe dämpffe zu Kopf steigen, unruhigen Schlaff und flüßige Augen verursachen, höchst schädlich sind»[7]. Das Prinzip, daß der vorherrschende Saft nicht noch verstärkt werden dürfe, wurde auf alle Lebensmittel angewendet. Manchmal spielte dabei sogar die Farbe eine Rolle: Gelehrte, die oft einen Überschuß an schwarzer Galle hatten, sollten tunlichst alles Schwarze meiden wie Wild, Linsen, Senf. Heute vergessen Diätetiker manchmal, daß Menschen verschieden sind, wenn so pauschal zu weniger Salz oder mehr Vollkorn geraten wird (und in der Medizin hat sich nur die Homöopathie das Prinzip bewahrt, daß dieselben Beschwerden bei verschiedenen Menschen verschieden behandelt werden müssen).

Beim gesunden Essen spielte auch die Jahreszeit eine Rolle: Natürlich gehörten warme Speisen eher in die kalte Jahreszeit und umgekehrt. Auch das Alter war wichtig: Laut Hippokrates hatten alte Menschen weniger Wärme als junge. Aber das wichtigste, außer eben der richtigen Auswahl, waren die richtige Kombination und Zubereitung. Die Araber hüteten sich, Fleisch mit zuviel Gewürzen zu begleiten, da beides heiß war; in vielen Rezepten wurde Koriander, fast das einzige Gewürz, das als kalt galt, zum Fleisch gegeben. In manchen chinesischen Kochbüchern wurde vor bestimmten Kombinationen gewarnt: «Glutenhaltiger Reis zusammen mit Huhn oder Eiern macht Würmer... Lauch zusammen mit Rind verursacht Verstopfung... Spinat niemals zusammen mit Aal essen, denn das kann Cholera hervorrufen... Kakifrucht zusammen mit Krebsen macht Magenschmerzen und Durchfall oder Brechreiz und Schwindel.»[8] Chia Ming warnte: «Weiß man jedoch nicht, daß es im Wesen mancher Dinge liegt, daß man sie nicht mit anderen zusammen verwenden kann, so entsteht ein Durcheinander. In geringem Ausmaß führt dies zu Disharmonie der fünf inneren Organe, in starkem Ausmaß entsteht auf der Stelle Unheil.»[9]

Manche Kombinationen, die als gesund angesehen wurden, haben sich bis heute gehalten. Wenn in manchen Gegenden Deutschlands der Salat im Essig schwimmt, dann liegt das (vielleicht) an Hildegard von Bingen, die in ihrem Medizinbuch empfahl, die starke Kälte des Salats mit Essig zu temperieren. (Freilich galt auch Öl als heiß und täte dieselbe Wirkung.) Auch bei kaltem Fisch wurde das Temperieren mit Essig oder mit Wein empfohlen.

Und wenn wir heute hören, gebratenes Fleisch sei krebserregend, so fügte das Braten früher noch mehr Hitze zum ohnehin heißen Fleisch; das Kochen hingegen galt als kühl (das betraf die vielen Eintöpfe). Langes Braten, glaubten besonders die Chinesen, fügte mehr Hitze zu einer Speise als kurzes Braten; die übliche sehr schnelle Zubereitung verhinderte also ein Übermaß an Hitze. Dabei mußte auch noch beachtet werden, daß Braten eine Speise trockener, Kochen sie hingegen feuchter machte – Schweinefleisch, das zwar als heiß, aber als sehr feucht galt, sollte also trotz zusätzlicher Hitze besser gebraten werden. Geschickte Zubereitung konnte auch üble Eigenschaften einer Speise neutralisieren: Der Hase zum Beispiel, dem in Deutschland nachgesagt wurde, er errege übermäßige sexuelle Lust, wurde so zerkleinert und gewürzt, daß von ihm nicht mehr viel zu erkennen war und also auch nichts von seiner Nebenwirkung.

In einem arabischen Kochbuch aus dem 10. Jahrhundert finden sich folgende Hinweise für den Koch: «Die Eigenschaften der Geräte. Kupfer: weiblich, heiß. Eisen: männlich, trocken. Zinn: kalt, keine Trockenheit. Stein: kalt, trocken. Messing: warm, kräftig trocken. Tongeschirr: kalt, trocken. Nußholz: heiß, trocken. Kreuzdornholz: heiß, feucht. Weidenholz: kalt, trocken.»[10] Offensichtlich hatte auch die Auswahl des Topfes Einfluß auf die Bekömmlichkeit der fertigen Speise. Überhaupt machte ein genaues Beachten aller Eigenschaften einer jeden Speise samt allen Beziehungen untereinander und zu den verschiedenen Menschen, die sie gemeinsam essen würden, das Kochen damals womöglich noch komplizierter, als es uns heute die moderne Ernährungslehre macht.

Die Angst vor dem Obst

Haben die Menschen, die nach den Vorschriften von heiß/kalt und den vier beziehungsweise fünf Elementen lebten, sich nun nach heutiger Vorstellung gesund ernährt? Es ist leicht, auf Anweisungen zu stoßen, die nach unseren Begriffen unsinnig wirken: Wenn etwa Hippokrates sagt, Aal mache Lungenentzündung, wenn Al-Baitar denkt, Honig erhalte die Gesundheit der Zähne, oder wenn Chia Ming warnt, Spinat mache schwache Füße und zusammen mit Aal gar Cholera. Wenn schwangere und stillende Frauen in Indien keine Milch tranken und möglichst wenig Milchprodukte aßen, weil Milch ja «kalt» ist.

Aber im großen und ganzen? Wenn nicht Krieg war und nicht Hungersnot, in normalen Zeiten? Da schien, soweit man es heute beurteilen kann, die Ernährung doch noch von anderem abzuhängen als von den Lehren der Diätetiker. So genau wie heute, wo sich gleich der Brokkolipreis verdoppelte, kaum wurde publik, daß dieser Kohl gut gegen Krebs sein kann, wurde das wohl nicht zur Kenntnis genommen. Nichts könnte so unterschiedlich sein wie die Ernährung in China und in Europa in der Mitte unseres Jahrtausends, und doch waren die Gesundheitslehren sich ziemlich ähnlich.

Die Zeit der Yüan- und der Ming-Dynastie, vom 13. bis 17. Jahrhundert, wird als Periode relativen Wohlergehens angesehen. Als Grundnahrungsmittel aßen zwei Drittel der chinesischen Bevölkerung Reis, das restliche Drittel Hirse. Es wird geschätzt, daß jeder im Durchschnitt 300 Kilo pro Jahr davon verbrauchte – eine hohe Zahl, weil sehr wenig davon für Tierfutter oder Alkohol abzurechnen ist. Reis oder Hirse war die Grundlage jeder Mahlzeit, dazu gab es eine oder mehrere Begleitspeisen. Die Chinesen verzehrten sehr wenig Fleisch und Fisch, benutzten es eher als kleine würzende Beilage oder als Bestandteil einer wohlschmeckenden Sauce. Gemüse gab es dafür in großer Vielfalt und Menge. Zahlreiche Sorten waren so gezüchtet, daß sie auch den Winter aushalten konnten, teils im wärmenden Dungbeet, teils in einer Art Treibhaus aus Strohmatten. Frische war vor allem wichtig, und die Garzeiten waren kurz, so daß Vitamine erhalten wurden. Gemüse, das älter als einen Tag war, wurde auf den Märkten sofort billiger verkauft. Und Fisch wurde ohnehin lebendig gehandelt.

Ferdinand Georg Waldmüller: Obstkorb. *Obst wurde von Gesundheitsbewußten früher gemieden.*

Die Chinesen aßen auch viele Obstsorten, oft gekocht, als würzende Beilage oder als Pickles. Als Fett dienten Sesam-, Raps- und andere Pflanzenöle. Vitamine, Mineralien, ungesättigte Fette – alles Gesunde scheint also ausreichend vorhanden gewesen zu sein. Und für Proteine sorgten Sojabohnen und Sojaquark, auch andere Bohnen und Erbsen. (Chinesen aßen ja keine Milchprodukte.) Bedenkt man noch, daß es als Getränk zum Essen Tee oder heißes Wasser gab, abgekocht und bakterienfrei, dann würden die heutigen Ernährungswissenschaftler wohl zufrieden nicken.

Auch in Europa war in dieser Epoche die Grundnahrung Getreide, das als Brei oder als Brot gegessen wurde. Als ideale Beilage dazu galt Fleisch, soviel man sich nur leisten konnte, und am besten war es, wenn das Fleisch die Grundnahrung war und Brot oder Brei die Beilage. Das Fleisch sollte möglichst fett sein, meist war es Schwein. Bis zur Mitte des 16. Jahrhunderts verzehrten auch die unteren Schichten große Mengen Fleisch. Brot, Fleisch und Wein waren die erstrebenswerte Idealnahrung.

Gemüse hingegen galt als Armennahrung, die man nur aß, wenn man mußte. Es gab auch nur wenige Sorten, hauptsächlich Kohl, der in Eintöpfen verkocht wurde. Wer konnte, vermied ihn. «Jedes Obst und jeder Kohl sind eine schlechte Nahrung, weil sie schlechtes Blut machen», schrieb ein Arzt im 13. Jahrhundert.[11] «Gemüse ist im Vergleich zu Fleisch wenig nahrhaft. Kohl sondert einen unangenehmen Saft ab, stört den Magen und macht schreckliche Träume; Rüben haben Hitze und eine offensichtliche Bitterkeit; Karotten und Pastinaken sind noch weniger nahrhaft und sind sehr schwer zu verdauen.» So schrieb ein Arzt der Renaissance,[12] so war die herrschende Meinung. Im Winter gab es gar kein frisches Gemüse, sondern nur eingesalzenen oder sauren Kohl. (Italien macht dabei eine Ausnahme, vielleicht wegen des römischen Erbes oder des arabischen Einflusses: Seit der Renaissance waren Spinat, Artischocken, Trüffel, Melonen, Brokkoli und Erbsen beliebt und bald auch der Import aus der «Neuen Welt»: Tomaten, Paprika, grüne Bohnen.)

Obst galt gar als ausgesprochen gefährlich. Schon Galenus hatte behauptet, es könne Fieber verursachen, und lehnte es also ab; sein eigener Vater sei nur deshalb 100 Jahre alt geworden, weil er nie Obst gegessen habe.[13] Diese Meinung hielt sich lange; Obst erzeuge schlechte Säfte und mache «fauliges Fieber» (Typhus), schrieben englische, französische, deutsche Gesundheitsbücher. Kirschen «widerstehen dem Magen, machen Würmer und schlechte Säfte und sind wenig nahrhaft», meinte ein französisches Diätbuch des 16. Jahrhunderts.[14] Sicher verstärkten auch Durchfallerkrankungen, die bei kleinen Kindern tödlich sein konnten, die Angst vor Obst. Die waren vermutlich eher auf die Qualität des Trinkwassers zurückzuführen (nicht abgekocht wie in China). Statt Wasser wurde viel Bier oder Wein getrunken, wo eventuelle Krankheitskeime durch die Gärung und den Alkohol beseitigt waren.

Heutige Ernährungswissenschaftler wären mit dieser Diät weniger zufrieden als mit der chinesischen: zuviel tierisches Fett, zuwenig Vitamin C. Aber wie gesagt, so halten es ja auch die Eskimos.

Proteine, Vitamine, Mineralstoffe

Die Wirkung von Vitaminen war längst erkannt, bevor die Vitamine selbst erkannt wurden. Wenn etwa die Lappen im Sommer Sauerampfer sammelten, zu Brei verkochten und in Rentiermägen trocknen ließen für den

Winter, dann legten sie sich einen Vorrat an Vitamin C zurück. Wenn in einem ägyptischen Papyrus von etwa 1600 v. Chr. Ochsenleber als Mittel gegen Nachtblindheit empfohlen wurde, dann handelt es sich um eine kräftige Gabe von Vitamin A. Wenn die Maya und Azteken ihren Mais in Kalkwasser einweichten oder mit Kalkstein mahlten, dann bewirkten sie damit, daß der Kalk das Niacin, Bestandteil des Vitamin-B-Komplexes, im Mais freisetzte; ohne diese Behandlung kann es vom menschlichen Körper nicht aufgenommen werden.

Als die weißen Eroberer den Mais mit nach Europa, nach Nordamerika und später nach Afrika nahmen, nahmen sie diese Technik nicht mit. Bei den ärmeren Bevölkerungsschichten, die dann hauptsächlich von Mais lebten, entwickelte sich eine Krankheit, die mit Hautveränderung begann und tödlich ausgehen konnte: Pellagra. Sie grassierte im 18. Jahrhundert in Italien, im 19. in Frankreich, Ägypten, Afrika, Nordamerika. Erst Anfang des 20. Jahrhunderts wurde Niacinmangel als Ursache entdeckt.

Vielen Vitaminen sind Ernährungsforscher durch die entsprechenden Mangelerkrankungen auf die Spur gekommen. Skorbut, Vitamin-C-Mangel, war unter Seeleuten so verbreitet, daß oft halbe Schiffsbesatzungen dadurch umkamen. Im 18. Jahrhundert gab Kapitän Cook während seiner Weltreisen der Mannschaft Gemüsesuppen; auf den Pazifischen Inseln ließ er Löffelkraut und wilden Sellerie sammeln, Pflanzen, die «gut gegen Skorbut» waren, wie er in seinem Logbuch notierte.[15] In der Tat blieb seine Mannschaft von Skorbut verschont.

Beriberi, Mangel an Vitamin B_1, breitete sich aus, als Reis so fein poliert und Mehl so fein ausgemahlen wurde, daß dabei der Keim entfernt wurde – in Bevölkerungsgruppen, die hauptsächlich von Brot oder Reis lebten und den Vitaminmangel nicht durch andere Lebensmittel ausgleichen konnten.

Mehrere Mediziner, die solche Mangelkrankheiten erforschten, kamen zu dem Schluß, daß es noch anderes Wichtiges in der Nahrung geben müßte außer dem reinen Nährstoff. Der polnische Chemiker Casimir Funk gebrauchte 1912 zum ersten Mal den Begriff «Vitamine».

Die Lehre von den vier Säften war schon vorher erschüttert worden, als die Chemiker entdeckten, daß «das Leben eine chemische Funktion»[16] ist. Das war Ende des 18. Jahrhunderts. Anfang des 19. entdeckte William Prout, daß in der Nahrung drei Hauptgruppen enthalten waren: die «Saccharina» (Kohlehydrate), «Oleosa» (Fette) und «Albuminosa» (Proteine) – wenn auch noch unklar war, welche Rolle sie spielten. Justus von Liebig nahm an, daß Proteine für geistige und körperliche Aktivität gebraucht werden, während Kohlehydrate und Fette dem Körper seine Wärme verschaffen. Sein Schüler Voit widerlegte die These in bezug auf das Protein. Immer mehr Wissenschaftler fanden mit immer genaueren Testreihen, Analysen, mit besseren Meßmethoden und Instrumenten immer mehr Einzelheiten über die Funktion der einzelnen Anteile in der Nahrung heraus.

Diätwahn im England der zwanziger Jahre.

MANNERS AND MODES.

DYSPEPSIA DE LUXE.

Bald wurde die Rolle der Mineralien entdeckt und, wie gesagt, die der Vitamine.

Analog zu den jeweils neuen Erkenntnissen gab es verschiedene Reformbewegungen, die gesunde Nahrung proklamierten: nun nicht mehr nach dem Prinzip von heiß und kalt oder feucht und trocken, sondern nach den jeweils letzten Ergebnissen aus den Labors. Nach der Entdeckung der Kalorie und vor der Entdeckung der Vitamine war der letzte wissenschaftliche Schrei zum Beispiel, absolut kein Gemüse oder Obst zu essen, da es ja angeblich fast nur aus wertlosem Wasser bestand. So empfahlen es Wilbur Atwater und andere von der amerikanischen Gruppe der «neuen Ernährungswissenschaftler» Ende des vorigen Jahrhunderts. Dr. James

Salisbury wollte gar jede nur denkbare Krankheit mit magerem Steak heilen. Die Gegenbewegung, angeführt von Dr. John Harvey Kellogg, dessen Name durch die Corn-flakes unsterblich wurde, proklamierte im Gegenteil Getreide zum Frühstück (seine Corn-flakes waren aus geschältem Getreide und gesüßt). Der Schweizer Bircher-Benner bereitete sein Frühstücksmüesli aus Vollkorn, angereichert mit Äpfeln und Nüssen. Bei der Wahl zwischen Salisbury und Kellogg hätte man sich an Horace Fletcher halten können, für den die Gesundheit darin bestand, jeden einzelnen Bissen mindestens 100mal zu kauen. Gesundes Leben war eben zu keiner Zeit einfach zu haben.

Zu verschiedenen Zeiten galt ja als erstrebenswert und gesund, je nachdem fett oder mager zu sein. Das fette Ideal war weit verbreitet. Reiche Ägypter der Pharaonenzeit ließen sich immer mit einigen Speckfalten porträtieren. «Das heißt nicht, daß alle reichen Männer Übergewicht hatten, obwohl das bei einigen zweifellos zutraf, sondern daß üblicherweise dadurch Reichtum und Erfolg eines Mannes bezeichnet wurden», so Hilary Wilson, Ägyptologin der Universität Southampton.[17] Auch Chinesen hatten nichts gegen Fettpölsterchen und Afrikaner auch nicht. In Europa waren wohlhabende und begehrenswerte Männer und Frauen üppig. Boccaccio beschrieb im 14. Jahrhundert eine Frau, die sich aus Eitelkeit mit Kapaunen, fetten Nudeln und Kuchen mästete, weil sie meinte, «daß aufgeschwollene rote Backen, dick zum Platzen, die um ein Erkleckliches die Hinterbacken übertreffen, den größten Teil der weiblichen Schönheit ausmachen»[18].

Der Rest des Volkes konnte von Fett nur träumen. «Wäre ich König, so würde ich nichts als Fett trinken», sagte in einem Text des 17. Jahrhunderts ein französischer Bauer.[19] Überall auf der Welt, wo die Armen von besserem Essen träumten, war Fettsein das Attribut der Reichen.

Eine Ausnahme bildeten die Inder, bei denen sich seit dem 6. Jahrhundert das Ideal des Asketen durchsetzte, und das klassische Griechenland, wo die erstrebenswerte Figur die des athletischen Sportlers war. In China wurde seit dem 12. Jahrhundert, also seit es der Mittelschicht und sogar den Arbeitern relativ gut ging, die zarte, schlanke Frau modern – Fett gab es ja genug. Im 19. Jahrhundert setzte sich auch in Mitteleuropa ein neues Ideal durch, geprägt von der fleißigen aufstrebenden Bürgerschicht, für die Arbeit eine Tugend war und Prassen eine Sünde. Ein solcher Mensch hatte nicht fett zu sein, sondern schlank. Mode und Film, auch Ärzte förderten die Sucht nach Schlankheit, und schließlich wurde das viel zu magere «Idealgewicht» propagiert, an das viele bis heute glauben (eine amerikanische Versicherungsfirma hatte es erfunden, um von allen, die mehr als Idealgewicht hatten, also von fast allen überhaupt, Risikosonderzuschläge erheben zu können). Inzwischen hat sich die Pflicht zur Schlankheit so nachdrücklich eingeprägt, daß auch die nichtpuritanischen Genießer beim Anblick ihrer Speckröllchen ein schlechtes Gewissen haben.

GRENZEN

Ein echter deutscher Mann mag keinen Franzen leiden / Doch ihre Weine trinkt er gern», läßt Goethe im *Faust* einen der dümmlich-bornierten Studenten beim Saufen in Auerbachs Keller sagen. Selbst für den waren die politischen Grenzen enger als die kulinarischen. Sein Patriotismus ende bei seinem Magen, sagte auch Bismarck seinem Kaiser, als er Champagner trank – der Kaiser hätte ihn lieber bei Sekt gesehen.

Essen und Trinken können Grenzen überwinden. Als in den fünfziger Jahren «Gastarbeiter» genannte Einwanderer nach Deutschland kamen und von den Deutschen fremd und mißtrauisch beäugt wurden, war die Küche der erste Schritt zur Integration: Pizzerien, Balkan-Grills und Döner-Buden wurden Bestandteil der deutschen Eßkultur. In seinem Buch über die afrikanische Küche beschrieb Laurens van der Post die französischen und britischen, afrikanischen, indischen und malaiischen Einflüsse auf die Küche des (damals noch von Rassentrennung zerrissenen) Südafrika und zog das Fazit: «Ließe sich nur das Herz in Südafrika von seinem nationalen Gaumen leiten, gäbe es keine Apartheid und kein Rassenvorurteil mehr im Lande, denn unsere Küche ist die denkbar beste Reklame für eine direkte und ungehemmte Rassenmischung.»[1] Es gibt Zeichen der Hoffnung, daß sein Wunsch Wirklichkeit wird.

Mägen sind oft kosmopolitischer als die dazugehörenden Köpfe. Aber auch Völkerfeindschaft und Chauvinismus können ganz wie Liebe durch den Magen gehen. Welcher Europäer denkt schon daran, wenn er zum Frühstück ein Croissant, ein Hörnchen, verzehrt, daß er damit auf dem Symbol eines besiegten Feindes herumkaut? Das stammt aus dem 17. Jahrhundert, als die Türken Wien belagerten. Ihr Feldzeichen war der türkische Halbmond. Nachdem die Türken geschlagen und abgezogen waren, tauchten die Österreicher jeden Morgen dieses Feldzeichen als Hörnchen in den Morgenkaffee.[2]

Deutsche und Franzosen haben oft und höhnisch das Essen der jeweils anderen verspottet. Im Krieg gegen Napoleon, als den Deutschen hehre Worte wie Freiheit und Patriotismus leicht von der Zunge kamen, führte Goethe die Völkerfeindschaft auf Wichtigeres zurück: «Weiß und schwarz Brot ist eigentlich das Schibboleth, das Feldgeschrei zwischen Franzosen und Deutschen», resümierte er in der *Campagne in Frankreich* mehrere Erlebnisse mit Franzosen, die vor deutschem Kommißbrot wie vor einem «furchtbaren Gespenst» zurückschraken.[3]

 Einige deutsch-französische Kriege später verfaßte der Elsässer Satiriker

Hansi eine Spottschrift auf die Deutschen, *Professor Knatschke*. Die wimmelte von allerlei Seitenhieben auf den seltsamen deutschen Geschmack, und immer war Maggiwürze dabei. Da gab es Biersuppe mit Rosinen und Ölsardinen oder folgendes «Austernrezept»: «Zuerst macht man Meerwasser, indem man ein halbes Pfund Salz in einem Liter Wasser auflösen läßt. Dann nimmt man leere Austernschalen (die man in jedem besseren Restaurang überaus billig haben kann) und gießt in jede Austernschale acht bis zehn Tropfen Meerwasser. Dann nimmt man Heringsmilcher von prima Bismarckheringen und schneidet sie vorsichtig mit der Schere in runde, talergroße, austernförmige Stückchen und legt ein Stückchen in jede Schale. Darüber etwas Zitronensaft oder besser Zitronenessenz; noch ein wenig Maggiwürze, und die Austern sind fertig.»[4]

Das ist übrigens einer der Fälle, wo die Wirklichkeit die Satire längst überholt hat: In Elsholtz' *Diaeteticon* von 1682 findet man unter «Das Eingeweyde der Fische» den Eintrag: «Einige wässern die Milch von Peckel-heringen aus / und wollen daraus falsche Austers in Schalen formiren / aber es ist sehr mercklich.»[5]

Nicht ins Reich der Satire gehört, daß 1994 in Deutschland der Vorschlag gemacht wurde, per Gesetz sollten ausländische Lokale verpflichtet werden, auch ein deutsches Gericht anzubieten. Deutsch essen hat Tradition; im Geburtsdorf meiner Mutter (in Sachsen) war zur Nazizeit beim Großbauern an das Gesindehaus gemalt:

> «Deutscher bleib deutsch und laß dich gemahnen:
> Iß deutsches Obst und friß nicht Bananen.»

Wie man weiß, gab es gegen die Nazis keine Bananen-Revolution ...

Jedenfalls verlaufen die Eßgrenzen anders als die politischen. Das politisch längst geeinte Nord- und Süddeutschland trennt der Weißwurstäquator. Frankreichs Norden und Süden sind durch die Fettgrenze getrennt; in Nordfrankreich bis zur Loire, Auvergne, Lyon verwendet man Butter, um das Mittelmeer herum Olivenöl. Fernandel spielte in einem Film einen Koch, der in seinem Restaurant südfranzösische Ölküche macht; als er zu spät aus dem Krieg heimkehrt (er war zu lange bei einer bezopften deutschen Frau untergekrochen), hat seine Frau einen anderen Mann, was schon schlimm ist, aber das schlimmste: Dieser andere kocht nun mit Butter und Sahne in seinem Restaurant! In der Elfenbeinküste trennt der Fluß Bandama die Reisesser im Westen von den Yamsessern im Osten.

Manche Lebensmittel und Eßgewohnheiten verbreiteten sich über die großen Handelsstraßen, manche im Gefolge von Eroberern und Soldaten. Zwei blutigen Eroberungen verdankt Indien seine großartige Küche. Die Mongolen unter dem berüchtigten Timur hatten im 14. Jahrhundert Persien erobert und geplündert; Timur brachte von dort Architekten, Künstler, Köche mit, die seine Hauptstadt Samarkand verschönern sollten. Dann fiel er in Indien ein, verwüstete brennend und plündernd Delhi und Lahore.

Bewässerung eines Reisfeldes. Nur Barbaren essen kein Getreide – dachte man in China.

Seine Nachfolger, als erster sein Urenkel Babur, regierten als Mogulherrscher (persisch für «Mongolen») in Indien und brachten Persisch als Hofsprache, persische Malerei und Dichtung, Kultur und Küche mit. Viele Gerichte, für die die indische Küche bekannt ist, stammen aus dieser Zeit: die Biryanis (persisch für «gebraten»), mit Reis zusammen geschmortes Fleisch mit vielen Nüssen, Früchten und Ingwer, die vielen Pulao oder Pilau-Gerichte, ebenfalls aus Reis mit Fleisch, Tandoori-Zubereitungen, bei denen Fleisch mariniert und dann im Ofen geröstet wird, oder das berühmte Murg Masala («morg» heißt persisch «Huhn»), ein entbeintes, mit Hack, Nüssen und Reis gefülltes Hühnchen in reich gewürzter Joghurtsauce. Die Moguln führten auch ein, daß solche Gerichte von verschiedenen Sorten Brot, Chutneys, Pickles, frischem Ingwer, Limonen und Salaten begleitet wurden; außerdem brachten sie eine Fülle von süßen Zubereitungen mit.

In den Kapiteln über die «Kolonialwaren» Kaffee, Tee, Kakao, Zucker ist zu lesen, wie die Eroberer Amerikas Pflanzen und Früchte über die Welt verbreiteten. Sie brachten auch das Rind nach Amerika – heute weiden dort die riesigsten Rinderherden. Sie führten Mais in Afrika ein, der in vielen

Ländern, vor allem im Süden, Grundnahrungsmittel geworden ist. Von den vielen hundert Kartoffelsorten Südamerikas brachte sie eine (nicht die beste) mit nach Europa, wo sie nach dem Brot das wichtigste Lebensmittel ist.

Mit ihren Grundnahrungsmitteln sind Völker im allgemeinen sehr konservativ. In Asien, woher der Reis stammt, wird nach wie vor hauptsächlich Reis gegessen; im mittleren Afrika sind seit Frühzeiten Yams und andere Knollenfrüchte die Grundnahrungsmittel, in Südamerika Mais und Kartoffeln, die dort herstammen. Den größten Siegeszug hat der Weizen hinter sich, der ein Viertel der Welt-Getreideernte ausmacht. Der Nahe Osten und Ägypten waren die frühesten Brotesser, heute ist es Grundnahrungsmittel in Nordamerika, in Argentinien und ein paar Nachbarregionen Südamerikas, in Europa, zahlreichen Staaten der ehemaligen UdSSR bis nach Sibirien, Nordafrika, Australien. Inder essen (anders als Chinesen oder Japaner) Brot zu ihrem Reis, China produziert viel Weizen wegen der Nudeln.

Manche Getreideesser verachten Völker, die das nicht tun. In einem chinesischen Text aus dem 2. oder 3. Jahrhundert v. Chr. wurden die unzivilisierten Völker beschrieben, die außerhalb von China wohnten: «Die im Westen heißen Jung. Sie tragen ihr Haar ungebunden und kleiden sich mit Fellen. Einige dieser Stämme essen keine Getreidenahrung. Die im Norden heißen Ti. Sie kleiden sich in Häute von Tieren und Vögeln und leben in Höhlen. Einige essen keine Getreidenahrung.»[6] Sich gesittet zu ernähren, Fleisch nicht brockenweise hinunterzuschlingen, sondern als Begleitung zum Reis oder zur Hirse zu essen, das war ebenso Teil der Zivilisation wie sich kämmen oder sich kleiden.

Andere Getreidevölker verachten die Knollenesser als «faul». Yams, Kassawa, Kartoffeln sind einfacher zu kultivieren als Getreide. Der mühsam ackernde Getreidebauer, der auch noch seine Sorge mit der Lagerung hat, guckt mit Neid auf den Kassawabauern, der weniger Arbeit hat, weder Saatgut noch Dünger kaufen muß, dem Dürre wenig anhaben kann, der seine Ernte länger als ein Jahr im Boden lassen und nach Bedarf herausholen kann. Nach der Unabhängigkeit wurden in Sambia Kassawabauern beschuldigt, faul zu sein. Die Regierung wünschte, sie sollten Mais produzieren, «um die Nation zu ernähren»[7]. Genau diesen Vorwurf machten die reichen Getreide und Rindfleisch essenden Engländer den armen Iren, die sich von den Kartoffeln ernähren mußten, welche sie in ihren kleinen Gärtchen anbauten: Sie seien faul. Es hatten sich ja schon zuvor englische Forschungsreisende darüber geärgert, daß auf Tahiti den faulen heidnischen Eingeborenen Nahrung in luxuriösem Überfluß einfach so in den Mund wachse, während die frommen fleißigen Engländer dafür so hart schuften müßten!

Die Fleischgrenzen lassen sich nicht so genau festlegen, denn viele Völker halten und essen verschiedene Sorten Tiere. Scharf getrennt sind jedoch die Schweineesser von denjenigen, denen Schwein ein Greuel ist. Schweine sind in zwei weit voneinander entfernt liegenden Gebieten verbreitet. Erstens in Südostasien; in China war das Schwein schon sehr früh Haustier und Nahrung, vermutlich im 6. oder 7. Jahrtausend v. Chr. Ebenso lange sind Schweine in Neuguinea nachweisbar – vermutlich brachten Einwanderer aus Indonesien sie dorthin mit. Das muslimische Malaysia sieht mit Horror auf die benachbarten Schweineesser. Über die Eßgrenze hinweg ist jedoch Zusammenarbeit möglich: In Nordmalaysia töten die Bauern wilde Schweine, die sie genausowenig in ihren Gärten oder Feldern haben wollen wie auf ihrem Teller. Thailändische Buddhisten, die Tiere nicht schlachten, wohl aber essen dürfen, entfernen die Kadaver (die kein Malaysier anrühren würde) und verspeisen sie.

Die zweite Gegend, wo sehr viele Schweine gegessen werden, ist Nord- und Osteuropa. Dorthin kam das Schwein aus dem Nahen Osten, wo es im 7. Jahrtausend, möglicherweise früher, Haustier war. Schon vor der Ausbreitung des Islams wurden die Schweine dort von Schaf und Ziege verdrängt. Um so mehr Erfolg hatten sie in Europa; vom 7. und 8. Jahrhundert an berechnete man in England, Deutschland, Frankreich und Norditalien die Größe von Waldgebieten nicht in Quadratmeilen, Hektar oder ähnlichem, sondern nach der Zahl der Schweine, die darin futtern und fett werden konnten. Die europäischen Einwanderer führten Schweine nach Amerika ein. Im 19. Jahrhundert war gesalzenes und getrocknetes Schweinefleisch vor allem im Süden und im Mittleren Westen fast ein Grundnahrungsmittel, erst später wurden die Rinder wichtiger. Wenn man in Tennessee von Fleisch sprach, dann meinte man Schweinefleisch.

Eine andere unüberschreitbare Grenze besteht zwischen denen, die Hunde essen, und die das nicht tun. Da gibt es keine Verständigung, da herrschen Haß und Ekel, so heftig wie anderswo gegenüber Schweineessern. Hunde wurden wohl ziemlich zur selben Zeit, um die Mitte des 9. Jahrtausends v. Chr., in Sibirien, Europa und Nordamerika gezähmt. Warum dann manche Völker ihre Hunde aßen und andere nicht, das bleibt ein Rätsel. Fest steht, daß Hundeesser weniger werden: Heute findet man sie nur noch in China und Korea, vor kurzem auf den Philippinen, den Polynesischen und Melanesischen Inseln (möglicherweise auch noch heute, aber es wird nicht mehr zugegeben). Früher aß man Hund in Mittel- und Südamerika, bei etwa 70 Indianerstämmen in Nordamerika, auf den Kanarischen Inseln, in Europa, Kleinasien, Nord- und Mittelafrika, Neuseeland. Aus Westeuropa und England gibt es frühgeschichtliche Funde, die belegen, daß Hunde gegessen wurden, noch 1893 schrieb Heinrich Schurtz in seinem Buch *Die Speiseverbote*: «Von der ärmeren Bevölkerung mancher Landstriche Deutschlands wird Hundefleisch noch jetzt nicht verschmäht.»[8] Die Griechen hörten in der klassischen Epoche allmählich auf, Hunde zu essen; nur noch zu rituellen Zwecken oder als Krankennahrung gab es Hundefleisch. In Sardis (im lykischen Königreich in Kleinasien) wurden zwischen dem 7. und 5. Jahrhundert v. Chr. Hundeopfer den Göttern oder Toten geweiht; die bestanden aus jeweils einem kleinen Topf, in dem Hundeknochen waren (bei der Ausgrabung – vorher war noch Fleisch daran gewesen), einem Teller, einer Schale, einem Becher, in dem vermutlich ein Getränk gewesen war, und einem eisernen Messer. War das eine besondere Mahlzeit für die Götter, oder aßen Menschen das auch alle Tage? Bei den Chinesen zählte Hundeleber mit Wolfsbrustfett zu den «Acht Köstlichkeiten»[9].

Afrikaner schütteln sich vor Ekel bei dem Gedanken, daß Europäer Frösche essen; Europäer und Amerikaner ekeln sich beim Gedanken an Menschen, die Insekten essen. Noch eine unüberschreitbare Grenze. 1885 veröffentlichte der Engländer Vincent Holt ein Buch mit dem Titel *Why not eat Insects?*, in dem er seinen Landsleuten die gesunden und nahrhaften Insekten ans Herz legte; ein Insekt, das reinlich lebe und frische Pflanzen knabbere, sei ja wohl mindestens so appetitlich wie ein Unrat fressendes Schwein, argumentierte er (von Fliegen und Aaskäfern riet er ab). Aber er hatte keinen durchschlagenden Erfolg.

Insekten zu essen war früher auf der ganzen Welt verbreitet. Besonders beliebt waren sie wegen ihres Fetts – Jagdtiere sind oft mager, und da waren ein paar fette Maden als Zusatz sehr willkommen. Die australischen Ureinwohner aßen alle möglichen Sorten Maden, Larven von Schmetterlingen oder Käfern. Heuschrecken hingegen aßen sie so gut wie gar nicht – sie waren ihnen zu mager, und mager waren ja schon die Känguruhs, die sie gelegentlich erlegen konnten. Sie hatten ein eigenes Gerät zum Larvenfangen, eine lange, biegsame Gerte, am Ende mit einem Widerhaken versehen (die Männer trugen sie manchmal hinterm Ohr). Damit fuhren sie in die Gänge der Larven im Holz, spießten sie auf und zogen sie heraus.

In ganz Amerika wurden viele Sorten Insekten verzehrt, auch am liebsten fette Maden. Alexander von Humboldt wurde in Südamerika zu Ameisenpaste eingeladen: zubereitet aus einer Ameisensorte mit einem weißen, fetthaltigen Hinterteil, über dem Feuer getrocknet und geräuchert, dann zerstoßen und mit Maniokmehl vermischt. Die Paste schmeckte, wie Humboldt fand, «ungefähr wie ranzige Butter mit Brotkrumen geknetet»[10].

In Afrika galten auch Heuschrecken als Delikatesse. Schon Herodot erzählt, daß sie in Nordafrika zu Pulver vermahlen und in Milch getrunken wurden. Man aß sie auch gebraten. Wahrscheinlich war das pure Selbstverteidigung: Die Bauern aßen die Heuschrecken, bevor diese ihre Ernte fressen konnten. Auch Termiten waren als Speise sehr beliebt; im Kongo wurden im Frühjahr gebratene Termiten auf den Märkten gehandelt. Da sie fast zur Hälfte aus Fett bestehen, konnte man sie auch zu Öl verarbeiten, das sich gut zum Braten eignete.

Eine Raupensorte, die ein europäischer Reisender in Südafrika serviert bekam, schmeckte ihm «wie süße Mandelcreme»[11]. Auch in Japan waren Insekten als süße Leckerei geschätzt: Eine Käfersorte wurde gebraten, zerkleinert und mit Zucker gegessen; van der Post hat in Japan Termiten bekommen, die «wie Nüsse mit Schokolade überzogen waren»[12].

Rechte Seite: Nudelmacherinnen in Italien 1385.

In Südostasien wurden allerlei Käfer, große Wasserwanzen und dergleichen verspeist; eine besondere Leckerei war in China die Seidenraupe. In den Seidenfabriken siedete auf den Arbeitstischen immer ein Topf mit heißem Wasser, in den die Frauen die Raupen warfen, wenn sie ihren Kokon abgehaspelt hatten; während der Arbeit hatten sie also immer etwas zu essen.

Aus Europa ist immerhin von unseren «klassischen» Vorfahren zu berichten, daß Insekten ihnen nichts Fremdes waren: Aristoteles zum Beispiel empfahl, Grillen vor der letzten Häutung zu verspeisen, da sie dann leckerer seien, und laut Plinius mästeten die Römer Maden des «cossus» (einer Käfersorte) mit Mehl und Wein, damit sie noch köstlicher schmeckten.

Die Quellen fließen reichlich, wenn man nach Hinweisen sucht, wer in der Welt Insekten gegessen hat. Aber sie fließen gar nicht mehr reichlich, wenn es um die Gegenwart geht. Der europäische und nordamerikanische Ekel vor Insekten scheint zu bewirken, daß die Insektenesser es selbst nicht mehr so recht zugeben. Immerhin kann man in Japan Maden und Wespenlarven in Dosen kaufen. Auch Seidenwürmer gehören in Japan und China noch auf die Speisekarte. In China, vor allem in Kanton, gibt es süße Käfer als Konfekt. In Afrika sind Heuschrecken und Termiten beliebt, und manche Raupen, die als besondere Delikatesse gelten, gibt es auf dem Markt zu kaufen. Auf der Suche nach der traditionellen mexikanischen Küche fand Sokolov in Mexico City ein Restaurant, das so zu kochen versuchte, wie vor der Ankunft der Spanier gekocht wurde. Schon im Eingang waren Berge von Grillen und Schmetterlingslarven ausgestellt. «Wer zum ersten Mal kommt, wird wohl Ameiseneier in grüner Sauce nehmen und geröstete Grillen mit Guacamole (Sauce aus grüner Tomate, Avocado, Chili und Zwiebel mit Koriander und Knoblauch). Dann gibt es knusprige Kuchen aus Moskitoeiern mit Chilisauce», beschrieb er das Angebot und fügte hinzu, es sei nicht ungewöhnlich, Maden oder Kaktusflöhe auf normalen Märkten oder den Speisekarten von Luxushotels zu finden.[13]

Eine weitere Grenze trennt die Fleischesser, nämlich die zwischen roh oder gekocht. Eine chinesische Prinzessin, die im 1. Jahrhundert v. Chr. nach Zentralasien heiratete, beklagte sich in einem Gedicht:

«Mein Volk hat mich verheiratet
an dieses Ende der Welt.
Mein Haus ist ein Zelt,
Filz meine Tapeten,
rohes Fleisch meine Nahrung,
Stutenmilch mein Trank.»[14]

Rohes Fleisch zu essen ist für eine Chinesin mindestens so barbarisch wie keine Getreidenahrung zu essen. Das ist bis heute so geblieben; der Franzose Boulet berichtet, daß er und seine chinesische Frau den berühmten

. Try .
Try. ɔplo. ca. ⁊ hu. in 2. Electio ɔplete opati. iuuani. ɔ fert pectori. ⁊ gutturi. nocumt. nocet debi
lib; uiscerib; ⁊ sto. Remo necti cu pcidys. Quid gnat nutrimentu; plu;. Conuenit sto. ca. iuuen
tuti. hyeme. omnib; regionib; .

Schinken aus Xuanwei so essen wollten, wie man Schinken eben ißt: in Scheiben geschnitten und sonst nichts. «Das ist barbarisch – sich von rohem Fleisch ernähren! Die Chinesen beobachten uns verblüfft und voll Spott, wenn wir ihn so essen. Restaurants weigern sich, uns Schinken zu servieren, wenn sie ihn nicht kochen oder braten.»[15]

Daß Menschen sich teilweise oder sogar überwiegend von rohem Fleisch ernähren, wurde häufig ausgerechnet aus dem kalten Nordsibirien und Alaska berichtet. So willkommen vermutlich ein heißer Schmortopf gewesen wäre, das Feuerholz war knapp, und so wurde roh gegessen. «Rohfleischesser», Eskimos, nannten denn auch die Algonquin die Leute im hohen Norden. Die noch warmen Innereien frisch erlegter Tiere, Leber, Niere, galten freilich auch weiter im Süden bei den Sioux als Delikatesse. Frisches rohes Fleisch, noch warm gleich nach dem Schlachten, servierten die Äthiopier als Köstlichkeit mit einer scharfen roten Pfeffersauce. In Japan galt «roh» als eine Zubereitungsart, gleichberechtigt mit gebraten oder gekocht, die hauptsächlich bei Fisch angewendet wurde (Japaner aßen kaum Fleisch).

Die Nomaden in Innerasien, zu denen die chinesische Prinzessin verheiratet wurde, schätzten auch in späteren Jahrhunderten als besondere Leckerei die rohen, noch warmen Eingeweide der frisch erlegten oder geschlachteten Tiere. Und was ist mit dem rohen Fleisch, das sie unter ihren Sätteln gar ritten? Dem Namensgeber für unser Steak Tatar, auch wenn wir heute kleinhacken statt weich reiten? Hans Schiltberger, der im 15. Jahrhundert durch Asien reiste, hat das berichtet: «Ich hab auch gesehen ... das sy em fleysch nemen unnd es dünn schneydent / unnd legend es dann under den satel un reyten darauff un essen es dann so sy hungert ... das tund sy wenn sy nit zeit die speyß zu bereitte haben.»[16] Seitdem ist diese bizarre Zubereitungsart fast zum Kennzeichen der asiatischen Reitervölker geworden, jedenfalls nach westlicher Auffassung. Ich habe mich oft gefragt, was für eine Würze der Pferdeschweiß dem Fleisch gegeben haben mag. Möglicherweise beruht unser ganzes schönes Vorurteil nur darauf, daß Schiltberger den Zweck des Fleisches unterm Sattel mißverstanden hat. In den Jahren 1802/03 ging ein anderer Reiseberichterstatter, Bergmann, diesem Mythos nach: «Sie legen allerdings Fleisch und besonders Fett unter ihre Sättel, aber bloß um die Wunden, welche das harte Sattelholz auf dem Pferderücken verursacht hat, zu heilen: Wenn das Pflaster seine Dienste gethan hat, wird es als unnütz weggeworfen. Ich habe ein Paarmal von diesem Vorurtheile mit Kalmuken gesprochen, und sie haben laut über die Albernheit der Europäer gelacht, welche auf dergleichen Irrthümer verfallen sind.»[17]

Da können wir gleich mit einem anderen Eßmythos aufräumen, nämlich dem, wie die Nudel über viele Grenzen hinweg von China ihren Siegeszug nach Italien antrat: Die Legende sagt, sie tat das im Gepäck von Marco Polo.

Er selbst hat dergleichen nie behauptet. Nudeln kommen in seinem Reisebericht (den er einem Franzosen diktierte) nur ganz am Rande vor. An einer Stelle sprach er über die Getreidesorten, die in Südchina üblich waren, nannte Reis und zwei Hirsearten. Weiter heißt es: «Weizen ist bei ihnen nicht so ertragreich; und was sie ernten, das essen sie nur als Makkaroni oder andere Teigspeisen.»[18] An anderer Stelle berichtete er über den Brotfruchtbaum: «Daraus machen sie einen Teig, den sie essen und der ausgezeichnet ist.»[19] Maguelonne Toussaint-Samat hat hier die Quelle des Mißverständnisses entdeckt. Der französische Herausgeber fügte nämlich dieser Stelle die Bemerkung hinzu: «Daraus macht man Lasagne und andere Nudelspeisen, die besagter Marco Polo mehrfach gegessen hat. Er hat sie nach Venedig mitgebracht.» Marco Polo hatte aber gar nicht von Nudeln gesprochen, sondern von der Tatsache, die ihm und anderen Italienern sicher neu war, daß aus der Frucht eines Baumes Mehl und Teig gemacht würden. Er sprach überhaupt wenig von Nudeln, die oben zitierte Stelle scheint die einzige zu sein. Wären Nudeln ihm und anderen Italienern neu gewesen, hätte er sie sicher erwähnenswert gefunden und beschrieben. Wenn er so selbstverständlich Makkaroni nannte, dann doch wohl, weil er sie kannte und das auch bei seinen Lesern voraussetzte.

Im Jahr 1279, also vor Polos Rückkehr, listete der Notar Ugolino Scarpa aus Genua den Nachlaß eines Soldaten auf, eines Herrn Ponzio Bastone, unter anderem «bariscella una plena de macaroni», einen Korb voll Makkaroni. Die Akte befindet sich im Staatsarchiv von Genua, eine Kopie im Spaghetti-Museum in Pontedassio (nahe Turin).[20] Vermutlich ist die Nudel in der Tat aus China gekommen, wo Nudelgerichte zum ersten Mal in der Han-Zeit (206 v. Chr. bis 220 n. Chr.) erwähnt wurden: gekochte Nudeln, gedämpfte Teigtaschen und Klößchen. Aber nicht im Gepäck von Marco Polo, sondern schon früher auf einem der großen Handelswege. Zur Zeit, als Marco Polo China bereiste, kannten und liebten schon viele Völker entlang der Seidenstraße Teigwaren: Die Inder hatten ihre Samosa, mit Gemüse gefüllte Teigtaschen, ähnliche ravioliartige Zubereitungen kannten die Tibeter und die Russen. Die Perser liebten gedämpfte kleine Teigbällchen, eine Art Gnocchi.

Was nicht aus China gekommen sein kann, ist der geriebene Käse auf den Nudeln. Die Chinesen leben ja jenseits der Milchgrenze. Ein großer Teil der Menschheit hat selten oder nie Milch angerührt, viele ostasiatische Völker wie Chinesen, Koreaner, Thai, Indonesier, viele Völker Afrikas, amerikanische Indianer; die Völker, die keine Rinder züchteten. Sie vertrugen keine Milch – und vertragen heute noch keine. Sie sind nach dem Säuglingsalter nicht mehr fähig, den Milchzucker zu verdauen, weil sie ein bestimmtes Enzym nicht haben. Milchverzehr würde ihnen unangenehme Blähungen und Darmkrämpfe machen. So haben sie sich im Lauf der Jahrhunderte angewöhnt, Milch für ein ekliges Drüsensekret zu halten. Die Europäer oder Amerikaner, die so etwas zu sich nehmen, stinken für diese

Völker nach Käse – wie eine Thailänderin einmal so höflich sie konnte einem neugierigen Fernsehmoderator mitteilte.

Die Grenzen zwischen fest verankerten Nahrungstraditionen hatten dort keinen Bestand, wo Völker eine Überlegenheit, die sie Fremden zuerkannten, auf deren Ernährung bezogen. Der Gedanke, da sei ein Zusammenhang, ist auch uns nicht fremd, wie Tausende von Diäten zeigen, ganz zu schweigen von der Ernährung unserer Leistungssportler. Von der Umgewöhnung kolonisierter Völker an die Nahrung der offensichtlich stärkeren Besatzer war schon im Abschnitt über den Kolonialismus die Rede.

Große Teile der pazifischen Inselwelt und Papua-Neuguineas haben die materiell überlegenen Europäer hauptsächlich erst in der Mitte des 20. Jahrhunderts kennengelernt, als der Zweite Weltkrieg dort einen gewaltigen Aufwand westlicher Technologie gegen die Japaner brachte und kurz danach westliche Unternehmen auch diese Gebiete wirtschaftlich für sich «erschlossen».

Die Kost der Inselvölker enthielt im allgemeinen reichlich Vitamine, Mineralstoffe und Ballast in Kohlehydraten, dafür sehr wenig Fett und stellenweise viel zuwenig Proteine. Aber sie konnten sich ausreichend selbst ernähren. Nun lockte die Kost der Weißen. Sie war aber nicht auf dem Tauschweg zu haben, sondern nur für Geld. Das konnten die Einheimischen verdienen – als Arbeiter für die Unternehmen der Fremden oder mit «Cash Crops», also Anbau von Produkten für den Export wie Kokos oder Kaffee. Sie gewöhnten sich schnell daran und wurden Kunden der Weltwirtschaft. Hier würde stimmen, was manche Soziologen wenig überzeugend als Grund für den wachsenden Appetit europäischer Unterschichten in den letzten zwei Jahrhunderten ausgeben: Hier herrscht der Wunsch, die herrschende Schicht nachzumachen.

Die Bewohner jener Inseln kauften, was sie für die Patenternährung der Überlegenen hielten. Sehr beliebt wurden Reis und Fischkonserven (mit denen einige Inselvölker ein Proteindefizit ihrer traditionellen Nahrung ausgleichen konnten). Dann kam Alkohol dazu, besonders Bier, ferner Zucker, Salz, Kaffee, Tee, Colagetränke, Weißbrot, Süßigkeiten, Snacks. Jetzt enthält ihre Kost neben dem erwünschten Protein viel Fett, Zucker und raffinierte Kohlehydrate. Nun nehmen Fettsucht, Zuckerkrankheit und Fehlernährung zu und die übrigen gesundheitlichen Folgen der Fehlernährung. Die frühere Ausgewogenheit ist geschwunden. Wo frühere Proteinmängel ausgeglichen wurden, hat das Pendel zu weit in die andere Richtung ausgeschlagen: Die «Wohlstandskrankheiten» sind da.

Seit sie in die Geldwirtschaft einbezogen sind, geben die Menschen, die sich bis vor kurzem aus eigener Ernte ernähren konnten, viel Geld für Lebens- und Genußmittel aus, in manchen Gegenden weit mehr als die Hälfte ihrer Einnahmen.

KOCH HEISST KÖNNEN

Das Ansehen und damit das Selbstbewußtsein von Köchen haben, wie gezeigt, im Lauf der Jahrhunderte sehr geschwankt. Daß «der Mann auf der Straße vor einem bekannte Koch Respekt hatte» wie im alten China,[1] konnten Köchinnen und Köche im alten Europa nur selten von sich sagen. Immerhin hat sich, als die französischen Köche aus den aristokratischen Häusern in die Restaurants überwechselten und oft selbst Besitzer, also ihre eigenen Herren wurden, ihre Kreativität verstärkt. Von nun an erfanden sie immer neue Gerichte, die auch im Gedächtnis der Kundschaft haftenblieben. Die Konkurrenz von immer mehr Restaurants stachelte an. Es gab keine mächtigen Herren über diese Köche mehr, die sie aus Gründen des eigenen Geschmacks bremsten. Wo sie nicht Besitzer, sondern «nur» Küchenchefs waren, lag nicht im Interesse der Besitzer, sie zu bremsen. Solange ein Lokal Zulauf hatte, konnten die Küchenchefs mit guten Gehältern und zunehmendem Ruf rechnen.

Die meisten blieben auch unter den neuen Verhältnissen Angestellte. Und für sie waren die Arbeitsbedingungen schlecht, auch in Lokalen, die berühmt waren oder wurden. Die im 19. und 20. Jahrhundert immer wiederkehrenden Wirtschaftskrisen trugen nicht dazu bei, Arbeitsbedingungen zu verbessern. Gerade die Berufe, die für das Luxus- und Genußbedürfnis der Oberschicht sorgen, leiden von jeher unter schlechten Arbeitsbedingungen. Noch in unserer Zeit mußten, nein, müssen viele Köchinnen und Köche in engen, schlecht zu lüftenden Kellerräumen arbeiten.

Die körperliche Anstrengung, so stark sie heute auch ist, war früher größer. Jahrhundertelang wurde Fleisch im Mörser püriert, als es andere Geräte noch nicht gab. Versuchen Sie mal, ein Pfund Fleisch derart in Mus zu verwandeln. «Mousse» war im Interesse feiner Damen ein wichtiger Bestandteil der Menüs: Diese Wiederauflage des Breis in glatter Form sollte ihnen das sichtbare Kauen ersparen, das damals für Frauen als unästhetisch empfunden wurde.[2]

Die immer bessere Küchen- und Raumtechnik bedurfte der Investition, zu der Hoteliers und Restaurantwirte keineswegs immer willens oder imstande waren. Paul Bocuse erzählte Schauergeschichten über die Verhältnisse in dem berühmten Pariser Lokal, in dem er einen Teil seiner Lehrzeit verbrachte. Fernsehzuschauer konnten in den siebziger Jahren sehen, wie im Weinkeller des weltberühmten *Maxim's* ein Kellner sein Wasser inmitten der eindrucksvollen Regale abschlug ...

Einen Fortschritt brachte im letzten Drittel des 20. Jahrhunderts die von

Tranchieren in der Luft, ohne Auflage, erleben wir heute kaum noch.

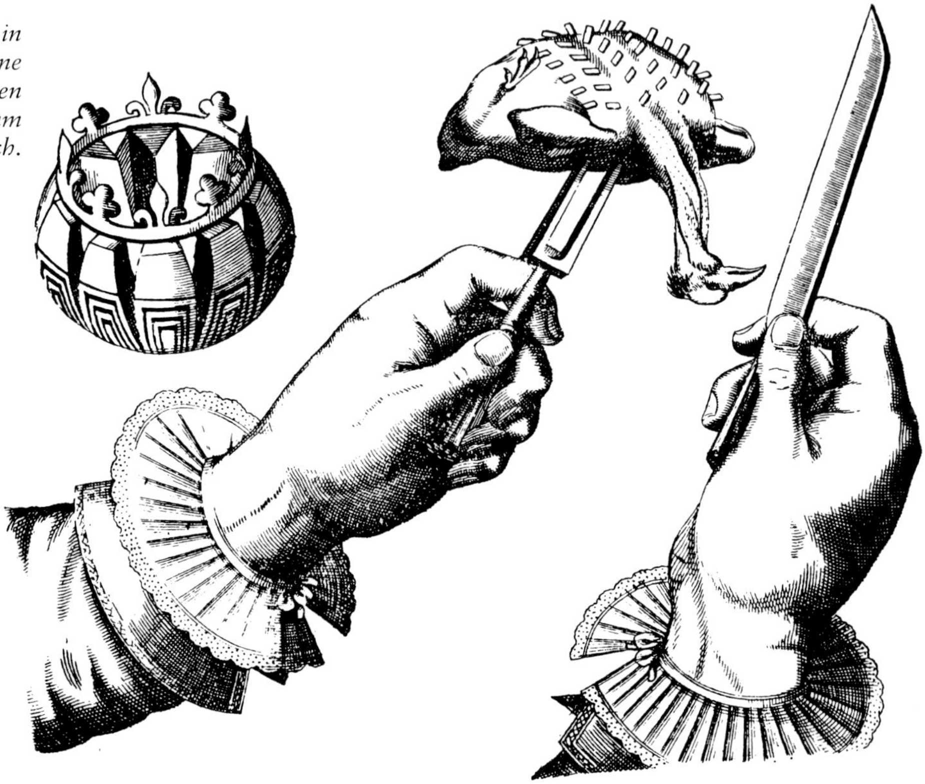

Frankreich ausgehende, fast revolutionäre Veränderung in der gehobenen Gastronomie, die den Spitzenköchen einen großen Bekanntheitsgrad verschaffte und ihr Prestige – auch in anderen europäischen Ländern – so erhöhte, daß viele von ihnen bessere Arbeitsbedingungen für sich und ihre Mitarbeiter durchsetzen konnten – hauptsächlich bessere Küchen, größer, besser belüftet, nicht mehr in Kellerlöchern, mit besseren hygienischen Einrichtungen.

Das wachsende Interesse an guten Restaurants, das in Frankreich ja schon Tradition war, ohne daß sich die Gäste früher viel um die physischen Bedingungen der Küchen gekümmert hätten (auch heute tun das längst nicht alle), sprang auch auf andere Länder über, besonders auf Deutschland.

Das Prestige ist natürlich nicht nur berechtigt, wenn man an die im allgemeinen lange und gründliche Lehrzeit denkt, die ein guter Koch auch noch nach seiner Grundausbildung durchläuft, sondern letztlich entscheidet das Können, auch wenn es in manchen Fällen ohne solche Ausbildung erworben wurde. Aber was schließlich auf dem Teller einfach aussieht, hat stets eine lange Vorgeschichte gründlicher Planung und Ausarbeitung – Arbeit.

 In den achtziger Jahren wurden in Deutschland japanische Sushi populär. Der gute Sushi-Koch in Japan (unterstellen wir aber, daß es ihn nicht nur in Japan gibt) verbringt dort nach zwei Jahren Grundausbildung in der Küche bis zu zwei weitere Jahre damit, Reis kochen zu lernen. Das ist erst vorbei, wenn sein Reis jedesmal perfekt ist. Dann lernt er Fisch besorgen und bereiten, drei bis vier Jahre lang. Bevor ein Sushi-Koch als qualifiziert gilt, muß er sieben bis acht Jahre mit Lernen und Ausbildung verbracht haben.[3] Jahrelange, bis zehnjährige Übung verlangt auch die Kunst chinesischer Spitzenköche, Fisch und (weniger oft) Fleisch in so feine, hauchdünne Scheibchen zu schneiden, daß sie in die Luft geblasen werden könnten.

Frühe Mongoleireisende waren beeindruckt davon, wie dort Köche eine bestimmte Art Nudeln machten, «die wie ein zusammengeschlungenes Strickbündel aussehen»[4]: Dazu formten sie einen kleinen Teigball in der Hand erst zu einem Ring, erweiterten den Ring immer mehr, «bis man ihn durchschlingend in die Bündelgestalt verwandelt». Ähnlich verblüffen heute chinesische Nudelköche in manchen Restaurants die Gäste: Wenn man Nudeln bestellt, erscheinen sie mit einem Teigball am Tisch, den sie in der Luft schwenken und wie die Zauberer erst zu einem dicken Ring, dann zu zwei dünneren, zu vier noch dünneren und so weiter formen, bis sie am Ende mit einer Unzahl feiner Spaghetti in den Händen dastehen, die sie zum Kochen in die Küche tragen.

Fleisch zerlegen, besonders Geflügel, will ebenfalls gelernt sein, wenn das auch früher in Europa zu höherer Kunst getrieben war als heute – kleineres Geflügel zerteilten die mit Recht «Tranchiermeister» Genannten in der Luft.

Auch heutige europäische Köche der Spitzenklasse haben viele Jahre Ausbildung hinter sich. Was ihnen die Fachschule nicht beibringen konnte, jenen Pfiff über die überlieferte Routine hinaus, den die Großen haben, mußten sie sich durch Arbeit bei denen aneignen.

STARKÖCHE

Rechte Seite: Paul Bocuse mit Frau und Tochter. Dieses und die folgenden Bilder entstammen der originellen Galerie von Wandmalereien bei Paul Bocuse, welche Größen der französischen Küche ehren, die gelegentlich ohne Rücksicht auf historische Gleichzeitigkeit gruppiert sind.

Aus der gewaltigen Zahl durchschnittlicher und mäßiger bis schlechter Restaurantköche in der ganzen Welt ragen viele gute und gar nicht wenige sehr gute hervor. Indem sie dem Geschmack ihrer Kundschaft neue Erlebnisse verschafften und deren Genußmöglichkeiten erweiterten, zunächst wenigen, dann breiteren Schichten, wirkten sie wie Leuchttürme, die inmitten einer weitgehend trüben kulinarischen Landschaft neue, hellere Perspektiven eröffneten.

Diese Landschaft war ursprünglich nicht trüb wegen der Armut der Menschen, sondern wegen der Last von naturgegebenen Begrenzungen der Genußmöglichkeiten – gastronomische Ressourcen, Technik und Repertoire mußten sich erst im Lauf langer Zeit entwickeln. Leider wuchs nach einer Weile, die historisch nicht leicht einzugrenzen ist, die physische Armut mit. Naturvölker und Menschen in den heute ärmsten Ländern der sogenannten «Dritten Welt», die vergleichsweise weit ärmer sind als die Europäer der letzten Jahrhunderte, hatten enorme Phantasie und Kreativität für ihre Ernährung entwickelt, für die alltägliche wie für die festliche. Da brach die europäische Herrschaft über sie herein und verelendete große Gegenden dieser Welt so sehr – weit schlimmer, als es vorher Naturkatastrophen und manche ihrer Kriege untereinander getan hatten –, daß vielen Millionen ihrer Menschen kaum eine Chance zum Sattwerden, für kulinarische Betätigung geblieben ist. Die Armen Europas hingegen sind in der Zeit, als ihre führenden Schichten diese verheerende Rolle in Übersee spielten, gerade langsam aus Jahrhunderten des Elends aufgetaucht, die von Hunger geprägt waren, also auch keine Chance für die Entwicklung einer allgemeineren Kochkunst boten, wie sie allem Anschein nach in China und Indien schon andauerte.

Die stürmische Entwicklung des europäischen und nordamerikanischen Wohlstands in den letzten eineinhalb Jahrhunderten hat auch der Gastronomie gewaltigen Aufschwung gebracht und einer immer größeren Zahl von Menschen der beiden Kontinente ermöglicht, daran teilzuhaben. Aber dennoch ist hier die gastronomische Landschaft wieder düster, weniger wegen neuer Armut und wirtschaftlicher Krisen, sondern wegen der Verarmung der kulinarischen Möglichkeiten durch Industrialisierung und Massenzucht mit der daraus folgenden Nivellierung des Geschmacks, fast durchweg auf niedrigerem Niveau.

Vor diesem Hintergrund kann die Leistung der vielen großartigen Köche, die Europa und letzthin Nordamerika seit etwa 150 Jahren beschieden waren, gar nicht hoch genug eingeschätzt werden. Deutschland kann sich

LE

CUISINIER

FRANÇOIS,

ENSEIGNANT LA MAniere de bien apprester & assaisonner toutes sortes de Viandes grasses & maigres, Legumes, Patisseries, & autres mets qui se servent tant sur les Tables des Grands que des particuliers.

Avec

Vne instruction pour faire des Confitures:
Et des Tables necessaires.

Par le Sieur

DE LA VARENNE
Escuyer, &c.

Derniere Edition augmentée & corrigée.

A LA HAYE,

Chez ADRIAN VLACQ,
M. DC. LVI.

glücklich preisen, am Aufschwung der internationalen Spitzengastronomie der letzten zwei Jahrzehnte durch eine große Gruppe seiner Restaurantköche und -köchinnen (leider nur wenige) teilgenommen zu haben; die Summe der erstklassigen Küchenleistungen hierzulande, aber auch in der Schweiz, ist auf diesem Gebiet denen der traditionell führenden Länder Frankreich und Italien ebenbürtig. Nicht wenige unserer Restaurants würden vergleichbare dort ausstechen. Dennoch ist die führende Rolle bei Frankreich geblieben, aus dem immer wieder die entscheidenden Anstöße gekommen sind – auch für die durchaus auf französischen Kochprinzipien beruhende leichtere Kochweise deutscher Köche, die man, nur weil sie nach Möglichkeit deutsche Produkte verwenden, keineswegs «Neue Deutsche Küche» nennen kann.

Auf die Anstöße kommt es mir an, und daher ist meine Ehrengalerie der «Leuchttürme» weit kürzer als die anderer Autoren. François Vatel zu erwähnen, weil er sich 1671 als Haushofmeister des Fürsten von Condé aus Verzweiflung über mangelnde Braten und Fische bei einem Besuch des Königs umbrachte, bezeugt Respekt vor seinem Engagement, hat aber nichts mit seinen Fähigkeiten zu tun. Auf meiner Ehrenliste, die durchaus konventionell ist, stehen:

PIERRE LA VARENNE (1618 bis 1678), noch einer aus der Zeit der Herrschaftsküche, der aber 1651 mit seinem Kochbuch *Le Vrai Cuisinier François* immerhin die Abwendung von der mittelalterlichen Kochweise einleitete und mit seiner Bouillon (aus der später der Fond wurde) die Grundlage für zahlreiche Saucen und Suppen schuf, die heute noch Vergnügen machen. Als einer der ersten publizierte er Mehlschwitze, die wir zwar im Zeitalter leichterer Küche verspotten, die aber als Bindemittel für Saucen ein gewaltiger Fortschritt war, und er propagierte Reduktion, Einkochen, zur Verstärkung des Geschmacks, auch das für damals eine bedeutende Fortentwicklung.

MARC-ANTOINE (er nannte sich Antonin) CAREME (1783 bis 1833), Koch Talleyrands, des Zaren, des Prince of Wales und schließlich James Rothschilds, hervorragender Küchenorganisator, der in der ersten Hälfte des 19. Jahrhunderts bewies, daß große Banketts (sein berühmtestes versammelte 10 000 Personen auf den Champs-Élysées) nicht mißglücktes Essen bedeuten müssen. Vor allem aber betonte er in einer Serie von Kochbüchern, in denen er die «Große Küche» in Richtung zum Leichteren weiterentwickelte, den Eigengeschmack von Fleisch und Fisch weit mehr als seine Vorgänger, und er führte eine neue Saucentechnik ein, die auf wenigen Fonds beruhte. Davor verblaßt seine Vorliebe für gewaltige theatralische Eßaufbauten, am liebsten Schlössern ähnlich, aus Süßwerk.

Die Betonung des Eigengeschmacks war in der vorangegangenen Zeit keineswegs selbstverständlich gewesen. Übrigens auch nicht in der chinesischen Kochkunst, wie ein Zitat Yüan Meis aus dem 18. Jahrhundert zeigt: «Nun kann man aber gewöhnliche Köche beobachten, wie sie Huhn, Ente, Schwein und Gans in derselben Brühe zusammen kochen. Wenn dies alle nachahmen würden, könnte man genausogut Wachs essen ... Ein guter Koch braucht viele Pfannen, Herde, Schüsseln und Näpfe, damit jedes Ding seinen Eigengeschmack entfalten kann.»[1]

FELIX URBAIN DUBOIS (1818 bis 1901), der großen Anteil an der Abkehr vom sogenannten «service à la française» zugunsten des «service à la russe» hatte. Als französisch galt (wie schon beschrieben) die mittelalterliche Sitte, in jedem Gang mehrere, oft eine Vielzahl von Gerichten, etwa Braten, Geflügel und Fisch, oft dazu noch Suppe oder Süßes, gleichzeitig auf den Tisch zu bringen. Das bedeutete keineswegs, daß alle von allem aßen, sondern lud zur Auswahl ein, war aber eine höchst verschwenderische Anordnung, und niemand hat je gezählt, ob sich nicht doch jemand an dieser Fülle krank gegessen hat. Die Zahl der Gerichte im «französischen Service» hing von der Bedeutung des Mahles ab. Bei mittelalterlichen Prachtbanketts gab es bis zu sechs Gängen; ein Essen im schon erwähnten *Ménagier de Paris* sah für einen Gang 24 verschiedene Gerichte, für einen anderen 31 vor. Der russische Service ist, wie erwähnt, was wir heute im Lokal und auch oft zu Hause gewöhnt sind: Es gibt pro Gang nur ein Gericht (mit seinen Beilagen), dafür eventuell mehrere Gänge.

Im chinesischen mehrgängigen Mahl gelten übrigens alle Gänge als gleichgewichtig; es gibt keine Hauptgerichte.

Carême vorn links «in Zivil».

ALEXIS SOYER (1809 bis 1858), Franzose in England, dort lange Chefkoch des berühmten Reformklubs, war ein höchst notwendiger und wichtiger Vertreter der gastronomischen Zunft: Nicht nur kochte er eindrucksvoll, nicht nur modernisierte er die Küchenapparatur, sondern er spielte auch eine wichtige gesellschaftliche Rolle. Er war eine schillernde Figur der Londoner Gesellschaft geworden – aber er veröffentlichte auch Rezepte für die ärmeren Schichten und war der erste Luxuskoch, der sich intensiv um Arme kümmerte und zeigte, daß sich Arbeit im Luxusmilieu mit aktivem sozialem Gewissen vereinbaren läßt. Er errichtete Suppenküchen und organisierte 1847 während der irischen Hungerkatastrophe Notküchen in Irland. In London arrangierte er einmal ein großes Weihnachtsessen für 20 000 Bedürftige. Soyer reiste 1855 in amtlichem Auftrag auf die Krim (Krimkrieg 1853 bis 1856), um die skandalösen Verhältnisse in den Lazarettküchen zu beseitigen, wodurch er viele Menschenleben rettete – allerdings auf Kosten der eigenen Gesundheit.

GEORGES AUGUSTE ESCOFFIER (1846 bis 1935): Der Reformator, der den Eßtisch und die Teller von uneßbaren Aufbauten und Dekorationen befreite, das Essen verträglicher machte, viele schwere Saucen durch leichtere Fumets ersetzte, extremer Würzung abschwor, den Eigengeschmack der Bestandteile intensivierte, anstatt ihn zu überdecken, Hotel-

Fernand Point. Hinten links Escoffier.

küchen zu guten machte (nach ihm kehrten viele zur Langeweile zurück), anderen Köchen hervorragende Rezepte bot und die Organisation der Restaurantküchen revolutionierte durch Einführung von Teamarbeit, die in großen Küchen noch heute praktiziert wird und den Service gewaltig beschleunigt hat. Er führte bäuerlich-regionale Gerichte durch Verfeinerung ihrer Zutaten in die «Große Küche» ein. Seine Absage an Überladenes ging übrigens auf das Drängen von Prosper Montagné zurück, der mit Recht als eine der großen Gestalten der Gastronomie betrachtet wird.

Abgesehen von all diesem hatte Escoffier eine erfreuliche kulinarische Phantasie. Wir verdanken ihm ebenso herrliche wie einfach scheinende Gerichte wie Pfirsich Melba (es machte die australische Sängerin unsterblich) oder die Erdbeeren Sarah Bernard. Der in Grandhotels Erfolgreiche (Ritz und andere) und schließlich selbst Begüterte setzte sich für Kollegen in Not ein. Sein Kochkunstführer (französisch: *Guide culinaire*) wurde ein verdienter Welterfolg.

Eine bedeutende Etappe Escoffiers war seine Zeit als Küchenchef des damals berühmten Versandhauses Chevet, eine Mischung von Delikatessenversand und Partyservice – heute vielleicht vergleichbar *Käfer* in München –, in dem er seiner kreativen Phantasie freien Lauf lassen konnte. Escoffier und Chevet haben viel getan, Konservenkost zu verbessern.

Alles hat seinen Preis – die Erfolge, die Organisationsmuster bedeuteten, daß Escoffier sich und anderen, auch in den Rezepten, strenge Regeln setzte. Sosehr er die Hotelküche (wenigstens die «große») groß gemacht hatte – vorübergehend auch in Deutschland, wo man sich aus dieser gesamten Periode allenfalls an Alfred Walterspiel in den Münchner *Vier Jahreszeiten* erinnern könnte –, bald wirkte sie wie erstarrt. Überall wurden seine Regeln sklavisch befolgt, sowohl für die Gerichte als auch für die Menüs und das Speisenangebot. Dagegen rebellierten bald Jüngere, talentierte Chefs der Zeit zwischen den beiden Weltkriegen. Sie wollten ihre eigene Kreativität nicht in Fesseln legen lassen und etablierten sich außerhalb der großen Hotels und außerhalb von Paris in der Provinz.

Der unter dem Anstoß des im Jahre 1900 von André Michelin gegründeten Autoreiseführers *Michelin* ansteigende gastronomische Tourismus half, ihren guten Ruf über den engeren Ort hinaus zu etablieren. Diese neue Generation entfrachtete die Speisekarten und Rezepte von neuem. Sie achtete konsequenter als die früheren auf erstklassige frische Produkte aus täglichem Angebot vom Markt oder von Lieferanten. Die Saucen wurden noch einmal leichter, die Zubereitung der Gerichte begann erst nach der Bestellung, so daß die Gäste das Frischeste bekamen. Alles sollte seinen natürlichen Eigengeschmack behalten, eher wurde er kunstvoll verstärkt. Butter und Sahne wurden Trumpf, was freilich bei einer Vielzahl von Saucen bedeutete, daß sie durchaus substantiell blieben und auch Escoffier oder Carême geschmeckt haben würden.

In den siebziger Jahren steigerte sich unter der Devise «Nouvelle Cuisine», die im Lauf der Gastronomiegeschichte schon ein halbes dutzendmal aufgetaucht war, die Bewegung zum natürlichen Geschmack. In vielen, auch berühmten Lokalen wurde Gemüse nur noch eben gegart, schließlich halb oder ganz roh aufgetragen. Merkwürdigerweise war die chinesische «Große Küche» um diese Zeit mehr vom Hang zur Überdekoration geprägt, wie einer der berühmtesten chinesischen Spitzenköche, Xie Dukun, pensionierter Regierungskoch, mißbilligend dem Franzosen Marc Boulet erzählte. Xie Dekun, der jahrelang auch für Mao Tse-tung gekocht hatte, äußerte sich sehr verächtlich über die chinesischen Restaurants im Ausland: «Die Chinesen in Übersee können nicht kochen. Sie haben keine Ahnung davon.»[2]

In Deutschland und anderswo begann in den siebziger Jahren auch eine Herrschaft der «Food-Fotografen», denen zuliebe nicht wenige Köche ihre Teller in Dekorflächen verwandelten: Das Opfer waren die Gemüsebeilagen, die zu winzigen Farbtupfern schrumpften, und schließlich schrumpften die Portionen überhaupt – wohlgemerkt nicht in der Überzahl der weiter im vertrauten Stil arbeitenden «bürgerlichen» Lokale, die keinerlei Ehrgeiz hatten, den Applaus von Anhängern der «Neuen Küche» zu erringen. In den achtziger Jahren schlug das Pendel allmählich in die andere Richtung: Der Gemüseanteil stieg, sehr im Sinn gesunder Ernährung, die Teller wurden wieder voller.

Die Höherentwicklung der europäischen Spitzengastronomie nach dem Zweiten Weltkrieg wurde von einigen berühmten Köchen und Köchinnen beeinflußt, von denen ich hier nur eine kleine Auswahl zu nennen brauche:

In erster Linie FERNAND POINT (1897 bis 1955), der im eben beschriebenen Stil die Reformbewegung nach Escoffier vorantrieb und in seinem Restaurant *La Pyramide* in Vienne (bei Lyon) einige der berühmtesten Köche dieser Zeit ausbildete und beeinflußte.

Das weibliche Pendant zu Point war EUGENIE («Mère») BRAZIER (1895 bis 1977), im gleichen Stil der hervorragenden (täuschenden) Einfachheit. Als der *Michelin* 1933 den dritten Stern für außerordentliche Kochkunst einführte, wurde sie sofort damit ausgezeichnet. Ich bin froh, daß ich in ihrem Restaurant auf dem Col de la Luère am Rande von Lyon 1955 ihre legendäre Kochkunst habe genießen können: die berühmten Geflügelgerichte – Huhn mit Trüffeln unter der Haut, «demi-deuil» genannt (das Rezept stammte von einer berühmten Köchin der vorangegangenen Generation, der «Mère Filioux»), oder aber leicht paniert und gegrillt – und die unübertrefflichen gratinierten Hechtklöße.

PAUL BOCUSE (geboren 1926), Schüler sowohl Points (sechs Jahre lang) als auch der Mère Brazier, hat seit Mitte der sechziger Jahre als Kommunikationsgenie mehr als jeder andere die große französische Gastronomie, die auf ihrem höchsten Niveau allen anderen außer vielleicht der chinesischen überlegen ist, wachgerüttelt und popularisiert (auch in Ländern wie Japan und den USA). Er hat, was spätere Kritiker übersehen, vermutlich übersehen wollen, weil sie sein Show-Genie stört, dank seines Könnens sein Restaurant am Rande von Lyon länger als jeder andere in der Spitzengruppe der Drei-Sterne-Küche nach *Michelin* gehalten und nicht nur unzähligen Gästen, sondern auch vielen Köchen beigebracht, wie gut Essen schmecken kann, noch besser, als sie dachten. Dabei hat er der bodenständigen, man könnte auch sagen, der bürgerlichen Küche ein Niveau verschafft, das ihm wenige nachmachen könnten und so gut wie niemand nachmachen wollte, solange die «Nouvelle Cuisine» die große Mode war.

So, wie Point mit Bocuse, dem leider früh verstorbenen Alain Chapel (Mionnay bei Lyon) und den Brüdern Troisgros in Roanne Köche der absoluten Spitzenklasse herangezogen hatte, sind auch aus der Bocuse-Schule Topchefs hervorgegangen. Zwei davon arbeiten seit langem bei ihm und waren mitverantwortlich für das kontinuierliche Drei-Sterne-Niveau, vier weiteren gab der *Michelin* zwei Sterne (anderen einen). Durch 20 Jahre hindurch habe ich mich immer wieder davon überzeugen können, daß Bocuse einer der ganz Großen der französischen und damit überhaupt der Geschichte der Kochkunst ist.

Eugénie, genannt «Mère» Brazier, rechts die «Mère» Filioux.

PAUL HAEBERLIN (geboren 1923) aus und in Illhaeusern im Elsaß: ein Meister der Küche, der als einziger geschafft hat, in ziemlich gleichen Anteilen Menschen aus den drei gastronomisch durchaus verschiedenen Ländern Frankreich, Schweiz und Deutschland zu treuen Stammgästen zu machen (ebenso treue Belgier kommen hinzu). Er ist der europäischste unter den großen Köchen des 20. Jahrhunderts, Lehrmeister für Gäste wie für andere Köche, also ganz wesentlich am Aufschwung der mitteleuropäischen Kochkunst in den letzten Jahrzehnten beteiligt. Das war er natürlich nicht nur, weil das Elsaß eine so interessante geographische Lage hat, sondern weil er auch so fabelhaft kochen konnte – ohne «Neue Küche», eher im Gegenteil mit vielen traditionellen Gerichten, von denen junge Köche und Kritiker oft ignorierten, wie viele «Feinschmecker» sich nach ihnen sehnten, und nie mit Minimalportionen wie viele andere der Berühmten: einer der ganz wenigen Chefs, der (wie Bocuse, nicht von ungefähr sind Collonges und Illhaeusern durch eine Partnerschaft verbunden) auch in der Mode-Hoch-Zeit der «Nouvelle Cuisine» am Regionalen festhielt.

FREDDY GIRARDET (geboren 1936) in Crissier bei Lausanne: der Schweizer Magier der Kräuter und Gemüse, mit seinen aromatischen Gerichten seit den siebziger Jahren den meisten anderen Großen überlegen. Gott sei Dank hat er bei nicht wenigen, heute ebenso Berühmten Schule gemacht.

Die Rehabilitierung des bei anderen so oft durch zuviel Butter übertönten, bei wieder anderen fast ganz verschwundenen Gemüses in der «großen Gastronomie» ist weitgehend sein Verdienst.

Schließlich ein Hotelier und Restaurateur, kein Koch, aber für die glänzende Entwicklung der deutschen Spitzengastronomie ein Pionier: HELMUTH GIETZ (1911 bis 1993). Sein *Erbprinz* in Ettlingen war zwei Jahrzehnte lang die einzige herausragende kulinarische Etappe in der Bundesrepublik, deren hoher Standard auch von den französischen Meistern gewürdigt wurde. Als erstes deutsches Restaurant wurde der *Erbprinz* damals in die exklusive Vereinigung der Spitzenrestaurants, «Traditions et Qualité», aufgenommen, was die internationale Feinschmeckergemeinde auf das in den siebziger Jahren beginnende deutsche «Küchenwunder» aufmerksam machte. Die Freundschaft zwischen Gietz und Mitgliedern der französischen Topgastronomie und sein Vorbild haben der deutschen Gastronomie sehr dazu verholfen, daß ihre führenden Restaurants als den besten internationalen ebenbürtig anerkannt wurden.

Paul Haeberlin und sein Bruder Jean-Pierre, der am Ruhm der «Auberge de Lille» nicht weniger beteiligt ist.

Helmuth Gietz und seine Frau Annemarie.

3000 JAHRE GASTRONOMIEKRITIK

Essen und Trinken haben von Anfang an eine erhebliche Literatur angeregt, von Alt-China über Alt-Rom bis ins Europa und Nordamerika der Gegenwart. Seit mehr als 3000 Jahren haben Philosophen, Ärzte und andere Wissenschaftler, Gesellschaftskritiker und Feinschmecker Angebot und Verzehr mehr oder minder kritisch betrachtet. Oft kamen ihnen Behörden zuvor – schon der *Kodex Hammurabi* reglementierte vor 3600 Jahren in Babylon das Lebensmittel- und Getränkewesen, im wesentlichen zwar deren Besteuerung, aber auch Qualität und Verkaufsbedingungen. Das kann ohne Beratung des Königs nicht abgegangen sein, durch wen auch immer.

Von den alten Griechen ist uns Gastronomiekritik schon genauer überliefert. Bei ihnen wurde über Essen und Trinken im Handel und in Lokalen lobend oder abwertend geschrieben, wie die schier unendlichen Aufzeichnungen des Athenäus hinreichend beweisen, und differenziert, wie es heutige Restaurantkritiker wohl kaum fertigbrächten. Juvenal zitierte einen gewissen Montanus (hat nichts zu tun mit unseren Bahnhofsbuchhandlungen), der nach dem ersten Schlürfen «eine Auster aus Circeies von denen der Lucrinfelsen oder den Tiefen von Rutupiae unterscheiden und nach einem Blick sagen konnte, in welchem Gewässer ein Seeigel aufgesammelt worden war»[1].

Archestratos von Gela hat sich im 4. Jahrhundert v. Chr. nach seinen ausgedehnten Reisen als Ratgeber betätigt, wo die besten Produkte für Küche und Keller zu finden seien, mit sehr genauen Hinweisen. Beispiel: «In Rhodos muß man Stör essen, und wenn man ihn vom Marktstand stehlen müßte.»[2] In Thasus «kaufe Seebarbe, du wirst keine schlechte bekommen. In Teos ist sie zwar nicht so, aber immer noch gut. Auch in Erythrae ist sie gut, wenn sie an der Küste gefangen wurde.»[3] Oder: «In der Stadt Torone solltest du Bauchscheiben vom Hundehai kaufen.» Oder: «In Sicyon, teurer Freund, gibt es den Kopf vom Meeraal.» Oder: «Iß, lieber Moschus, eine Scheibe von sizilianischem Thunfisch, geschnitten, wenn sie gerade im Topf eingesalzen werden sollte.» Aber auch: «Rascasse, den Appetithappen von Pontus, würde ich ebenso wie die Leute, die das loben, ganz niedrig einstufen.»

Der Lehrmeister des Archestrat, Terpsion, schrieb als erster Grieche eine «Gastrologie» und instruierte seine Schüler, welche Nahrungsmittel sie vermeiden sollten.

 Die gastronomische Literatur häufte sich, je mehr die Zeit fortschritt.

Der «erste christliche gastronomische Schriftsteller» (so Seifert/Sametschek) war offenbar der Bischof Venantius Fortunatus (530 bis 609), bedeutender Dichter der Merowingerzeit, der die Kochkünste des Nonnenklosters Poitiers in Versen pries.

Das meiste der «positiven» Literatur hat leider nicht viel zur Entwicklung der allgemeinen Essensqualität beigetragen. Wohl aber haben diese Schriftsteller (mit)bewirkt, daß die Gastronomie ein hohes theoretisches Gerüst bekam, und sie als Kunst und Kultur salonfähig gemacht. Auf jeden Fall hat ihr Enthusiasmus für gutes Essen bewirkt, daß immer mehr akzeptiert wurde, sich zu dieser Genußsparte zu bekennen. Da war nur

Curnonsky, gewählter «Fürst der Gastronomen».

noch ein Schritt bis zur Etablierung der Gastronomie als Plattform der neunten Kunst: der Kochkunst.

Eine ziemlich einzigartige Rolle für Frankreich spielte auf diesem Gebiet Maurice Edmond Saillant (1872 bis 1956), der als Schriftsteller und Freund bekannter Stars schon einen Namen hatte, aber unter seinem Pseudonym Curnonsky als kulinarischer Autor berühmt wurde. 25 Jahre lang schrieb er Artikel über Essen und Trinken in zwei großen Tageszeitungen, außerdem verfaßte er Dutzende von Büchern über die französische Küche mit dem 28bändigen Hauptwerk *La France Gastronomique*, in dem er die regionale Küche vorstellte. Früher als viele andere propagierte er, daß ein Gericht nach seinen Produkten schmecken und dessen Geschmack nicht durch Saucenfonds und anderes überdeckt werden sollte.

1926 ergab eine Umfrage unter 5000 Köchen und Gastronomen, daß Curnonsky der Mehrheit als größter Gastronom Frankreichs galt – hinfort war er «Prince Elu des Gastronomes», «gewählter Fürst der Gastronomen». Bald hatte er Ehrenplätze in den französischen Spitzenrestaurants.

Vor fast 200 Jahren begann in Frankreich sehr aggressiv die Restaurantkritik. Sie wurde bald mäßiger und konzentrierte sich überwiegend auf Positives, um erst Mitte unseres Jahrhunderts wieder schärfer zu werden. Der erste regelmäßig Kritiker war Alexandre Balthasar Laurent Grimod de La Reynière. Im *Almanach des Gourmands* und anderen Veröffentlichungen besprach er ab 1803 Pariser Restaurants und Geschäfte, von 1806 bis 1808 auch in einer Monatszeitschrift. Er war keine Zierde der neuen Zunft. Einerseits kehrte er den Aristokraten heraus, der wenige Jahre nach der Französischen Revolution den bürgerlichen Restaurateuren und ihrer Kundschaft die (in seinem Sinne) ordentlichen Regeln feiner Gastronomie beibringen würde. Andererseits erwartete er von denen, die er lobte, honoriert zu werden. Er gründete eine «Jury» von «Degustateuren», um einmal jede Woche umsonst reichlich tafeln zu können: Köche und Restaurants lieferten ihre Speisen auf eigene Kosten – was der «Jury» gefiel, wurde in den *Almanach* aufgenommen, womit die Lieferanten gern Reklame machten. Heute würden wir diese «Jury» eher als Schnorrerverein betrachten.

Als Grimods Kritik auch das Privatleben von Restaurateuren einbezog, wehrten sie sich erfolgreich mit Prozessen. 1812 stellte der *Almanach* sein Erscheinen ein, und Grimod verschwand von der Bildfläche. Nur drei Jahre später erschien auch in England ein *Epicure's Almanack*, der wie das Pariser Vorbild Restaurants und Lebensmittelläden in London behandelte.

Den größeren Ruf bewahrte sich verdientermaßen Jean-Anthelme Brillat-Savarin, dessen *Physiologie du goût* kurz vor seinem Tode erschien (1825) und seither immer wieder neu aufgelegt worden ist. Heute werden hauptsächlich seine geistreichen Sprüche zitiert; viele seiner Theorien über Ernährung und Gesundheit sind veraltet, seine allgemeinen Bemerkungen

Jean Anthelme Brillat-Savarin.

zeigten den Hochmut des reichen Mannes. Aber damals wirkten seine Hinweise, die dem Wissensstand des frühen 19. Jahrhunderts entsprachen, verbunden mit seinen amüsanten Bemerkungen über Gerichte, Mahlzeiten und Restaurants, auf ein interessiertes Publikum wie Erleuchtungen. Sie machten es logisch, daß sich allmählich immer mehr Leute mit dem Zustand der Gastronomie befaßten. Auch Deutschland hatte im 19. Jahrhundert seine Gastrosophen – C. F. von Rumohr, Eugen von Vaerst, Julius Blumröder –, deren öffentliche Wirkung aber weit geringer war.

Inzwischen gibt es kaum ein westliches Land ohne regelmäßige Restaurantkritik in der Presse, inspiriert von Frankreich, wo sie Anfang der fünfziger Jahre eine neue Blüte erlebte. Dort betätigten sich nun auch Journalisten anderer Sparten, die wegen ihrer Nähe zum Vichy-Regime, das mit der deutschen Besatzung kollaboriert hatte, ihre bisherigen Rollen aufgeben mußten. Pionier aggressiv-kritischer Restaurantbetrachtung wurde Anfang der fünfziger Jahre das *auto-journal*. Das war nicht unlogisch nach dem Erfolg des im Jahre 1900 gegründeten *Michelin* und anderer gastronomischer Tourismusführer nach ihm. Autoreisende wurden, solange noch keine Begrenzung des Alkoholkonsums verordnet war, die wichtigste Kundschaft vieler guter Provinzlokale. Der *Michelin* war durch sein System, Sterne für gute Küche zu vergeben, sie aber auch wieder zu entziehen, dank seiner großen Gefolgschaft sehr direkt der mächtigste Kritiker – Verlust eines Sternes bedeutete gewaltigen Umsatzverlust. Mehr als anderswo hat die Kritik in Frankreich wahre Besucherströme zu den jeweils gepriesenen Lokalen gelenkt. Das führte freilich auch dazu, daß «Kritiker» sich angewöhnten, sich mehr oder minder freihalten zu lassen und zuweilen ihr veröffentlichtes Urteil nach der Qualität der Gratisbewirtung zu richten. Auch damit machte Frankreich in anderen Ländern Schule.

Restaurantkritik mag von vielen für überflüssig gehalten werden, ganz abgesehen davon, daß sie oft als arrogant kritisiert wurde. Aber auch staatliche Instanzen haben schon lange gezeigt, daß sie ebenfalls den allgemeinen Küchen-, sprich Essensstandard für hebenswert halten. Sonst gäbe es nicht seit dem 19. Jahrhundert Kochunterricht in den Schulen mehrerer Länder und, verschieden alt in den verschiedenen Ländern, eine institutionalisierte Ausbildung für Köchinnen und Köche. Gegen die Kritik von «Laien» haben sich Köche schon im Altertum gewehrt, auch im 19. und 20. Jahrhundert in Frankreich, im letzten Drittel unseres Jahrhunderts auch in Deutschland. Es hat ihnen nichts genützt.

Längst haben sich aber auch Vertreter anderer Sparten der Gastronomie angenommen. Seit Begründung der Psychoanalyse gibt es bekanntlich keine menschliche Handlung oder Empfindung, die nicht «überhöht» oder im Gegenteil «vertieft», neu- oder uminterpretiert werden könnte oder müßte. Einer der berühmtesten Interpreten des Essens, wenn auch etwas eng auf die Mythen lateinamerikanischer Indianer bezogen, war zweifellos Claude Lévi-Strauss mit seinen (ermüdenden) Beschreibungen (er und seine Anhänger nannten es Analyse) indianischer Welt- und Lebensdeutungen stark sexuellen Inhalts, die für die Forscher wohl interessanter waren als für die Geschichte des Essens und Trinkens, wie andere Unterlagen des Gelehrten auch. Andere wiederum bemühten sich, Essen als «Ersatzhandlung» zu interpretieren. Selbst wo es das sein mag, dürfte man ja wohl zwischen gutem und schlechtem Ersatz unterscheiden. Das interessierte sie weniger. Ebenso interessant und irrelevant erscheint die Studie über den Weg vom Mund zu seinem Gegenteil und die enge Verwandtschaft der beiden, die eine Französin verfaßt hat, mit entsprechend wenig appetitanregenden Anleihen bei den Indianermythen aus der Sammlung Lévi-Strauss'.

Naturvölker, aber auch andere, die sich von ihrer natürlichen Basis längst entfernt haben, wie einige materiell erfolgreiche in Asien, verbinden, wie wir gezeigt haben, Essen und Trinken mit ihrem Glauben. Für sie ist es das Zentrale nicht nur für die Ernährung, sondern auch für ihre Gesellschaft. Europäer, Nordamerikaner und einige andere materiell noch mehr Fortgeschrittene könnten sich da eine Scheibe abschneiden. Doch der Symbolismus der Nahrung brauchte uns für dieses Buch nur so weit zu interessieren, wie wir eben die Geschichte von Essen und Trinken erzählen wollten und nicht, was Essen und Trinken für gelehrte Spezialisten anderer Gebiete bedeuten. Der Gedanke, eine gute Mahlzeit diene Ihnen und uns hauptsächlich dazu, Intimes zu kompensieren, zu vergessen, ist schon deswegen irrelevant, weil das für jene Geschmacksverderber ja auch schlechteres Essen tun würde – da würden wir eher den umgekehrten Ersatzhandlungen zustimmen. Des Rätsels Lösung ist aber: Gutes Essen kennen sie meist nicht.

Für die Geschichte des Essens und Trinkens wäre spekulative «Wissenschaft» nur interessant, wenn wir viel mehr Platz hätten, als ein Buch verkraften kann. Sie hat nichts mit dem Genuß am Essen und Trinken zu tun, den sie eher weginterpretieren würde. Aber just um den Genuß zu steigern, hat die Menschheit vor Tausenden von Jahren angefangen, sich vom Status der Kadaververschlinger zu befreien und sich aufzurichten in der Landschaft differenzierten kulinarischen Vergnügens.

Wenn Du einen unter den Deinigen betrübt siehst, so schenke ihm lieber einen Stör als ein philosophisch Büchlein, sagte Cicero.

ANHANG

ANMERKUNGEN

FEUER UND DIE FOLGEN

[1] Nach Leakey, S. 51.
[2] Leakey, S. 94.
[3] Farb datiert, wohl ein Druckfehler in der französischen Übersetzung, den «Pekingmenschen» mit seinem Feuer und Terra Amata vor «un million et demi d'années»; diese anderthalb Millionen Jahre sind mir auch schon anderswo begegnet, ohne Angabe der Fundstelle – macht sich hier ein Druckfehler selbständig?
[4] Barrau, S. 63.
[5] Nach Dittmann, S. 232.
[6] Nach Dittmann, S. 232.
[7] Steensberg, S. 202.
[8] Steensberg, S. 204.
[9] Herodot IV, 61.
[10] Unter *Altsteinzeit* oder *Paläolithikum* wird jene riesige Zeitspanne begriffen, in der Menschen oder Hominiden lebten, die mit Steinwerkzeugen arbeiteten, aber weder Ackerbau, Viehzucht noch Keramik kannten, also etwa von zwei Millionen Jahren bis etwa 10000 v. Chr. – das entspricht etwa der Periode der Eiszeiten. Ackerbau, Viehzucht und Keramik gelten als Zeichen der *Jungsteinzeit (Neolithikum)*, was sich jedoch nicht in eine absolute Zeitangabe übersetzen läßt, weil es in verschiedenen Teilen der Welt zu verschiedener Zeit begann, jedenfalls deutlich nach Ende der Eiszeiten, ab etwa 8000 v. Chr.
[11] Camps, Leakey, Barrau u. a.
[12] Maurizio, *Pflanzen*, S. 9.
[13] Hesiod, *Werke und Tage*.
[14] Cohen, S. 72.
[15] So z. B. Childe, Dubarry.
[16] Die Forscher waren Harlan und Zohary; berichtet von Flannery in: Ucko, S. 80.

KÜCHE DER ARMEN

[1] Nach Haussleitner, S. 169 f.
[2] Nach Deutsch-Renner, S. 261.
[3] Dorje, S. 62.
[4] Lysaght in: Fenton, S. 81.
[5] Humboldt, *Reise* I, S. 77.
[6] Bommer, S. 51.
[7] Nach Freeman in: Chang, S. 151.
[8] Nach Rosenberger, S. 493.
[9] Van der Post, S. 140.
[10] Richards, S. 46.
[11] Flannery in: Ucko, S. 85.
[12] Ying-shi Yü in: Chang, S. 74.
[13] Adams in: *Oxf.* 81, S. 299 f.
[14] Bennassar, S. 408 ff.; Hauser, S. 82 ff.; Wiegelmann, S. 30.
[15] Rumford, S. 8.
[16] Nach Mennell, S. 93 f.
[17] In *The South Carolina Cook Book* von 1984. Nach Hess, S. 93 ff.
[18] Guenter in: *Oxf.* 81, S. 277.
[19] Rumpolt, *Ein new Kochbuch*; nach Ruf, S. 52.
[20] Nach Fuchs-Hartmann, S. 37.
[21] Auf einem Kongreß über Ernährung und Regionen in Nancy 1987 meinte Peltre, daß es sich in der Bretagne im 19. Jahrhundert ähnlich verhalten habe, sei unbewiesen, und «jenseits des Kanals war Lachs, ein besonders edler Fisch, sicherlich für die oberen Klassen reserviert». Dieses «sicherlich» («certainement») ist allerdings gewiß unbewiesen.
[22] Sokolov, S. 185.
[23] Elsholtz, S. 123.
[24] Nach Fitzgibbon, S. 76.
[25] Elsholtz, S. 96.
[26] Nach Cullen, S. 46.
[27] Platon, *Staat* II, 372, und V, 468.
[28] Athenäus IV, 138.

FRÜHE ÜPPIGKEIT

[1] Ich übernehme die Liste aus Ruf, S. 20, und *International Herald Tribune,* 21.5.84: «Mesopotamia: Cradle of Haute Cuisine?».
[2] Hicks/Oxford, S. 84/85.
[3] Nach Ruf, S. 23.
[4] Bilabel, S. 7.
[5] Ich übernehme die Namen aus Athenäus IX, 379, und XIV, 661, Toussaint-Samat/Lair, S. 35 ff., Soyer, S. 254.
[6] Athenäus IV, 131.
[7] Beides Gwinner, S. 34.
[8] Gollmer, S. 12.
[9] Leeming, S. 42.
[10] Brentjes, S. 188.
[11] Garine, S. 66.
[12] Root, S. 29 ff.
[13] Bilabel, S. 23, Seifert/Sametschek, S. 13.
[14] Bommer, S. 75.
[15] Parienté, S. 88.
[16] Gollmer, S. 16, 24 ff.
[17] Chang, S. 11.
[18] Gwinner, S. 35 FN.
[19] Gernet, S. 150.
[20] Unsal, S. 17.
[21] Heine, S. 28.
[22] Soustelle, S. 179 ff.
[23] Mead, S. 147.
[24] Goody, S. 101.
[25] Heine, S. 29.
[26] Grass, S. 226.
[27] Heine, S. 32.
[28] Yüan Mei/Eberhard, S. 16. S. auch Anm. 1 zu *Starköche.*
[29] Friedrich «der Große», *Gedichte.*
[30] Gwinner, S. 110.
[31] Grass, S. 227.
[32] Perry, *Oxf.* 81, S. 96 ff.
[33] Rodinson, S. 100 f.
[34] Ashtor, S. 1028.
[35] A. J. Arberzy: *A Baghdad Cookery Book*, in: *Islamic Culture*, Vorgang detailliert bei Perry, *Oxf.* 81, S. 101.
[36] Arabisch im Arabischen Institut Paris, ediert und französisches Vorwort von Mohammed B. A. Benchekroun.
[37] Ashtor, S. 1028.
[38] Schraemli, S. 129.
[39] Heute in der Königlichen Bibliothek Kopenhagen.
[40] Mein Resümee stützt sich auf Grewe, *Oxf.* 81, S. 170 ff.
[41] Neubearbeitung 1958 von Hans Hajek.
[42] Alain Girard in: Margolin, S. 110.
[43] Revel, S. 139, Seifert/Sametschek, S. 41.
[44] Feret, S. 19.
[45] Seifert/Sametschek, S. 74.
[46] Gösta Berg in: Bringeus, S. 375.
[47] Notaker, *PPC* 37, S. 10.
[48] Margolin, S. 112.

BROT

[1] Herodot II, 2. Psammetichos II. regierte 594 bis 588 v. Chr.
[2] Nach Maurizio, *Pflanzen*, S. 418.
[3] Matthäus 26,26; Markus 14,22.
[4] Geller in: *Foodways* 5/3, 1993, S. 260 ff.
[5] Parienté de Ternant, S. 33; Godard, S. 31.
[6] *Papyros Harris*, etwa 1200 v. Chr.; Goody, S. 100.
[7] Geller in: *Foodways* 5/3, 1993, S. 264.
[8] Gutgesell in: Eggebrecht, S. 208 ff.
[9] Athenäus III, 109 ff.
[10] Herodot I, 51.
[11] Sie wurde vermutlich von Tannhäuser im 13. Jahrhundert verfaßt. Endermann, S. 21.
[12] Bennassar, S. 408 ff.
[13] Ashtor, S. 1046.
[14] In der Schweiz im 15. Jahrhundert; Hauser, S. 84.
[15] So John Houston in der 1682 erschienenen *Husbandry*; auch Elsholtz im *Diaeteticon* aus demselben Jahr.
[16] Braudel, S. 140.

DIE VERFRESSENEN

[1] Fuchs-Hartmann, S. 137.
[2] Gerhard Neumann, auch für die zwei folgenden Zitate, in: Schultz, S. 350 f.
[3] Fuchs-Hartmann, S. 39/40.
[4] Seifert/Sametschek, S. 124.
[5] Mennell, S. 54.
[6] Theodora Fitzgibbon, *Oxf.* 81.
[7] Athenäus X, 412–13, 371.
[8] Revel, S. 55, zit. Sueton.
[9] Gutkind, S. 464.
[10] July, S. 207 ff.

[11] Carl Hugo Hahn, *Tagebücher 1837 bis 1860*, edited by Brigitte Lau, Windhoek 1984.

AUF DER SUCHE NACH MEHR GESCHMACK

[1] Hilary Wilson, S. 45.
[2] Bergier, S. 55.
[3] Toussaint-Samat, S. 349.
[4] Hilary Wilson, S. 52.
[5] Lewicki, S. 121 f.
[6] Schaber, S. 33 f.
[7] Disney, S. 35.
[8] Schaber, S. 40.
[9] Hobhouse, S. 138.
[10] Schaber, S. 82.
[11] Schaber, S. 82.
[12] Schaber, S. 43.
[13] Rozin in: Fenton, *Food in Perspective*, S. 246.
[14] Flandrin in: *Revue d'Histoire* ..., S. 82.
[15] *Anthropologie des Coutumes Alimentaires* heißt die französische Ausgabe, die wir benutzt haben.
[16] Farb, S. 198.
[17] *Food & Foodways* 1/1 (1985), S. 43 ff.
[18] Pirenne, *Economic*, S. 2 ff., S. 144.
[19] Wiswe, S. 123.
[20] Wiswe, S. 66.
[21] Flandrin, S. 75 ff. und 192 ff.; *Oxf.* 81, auch für die weiteren Zitate zu diesem Thema.
[22] Heine, S. 52.
[23] Houghton, *Letters for the Improvement of Husbandry & Trade*, No. 14, 13.3.1683.
[24] Levenstein, S. 5 ff.
[25] Kalkuliert nach Angaben Edham Eldems in: Aillaud, S. 125.
[26] Referat Delache, Journée «Aromes et Gastronomie», Lyon Eurexpo, 26.1.93.
[27] Referat Dr. Marion, Lyon Eurexpo, 26.1.1993.
[28] Richard, *Les Epices et les Herbes Aromatiques,* S. 59.
[29] Gwinner, S. 27.
[30] Miller, S. 210.
[31] Gwinner, S. 27.
[32] Gwinner, S. 119.
[33] Marceau, S. 23.
[34] Bitsch, S. 198.
[35] McGee, S. 209.
[36] Nach Harris, S. 38.
[37] Hilary Wilson, S. 21.
[38] *Diaeteticon*, S. 31.
[39] *Diaeteticon*, S. 30.
[40] *Oxf.* 81.
[41] Boulet, S. 74 f.
[42] Prakash XVIII.
[43] Seifert/Sametschek, S. 82.
[44] McGee, S. 327.
[45] Gollmer, S. 132.
[46] Gollmer, S. 133.
[47] Gollmer, S. 18.
[48] Hashi, S. 29.
[49] McLeish, S. 50.
[50] Gwinner, S. 27.
[51] Robson, S. 42.
[52] C. A. Wilson, S. 122, 208.
[53] McGee, S. 329 f.
[54] S. auch Revel, S. 141.
[55] Brillat-Savarin, S. 39.

AUSWÄRTS ESSEN

[1] *Reisebeschreibung des Lionardo Frescobaldi*; nach Gutkind, S. 122.
[2] Kleberg, S. 92.
[3] Heine, S. 4.
[4] Esterik, S. 181.
[5] Erasmus von Rotterdam, *Colloquia*, verdeutscht unter Aufgabe der dialogischen Form von Rudhart; nach Scherr, S. 448 ff.
[6] Beide Zitate aus: Goethe, *Wilhelm Meisters Wanderjahre*, 1. Buch, Kap. 6 (dtv S. 65).
[7] Owen, Zubaida und Peacocke in: *Oxf.* 81.
[8] Zubaida in *Oxf.* 81, S. 110.
[9] Lukas 22,8 ff.
[10] Peyer, S. 57.
[11] Chartres, S. 162.
[12] Nach Benker, S. 196; Potthoff, S. 131 f.
[13] Statler, *Das Gasthaus am Tokaido.*
[14] Kleberg, Illustration: Grundriß von Pompeji.
[15] Firebaugh, S. 205 ff.
[16] Kleberg, S. 99.
[17] Freeman in: Chang, S. 143.
[18] Su Tung Po, *Fumée du Lu Shan, marée du Che Kiang*. Französische Übersetzung von Cheng und Collet, Millemont 1986.
[19] Freeman, S. 152 f.

[20] Hsu in: Chang, S. 307.
[21] Nach Freeman in: Chang, S. 161.
[22] *Almanach Dauphin* des Jahres 1777; nach Ruf, S. 62.
[23] Biasci, S. 200 ff.
[24] 1783. Nach Lahnstein, S. 447.

FESTE

[1] Herodot II, 78.
[2] Nach Chang, S. 32 f.
[3] Seipel in: Eggebrecht, S. 171.
[4] McLeish, S. 21.
[5] Soustelle, S. 183.
[6] Laurence in: *Oxf.* 90, S. 142.
[7] Potthoff, S. 132 f.
[8] Potthoff, S. 133.
[9] Welsh in: *Symposion Helsinki*, S. 324.
[10] Doerper in: *Oxf.* 88, S. 35.
[11] Herbig, S. 296.
[12] Herbig, S. 297.
[13] Debout, S. 36 ff.
[14] Fajans in: *Foodways* 3, 1+2 (1988).
[15] Goody, S. 91.
[16] Büchner, *Leonce und Lena*, III/2.
[17] Warner, S. 93 ff.
[18] Nach Westrip in: *Oxf.* 81, S. 74.
[19] Ashtor, S. 1038.
[20] Seifert/Sametschek, S. 91

DER MÄCHTIGE RAUSCH

Die Entdeckung des Alkohols

[1] In Wirklichkeit etwa 96 Prozent.
[2] McKinleay, 1948 a/394 f., in: Austin, S. 6.
[3] Maurizio, *Getränke*, S. 240 ff.
[4] Dubarry, S. 251.
[5] Fuchs-Hartmann, S. 180 ff., auch für die nächsten Zitate.
[6] Dubarry, S. 254.
[7] Fuchs-Hartmann, S. 202.
[8] Schivelbusch, S. 40.
[9] Nach Noolas, S. 70.
[10] Dies und das folgende: Austin, S. 5 ff.; Enjalbert, S. 37.
[11] Athenäus I, 33 f.
[12] Firebaugh, S. 20.
[13] Firebaugh, S. 93.
[14] Athenäus I, 33 f.
[15] Bologne, S. 297.
[16] Benker, S. 79.
[17] Kürtz, S. 105.
[18] Nahoum-Grappe, S. 114.
[19] Austin, S. XVI.
[20] Maurizio, *Getränke*, S. 58.
[21] Maurizio, a. a. O.
[22] Braudel, S. 262.
[23] Toussaint-Samat, S. 157.
[24] Humboldt, *Reise* III, S. 174.
[25] Wright-St. Clair, Robson, S. 39 ff.
[26] Dubarry, S. 244.
[27] Ashtor, S. 1039 bis 1043.
[28] H. Johnson, S. 100.
[29] Pigafetta, S. 112.
[30] Die Vorläufer der britischen Liberalen, die gegen die von den Tories verteidigte katholische Thronfolge kämpften und 1714 das Haus Hannover an die Macht brachten.
[31] Drummond, S. 235.
[32] Braudel, S. 258.
[33] Austin, S. XXIII.
[34] Wyrwa, S. 15.
[35] Spode, S. 127.
[36] Spode, S. 137.
[37] S. auch Herrig, S. 64.

Bier und Krieg

[1] Bologne, S. 35 ff.
[2] Höllhuber/Kaul, S. 326.
[3] Michel/McGovern/Badler, *Chemical evidence for ancient beer*, in: *Nature*, 5. 11. 1992.
[4] *International Herald Tribune*, 25. 3. 87.
[5] Geller, S. 255.
[6] Montet, S. 87.
[7] Hilary Wilson, S. 19.
[8] Nach Grässe, S. 106.
[9] Hilary Wilson, S. 19.
[10] Austin, S. 6.
[11] Contenau, S. 86.
[12] *Bacchus*, Juli 1984.
[13] Brothwell, S. 167.
[14] K. S. March in: *Food & Foodways* 1/4 (1987), S. 367.
[15] Benzoni, *Historia del Muendo Nuevo*, nach Fussell, S. 249.
[16] Maurizio, *Getränke*, S. 97.
[17] Fussell, S. 251.
[18] Tannahill, S. 48.
[19] C. A. Wilson, S. 374.

[20] Maurizio, *Pflanzen*, S. 184/85.
[21] Toussaint-Samat, S. 148.
[22] Grässe, S. 60.
[23] Maurizio, *Getränke*, S. 111.
[24] Sokolov, S. 176.
[25] Maurizio, *Getränke*, S. 93.
[26] Grässe, S. 64.
[27] Grässe, S. 116.
[28] Fuchs-Hartmann, S. 207f.
[29] C. A. Wilson, S. 376.
[30] Sandgruber, S. 27. «Seidel» laut *Brockhaus* in Österreich 0,35 Liter.
[31] Drummond, S. 138.

Der Wein der Christen

[1] 1 Mose 9,20f.
[2] Schreiber, S. 459.
[3] Schreiber, S. 31.
[4] 5 Moses 20,6.
[5] Austin, S. 69.
[6] Seward, Austin, S. 54.
[7] Schreiber, S. 31.
[8] Austin, S. 3.
[9] Fregoni, S. 59.
[10] Fregoni, S. 56.
[11] Fregoni, S. 47.
[12] Simon, *Bacchia I*: Biblia Latina.
[13] Jaffrenou, S. 35.
[14] Hartmeyer, S. 118.
[15] Athenäus III, 101.
[16] Rambaud, S. 26.
[17] *Dossiers de l'Archéologie*, S. 175.
[18] Hartmeyer, S. 30.
[19] Schreiber, S. 143.
[20] Enjalbert, S. 22.
[21] Schreiber, S. 119.
[22] Enjalbert, S. 25.
[23] Montaigne, *Essais*, Bd. 2, Kap. XVII, nach Flandrin in: *Revue 83*, S. 72.
[24] Revel, S. 248.
[25] Athenäus XI, 464.
[26] Schivelbusch, S. 181.
[27] Schivelbusch, S. 181.
[28] Uhr, S. 58.
[29] Amiel in: *Boire*, S. 20.
[30] *Der deutsche Facetus* in: Endermann, S. 68.
[31] S. auch Curtis-Bennett, S. 37, u. a.
[32] Uhr, S. 61.
[33] Firebaugh, S. 246.
[34] *Larousse des alcools*, S. 12.
[35] Parienté, S. 127.
[36] Benker, S. 36.
[37] Gernet, S. 151f.
[38] Chang, S. 70.
[39] Kuczynski, S. 277.
[40] *Discover Japan*, Japan Culture Institute (Ed.), S. 80f.

Kampf gegen Alkohol

[1] Bologne, S. 115.
[2] Jaffrenou, S. 36.
[3] Livius 39, 8–19, nach Christoffel, S. 200, diverse Lexika.
[4] H. Johnson, S. 56.
[5] Endermann, S. 39.
[6] Jesus Sirach, Kapitel 2.
[7] Potthoff, S. 140.
[8] Schreiber, S. 377.
[9] Potthoff, S. 140.
[10] Herodot, *Historien*, 1. Buch, 133.
[11] Fuchs-Hartmann, S. 178.
[12] Hauser, S. 107f.
[13] Spode, S. 128.
[14] Wyrwa, S. 30.
[15] Spode, S. 131.
[16] Bologne, S. 339.
[17] Austin, S. 10.

WASSER

[1] Herodot I, 188, und I, 138.
[2] Firebraugh, S. 85.
[3] Athenäus II, 43.
[4] Bologne, S. 206.

PATRIARCHAT AN TISCH UND HERD

[1] Einladung zur Raritätenweinprobe Schloß Reinhartshausen, Oktober 92.
[2] Gelfand, S. 66ff.
[3] Audrey Richards hat in den dreißiger Jahren bei den Bemba (im heutigen Sambia) gelebt und besonders viel auch über Lebenszusammenhänge der Frauen berichtet – siehe Bibliographie.
[4] Nach Friedell, S. 344.
[5] Nach Endermann, S. 50; S. 83 und 84; S. 93.
[6] Mote in: Chang, S. 221ff.
[7] Banerji, S. 17f.

[8] Skipwith, S. 10.
[9] Nach Mennell, S. 290.
[10] *Odyssee*, 14. Buch.
[11] Pollock, S. 32.
[12] Van der Post, S. 44 f.
[13] Ross in: Harris/Ross, S. 22.
[14] Banerji, S. 12.
[15] Treide, S. 226.
[16] Nach Brinker-Gabler, S. 275.
[17] Mennell, S. 285.
[18] Nach Mote in: Chang, S. 239.
[19] Attar in: *PPC* 24, S. 47.
[20] Chatillon-Plessis, nach Toussaint/Lair, S. 310.
[21] *Art Culinaire,* 25.2.1883; nach Toussaint/Lair, S. 311.
[22] König (Rumohr), S. 165.
[23] Bryant, S. 311. Ein großer Teil dieser Arbeit taucht in Volkswirtschaftsstatistiken nicht auf, denn Arbeit für den Ehemann oder Landwirtschaft für die eigene Ernährung schlägt sich nicht im Bruttosozialprodukt nieder und wird also nicht erfaßt.
[24] Sexton, S. 128.
[25] Albert in: *Revue Tiers-Monde*, S. 869, 872.

RELIGION

[1] So äußerten sich Zuni-Priester gegenüber Frank Hamilton Cushing, einem Ethnologen, der Ende vorigen Jahrhunderts eine Expedition zu den Zuni unternahm und dann dort blieb. Berichtet bei Fussell, S. 49.
[2] Fussell, S. 33.
[3] Nach Athenäus VIII, 364.
[4] Banerji, S. 102 f.
[5] Herodot, *Historien*, 4. Buch, Kap. 73.
[6] Hubert in: *Gault-Millaut*, Juni 1993, S. 15 f.
[7] Seipel in: Eggebrecht, S. 176.
[8] Etwa vom Ende des 3. Jahrtausends bis 1785 v. Chr.
[9] Grieshammer in: Eggebrecht, S. 317 f.
[10] Nach Montet, S. 320.
[11] Nach Farb, S. 163.
[12] Soustelle, S. 125, 128.
[13] Soustelle, Tannahill, Sanday u. a.
[14] Der Ethnologe William Arens hat in seinem Buch *The Man-Eating Myth*, 1979, bestritten, daß es authentische Augenzeugenberichte von Kannibalismus gibt. Speziell Hans Stadens Bericht *Zwei Reisen nach Brasilien 1548–1555* spricht er ab, daß es sich um wirkliche Erfahrung handelt; er hält ihn für erfunden. In bezug auf Staden hat ihn Donald Forsyth widerlegt (*Ethnohistory*, 1985). Sicher sind in vielen Fällen Kannibalengeschichten erfunden oder ausgeschmückt worden, um fremde Völker als Barbaren zu denunzieren. Aber es gibt zu viele Augenzeugenberichte von zu verschiedenen Personen (Entdekkungsreisenden, Missionaren, Sprachforschern, Ethnologen, Beamten), als daß man sie alle als Hirngespinste abtun könnte. Belege u. a. bei: Harris, S. 225 ff.; Clair in: Robson, S. 38; Pigafetta, S. 36; Sanday, S. 5 ff.; Combès, S. 178 ff.
[15] Pater José de Anchieta, 1554, nach Harris, S. 227.
[16] Cook, S. 210.
[17] *International Herald Tribune*, 7. 1. 93.
[18] Nach Harris, S. 218.
[19] Herodot IV, 26.
[20] Nach Root, S. 28.
[21] Prschewalski, *Reisen in die Mongolei... in den Jahren 1870 bis 1873*, nach: Takamiya, S. 205.
[22] Nach Harris, S. 98.
[23] Harris, S. 97 f.
[24] Takamiya, S. 207.
[25] Simoons in: Robson, S. 119.
[26] Herodot II, 41.
[27] Den Dschainismus gab es schon vorher, aber im 6. Jahrhundert v. Chr. lebte sein Hauptvertreter, Mahawira, der ihn sehr stärkte und verbreitete.
[28] Nach Barkas, S. 20.
[29] Dumont, S. 192. Ähnlich auch Mahias, S. 90.
[30] Banerji, S. 31 f.
[31] Farb, S. 140.
[32] Lukas 8,32.
[33] 3 Moses 3,17.
[34] Zubaida, S. 183; Farb, S. 137.
[35] Townsend in: Robson, S. 25.
[36] Welsh in: *Symposion Helsinki*, S. 320.
[37] Hadfield nach Treide, S. 221.
[38] 1522, ursprünglich als Predigt gehalten.
[39] Hauser, S. 64.
[40] Nach Gutkind, S. 238.
[41] Nabhan, S. 49.
[42] Drummond, S. 61.

43 Bartolomeo Scappi, *Opera*, 1545, nach Gutkind, S. 301 ff.
44 Smith-Christopher in: *Food & Foodways* 1993, S. 281.
45 Smith-Christopher in: *Food & Foodways* 1993, S. 283.

KEIN FLEISCH

1 Nach O'Mara, S. 35.
2 Dorje, S. 18.
3 *Orphische Fragmente* 229 und 230; nach Haussleitner, S. 152.
4 Platon, *Gesetze*, nach Haussleitner, S. 84.
5 Athenäus X, 418.
6 Jamblich über Pythagoras, nach Haussleitner, S. 101.
7 Nach Barkas, S. 28.
8 Li Yü nach Gwinner, S. 111.
9 Athenäus IX, 386.
10 Plautus, *Pseudolus* V., 810–824; nach Haussleitner, S. 387.
11 Shelley, *Queen Mab. A Philosophical Poem.*
12 Nach Gutkind, S. 249.
13 Nach Barkas, S. 70.
14 Saga, S. 64.
15 Van der Post, S. 16.

ESSEN UND SEX

1 Gottfried von Straßburg, *Tristan*, Vers 11439 ff.
2 Das Alte Testament, Auszüge aus Salomos Hohelied, 2., 4., 5. und 7. Kapitel.
3 *Herrn von Hofmannswaldau und andrer Deutschen auserlesene und bisher ungedruckte Gedichte*. Nachdruck der Ausgabe von 1697; Tübingen 1961.
4 *Betonblumen*, Ed. W. Binder u. a., S. 168.
5 Nach Kleinspehn, S. 181.
6 Nach Schenk, *Die Befreiung des weiblichen Begehrens*, 1991, S. 66 f.
7 MacClancy, S. 72.
8 *Fabliau vom Land Coquaigne*, Frankreich, 13. Jahrhundert, in: Richter, S. 131, 133.
9 Kahn/Sexton, S. 9.
10 Paulhan, S. 41.
11 Hier und für das folgende Zitat: Schindlbeck, S. 98, 101.
12 Farb, S. 104.
13 Dieses Zitat und das folgende aus: Manderson, S. 11.
14 Shakespeare, *Lustige Weiber von Windsor*, V, 5.
15 Boulet, S. 17.
16 Boulet, S. 48.
17 Nach Gutkind, S. 278.
18 Moulin, S. 121.
19 Athenäus II, 69.
20 1 Moses 30,14 f.
21 Shakespeare, *Antonius und Cleopatra*, I, 5.
22 Nach Athenäus II, 64.

DER TISCH IST GEDECKT

1 Kindermann, S. 5 f.
2 Ying-shih Yü in: Chang, S. 62 f.; Pirazzoli: *Kitchen*, S. 95 ff.
3 Homer, *Odyssee*, 1. Buch, Verse 132 ff.
4 Athenäus I, 23.
5 Wolfram von Eschenbach nach Gutkind, S. 598.
6 Banerji, S. 18.
7 Abu-Zaid-Hassan nach: Tannahill, S. 113. Ebenso berichtet im 18. Jahrhundert ein reisender Franzose von Bananenblättern, die mit Salz und Butter eingerieben waren, auf denen die verschiedenen Speisen serviert wurden, Deleury, S. 267.
8 Banerji, S. 58.
9 Lauriston 1763, in: Deleury, S. 261.
10 Banerji, S. 18.
11 Dieses und das folgende Zitat: Athenäus IV, 229 f.
12 Biasci, S. 31.
13 Poseidonios, später in Rom lebender Hellenist, 135 bis 51 v. Chr. Nach Athenäus IV, 151.
14 Braudel denkt, erst im 16. Jahrhundert habe sich der Löffel durchgesetzt. Wird aber durchaus schon in früheren *Tischzuchten* erwähnt.
15 Wiegelmann, S. 59.
16 Ropeid in: *Symposion Helsinki*, S. 196.
17 Japan Culture Institute, S. 48.
18 Grab Nr. 1 von Mawangtui, ca. 168 v. Chr.; Pirazzoli, *Art of Dining*, S. 210.
19 Gwinner, S. 167.

[20] Gwinner, S. 154.
[21] Tezuka, S. 38, 70.
[22] Petrus Damiani nach Gutkind, S. 160. Ähnlich über die Frau eines anderen Dogen: Gourarier, S. 62.
[23] Gourarier, S. 62.
[24] Seifert/Sametschek, S. 124.
[25] Endermann, S. 141.
[26] Saga, S. 34.

ETIKETTE

[1] Mennell, S. 453.
[2] Takamiya, S. 180.
[3] O'Crohan, S. 32.
[4] Owen in: *Oxf.* 81, S. 44.
[5] Saga, S. 135.
[6] Richards, S. 135 f.
[7] Goody, S. 77.
[8] Notker der Stammler nach Gutkind, S. 300.
[9] Nach Spode, S. 229.
[10] Stäbchen: in Japan verboten. Aufstoßen: gilt nach Dorje in vielen Gegenden Tibets als höfliche Anerkennung eines guten Mahls.
[11] Dorje, S. 44.
[12] Er lebte am Hof des Pharaos Asosi, der 2350 bis 2310 v. Chr. herrschte.
[13] Nach Gwinner, S. 63.
[14] Dieses und das folgende Zitat: Chang, S. 37 f.
[15] Mote in: Chang, S. 204.
[16] Sei Shonagon, Hofdame in Kyoto; Tannahill, S. 135.
[17] Goody, S. 123 f.
[18] Dumont, S. 118.
[19] Banerji, S. 37.
[20] Tannhäuser, ca. 1200 bis ca. 1266; es ist nicht ganz sicher, ob der Text wirklich von ihm ist. Endermann, S. 16 ff.
[21] Gutkind, S. 492 ff.
[22] Anon, *Modern Etiquette in Private and Public*, 1872. Nach MacClancy, S. 124.
[23] Wilm, S. 165.
[24] *Über den Umgang mit Menschen*, 9. Kapitel, nach Endermann, S. 146.
[25] Elias, S. 89, und anderswo.
[26] Elias, S. 169.
[27] *Tischzucht des Johannes Meyer*, 1645, nach Hauser, S. 103.
[28] Magomedkhanov in: *Oxf.* 89, S. 153.
[29] Homolka, S. 141.
[30] Richards, S. 75
[31] Kindermann, S. 43.
[32] Gwinner, S. 158.
[33] Kindermann, S. 33.
[34] Skipwith, S. 7.
[35] Banerji, S. 18.
[36] Dieses und das folgende Zitat: Komödiendichter Alexis; Athenäus IV, 137.
[37] Unsal, S. 30.
[38] Athenäus II, 49.
[39] Kindermann, S. 33.
[40] Bitsch, S. 248.
[41] Athenäus I, 5.
[42] Takamiya, S. 190.
[43] Takamiya, S. 192.
[44] Cook, S. 373.
[45] Gwinner, S. 32 f.
[46] Alexis in: Athenäus IV, 164 f., und I, 4.
[47] Fitzgibbon, *Irish Food*, S. 219.
[48] Lahnstein, S. 346 f.
[49] Louis-Sebastien Mercier 1782, nach Braudel, S. 211.
[50] Pyke, S. 49. Ähnlich Taylor.
[51] Magomedkhanov in: *Oxf.* 89.
[52] Flinn in: *Foodways* 3/1+2 (1988).
[53] Richards, S. 197.
[54] Richards, S. 109.

TECHNIK

[1] Maurizio, *Getränke*, S. 19.
[2] Gottschalk, *Histoire de l'alimentation et de la gastronomie*, Paris 1948, S. 322. Nach Mennell, S. 75.
[3] Drummond, S. 33.
[4] Nach Hilary Wilson, S. 55.
[5] Van der Steen in: *PPC* 42, S. 45 ff.
[6] Gollmer, S. 135.
[7] Gmelins Bericht *Reise durch Sibirien von dem Jahr 1738 bis zu Ende 1740*, nach Dittmann, S. 282.
[8] «Pyramidenspruch», Grabinschrift des Königs Unas (2310 bis 2290 v. Chr.), nach Eggebrecht, S. 302.
[9] Athenäus IV, 131, und III, 124.
[10] Nach Takamiya, S. 175.
[11] Le Moyne, aus der 1591 erschienenen Beschreibung Amerikas. In: Cumming, S. 184.
[12] Cumming, S. 130.
[13] Nach McGee, S. 5.
[14] Herodot, 1. Buch, 200.
[15] Anderson in: Chang, S. 341.

[16] Nougier, S. 289.
[17] So der Botaniker Cox nach Leach in: *Oxf.* 81, S. 314.

WEGE IN DEN HUNGER

FALSCHE WEICHENSTELLUNGEN

[1] Walters, S. 159.
[2] Rund 100000 Jahre vor unserer Zeitrechnung: fünf Millionen Menschen (Dando, S. IX), im Jahr 1000: etwa 275 Millionen (Bennett, S. 22/26); 1950 achteinhalbmal soviel (Bennett, S. 26).
[3] Dando, Epilogue.
[4] Eva Eggebrecht in: Eggebrecht.
[5] Dando, S. 134.
[6] Braudel, S. 72.
[7] Srivastava, S. 20.
[8] Gates, S. 150ff.
[9] Po Chu Yi, *Un homme sans affaire*, Millemont (Frankreich) 1988, übersetzt von Hervé Collet u. Cheng Wing Fun.
[10] Brothwell, S. 534.
[11] Dando, S. 84.
[12] Sein Werk erschien in den *Leipziger Studien aus dem Gebiet der Geschichte* im Jahre 1900.
[13] Stouff, S. 284ff.
[14] Zeitgenössische Chronik der Geschichte Triers, 1035.
[15] Curschmann, S. 52f.
[16] Curschmann, S. 56
[17] Da es laut *Brockhaus* damals in Deutschland mehr als 100 verschiedene Ellenmaße gab (meist zwischen 0,5 und 0,8 m, aber auch beträchtlich länger), ist nicht mehr klar, welches Curschmann meinte.
[18] Curschmann, S. 60f.
[19] Teuteberg/Wiegelmann, S. 70.
[20] Dando, S. 113.
[21] Maurizio, *Pflanzen*, S. 93.
[22] Braudel, S. 7.
[23] Kamen, S. 36.
[24] Braudel, S. 71f.
[25] Abel S. 44 der in Göttingen 1972 erschienenen *Massenarmut*. Unter dem gleichen Titel erschien 1974 in Hamburg/Berlin eine andere, bedeutend längere Fassung.
[26] Rosenberger, S. 494.
[27] Abel, S. 8.
[28] Wiegelmann, S. 65.
[29] Dando, S. 65.
[30] *Special Report of the Registrar General for Ireland*, Dublin 3rd November, 1879.
[31] Hobhouse, S. 276f.
[32] Woodham, S. 27.
[33] Im Vorwort der Langfassung.
[34] Alexander Randa (Ed.), *Handbuch der Weltgeschichte*, 1. Band, 87/88.
[35] Randa I, 197.
[36] *Brockhaus*, Stichwort «Bauer».
[37] Wehler I, S. 72.
[38] *World Atlas of Agriculture*, S. 7, «Europe».
[39] Pirenne *(Economic)*, S. 8.
[40] Kamen, S. 38.
[41] Kamen, S. 248.
[42] Das berichtet schon der Arzt und Philosoph Galenus im 2. Jahrhundert über die Notnahrung italienischer Bauern; es war und blieb in ganz Europa weit verbreitet.
[43] Gast, S. 217.
[44] Rosenberger, S. 494.
[45] Srivastava, S. 28.
[46] 10. bis 13. Juni 1987 an der Justus-Liebig-Universität Gießen.
[47] Wiedergegeben in: Bitsch. Als Quelle führte Sprankel das Bulletin der Zoogesellschaft und eine deutsche Übersetzung in *Der Zoologische Garten* 12, 1871, an.
[48] Dubarry, S. 131f.

KATASTROPHENGRUND KOLONIALISMUS

[1] Franqueville in: *Revue Tiers-Monde*.
[2] Super, *Food, Conquest and Colonization in 16th Century Spanish America*, in: *Food & Foodways* 3/4, 1991, S. 43.
[3] Ulijaszek in: Geissler, S. 185.
[4] Franke, S. 462.
[5] Gast, S. 51.
[6] Woube, S. 35.
[7] Lappé/Collins, S. 35.
[8] Garine, S. 79.
[9] *Das Überleben sichern – Bericht der Nord-Süd-Kommission*, Vorsitz Willy Brandt, Köln 1980.
[10] D. G. Johnson, S. 169, gestützt auf Ashton / Hill / Piazza / Zeitz: *Famine in*

China: 1958–61, in: *Population and Development Review*, New York, Dezember 1984, S. 619.

[11] Lappé/Collins, S. 13.
[12] Die englische Übersetzung erschien 1597 in London: *A Report of the Kingdom of Congo*, S. 110ff.
[13] Pigafetta, S. 55.
[14] Lewicki, S. 22f., auch für die folgenden Zitate.
[15] v. Paczensky, *Die Weißen kommen*, S. 402.
[16] George, *Feeding*, S. 60, auch das nächste Zitat.
[17] v. Paczensky, *Die Weißen kommen*, S. 405.
[18] *Das Flammenzeichen vom Palais Egmont. Offizielles Protokoll des Kongresses gegen koloniale Unterdrückung und Imperialismus Brüssel 10.–15. Februar 1927*, Berlin 1927.
[19] Nach Angaben der Weltbank, nach Bennett, S. 6f.
[20] Bennett, S. 12.
[21] Bennett, S. 12.
[22] George in: Bennett, S. 8.
[23] Feder, S. 3.
[24] Nach Srivastava, S. 22.
[25] Srivastava, S. 330.
[26] Dando, S. 99.
[27] Bennett, S. 43.

KEIN ENDE IN SICHT

[1] George, *Feeding*, S. 20.
[2] George, *Feeding*, S. 19.
[3] Coote/Trade, S. 125.
[4] George, *Feeding*, S. 47.
[5] Bennett, S. 177.
[6] George, *Feeding*, S. 63f.
[7] Bennett, S. 37.
[8] Jenkins in: Bernstein, S. 181.
[9] Farb/Armelagos, S. 80ff.
[10] Fussell, S. 69.
[11] Lappé/Collins, S. 46.
[12] George, *Feeding*, S. 43.
[13] Nach George, *Feeding*, S. 42.

SÜSSIGKEITEN

[1] Rudnay, S. 77.
[2] Tannahill, S. 131.

ZUCKER

[1] Mintz, S. 203.
[2] Haudricourt/Hédin, S. 163.
[3] Nach Saletore, S. 242.
[4] Legoux de Flaix in: Deleury, S. 410.
[5] Hobhouse, S. 69.
[6] Paasche, S. 9.
[7] Jenkins in: Bernstein, S. 190.
[8] Farb/Armelagos, S. 65f.
[9] McGee, S. 424.
[10] Mintz, S. 79.
[11] Barrau, S. 260.
[12] Coote, *Hunger Crop*, S. 23.
[13] Sandgruber, S. 176.

KAFFEE

[1] Diese Zitate und das folgende im *General Anzeiger* (Bonn), Hermann Jung, 26.7.1980.
[2] Beispiel: Bologne, S. 53.
[3] *Itinerarium hierosolymitanum et syriacum*, Antwerpen 1619, nach Ralph S. Hattox: *Coffee and Coffeehouses*, Seattle/London 1985, S. 85.
[4] *Göttinger Tageblatt*, 7.7.1984.
[5] Roth, S. 37.
[6] Turot, S. 11f.
[7] Heise, S. 40ff., auch für die folgenden Zitate.
[8] Heise a. a. O.
[9] Jünger, S. 180.
[10] Wiegelmann, S. 167f.
[11] Der Siebenjährige Krieg, 1756–1763.
[12] Jünger, S. 178f.
[13] Jünger, a. a. O.
[14] Jacob, S. 93.
[15] Jacob, S. 224.

TEE

[1] Motto bei Schleinkofer. Sung: von 960 bis 1279.
[2] Fitzgibbon, S. 30.
[3] Mintz, S. 42.
[4] Schleinkofer, S. 38.
[5] Hobhouse, S. 169.
[6] Boulet, S. 149.
[7] Gernet, S. 152.

[8] H. Brandt, Arbeitspapier für Konferenz «Frauen in Afrika» 10./11.10. 1977 in Bonn, Institut für Internationale Begegnungen.
[9] Coote, *Trade*, S. 71 f.
[10] Bennett, S. 124.
[11] Bennett, S. 125.
[12] epd Entw.-Pol. 22/24/1982, S. 14.

KAKAO

[1] C. A. Wilson, S. 409.
[2] *Financial Times*, 16.12.89.
[3] *Ceres*, Januar/Februar 1980.
[4] Grießhammer/Burg, S. 200 f.

GESUNDHEIT

[1] *International Herald Tribune*, 24.12. 1984.
[2] *Hör zu*, 20.–26.7.1991.
[3] L. Joubert nach Margolin, S. 21.
[4] Hu Szu-hui nach Gwinner, S. 194.
[5] Chang, S. 10.
[6] Elsholtz, S. 47 f.
[7] Elsholtz, S. 29.
[8] Mote in: Chang, S. 230 ff.
[9] Gwinner, S. 195.
[10] Perry in: *Oxf.* 88, S. 123.
[11] Aldebrandin von Siena nach Flandrin, S. 160.
[12] Abraham nach Margolin, S. 32.
[13] Drummond, S. 76.
[14] *Platine en Français*, 1505; Flandrin, S. 160.
[15] Cook, S. 177.
[16] Lavoisier nach McGee, S. 518.
[17] Hilary Wilson, S. 35.
[18] Gutkind, S. 221.
[19] Montanari, S. 198.

GRENZEN

[1] Van der Post, S. 262.
[2] Barrau, *Boire*, S. 94.
[3] Gutkind, S. 215.
[4] Hansi, S. 109.
[5] Elsholtz, S. 235.
[6] Chang in: Chang, S. 42.
[7] Oppen, S. 16.
[8] Schurtz, S. 29 f.
[9] Erwähnt im *Li-Chi*, dem frühesten erhaltenen chinesischen Küchenbuch, entstanden vom 5. bis 1. Jahrhundert v. Chr.
[10] Humboldt, S. 277.
[11] Holt, S. 44.
[12] Van der Post, S. 105.
[13] Sokolov, S. 28.
[14] Rice, S. 124 f.
[15] Boulet, S. 64.
[16] Schiltberger nach Takamiya, S. 79.
[17] Bergmann nach Takamiya, S. 80.
[18] Marco Polo, ediert und ins Englische übersetzt von Bürck, S. 335; nach Takamiya, S. 33.
[19] Dieses und das folgende Zitat: Toussaint-Samat, S. 151.
[20] Müller, S. 17.

KOCH HEISST KÖNNEN

[1] Ho Fu-Lung, S. 6.
[2] Neirinck, S. 33.
[3] Omae, *Sushi*, S. 86 f.
[4] Dieses und das folgende Zitat: Takamiya, S. 37.

STARKÖCHE

[1] Yüan Mei, *Die Kochkunst des Herrn von Sui-Yüan*, übertragen von Wolfram Eberhard, Sinica 1940, S. 8, und Gwinner, S. 167.
[2] Boulet, S. 77.

3000 JAHRE GASTRONOMIEKRITIK

[1] Juvenal, 4. Satire (Domitians Steinbutt) nach Revel, S. 48.
[2] Revel, S. 47.
[3] Dies und die folgenden Zitate: Athenäus VII, 325, 310, 294; III, 116.

LITERATURVERZEICHNIS

ABEL, WILHELM: *Massenarmut und Hungerkrisen im vorindustriellen Deutschland*, Göttingen 1972.

ABEL, WILHELM: *Massenarmut und Hungerkrisen im vorindustriellen Europa*, Hamburg/Berlin 1974.

ADAM, RICHARD: *Les Echanges Transalpins du Grand Nord-Est*, in: *Les Dossiers d'Archéologie* No. 175.

AILLAUD, G.-J. / ELDEM, E. / IANCU, D. / RAYMOND, A., u. a.: *Herbes, Drogues et Epices en Méditerranée*, Actes de la Table Ronde de l'Institut de Recherches Méditerranéennes et de la Chambre de Commerce et d'Industrie de Marseille; Paris 1990.

AKIYAMA, T. / DUNCAN, R. C.: *Analysis of the World Coffee Market*, World Bank (Staff Commodity Working Paper No. 7) 1982.

ALBERT, IRÈNE: *De Nouvelles Pratiques Alimentaires dans les Groupements Féminins du Bénin Cotier*, s. *Revue Tiers-Monde*.

ALLEN, G. C. / DONNITHORNE, A. G.: *Western Enterprise in Indonesia and Malaya*, London 1954/1962.

ANTHUS, ANTONIUS (BLUMRÖDER, J.): *Vorlesungen über Esskunst*, Leipzig 1881, Nachdruck Osnabrück 1979.

ANTONI, KLAUS: *Miwa – der heilige Trank. Zur Geschichte und religiösen Bedeutung des alkoholischen Getränkes (Sake) in Japan*, Stuttgart 1988.

APICIUS s. GOLLMER, RICHARD

ARNOTT, MARGARET L. (Ed.): *Gastronomy. The Anthropology of Food and Food Habits*, The Hague/Paris 1975.

Aromes et Gastronomie, Tagung beim 6. Salon des Métiers de Bouche, Lyon 26. 1. 1993, Beiträge Jacques Puisais, Jacques Bricout, Roger Delache, Hubert Richard, J. P. Marion, Corinne Levesque.

ARON, JEAN-PAUL: *The Art of Eating in France*, London 1975.

ASHTOR, E.: *L'alimentation des diverses classes sociales dans l'Orient médiéval*, in: *Annales E. S. C.* (Economies, Sociétés, Civilisations) 9 + 10, Paris 1968.

ATHENÄUS NAUKRATITOS: *Deipnosophistes. The Deipnosophists*, with an English translation by C. B. Gulick, 7 Bände, London 1927 bis 1941.

AUSTIN, GREGORY A.: *Alcohol in Western Society from Antiquity to 1800 – A Chronological History. With the Staff of the Southern California Research Institute*, Oxford 1985.

BANERJI, CHITRITA: *Life and Food in Bengal*, London 1991.

BARER-STEIN, THELMA: *You eat what you are. A study of ethnic food traditions*, Toronto 1979.

BARKAS, JANET: *The Vegetable Passion*, London 1975.

BARRAU, JACQUES: *Les Hommes et leurs aliments; Esquisse d'une histoire écologique et ethnologique de l'alimentation humaine*, Paris 1983.

BAUM, HERMANN: *Die deutsche Zuckerindustrie in der Übergangswirtschaft* (Diss.), Jena 1929.

BECK, GERTRUD / ALLINGER, WALTER / SCHWADERER, ERICH: *Mahlzeit miteinander; Speis und Trank einst und jetzt – Rund um eine Donaustadt*, Ulm 1987.

BENITEZ DE, ANA M.: *Pre-Hispanic Cooking*, Mexiko 1974/1991.

Benker, Gertrud: *Der Gasthof – Von der Karawanserei zum Motel, vom Gastfreund zum Hotelgast*, München 1974.
Bennassar, Bartolomé / Goy, Joseph: *Histoire de la Consommation, Annales ESC* 2–3, Paris 1975.
Bennett, Jon / George, Susan (introduction): *The Hunger Machine*, Oxford/New York 1987.
Bennett, M. K.: *The World's Food – A study of the interrelations of world populations, national diets and food potentials*, New York 1954.
Berg, Gösta: *Altes und Neues in der Stockholmer Küche* s. Bringeus, Nils-Arvis.
Bergier, Jean-François: *Une Histoire du Sel*, Fribourg (Suisse) 1982.
Bernstein, Henry / Crow, Ben / Mackintosh, Maureen / Martin, Charlotte: *The Food Question – Profits versus People?*, London 1990.
Biasci, Claudia: *Das Alte im Neuen. Kulturgeschichte der französischen Küche*, Bielefeld 1991.
Bilabel, Friedrich: *Antike Küche, Tusculum Schriften*, Heft 11, München 1927.
Bitsch, Irmgard / Ehlert, Trude / von Etzdorff, Xenia (Eds.): *Essen und Trinken in Mittelalter und Neuzeit*, Vorträge eines interdisziplinären Symposions, Sigmaringen 1987/1990.
Boire, (Terrain 13, carnets du patrimoine ethnologique, Ministère de la Culture et de la Communication), Paris 1989.
Bologne, Jean Claude: *Histoire morale et culturelle de nos boissons*, Paris 1991.
Bommer, Sigwald / Bommer-Lotzin, Lisa: *Die Gabe der Demeter. Die Geschichte der griechischen und römischen Ernährung*, Krailling bei München 1961.
Boulet, Marc: *Le Ventre de la Chine*, Paris 1990.
Bouloumié, Bernhard: *Le Commerce des Etrusques dans le Midi de la Gaule*, in: *Les Dossiers d'Archéologie*, No. 175, Okt. 1992 (Paris).
Braudel, Fernand: *Sozialgeschichte des 15.–18. Jahrhunderts: Der Alltag*, München 1985.
Brentjes, Burchard: *Von Schanidar bis Akkad. Sieben Jahrtausende orientalischer Weltgeschichte*, Leipzig 1968.
Brillat-Savarin, Jean-Anthelme: *Physiologie des Geschmacks*, München 1962, (Paris 1825).
Bringeus, Nils-Arvis, u. a. (Ed.): *Wandel der Volkskultur in Europa*, Festschrift für Günter Wiegelmann zum 60. Geburtstag, Münster 1988.
Brinker-Gabler, Gisela (Ed.): *Frauenarbeit und Beruf*, Frankfurt 1979.
Brothwell, Don / Brothwell, Patricia: *Food in Antiquity. A Survey of the Diet of Early Peoples*, London 1969.
Bryant, Carol A. / Courtney, Anita / Markesbery, Barbara A. / DeWalt, Kathleen M.: *The Cultural Feast: an Introduction to Food and Society*, St. Paul (Minnesota) 1985.
Bruns, Gerda: *Küchenwesen und Mahlzeiten, Archaeologia Homerica*, Bd. 2, Göttingen 1970.
Bugnard, Catherin: *La plaisante Sagesse Lyonnaise. Maximes et Reflexions morales*, Lyon o. J.
Burton, Elisabeth: *The Elizabethans at home*, London 1973 (1958).

Cabotaje, Esther Manuel.: *Food and Philippine Culture. A study in culture and education*, Manila 1976.
Camporesi, P.: *Bread of dreams. Food and fantasy in early modern Europe*, Cambridge 1989.
Camps, Gabriel: *La Préhistoire – A la Recherche du paradis perdu*, Paris 1982.
Castro, Josue de: *Géopolitique de la Faim*, Paris 1952.
Chang, K. C. (Ed.): *Food in Chinese Culture. Anthropological and Historical Perspectives*, New Haven/London 1977.

Charbonnier, P.: *La Consommation des Seigneurs Auvergnats du XVe aus XVIIIe Siècle*, s. Bennassar, Bartolomé / Goy, Joseph.
Chaudieu, George: *De la Gigue d'Ours au Hamburger ou la curieuse histoire de la viande*, Chennevières 1980.
Chevalier, Auguste / Angladette, André: *Le Riz*, Paris 1948.
Childe, Gordon: *Soziale Evolution*, Frankfurt 1968.
Childe, Gordon: *Vorgeschichte der europäischen Kultur*, Hamburg 1960.
Christoffel, Karl: *Kulturgeschichte des Weines*, Trier 1981.
Coe, Michael D.: *Les premiers Mexicains*, Paris 1985.
Combès, Isabelle: *La tragédie cannibale chez les anciens Tupi-Guarani*, Paris 1992.
Commodity Trade and Price Trends, 1982/83 Edition, Baltimore/London 1982.
Cook, James: *Entdeckungsfahrten im Pacific. Die Logbücher der Reisen 1768 bis 1779*, Darmstadt 1971.
Coote, Belinda: *The Hunger Crop. Poverty and the Sugar Industry*, Oxford 1987.
Coote, Belinda: *The Trade Trap – Poverty and the Global Commodity Markets*, Oxford 1992.
Contenau, Georges: *La vie quotidienne à Babylon et en Assyrie*, Paris 1950 (16. Aufl. 1981).
Conway, Gordon R. / Barbier, Edward B.: *After the green revolution – sustainable agriculture for development*, London 1990.
Cumming, W. P. / Skelton, R. A. / Quinn, D. B.: *The Discovery of North America*, London 1971.
Cummings, Richard Osborne: *The American and his Food*, 1940/41, Revised Ed. New York 1970.
Curschmann, Fritz: *Hungersnöte im Mittelalter*, Leipzig 1900.
Curtis-Bennett, Noël: *The Food of the People, being the History of Industrial Feeding*, London 1949.

Dando, William A.: *The Geography of Famine*, London 1980.
Dannenberg, Hans-Dieter: *Schwein haben*, Jena 1990.
Datta, Asit: *Welthandel und Welthunger*, München 1984.
Deleury, Guy: *Les Indes Florissantes – anthologie des voyageurs Français (1750 bis 1820)*, Paris 1991.
Detienne, Marcel / Vernant, Jean-Pierre: *La cuisine du sacrifice en pays grec*, Paris 1979.
Deutsch-Renner, Hans: *Ernährungsgebräuche. Ursprung und Wandel*, Wien 1947 (*The origin of food habits*, London 1943).
Deutsche Welthungerhilfe (Ed.): *Hunger. Ein Report*, Bonn 1993.
Disney, A. R.: *Twilight of the Pepper Empire. Portuguese Trade in Southwest India in the Early Seventeenth Century*, Cambridge, Mass./London 1978.
Dittmann, Andreas: *Das Kochen mit Steinen – ein Beitrag zur Entwicklungsgeschichte der Nahrungszubereitung*, Berlin 1990.
Dorje, Rinjing: *Food in Tibetan Life*, London 1985.
Driver, Elizabeth: *A Bibliography of Cookery Books published in Britain 1875–1914*, London 1989.
Drummond, J. C. / Wilbraham, A.: *The Englishman's Food – A History of Five Centuries of English Diet*, London 1939.
Dubarry, Armand: *Histoire Anecdotique des Aliments*, Paris o. J.
Dujardin, Jules / Lucien, René / Lucien, Robert: *Recherches rétrospectives sur l'Art de la Distillation*, Paris 1900, 1955.
Dumay, Raymond: *De la Gastronomie Française*, Paris 1969.
Dumont, Louis: *Homo hierarchicus – le système des castes et ses implications*, Paris 1966.
Duval, Paul-Marie: *La vie quotidienne en Gaule pendant la paix romaine (I–III siècles après J.-C.)*, Paris 1952.

Eggebrecht, Arne (Ed.): *Das alte Ägypten*, München 1984.
Elias, Norbert: *Über den Prozeß der Zivilisation*, 1. Bd., 4. Aufl. Frankfurt/Main 1977.
Elsholtz, Johann Sigismund: *Diaeteticon. Das ist newes Tisch-Buch oder Unterricht von Erhaltung guter Gesundheit durch eine ordentliche Diät und insonderheit durch rechtmäßigen Gebrauch der Speisen / und des Geträncks*, 1682, Nachdruck Leipzig 1984.
Elson, R. E.: *Javanese Peasants and the Colonial Sugar Industry*, Oxford/New York 1984.
Endermann, Heinz (Bearb.): *So du zu Tische wollest gan. Tischzuchten aus acht Jahrhunderten*, Berlin 1991.
Engler, A. s. Hehn, Victor.
Enjalbert, H. / Enjalbert, B.: *L'Histoire de la Vigne et du Vin*, Paris 1987.
Ethnologische Nahrungsforschung, Vorträge des 2. Internationalen Symposiums für ethnologische Nahrungsforschung Helsinki 1973, Helsinki 1975.

Farb, Peter / Armelagos, George: *Anthropologie des Coutumes Alimentaires*, Paris 1985. (*Consuming Passions, the Anthropology of Eating*, Boston 1980.)
Farber, Seymour M. / Wilson, Nancy / Wilson, Roger (Eds.): *Food and Civilisation*, Symposium, Springfield (USA) 1966.
Feder, Ernest: *The Rape of the Peasantry, Latin Americas Landholding System*, New York 1971.
Fenton, Alexander / Kisban, Eszter: *Food in Change. Eating Habits from the Middle Ages to the Present Day*, Edinburgh 1986.
Fenton, Alexander / Owen, Trefor M.: *Food in Perspective. Proceedings of the Third International Conference on Ethnological Food Research*, Cardiff, Wales 1977, Edinburgh 1981.
Feret, Barbara L.: *Gastronomical and Culinary Literature – A survey of Historically oriented Collections in the USA*, London 1979.
Firebaugh, W. C.: *The Inns of Greece & Rome*, Chicago 1928.
Fitzgibbon, Theodora: *The pleasures of the table. Food in Literature*, Oxford 1981.
Flandrin, Jean-Louis: *La diversité des goûts et des pratiques alimentaires en Europe du XVIe au XVIIIe siècle*, in: *Revue de l'histoire moderne et contemporaine*, 30, 1983.
Food & Foodways. Vierteljahresschrift, Harwood Academic Publishers, New York, Eds. Maurice Aymard, Jean-Louis Flandrin, Steven L. Kaplan.
Forschungskreis der Ernährungsindustrie e. V., 50. Diskussionstagung, 31. 3. und 1. 4. 1992 in Potsdam, Beiträge u. a. H. J. Teuteberg, H. Haenel.
Foulquier, Valérie (Ed.): *Le Sucre, Luxe d'Autrefois*, Katalog, Musée du Nouveau Monde, La Rochelle 1991/92.
Franqueville, André / Villegas, Ruth: *La Consommation Alimentaire dans les Andes de Bolivie: Pratiques et Représentations*, s. *Revue Tiers-Monde*
Fregoni, Mario: *Origines de la vigne et de la viticulture – contribution des peuples antiques*, Quart (Vallée d'Aoste) 1991.
Friedell, Egon: *Kulturgeschichte Ägyptens und des Alten Orients*, München o. J. (Zürich 1936).
Frissant, Pascal (Ed.): *Le Vin dans les textes sacrés et les cultures méditerranéennes*, Journées de Ribaute (Aude), Paris 1988.
Froment, Alain: *Nutrition et Anthropobiologie*, s. *Revue Tiers-Monde*
Fuchs-Hartmann, Werner: *Gastmahl der Völker*, Stuttgart 1941.
Fussell, Betty: *The Story of Corn*, New York 1992.

Garine, Igor de (Dir.): *Les changements des habitudes et des politiques alimentaires en Afrique: aspects des sciences humaines, naturelles et sociales*, Séminaire à Dakar 28 Sept/2 Oct. 1987 (UNESCO u. a.), Paris 1991.
Gast, Marceau: *Alimentation des Populations de l'Ahaggar. Etude Ethnographique*, Paris 1968.

Gast, Marceau: *Manger à Tamanrasset* s. Peltre, Jean
Geissler, Catherine / Oddy, Derek J. (Eds.): *Food, Diet and Economic Change Past and Present*, Leicester 1993.
Gelfand, Michael: *Diet and tradition in an African Culture*, Edinburgh/London 1971.
George, Susan: *Feeding the Few – Corporate Control of Food*, Washington/Amsterdam o. J.
George, Susan: *Introduction* zu Bennett, J.: *The Hunger Machine*.
Geremek, Bronislaw: *Geschichte der Armut*, München/Zürich 1988.
Gernet, Jacques: *La vie quotidienne en Chine à la veille de l'Invasion Mongole 1250–1276*, Paris 1959/1978.
Al Ghazzali s. Kindermann, Hans.
Godard, Misette: *Le Goût de L'Aigre*, Paris 1991.
Goldblith, Samuel A. / Joslyn, Maynard A.: *An Anthology of Food Science*, Bd. 2: *Milestones in Nutrition*, Westport/Connecticut 1964.
Gollmer, Richard: *Das Apicius-Kochbuch*, Rostock 1928, Nachdruck 1985.
Goody, Jack: *Cooking, Cuisine and Class*, Cambridge 1982.
Gourou, Pierre: *Riz et Civilisation*, Paris 1984.
Grass, Nikolaus: *Beiträge zur Geschichte der Nordtiroler Bürgerkultur. I. Vorbemerkungen über Stadtköche im allgemeinen und über Haller Stadtköche im besonderen* s. Grass-Cornet, Marie.
Grass-Cornet, Marie: *Aus der Geschichte der Nordtiroler Bürgerkultur*, darin auch Beiträge von Nikolaus Grass, Innsbruck/München 1970.
Grässe, Theodor: *Bierstudien*, Dresden 1872, Nachdruck Leipzig 1979.
Greenewalt jr. / Crawford, H.: *Ritual Dinners in Early Historic Sardis*, Berkeley 1976.
Griesshammer, Rainer / Burg, Claudia: *Wen macht die Banane krumm – Kolonialwarengeschichten*, Hamburg 1989.
Grimshaw, T. W.: *Special Report on Agricultural Produce and Fuel Supply in Ireland, as ascertained by Inquiries made in October 1879*, Dublin 1879.
Guichard, Pierre: *L'Espagne et la Sicile Musulmanes aux XIe et XIIe Siècles*, Lyon 1990.
Gutkind, Curt sigmar: *Das Buch der Tafelfreuden, aus allen Zeiten und Breiten gesammelt*, Leipzig 1929.
Guttmann, Henry: *Die Weltwirtschaft und ihre Rohstoffe*, Berlin 1956.
Gwinner, Thomas A. P.: *Essen und Trinken. Die klassische Kochbuchliteratur Chinas*, Heidelberger Schriften zur Ostasienkunde, 11, Frankfurt/Main 1988.

Hagenow, Gerd: *Aus dem Weingarten der Antike – Der Wein in Dichtung, Brauchtum und Alltag*, Mainz 1982.
Hajek, Hans (Ed.): *Daz buch von guter spise*, aus der Würzburg-Münchener Handschrift; *Texte des späten Mittelalters*, Heft 8, Berlin 1958.
Hale, William Harlan, und die Eds. des *Horizon Magazine: The Horizon Cookbook and Illustrated History of Eating and Drinking through the Ages*, New York 1968.
Harris, Marvin: *Wohlgeschmack und Widerwillen – die Rätsel der Nahrungstabus*, Stuttgart 1988.
Harris, Marvin / Ross, Eric B. (Eds.): *Food and Evolution. Toward a Theory of Human Food Habits*, Philadelphia 1987.
Hartmeyer, Hans: *Der Weinhandel im Gebiet der Hanse im Mittelalter*, Jena 1905.
Hashi-San: *Chopsticks*, Berkeley, CA, 1991.
Haudricourt, A.-G. / Hédin, L.: *L'Homme et les plantes cultivées*, Paris 1987.
Hauser, Albert: *Vom Essen und Trinken im alten Zürich – Tafelsitten, Kochkunst und Lebenshaltung vom Mittelalter bis in die Neuzeit*, Zürich 1961.
Hauser, Albert: *Was für ein Leben. Schweizer Alltag vom 15. bis 18. Jahrhundert*, Zürich 1987.
 Haussleitner, Johannes: *Der Vegetarismus in der Antike*, Berlin 1935.

Hayward, Abraham: *The Art of Dining*, London 1852.
Heer, Jean: *Ein Jahrhundert Nestlé. Weltgeschehen 1866–1966*, Rivaz 1966.
Hehn, Victor: *Kulturpflanzen und Haustiere in ihrem Übergang aus Asien nach Griechenland und Italien sowie in das übrige Europa – historisch-linguistische Skizzen*, 8. Auflage neu herausgegeben von O. Schrader mit botanischen Beiträgen von A. Engler und F. Pax, Berlin 1911.
Heine, Peter: *Kulinarische Studien. Untersuchungen zur Kochkunst im arabisch-islamischen Mittelalter*, Wiesbaden 1988.
Heise, Ulla: *Kaffee und Kaffeehaus. Eine Kulturgeschichte*, Hildesheim 1987.
Heiser jr., Charles B.: *Seed to Civilisation. The Story of Man's Food*, San Francisco 1973.
Heller, Robert: *Food for work*, Hertfordshire o. J.
Herrig, Gertrud: *Ländliche Nahrung im Strukturwandel des 20. Jahrhunderts – Untersuchungen im Westeifeler Reliktgebiet am Beispiel der Gemeinde Wolsfeld*, Meisenheim am Glan 1974.
Hesekiel, George: *Aus den Mittheilungen eines Gourmands. Aufzeichnungen, Erfahrungen und Notizen eines alten Diplomaten*, Berlin 1862.
Hess, Karen: *The Carolina Rice Kitchen – The African Connection*, Columbia (South Carolina) 1992.
Heurgon, Jacques: *La vie quotidienne chez les Etrusques*, Paris 1961/1979.
Heyne, Moritz: *Das deutsche Nahrungswesen. Von den ältesten geschichtlichen Zeiten bis zum 16. Jahrhundert*, Leipzig 1901.
Hill, Brian: *God, Food and Sex*, Ilfracombe/Devon 1971.
Historia (hors série No. 42): *A Table... Les Français – la savoureuse Histoire de la France gourmande*, Paris 1975.
Hobhouse, Henry: *Fünf Pflanzen verändern die Welt – Chinarinde, Zucker, Tee, Baumwolle, Kartoffel*, München 1982.
Ho Fu-Lung / Franz, Uli: *La Cuisine chinoise*, Aartselaar (Belgien) 1990.
Höllhuber, Dietrich / Kaul, Wolfgang: *Die Biere Deutschlands*, Nürnberg 1988.
Holt, Vincent M.: *Why not eat insects?*, 1885, Nachdruck Whitstable 1992.
Houghton, John: *A collection of letters for the improvement of husbandry and trade*, London 1681 und 1682.
Hubert, Annie: *Le Pain et l'Olive. Aspects de l'Alimentation en Tunisie*, Paris 1984.
Humboldt, Alexander von: *Reise in die Aequinoktial-Gegenden des neuen Kontinents* (*Gesammelte Werke*, Bd. 5–8), Stuttgart 1889.

Imfeld, Al: *Zucker*, Zürich 1983.
Inglis, Brian: *Poverty and the Industrial Revolution*, London 1971.
Italiaander, Rolf: *Xocolatl*, Düsseldorf 1980.

Jacob, Heinrich Eduard: *6000 Jahre Brot*, Hamburg 1954.
Jacob, Heinrich Eduard: *Sage und Siegeszug des Kaffees*, Hamburg 1934, Neufassung 1952.
Jaffrenou, Gildas: *Mythologie – Légendes & Histoire des Boissons en Bretagne et ailleurs*, Ploeren (Bretagne) 1987.
Jansen, A. A. J. / Parkinson, S. / Robertson, A. F. S. (Eds.): *Food and Nutrition in Fiji. A Historical Review*, Published jointly by the Department of Nutrition and Dietetics (Fiji School of Medicine) and the Institute of Pacific Studies (University of the South Pacific), 1990.
Japan Culture Institute, Tokyo (Ed.): *Discover Japan. Words, Customs and Concepts*, 2 Bde., Tokyo/New York/San Francisco o. J.
Jelinek, Jan: *Encyclopédie illustrée de L'Homme Préhistorique*, 13. Aufl. Paris 1989.
Johnson, D. Gale: *World Agriculture in Disarray*, London 1973/1990.
Johnson, Hugh: *Weingeschichte. Von Dionysos bis Rothschild*, Bern/Stuttgart 1990.
Johnson, Lois S.: *What we eat. The Origins and Travels of Foods Round the World*, Folkestone 1972.

JOHNSSON, MICK: *Food and Culture among Bolivian Aymara. Symbolic Expressions of Social Relations*, Uppsala 1987.
JULY, ROBERT W.: *Precolonial Africa*, New York 1975.
JÜNGER, WOLFGANG: *Herr Ober – ein' Kaffee! Illustrierte Geschichte des Kaffeehauses*, München 1955.

KAMEN, HENRY: *The Iron Century: Social Change in Europe 1550–1660*, London 1971/1976.
KINDERMANN, HANS: *Über die guten Sitten beim Essen und Trinken. Das ist: Das 11. Buch von Al-Ghazzalis Hauptwerk*, übersetzt und bearbeitet als ein Beitrag zur Geschichte unserer Tischsitten von H. K., Leiden 1964.
KLEBERG, TÖNNES: *Hotels, Restaurants et Cabarets dans l'Antiquité Romaine*, Uppsala 1957.
KLEINSPEHN, THOMAS: *Warum sind wir so unersättlich?*, Frankfurt 1987.
KÖNIG, JOSEPH (RUMOHR): *Geist der Kochkunst*, Stuttgart/Tübingen 1822, Nachdruck Hildesheim 1978.
KÜHNAU, RICHARD: *Die Bedeutung des Backens und des Brotes im Dämonenglauben des deutschen Volkes*, Patschkau 1900.
KUCZYNSKI, JÜRGEN: *Geschichte des Alltags des deutschen Volkes, 1 (1600–1650)*, Köln 1980.
KURTI, NICHOLAS / KURTI, GIANA: *But the Crackling is superb. An Anthology on Food and Drink by Fellows and Foreign Members of the Royal Society*, Bristol 1988.
KÜRTZ, JUTTA: *Aus Kanne, Fass und Buddel. Kleine norddeutsche Trinkgeschichte(n)*, Lübeck 1986.

LAHNSTEIN, PETER: *Report einer ‹guten alten Zeit›. Zeugnisse und Berichte 1750 bis 1805*, Stuttgart 1870.
LAPPÉ, FRANCES MOORE / COLLINS, JOSEPH: *World Hunger: 12 Myths*, London 1988.
LATHAN, A. J. H.: *The International Economy and the Undeveloped World 1865–1914*, London 1978.
LEAKEY, RICHARD: *Die Suche nach dem Menschen. Wie wir wurden, was wir sind*, Frankfurt/Main 1981.
LEEMING, MARGARET: *A History of Food – From Manna to Microwave*, London 1991.
LEFRANÇOIS, THIERRY / ANDRIEUX, JEAN-PIERRE: *La Prohibition et St. Pierre et Miquelon*, Katalog Musée du Nouveau Monde, La Rochelle 1991.
LEHMENT, GÜNTHER: *Das deutsche Spirituosengewerbe – seine Geschichte und seine gegenwärtige Wirtschaftslage*, Würzburg 1937.
LÉON, PIERRE: *Economies et Sociétés préindustrielles, 1650–1780*, Paris 1970.
Les Français et la table, Musée national des arts et traditions populaires, Ausstellungskatalog Paris 1985, Beiträge v. A. Benoit, J. Cuisenier, Z. Gourarier, R. Guadagnin u. a.
LEVENE, PETER: *Aphrodisiacs*, London 1985.
LEVENSTEIN, HARVEY A.: *Revolution at the Table – The Transformation of the American Diet*, Oxford 1988.
LÉVI-STRAUSS, CLAUDE: *Le Cru et le Cuit*, Paris 1964.
LÉVI-STRAUSS, CLAUDE: *Der Ursprung der Tischsitten (Mythologica III)*, Frankfurt 1973.
LEWICKI, TADEUS: *West African Food in the Middle Ages, according to Arabic Sources*, Cambridge 1974.
LEWINGTON, ANNA: *Plants for People*, London 1990 (Natural History Museum Publications).
LOPEZ, ODOARDO s. PIGAFETTA, FILIPPO.
LOWENBERG, MIRIAM E. / TODHUNTER, E. NEIGE / WILSON, EVA D. / FEENEY, MOIRA C. / SAVAGE, JANE R.: *Food and Man*, New York 1968.

MacClancy, Jeremy: *Consuming Culture*, London 1992.
Mahias, Marie-Claude: *Délivrance et Convivialité. Le système culinaire des Jaina*, Paris 1985.
Manderson, Leonore (Ed.): *Shared wealth and symbol. Food, Culture and Society in Oceania and Southeast Asia*, Cambridge 1986.
Margolin, J.-C. / Sauzet, R. (Eds.): *Pratiques & Discours alimentaires à la Renaissance*, Actes du Colloque de Tours 1979, Paris 1982.
Marinval, Philippe.: *L'Alimentation Végétale en France du Mésolithique jusqu'à l'Age du Fer*, Paris 1988.
Maurizio, Adam: *Die Müllerei und Bäckerei*, Hannover 1909.
Maurizio, Adam: *Die Getreide-Nahrung im Wandel der Zeiten*, Zürich 1916.
Maurizio, Adam: *Die Geschichte unserer Pflanzennahrung. Von den Urzeiten bis zur Gegenwart*, Berlin 1927.
Maurizio, Adam: *Geschichte der gegorenen Getränke*, Berlin 1933.
McGee, Harold: *On Food and Cooking. The Science and Lore of the Kitchen*, London 1984.
McLeish, Kenneth: *Food and drink*, London 1978.
Mead, William Edward: *The English medieval Feast*, London 1931.
Meier, Christian: *Opfermahl und Trinkgelage. Soziale Funktionen von Essen und Trinken im alten Hellas*, in: *Damals – Das Geschichtsmagazin*, 22. Jahrgang, 1990.
Meiller, Daniel / Vannier, Paul (Eds.): *Le Grand Livre des Fruits et Legumes. Histoire, Culture et Usage*, Besançon 1991.
Mennell, Stephen: *Die Kultivierung des Appetits. Geschichte des Essens vom Mittelalter bis heute*, Frankfurt/Main 1988.
Métraux, Alfred: *Les Indiens de l'Amérique du Sud*, Paris 1982.
Miller, J. Innes.: *The spice trade of the Roman Empire*, Oxford 1969.
Milner, Max / Chatelain-Courtois, Martine (Eds.): *L'Imaginaire du Vin*, Colloque pluridisciplinaire 15/17 octobre 1981, Centre de Recherches sur l'Image et le Symbole, Marseille 1983/89.
Mintz, Sidney W.: *Die süße Macht. Kulturgeschichte des Zuckers*, Frankfurt/Main 1987.
Montet, Pierre: *So lebten die Ägypter vor 3000 Jahren*, Stuttgart 1960.
Moonay, Pat Roy: *Saat-Multis und Welthunger*, Reinbek 1981.
Müller, Birgit: *Viva Spaghetti. Die Geschichte der Pasta und die besten Rezepte*, Hamburg 1985.
Müller-Ebeling, Claudia / Rätsch, Christian: *Isoldens Liebestrank. Aphrodisiaka in Geschichte und Gegenwart*, München 1986.
Munqidh, Usama ibn: *Ein Leben im Kampf gegen Kreuzritterheere*, übertragen und bearbeitet von Gernot Rotter, Tübingen 1978.

Nahoum-Grappe, Véronique: *La Culture de l'Ivresse*, Paris 1991.
Neirinck, Edmond / Poulain, Jean-Pierre: *Histoire de la Cuisine et des Cuisiniers*, Paris 1988.
Newman, Lucile F. u. a.(Ed.): *Hunger in History*, Cambridge, Mass./Oxford 1990.
Noolas, Rab: *Merry-go down. A Gallery of gorgeous Drunkards through the ages collected for the use, interest, illumination and delectation of serious topers*, London 1978.
Nougier, Louis-René: *Naissance de la Civilisation – Forestiers, défricheurs, paysans dans la préhistoire*, Paris 1986.

Omae, Kinjire / Tachibana, Yuzuru: *The Book of Sushi*, Tokyo/New York/San Francisco 1981.
O'Crohan, Thomas: *The Islandman*, Oxford 1992.
Oshima, Kintaro: *A digest of Japanese investigations on the nutrition of man*, Washington 1905.

Oswalt, Wendel H.: *An Anthropological Analysis of Food-Getting Technology*, New York 1976.
Oxford Symposium proceedings:
National and regional styles of cookery, 1981.
Cookery: Science, lore and books, 1984 & 1985.
The cooking medium, 1986.
Taste, 1987.
The cooking pot, 1988.
Staple foods, 1989.
Feasting and Fasting, 1990. Prospect Books, London.

Paasche, Hermann: *Zuckerindustrie und Zuckerhandel der Welt*, Jena 1891.
Parienté, Henriette / de Ternant, Geneviève: *La fabuleuse histoire de la Cuisine Française*, Paris 1981.
Pastoureau, Michel: *La vie quotidienne en France et en Angleterre au temps des chevaliers de la table ronde*, Paris 1976.
Paulhan, Jean: *Le Repas et L'Amour chez les Merinas*, Montpellier 1970.
Peltre, Jean / Thouvenot, Claude: *Alimentations et Régions*, Actes du Colloque «Cuisines, régimes alimentaires, espaces régionaux», Nancy 24–27 Sept. 1987, Nancy 1989.
Peyer, Hans Conrad (Ed.): *Gastfreundschaft. Taverne und Gasthaus im Mittelalter*, München/Wien 1983.
Pigafetta, Filippo: *A Report of the Kingdom of Congo, a region of Africa, and the countries that border around the same, drawn out of the writings and discoveries of Odoardo Lopez a Portingall* (translated from the Italian by Abraham Hartwell), London 1597.
Pike, E. Royston: *Human Documents of the Industrial Revolution in Britain*, London 1966/1977.
Pirenne, Henri: *Economic and Social History of Medieval Europe*, London 1936/1972.
Pirenne, Henri: *Histoire Economique de l'Occident Médieval*, Bruges 1951.
Plaisirs et Manières de Table aux XIVe et XVe siècles, Katalog, Musée des Augustins, Toulouse, 23. 4.–29. 6. 1992.
Post, Laurence van der: *Wie Afrika ißt*, Berlin 1979.
Potthoff, O. D. / Kossenhaschen, G.: *Kulturgeschichte der deutschen Gaststätte*, Berlin 1933.
PPC – Petits Propos Culinaires, Prospect Books, London, dreimal jährlich.
Prakash, Om: *Food and drink in ancient India*, New Delhi 1961.
Pratiques et discours alimentaires à la Renaissance, Actes du Colloque de Tours 1979, Paris 1982.
Pyke, Magnus: *Food and Society*, London 1968.

Reim, Helmut: *Die Insektennahrung der australischen Ureinwohner. Veröffentlichungen des Museums für Völkerkunde zu Leipzig*, Berlin 1962.
Renner, Hans s. Deutsch-Renner, Hans
Revue Tiers-Monde Tome XXXIII, No. 132 (Oct. – Déc. 1992): *Le Fait Alimentaire – Débats et Perspectives*, Paris 1992.
Rice, Tamara Talbot *Die Skythen. Ein Steppenvolk an der Zeitenwende*, Köln 1957.
Richards, Audrey I.: *Land, Labour and Diet in Northern Rhodesia*, London 1939.
Richter, Dieter: *Schlaraffenland. Geschichte einer populären Phantasie*, Köln 1984.
Riddervold, Astri / Ropeid, Andreas (Eds.): *Food conservation*, Papers of an international ethnological food congress in Norway in 1987, London 1988.
Rievel, Ernst: *Die deutsche und die internationale Zucker-Kontingentierung* (Diss.), Alfeld 1934.
Ritter, G. A. / Kocka, J. (Eds.): *Deutsche Sozialgeschichte. Dokumente und Skizzen*, Bd. II 1870–1914, München 1974.

Robson, John K. R. (Ed.): *Food, Ecology and Culture: Readings in the Anthropology of Dietary Practices*, New York/London 1980.
Rodinson, Maxime: *Recherches sur les documents arabes relativs à la cuisine, Etudes islamiques*, Paris 1949/1950.
Romero de Solis, Pedro: *La taberna en Espagne et en Amerique*, s. *Boire*.
Root, Waverley / Rochemont, Richard de: *Eating in America – a History*, New York 1976.
Rosenberger, Bernard: *Cultures Complémentaires et Nourritures de Substitution au Maroc (XVe – XVIIIe Siècle)*, in: *Annales ESC* 3–4, Paris 1980.
Roth, Hans: *Die Übererzeugung der Welthandelsware Kaffee im Zeitraum von 1790–1929*, Jena 1929.
Royal Tropical Institute, Amsterdam: *Changing Economy in Indonesia – Indonesia's Export Crops 1816–1940*, Amsterdam 1975.
Rubner, Max: *Die Welternährung in Vergangenheit, Gegenwart und Zukunft*, Berlin 1926.
Rudnay, János / Beliczay, László: *Das Honigbuch. Geschichte der Imkerei und des Lebzelterhandwerks*, Corvina (Ungarn) 1987.
Ruf, Fritz (Ed.): *Die sehr bekannte dienliche Löffelspeise. Mus, Brei und Suppe – kulturgeschichtlich betrachtet*, Velbert 1989.
Rumford (Benjmin Thompson): *Count Rumford's Essay on Food and particularly on Feeding the Poor*, published in 1795 and now reprinted for The Friends of The Poor, Youghal 1846.

Saberi, Helen: *Noshe Djan – Afghan Food and Cookery*, London 1986.
Saga, Junichi: *Memoires of Silk and Straw. A self-portrait of Small-Town-Japan*, Tokyo/New York 1987/1990.
Salaman, Redcliffe N.: *The History and Social Influence of the Potato*, Cambridge 1949/1985.
Saletore, R. N.: *Early Indian Economic History*, London 1973.
Samhaber, Ernst: *Kaufleute wandeln die Welt*, Frankfurt 1960/78.
Sanday, Peggy Reeves: *Divine Hunger. Cannibalism as a Cultural System*, Cambridge 1986.
Sandgruber, Roman.: *Bittersüße Genüsse. Kulturgeschichte der Genußmittel*, Wien/Graz/Köln 1986.
Schaber, Will: *Colonialware macht Geschichte*, Zürich 1936.
Schiedlausky, Günther: *Tee Kaffee Schokolade – ihr Eintritt in die europäische Gesellschaft*, München 1961.
Schindlbeck, Markus: *Sago bei den Sawos. Untersuchungen über die Bedeutung von Sago in Wirtschaft, Sozialordnung und Religion* (Diss.), Basel 1980.
Schivelbusch, Wolfgang: *Das Paradies, der Geschmack und die Vernunft. Eine Geschichte der Genußmittel*, München/Wien 1980.
Schleinkofer, Otto F.: *Der Tee*, München 1924.
Schnyder-v. Waldkirch, Antoinette: *Wie Europa den Kaffee entdeckte – Reiseberichte der Barockzeit als Quellen zur Geschichte des Kaffees*, Zürich 1988 (Veröffentlichung des Jacobs Suchard Museums zur Kulturgeschichte des Kaffees, hg. von Holger Hasenkamp).
Schraemli, Harry: *Von Lukullus zu Escoffier. Geschichte der Feinschmeckerei*, Bielefeld o. J.
Schreiber, Georg: *Deutsche Weingeschichte – Der Wein in Volksleben, Kult und Wirtschaft*, Köln 1980 (Veröffentlichung 17 Jahre nach dem Tod des Prälaten, der 1963 81jährig starb).
Schultz, Uwe (Ed.): *Speisen, Schlemmen, Fasten*, Frankfurt/Main 1993.
Schurtz, Heinrich: *Die Speiseverbote. Ein Problem der Völkerkunde*, Hamburg 1893.
Schwanitz, Franz: *Die Entstehung der Kulturpflanzen*, Berlin 1957.

Seifert, Traudl / Sametschek, Ute: *Die Kochkunst in zwei Jahrtausenden*, München o. J.
Semjonow, Juri: *Die Güter der Erde*, Berlin 1936.
Sewell, Tom: *The World Grain Trade*, London 1992.
Simon, André: *Bibliotheca Bacchica. Bibliographie raisonnée des ouvrages imprimées avant 1600 et illustrant la Soif Humaine sous tous ses aspects, chez tous les peuples et dans tous les temps*, London 1927.
Simon, André: *Bibliotheca Vinaria. A Bibliography of books and pamphlets dealing with Viticulture, Wine-making, Distillation, the Management, Sale, Taxation, Use and Abuse of Wines and Spirits*, London 1979.
Skipwith, Ashkain: *Saudi Cooking*, London 1986.
Sokolov, Raymond: *Why we eat what we eat*, New York 1991.
Soustelle, Jacques: *La Vie Quotidienne des Aztèques à la veille de la conquête espagnole*, Paris 1955/1979.
Soyer, Alexis: *The Pantropheon, or history of food and its preparation, from the earliest ages of the world*, London 1853, Nachdruck 1977.
Spahni, Jean-Christian / Bruggemann, Maximilian: *Die Gewürzstraße*, Zürich 1991.
Spode, Hasso: *Alkohol und Zivilisation – Berauschung, Ernüchterung und Tischsitten in Deutschland bis zum Beginn des 20. Jahrhunderts*, Berlin 1991.
Srivastava, Hari Shanker: *The History of Indian Famines and Development of Famine Policy 1858–1918*, Delhi 1968.
Steensberg, Axel: *New Guinea Gardens. A Study of Husbandry with Parallels in Prehistoric Europe*, London 1980.
Steensgaard, Niels: *The Asian Trade Revolution of the Seventeenth Century – The East India Companies and the Decline of the Caravan Trade*, London 1973.
Stouff, Louis: *Ravitaillement et Alimentation en Provence aux XIVe et XVe Siècles*, Paris/Den Haag 1970.
Stuart, Davis: *The Kitchen Garden. A historical guide to traditional crops*, Gloucester 1984.
Stutzenbacher, Robert: *Das Diner. Praktische Anleitung zu dessen Service und Arrangement nebst einer Sammlung hervorragender Menüs*, Berlin 1895.

Takamiya, Teruko: *Beiträge zur Geschichte der Nahrung und der Nahrungsbereitung bei den Hirtenvölkern Mittel- und Innerasiens*, München 1978.
Tannahill, Reay: *Food in History*, London, Rev. Ed. 1988.
Tanner, John (Ed.): *The Tea Trade*, London 1982.
Taylor, Richard: *Te Ika a Maui – New Zealand and its Inhabitants*, London 1870.
Teuteberg, Hans J. (Ed.): *European Food History. A research review*, Leicester 1992.
Teuteberg, Hans J.: *Magische, mythische und religiöse Elemente in der Nahrungskultur Mitteleuropas*, s. Bringeus, Nils-Arvis.
Teuteberg, Hans J.: *Zur Geschichte der Kühlkost und des Tiefgefrierens*, in: *Zeitschrift für Unternehmensgeschichte*, 3, 1991.
Teuteberg, Hans J. / Wiegelmann, Günter: *Der Wandel der Nahrungsgewohnheiten unter dem Einfluß der Industrialisierung*, Göttingen 1972.
Teuteberg, Hans J. / Wiegelmann, Günter: *Unsere tägliche Kost. Studien zur Geschichte des Alltags*, Münster 1986.
Tezuka, Kaneko: *Japanese Food*, Tourist library no. 14., Tokyo 1936.
Thornton, Thomas Perry (Ed.): *Höfische Tischzuchten, Texte des späten Mittelalters*, Heft 4, Berlin 1957.
Thornton, Thomas Perry (Ed.): *Grobianische Tischzuchten, Texte des späten Mittelalters*, Heft 5, Berlin 1957.
Tornius, Valerian: *Das Buch über die Schokolade*, Leipzig 1931.
Toussaint-Samat, Maguelonne: *Histoire naturelle & morale de la nourriture*, Paris 1987.

Toussaint-Samat, Maguelonne/ Lair, Mathias: *Grande et Petite Histoire des Cuisiniers de l'Antiquité à nos jours*, Paris 1989.
Treide, Barbara: *Wildpflanzen in der Ernährung der Grundbevölkerung Melanesiens*, Berlin 1967.
Turot, Henri: *La Régie du Café*, Paris 1908.

Ucko, P. J. / Dimbleby, G. W. (Eds.): *The Domestication and exploitation of Plants and Animals*, Proceedings of a meeting of the Research Seminar in Archaeology and Related Subjects held at the Institute of Archaeology, London University, 18/19 May 1968, London 1969. Autoren: Alexander, Bökönyi, Brothwell, Coursey, Cranstone, Darlington, Drower, Ducos, Evans, Flannery, Harris, Hawkes, Jewell, Pickersgill, Reed, Renfrew, Smartt, Smith (H. S.), Watson, Zohary.
Uhr, Dieter: *Alles über den Durst*, u. Mitarbeit v. Günther Paul, Helmut Paul, Waltraud Uhr-Rössler, Neustadt a. d. Weinstraße 1979.
UNESCO (etc-)Seminar Dakar 1987: *Les changements des habitudes et des politiques alimentaires en Afrique: Aspects des sciences humaines, naturelles et sociales*, Paris 1991.
Ungewitter, F. H.: *Geschichte des Handels, der Industrie und Schiffahrt von den ältesten Zeiten bis auf die Gegenwart*, Leipzig/Meissen o. J. (1851?).
Unsal, Artun / Unsal, Beyham: *Istanbul la Magnifique. Propos de Table et Recettes*, Paris 1991.

Vandereycken, Walter / Deth, Ron van / Meermann, Rolf: *Hungerkünstler, Fastenwunder, Magersucht. Eine Kulturgeschichte der Eßstörungen*, Zülpich 1990.
Vicaire, Georges: *Bibliographie Gastronomique*, Paris 1890.
Vincent, B.: *Consommation Alimentaire en Andalousie Orientale (les Achats de l'Hôpital Royal de Guadix), 1581–1582* s. Bennassar, Bartolomé / Goy, Joseph.
Visser, Margaret: *Much depends on dinner. History and mythology, allure and obsessions, perils and taboos of an ordinary meal*, London 1989.
Visser, Margaret: *The Rituals of Dinner*, Toronto 1991.
Vizetelly, Henry: *A History of Champagne with Notes on the other sparkling Wines of France*, London 1882.

Wätjen, Hermann: *Der Zucker im Wirtschaftsleben Lateinamerikas von der Kolonialzeit bis zur Gegenwart*, in: *Weltwirtschaftliches Archiv Jena*, 1. Oktober 1921, 17. Band, Heft 2.
Wagner, Christoph: *Sternstunden der Kochkunst*, Salzburg 1987.
Wagner, Fritz: *Tafelwesen und Bedienungskunde*, Nordhausen 1937.
Walcher, Dwain N. u. a. (Ed.): *Food, Man, and Society*, Papers presented at the third meeting of the international organization for the study of human development, Madrid 1975, London 1976.
Walters, A. Harry: *Ecology, Food & Civilisation*, London 1973.
Walton, John K.: *Fish & chips & the British working class 1870–1940*, Leicester 1992.
Warner, Richard: *Antiquitates Culinariae, or: Curious tracts relating to the culinary affairs of the old English*, London 1791.
Wehler, Hans-Ulrich: *Deutsche Gesellschaftsgeschichte*, Bd. 1: 1700–1815, Bd. 2: 1815–1845/49, München 1987.
Weiss, F. E.: *The Northward Extension of the Mediterranean Flora*, in: Friedrich Fedde (Ed.): *Repertorium specierum novarum regni vegetabilis* – Beihefte Band LXXXI; Beiträge zur Systematik und Pflanzengeographie XII; Berichte und Abhandlungen der Freien Vereinigung für Pflanzengeographie und Systematische Botanik 1934, Berlin 1935.
Wiegelmann, Günter: *Alltags- und Festspeisen. Wandel und gegenwärtige Stellung*, Marburg 1967 (*Atlas der deutschen Volkskunde*, Beiheft 1).
Wilson, C. Anne: *Food & Drink in Britain – from the Stone Age to recent times*, London 1973.

Wilson, Hilary: *Egyptian Food and Drink*, Aylesbury 1988.
Wiswe, Hans: *Kulturgeschichte der Kochkunst*, München 1970.
Wolf, Julius: *Die kubanische Zuckerproduktion und die Zukunft der Zuckerindustrie*, Jena 1906.
Woodham-Smith, Cecil: *The Great Hunger – Ireland 1845–1849*, London 1962/1991.
World Atlas of Agriculture, Under the aegis of the International Association of Agricultural Economists, land utilisation maps and relief maps prepared by the Committee for the World Atlas of Agriculture, Istituto Geographico de Agostini, Novara 1969 (LZB). Großatlas und vier Bände Monographie, Deutsche im Komitee waren bis einschließlich Bd. 3 Prof. C. Troll u. Dr. Rauteberg.
Woube, Mengistu: *The Geography of Hunger*, Uppsala 1987.
Wulff, E. W.: *An Introduction to Historical Plant Geography*, Walthalm, Mass., 1950.
Wulff, E. W.: *Versuch einer Einteilung der Vegetation der Erde in pflanzengeographische Gebiete auf Grund der Artenzahl*, in: Friedrich Fedde (Ed.): *Repertorium specierum novarum regni vegetabilis* – Beihefte Band LXXXI, Berlin 1935.
Wyrwa, Ulrich: *Branntewein und «echtes» Bier. Die Trinkkultur der Hamburger Arbeiter im 19. Jahrhundert*, Hamburg 1990.

Zeven, A. C. / Zhukovsky, P. M.: *Dictionary of cultivated plants and their centres of diversity*, Wageningen 1975.
Ziehr, Wilhelm: *Das Brot von der Steinzeit bis heute*, Herrsching/Luzern 1984.

NAMENS- UND SACHREGISTER

In Text und Register wurden folgende Abkürzungen verwendet:

DDT Dichlordiphenyltrichloräthan (Mittel zur Ungezieferbekämpfung)
DEFA Deutsche Film AG
EU Europäische Union
FAO Food and Agriculture Organisation (Organisation für Ernährung und Landwirtschaft der Vereinten Nationen)
UNESCO United Nations Educational, Scientific and Cultural Organisation (Organisation der Vereinten Nationen für Erziehung, Wissenschaft und Kultur)
UNICEF United Nations International Children's Emergency Fund (Weltkinderhilfswerk der Vereinten Nationen)
UNO United Nations Organisation (Organisation der Vereinten Nationen)

NAMENSREGISTER

SACHREGISTER

BILDNACHWEIS

Archiv für Kunst und Geschichte, Berlin 139, 158, 163, 174 (E. Lessing), 220, 223, 294, 327, 369, 376, 381, 384, 388, 396, 400, 421, 443, 453, 463. Artothek 319 (Joachim Blauel), 473 (Christie's). Autor 352. Bildarchiv Preußischer Kulturbesitz 88, 159, 251 (W. Schneider-Schütz), 324, 409. Paul Bocuse 517, 520, 521, 524. British Library 310, 314. Adolf Böhm 18, 27, 115, 116, 121. Jean-Loup Charmet 80, 112, 504. Collection Viollet 317, 395. C.T.I.F.L. 227. Foto Weiler 149/150, 270/271. Germanisches Nationalmuseum Nürnberg 87, 90. Giraudon 94, 100, 101, 155, 377. Harlingue-Viollet 527, 529. Bruno Hausch 525 (oben). Illustrationen aus: Apicius, Amsterdam 1709, 57; Breviarium Grimani, Januar-Bild, 321; Cornelius de Bruyn, Reizen, Amsterdam 1714, 458; Th. de Bry, Admiranda narratio... 1585/1588, 328; Th. de Bry, Brevis narratio... 1563, 357; Codex Cerutti 509; Cruickshank in London Improvements, 1845, 366; I. Derrick, 1581, 349; Dioskurides, Tractatus de Herbis, Frankreich, 15. Jahrhundert, 440; Ph. S. Dufour, Traités Nouveaux & Curieux du Café, du Thé et du Chocolate, Den Haag 1671, 454, 483; Johannes Fischauer, Kuchenmaistrey, Augsburg 1505, 241; J. S. Elsholtz, Diaeteticon, 1682, 492; Flugblatt aus Salem, Massachusetts, um 1835, 216; Giegher, Li Tre Trattati, Padua 1639, 339; W. H. Holmes, 1902, 348; Jungfernspiegel, um 1200, 246; La Varenne, Le vrai cuisinier françois, 1699, 518; Valerius Maximus, Frankreich, 15. Jahrhundert, 332; Neueröffnete Sammlung der mit ihren eigenen Arbeiten und Werkzeugen angekleideten Künstler, Handwerker und Professionen, um 1730, 66, 67; Ortus sanitatis 303; B. Platina, Von der eerlichen ..., Augsburg 1542, 72, 355; The Rake's Progress, 1735, 166; Rozier, Cours complet d'agriculture, 1789, 200; Schatzbehalter, Nürnberg 1491, 148; Sinold B. von Schütz, Das curieuse Caffe-Hauss zu Venedig, Freyburg 1698, 457, 465; Stundenbuch des Herzogs von Berry, 15. Jahrhundert, 64; Tacuinum Sanitatis, Handbuch der Gesundheit, Ende des 14. Jahrhunderts, 488; Vallemont, Curiositez de la nature, 434; J. Vontet, L'art de trancher 514; Wan Shou Sheng Tien, Peking 1717, 127; WenWu 350. Interfoto 211, 215, 405 (Karger-Decker). Ulrich Kerth 525 (unten). Laenderpress, Düsseldorf 178. Richard Leakey 13. Lestrade/Vic-Bigorre 20. Museo Diego Rivera, Mexiko 97. Museum Luxor 48. Museum für Völkerkunde, Berlin 309 (Friedrich), 313 (R. Hietzge-Salisch), 484. Philadelphia, University Museum 259. Rosemary Powers 372. Rapho, Paris (B. Brake) 191. Scala: Ca'Rezzonico, Venedig 32; 194; Museo di San Marco 267; 287. Abdel Gaffar Shedid, München 306. Eberhard Thiem, Lotos Film, Kaufbeuren 198, 230/231, 234, 254, 360. Uni Dia Verlag 51.

Die übrigen Abbildungen stammen aus dem Archiv des Verlags. In einigen Fällen konnten trotz größter Sorgfalt die Urheber nicht ermittelt werden; wir bitten gegebenenfalls um Benachrichtigung.